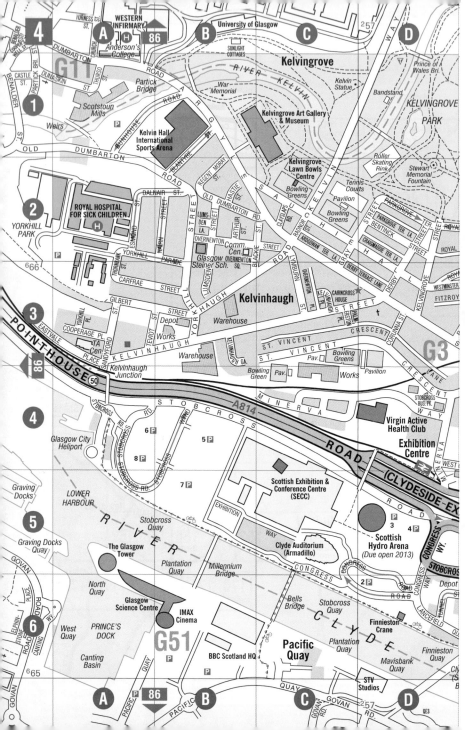

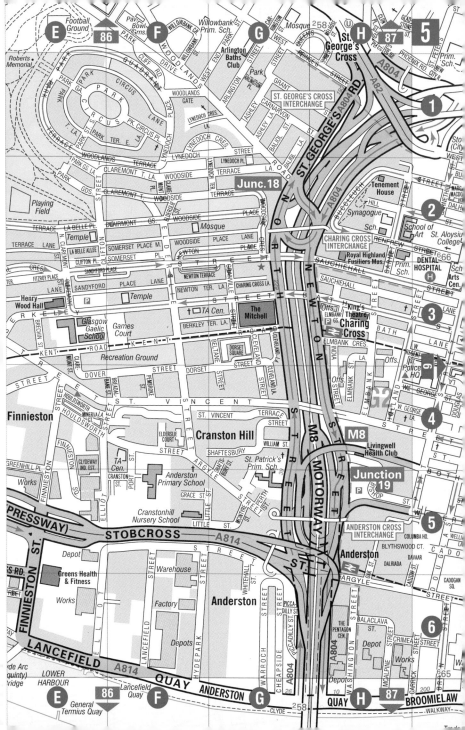

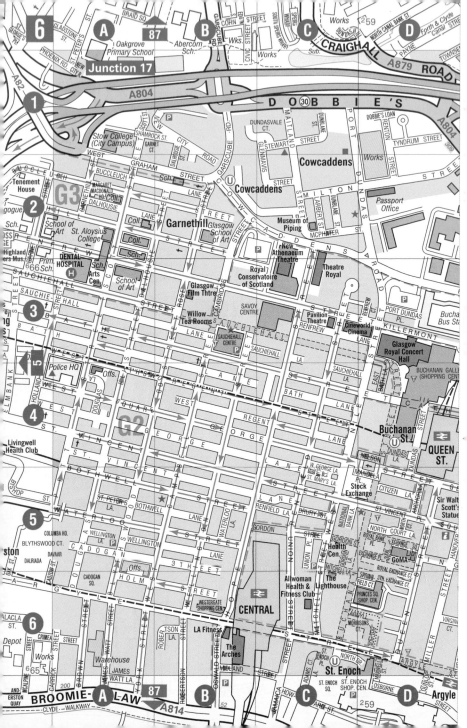

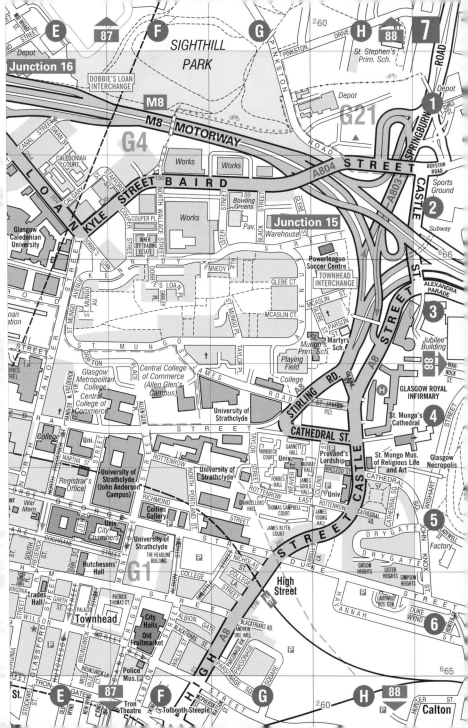

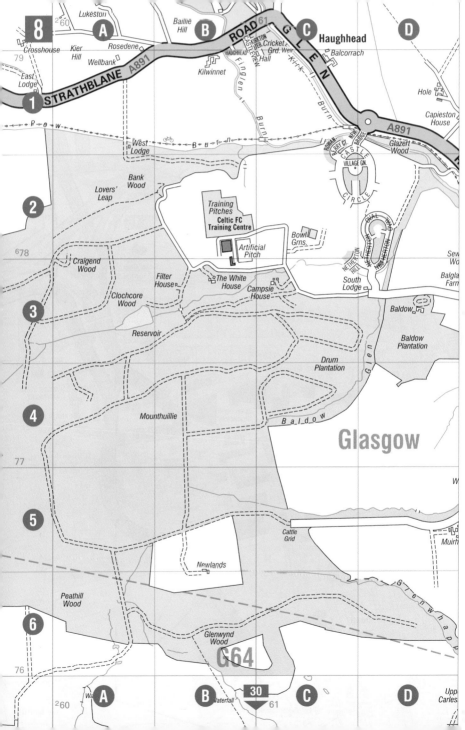

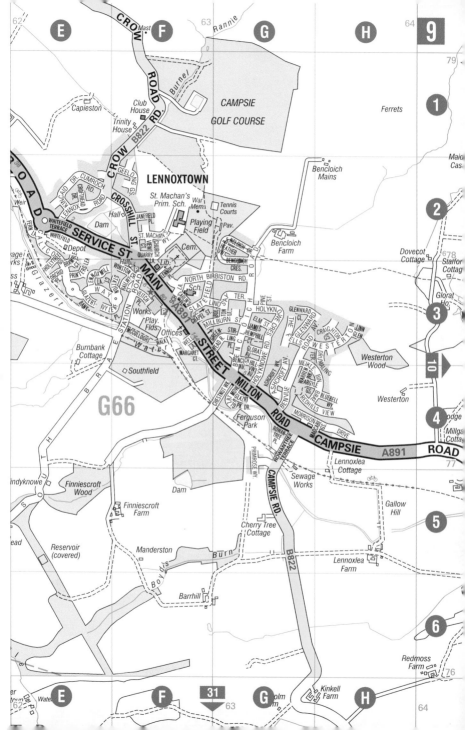

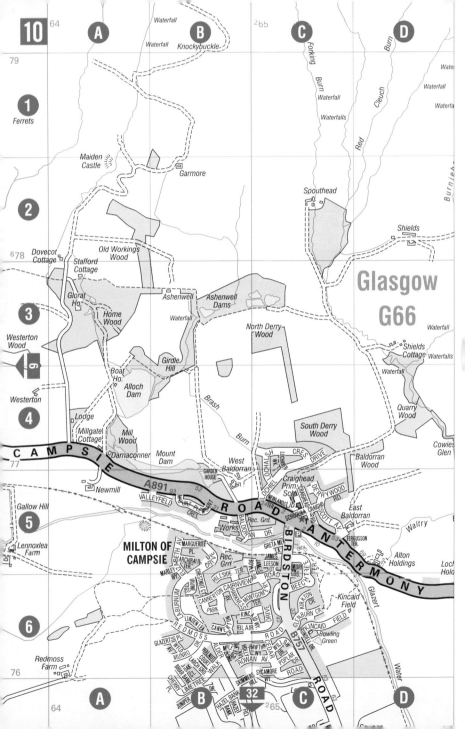

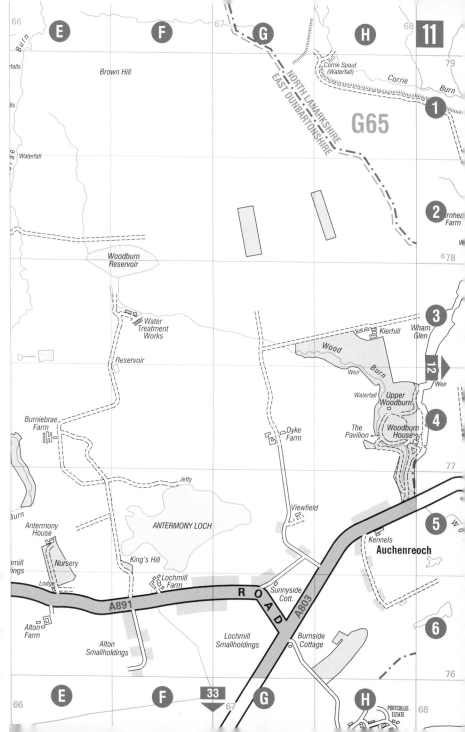

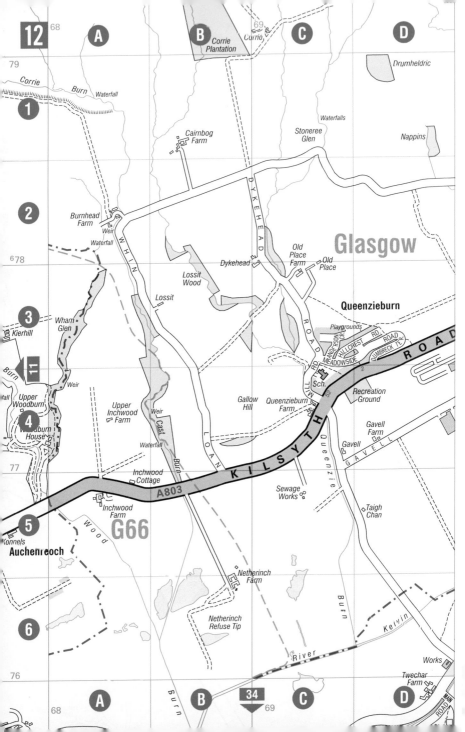

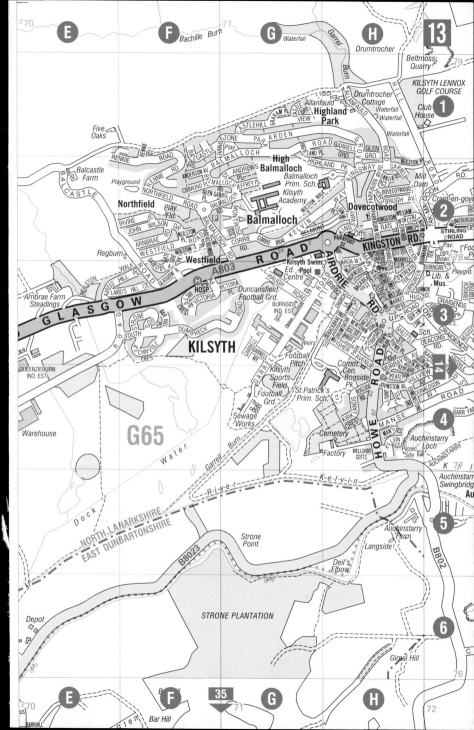

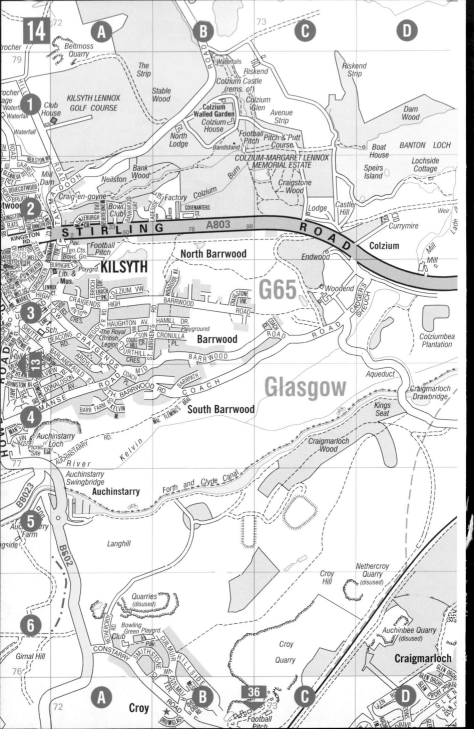

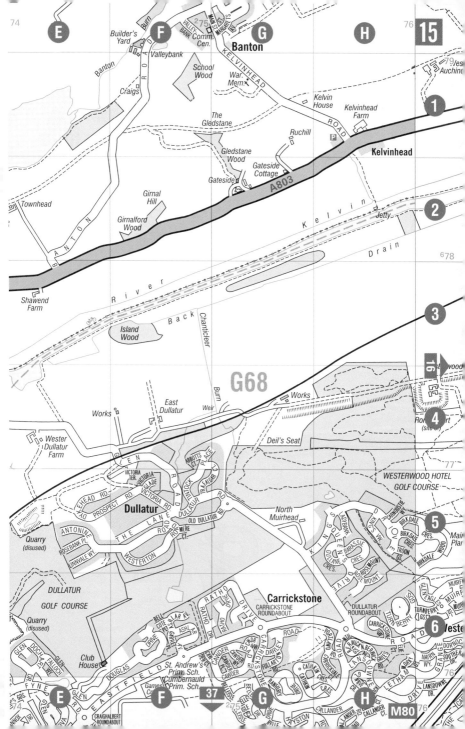

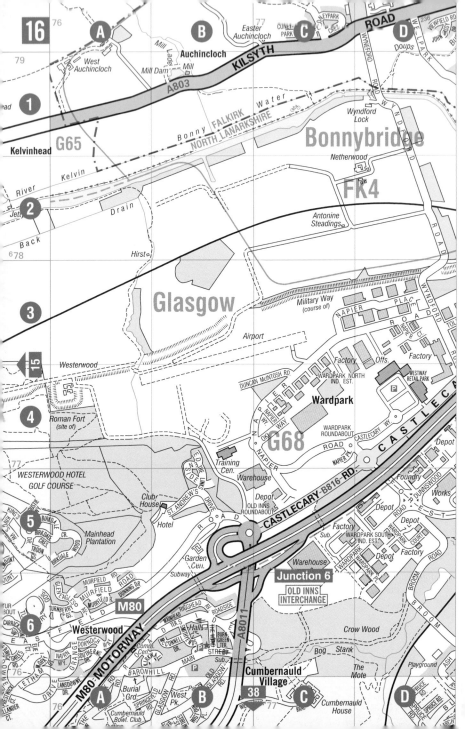

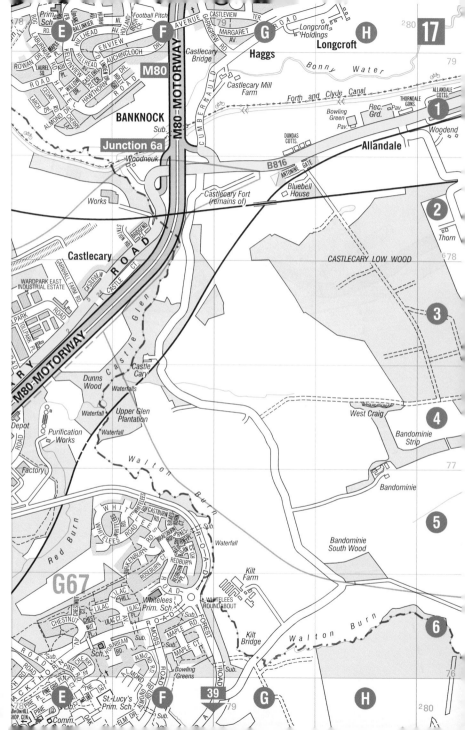

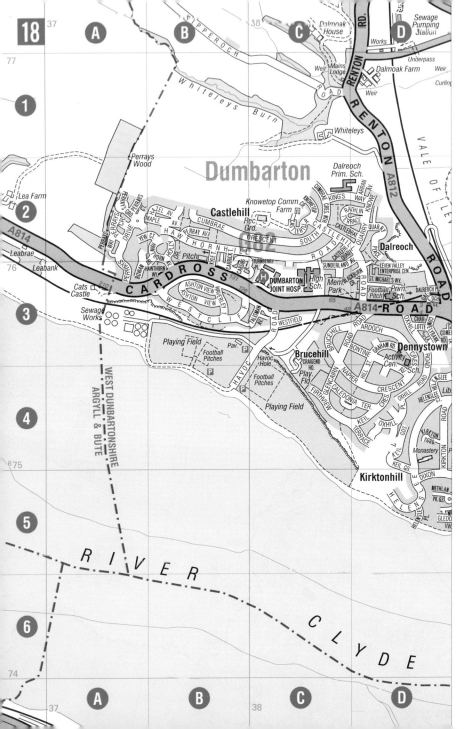

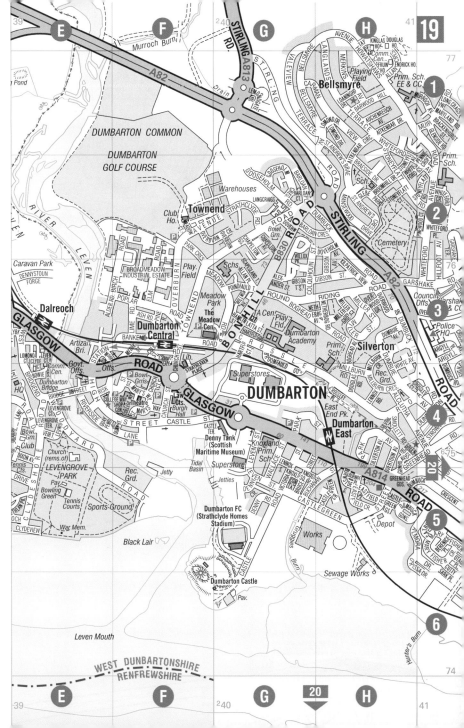

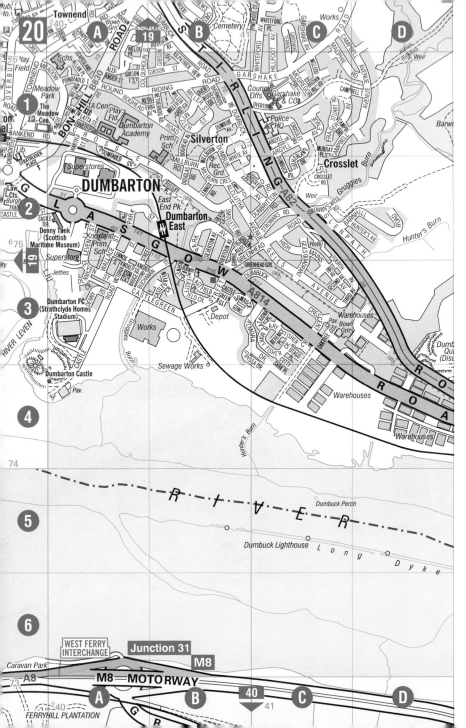

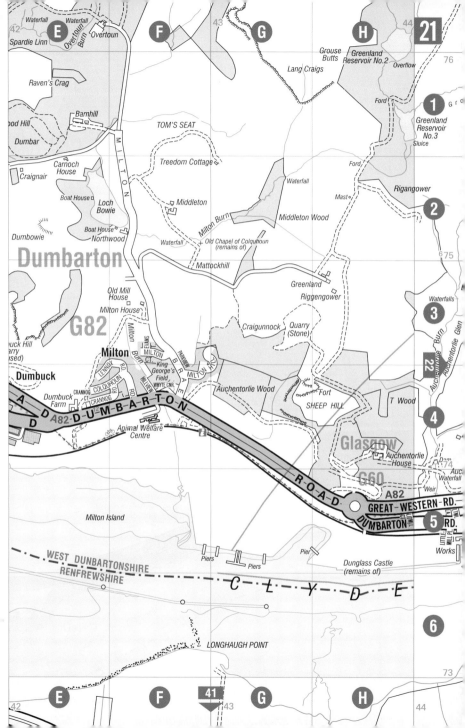

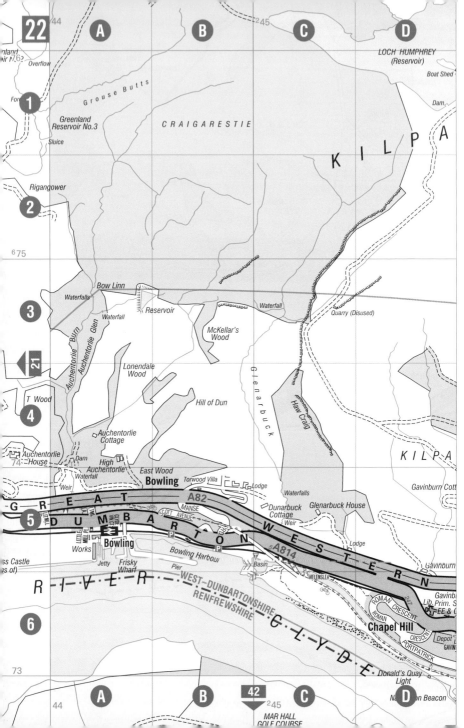

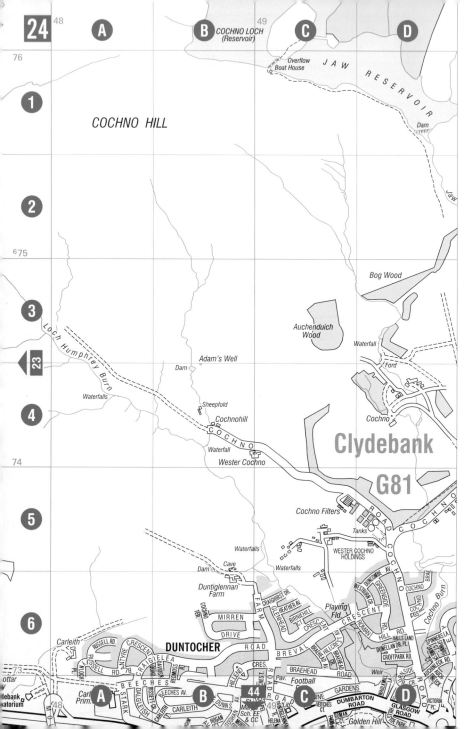

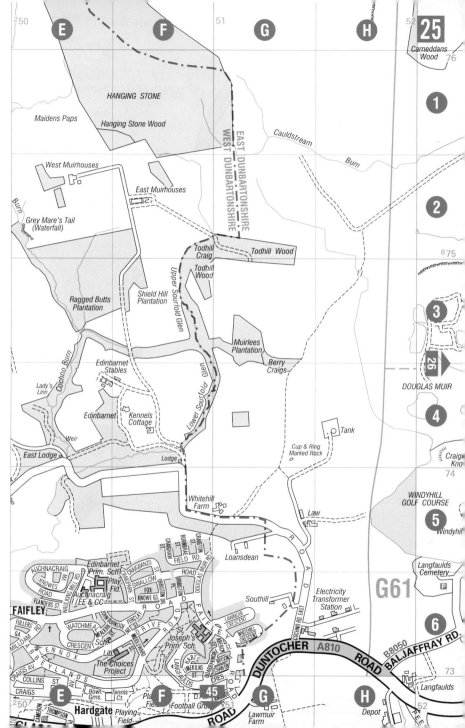

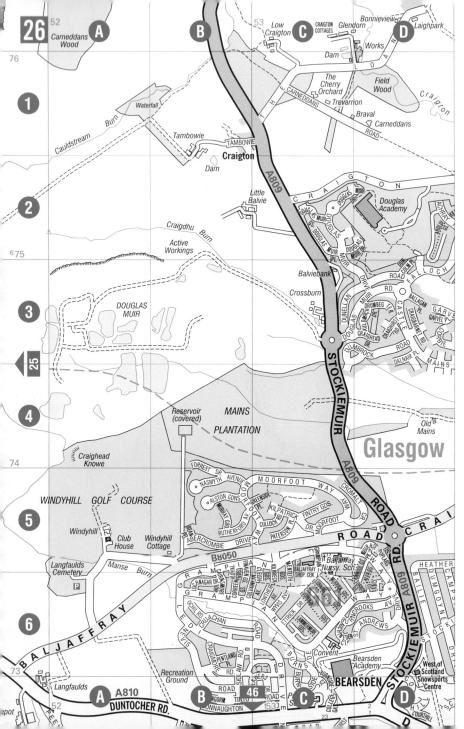

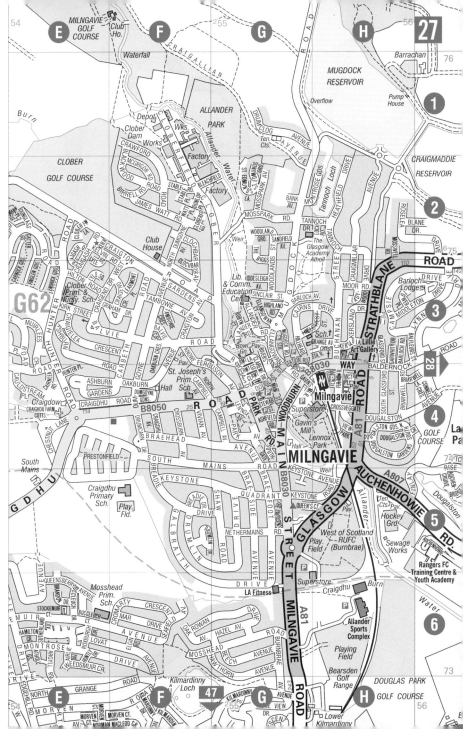

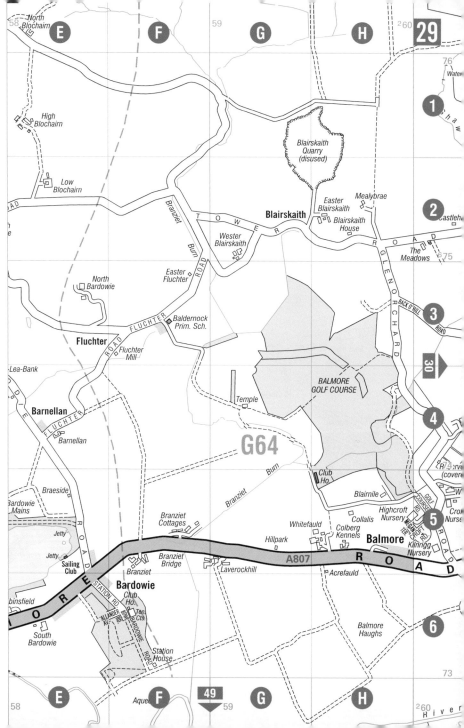

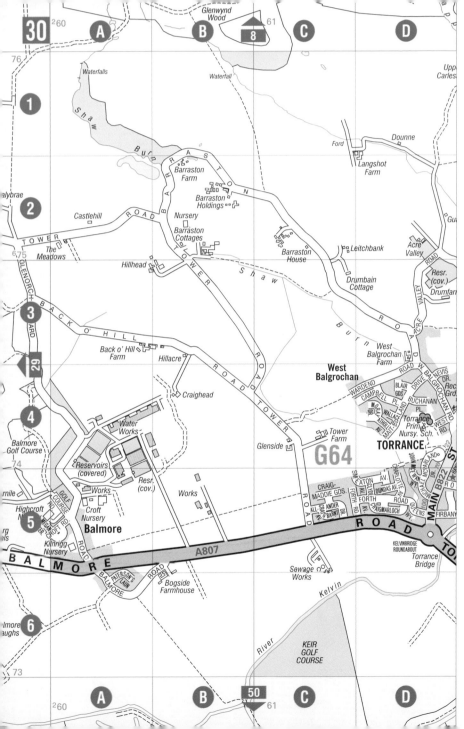

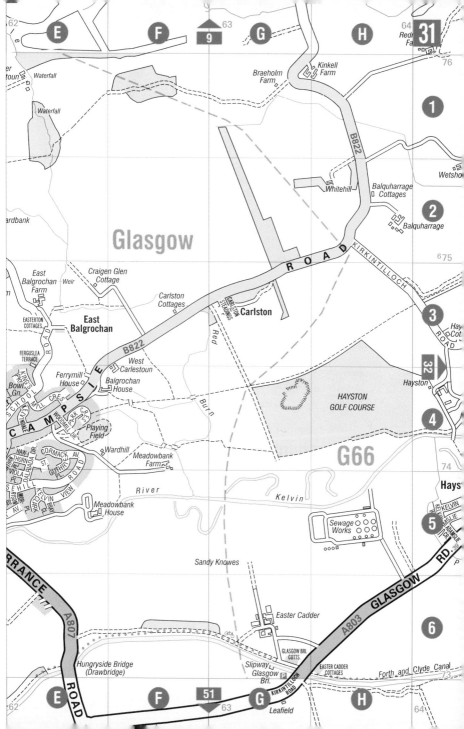

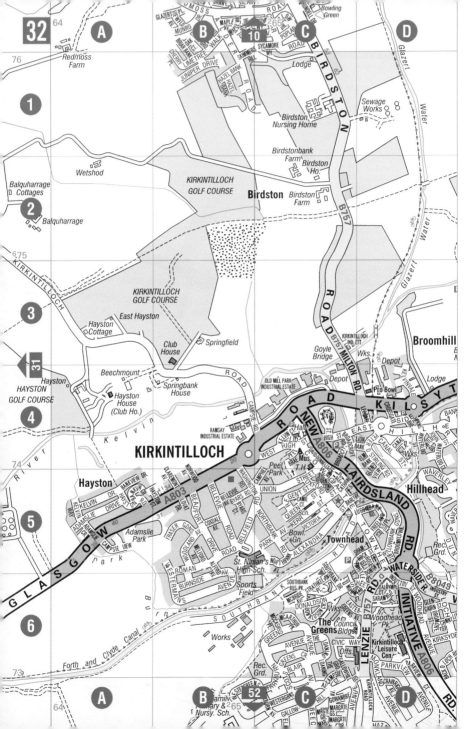

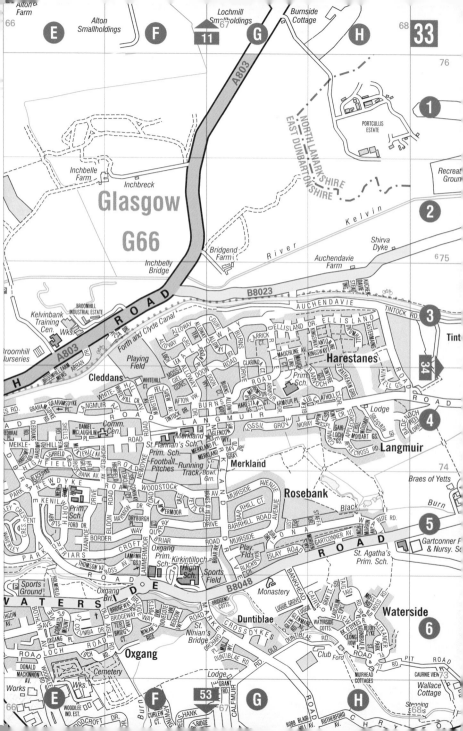

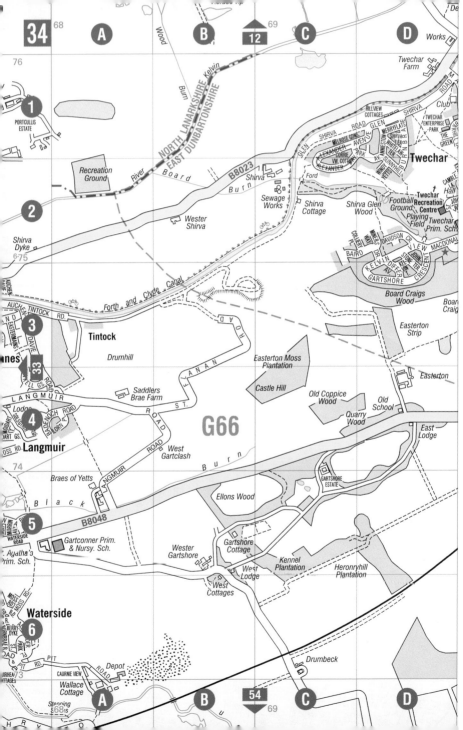

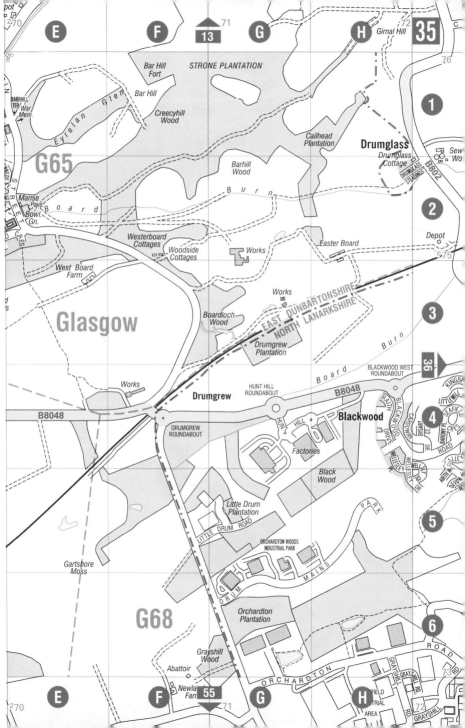

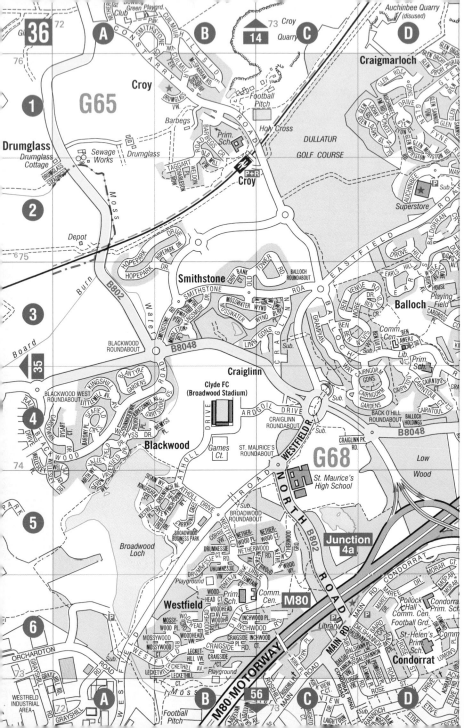

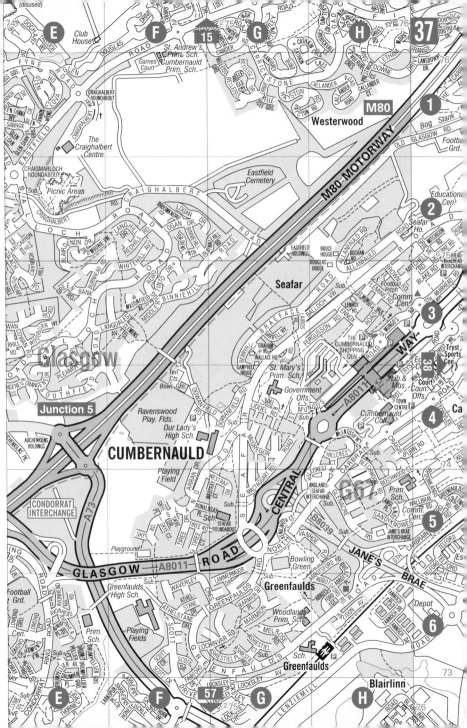

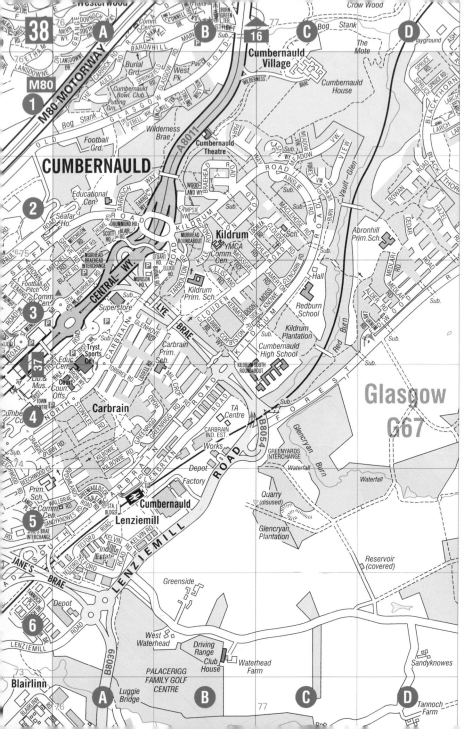

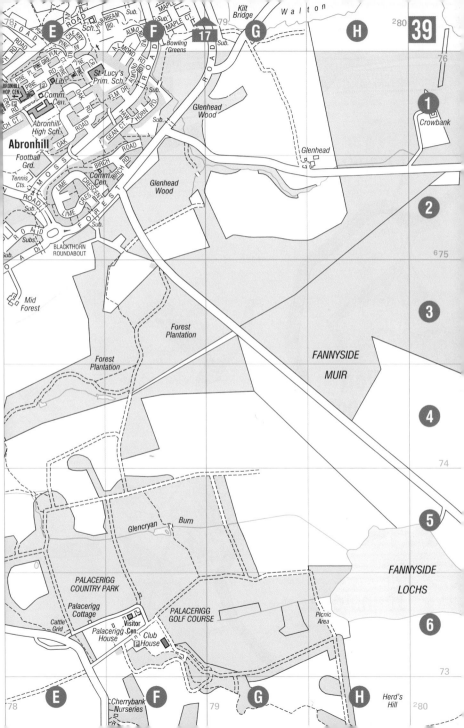

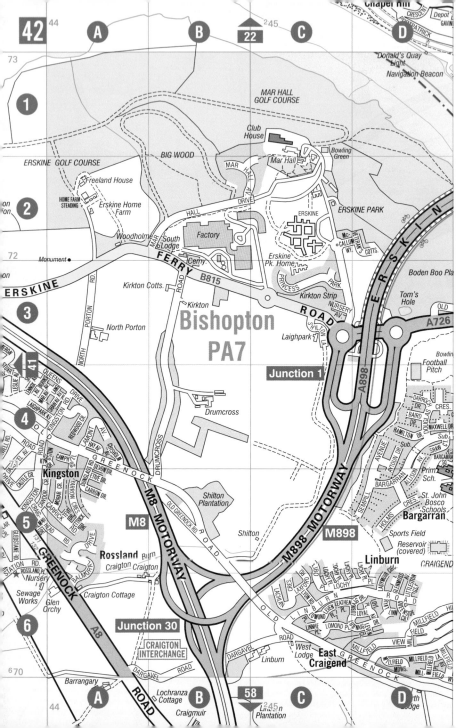

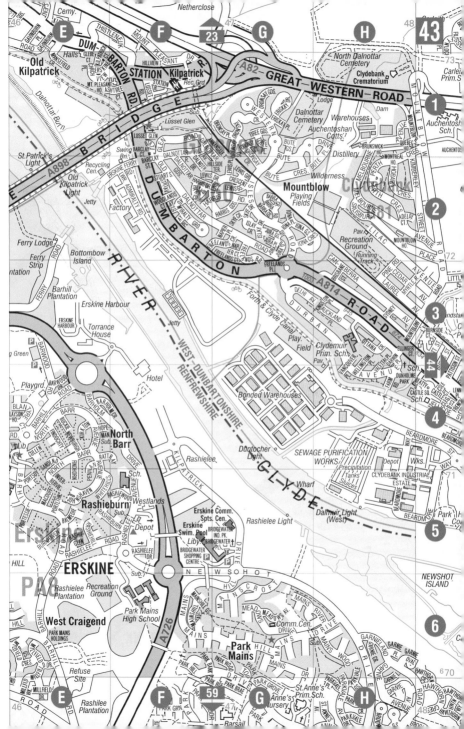

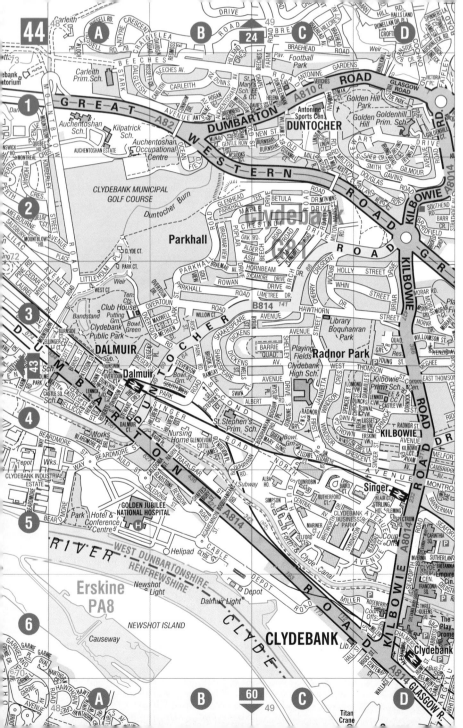

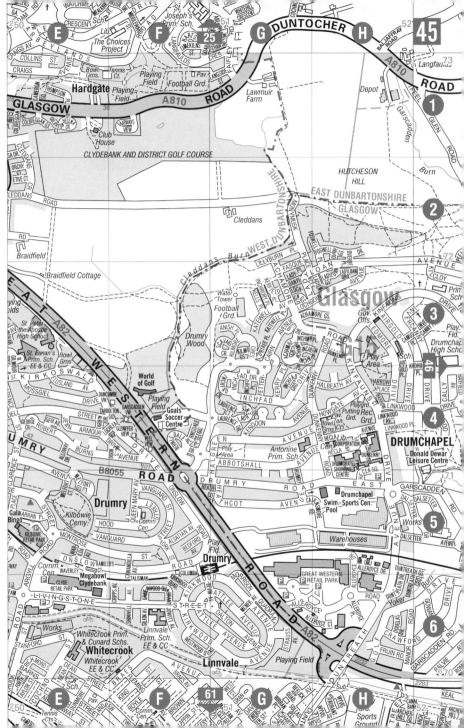

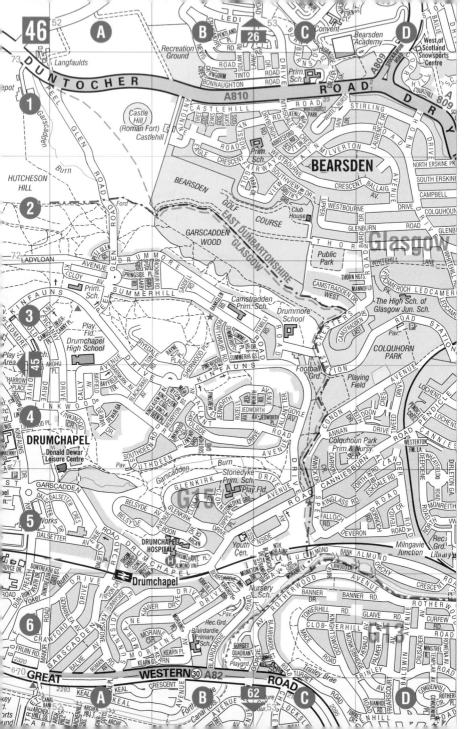

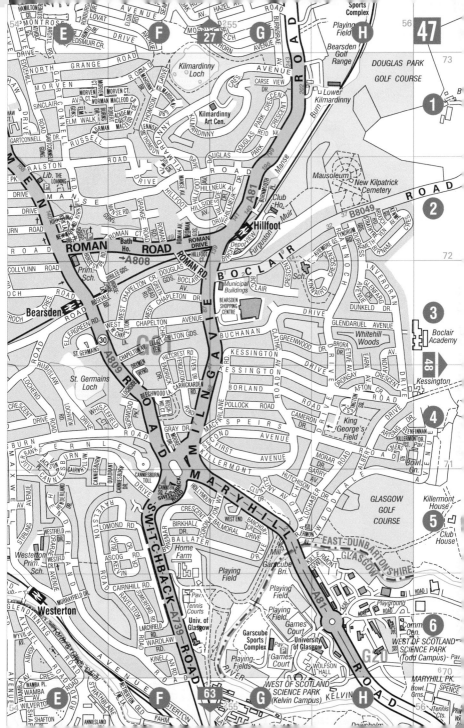

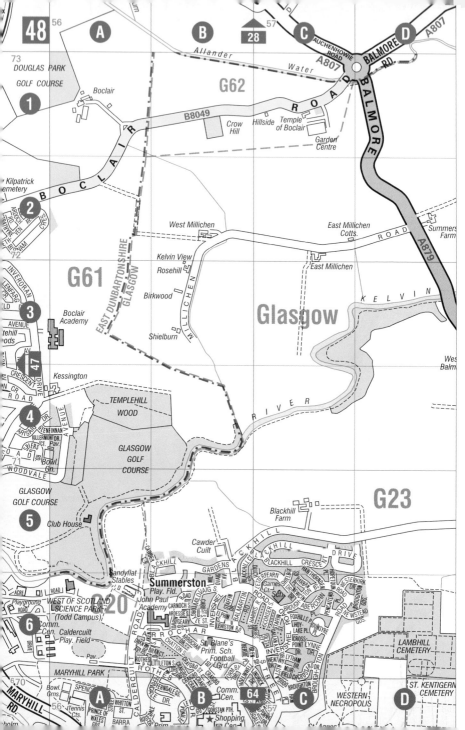

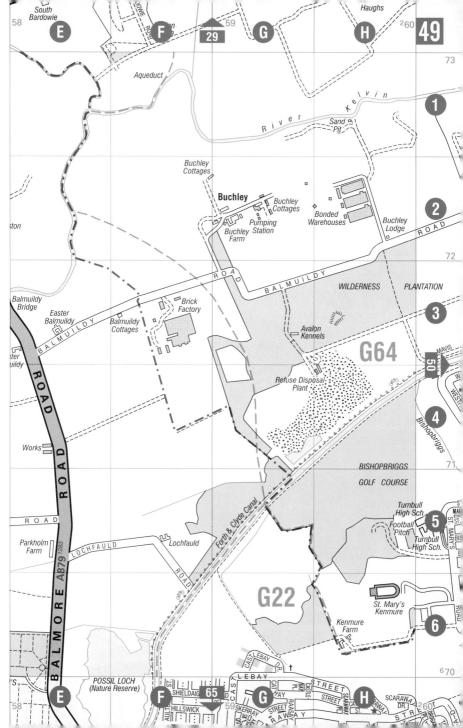

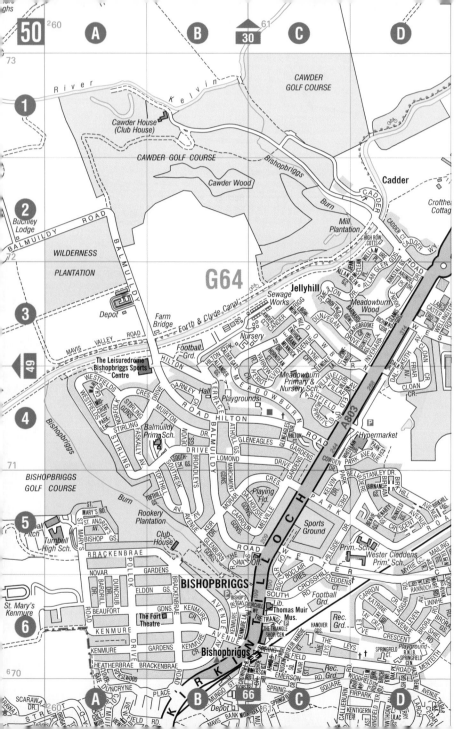

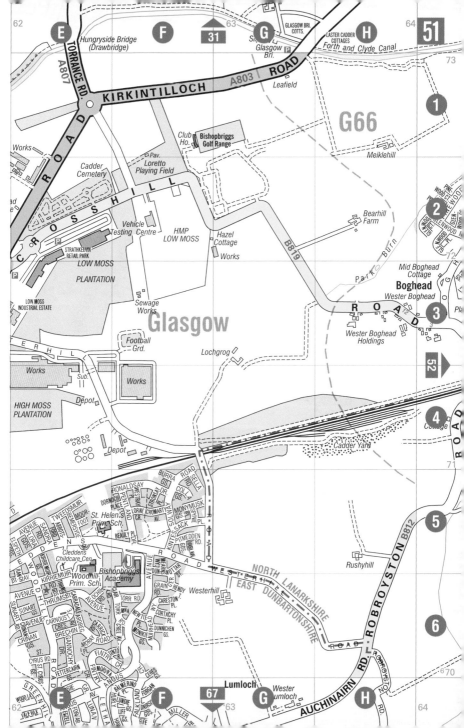

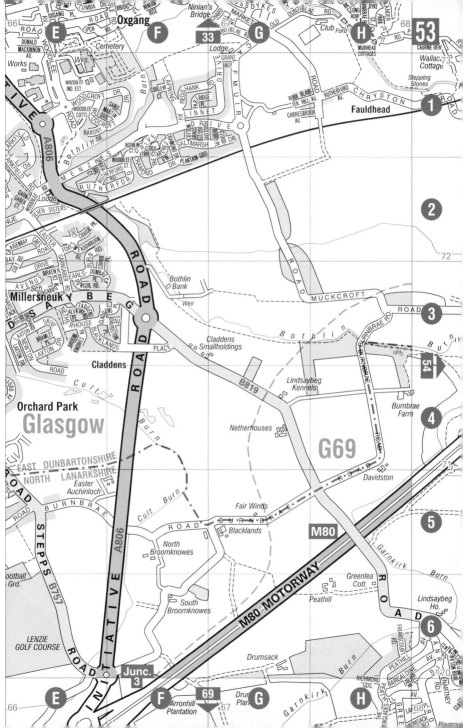

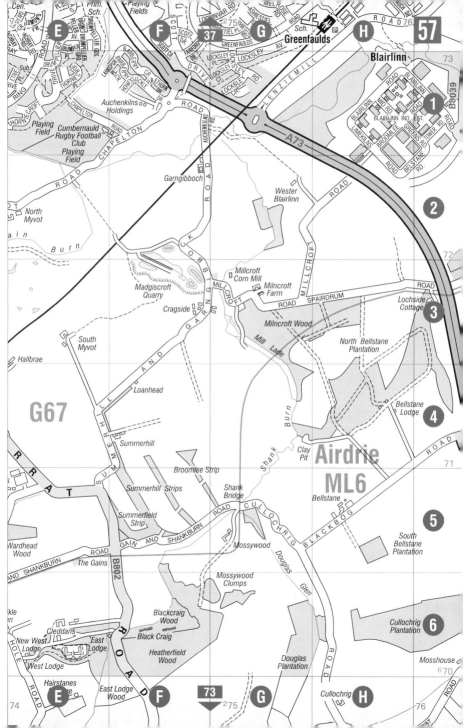

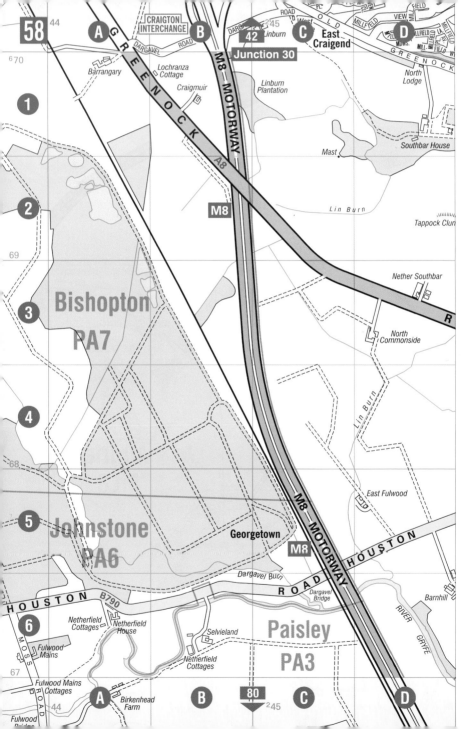

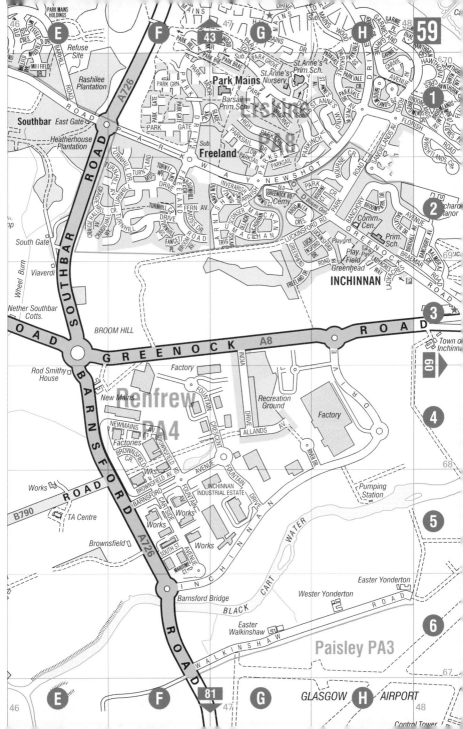

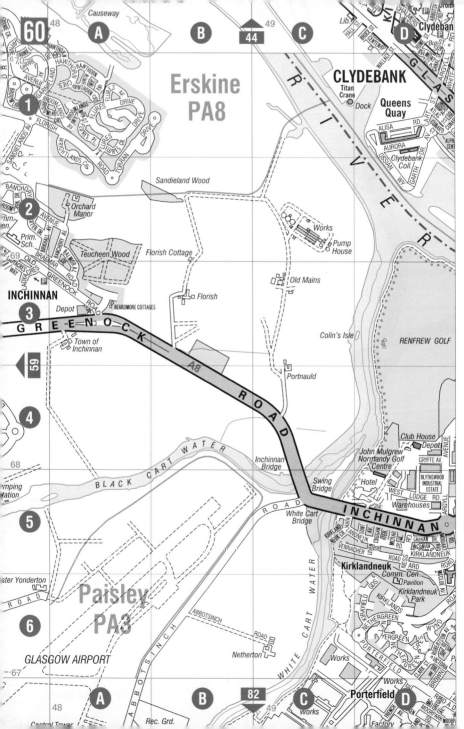

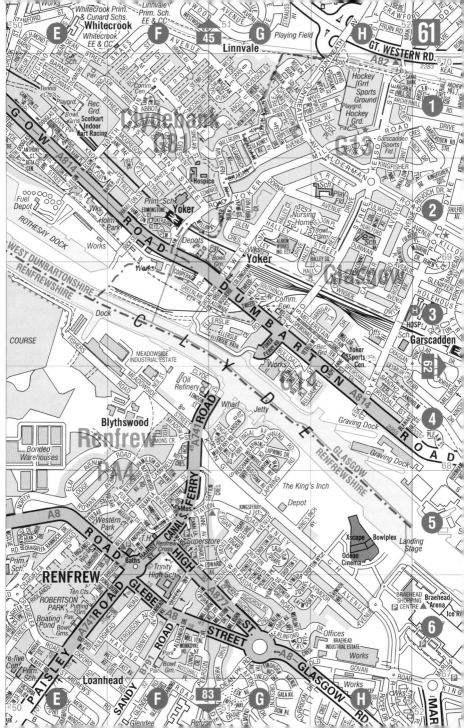

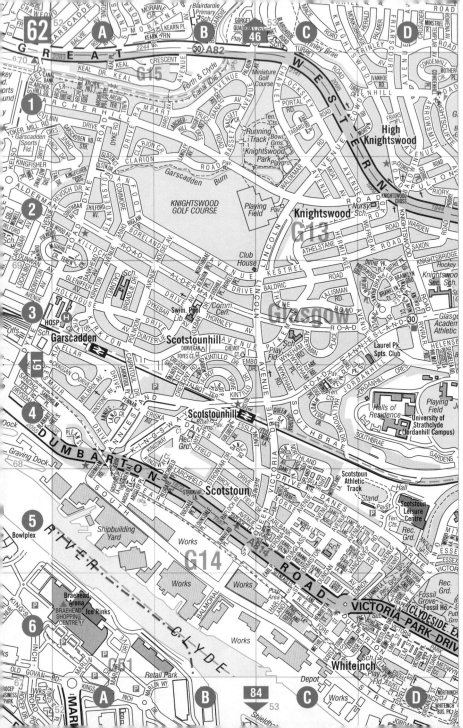

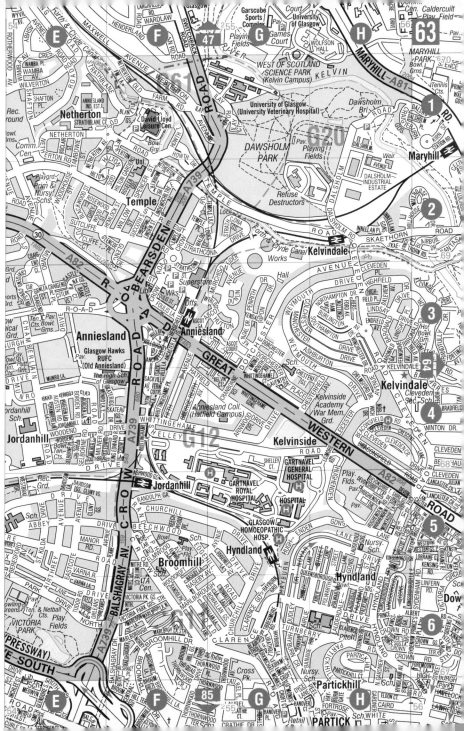

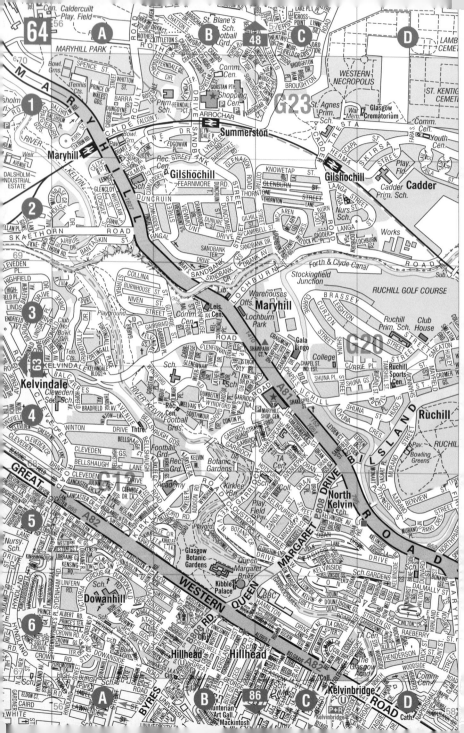

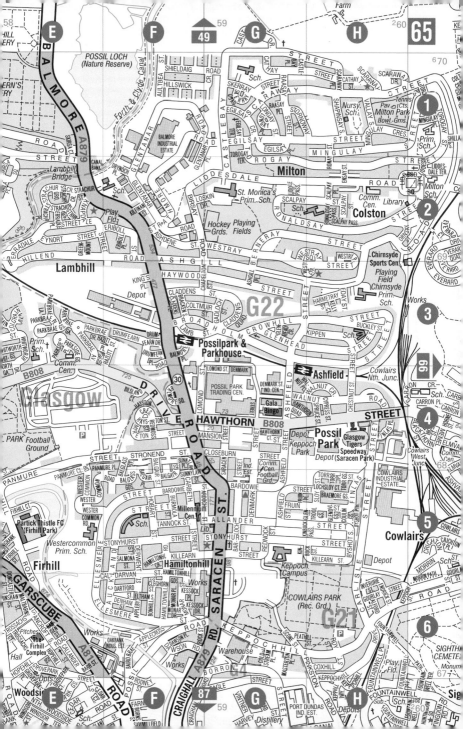

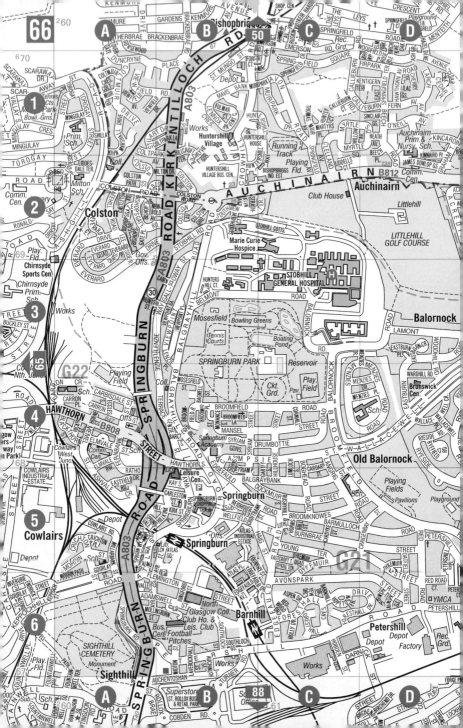

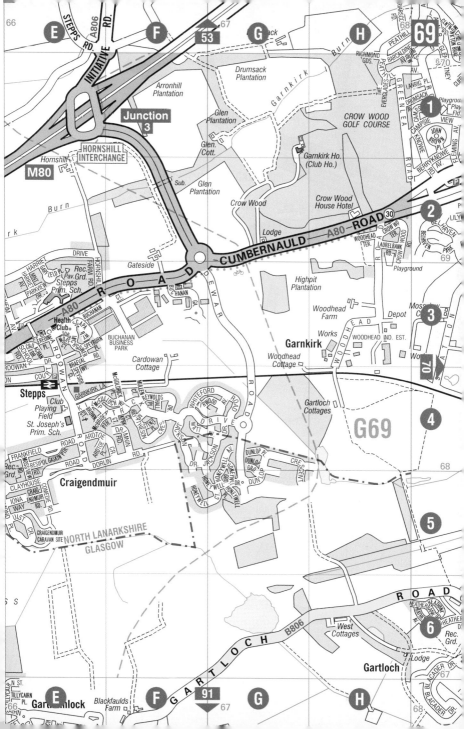

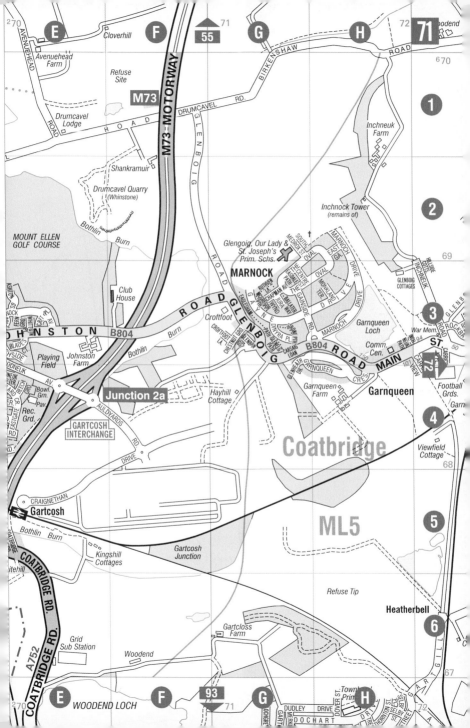

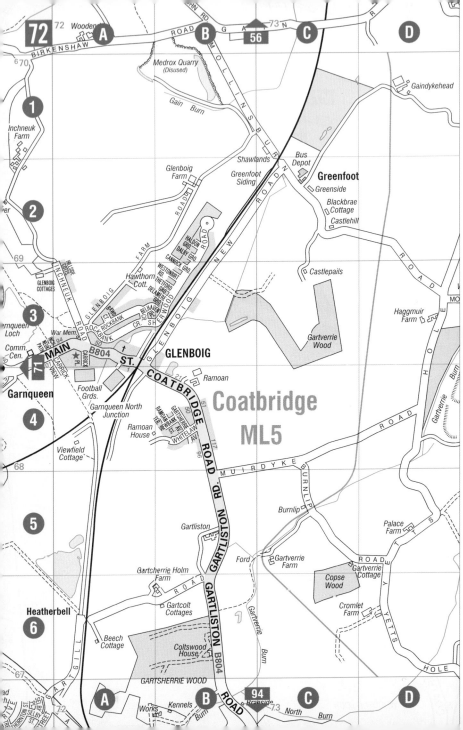

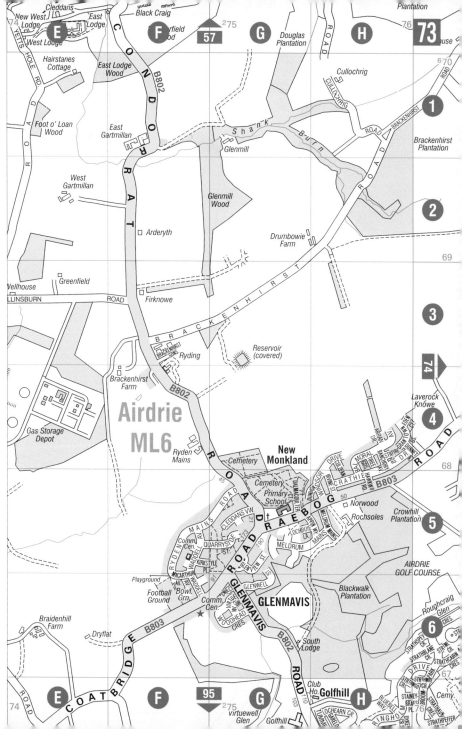

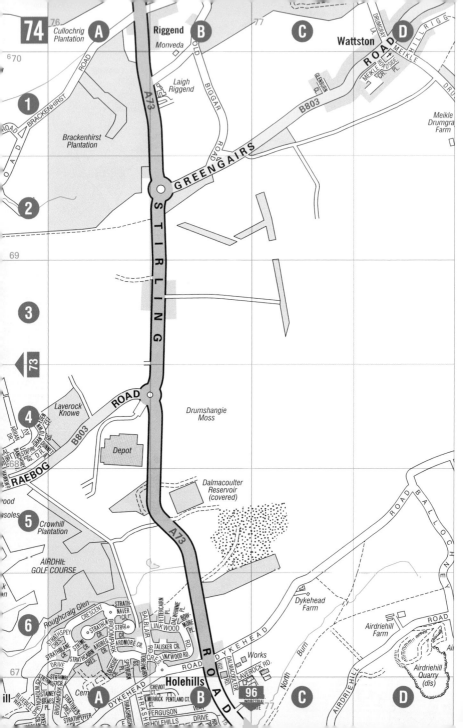

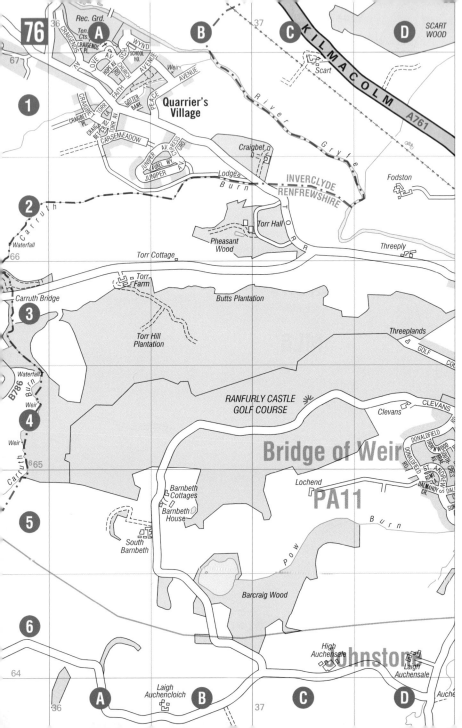

A   **B**   **C**   **D**

SCART WOOD

67

Rec. Grd.

Ten. Cts.
Craigends Pl.
School Ho.

WYND

Weir

AVENUE

K I L M A C O L M   A761

Scart

River Gryfe

1

CRAIGENDS

AV
GROVE
HOPE
FAITH

CHURCH

PEACE

Quarrier's
Village

SOTER BANK

Craigbet Pl
CRAIGBET PL
TORR
BEECH
LA
TORR AV

CARSEMEADOW

CYPRESS AV
CRES

JUNIPER AV.

LAUREL WY

JUNIPER
AV.

Lodge

Burn

Craigbet

INVERCLYDE
RENFREWSHIRE

Fodston

2

Carruth

Waterfall

66

Torr Cottage

Pheasant
Wood

Torr Hall

Threeply

3

Carruth Bridge

Torr
Farm

Torr Hill
Plantation

Butts Plantation

T
O
R
R

Threeplands

GOLF CO

Waterfall

B786

Burn

Weir

RANFURLY CASTLE
GOLF COURSE

Clevans

CLEVANS

4

Weir

665

Carruth

DONALDFIELD

HORN WOOD

DONALDFIELD
RD.

ST. ANDREWS

DALMAHOY
CR.

Bridge of Weir

5

Barnbeth
Cottages

Barnbeth
House

South
Barnbeth

Lochend

PA11

Burn

Pow

Barcraig Wood

6

64

High
Auchensale

ohnstone

Laigh
Auchensale

A   **B**   **C**   **D**

Laigh
Auchencloich

Auche

36
37

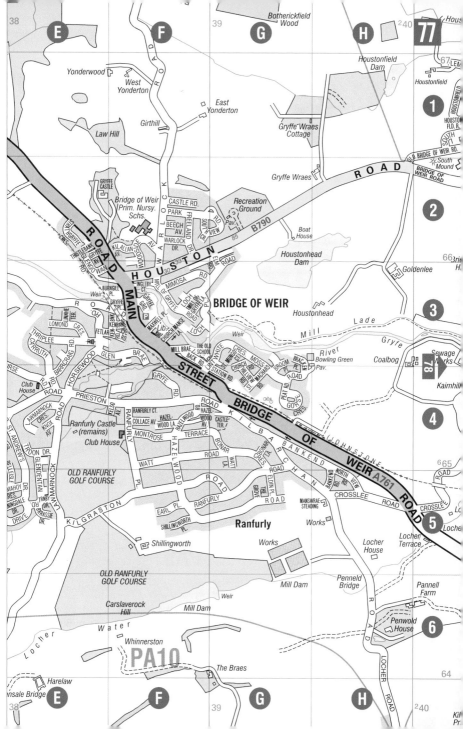

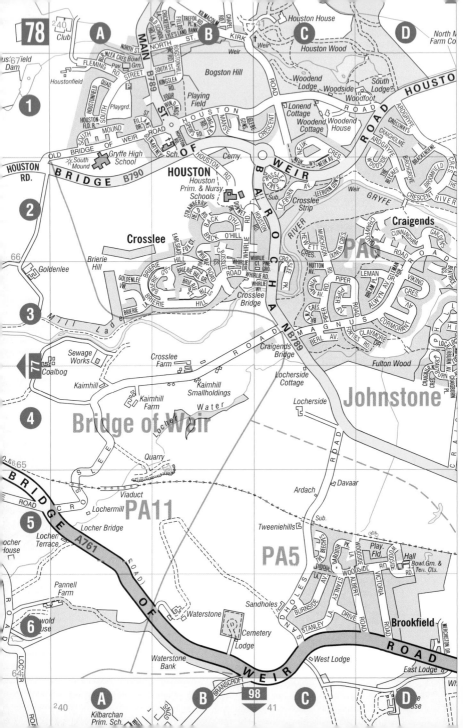

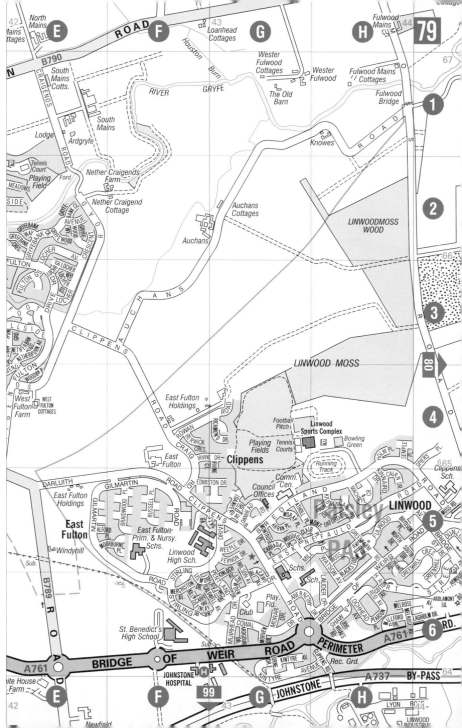

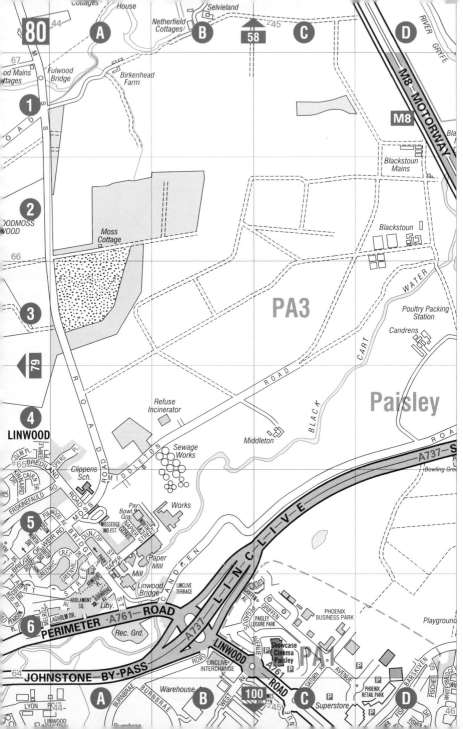

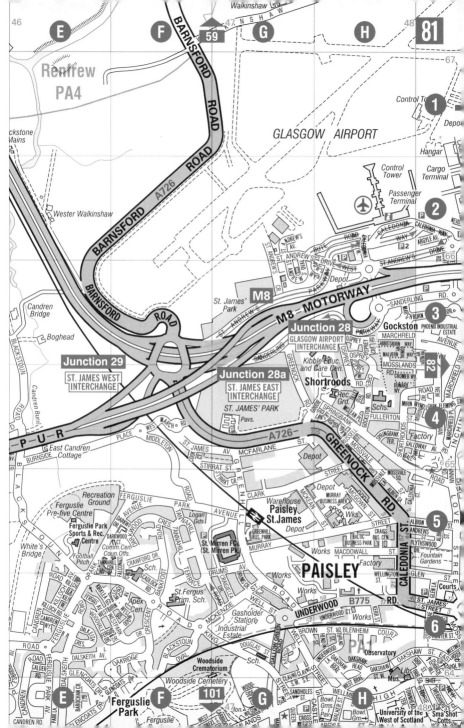

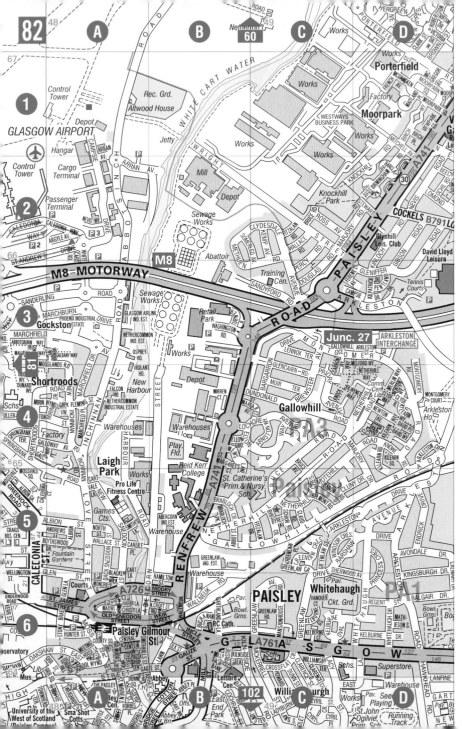

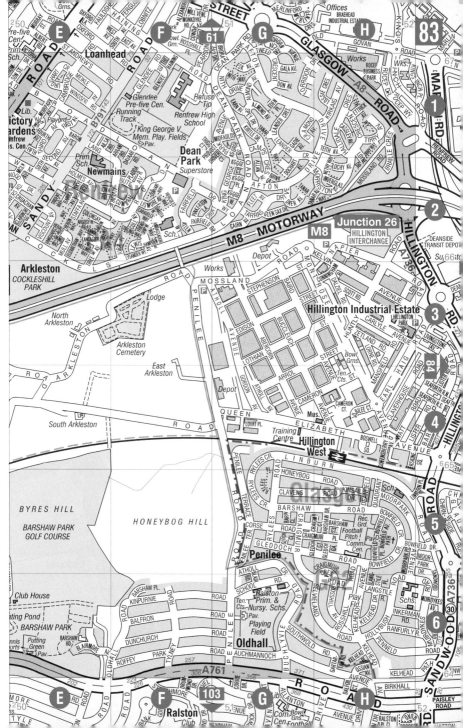

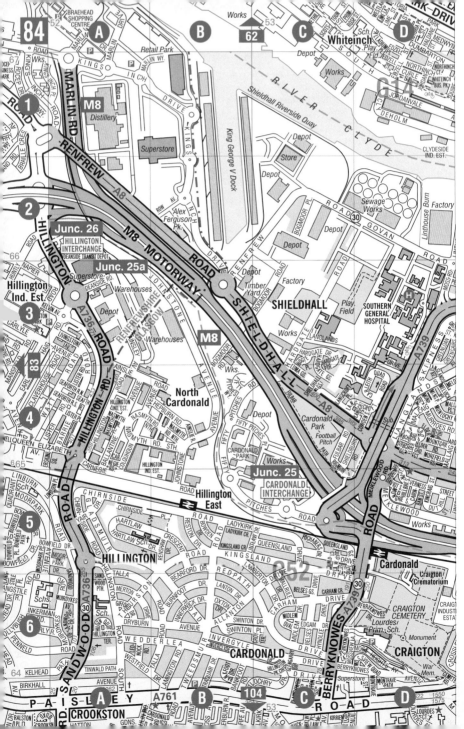

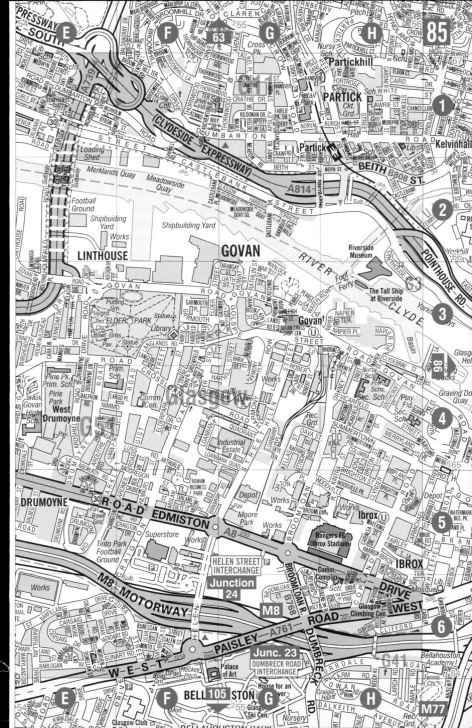

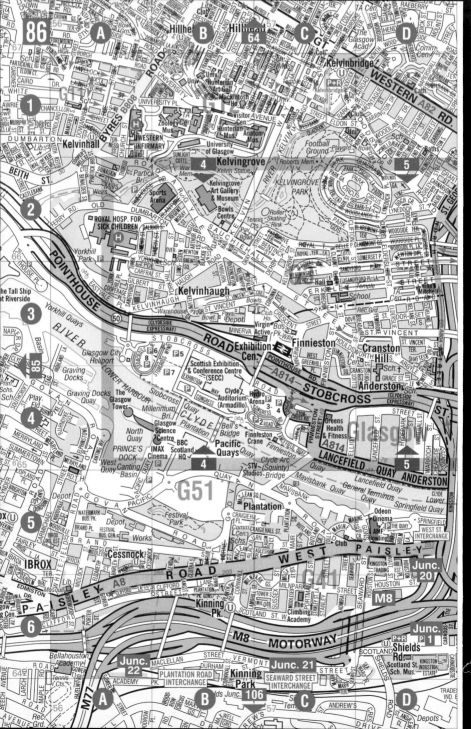

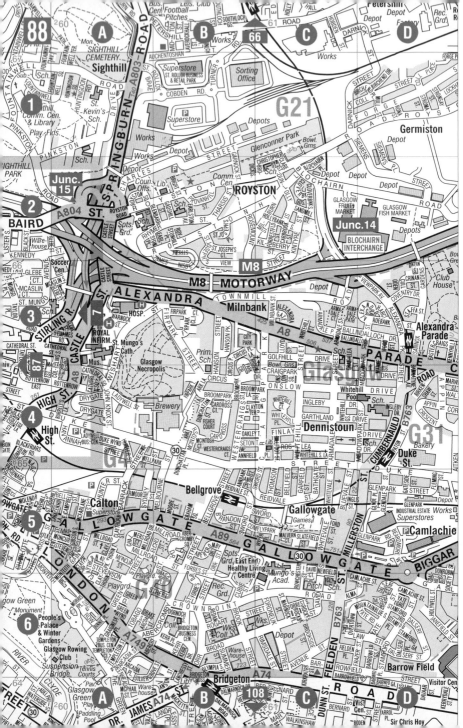

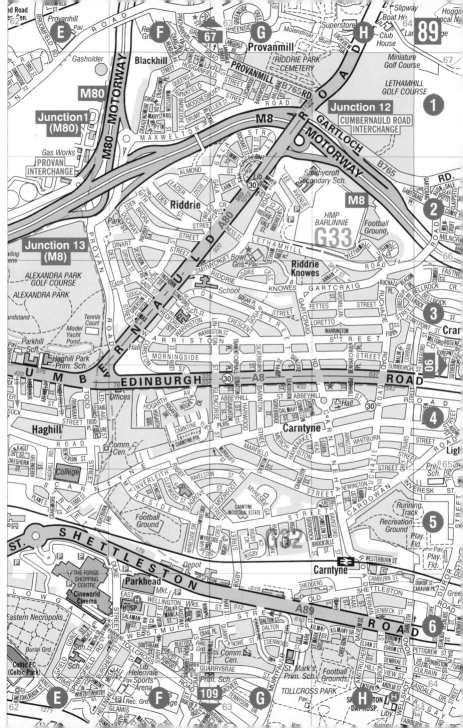

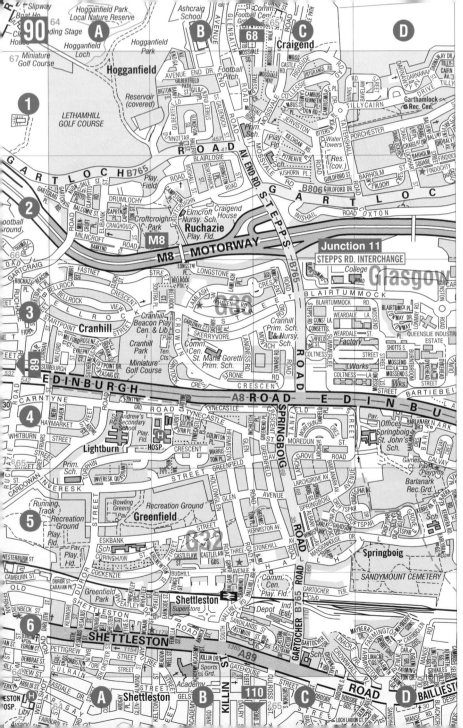

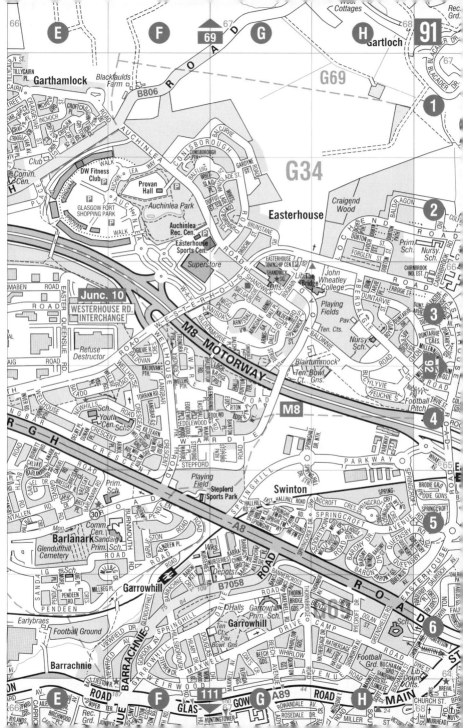

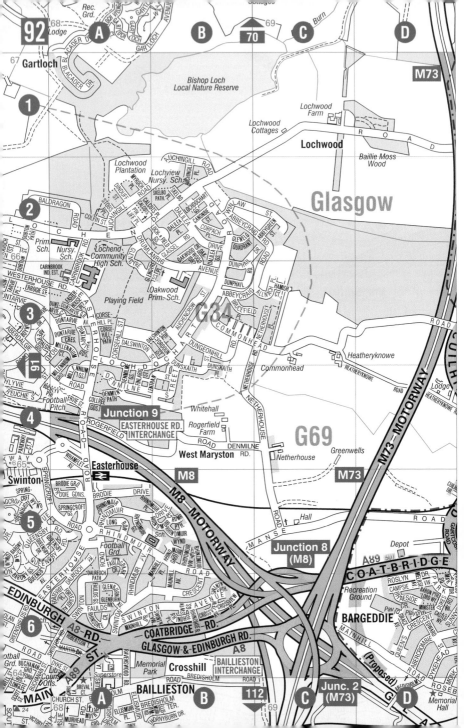

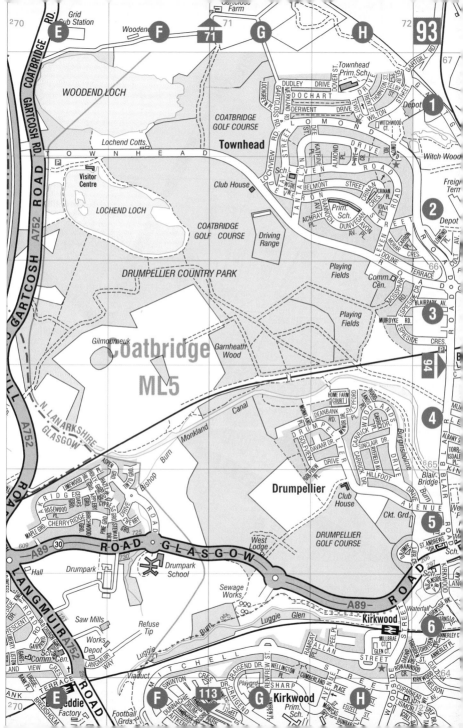

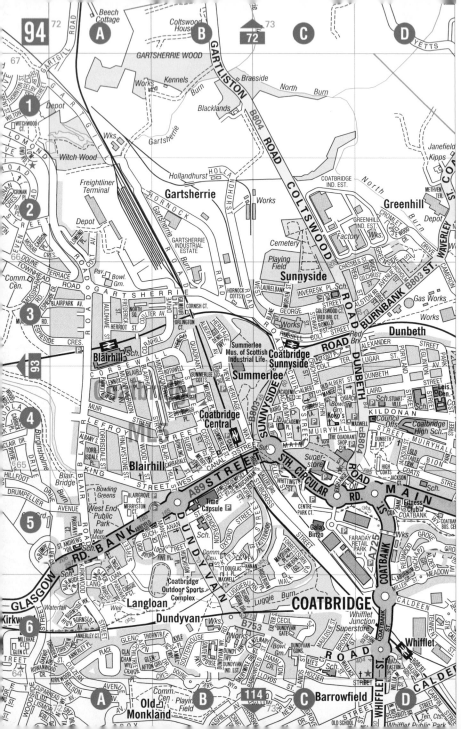

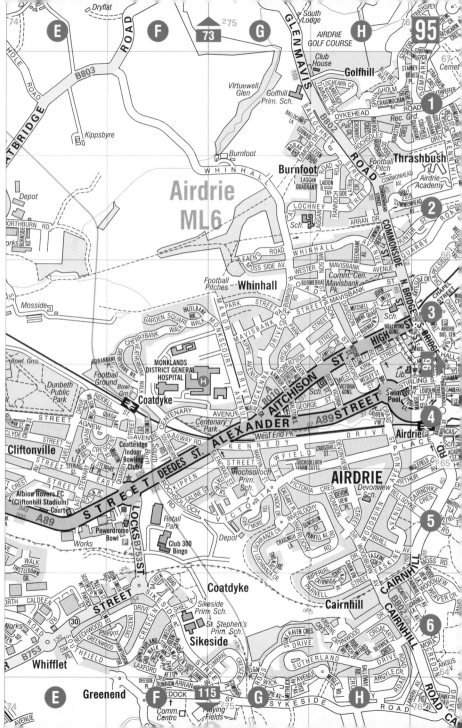

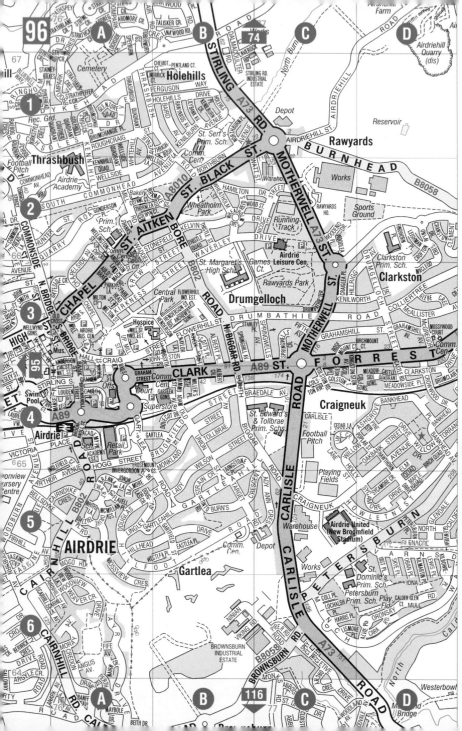

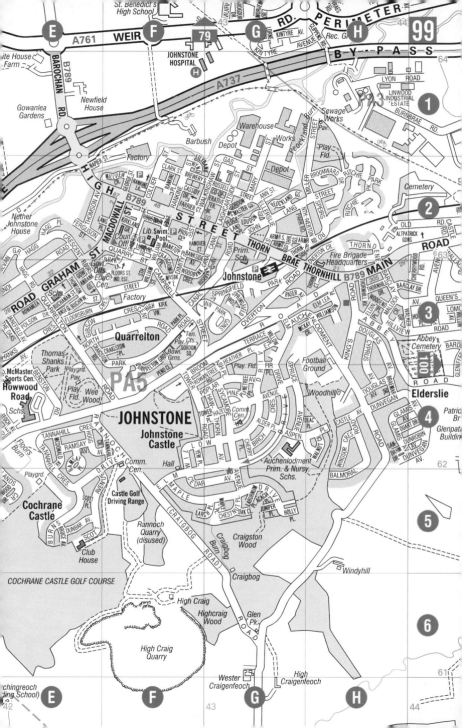

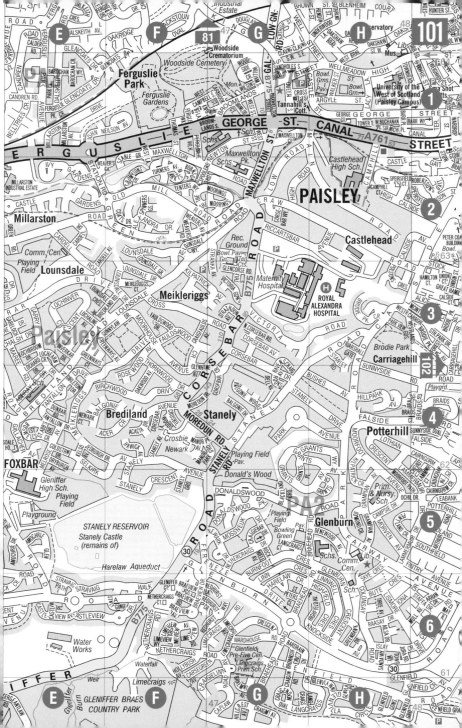

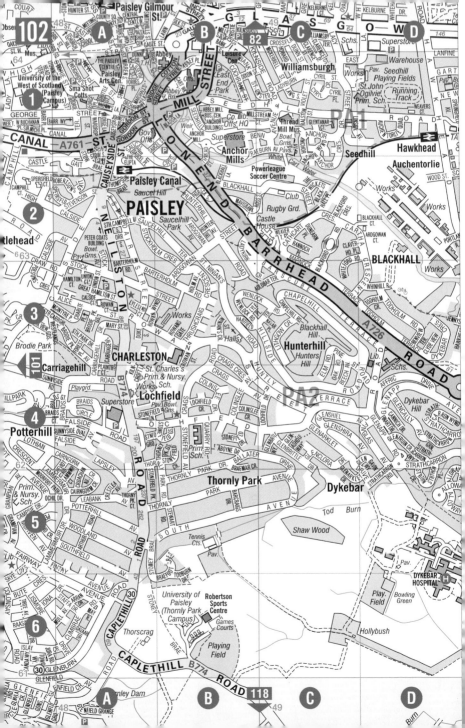

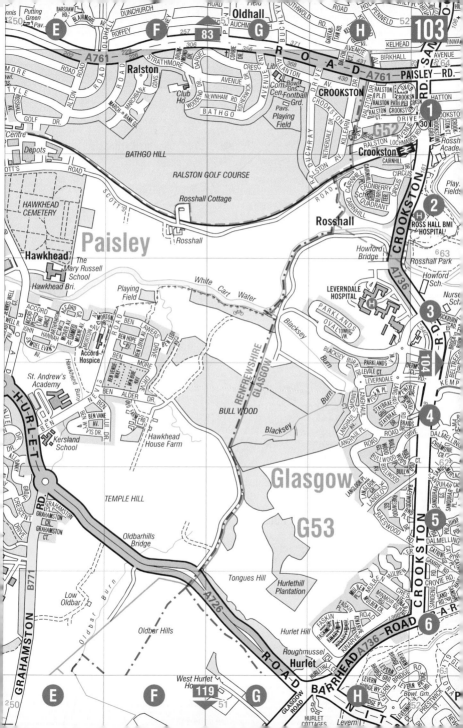

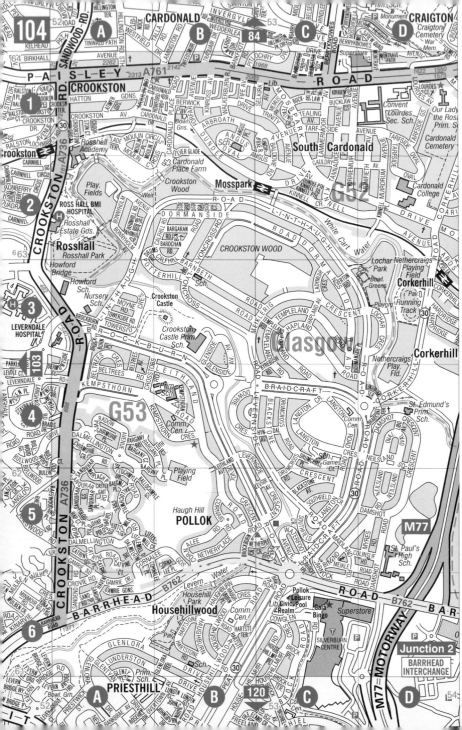

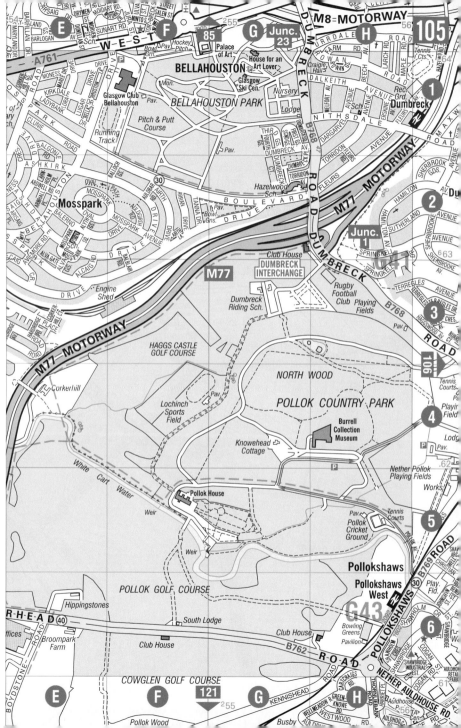

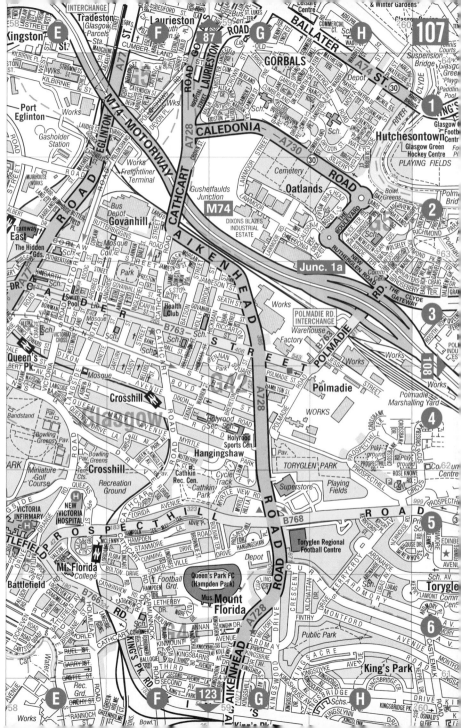

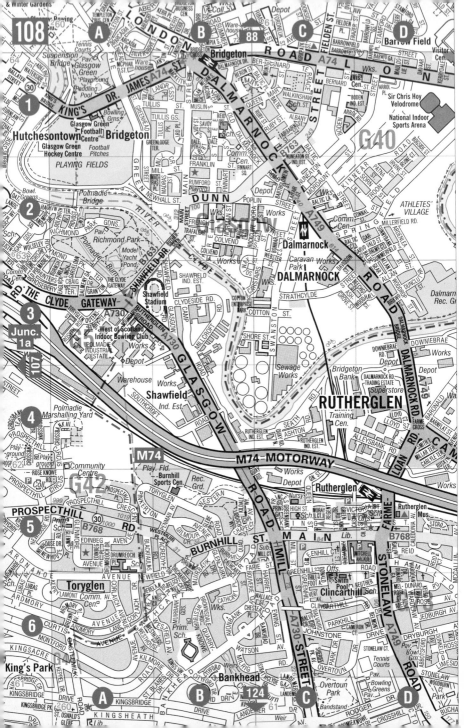

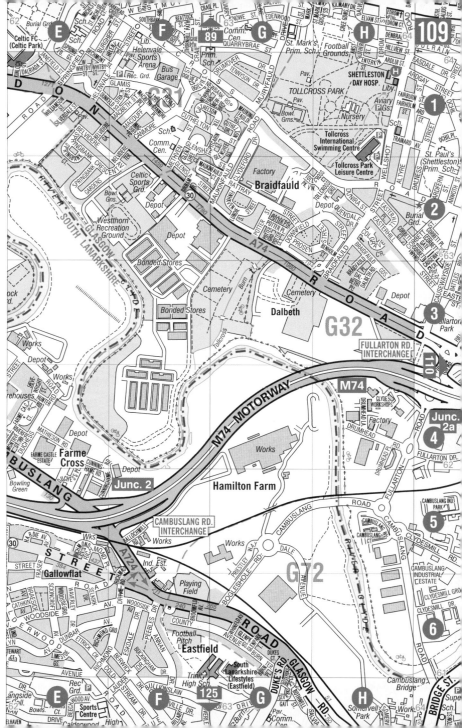

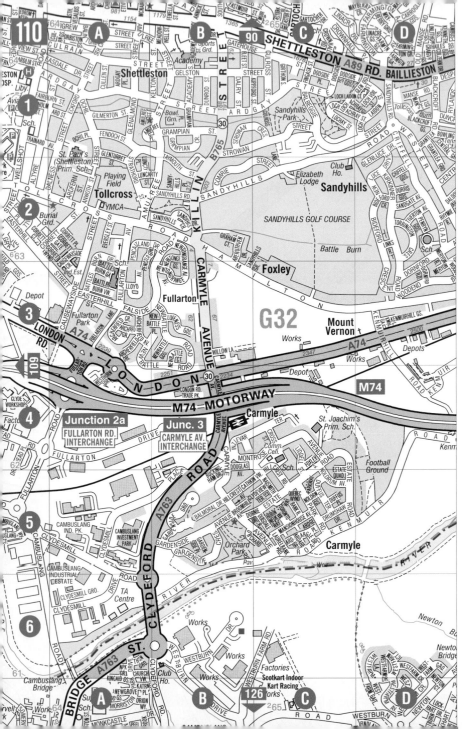

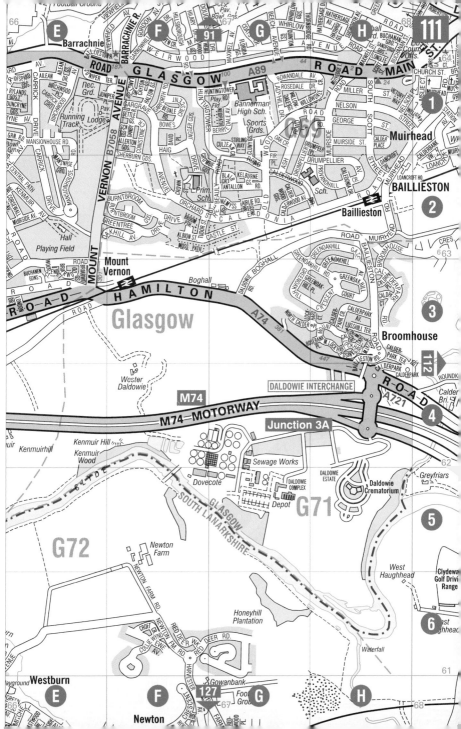

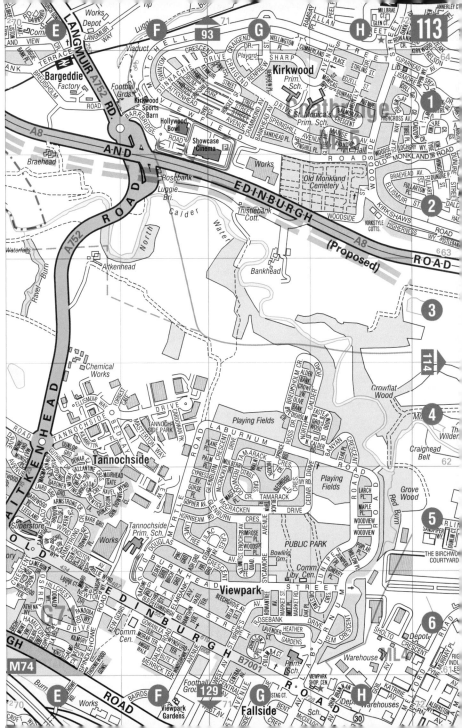

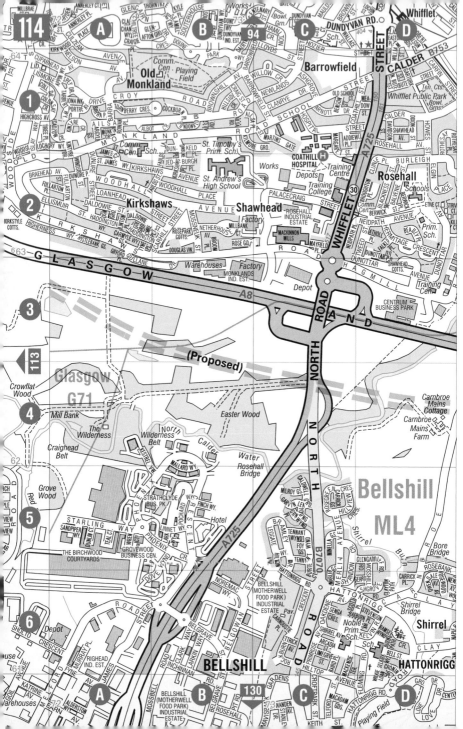

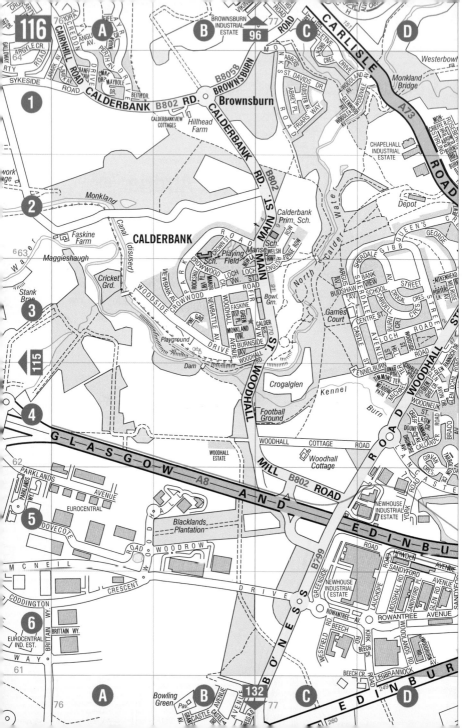

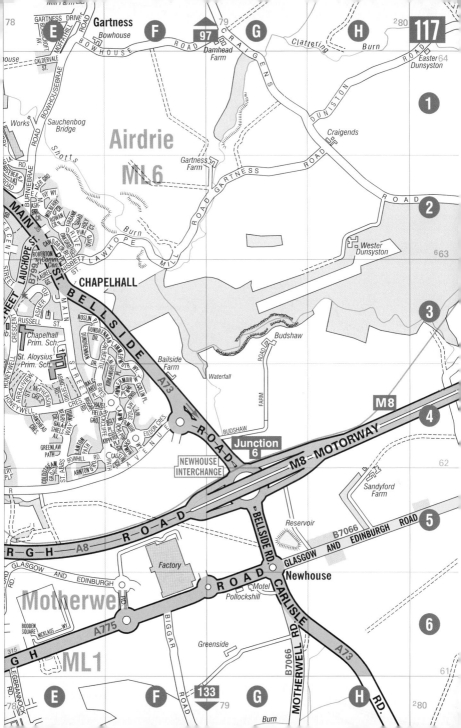

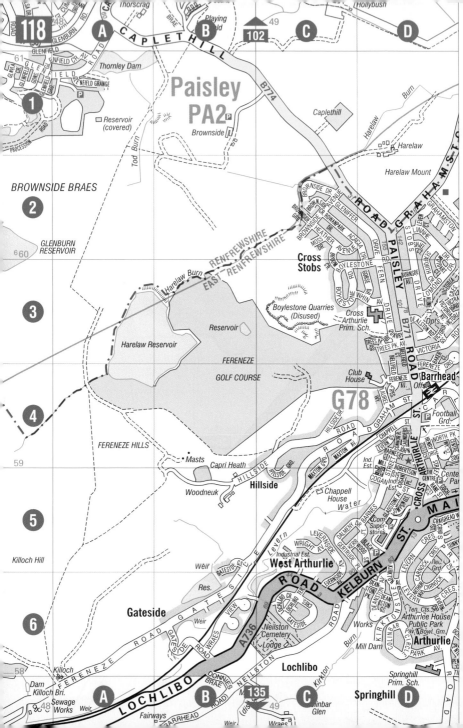

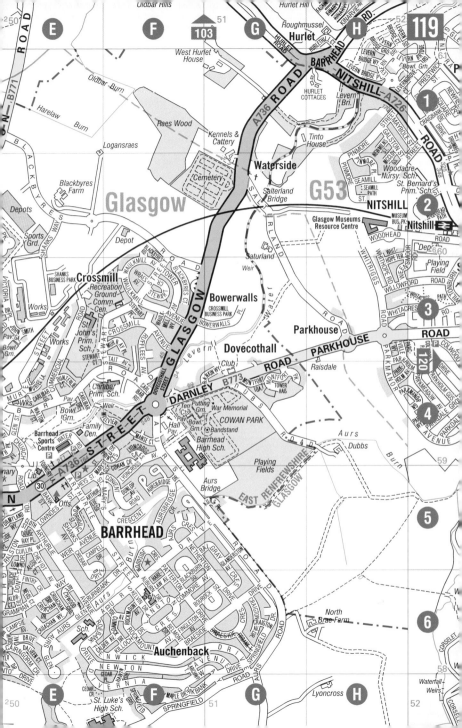

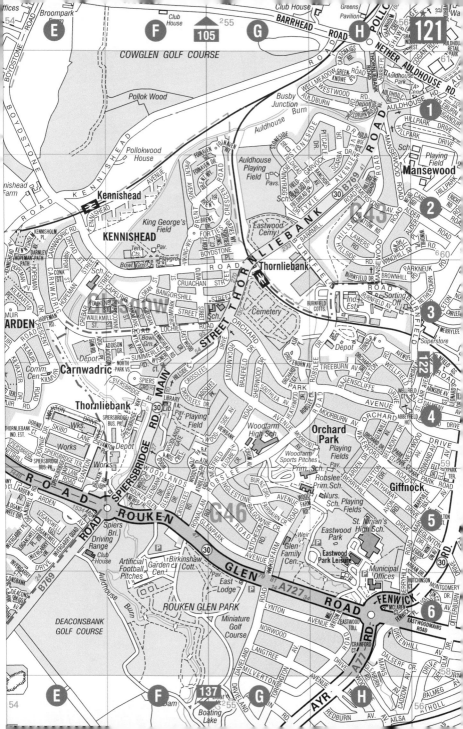

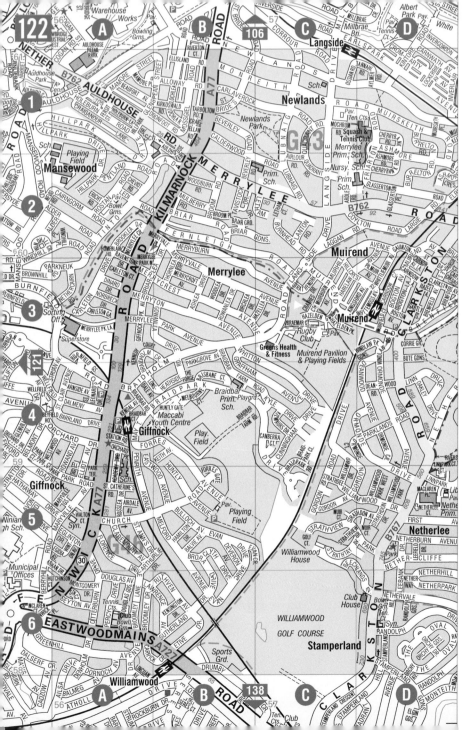

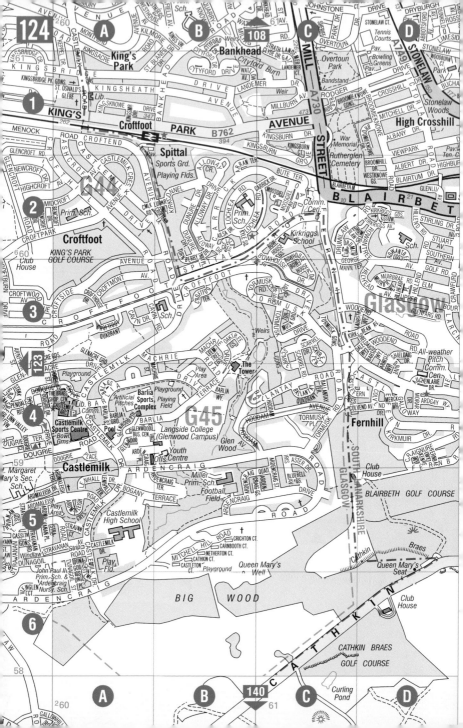

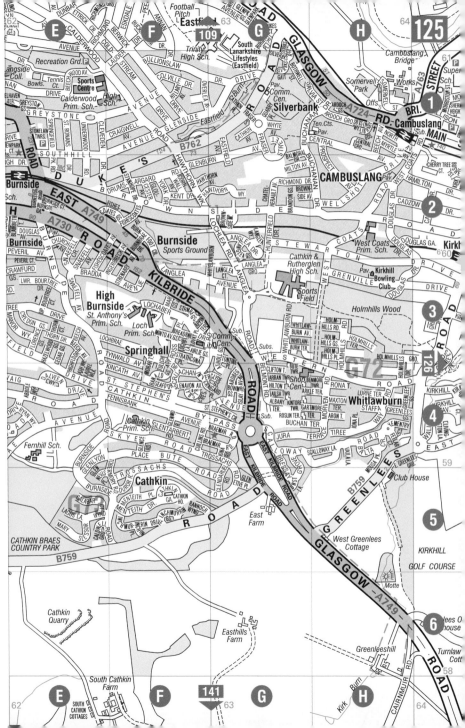

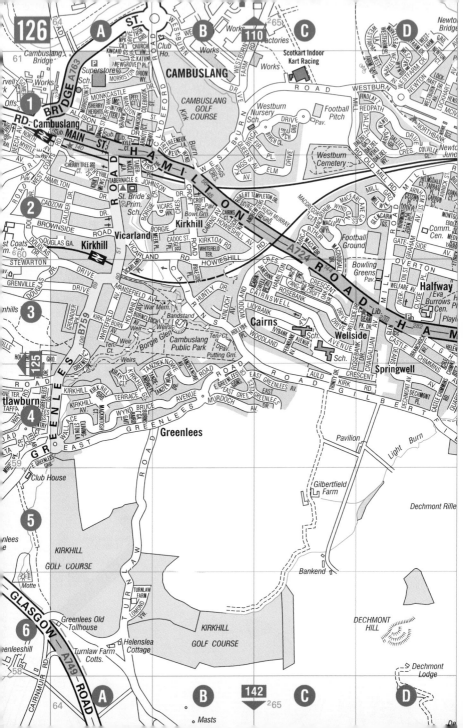

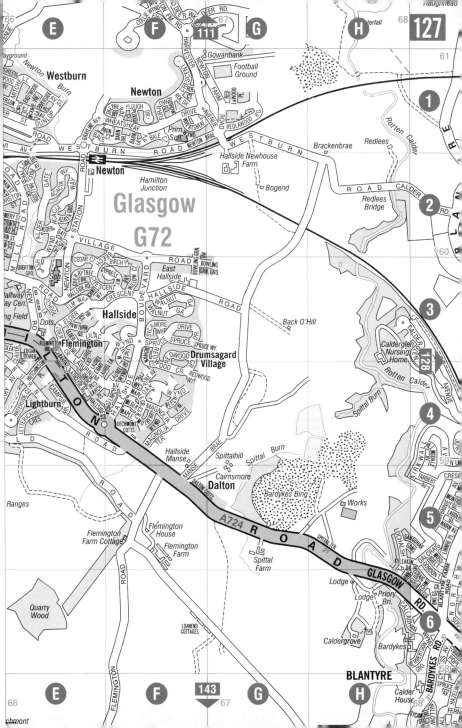

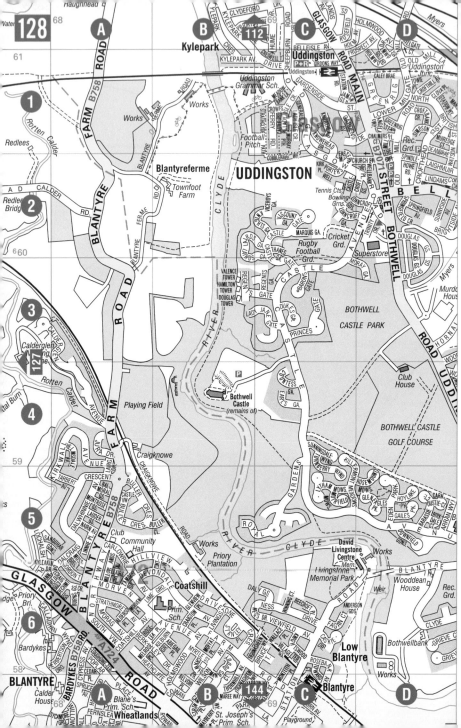

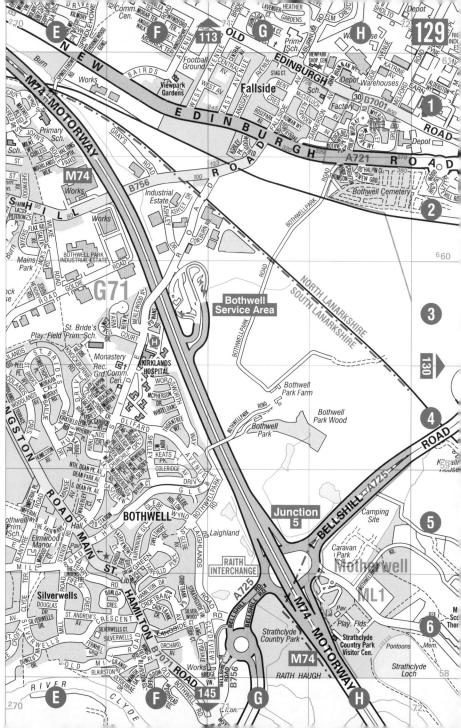

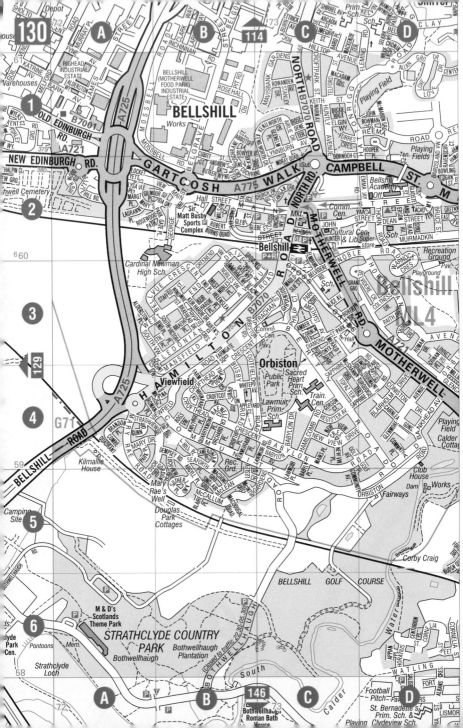

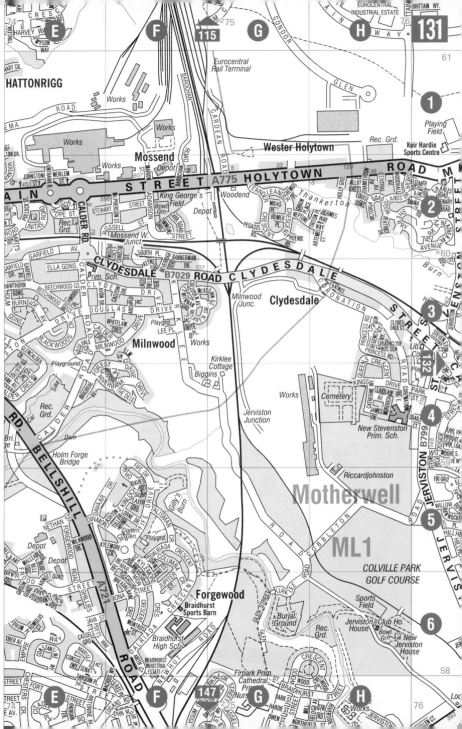

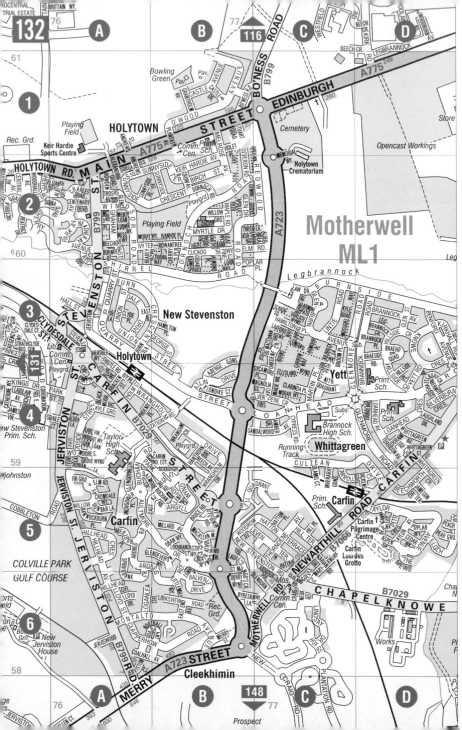

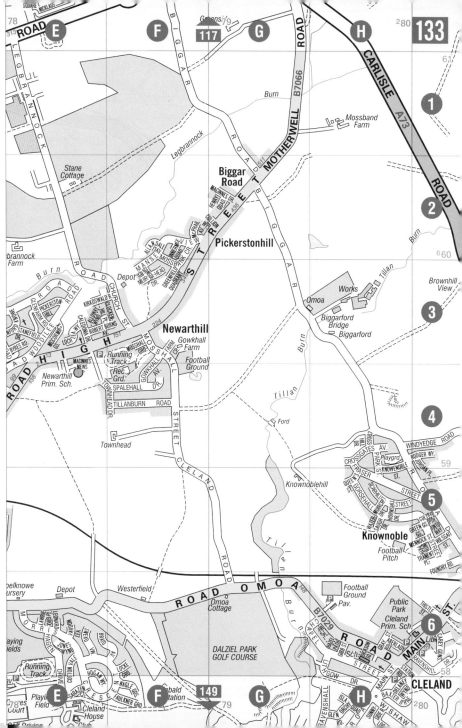

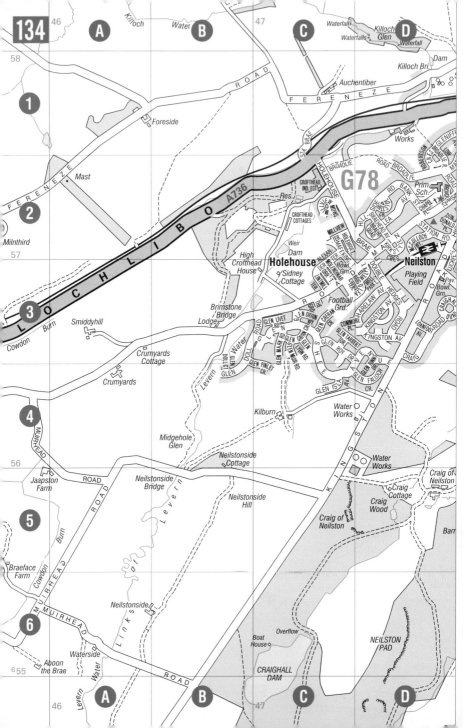

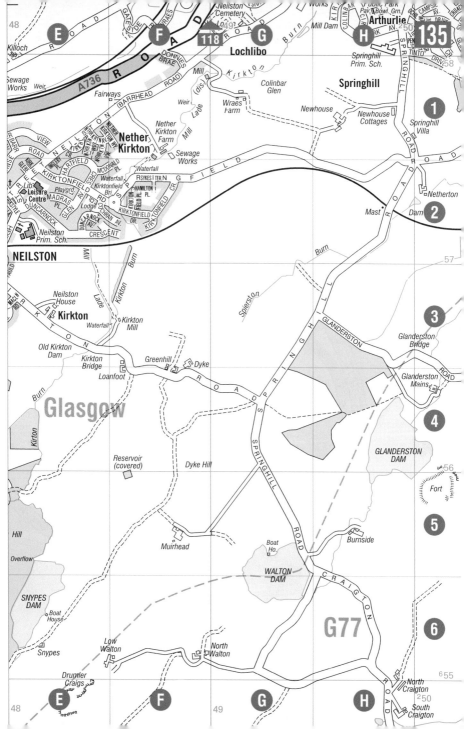

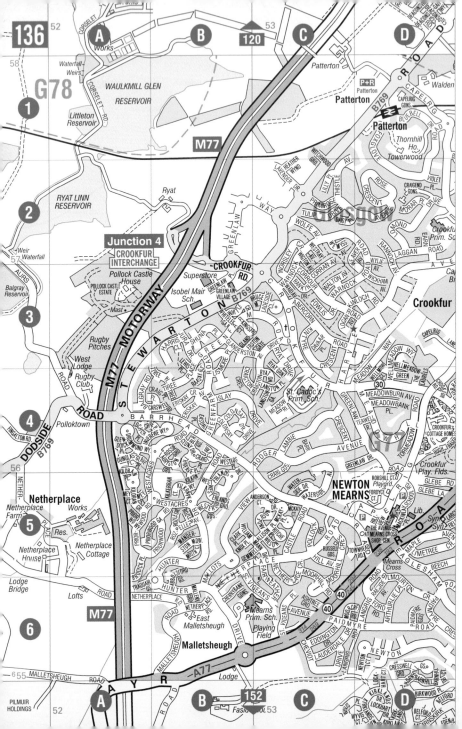

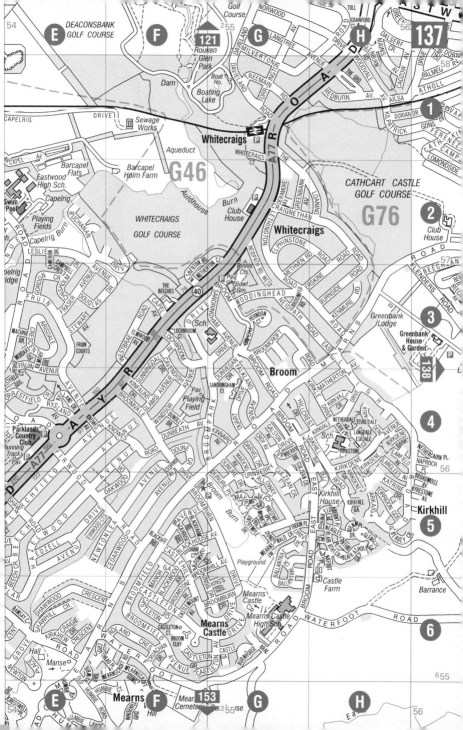

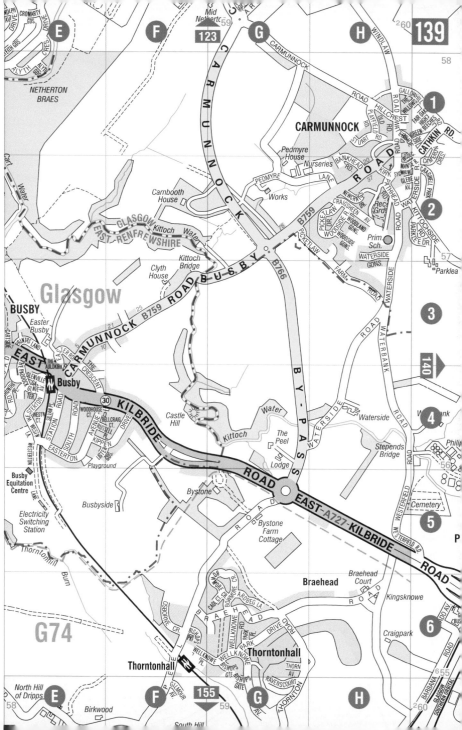

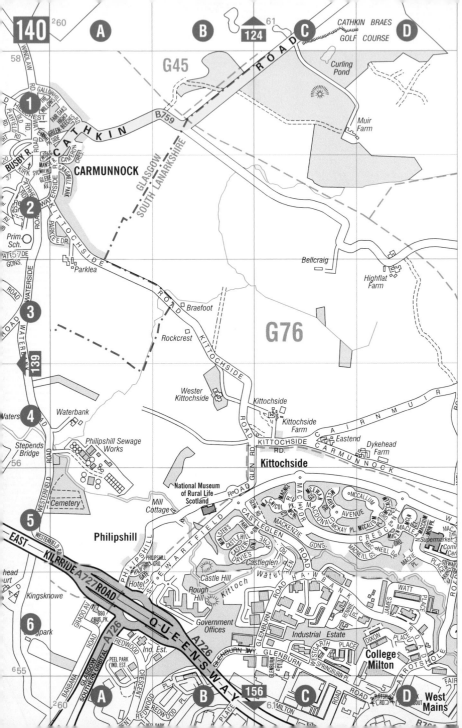

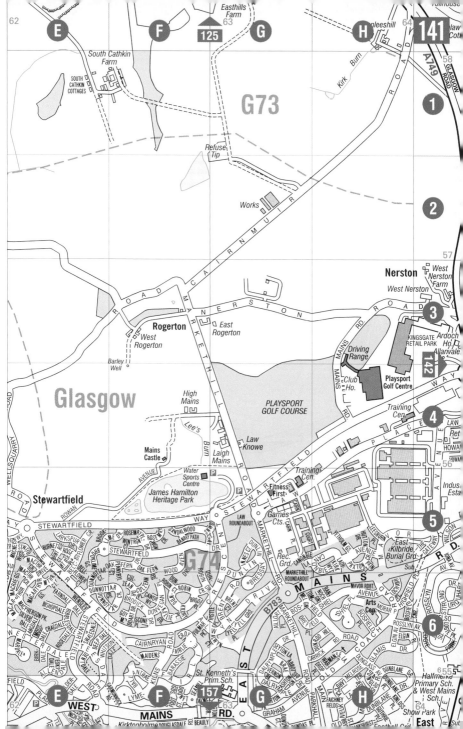

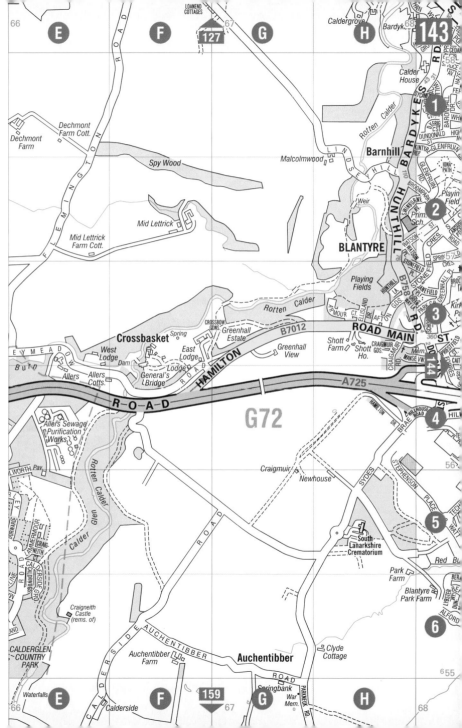

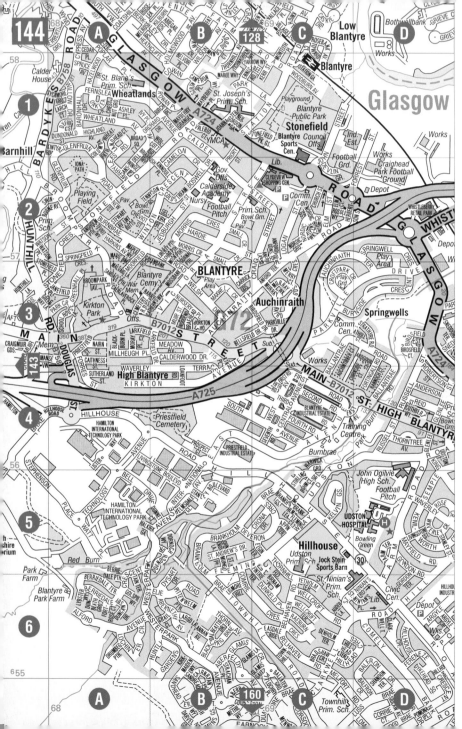

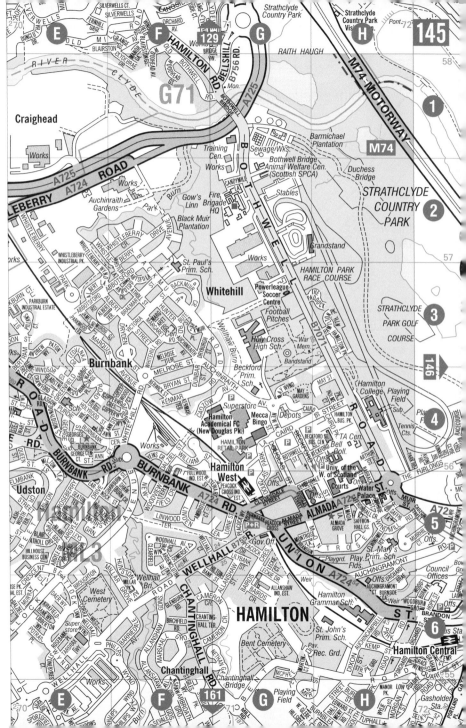

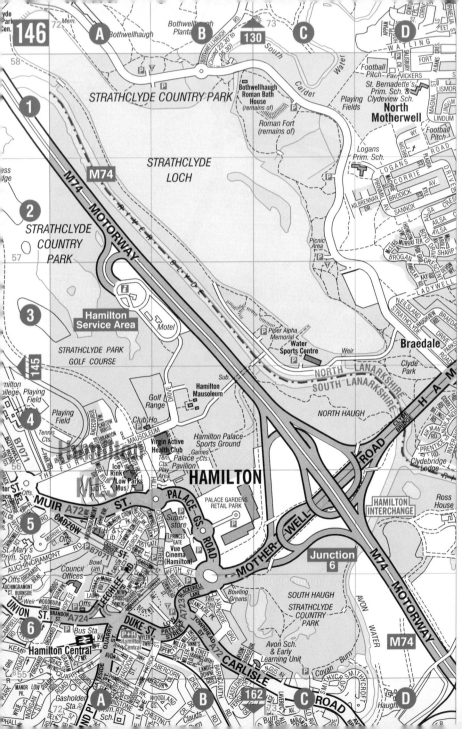

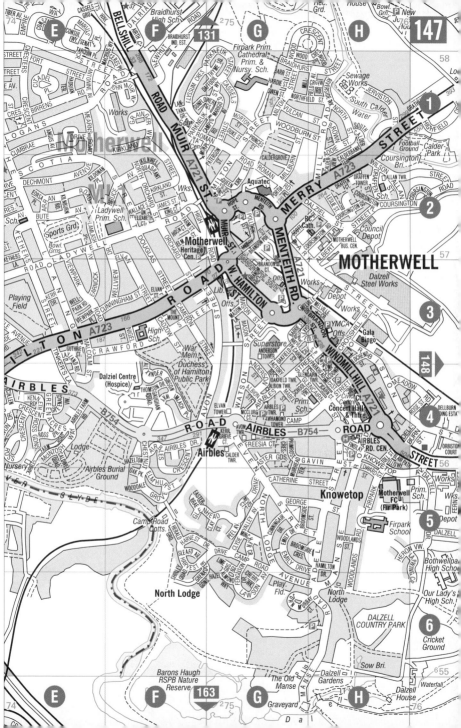

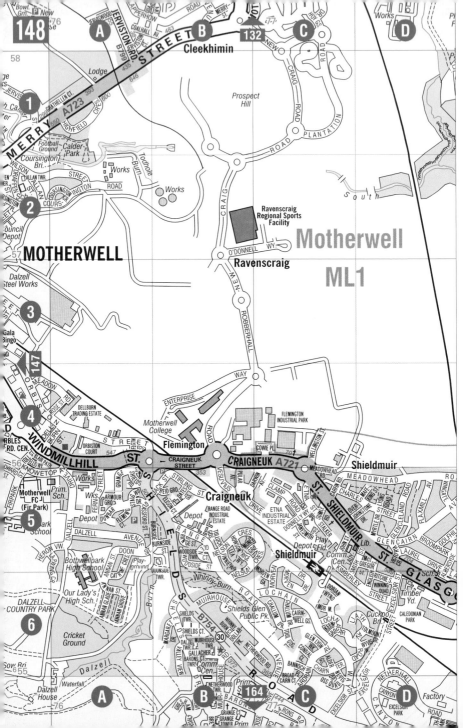

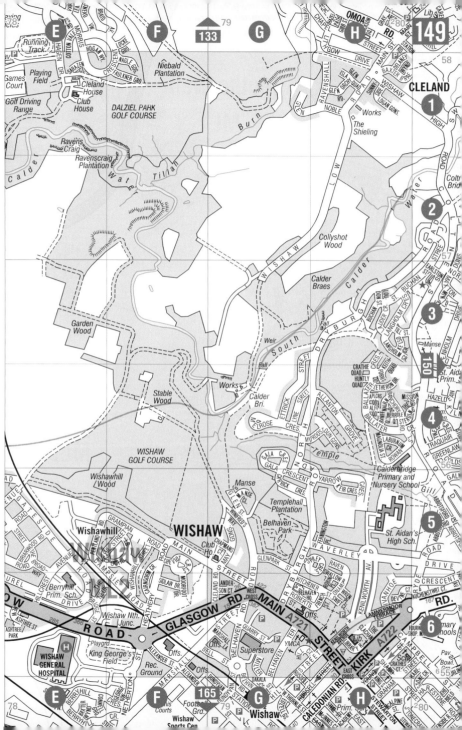

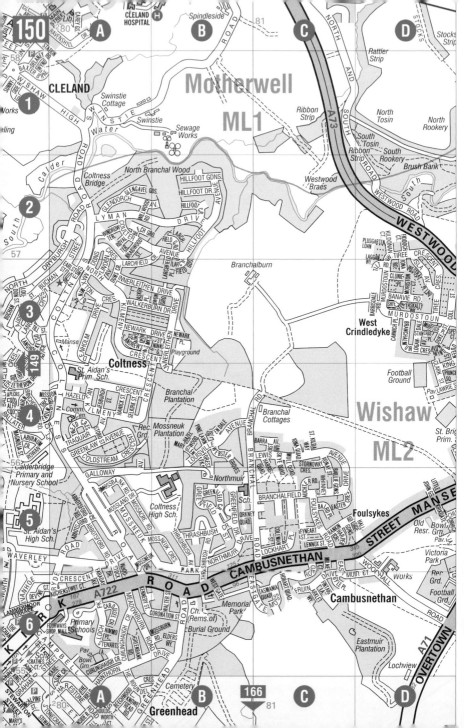

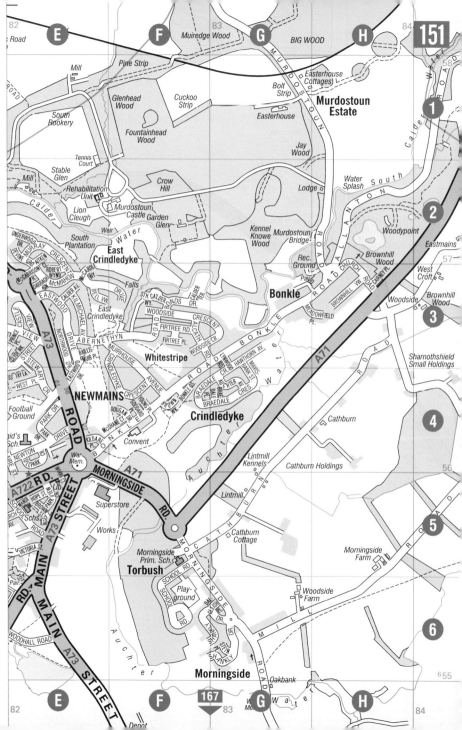

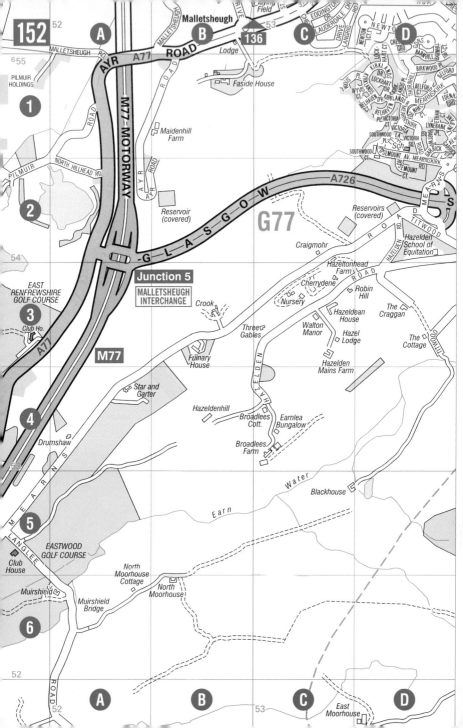

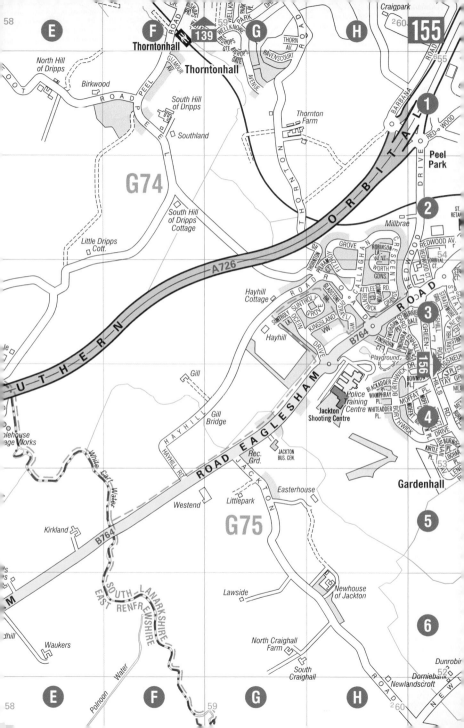

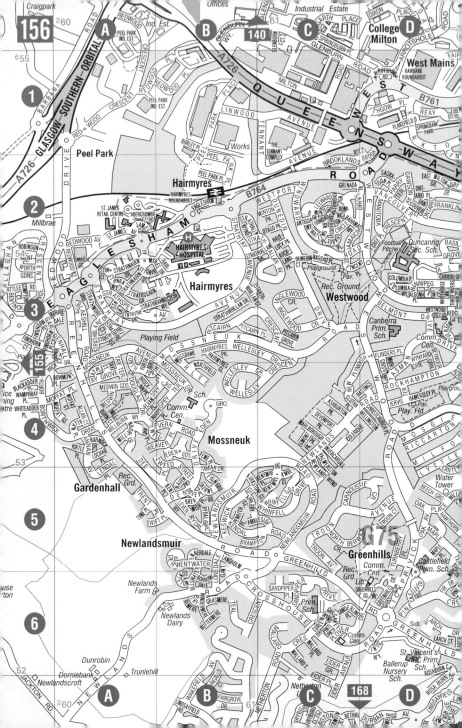

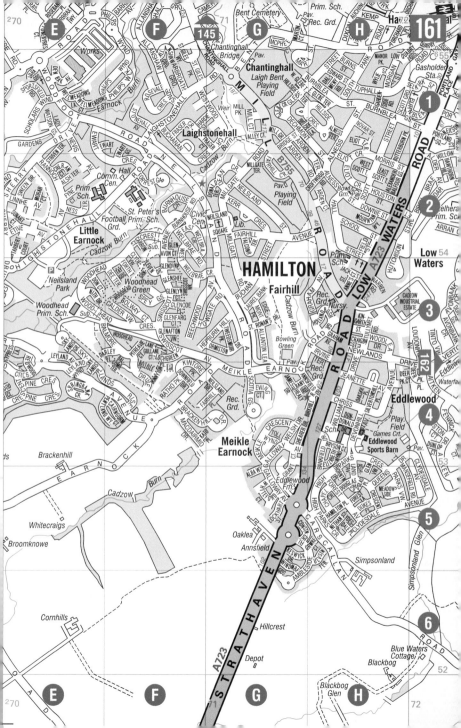

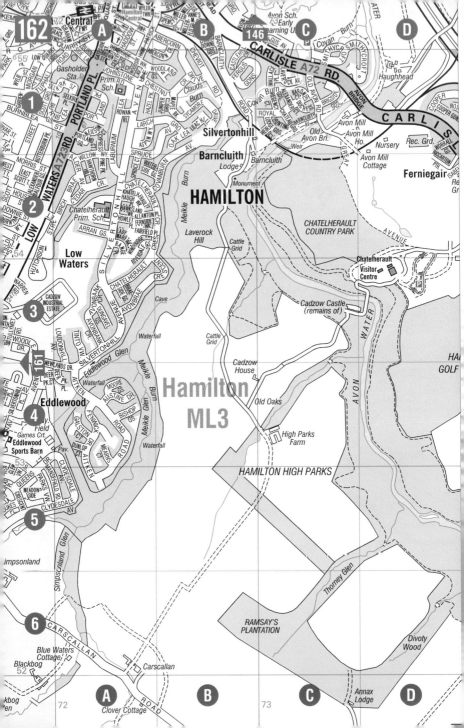

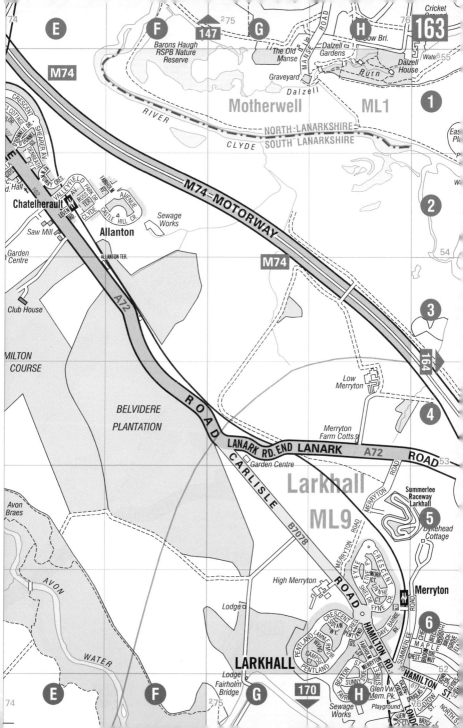

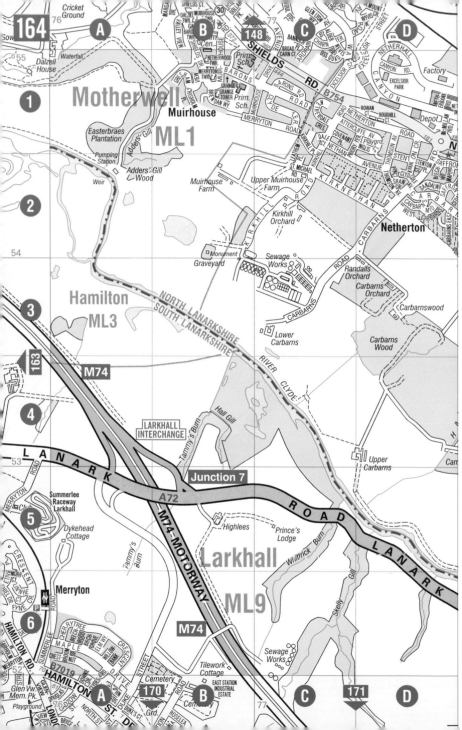

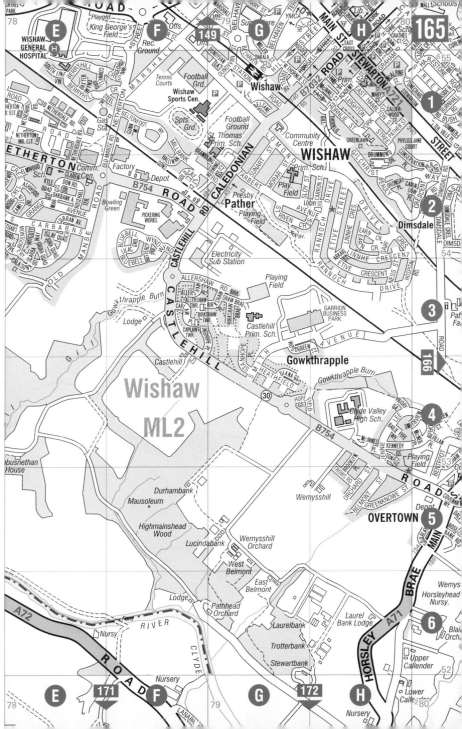

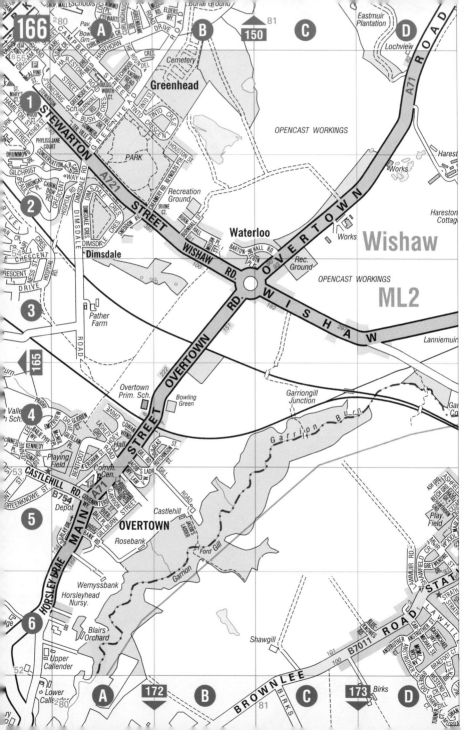

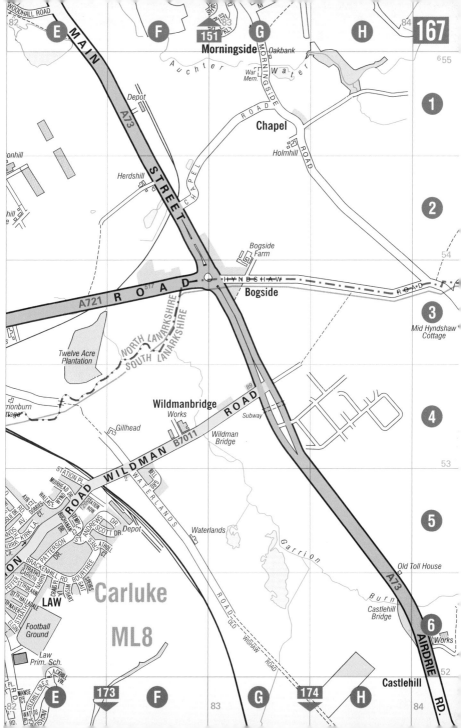

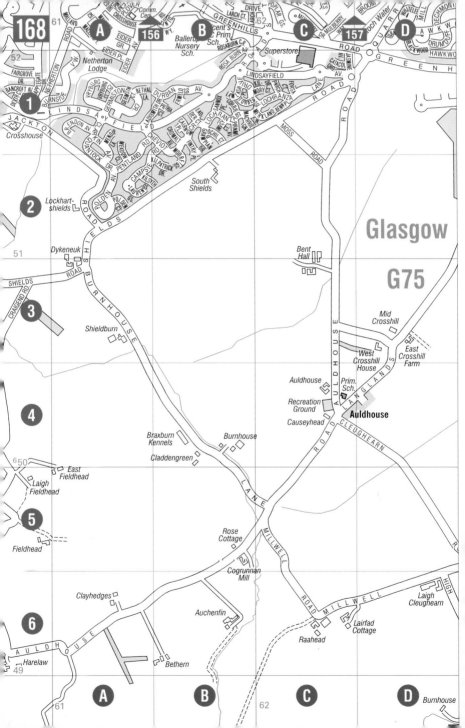

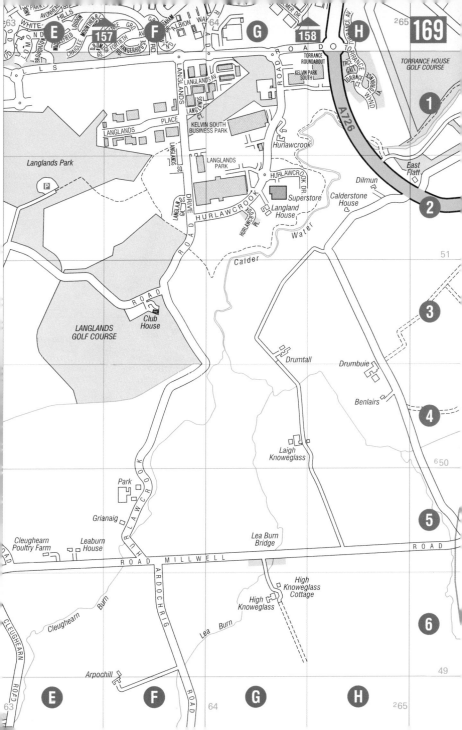

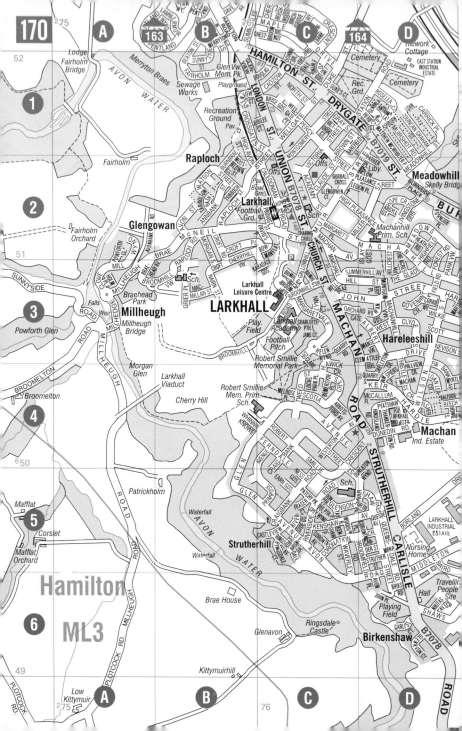

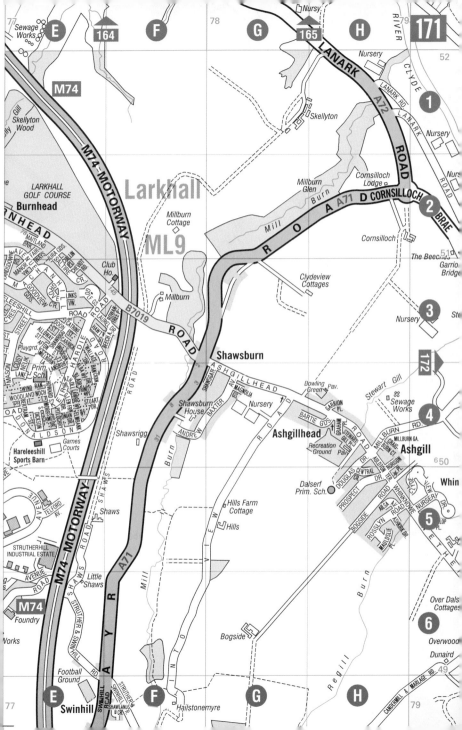

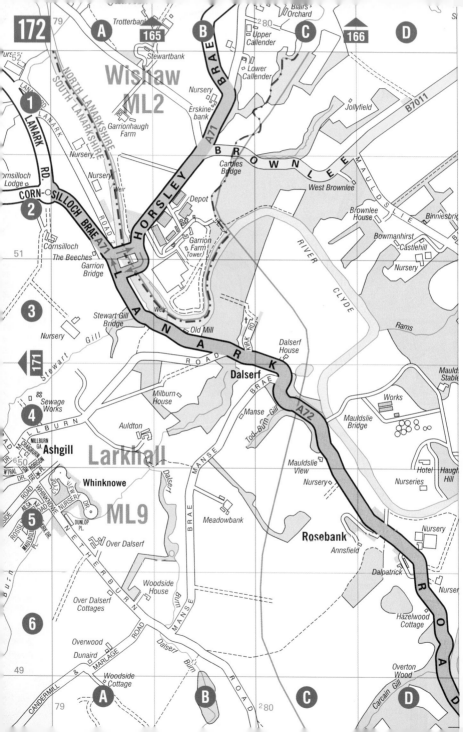

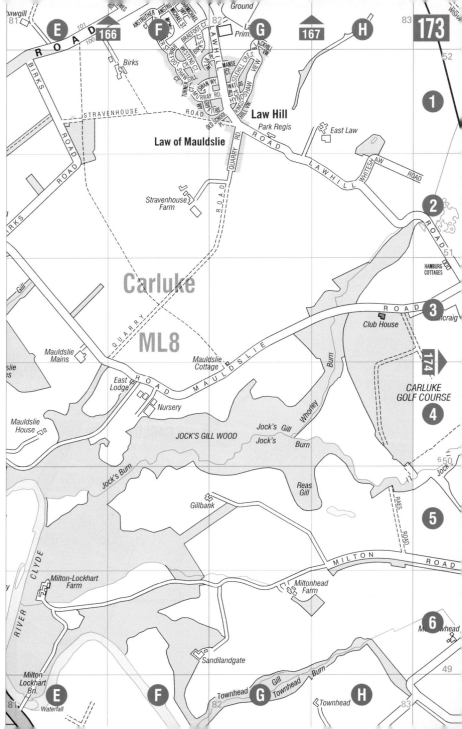

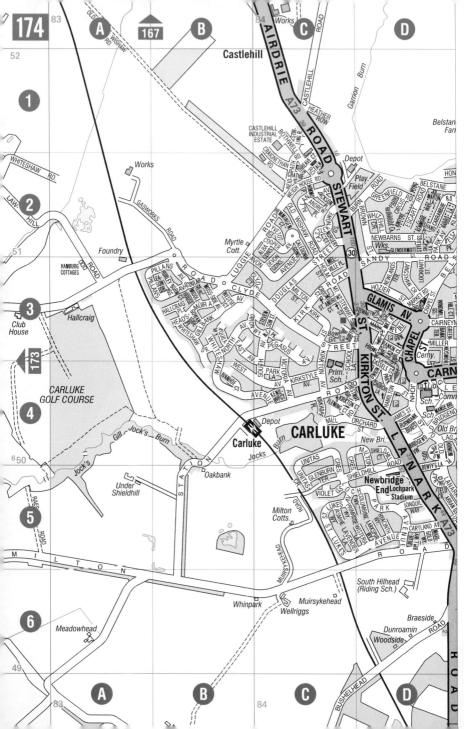

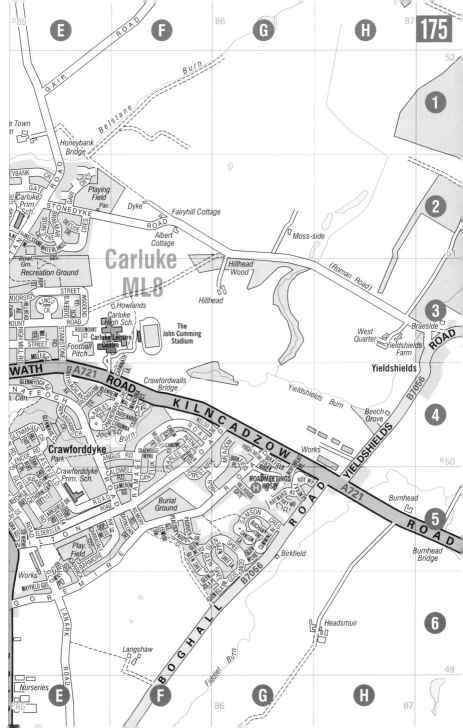

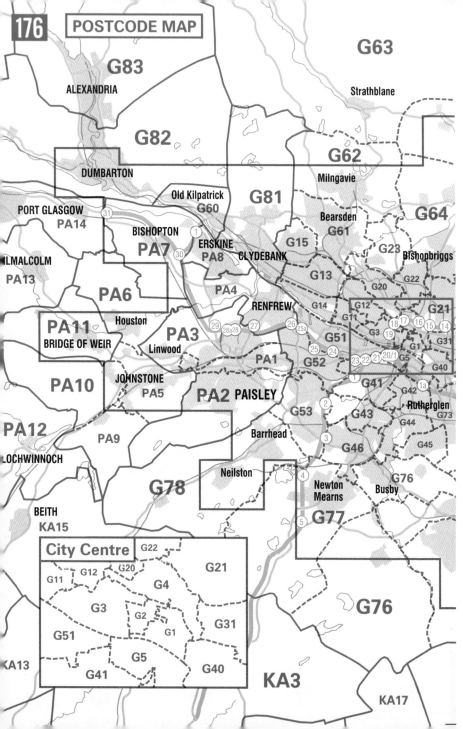

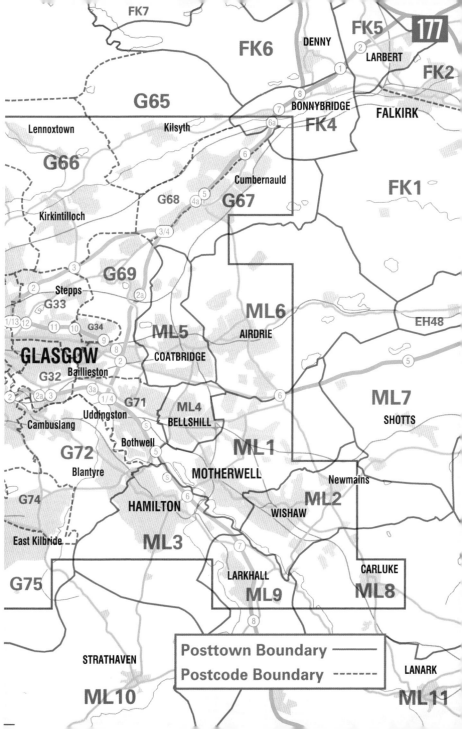

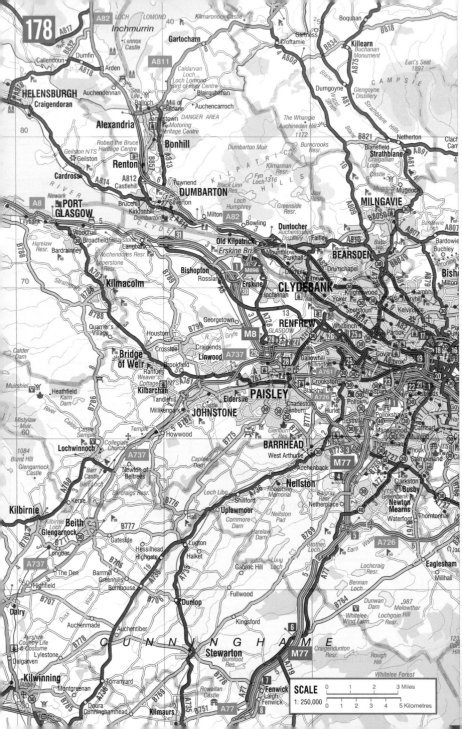

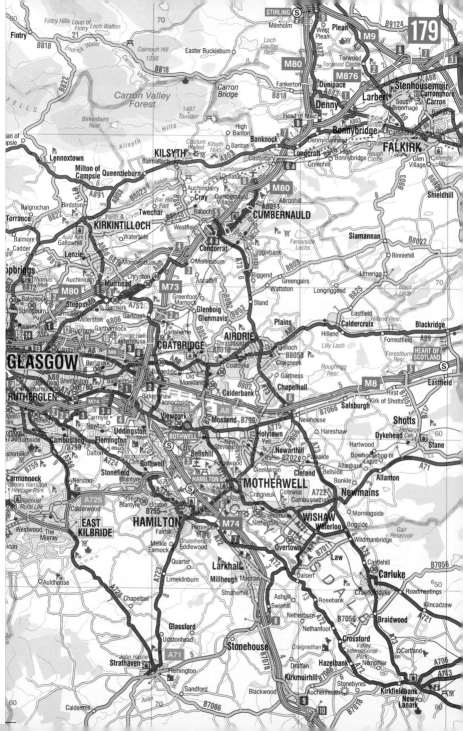

INDEX

Including Streets, Places & Areas, Industrial Estates, Selected Flats & Walkways,
Junction Names & Service Areas, Stations and Selected Places of Interest.

HOW TO USE THIS INDEX

1. Each street name is followed by its Postcode District, then by its Locality abbreviation(s) and then by its map reference;
   e.g. **Abbeycraig Rd.** G34: Glas . . . .2B **92** is in the G34 Postcode District and the Glasgow Locality and is to be found in square 2B on page **92**. The page number is shown in bold type.

2. A strict alphabetical order is followed in which Av., Rd., St., etc. (though abbreviated) are read in full and as part of the street name;
   e.g. **Avon Bri.** appears after **Avonbrae Cres.** but before **Avonbridge Dr.**

3. Streets and a selection of flats and walkways that cannot be shown on the mapping, appear in the index with the thoroughfare
   to which they are connected shown in brackets; e.g. **Abbey Wlk.** *G69: Barg* . . . .6D **92** *(off Abercrombie Cres.)*

4. Addresses that are in more than one part are referred to as not continuous.

5. Places and areas are shown in the index in BLUE TYPE and the map reference is to the actual map square in which the
   town centre or area is located and not to the place name shown on the map; e.g. **AIRDRIE** 4A **96**

6. An example of a selected place of interest is **Anatomy Mus.** 1B **86**

7. An example of a station is **Airbles Station (Rail)** . . . .4G **147**. Included are Rail **(Rail)**, Underground **(Underground)** and Park & Ride.
   e.g. **Bellshill (Park & Ride)** 2C **130**

8. Junction names and Service Areas are shown in the index in **BOLD CAPITAL TYPE**; e.g. **ARKLESTON INTERCHANGE** 3C **82**

9. Map references for entries that appear on large scale pages **4-7** are shown first, with small scale map references shown in brackets;
   e.g. **Anderston Quay** G3: Glas 6G **5** (5D **86**)

GENERAL ABBREVIATIONS

Arc. : Arcade	**Flds.** : Fields	**Pde.** : Parade
Av. : Avenue	**Gdns.** : Gardens	**Pk.** : Park
Bk. : Back	**Ga.** : Gate	**Pas.** : Passage
Blvd. : Boulevard	**Gt.** : Great	**Pl.** : Place
Bri. : Bridge	**Grn.** : Green	**Quad.** : Quadrant
Bldg. : Building	**Gro.** : Grove	**Ri.** : Rise
Bldgs. : Buildings	**Hgts.** : Heights	**Rd.** : Road
Bus. : Business	**Ho.** : House	**Rdbt.** : Roundabout
Cen. : Centre	**Ind.** : Industrial	**Shop.** : Shopping
Circ. : Circle	**Info.** : Information	**Sth.** : South
Cir. : Circus	**Intl.** : International	**Sq.** : Square
Cl. : Close	**Junc.** : Junction	**Sta.** : Station
Comn. : Common	**La.** : Lane	**St.** : Street
Cnr. : Corner	**Lit.** : Little	**Ter.** : Terrace
Cott. : Cottage	**Lwr.** : Lower	**Twr.** : Tower
Cotts. : Cottages	**Mnr.** : Manor	**Trad.** : Trading
Ct. : Court	**Mans.** : Mansions	**Up.** : Upper
Cres. : Crescent	**Mkt.** : Market	**Va.** : Vale
Cft. : Croft	**Mdw.** : Meadow	**Vw.** : View
Dr. : Drive	**Mdws.** : Meadows	**Vs.** : Villas
E. : East	**M.** : Mews	**Vis.** : Visitors
Ent. : Enterprise	**Mt.** : Mount	**Wlk.** : Walk
Est. : Estate	**Mus.** : Museum	**W.** : West
Fld. : Field	**Nth.** : North	**Yd.** : Yard

LOCALITY ABBREVIATIONS

Air : **Airdrie**	B'rig : **Bishopbriggs**	Chap : **Chapelhall**
Alla : **Allandale**	B'ton : **Bishopton**	Chry : **Chryston**
Allan : **Allanton**	Blan : **Blantyre**	Clar : **Clarkston**
Anna : **Annathill**	Bnth : **Bothwell**	Cle : **Cleland**
Ashg : **Ashgill**	Bowl : **Bowling**	Clyd : **Clydebank**
A'loch : **Auchinloch**	Braid : **Braidwood**	Coat : **Coatbridge**
Bail : **Baillieston**	Bri W : **Bridge of Weir**	Crsfd : **Crossford**
Balder : **Baldernock**	Brkfld : **Brookfield**	C'lee : **Crosslee**
Balm : **Balmore**	Busby : **Busby**	Croy : **Croy**
Bank : **Banknock**	C'bnk : **Calderbank**	Cumb : **Cumbernauld**
Bant : **Banton**	Camb : **Cambuslang**	Dals : **Dalserf**
Bard : **Bardowie**	Cam G : **Campsie Glen**	Dull : **Dullatur**
Barg : **Bargeddie**	Carf : **Carfin**	Dumb : **Dumbarton**
Barr : **Barrhead**	Carl : **Carluke**	Dun : **Duntocher**
Bear : **Bearsden**	Crmck : **Carmunnock**	Eag : **Eaglesham**
Bell : **Bellshill**	Carm : **Carmyle**	E Kil : **East Kilbride**
Birk : **Birkenshaw**	C'cry : **Castlecary**	Eld : **Elderslie**

Ersk : **Erskine**
Faif : **Faifley**
Fern : **Ferniegair**
Flem : **Flemington**
G'csh : **Gartcosh**
Gart : **Gartness**
Giff : **Giffnock**
Glas : **Glasgow**
Glas A : **Glasgow Airport**
Glenb : **Glenboig**
Glenm : **Glenmavis**
Grng : **Greengairs**
Hag : **Haggs**
Ham : **Hamilton**
Hard : **Hardgate**
Hill E : **Hillington Industrial Estate**
Holy : **Holytown**
Hous : **Houston**
How : **Howwood**
Inch : **Inchinnan**
John : **Johnstone**
Kilba : **Kilbarchan**
Kils : **Kilsyth**
Kirkin : **Kirkintilloch**

Lang : **Langbank**
Lark : **Larkhall**
Law : **Law**
Len : **Lennoxtown**
Lenz : **Lenzie**
Lin : **Linwood**
Longc : **Longcroft**
Mille : **Millerston**
Miln : **Milngavie**
Milt : **Milton**
Milt C : **Milton of Campsie**
Mollin : **Mollinsburn**
Mood : **Moodiesburn**
Moss : **Mossend**
Moth : **Motherwell**
Muirh : **Muirhead**
Neil : **Neilston**
Ners : **Nerston**
Neth : **Netherlee**
N'hill : **Newarthill**
N'hse : **Newhouse**
Newm : **Newmains**
New S : **New Stevenston**
Newt : **Newton**

Newt M : **Newton Mearns**
Old K : **Old Kilpatrick**
Over : **Overtown**
Pais : **Paisley**
Plain : **Plains**
Quarr V : **Quarriers Village**
Queen : **Queenzieburn**
Renf : **Renfrew**
Rigg : **Riggend**
Roger : **Rogerton**
Roseb : **Rosebank**
Ruth : **Rutherglen**
Shaw : **Shawsburn**
Step : **Stepps**
Tann : **Tannochside**
T'bnk : **Thornliebank**
T'hall : **Thorntonhall**
Torr : **Torrance**
Twe : **Twechar**
Udd : **Uddingston**
View : **Viewpark**
Water : **Waterfoot**
Wis : **Wishaw**

A

Abbey Cl. PA1: Pais 1A **102**
Abbeycraig Rd. G34: Glas 2B **92**
Abbeydale Way G73: Ruth 4E **125**
Abbey Dr. G14: Glas 5E **63**
Abbeyfield Ho. G46: Giff 4H **121**
 ML5: Coat 5A **94**
Abbeygreen St. G34: Glas 2C **92**
Abbeyhill St. G32: Glas 4G **89**
Abbeylands Rd. G81: Faif 6E **25**
Abbey Mill Bus. Cen.
 PA1: Pais 1B **102**
Abbey Pl. ML6: Air 1C **116**
 PA1: Pais 1B **102**
Abbey Rd. PA5: Eld 3H **99**
Abbey Wlk. *G69: Barg* *6D 92*
  (off Abercrombie Cres.)
 ML9: Lark *1D 170*
  (off Carrick Pl.)
Abbotsburn Way *PA3: Pais* 3H **81**
Abbotsford G64: B'rig 5E **51**
Abbotsford Rd. G73: Ruth 6D **108**
 ML3: Ham 3F **145**
 ML9: Lark 4C **170**
Abbotsford Brae G74: E Kil 6G **141**
Abbotsford Ct. G67: Cumb 6H **37**
Abbotsford Cres. ML2: Wis 5A **150**
 ML3: Ham 3F **145**
 PA2: Pais 6B **100**
Abbotsford Dr. G66: Kirkin 5E **33**
Abbotsford Gdns. G77: Newt M 6B **136**
Abbotsford La. ML3: Ham 3F **145**
 ML4: Bell 1B **130**
Abbotsford Pl. G5: Glas 1F **107**
  (not continuous)
 G67: Cumb 6H **37**
 ML1: Holy *2B 132*
  (off Ivy Ter.)
Abbotsford Rd. G61: Bear 1C **46**
 G67: Cumb 6H **37**
 G81: Clyd 6D **44**
 ML2: Wis 5A **150**
 ML3: Ham 3E **145**
 ML6: Chap 4E **117**
Abbotshall Av. G15: Glas 4G **45**
Abbotsinch Rd PA4: Renf 6B **60**
Abbotsinch Rd. PA3: Glas A 2A **82**
Abbots Ter. ML6: Air 1C **116**
Abbot St. G41: Glas 4C **106**
 PA3: Pais 5B **82**

Abbott Cres. G81: Clyd 1F **61**
Abbotts Ct. G68: Dull 4F **15**
Aberconway St. G81: Clyd 1E **61**
Abercorn Av. G52: Hill E 3G **83**
Abercorn Cres. ML3: Ham 1B **162**
Abercorn Dr. ML3: Ham 6B **146**
Abercorn Ind. Est. PA3: Pais 5B **82**
Abercorn Pl. G23: Glas 6C **48**
Abercorn Rd. G77: Newt M 3C **136**
Abercorn St. G81: Faif 6G **25**
 PA3: Pais 6A **82**
Abercrombie Cres. G69: Barg 6D **92**
Abercrombie Dr. G61: Bear 5B **26**
Abercrombie Ho. G75: E Kil 2A **156**
Abercrombie Pl. G65: Kils 2F **13**
Abercromby Cres. G74: E Kil 6B **142**
Abercromby Dr. G40: Glas 5B **88**
Abercromby Pl. G74: E Kil 6B **142**
Abercromby Sq. G40: Glas 5B **88**
Abercromby St. G40: Glas 6A **88**
  (not continuous)
Aberdalgie Gdns. G34: Glas 3H **91**
Aberdalgie Path *G34: Glas* *3H 91*
  (off Aberdalgie Rd.)
Aberdalgie Rd. G34: Glas 3H **91**
Aberdeen Rd. ML6: Chap 1D **116**
Aberdour Ct. G72: Blan 1B **160**
Aberdour St. G31: Glas 4E **89**
Aberfeldy Av. G72: Blan 6B **144**
 ML6: Plain 6F **75**
Aberfeldy St. G31: Glas 4E **89**
Aberfoyle St. G31: Glas 4E **89**
Aberlady Pl. G69: Barg 1E **111**
Aberlady Rd. G51: Glas 4E **85**
Aberlady St. ML1: Cle 6H **133**
Aberlour Pl. ML1: Carf 5A **132**
Abernethy Av. G72: Blan 6B **144**
Abernethy Dr. PA3: Lin 6G **79**
Abernethyn Rd. ML2: Newm 3E **151**
Abernethy Pk. G74: E Kil 1F **157**
Abernethy Pl. G77: Newt M 5H **137**
Abernethy St. G31: Glas 5E **89**
Aberuthven Dr. G32: Glas 2B **110**
Abiegail Pl. G72: Blan 6B **128**
Aboukir St. G51: Glas 3E **85**
Aboyne Dr. PA2: Pais 4B **102**
Aboyne St. G51: Glas 5F **85**
ABRONHILL 1E **39**
Abronhill Shop. Cen.
 G67: Cumb 1E **39**
Acacia Dr. G78: Barr 2C **118**
 PA2: Pais 4F **101**
Acacia Pl. PA5: John 5G **99**

Acacia Way G72: Camb, Flem 2E **127**
Academy Ct. ML5: Coat 4C **94**
Academy Gdns. G61: Bear 1F **47**
Academy Pk. G51: Glas 1A **106**
 ML6: Air 4A **96**
Academy Pl. ML5: Coat 4C **94**
Academy Rd. G46: Giff 5A **122**
Academy St. G32: Glas 1B **110**
 ML5: Coat 4C **94**
 ML6: Air 4A **96**
 ML9: Lark 2C **170**
Academy Ter. ML4: Bell 2D **130**
Accord Av. PA2: Pais 3E **103**
Accord Cres. PA2: Pais 3E **103**
Accord Pl. PA2: Pais 3E **103**
Acer Cres. PA2: Pais 4F **101**
Acer Gro. MI 6: Chap 2E **117**
Achamore Cres. G15: Glas 3G **45**
Achamore Dr. G15: Glas 3G **45**
Achamore Gdns. G15: Glas 3G **45**
Achamore Rd. G15: Glas 3G **45**
Achnasheen Rd. ML6: Air 5G **97**
Achray Dr. PA2: Pais 4E **101**
Achray Pl. G62: Miln 2D **26**
 ML5: Coat 2G **93**
Achray Rd. G67: Cumb 6D **36**
Acorn Ct. G40: Glas 1B **108**
Acorn St. G40: Glas 1B **108**
Acre Dr. G20: Glas 6H **47**
Acredyke Cres. G21: Glas 2E **67**
Acredyke Pl. G21: Glas 3E **67**
Acredyke Rd. G21: Glas 2D **66**
 G73: Ruth 5B **108**
Acre Rd. G20: Glas 6H **47**
Acres, The ML9: Lark 3D **170**
Acre Valley Rd. G64: Torr 3D **30**
Adam Av. ML6: Air 4B **96**
Adams Ct. La. G1: Glas 6C **6** (5F **87**)
Adamslie Cres. G66: Kirkin 5A **32**
Adamslie Dr. G66: Kirkin 5A **32**
Adamson St. ML4: Moss 2F **131**
Adams Pl. G65: Kils 3H **13**
Adamswell St. G21: Glas 6A **66**
Adamswell Ter. G69: Mood 5E **55**
Addie St. ML1: Moth 1H **147**
Addiewell Pl. ML5: Coat 1C **114**
Addiewell St. G32: Glas 4A **90**
Addison Gro. G46: T'bnk 3F **121**
Addison Pl. G46: T'bnk 3F **121**
Addison Rd. G12: Glas 5B **64**
 G46: T'bnk 3E **121**
Adelaide Ct. G81: Clyd 2H **43**

Adelaide Rd. G75: E Kil 4D 156
Adele St. ML1: Moth 5H 147
Adelphi Cen. G5: Glas 6H 87
Adelphi St. G5: Glas 6G 87
    (not continuous)
Admiral St. G41: Glas 6C 86
Admiralty Gdns. G60: Old K 2F 43
Admiralty Gro. G60: Old K 2F 43
Admiralty Pl. G60: Old K 2F 43
Advance Pl. PA11: Bri W 3F 77
    (off Main St.)
Advie Pl. G42: Glas 5F 107
Affric Av. ML6: Plain 6G 75
Affric Dr. PA2: Pais 4D 102
Afton Cres. G61: Bear 4H 47
Afton Dr. PA4: Renf 6G 61
Afton Gdns. G72: Blan 3H 143
  ML5: Coat 6F 95
Afton Rd. G67: Cumb 2B 38
Afton St. G41: Glas 5C 106
  ML9: Lark 3E 171
Afton Vw. G66: Kirkin 4F 100
Afton Way PA2: Pais 4D 100
Agamemnon St. G81: Clyd 5B 44
Agate Ter. ML4: Bell 3C 130
    (off Amber Ter.)
Agnew Av. ML5: Coat 4E 95
  ML6: Air 4E 95
Agnew Gro. ML4: Bell 2H 129
Agnew La. G42: Glas 4E 107
Aidans Brae G76: Clar 2C 138
Aigas Cotts. G13: Glas 4F 63
    (off Fern La.)
Aikenhead Rd. G42: Glas 2F 107
  G44: Glas 1G 123
Aikman Pl. G74: E Kil 5B 142
Aikman Rd. ML1: Moth 4D 146
Ailean Dr. G32: Glas 1E 111
Ailean Gdns. G32: Glas 1E 111
Aillort Pl. G74: E Kil 6G 141
Ailort Av. G44: Glas 2E 123
Ailort Loan ML2: Newm 3D 150
    (off Tiree Cres.)
Ailsa Av. ML1: Moth 2D 146
  ML9: Lark 5H 171
Ailsa Ct. ML3: Ham 2B 160
Ailsa Cres. ML1: Moth 2D 146
Ailsa Dr. G42: Glas 6D 106
  G46: Giff 1H 137
  G66: Kirkin 3F 33
  G71: Both 3E 129
  G73: Ruth 2B 124
  G81: Hard 1E 45
  PA2: Pais 6H 101
Ailsa Pl. ML5: Coat 1B 114
Ailsa Rd. G64: B'rig 5D 50
  ML5: Coat 1A 114
  PA4: Renf 1E 83
Ailsa Twr. G72: Camb 4G 125
Ainslie Av. G52: Hill E 3A 84
Ainslie Rd. G52: Hill E 4A 84
    (not continuous)
  G67: Cumb 2C 38
Airbles Cres. ML1: Moth 4F 147
Airbles Dr. ML1: Moth 4F 147
Airbles Farm Rd.
  ML1: Moth 5E 147
Airbles Rd. ML1: Moth 4E 147
Airbles Station (Rail) 4G 147
Airbles St. ML1: Moth 4G 147
Airbles Twr. ML1: Moth 4G 147
Airdale Av. G46: Giff 5A 122
AIRDRIE .4A 96
Airdrie Bus. Cen. ML6: Air 3A 96
Airdrie Golf Course 1H 95
Airdriehill Rd. ML6: Air 1C 96
Airdriehill St. ML6: Air 1C 96
Airdrie Leisure Cen. 2C 96

Airdrie Rd. G65: Kils 2H 13
  G67: Cumb 1D 56
    (Condorrat Ring Rd.)
  G67: Cumb 6C 36
    (Main Rd.)
  G67: Mollin 3H 55
  ML6: Air, Plain 2F 97
  ML8: Carl 1C 174
Airdrie United 5C 96
Aird's La. G1: Glas 5G 87
    (off Bridgegate)
Airgold Dr. G15: Glas 3H 45
Airgold Pl. G15: Glas 3H 45
Airlie Av. G61: Bear 6E 27
Airlie Dr. ML4: Bell 1C 130
Airlie Gdns. G73: Ruth 3F 125
Airlie La. G12: Glas 6H 63
Airlie St. G12: Glas 6G 63
Airlour Rd. G43: Glas 2C 122
Airth Ct. ML1: Moth 6F 131
Airth Dr. G52: Glas 2F 105
Airth La. G52: Glas 2F 105
Airth Pl. G52: Glas 2F 105
    (off Airth La.)
Airthrey Av. G14: Glas 6E 63
Airthrey La. G14: Glas 5E 63
    (off Airthrey Av.)
Airth Way G68: Cumb 5A 36
Airyligg Dr. G76: Eag 6C 154
Aitchison Ct. ML6: Air 3H 95
Aitchison St. ML6: Air 4G 95
Aitkenbar Circ. G82: Dumb 2H 19
Aitkenbar Dr. G82: Dumb 1H 19
Aitken Cl. ML2: Newm 2E 151
Aitken Av. ML5: Coat 1F 113
Aitkenhead Rd. G69: Barg, Tann . . .5E 113
  G71: Barg, Tann 5E 113
  ML6: Chap 3D 116
Aitken Rd. ML3: Ham 4A 162
Aitken St. G31: Glas 4D 88
  ML6: Air 2A 96
Alasdair Ct. G78: Barr 5E 119
Alba Gdns. ML8: Carl 2C 174
Alba Ho. G81: Clyd 5C 44
Albans Cres. ML1: Moth 1D 146
Albany G74: E Kil 5C 142
Albany Av. G32: Glas 5C 90
Albany Cotts. G13: Glas 4F 63
    (off Fern La.)
Albany Dr. G73: Ruth 1D 124
Albany Pl. G71: Both 5F 129
Albany Quad. G32: Glas 5C 90
Albany Rd. ML3: Ham 4G 161
Albany St. G40: Glas 1C 108
  ML5: Coat 4A 94
Albany Ter. G72: Camb 4G 125
Albany Way PA3: Pais 3E 81
Albany Wynd ML9: Lark 1D 170
    (off Duncan Graham St.)
Alba Way ML3: Ham 5G 161
  ML9: Lark 4E 171
Alberta Av. G75: E Kil 3D 156
  ML5: Coat 3B 94
Alberta Oroc. G75: E Kil 3E 157
Alberta Pk. G75: E Kil 3F 157
Alberta Pl. G75: E Kil 3F 157
Albert Av. G42: Glas 4D 106
Albert Bri. G5: Glas 6G 87
Albert Cres. ML6: Air 4B 96
Albert Cross G41: Glas 2D 106
Albert Dr. G41: Glas 3A 106
  G61: Bear 4H 47
  G73: Ruth 2D 124
  ML9: Lark 3D 170
Albert La. ML3: Ham 3E 145
Albert Pl. ML6: Air 3B 96

Albert Quad. ML1: Holy 2A 132
Albert Rd. G42: Glas 4E 107
  G66: Lenz 4C 52
  G81: Clyd 4B 44
  PA4: Renf 6E 61
  PA5: Brkfld 6C 78
Albert St. ML1: Moth 2H 147
  ML3: Ham 3F 145
  ML5: Coat 4C 94
    (not continuous)
Albert Ter. ML3: Ham 3E 145
Albion Ct. ML5: Coat 5E 95
    (off Clifton Pl.)
Albion Ga. G1: Glas 6F 7 (4H 87)
  PA3: Pais 5H 81
Albion Rovers FC 5E 95
Albion St. G1: Glas 6F 7 (5H 87)
    (not continuous)
  G69: Bail 2F 111
  ML1: Moth 4G 147
  ML5: Coat 4D 94
  PA3: Pais 5A 82
Albion Twr. ML1: Moth 4G 147
Albion Way G75: E Kil 6H 157
Albion Works Ind. Est. G13: Glas . . .2G 61
Alcaig Rd. G52: Glas 3E 105
Alcath Rd. ML2: Newm 3F 151
Alclutha Av. G82: Dumb 4H 19
Alder Av. G66: Lenz 2B 52
  ML3: Ham 2A 162
Alder Bank G71: View 4G 113
Alder Ct. G75: E Kil 6E 157
  G78: Barr 6E 119
Alder Cres. G75: E Kil 6E 157
Alder Gdns. ML1: Moth 6C 148
Alder Ga. G72: Camb, Flem 2E 127
Alder Gro. ML5: Coat 5D 94
Alder La. ML1: Holy 2C 132
  ML1: New S 4A 132
Alderman Pl. G13: Glas 3C 62
Alderman Rd. G13: Glas 2H 61
Alder Pl. G43: Glas 2H 121
  G75: E Kil 6E 157
  PA5: John 4G 99
Alder Rd. G43: Glas 2H 121
  G66: Milt C 6B 10
  G67: Cumb 3D 38
  G81: Clyd 2B 44
  G82: Dumb 3E 19
Alderside Pl. G71: Both 4F 129
Alderstocks G75: E Kil 6G 157
Alderston Pl. ML4: Bell 3A 130
Alderston Way ML4: Bell 1A 130
Aldersyde Av. ML2: Wis 5D 148
Aldersyde Gdns. G71: Udd 6C 112
Aldersyde Pl. G72: Blan 6A 128
Alexander Av. G65: Twe 1C 34
  G71: View 1G 129
  G76: Eag 6C 154
Alexander Balfour Gdns.
  ML3: Ham 2H 161
Alexander Cres. G5: Glas 1G 107
Alexander Gdns. ML3: Ham 1C 162
Alexander Gibson Ct.
  ML1: New S 3H 131
Alexander Gibson Way
  ML1: Moth 4F 147
Alexander Path ML1: Moth 6B 148
    (off Muirhouse Rd.)
Alexander Pl. G66: Kirkin 6H 33
Alexander St. G81: Clyd 6D 44
  G82: Dumb 3G 19
  ML2: Wis 6F 149
  ML5: Coat 3D 94
  ML6: Air 4G 95
Alexander Ter. G78: Neil 3C 134
Alexandra Av. G33: Step 3D 68
  G66: Lenz 3C 52

Alexandra Ct. G31: Glas 3D 88
Alexandra Dr. PA2: Pais 2F 101
  PA4: Renf 6F 61
Alexandra Gdns. G66: Lenz 3C 52
Alexandra Ga. G31: Glas 3C 88
Alexandra Pde. G31: Glas . . .3H 7 (3A 88)
Alexandra Parade Station (Rail) . . .3D 88
Alexandra Pk. G66: Lenz 3C 52
Alexandra Park Golf Course 3D 88
Alexandra Pk. St. G31: Glas 3D 88
Alexandra Rd. G66: Lenz 3C 52
Alexandra St. G66: Kirkin 5C 32
Alexandria Quad. ML1: Holy 2A 132
Alford Av. G66: Kirkin 5B 32
  G72: Blan, Ham 6A 144
Alford Pl. PA3: Lin 5E 79
Alford Quad. ML2: Wis 4H 149
Alford St. G21: Glas 6H 65
Alfred La. G12: Glas 6C 64
             (off Cecil St.)
Alfred Ter. G12: Glas 6C 64
Algie St. G41: Glas 5D 106
Algoma Pl. G75: E Kil 3D 156
Alice Av. ML4: Bell 3C 130
Alice St. PA2: Pais 3A 102
Alice Ter. G5: Glas 2H 107
Aline Ct. G78: Barr 3D 118
Alisa Rd. G81: Clyd 1D 60
Alison Lea G74: E Kil 6B 142
Alistair McCoist Complex 5F 157
Allan Av. ML8: Carl 2C 174
  PA4: Renf 2G 83
Allan Ct. G75: E Kil 4A 156
Allan Cres. G82: Dumb 1H 19
ALLANDALE 1H 17
Allandale Av. ML1: N'hill 2F 133
Allandale Cotts. FK4: Alla 1H 17
Allandale Path G72: Blan 2B 144
        (off Winton Cres.)
Allander Av. G62: Bard 6E 29
Allander Dr. G64: Torr 5C 30
Allander Gdns. G64: B'rig 3B 50
Allander Rd. G61: Bear 4D 46
  G62: Miln 3G 27
Allander Sports Complex 6H 27
Allander Wlk. G67: Cumb 4H 37
  (in The Cumbernauld Shop. Cen.)
Allands Av. PA4: Inch 4G 59
Allanfauld Rd. G65: Kils 1H 13
  G67: Cumb 3H 37
Allan Glen Gdns. G64: B'rig 3C 50
Allan Gro. ML4: Bell 1D 130
Allan Pl. G40: Glas 3D 108
  G75: E Kil 4A 156
  G82: Dumb 3G 19
Allanshaw Gdns. ML3: Ham 6F 145
Allanshaw Gro. ML3: Ham 1F 161
Allanshaw Ind. Est. ML3: Ham . . .6G 145
Allanshaw St. ML3: Ham 6G 145
Allan St. G40: Glas 3D 108
  ML1: Moth 2H 147
  ML5: Coat 6H 93
ALLANTON 2E 163
Allanton Av. PA1: Pais 1G 103
Allanton Dr. G52: Glas 6B 84
Allanton Gro. ML2: Wis 4H 149
Allanton Lea ML3: Ham 3G 161
Allanton Pl. ML3: Ham 2A 162
Allanton Rd. ML2: Newm 2H 151
  ML7: Allan 2H 151
Allanton Ter. ML3: Fern 2F 163
Allan Twr. ML1: Moth 2H 147
Albany Cres. ML1: Holy 2H 131
Allendale G74: E Kil 6E 141
Allen Glen Pl. G1: Glas 4F 7 (3H 87)
Allen Way PA4: Renf 2F 83
Allerdyce Ct. G15: Glas 6G 45

Allerdyce Dr. G15: Glas 6H 45
Allerdyce Pl. G15: Glas 6H 45
Allerdyce Rd. G15: Glas 6G 45
Allershaw Pl. ML2: Wis 3F 165
Allershaw Rd. ML2: Wis 3F 165
Allershaw Twr. ML2: Wis 3F 165
Allerton Gdns. G69: Bail 1F 111
Alleysbank Rd. G73: Ruth 4D 108
Allison Av. PA8: Ersk 5D 42
Allison Dr. G72: Camb 1A 126
Allison Pl. G42: Glas 3E 107
  G77: Newt M 5C 136
Allnach Pl. G34: Glas 3C 92
Alloway Av. PA2: Pais 5D 102
Alloway Ct. G66: Kirkin 3F 33
Alloway Cres. G73: Ruth 2B 124
  PA2: Pais 5D 102
Alloway Dr. G66: Kirkin 3F 33
  G73: Ruth 2B 124
  G77: Newt M 5G 137
  G81: Clyd 4E 45
  PA2: Pais 5D 102
Alloway Gdns. G66: Kirkin 3G 33
  ML3: Ham 2B 160
Alloway Gro. G66: Kirkin 3F 33
  PA2: Pais 4E 103
Alloway Quad. G66: Kirkin 4G 33
Alloway Rd. G43: Glas 1B 122
  G74: E Kil 5D 142
  ML6: Air 3F 97
Alloway St. ML9: Lark 3E 171
Alloway Ter. G66: Kirkin 3F 33
Alloway Wynd ML1: N'hill 3E 133
Allwoman Health and Fitness Club
  . . . . .6C 6
Almada Gro. ML3: Ham 5H 145
Almada La. ML3: Ham 5H 145
Almada St. ML3: Ham 5G 145
Alma St. G40: Glas 6C 88
Almond Av. PA4: Renf 1G 83
Almond Bank G61: Bear 5C 46
Almondbank ML6: Plain 6F 75
Almond Cres. PA2: Pais 3D 100
Almond Dr. FK4: Bank 1E 17
  G66: Lenz 2B 52
  G74: E Kil 2B 158
  PA7: B'ton 5H 41
Almond Pl. ML1: Holy 3B 132
  ML5: Coat 2H 93
Almond Rd. G33: Step 4C 68
  G61: Bear 5D 46
  G67: Cumb 6F 17
Almond St. G33: Glas 2F 89
Almond Va. G71: Tann 6E 113
Almond Vw. G15: Glas 5B 46
Almond Way ML1: Moth 6G 147
Almora Dr. G82: Dumb 5H 19
Alness Cres. G52: Glas 2E 105
Alness St. ML3: Ham 2H 161
Alness Ter. ML3: Ham 1H 161
Alpha Cen. G81: Clyd 1D 60
Alpine Gro. G71: Tann 6D 112
Alpine Path G72: Blan 2C 144
Alpine Wlk. G72: Blan 2C 144
Alsatian Av. G81: Clyd 5F 45
Alsh Ter. ML3: Ham 2E 161
Alston Av. ML5: Coat 3D 94
Alston Gdns. G61: Bear 5B 26
Altandhu Rd. G69: Mood 4E 55
Alton Ct. G66: Kirkin 5E 33
       (off Blackdyke Rd.)
Alton Rd. PA1: Pais 1E 103
Altpatrick Gdns. PA5: Eld 2H 99
Altyre St. G32: Glas 1A 110
Alva Gdns. G52: Glas 3E 105
  G61: Bear 6D 26
Alva Ga. G52: Glas 2E 105

Alva Pl. G66: Lenz 3E 53
Alvie Pl. ML6: Air 6D 96
Alwyn Av. PA6: C'lee 3D 78
Alwyn Ct. G74: E Kil 6G 141
Alwyn Dr. G74: E Kil 6F 141
Alyssum Cres. ML1: Moth 1F 147
Alyth Cres. G76: Clar 1E 139
Alyth Gdns. G52: Glas 2E 105
  G76: Clar 1E 139
Ambassador Way PA4: Renf 2F 83
Amber Gro. ML1: Carf 4C 132
Amber Ter. ML4: Bell 3C 130
Ambleside G75: E Kil 5B 156
Ambleside Ri. ML3: Ham 6G 161
Ambrose Ct. ML3: Ham 5F 145
Amethyst Av. ML4: Bell 3C 130
AMF Bowling
  Glasgow 5D 86
Amisfield St. G20: Glas 4C 64
Amochrie Dr. PA2: Pais 5E 101
Amochrie Glen PA2: Pais 5E 101
Amochrie Rd. PA2: Pais 4D 100
Amochrie Way PA2: Pais 4D 100
      (off Amochrie Rd.)
Amulree Pl. G32: Glas 1A 110
Amulree St. G32: Glas 6A 90
Anatomy Mus. 1B 86
Ancaster Dr. G13: Glas 3F 63
Ancaster La. G13: Glas 3F 63
Anchor Av. PA1: Pais 1C 102
Anchor Bldgs. PA1: Pais 1B 102
Anchor Cres. PA1: Pais 2C 102
Anchor Dr. PA1: Pais 1C 102
Anchor La. G1: Glas 5D 6 (4G 87)
Anchor Mill PA1: Pais 1B 102
ANCHOR MILLS 1C 102
Anchor Wynd PA1: Pais 1C 102
Ancroft St. G20: Glas 6E 65
Andersen Ct. G75: E Kil 5G 157
Anderside G75: E Kil 6G 157
Anderson Av. G65: Kils 2F 13
Anderson Ct. G77: Newt M 5C 136
  ML2: Wis 6G 149
  ML4: Bell 2D 130
Anderson Cres. G65: Queen 3C 12
Anderson Dr. G77: Newt M 5C 136
  PA4: Renf 5F 61
Anderson Gdns. G72: Blan 6C 128
Anderson La. ML6: Air 3A 96
Anderson Rd. PA7: B'ton 3G 41
Anderson St. G11: Glas 1H 85
  ML1: Moth 4G 147
  ML3: Ham 4D 144
  ML6: Air 3A 96
Anderson Twr. ML1: Moth 3G 147
ANDERSTON 6G 5 (4D 86)
ANDERSTON CROSS INTERCHANGE
  . . . . .5H 5
Anderston Quay G3: Glas . . .6G 5 (5D 86)
Anderston Station (Rail) . . .5H 5 (4E 87)
Andrew Av. G66: Lenz 4D 52
  PA4: Renf 6G 61
Andrew Baxter Av. ML9: Shaw 4F 171
Andrew Dr. G81: Clyd 1E 61
Andrew Paton Way ML3: Ham 3E 145
Andrew Pl. ML8: Carl 2C 174
Andrew Sillars Av. G72: Camb 2B 126
Andrews St. PA3: Pais 5A 82
Andrew St. G74: E Kil 2H 157
Andrew Ure Hall G1: Glas 6G 7
Anford Gdns. G72: Blan 2C 144
Anford La. G72: Blan 2C 144
Anford Pl. G72: Blan 2C 144
Anford Ter. G72: Blan 3C 144
Angela Way G71: Udd 1D 128
Angle Ga. G14: Glas 5D 62
Angus Av. G52: Glas 2C 104
  G64: B'rig 1E 67

Angus Av. G74: E Kil 1B **158**
 ML1: Moth 1E **147**
 ML3: Ham 6C **146**
 ML6: Air 6A **96**
Angus Gdns. G71: Tann 5D **112**
Angus Oval G52: Glas 1B **104**
Angus Pl. G52: Glas 1B **104**
 G74: E Kil 1B **158**
Angus Rd. ML8: Carl 4E **175**
Angus St. G21: Glas 5A **66**
 G81: Clyd 1G **61**
Angus Wlk. G71: View 6F **113**
Anish Pl. G15: Glas 3G **45**
Annan Av. G72: Blan 6B **144**
 G75: E Kil 4A **156**
Annan Ct. ML5: Coat 5B **94**
Annan Cres. ML6: Chap 4D **116**
Annandale St. G42: Glas 2F **107**
Annandale Ter. G60: Old K 1G **43**
Annan Dr. G61: Bear 4C **46**
 G73: Ruth 6F **109**
Annan Glade ML1: Moth 6A **148**
Annan Gro. ML1: Moth 6A **148**
Annan Ho. *G67: Cumb* *4H* **37**
 (in the Cumbernauld Shop. Cen.)
Annan Pl. PA5: John 5C **98**
Annan St. ML1: Moth 6A **148**
Annan Way *G67: Cumb* *4H* **37**
 (in the Cumbernauld Shop. Cen.)
ANNATHILL 5B **56**
Annathill Gdns. ML5: Anna 5B **56**
Annbank Pl. G31: Glas 5B **88**
Annbank St. G31: Glas 5B **88**
 ML9: Lark 2B **170**
Ann Ct. ML3: Ham 4E **145**
Anne Av. PA4: Renf 5F **61**
Anne Cres. G66: Lenz 4D **52**
Annerley Ct. ML5: Coat 6A **94**
Annerley Pl. ML5: Coat 6A **94**
Anne's M. ML3: Ham 6B **146**
Annette St. G42: Glas 3E **107**
Annfield Gdns. G72: Blan 6H **127**
Annfield Pl. G31: Glas 4B **88**
Annick Dr. G61: Bear 4C **46**
Annick St. G32: Glas 6B **90**
 G72: Camb 2D **126**
Anniesdale Av. G33: Step 3D **68**
Annieshill Vw. ML6: Plain 1G **97**
ANNIESLAND 3F **63**
Anniesland Cres. G14: Glas 4A **62**
Anniesland Ind. Est. G13: Glas . . .1E **63**
Anniesland Rd. G13: Glas 3C **62**
 G14: Glas 4A **62**
Anniesland Station (Rail) 3F **63**
Annieston G65: Twe 1D **34**
Anniversary Av. G75: E Kil 4E **157**
Annsfield Rd. ML3: Ham 4G **161**
Ann St. ML3: Ham 4E **145**
 PA5: John 2G **99**
Ansdell Av. G72: Blan 2A **144**
Anson St. G40: Glas 1B **108**
Anson Way PA4: Renf 2E **83**
Anstruther Ct. ML8: Law 6D **166**
Anstruther St. G32: Glas 6H **89**
 ML8: Law 0D **166**
Antermony Rd. G66: Milt C 5C **10**
Anthony Ct. G81: Clyd 1E **61**
Antigua Way G75: E Kil 2C **156**
Anton Cres. G65: Kils 3A **14**
Antonine G66: Kirkin 3H **33**
Antonine Av. ML1: Moth 1E **147**
Antonine Gdns. G81: Dun 1C **44**
Antonine Ga. FK4: Alla 2G **17**
 G81: Dun 1B **44**
Antonine Rd. G61: Bear 1B **46**
 G68: Dull 5E **15**
Antonine Sports Cen. 1C **44**
Antrim La. ML9: Lark 1D **170**

Anwoth St. G32: Glas 2A **110**
Apartments, The *G46: Giff* *6H* **121**
 (off Milverton Rd.)
Apollo Path ML1: Holy 2B **132**
Appian Pl. ML1: Moth 6D **130**
Appin Ct. G66: Kirkin 4H **33**
Appin Cres. G31: Glas 4D **88**
Appin Rd. G31: Glas 4D **88**
Appin Ter. G73: Ruth 3F **125**
 ML3: Ham 5C **144**
Appin Way G71: Both 4E **129**
 ML5: Coat 1A **114**
 ML6: Glenm 5H **73**
Appleby Cl. G75: E Kil 5B **156**
Appleby Gro. G69: Barg 5E **93**
Appleby St. G22: Glas 6F **65**
Applecross Gdns. G69: Mood 4D **54**
Applecross Quad. ML2: Wis 4H **149**
Applecross Rd. G66: Kirkin 4H **33**
Applecross St. G4: Glas 6F **65**
Appledore Cres. G71: Both 4E **129**
Applegate Dr. G75: E Kil 1A **168**
Apple Way G71: Both 5H **157**
Appleyard Ct. ML4: Bell 4B **130**
Apsley La. G11: Glas 1G **85**
Apsley St. G11: Glas 1G **85**
Aqua Av. ML3: Ham 1C **160**
Aqua Ct. ML3: Ham 1C **160**
Aquatec 2G **147**
Aquila Way ML8: Carl 3B **174**
Araburn Dr. G75: E Kil 6G **157**
Aranthrue Cres. PA4: Renf 5E **61**
Aranthrue Dr. PA4: Renf 5E **61**
Aray St. G20: Glas 3B **64**
Arbroath Av. G52: Glas 1B **104**
Arbroath Gro. ML3: Ham 1F **161**
Arbuckle Pl. ML6: Plain 6H **75**
Arbuckle Rd. ML6: Plain 6H **75**
Arcadia Pl. G40: Glas 6A **88**
Arcadia St. G40: Glas 6A **88**
 (not continuous)
 ML4: Bell 6C **114**
Arcan Cres. G15: Glas 5B **46**
Archerfield Av. G32: Glas 3A **110**
Archerfield Cres. G32: Glas 3A **110**
Archerfield Dr. G32: Glas 3A **110**
Archerfield Gro. G32: Glas 3A **110**
Archerhill Av. G13: Glas 1A **62**
Archerhill Cotts. G13: Glas 1A **62**
Archerhill Cres. G13: Glas 1B **62**
Archerhill Gdns. G13: Glas 1A **62**
Archerhill Rd. G13: Glas 1H **61**
Archerhill Sq. G13: Glas 1H **61**
Archerhill Ter. G13: Glas 1A **62**
 (not continuous)
Arches, The 6B **6**
Arches View, The G66: Lenz 2F **53**
Archibald Ter. G66: Milt C 5B **10**
Archiebald Pl. ML4: Bell 3F **131**
Arch Way G65: Kils 2H **13**
Ardargie Dr. G32: Carm 5C **110**
Ardargie Gro. G32: Carm 5C **110**
Ardargie Pl. G32: Carm 5C **110**
Ardbeg Av. G64: B'rig 6E **51**
 G73: Ruth 4G **125**
Ardbeg Cres. ML6: Air 6A **74**
Ardbeg La. *G42: Glas* *3E* **107**
 (off Coplaw St.)
 G74: T'hall 6G **139**
Ardbeg Rd. ML1: Carf, New S 5A **132**
Ardbeg St. G42: Glas 3E **107**
Ardconnel St. G46: T'bnk 3F **121**
ARDEN 3E **121**
Arden Av. G46: T'bnk 5F **121**
Ardenclutha Av. ML3: Ham 5F **145**
Arden Ct. ML3: Ham 2H **161**
 ML6: Air *3F* **95**
 (off Monkscourt Av.)

Ardencraig Dr. G45: Glas 5B **124**
Ardencraig Gdns. G45: Glas 5C **124**
Ardencraig Pl. G45: Glas 4A **124**
Ardencraig Quad. G45: Glas 5B **124**
Ardencraig Rd. G45: Glas 5A **124**
Ardencraig St. G45: Glas 4C **124**
Ardencraig Ter. G45: Glas 5B **124**
Arden Dr. G46: Giff 5H **121**
Arden Gro. G65: Kils 1G **13**
Ardenlea G71: Tann 6D **112**
Ardenlea St. G40: Glas 2D **108**
Arden Pl. G46: T'bnk 5E **121**
Arden Rd. ML3: Ham 1G **161**
Arden St. ML6: Plain 1G **97**
Arden Ter. ML3: Ham 1G **161**
Ardery St. G11: Glas 1G **85**
Ardessie Pl. G20: Glas 4B **64**
Ardessie St. G23: Glas 6B **48**
Ardfern Rd. ML6: Air 5F **97**
Ardfern St. G32: Glas 2A **110**
Ardgay Pl. G32: Glas 1A **110**
Ardgay St. G32: Glas 1A **110**
Ardgay Way G73: Ruth 4D **124**
Ardgoil Dr. G68: Cumb 4B **36**
Ardgour Ct. G72: Blan 3D **144**
Ardgour Dr. PA3: Lin 6G **79**
Ardgour Pde. ML1: Carf 5C **132**
Ardgowan Av. PA2: Pais 2B **102**
Ardgowan Ct. PA2: Pais 2D **102**
Ardgowan Dr. G71: Tann 6D **112**
Ardgowan St. PA2: Pais 3B **102**
Ardgowan Ter. La.
 G3: Glas 2C **4**
Ardgryfe Cres. PA6: Hous 1D **78**
Ardholm St. G32: Glas 6A **90**
Ardhu Pl. G15: Glas 3A **46**
Ardlamont Sq. PA3: Lin 6A **80**
Ard La. *ML2: Newm* *3D* **150**
 (off Clunie Pl.)
Ardlaw St. G51: Glas 5F **85**
 (not continuous)
Ardle Rd. G43: Glas 2C **122**
Ard Loan *ML1: Holy* *2A* **132**
 (off Howden Pl.)
Ardlui Gdns. G62: Miln 2D **26**
Ardlui St. G32: Glas 1H **109**
Ardmaleish Cres. G45: Glas 5A **124**
Ardmaleish Dr. G45: Glas 5H **123**
Ardmaleish Rd. G45: Glas 5H **123**
Ardmaleish St. G45: Glas 5H **123**
Ardmaleish Ter. G45: Glas 5A **124**
Ardmay Cres. G44: Glas 6G **107**
Ardmillan St. G33: Glas 3H **89**
Ardmore Cres. ML6: Air 6A **74**
Ardmory Av. G42: Glas 6H **107**
Ardmory La. G42: Glas 6A **108**
Ardmory Pl. G42: Glas 6A **108**
Ardnahoe Av. G42: Glas 5H **107**
Ardnahoe Pl. G42: Glas 5H **107**
Ardneil Rd. G51: Glas 5F **85**
Ardnish St. G51: Glas 4E **85**
Ardoch Cres. G82: Dumb 3D **18**
Ardoch Gdns. G72: Camb 1H **125**
Ardoch Gro. G72: Camb 1H **125**
Ardoch Path *ML2: Newm* *3D* **150**
 (off Tiree Cres.)
Ardochrig G75: E Kil 6H **157**
Ardochrig Rd. G75: E Kil 6F **169**
Ardoch Rd. G61: Bear 2H **47**
Ardoch St. G22: Glas 5F **65**
Ardoch Way *G69: Mood* *5D* **54**
 (off Arnprior Gdns.)
Ardo Gdns. G51: Glas 6G **85**
Ardrain Av. ML1: Moth 1C **164**
Ard Rd. PA4: Renf 5D **60**
Ardshiel Rd. G51: Glas 4E **85**
Ardsloy La. G14: Glas 5A **62**
Ardsloy Pl. G14: Glas 5A **62**

Ard St. G32: Glas 1A 110
Ardtoe Cres. G33: Step 4E 69
Ardtoe Pl. G33: Step 4E 69
Arduthie Rd. G51: Glas 4E 85
Ardwell Rd. G52: Glas 2E 105
Argosy Way PA4: Renf 2E 83
Argus Av. ML6: Chap 3C 116
Argyle Av. PA3: Glas A 2A 82
Argyle Cres. ML3: Ham 6D 144
    ML6: Air 1H 115
Argyle Dr. ML3: Ham 5E 145
                            (not continuous)
Argyle Gdns. G66: Len 4G 9
Argyle St. G2: Glas 6H 5 (4E 87)
    G3: Glas 1B 4 (2B 86)
    PA1: Pais 1H 101
Argyle Street Station (Rail)
        . . . . .6D 6 (5G 87)
Argyll Arc. G1: Glas 6C 6 (4G 87)
Argyll Av. G82: Dumb 1C 20
    PA4: Renf 5D 60
Argyll Gdns. ML5: Coat 1A 114
    ML9: Lark 2D 170
Argyll Pl. G65: Kils 3A 14
    G74: E Kil 6C 142
    G82: Dumb 1C 20
    ML4: Bell 5B 130
Argyll Rd. G61: Bear 6E 27
    G81: Clyd 1D 60
Argyll Wynd ML1: New S 5B 132
Arisaig Dr. G52: Glas 2D 104
    G61: Bear 4H 47
Arisaig Pl. G52: Glas 2E 105
Arisdale Cres. G77: Newt M 3E 137
Arkaig Av. ML6: Plain 6F 75
Arkaig Pl. G77: Newt M 5H 137
Arkaig St. ML2: Wis 2H 165
Ark La. G31: Glas 4B 88
ARKLESTON 3E 83
Arkleston Ct. PA3: Pais 3D 82
Arkleston Cres. PA3: Pais 4D 82
Arkleston Dr. PA1: Pais 5C 82
ARKLESTON INTERCHANGE 3C 82
Arkleston Rd. PA1: Pais 5D 82
    PA3: Pais 4E 83
    PA4: Pais, Renf 3C 82
Arkle Ter. G72: Camb 4G 125
Arklet Rd. G51: Glas 5E 85
Arklet Way ML2: Wis 6C 150
Arkwrights Way PA1: Pais 2F 101
Arlington Baths Club 1G 5 (1D 86)
Arlington Pl. G3: Glas 1G 5
Arlington St. G3: Glas 1G 5 (2D 86)
Armadale Ct. G31: Glas 3C 88
Armadale Path G31: Glas 3C 88
Armadale Pl. G31: Glas 3C 88
Armadale St. G31: Glas 4C 88
Armine Path ML1: N'hill 3C 132
Armour Av. ML6: Air 4G 95
Armour Ct. G66: Kirkin 4G 33
    G72: Blan 3H 143
Armour Dr. G66: Kirkin 4G 33
Armour Gdns. G66: Kirkin 4G 33
Armour Gro. ML1: Moth 5A 148
Armour Pl. G66: Kirkin 4G 33
    ML1: N'hill 3C 132
    PA3: Lin 6A 80
    PA5: John 2G 99
Armour Sq. PA5: John 5E 113
Armour St. G31: Glas 5A 88
    PA5: John 2G 99
Armstrong Cres. G71: Tann 5E 113
Armstrong Gro. G75: E Kil 4F 157
Arnbrae Rd. G65: Kils 2F 13
Arngask Rd. G51: Glas 4E 85
Arnhall Pl. G52: Glas 2E 105
Arnhem St. G72: Camb 2D 126
Arnholm Pl. G52: Glas 2E 105

Arnisdale Ct. G34: Glas 3G 91
Arnisdale Ga. G34: Glas 3G 91
Arnisdale Pl. G34: Glas 3G 91
Arnisdale Rd. G34: Glas 3G 91
Arnisdale Vw. G34: Glas 3G 91
Arnisdale Way G73: Ruth 3D 124
Arnish PA8: Ersk 2G 59
Arniston St. G32: Glas 4H 89
Arniston Way PA3: Pais 4C 82
Arnold Av. G64: B'rig 6C 50
Arnol Pl. G33: Glas 4F 91
Arnott Dr. ML5: Coat 1C 114
Arnott Quad. ML1: Moth 6E 131
Arnott Way G72: Camb 1A 126
Arnprior Cres. G45: Glas 4H 123
Arnprior Gdns. G69: Mood 5D 54
Arnprior Quad. G45: Glas 3H 123
Arnprior Rd. G45: Glas 3H 123
Arnprior St. G45: Glas 3H 123
Arnside Av. G46: Giff 4A 122
Arnton Gro. ML6: Chap 5E 117
Arnum Gdns. ML8: Carl 4D 174
Arnum Pl. ML8: Carl 4D 174
Arnwood Dr. G12: Glas 4G 63
Arondale Rd. ML6: Plain 6F 75
Aron Ter. G72: Camb 4H 125
Aros Dr. G52: Glas 2D 104
Aros La. G52: Glas 3D 104
Arran G74: E Kil 2C 158
Arran Av. G82: Dumb 2D 18
    ML5: Coat 1F 115
    PA3: Glas A 1A 82
                            (not continuous)
Arran Dr. G46: Giff 5A 122
    G52: Glas 2F 105
    G66: Kirkin 3E 33
    G67: Cumb 5F 37
    ML6: Air 2H 95
    ML6: Glenm 4H 73
    PA2: Pais 6A 102
    PA5: John 4D 98
Arran Gdns. ML3: Ham 2A 162
    ML8: Carl 5D 174
Arran La. G69: Mood 5E 55
Arran Path ML9: Lark 4E 171
                            (off Alba Way)
Arran Pl. G81: Clyd 5E 45
    ML5: Coat 1F 115
    PA3: Lin 5G 79
Arran Rd. ML1: Moth 2E 147
    PA4: Renf 1F 83
Arran Ter. G73: Ruth 2B 124
Arran Twr. G72: Camb 4G 125
Arran Vw. G65: Kils 3H 13
Arranview St. ML6: Chap 4E 117
Arran Way G71: Both 5D 128
Arrochar Ct. G23: Glas 1B 64
Arrochar Dr. G23: Glas 6B 48
Arrochar Path G23: Glas 6B 48
                            (off Arrochar Dr.)
Arrochar St. G23: Glas 6B 48
Arrol Pl. G40: Glas 1D 108
Arrol Rd. G40: Glas 1C 108
Arrol St. G52: Hill E 4G 83
                            (not continuous)
Arrol Wynd G72: Camb 1D 126
Arrotshole Ct. G74: E Kil 6D 140
Arrotshole Rd. G74: E Kil 1D 156
Arrowsmith Av. G13: Glas 1D 62
Arthur Av. G78: Barr 6D 118
    ML6: Air 5H 95
Arthur Henderson Av.
    PA2: Pais 3E 103
ARTHURLIE 6D 118
Arthurlie Av. G78: Barr 5E 119
Arthurlie Dr. G46: Giff 5A 122
    G77: Newt M 6D 136
Arthurlie Gdns. G78: Barr 5E 119

Arthurlie St. G51: Glas 4F 85
    G78: Barr 5E 119
Arthur Pl. G76: Busby 3C 138
Arthur Rd. PA2: Pais 5A 102
Arthur St. G3: Glas 2B 4 (2B 86)
    G76: Busby 3C 138
    ML3: Ham 4H 145
    PA1: Pais 6G 81
Arundel Dr. G42: Glas 6E 107
    G64: B'rig 3D 50
Asbury Ct. PA3: Lin 6A 80
                            (off Melrose Av.)
Ascaig Cres. G52: Glas 3E 105
Ascog Rd. G61: Bear 5F 47
Ascog St. G42: Glas 3E 107
Ascot Av. G12: Glas 3G 63
Ascot Ct. G12: Glas 3G 63
Ascot Ga. G12: Glas 3F 63
Ash Av. G75: E Kil 5E 157
Ashbank Cres. ML6: Chap 2E 117
Ashburn Gdns. G62: Miln 4E 27
Ashburn Loan ML9: Lark 1D 170
Ashburn Rd. G62: Miln 3E 27
Ashburton La. G12: Glas 3H 63
                            (off Winchester Dr.)
Ashburton Pk. G75: E Kil 4C 156
Ashburton Rd. G12: Glas 3H 63
Ashby Cres. G13: Glas 6E 47
Ash Ct. G75: E Kil 5E 157
Ashcroft G74: E Kil 4D 142
Ashcroft Av. G66: Len 4G 9
Ashcroft Dr. G44: Glas 1A 124
Ashcroft Wlk. G66: Len 4G 9
Ashdale Dr. G52: Glas 2E 105
Ashdene St. G22: Glas 2F 65
Asher Rd. ML6: Chap 3E 117
Ashfield G64: B'rig 4C 50
Ashfield Rd. G62: Miln 4G 27
    G76: Clar 3C 138
    ML8: Law 5D 166
Ashfield Station (Rail) 4G 65
                            (not continuous)
Ashfield St. G22: Glas 5G 65
ASHGILL 5H 171
ASHGILLHEAD 4G 171
Ashgillhead Rd.
    ML9: Ashg, Shaw 4G 171
Ashgill Pl. G22: Glas 3G 65
Ashgill Rd. G22: Glas 2F 65
Ash Gro. G64: B'rig 1D 66
    G66: Lenz 2B 52
    G71: View 5F 113
    ML8: Law 5D 166
Ashgrove G69: Mood 6D 54
    ML5: Coat 1C 114
    ML6: Air 4D 96
Ashgrove Rd. ML4: Bell 6D 114
Ashgrove St. G40: Glas 3C 108
Ashiestiel Ct. G67: Cumb 6G 37
Ashiestiel Pl. G67: Cumb 6G 37
Ashiestiel Rd.
    G67: Cumb 6G 37
Ashkirk Dr. G52: Glas 2E 105
    ML9: Ashg 5H 171
Ashkirk Pl. ML2: Wis 3A 150
Ashland Av. ML3: Ham 5H 161
Ashlar Av. G68: Cumb 6F 15
Ashlea Dr. G46: Giff 3B 122
Ashlea Gdns. ML6: Plain 6F 75
Ashley Dr. G71: Both 2F 129
Ashley Gro. ML4: Bell 1H 129
Ashley La. G3: Glas 1G 5
Ashley Pk. G71: View 1G 129
Ashley Pl. G72: Blan 1A 144
Ashley St. G3: Glas 1G 5 (2D 86)
Ashmore Cres. G44: Glas 2D 122
Ashmore Rd. G43: Glas 1D 122
    G44: Glas 1D 122

Ash Pl. FK4: Bank 1E **17**
  G75: E Kil 5E **157**
  PA5: John 4G **99**
Ash Rd. G67: Cumb 6D **16**
  (not continuous)
  G69: Bail 2G **111**
  G81: Clyd 2B **44**
  G82: Dumb 3F **19**
Ashton Gdns. G69: G'csh 3E **71**
Ashton Grn. G74: E Kil 1G **157**
Ashton La. G12: Glas 1B **86**
  (Ashton Rd.)
  G12: Glas 6B **64**
  (Gt. George La.)
Ashton La. Nth. G12: Glas 1B **86**
Ashton Rd. G12: Glas 1B **86**
  G73: Ruth 4C **108**
Ashton St. ML1: Moth 5F **131**
Ashton Vw. G82: Dumb 3B **18**
Ashton Way PA2: Pais 5C **100**
Ashtree Ct. G60: Old K 1F **43**
Ashtree Gro. G77: Newt M 6C **136**
Ashtree Pk. ML2: Wis 6E **149**
Ashtree Rd. G43: Glas 5A **106**
Ashvale Cres. G21: Glas 5A **66**
Ash Wlk. G73: Ruth 4E **125**
  ML1: Holy 2B **132**
Ashwood ML2: Wis 2E **165**
Ashwood Gdns. G12: Glas 5F **63**
  G13: Glas 5F **63**
Ashworth Ter. ML3: Ham 5E **145**
Ash Wynd G72: Flem 3E **127**
Aspen Dr. G21: Glas 6C **66**
Aspen Ga. ML1: Carf 5D **132**
Aspen Gro. G69: Barg 4F **93**
Aspen Pl. G72: Flem 2E **127**
  PA5: John 4G **99**
Aspen Way ML3: Ham 1A **162**
Asquith Pl. ML4: Bell 2F **131**
Aster Dr. G45: Glas 4C **124**
Aster Gdns. G53: Glas 4C **120**
  ML1: Moth 4G **147**
Athelstane Dr. G67: Cumb 6F **37**
Athelstane Rd. G13: Glas 2C **62**
Athena Way G71: Tann 6E **113**
Athole Gdns. G12: Glas 6A **64**
Athole La. G12: Glas 6A **64**
Atholl Av. G52: Hill E 3G **83**
  (not continuous)
  G64: Torr 4D **30**
Atholl Ct. G66: Kirkin 4H **33**
  G72: Blan 3D **144**
  ML8: Law 5E **167**
Atholl Cres. PA1: Pais 5G **83**
Atholl Dr. G46: Giff 1A **138**
  G68: Cumb 5B **36**
Atholl Gdns. G46: T'bnk 5F **121**
  G61: Bear 6E **27**
  G64: B'rig 4B **50**
  G73: Ruth 3G **125**
Atholl La. G69: Mood 5E **55**
Atholl Pl. G46: T'bnk 4F **121**
  ML5: Coat 2D **114**
  PA3: Lin 5G **79**
Atholl St. ML3: Ham 3F **145**
*Atholl Ter. G46: T'bnk 5F **121***
  (off Woodlands Pk.)
  G71: Tann 4D **112**
Atlas Ind. Est. G21: Glas 5B **66**
Atlas Pl. G21: Glas 5B **66**
Atlas Rd. G21: Glas 5A **66**
Atlas Sq. G21: Glas 5A **66**
Atlas St. G81: Clyd 1D **60**
Atlin Dr. ML1: New S 4B **132**
Attercliffe Av. ML2: Wis 1C **164**
Attlee Av. G81: Clyd 6F **45**
*Attlee Pl. G81: Clyd 6F **45***
  (off Attlee Av.)

Attlee Rd. G74: T'hall 3H **155**
Attow Rd. G43: Glas 2H **121**
Auburn Dr. G78: Barr 6F **119**
Auchans Rd. PA6: Hous 3F **79**
AUCHENBACK 6F **119**
Auchenbothie Cres. G33: Glas 3G **67**
Auchenbothie Pl. G33: Glas 4F **67**
Auchencrow St. G34: Glas 3B **92**
Auchencruive G62: Miln 5A **28**
Auchendavie Rd. G66: Kirkin 3H **33**
Auchendavie Steading
  G66: Kirkin 3H **33**
Auchengeich Gdns. G69: Mood 5D **54**
Auchengeich Rd. G69: Mood 3B **54**
Auchengilloch G75: E Kil 6G **157**
Auchenglen Dr. G69: Mood 5D **54**
Auchengreoch Av. PA5: John 5D **98**
Auchengreoch Rd. PA5: John 5D **98**
  PA9: John 5D **98**
Auchenhowie G62: Miln 5A **28**
Auchenhowie Rd.
  G62: Bard, Miln 5H **27**
Auchenkilns Holdings
  G68: Cumb 4E **37**
Auchenkilns Pk. G68: Cumb 4E **37**
Auchenkilns Rd. G67: Cumb 1F **57**
Auchenlarie Dr. G73: Ruth 4D **124**
Auchenlodment Rd.
  PA5: Eld, John 3G **99**
AUCHENREOCH 5H **11**
Auchenreoch Av. G82: Dumb 1H **19**
Auchenstewart Ct. ML2: Wis 6A **150**
AUCHENTIBBER 6G **143**
Auchentibber Rd. G72: Blan 6F **143**
AUCHENTORLIE 2D **102**
Auchentorlie Quad. PA1: Pais 1D **102**
Auchentorlie St. G11: Glas 1F **85**
Auchentoshan Av. G81: Dun 1B **44**
Auchentoshan Est. G81: Clyd 1A **44**
Auchentoshan Ter. G21: Glas 1B **88**
AUCHINAIRN 2C **66**
Auchinairn Gdns. G64: B'rig 1F **67**
Auchinairn Rd. G64: B'rig 1F **67**
Auchinbee Farm Rd. G68: Cumb . . .1D **36**
Auchinbee Way G68: Cumb 2D **36**
Auchincampbell Rd. ML3: Ham . .6H **145**
AUCHINCLOCH 1C **16**
Auchincloch Dr. FK4: Bank 1F **17**
Auchineden Ct. G61: Bear 6C **26**
*Auchingill Path G34: Glas 2B **92***
  (off Auchingill Pl.)
Auchingill Pl. G34: Glas 2B **92**
Auchingill Rd. G34: Glas 2A **92**
  (not continuous)
Auchingramont Ct. ML3: Ham 6H **145**
Auchingramont Rd. ML3: Ham 5H **145**
Auchinlea Recreation Cen. 2F **91**
Auchinlea Rd. G34: Glas 1F **91**
Auchinlea Way G34: Glas 2F **91**
Auchinleck Av. G33: Glas 3G **67**
Auchinleck Cres. G33: Glas 3G **67**
Auchinleck Dr. G33: Glas 3G **67**
Auchinleck Gdns. G33: Glas 3G **67**
Auchinleck Rd. G33: Glas 2H **67**
  G81: Hard 6D **24**
Auchinleck Ter. G81: Hard 1D **44**
AUCHINLOCH 5D **52**
Auchinloch Rd. G66: Lenz 3D **52**
Auchinloch St. G21: Glas 6B **66**
AUCHINRAITH 3C **144**
Auchinraith Av. ML3: Ham 3F **145**
Auchinraith Rd. G72: Blan 3B **144**
Auchinraith Ter. G72: Blan 3C **144**
AUCHINSTARRY 5A **14**
Auchinstarry Rd. G65: Kils 4A **14**
Auchintibber Ct. G72: Blan 4C **144**
Auchinvole Cres. G65: Kils 3F **13**
Auchmannoch Av. PA1: Pais 6G **83**

Auchnacraig Rd. G81: Faif, Hard 5E **25**
Auchter Av. ML2: Newm 4G **151**
Auchter Rd. ML2: Wis 5C **150**
Auckland Pk. G75: E Kil 3C **156**
Auckland Pl. G81: Clyd 3H **43**
Auckland St. G22: Glas 6F **65**
Auldbar Rd. G52: Glas 2F **105**
Auldbar Ter. PA2: Pais 3C **102**
Auldburn Pl. G43: Glas 1H **121**
Auldburn Rd. G43: Glas 1H **121**
Auldearn Rd. G21: Glas 2E **67**
Auldgirth Rd. G52: Glas 2F **105**
Auldhame St. ML5: Coat 3A **94**
AULDHOUSE 4C **168**
Auldhouse Av. G43: Glas 1H **121**
Auldhouse Ct. G43: Glas 1H **121**
Auldhouse Gdns. G43: Glas 1H **121**
Auldhouse Retail Pk.
  G43: Glas 6A **106**
Auldhouse Rd. G43: Glas 1H **121**
  G75: E Kil 3A **168**
Auldhouse Ter. G43: Glas 1B **122**
Auldkirk, The G76: Busby 4E **139**
Auld Kirk Mus. 4C **32**
Auld Kirk Rd. G72: Camb 4C **126**
Auldmurroch Dr. G62: Miln 3D **26**
Auld Road, The G67: Cumb 1A **38**
Auld's Brae ML6: Air 3A **96**
Auld St. G81: Clyd 4A **44**
Auldton Ter. ML9: Ashg 4H **171**
Auldyards Rd. G69: G'csh 4E **71**
Aultbea St. G22: Glas 1F **65**
Aultmore Dr. ML1: Carf, New S 5A **132**
Aultmore Gdns. G33: Glas 4F **91**
Aultmore Pk. G33: Glas 4F **91**
Aultmore Rd. G33: Glas 4F **91**
*Aurelia Ct. ML1: Moth 2G **147***
  (off Roman Rd.)
Aurora Av. G81: Clyd 1D **60**
Aursbridge Cres. G78: Barr 5F **119**
Aursbridge Dr. G78: Barr 5F **119**
Aurs Cres. G78: Barr 5F **119**
Aurs Dr. G78: Barr 6F **119**
Aurs Glen G78: Barr 6E **119**
Aurs Pl. G78: Barr 5G **119**
Aurs Rd. G77: Newt M 3A **136**
  G78: Barr 4F **119**
Austen La. G13: Glas 4E **63**
Austen Rd. G13: Glas 4E **63**
Austine Dr. ML3: Ham 4A **162**
Avenel Rd. G13: Glas 6E **47**
Avenue at Mearns Cross Shop. Cen., The
  G77: Newt M 5D **136**
Avenue End Dr. G33: Glas 1B **90**
Avenue End Gate G33: Glas 1B **90**
Avenue End Rd. G33: Glas 5B **68**
Avenuehead Rd.
  G69: G'csh, Mood 6D **54**
Avenuepark St. G20: Glas 5C **64**
Avenue St. G40: Glas 6C **88**
  G73: Ruth 4D **108**
Aviemore Gdns. G61: Bear 2H **47**
Aviemore Rd. G52: Glas 2E **105**
Avoch St. G34: Glas 2H **91**
Avon Av. G61: Bear 4H **47**
  ML8: Carl 3C **174**
Avonbank Cres. ML3: Ham 3A **162**
Avonbank Rd. G73: Ruth 6B **108**
  ML9: Lark 2A **170**
Avonbrae Cres. ML3: Ham 3A **162**
Avon Bri. ML3: Fern, Ham 1C **162**
Avonbridge Dr. ML3: Ham 6B **146**
Avondale Av. G74: E Kil 2H **157**
Avondale Dr. PA1: Pais 5D **82**
Avondale Gdns. G74: E Kil 3A **158**
Avondale Gro. G74: E Kil 2A **158**
Avondale Pl. G74: E Kil 3A **158**
Avondale St. G33: Glas 2A **90**

Avon Dr. ML4: Bell 3E **131**
   PA3: Lin 5H **79**
Avonhead G75: E Kil 6G **157**
Avonhead Av. G67: Cumb 6E **37**
Avonhead Gdns. G67: Cumb 6E **37**
Avonhead Pl. G67: Cumb 6E **37**
Avonhead Rd. G67: Cumb 6E **37**
Avon Ho. ML3: Ham 4A **146**
Avon Pl. ML5: Coat 2H **93**
   ML9: Lark 6D **170**
Avon Rd. G46: Giff 5H **121**
   G64: B'rig 1C **66**
   ML9: Lark 5C **170**
Avonside Gro. ML3: Ham 6B **146**
Avonspark Gdns. G21: Glas 6D **66**
Avonspark Pl. G21: Glas 6D **66**
Avonspark St. G21: Glas 6C **66**
Avon St. ML1: Moth 4F **147**
   ML3: Ham 6A **146**
   ML9: Lark 2B **170**
Avon Twr. ML1: Moth 4G **147**
Avon Wlk. G67: Cumb 4H **37**
   (in The Cumbernauld Shop. Cen.)
Avon Wynd ML2: Newm 3D **150**
Aylmer Rd. G43: Glas 1D **122**
Ayr Dr. ML6: Air 6A **96**
Ayr Rd. G46: Giff 4E **137**
   G77: Newt M 1A **152**
   ML9: Lark, Shaw 6F **171**
Ayr St. G21: Glas 5B **66**
Ayton Pk. Nth. G74: E Kil 6B **142**
Ayton Pk. Sth. G74: E Kil 6B **142**
Aytoun Dr. PA8: Ersk 4D **42**
Aytoun Rd. G41: Glas 1B **106**
Azalea Gdns. G72: Flem 2E **127**

B

Babylon Av. ML4: Bell 4C **130**
Babylon Dr. ML4: Bell 4C **130**
Babylon Pl. ML4: Bell 5C **130**
Babylon Rd. ML4: Bell 4C **130**
Backbrae St. G65: Kils 3H **13**
   (not continuous)
Back Causeway G31: Glas 6F **89**
Backmuir Cres. ML3: Ham 3F **145**
Backmuir Pl. ML3: Ham 3F **145**
Backmuir Rd. G15: Glas 3B **46**
   ML3: Ham 3F **145**
Back o'Barns ML3: Ham 5A **146**
Back o'Dykes Rd. G66: Kirkin 6H **33**
Back o'Hill PA6: C'lee 2B **78**
Back o' Hill Rd. G64: Balm, Torr . . .3H **29**
Back o'Hill Rdbt. G68: Cumb 4D **36**
Back O Loch Rd. G66: Kirkin 6D **32**
Back Row ML3: Ham 5A **146**
Bk. Sneddon St. PA3: Pais 6A **82**
   (not continuous)
Badenheath Pl. G68: Cumb 2H **55**
Badenheath Ter. G67: Mollin 3H **55**
Badenoch Rd. G66: Kirkin 4H **33**
Bagnell St. G21: Glas 4B **66**
Bahamas Way G75: E Kil 2C **156**
Bailie Dr. G61: Bear 6D **26**
Bailie Fyfe Way ML2: Over 4H **165**
Baillie Dr. G71: Both 4E **129**
   G74: E Kil 5B **142**
Baillie Gdns. ML2: Wis 5C **150**
Baillie Pl. G74: E Kil 5C **142**
Baillies La. ML6: Air 4A **96**
Bailliesmuir Pl. ML2: Newm 3E **151**
BAILLIESTON 6A **92**
Baillieston Rd. G32: Glas 1D **110**
   G71: Udd 2H **111**
Baillieston Station (Rail) 2H **111**
Baillie Wynd G71: Tann 5E **113**
Bainsford St. G32: Glas 5H **89**

Bain St. G40: Glas 5A **88**
Baird Av. G52: Hill E 3G **83**
   ML6: Air 1B **96**
   ML9: Lark 5D **170**
Baird Brae G4: Glas 6F **65**
Baird Ct. G81: Clyd 5C **44**
Baird Cres. G67: Cumb 6D **36**
   (not continuous)
Baird Dr. G61: Bear 2D **46**
   G65: Twe 2C **34**
   PA8: Ersk 4D **42**
Baird Gait G72: Camb 4A **126**
Baird Gdns. G72: Blan 3C **144**
Baird Hill G75: E Kil 3F **157**
Baird Pl. ML2: Wis 5C **150**
   ML4: Bell 6C **114**
Bairds Av. G71: View 1F **129**
Bairds Cres. ML3: Ham 6G **145**
Bairdsland Vw. ML4: Bell 2D **130**
Baird St. G4: Glas 2F **7** (2H **87**)
   G21: Glas 2F **7** (2H **87**)
   ML5: Coat 4C **94**
Baker St. G41: Glas 4C **106**
Bakewell Rd. G69: Bail 6G **91**
Balaclava St. G2: Glas . . .6H **5** (4E **87**)
Balado Rd. G33: Glas 4E **91**
Balbeggie St. G32: Glas 1C **110**
Balbeg St. G51: Glas 5E **85**
Balblair Rd. G52: Glas 3F **105**
   ML6: Air 6A **74**
Balcarres Av. G12: Glas 4A **64**
Balcary Pl. ML6: Chap 4E **117**
Balcastle Gdns. G65: Kils 1F **13**
Balcastle Rd. G65: Kils 2E **13**
Balcomie St. G33: Glas 2A **90**
Balcurvie Rd. G34: Glas 1G **91**
BALDERNOCK 3D **28**
Baldernock Rd. G62: Balder, Miln . . .4H **27**
Baldinnie Rd. G34: Glas 3H **91**
Baldoran Dr. G66: Milt C 5B **10**
Baldorran Cres. G68: Cumb 2D **36**
Baldovan Cres. G33: Glas 3F **91**
Baldovan Path G33: Glas 4F **91**
Baldovie Rd. G52: Glas 1C **104**
Baldragon Rd. G34: Glas 2H **91**
Baldric Rd. G13: Glas 3C **62**
Baldwin Av. G13: Glas 2D **62**
Bale Av. G72: Newt 1E **127**
Bale Ct. G72: Newt 1F **127**
Balerno Dr. G52: Glas 2E **105**
Balfearn Dr. G76: Eag 6C **154**
Balfleurs St. G62: Miln 3H **27**
Balfluig St. G34: Glas 2F **91**
Balfour St. G20: Glas 3B **64**
Balfour Ter. G75: E Kil 4H **157**
Balfour Wynd ML9: Lark 4D **170**
Balfron Cres. ML3: Ham 6D **144**
Balfron Pl. ML5: Coat 1E **115**
Balfron Rd. ML5: Coat 2E **115**
   PA1: Pais 6F **83**
Balgair Dr. PA1: Pais 6D **82**
Balgair Gdns. G22: Glas 5F **65**
Balgair Pl. G22: Glas 5F **65**
Balgair St. G22: Glas 4F **65**
Balgair Ter. G32: Glas 6B **90**
Balglass Gdns. G22: Glas 5F **65**
Balglass St. G22: Glas 5F **65**
Balgonie Av. PA2: Pais 4E **101**
Balgonie Dr. PA2: Pais 4G **101**
Balgonie Rd. G52: Glas 1E **105**
Balgonie Woods PA2: Pais 4G **101**
Balgownie Cres. G46: T'bnk 5G **121**
Balgraybank St. G21: Glas 5B **66**
Balgray Cres. G78: Barr 5F **119**
Balgrayhill Rd. G21: B'rig, Glas . . .3B **66**
Balgray Rd. G77: Newt M 4A **136**

Balintore St. G32: Glas 6A **90**
Baliol La. G3: Glas 2G **5**
Baliol St. G3: Glas 1G **5** (2D **86**)
Baljaffray Rd. G61: Bear 6H **25**
Baljaffray Shop. Cen.
   G61: Bear 5C **26**
Ballagan Pl. G62: Miln 3D **26**
Ballaig Av. G61: Bear 2D **46**
Ballaig Cres. G33: Step 4C **68**
Ballantay Quad. G45: Glas 4C **124**
Ballantay Rd. G45: Glas 4C **124**
Ballantay Ter. G45: Glas 4C **124**
Ballantine Av. G52: Hill E 4A **84**
Ballantrae G74: E Kil 1F **157**
Ballantrae Cres.
   G77: Newt M 6G **137**
Ballantrae Dr. G77: Newt M 5G **137**
Ballantrae Rd. G72: Blan 4C **144**
Ballantrae Wynd ML1: Holy 2B **132**
   (off Beauly Pl.)
Ballater Cres. ML2: Wis 4H **149**
Ballater Dr. G61: Bear 5F **47**
   PA2: Pais 4B **102**
   PA4: Inch 2H **59**
Ballater Gro. G72: Blan 6C **144**
Ballater Pl. G5: Glas 1H **107**
Ballater St. G5: Glas 6G **87**
Ballater Way ML5: Glenb 3G **71**
Ballayne Dr. G69: Mood 4E **55**
Ballerup Ter. G75: E Kil 5G **157**
BALLIESTON 1A **112**
Ballindalloch Dr. G31: Glas 3C **88**
Ballindalloch La. G31: Glas 3C **88**
Ballinkier Av. FK4: Bank 1E **17**
BALLOCH 3D **36**
Balloch Gdns. G52: Glas 2F **105**
Balloch Holdings
   G68: Cumb 4D **36**
Ballochmill Rd. G73: Ruth 5F **109**
Ballochmyle G74: E Kil 5D **142**
Ballochmyle Cres. G53: Glas 5A **104**
Ballochmyle Dr. G53: Glas 5A **104**
Ballochmyle Gdns. G53: Glas 5A **104**
Ballochmyle Pl. G53: Glas 5A **104**
Ballochney La. ML6: Air 1G **95**
Ballochney Rd.
   ML6: Air, Plain 5D **74**
Ballochney St. ML6: Air 1G **95**
Ballochnie Dr. ML6: Plain 1F **97**
Ballochnie Vw. ML6: Plain 1F **97**
Balloch Rd. G68: Cumb 3C **36**
   ML6: Air 5G **97**
Balloch Rdbt. G68: Cumb 3C **36**
Balloch Vw. G67: Cumb 3H **37**
Ballogie Rd. G44: Glas 6F **107**
BALMALLOCH 2G **13**
Balmalloch Rd. G65: Kils 2F **13**
Balmartin Rd. G23: Glas 6B **48**
Balmedie PA8: Ersk 5E **43**
Balmeg Av. G46: Giff 1A **138**
Balmerino Pl. G64: B'rig 1F **67**
Balmoral Av. ML6: Glenm 4H **73**
Balmoral Cres. ML5: Coat 1H **113**
   PA4: Inch 2A **60**
Balmoral Dr. G32: Carm 5B **110**
   G61: Bear 5G **47**
   G72: Camb 2G **125**
   PA7: B'ton 6A **42**
Balmoral Gdns. G71: Tann 4D **112**
   G72: Blan 3A **128**
Balmoral Path ML9: Lark 3E **171**
   (off Alloway St.)
Balmoral Pl. G74: E Kil 2E **157**
Balmoral Rd. PA5: Eld 5H **99**
Balmoral St. G14: Glas 6B **62**
BALMORE 5A **30**
Balmore Cres. G33: Step 4D **68**
Balmore Dr. ML3: Ham 3E **161**

Balmore Golf Course 5H 29
Balmore Ind. Est. G22: Glas 1F 65
Balmore Pl. G22: Glas 3F 65
Balmore Rd. G22: Glas 1E 65
   G23: Glas 1D 48
   G62: Balm, Bard 6D 28
   G64: Balm, Torr 6D 28
Balmore Sq. G22: Glas 4F 65
Balmuildy Rd. G23: Glas 3E 49
   G64: B'rig 3G 49
BALORNOCK 3D 66
Balornock Rd. G21: Glas 3C 66
Balruddery Pl. G64: B'rig 1F 67
Balshagray Av. G11: Glas 6F 63
Balshagray Cres. G14: Glas 1E 85
Balshagray Dr. G11: Glas 6F 63
Balshagray La. G11: Glas 1F 85
Balshagray Pl. G11: Glas 6F 63
Balta Cres. G72: Camb 4H 125
Baltic Bus. Pk. PA3: Pais 5H 81
Baltic Ct. G40: Glas 2C 108
Baltic La. G40: Glas 2C 108
Baltic Pl. G40: Glas 1C 108
Baltic St. G40: Glas 1C 108
   (not continuous)
Balure Pl. G31: Glas 4E 89
Balvaird Cres. G73: Ruth 6C 108
Balvaird Dr. G73: Ruth 6C 108
Balvenie Dr. ML1: Carf 6B 132
Balvenie St. ML5: Coat 2D 114
Balveny Av. G33: Glas 1D 90
Balveny Dr. G33: Glas 1D 90
Balveny Pl. G33: Glas 1D 90
Balveny St. G33: Glas 1D 90
Balvicar Dr. G42: Glas 4D 106
Balvicar St. G42: Glas 3D 106
Balvie Av. G15: Glas 6A 46
   G46: Giff 5B 122
Balvie Cres. G62: Miln 3F 27
Balvie Rd. G62: Miln 3E 27
Banavie La. G11: Glas 6G 63
Banavie Rd. G11: Glas 6G 63
   ML2: Newm 3D 150
Banchory Av. G43: Glas 2H 121
   ML6: Glenm 4H 73
   PA4: Inch 2H 59
Banchory Cres. G61: Bear 5G 47
Banchory Rd. ML2: Wis 4H 149
Baneberry Path G74: E Kil 5F 141
Banff Av. ML6: Air 1A 116
Banff Pl. G75: E Kil 3E 157
Banff Quad. ML2: Wis 4H 149
Banff St. G33: Glas 1B 90
Bangorshill St. G46: T'bnk 3F 121
Bank Av. G62: Miln 2G 27
Bankbrae Av. G53: Glas 1A 120
Bankend PA11: Bri W 4G 77
Bankend Rd. G82: Dumb 3F 19
   PA11: Bri W 5H 77
Bankend St. G33: Glas 2A 90
Bankfield Dr. ML3: Ham 4H 161
Bankfoot Dr. G52: Glas 6B 84
Bankfoot Pl. G77: Newt M 5H 137
Bankfoot Rd. G52: Glas 1B 104
   PA3: Pais 6F 81
Bankglen Rd. G15: Glas 3B 46
Bankhall St. G42: Glas 3F 107
BANKHEAD 1B 124
Bankhead Av. G13: Glas 3A 62
   ML4: Bell 4D 130
   ML5: Coat 1G 113
   ML6: Air 4D 96
Bankhead Dr. G73: Ruth 6C 108
Bankhead Pl. ML5: Coat 1G 113
   ML6: Air 4D 96
Bankhead Rd. G66: Kirkin 5G 33
   G73: Ruth 1B 124
   G76: Crmck 2H 139

Bankholm Pl. G76: Busby 4D 138
Bankier Rd. FK4: Bank 1E 17
BANKNOCK 1E 17
Banknock St. G32: Glas 5G 89
Bank Pk. G75: E Kil 3F 157
Bank Rd. G32: Carm 5C 110
Bankside Av. PA5: John 2F 99
Banks Rd. G66: Kirkin 4D 32
Bank St. G12: Glas 1C 86
   G72: Camb 1A 126
   G78: Barr 5E 119
   G78: Neil 2D 134
   ML5: Coat 5A 94
   ML6: Air 3A 96
   PA1: Pais 6B 82
   (not continuous)
Banktop Pl. PA5: John 2F 99
Bank Vw. ML6: Chap 3D 116
Bankview Cres. G66: Kirkin 5A 32
Bankview Dr. G66: Kirkin 5A 32
Bank Way ML9: Lark 1D 170
   (off Duncan Graham St.)
Bankwood Dr. G65: Kils 2A 14
Bannatyne Av. G31: Glas 4D 88
Bannatyne's Health Club
   Stepps 3E 69
Bannercross Av. G69: Bail 6G 91
Bannercross Dr. G69: Bail 5G 91
Bannercross Gdns. G69: Bail 6G 91
Banner Dr. G13: Glas 6C 46
Bannerman Dr. ML4: Bell 2F 131
Bannerman Pl. G81: Clyd 5D 44
Banner Rd. G13: Glas 6C 46
Bannoch Pl. ML1: Moth 6C 148
Bannockburn Dr. ML9: Lark 4E 171
Bannockburn Pl. ML1: New S 5A 132
Bantaskin St. G20: Glas 2A 64
Banton Pl. G33: Glas 4G 91
Banton Rd. G65: Bant, Kils 2E 15
Banyan Cres. G71: View 4H 113
Barassie G74: E Kil 6F 141
Barassie Ct. G71: Both 5D 128
Barassie Cres. G68: Cumb 5H 15
Barassie Dr. PA11: Bri W 5E 77
Baraston Rd. G64: Torr 2B 30
Barbados Grn. G75: E Kil 2C 156
Barbae Pl. G71: Both 4E 129
Barbana Rd. G74: E Kil 1H 155
Barbegs Cres. G65: Croy 1B 36
Barberry Av. G53: Glas 5B 120
Barberry Cres. G67: Cumb 1F 57
Barberry Gdns. G53: Glas 5B 120
Barberry Pl. G53: Glas 5C 120
Barbeth Gdns. G67: Cumb 1D 56
Barbeth Pl. G67: Cumb 1C 56
Barbeth Rd. G67: Cumb 1C 56
Barbeth Way G67: Cumb 1C 56
Barbreck Rd. G42: Glas 3E 107
Barcaldine Av. G69: Chry 1H 69
Barcaldine Ter. G41: Glas 3D 106
Barcapel Av. G77: Newt M 2E 137
Barclay Av. PA5: Eld 3H 99
Barclay Ct. G60: Old K 1F 43
Barclay Dr. PA5: Eld 3H 99
Barclay Rd. ML1: Moth 3D 146
Barclay Sq. PA4: Renf 2D 82
Barclay St. G21: Glas 4B 66
   G60: Old K 2F 43
Barcloy Pl. ML6: Chap 4F 117
Barcraigs Dr. PA2: Pais 5B 102
Bard Av. G13: Glas 1B 62
BARDOWIE 6F 29
Bardowie Ind. Est. G22: Glas 5G 65
   (off Bardowie St.)
Bardowie Rd. G62: Bard 6F 29
Bardowie St. G22: Glas 5F 65
   (not continuous)
Bardrain Av. PA5: Eld 3A 100

Bardrain Rd. PA2: Pais 6G 101
Bardrill Dr. G64: B'rig 6A 50
Bardykes Rd. G72: Blan 1H 143
Barefield St. ML9: Lark 1C 170
Barfillan Dr. G52: Glas 6E 85
Bargany Ct. G53: Glas 4A 104
Bargany Pl. G53: Glas 4A 104
Bargany Rd. G53: Glas 4A 104
Bargaran Rd. G53: Glas 2B 104
BARGARRAN 5D 42
Bargarran Rd. PA8: Ersk 5D 42
Bargarran Sq. PA8: Ersk 4D 42
Bargarron Dr. PA3: Pais 4C 82
BARGEDDIE 6D 92
Bargeddie Station (Rail) 1E 113
Bargeddie St. G33: Glas 1F 89
Barhill Cotts. G65: Twe 1D 34
   (off Main St.)
Bar Hill Fort 1F 35
Barhill La. G65: Twe 1D 34
Bar Hill Pl. G65: Kils 3F 13
Barhill Rd. PA8: Ersk 4E 43
Barholm Cres. PA8: Ersk 4E 43
Barholm Dr. PA8: Ersk 4E 43
Barholm Sq. G33: Glas 2D 90
Barholm St. G33: Glas 2D 90
Barke Rd. G67: Cumb 2A 38
Barkly Ter. G75: E Kil 3E 157
Barlae Av. G76: Water 3C 154
BARLANARK 5E 91
Barlanark Av. G32: Glas 4C 90
Barlanark Cl. G33: Glas 5E 91
Barlanark Cres. G33: Glas 4D 90
Barlanark Dr. G33: Glas 4D 90
Barlanark Pl. G32: Glas 5C 90
   G33: Glas 4E 91
Barlanark Rd. G33: Glas 4D 90
Barlandfauld St. G65: Kils 3A 14
Barleybank G66: Kirkin 5C 32
Barlia Dr. G45: Glas 4A 124
Barlia Gdns. G45: Glas 4A 124
Barlia Gro. G45: Glas 4A 124
Barlia Sports Complex 4A 124
Barlia St. G45: Glas 4A 124
Barlia Ter. G45: Glas 4A 124
Barlia Way G45: Glas 4B 124
Barloan Ct. G82: Dumb 2G 19
Barloan Cres. G82: Dumb 2G 19
Barloan Pl. G82: Dumb 2G 19
Barloch Av. G62: Miln 3G 27
Barloch Rd. G62: Miln 3H 27
Barloch St. G22: Glas 5G 65
Barlogan Av. G52: Glas 6E 85
Barlogan Quad. G52: Glas 6E 85
Barmore Av. ML8: Carl 5F 175
BARMULLOCH 5F 67
Barmulloch Rd. G21: Glas 5C 66
Barnard Gdns. G64: B'rig 3C 50
Barnbeth Rd. G53: Glas 3B 104
BARNCLUITH 1C 162
Barncluith Av. ML3: Ham 1C 162
Barncluith Ct. ML3: Ham 6B 146
Barncluith Rd. ML3: Ham 6B 146
Barn Ct. G72: Newt 1F 127
Barn Dr. G72: Newt 1F 127
BARNELLAN 4E 29
Barnes Ct. G78: Barr 4D 118
Barness Pl. G33: Glas 3A 90
Barnes St. G78: Barr 5D 118
Barnett Path G72: Blan 2B 144
   (off Winton Cres.)
Barnflat St. G73: Ruth 4D 108
Barn Grn. PA10: Kilba 2A 98
BARNHILL 1H 143
Barnhill Ct. G77: Newt M 6D 136
Barnhill Dr. G21: Glas 6C 66
   G77: Newt M 1D 152
   ML3: Ham 1B 160

Barnhill Rd. G82: Dumb 2C **20**
Barnhill Station (Rail) 6B **66**
Barnkcroft Av. G75: E Kil 1A **168**
Barnkirk Av. G15: Glas 4A **46**
Barn La. G72: Newt 1F **127**
Barnsford Av. PA4: Inch 5F **59**
Barnsford Rd. PA3: Glas A 3E **81**
  PA4: Inch 4E **59**
Darns St. G81. Clyd 6L **45**
Barnswood Pl. G71: Both 4F **129**
Barnton St. G32: Glas 4G **89**
Barnwell Ter. G51: Glas 4E **85**
Barochan Cres. PA3: Pais 1E **101**
Barochan Pl. G53: Glas 2B **104**
Barochan Rd. G53: Glas 2B **104**
  ML4: Moss 1F **131**
  PA5: Brkfld, John 1E **99**
  PA6: B'ton, Hous 6B **40**
  PA6: C'lee, Hous 2C **78**
  PA7: B'ton 6B **40**
  PA14: B'ton 6B **40**
Barochan Way PA3: Pais 1E **101**
Baronald Dr. G12: Glas 3H **63**
Baronald Ga. G12: Glas 3H **63**
Baronald St. G73: Ruth 4D **108**
Baron Ct. ML3: Ham 1C **162**
Barone Dr. G76: Clar 1A **138**
Baronhall Dr. G72: Blan 1A **144**
Baronhill G67: Cumb 6A **16**
Baron Path G69: Barg 6D **92**
Baron Rd. PA3: Pais 5C **82**
Baronscourt Dr. PA1: Pais 1D **100**
Baronscourt Gdns. PA1: Pais 1D **100**
Baronscourt Rd. PA1: Pais 1D **100**
Barons Ga. G71: Both 3C **128**
Barons Haugh RSPB Nature Reserve
  . . . . .6F **147**
Barons Rd. ML1: Moth 1B **164**
Barons Twr. ML1: Moth 6B **148**
Baron St. PA4: Renf 1E **83**
Barony Chambers Visitors Cen. . . .*4C 32*
  (off Cowgate)
Barony Ct. G69: Bail 5H **91**
Barony Dr. G66: Lenz 1E **53**
  G69: Bail 5H **91**
Barony Gdns. G69: Bail 6H **91**
Barony Gro. G72: Flem 3E **127**
Barony Pl. G68: Cumb 4A **36**
Barony Wynd G69: Bail 5H **91**
Barra Av. ML2: Wis 4C **150**
  ML5: Coat 1A **114**
  PA4: Renf 2E **83**
BARRACHNIE 6E **91**
Barrachnie Av. G69: Bail 5G **91**
Barrachnie Ct. G69: Bail 5F **91**
Barrachnie Cres. G69: Bail 6F **91**
Barrachnie Dr. G69: Bail 5G **91**
Barrachnie Gro. G69: Bail 5G **91**
Barrachnie Pl. G69: Bail 5G **91**
Barrachnie Rd. G69: Bail 1F **111**
Barrack St. G4: Glas 5A **88**
  ML3: Ham 5H **145**
Barra Cres. G60: Old K 2G **43**
Barra Dr. ML6: Air 5E **97**
Barra Gdns. G60: Old K 2G **43**
Barra Pl. ML5: Coat 1A **114**
Barra Rd. G60: Old K 2G **43**
Barras, The *5A 88*
  (off Gallowgate)
Barra St. G20: Glas 1A **64**
Barr Av. G78: Neil 1E **135**
Barrbridge Rd. G69: Barg, Coat . . .1F **113**
Barrcraig Rd. PA11: Bri W 4E **77**
Barr Cres. G81: Hard 2D **44**
Barr Gro. G71: Tann 5E **113**
BARRHEAD 5E **119**
BARRHEAD INTERCHANGE 6D **104**

Barrhead Rd. G43: Glas 6D **104**
  G53: Glas 1H **119**
  G77: Newt M 4A **136**
  G78: Barr, Neil 1F **135**
  PA2: Pais 2B **102**
Barrhead Sports Cen. 4E **119**
Barrhead Station (Rail) 4D **118**
Barrhill Ct. G66: Kirkin 5G **33**
Barrhill Cres. PA10: Kilba 3B **98**
Barrhill Rd. G66: Kirkin 5G **33**
Barrhill Ter. G65: Twe 1E **35**
Barriedale Av. ML3: Ham 6F **145**
Barrie Quad. G81: Clyd 3C **44**
Barrie Rd. G52: Hill E 4A **84**
  G74: E Kil 4D **142**
Barrie St. ML1: Moth 3G **147**
Barrington Dr. G4: Glas 1D **86**
Barrisdale Rd. G20: Glas 1B **64**
  ML2: Newm 3D **150**
Barrisdale Way G73: Ruth 3D **124**
Barrland Ct. G41: Glas 2E **107**
Barrland Dr. G46: Giff 4A **122**
Barrland St. G41: Glas 2E **107**
Barrmill Rd. G43: Glas 2G **121**
BARROW FIELD 6D **88**
BARROWFIELD 1C **114**
Barrowfield Dr. G40: Glas 6C **88**
Barrowfield Gdns. G40: Glas 6D **88**
Barrowfield Ga. G40: Glas 1D **108**
Barrowfield Pl. G40: Glas 1D **108**
Barrowfield St. G40: Glas 6C **88**
  (not continuous)
  ML5: Coat 1B **114**
Barrpath G65: Kils 4B **14**
Barr Pl. G77: Newt M 4C **136**
  PA1: Pais 1H **101**
Barrs La. ML8: Carl 2D **174**
Barr St. G20: Glas 6E **65**
  ML1: Moth 1G **147**
Barr Ter. G74: E Kil 1G **157**
Barr Way PA1: Pais 1A **102**
BARRWOOD 3B **14**
Barrwood Pl. G71: Tann 5E **113**
Barrwood St. G33: Glas 1G **89**
Barry Gdns. G72: Blan 3A **144**
Barscube Ter. PA2: Pais 3C **102**
Barshaw Cl. G52: Glas 5G **83**
Barshaw Ct. G52: Glas 5H **83**
Barshaw Dr. G52: Glas 5H **83**
  PA1: Pais 5C **82**
Barshaw Ho. PA1: Pais 6E **83**
Barshaw Pk. Golf Course 6E **83**
Barshaw Pl. PA1: Pais 6F **83**
Barshaw Rd. G52: Glas 5G **83**
Barskiven Rd. PA1: Pais 1D **100**
  PA3: Pais 1D **100**
Barterholm Rd. PA2: Pais 3A **102**
Bartholomew St. G40: Glas 2C **108**
Bartiebeith Rd. G33: Glas 4D **90**
Bartie Gdns. ML9: Ashg 4G **171**
Bartonhall Rd. ML2: Wis 2B **166**
Barty's Rd. ML4: Bell 2E **131**
Barwood Dr. PA8: Ersk 4E **43**
Barwood Hill G82: Dumb 1H **19**
Barwood Rd. PA8: Ersk 3E **43**
Basil Gro. G75: E Kil 2D **156**
Bassett Av. G13: Glas 1B **62**
Bassett Cres. G13: Glas 1B **62**
Bathgate St. G31: Glas 5C **88**
Bathgo Av. PA1: Pais 1G **103**
Bath La. G2: Glas 3H **5** (3E **87**)
  (not continuous)
Bathlin Cres. G69: Mood 4E **55**
Bath St. G2: Glas 3G **5** (3E **87**)
Batson St. G42: Glas 3F **107**
BATTLEFIELD 6E **107**
Battlefield Av. G42: Glas 6E **107**
Battlefield Cres. G42: Glas 5E **107**

Battlefield Gdns. G42: Glas 5E **107**
Battlefield Rd. G42: Glas 5D **106**
Battle Pl. G41: Glas 5D **106**
Battles Burn Dr. G32: Glas 3A **110**
Battles Burn Ga. G32: Glas 3A **110**
Battles Burn Vw. G32: Glas 3A **110**
Bavelaw St. G33: Glas 1D **90**
Baxter Brae ML1: Cle 1H **149**
Baxter Wynd ML2: Wis 1E **165**
Bayfield Av. G15: Glas 4A **46**
Bayfield Ter. G15: Glas 4A **46**
Bay Willow Ct. G72: Flem 3F **127**
BBC Scotland HQ 6B **4** (4B **86**)
Beacon Pl. G33: Glas 3H **89**
Beaconsfield Rd. G12: Glas 4H **63**
Beard Cres. G69: G'csh 4E **71**
Beardmore Cotts. PA4: Inch 3A **60**
Beardmore Pl. G81: Clyd 4A **44**
Beardmore St. G81: Clyd 4H **43**
Beardmore Way G31: Glas 5D **88**
  G81: Clyd 5H **43**
Beardmore Dr. G52: Glas 6B **84**
BEARSDEN 2E **47**
Bearsden Golf Course 2C **46**
Bearsden Golf Range 1H **47**
Bearsden Rd. G13: Glas 3F **63**
  G61: Bear 3F **63**
Bearsden Shopping Cen.
  G61: Bear 3G **47**
Bearsden Station (Rail) 3E **47**
Beaton Rd. G41: Glas 3C **106**
Beaton St. ML9: Lark 1B **170**
Beatrice Dr. ML1: Holy 2H **131**
Beatrice Gdns. PA6: C'lee 3D **78**
Beatson Wynd G71: Tann 4E **113**
Beattock St. G31: Glas 6F **89**
Beattock Wynd ML3: Ham 6E **145**
Beatty St. G81: Clyd 4A **44**
Beaufort Av. G43: Glas 1A **122**
Beaufort Dr. G66: Kirkin 5B **32**
Beaufort Gdns. G64: B'rig 6A **50**
Beauly Cres. G77: Newt M 5H **137**
  ML2: Wis 2H **165**
  ML6: Air 5E **97**
Beauly Dr. PA2: Pais 4C **100**
Beauly Pl. G20: Glas 3B **64**
  G64: B'rig 5F **51**
  G69: Chry 6B **54**
  G74: E Kil 1F **157**
  ML1: Holy 2A **132**
  ML5: Coat 2D **114**
Beauly Rd. G69: Bail 2G **111**
Beaumont Ga. G12: Glas 1A **86**
Beckfield Cres. G33: Glas 2F **67**
Beckfield Dr. G33: Glas 2F **67**
Beckfield Ga. G33: Glas 2F **67**
Beckfield Gro. G33: Glas 2F **67**
Beckfield Pl. G33: Glas 2F **67**
Beckfield Wlk. G33: Glas 2F **67**
Beckford St. Bus. Cen.
  ML3: Ham 4G **145**
Bedale Rd. G69: Bail 1F **111**
Bedcow Vw. G66: Kirkin 6F **33**
Bedford Av. G81: Clyd 5F **45**
Bedford La. G5: Glas 6F **87**
Bedford St. G5: Glas 6F **87**
Bedlay Ct. G69: Mood 4E **55**
Bedlay Pl. ML5: Anna 5B **56**
Bedlay Vw. G71: Tann 4F **113**
Bedlay Wlk. G69: Mood 4E **55**
Beech Av. G41: Glas 1H **105**
  (not continuous)
  G61: Bear 6G **27**
  G69: Bail 6G **91**
  G72: Camb 1H **125**
  G73: Ruth 3E **125**

Beech Av. G77: Newt M 5D **136**
  ML1: New S 4B **132**
  ML9: Lark 3F **171**
  PA2: Pais 4C **102**
  PA5: Eld 3A **100**
  PA11: Bri W 2F **77**
Beechbank Av. ML6: Air 2H **95**
Beech Cres. G72: Flem 3E **127**
  G77: Newt M 6E **137**
  ML1: N'hse 6D **116**
          (not continuous)
Beech Dr. G81: Clyd 2C **44**
Beeches, The G72: Blan 2A **144**
          (off Harkins Av.)
  G77: Newt M 3F **137**
  PA5: Brkfld 5C **78**
  PA6: Hous 2D **78**
Beeches Av. G81: Dun 1B **44**
Beeches Rd. G81: Dun 1A **44**
Beeches Ter. G81: Dun 1C **44**
Beechfield Dr. ML8: Carl 5E **175**
Beech Gdns. G69: Bail 6G **91**
Beech Gro. G69: G'csh 4E **71**
  G75: E Kil 5D **156**
  ML2: Wis 2A **150**
  ML8: Law 5D **166**
Beechgrove G69: Mood 5D **54**
Beechgrove Av. G71: View 6G **113**
Beechgrove Quad. ML1: Holy 2A **132**
Beechgrove St. G40: Glas 3D **108**
Beechlands Av. G44: Neth 5C **122**
Beechlands Dr. G76: Clar 3A **138**
Beechmount Rd. G66: Lenz 3C **52**
Beech Pl. G64: B'rig 1D **66**
Beech Rd. G64: B'rig 1D **66**
  G66: Lenz 1C **52**
  ML1: N'hse 6C **116**
  PA5: John 4D **98**
Beech Ter. ML9: Lark 4D **170**
Beechtree Ter. G66: Milt C 6C **10**
Beechwood ML2: Wis 2D **164**
  ML9: Lark 6A **164**
Beechwood Av. G73: Ruth 1E **125**
  G76: Clar 3A **138**
  ML3: Ham 3F **161**
Beechwood Ct. G61: Bear 4F **47**
  G67: Cumb 5H **37**
Beechwood Cres. ML2: Wis 1A **166**
Beechwood Dr. G11: Glas 5F **63**
  ML5: Coat 6E **95**
  PA4: Renf 2D **82**
Beechwood Gdns.
  G69: Mood 6D **54**
  ML4: Bell 3E **131**
Beechwood Gro. G78: Barr 6E **119**
Beechwood La. G61: Bear 4F **47**
Beechwood Pl. G11: Glas 5F **63**
  ML4: Bell 3E **131**
Beechwood Rd. G67: Cumb 4H **37**
Beechworth Dr. ML1: N'hill 5D **132**
Beecraigs Way ML6: Plain 5G **75**
Beecroft Pl. G72: Blan 6C **128**
Beil Dr. G13: Glas 2H **61**
Beith Dr. ML6: Air 1A **116**
Beith Rd. PA5: How, John 5D **98**
  PA9: How 6A **98**
          (not continuous)
  PA10: How, John 6A **98**
Beith St. G11: Glas 2G **85**
Beith Way G72: Blan 1B **160**
Belford Ct. G77: Newt M 1D **152**
Belford Gro. G77: Newt M 1D **152**
Belgowan St. ML4: Bell 6B **114**
Belgrave La. G12: Glas 6C **64**
Belgrave St. ML4: Bell 6B **114**
Belgrave Ter. G12: Glas 6C **64**
Belhaven Ct. G77: Newt M 1D **152**
Belhaven Ho. ML2: Wis 6G **149**

Belhaven Pk. G69: Muirh 2A **70**
Belhaven Pl. G77: Newt M 1D **152**
  ML5: Glenb 3A **72**
Belhaven Rd. ML2: Wis 6G **149**
  ML3: Ham 6C **144**
Belhaven Ter. G12: Glas 5A **64**
  G73: Ruth 1E **125**
  ML2: Wis 6G **149**
Belhaven Ter. W. G12: Glas 5A **64**
Belhaven Ter. West La.
  G12: Glas 5A **64**
BELLAHOUSTON 6F **85**
Bellahouston Dr. G52: Glas 2E **105**
Bellahouston La. G52: Glas 1E **105**
Bellahouston Pk. 1F **105**
Bellairs Pl. G72: Blan 6A **128**
Bellas Pl. ML6: Plain 1G **97**
Bellaville Gro. G69: Chry 1B **70**
Bellcote Pl. G68: Cumb 6F **15**
Bellcraig Ct. G76: Busby 4F **139**
Bell Dr. G72: Blan 5A **144**
Belleisle Av. G71: Udd 6C **112**
Belleisle Ct. G68: Cumb 1G **37**
Belleisle Cres. PA11: Bri W 5E **77**
Belleisle Dr. G68: Cumb 1G **37**
Belleisle Gdns. G68: Cumb 1G **37**
Belleisle Gro. G68: Cumb 1G **37**
Belleisle St. G42: Glas 4F **107**
Bellevue Av. G66: Kirkin 5B **32**
Bellevue Rd. G66: Kirkin 5B **32**
Bellfield Ct. G78: Barr 3D **118**
Bellfield Cres. G78: Barr 3D **118**
Bellfield Dr. ML2: Wis 1A **166**
Bellfield Rd. G66: Kirkin 5B **32**
Bellfield St. G31: Glas 5C **88**
Bellflower Av. G53: Glas 4C **120**
Bellflower Ct. G74: E Kil 6E **141**
Bellflower Gdns. G53: Glas 4C **120**
Bellflower Gro. G74: E Kil 5E **141**
Bellflower Pl. G53: Glas 4C **120**
Bell Grn. E. G75: E Kil 3H **157**
Bell Grn. W. G75: E Kil 3G **157**
Bell Gro. ML8: Law 5F **167**
Bellgrove Station (Rail) 5B **88**
Bellgrove St. G31: Glas 5B **88**
Bellisle Ter. ML3: Ham 4F **161**
Bell Quad. ML1: Carf 5B **132**
Bellrock Ct. G33: Glas 3B **90**
Bellrock Cres. G33: Glas 3A **90**
Bellrock Path G33: Glas 3B **90**
Bellrock St. G33: Glas 3H **89**
Bellrock Vw. G33: Glas 3A **90**
Bellscroft Av. G73: Ruth 6B **108**
Bellsdyke Rd. ML6: Air 5H **95**
Bellsfield Dr. G72: Blan 3B **144**
Bellshaugh Ct. G12: Glas 4A **64**
Bellshaugh Gdns. G12: Glas 4A **64**
Bellshaugh La. G12: Glas 4A **64**
Bellshaugh Pl. G12: Glas 4A **64**
Bellshaugh Rd. G12: Glas 4A **64**
BELLSHILL 2C **130**
BELLSHILL (Park & Ride) 2C **130**
Bellshill Cultural Cen. 2C **130**
          (off John St.)
Bellshill Golf Course 4D **130**
Bellshill (Motherwell Food Pk.) Ind. Est.
  ML4: Bell 1B **130**
          (Belgrave St.)
  ML4: Bell 6C **114**
          (Carnoustie Pl.)
Bellshill Rd. G71: Both 1G **145**
  G71: Udd, Both, View 2D **128**
  ML1: Moth 4E **131**
Bellshill Station (Rail) 2C **130**
Bellside Rd. ML1: N'hse 5G **117**
  ML6: Chap 3E **117**
BELLSMYRE 1H **19**
Bellsmyre Av. G82: Dumb 1G **19**

Bell St. G1: Glas 6F **7** (4H **87**)
  G4: Glas 5A **88**
  G81: Clyd 2F **61**
  ML2: Wis 6F **149**
  ML4: Bell 6D **114**
  ML6: Air 3H **95**
  PA4: Renf 5F **61**
Belltrees Cres. PA3: Pais 1E **101**
Bell Vw. ML2: Newm 3E **151**
Bellvue Way ML5: Coat 1E **115**
Bellwood St. G41: Glas 6C **106**
Bellziehill Rd. ML4: Bell 2A **130**
Belmar Ct. PA3: Lin 6A **80**
          (off Langholm Dr.)
Belmont Av. G71: Udd 6C **112**
Belmont Ct. G66: Kirkin 5D **32**
Belmont Cres. G12: Glas 6C **64**
Belmont Dr. G46: Giff 4H **121**
  G73: Ruth 6D **108**
  G75: E Kil 3D **156**
  G78: Barr 6F **119**
Belmont Ho. G75: E Kil 3D **156**
          (off Riverton Dr.)
Belmont La. G12: Glas 6C **64**
Belmont Rd. G21: Glas 3B **66**
  G72: Camb 4G **125**
  PA3: Pais 5C **82**
Belmont St. G12: Glas 6C **64**
  G20: Glas 6C **64**
  G65: Kils 2G **13**
  G81: Clyd 1D **60**
  ML2: Over 5H **165**
  ML5: Coat 2G **93**
Belses Dr. G52: Glas 6C **84**
Belses Gdns. G52: Glas 6C **84**
Belstane Ga. ML8: Carl 2D **174**
Belstane M. ML8: Carl 2E **175**
Belstane Pk. ML8: Carl 2D **174**
Belstane Pl. G71: Both 4E **129**
Belstane Rd. G67: Cumb 2H **57**
  ML8: Carl 3D **174**
Belsyde Av. G15: Glas 5A **46**
Beltane St. G3: Glas 3G **5** (3D **86**)
  ML2: Wis 1G **165**
Beltonfoot Way ML2: Wis 1F **165**
Beltrees Av. G53: Glas 4A **104**
Beltrees Cres. G53: Glas 4A **104**
Beltrees Rd. G53: Glas 4A **104**
Belvidere Av. G31: Glas 1E **109**
Belvidere Cres. G64: B'rig 5D **50**
  ML4: Bell 3D **130**
Belvidere Ga. G31: Glas 1E **109**
Belvidere Rd. ML4: Bell 3D **130**
Belvidere Ter. G31: Glas 1F **109**
Belvoir Pl. G72: Blan 1B **144**
Bemersyde G64: B'rig 5E **51**
Bemersyde Av. G43: Glas 2H **121**
Bemersyde Pl. ML9: Lark 4C **170**
Bemersyde Rd. PA2: Pais 5B **100**
Ben Aigan Pl. G53: Glas 3C **120**
Ben Alder Dr. PA2: Pais 4F **103**
Benalder St. G11: Glas 1A **4** (2A **86**)
          (not continuous)
Benarty Gdns. G64: B'rig 5D **50**
Benbecula G74: E Kil 2C **158**
Ben Buie Way PA2: Pais 4F **103**
Benbow Rd. G81: Clyd 5B **44**
Bencloich Av. G66: Len 3G **9**
Bencloich Cres. G66: Len 2G **9**
Bencloich Rd. G66: Len 3G **9**
Bencroft Dr. G44: Glas 2A **124**
Ben Donich Pl. G53: Glas 3D **120**
Ben Edra Pl. G53: Glas 3D **120**
Benford Av. ML1: N'hill 3D **132**
Benford Knowe ML1: N'hill 3E **133**
Bengairn St. G31: Glas 4E **89**

Bengal Pl. G43: Glas 6A **106**
Bengal St. G43: Glas 6A **106**
Ben Garrisdale Pl. G53: Glas 3D **120**
Ben Glas Pl. G53: Glas 3D **120**
Benhar Pl. G33: Glas 4H **89**
Benholm St. G32: Glas 2H **109**
Ben Hope Av. PA2: Pais 3F **103**
Ben Laga Pl. G53: Glas 3D **120**
Ben Lawers Dr. G68: Cumb 3D **36**
　PA2: Pais 3F **103**
Ben Ledi Av. PA2: Pais 3F **103**
Ben Ledi Cres. G68: Cumb 3D **36**
Ben Loyal Av. PA2: Pais 3F **103**
Ben Lui Dr. PA2: Pais 4E **103**
Ben Lui Pl. G53: Glas 3D **120**
　G68: Cumb 3D **36**
Ben Macdui Gdns.
　G53: Glas 3D **120**
Ben More Dr. G68: Cumb 3C **36**
　PA2: Pais 3F **103**
Benmore Twr. G72: Camb 4H **125**
Bennan Pl. G75: E Kil 1C **168**
Bennan Sq. G42: Glas 3G **107**
Benn Av. PA1: Pais 1B **102**
Ben Nevis Rd. PA2: Pais 4E **103**
Ben Nevis Way G68: Cumb 3C **36**
Benny Lynch Ct. G5: Glas 6G **87**
Ben Oss Pl. G53: Glas 3C **120**
Benson St. ML5: Coat 1C **114**
Benston Rd. PA5: John 4E **99**
Bent Cres. G71: View 1G **129**
Bentfoot Rd. ML2: Over 5A **166**
Benthall St. G5: Glas 1H **107**
Bentinck Grange
　G74: T'hall 3H **155**
Bentinck St. G3: Glas 2D **4** (2C **86**)
Bent Rd. ML3: Ham 1G **161**
　ML6: Chap 2D **116**
Bents Rd. G69: Bail 6H **91**
Benty's La. ML8: Carl 5D **174**
Ben Vane Av. PA2: Pais 4E **103**
Ben Venue Rd. G68: Cumb 3C **36**
Ben Venue Way PA2: Pais 4F **103**
Benvie Gdns. G64: B'rig 5D **50**
Benview Rd. G76: Clar 2C **138**
Benview St. G20: Glas 5D **64**
Benview Ter. PA2: Pais 3D **102**
Ben Vorlich Dr. G53: Glas 2D **120**
Ben Vorlich Pl. G53: Glas 3D **120**
Benvue Rd. G66: Len 4G **9**
Ben Wyvis Dr. PA2: Pais 4E **103**
Berelands Cres. G73: Ruth 6A **108**
Berelands Pl. G73: Ruth 6A **108**
Berenice Pl. G82: Dumb 3C **20**
Beresford Av. G14: Glas 5E **63**
Berkeley St. G3: Glas 3E **5** (3C **86**)
Berkeley Ter. La. G3: Glas 3F **5**
Berkley Dr. G72: Blan 6A **128**
Berl Av. PA6: C'lee 3C **78**
Bernadette Cres. ML1: Carf 5D **132**
Bernadette St. ML1: N'hill 4D **132**
Bernard Path G40: Glas 1C **108**
　(off Bernard Ter.)
Bernard St. G40: Glas 1C **108**
Bernard Ter. G40: Glas 1C **108**
Berneray St. G22: Glas 2G **65**
Bernisdale Dr. G15: Glas 4F **45**
Bernisdale Gdns. G15: Glas 4F **45**
Bernisdale Pl. G15: Glas 4F **45**
Berridale Av. G44: Glas 2E **123**
Berriedale G75: E Kil 3A **156**
Berriedale Av. G69: Bail 1G **111**
Berriedale Cres. G72: Blan 6A **144**
Berriedale Path G72: Blan 5A **144**
Berriedale Quad. ML2: Wis 4H **149**
Berriedale Ter. G72: Blan 6A **144**
Berryburn Pl. G21: Glas 5E **67**

Berryburn Rd. G21: Glas 5E **67**
Berry Dyke G66: Kirkin 6H **33**
Berryhill Cres. ML2: Wis 1E **165**
Berryhill Dr. G46: Giff 5H **121**
Berryhill Rd. G46: Giff 6H **121**
　G67: Cumb 3G **37**
Berryknowe G66: Kirkin 6H **33**
　(off Back o'Dykes Rd.)
Berryknowe Av. G69: Chry 2A **70**
Berryknowes Av. G52: Glas 6C **84**
Berryknowes Dr. G52: Glas 6D **84**
Berryknowes La. G52: Glas 6C **84**
Berryknowes Rd. G52: Glas 1C **104**
Bertram St. G41: Glas 4C **106**
　ML3: Ham 3E **145**
　ML9: Lark 4E **171**
Bervie St. G51: Glas 5F **85**
Berwick Cres. ML6: Air 6H **95**
　PA3: Lin 4F **79**
Berwick Dr. G52: Glas 1B **104**
　G73: Ruth 6F **109**
Berwick Pl. G74: E Kil 6C **142**
　ML5: Coat 2D **114**
Berwick St. ML3: Ham 4F **145**
　ML5: Coat 2D **114**
Bessemer Dr. G75: E Kil 6A **158**
Beta Cen. G81: Clyd 2E **61**
Bethal La. G75: E Kil 1A **168**
Betula Dr. G81: Clyd 2C **44**
Bevan Gro. PA5: John 3E **99**
Beveridge Ter. ML4: Bell 3F **131**
Beverley Rd. G43: Glas 1B **122**
Bevin Av. G81: Clyd 6F **45**
Bideford Cres. G32: Glas 2D **110**
Bield, The ML2: Wis 1A **166**
BIGGAR ROAD 2G **133**
Biggar Rd.
　ML1: Cle, N'hill, N'hse 6F **117**
　(not continuous)
　ML6: Chap 4E **117**
Biggar St. G31: Glas 5D **88**
Bigton St. G33: Glas 1B **90**
Billings Rd. ML1: Moth 4D **146**
Bilsland Ct. G20: Glas 4F **65**
Bilsland Dr. G20: Glas 4D **64**
Binend Rd. G53: Glas 5C **104**
Binniehill Rd. G68: Cumb 2F **37**
Binnie Pl. G40: Glas 6A **88**
Binns Rd. G33: Glas 1C **90**
Birch Av. G76: Busby 3D **138**
Birch Cl. G72: Camb 1C **126**
Birch Cres. G76: Busby 3D **138**
　PA5: John 4G **99**
Birch Dr. G66: Lenz 2D **52**
　G72: Camb 1B **126**
Birchend Dr. G21: Glas 1D **88**
Birchend Pl. G21: Glas 1D **88**
Birchfield Dr. G14: Glas 5B **62**
Birchfield Rd. ML3: Ham 6F **145**
Birch Gro. G71: View 6F **113**
　G72: Camb 1C **126**
Birchgrove ML9: Lark 6A **164**
　PA6: Hous 2D **78**
Birch Knowe G64: B'rig 1D **66**
Birchlea Dr. G46: Giff 3B **122**
Birchmount Ct. ML6: Air 3D **96**
Birch Pl. G72: Blan 1B **144**
　G72: Flem 3F **127**
　PA4: Renf 1D **82**
Birch Quad. ML6: Air 4D **96**
Birch Rd. G67: Cumb 2E **39**
　G81: Clyd 3C **44**
　G82: Dumb 3F **19**
Birch St. G5: Glas 1H **107**
　ML1: Holy 2B **132**
Birch Vw. G61: Bear 2G **47**
Birchview Dr. G76: Busby 5D **138**

Birch Way PA4: Renf 1D **82**
Birchwood Av. G32: Glas 1E **111**
Birchwood Courtyards, The
　ML4: Bell 5A **114**
Birchwood Dr. PA2: Pais 4E **101**
Birchwood Gro. G69: Barg 5E **93**
Birchwood Pl. G32: Glas 1E **111**
Birdsfield Ct. ML3: Ham 3D **144**
Birdsfield Dr. G72: Blan 3C **144**
Birdsfield St. ML3: Ham 3D **144**
BIRDSTON 2C **32**
Birdston Rd. G21: Glas 3E **67**
　G66: Kirkin, Milt C 5C **10**
Birgidale Rd. G45: Glas 5H **123**
Birgidale Ter. G45: Glas 5H **123**
Birkbeck Ct.
　G4: Glas 4G **7** (3H **87**)
Birkdale G74: E Kil 6E **141**
Birkdale Ct. G71: Both 5D **128**
Birkdale Cres. G68: Cumb 5H **15**
Birkdale Wood G68: Cumb 5A **16**
Birkenburn Rd. G67: Cumb 5F **17**
Birken Rd. G66: Lenz 3E **53**
BIRKENSHAW
　GL71 . . . . .5D **112**
　ML9 . . . . .6D **170**
Birkenshaw Ind. Est.
　G71: Tann 4C **112**
Birkenshaw Rd. G69: G'csh 1G **71**
　ML5: Glenb 1G **71**
Birkenshaw Sports Barn 4D **112**
Birkenshaw St. G31: Glas 4D **88**
Birkenshaw Way PA3: Pais 3A **82**
　(off Mosslands Rd.)
Birkfield Loan ML8: Carl 4G **175**
Birkfield Pl. ML8: Carl 4G **175**
Birkhall Av. G52: Glas 1H **103**
　PA4: Inch 2H **59**
Birkhall Dr. G61: Bear 5F **47**
Birkhill Av. G64: B'rig 5D **50**
Birkhill Gdns. G64: B'rig 5D **50**
Birkhill Rd. ML3: Ham 4H **161**
Birkmyre Rd. G51: Glas 5F **85**
Birks Ct. ML8: Law 1F **173**
Birkshaw Brae ML2: Wis 3G **165**
Birkshaw Pl. ML2: Wis 3G **165**
Birkshaw Twr. ML2: Wis 3F **165**
Birks Rd. ML8: Carl 1E **173**
　ML9: Lark 6D **170**
Birkwood Ct. ML5: Glenb 3A **72**
Birkwood Pl. G77: Newt M 1D **152**
Birkwood St. G40: Glas 3D **108**
Birmingham Rd. PA4: Renf 2D **82**
Birnam Av. G64: B'rig 5D **50**
Birnam Cres. G61: Bear 2H **47**
Birnam Gdns. G64: B'rig 5D **50**
Birnam Pl. G77: Newt M 5H **137**
　ML3: Ham 6C **144**
Birnam Rd. G31: Glas 2F **109**
Birness Dr. G43: Glas 5B **106**
Birnie Ct. G21: Glas 5E **67**
BIRNIEHILL 3H **157**
Birniehill Ct. G81: Hard 6C **24**
Birniehill Rdbt. G74: E Kil 3A **158**
Birnie Rd. G21: Glas 5E **67**
Birnock Av. PA4: Renf 2G **83**
Birrell Rd. G62: Miln 2F **27**
Birrens Rd. ML1: Moth 1E **147**
Birsay Rd. G22: Glas 2F **65**
BISHOPBRIGGS 6C **50**
Bishopbriggs Golf Course 5B **50**
Bishopbriggs Golf Range 1F **51**
Bishopbriggs Ind. Est. G64: B'rig . . .2C **66**
Bishopbriggs Station (Rail) 6C **50**
Bishopburn Dr. ML5: Coat 6B **94**
Bishopdale G74: E Kil 6E **141**
Bishop Gdns. G64: B'rig 5A **50**
　ML3: Ham 4A **162**

Bishop Loch Local Nature Reserve
. . . . .1B 92
Bishopmill Pl. G21: Glas 5E 67
Bishopmill Rd. G21: Glas 4E 67
Bishop's Gate G64: B'rig 6B 50
Bishops Ga. G74: T'hall 6G 139
(not continuous)
Bishopsgate Dr. G21: Glas 2A 66
Bishopsgate Gdns. G21: Glas 2A 66
Bishopsgate Pl. G21: Glas 2A 66
Bishopsgate Rd. G21: Glas 2A 66
Bishops Pk. G74: T'hall 6F 139
Bishop St. G3: Glas 5H **5** (4E **87**)
BISHOPTON 3G 41
Bishopton Station (Rail) 5H 41
Bisset Ct. PA5: John 4E **99**
(off Tannahill Cres.)
Bissett Cres. G81: Dun 1A 44
Blacader Dr. G69: G'csh 1A 92
Blackadder Pl. G75: E Kil 4H 155
Blackbog Rd. ML6: Rigg 5H 57
Blackbraes Av. G74: E Kil 5B 142
Blackbraes Rd. G74: E Kil 5B 142
Blackbull Cl. ML8: Carl 3D 174
Blackburn Cres. G66: Kirkin 5G 33
G82: Dumb 3C 18
Blackburn Sq. G78: Barr 6F 119
Blackburn St. G51: Glas 5B 86
Blackbyres Ct. G78: Barr 3F 119
Blackbyres Rd. G78: Barr 1E 119
Blackcraig Av. G15: Glas 4A 46
Blackcraig Brae G22: Blan 6B 144
Blackcroft Av. ML6: Lang 6E 97
Blackcroft Gdns. G32: Glas 1D 110
Blackcroft Rd. G32: Glas 1D 110
Blackdyke Rd. G66: Kirkin 5E 33
Blackfarm Rd. G77: Newt M 5F 137
Blackfaulds Rd. G73: Ruth 5A 108
Blackford Cres. PA2: Pais 2C 102
Blackford Rd. PA2: Pais 3C 102
Blackfriars Rd. G1: Glas 6G **7** (4H **87**)
Blackfriars St. G1: Glas 6F **7** (4H **87**)
BLACKHALL 3D 102
Blackhall Ct. PA2: Pais 2D 102
Blackhall La. PA1: Pais 2B 102
Blackhall St. PA1: Pais 2B 102
BLACKHILL .1F 89
Blackhill Ct. G23: Glas 6B 48
Blackhill Cres. G23: Glas 5C 48
Blackhill Dr. G23: Glas 5C 48
Blackhill Gdns. G23: Glas 5B 48
Blackhill Pl. G33: Glas 1F 89
Blackhill Rd. G23: Glas 5B 48
Blackhill Vw. ML8: Law 6E 167
Blackhouse Av. G77: Newt M 5F 137
Blackhouse Gdns.
G77: Newt M 5F 137
Blackhouse Rd. G77: Newt M 5F 137
Blackie St. G3: Glas 2B **4** (2B **86**)
Blackland Gro. PA2: Pais 5G 101
Blacklands Pl. G66: Lenz 3E 53
Blacklands Rd. G74: E Kil 2F 157
Blacklaw Dr. G74: E Kil 2B 158
Blacklaw La. PA3: Pais 6A 82
Blackmoor Pl. ML1: New S 4A 132
Blackmoss Dr. ML4: Bell 3B 130
Blackness St. ML5: Coat 2D 114
Blacksey Burn Dr. G53: Glas 3H 103
Blackstone Av. G53: Glas 5C 104
Blackstone Cres. G53: Glas 4C 104
Blackstoun Av. PA3: Lin 5H 79
Blackstoun Oval PA3: Pais 6F 81
Blackstoun Rd. PA3: Pais 3E 81
Black St. G4: Glas 2G **7** (2H **87**)
ML6: Air 2B 96
Blackswell La. ML3: Ham 6B 146
Blackthorn Av. G66: Lenz 2A 52
Blackthorn Gro. G66: Lenz 2B 52

Blackthorn Rd. G67: Cumb 1D 38
G71: View 5G 113
Blackthorn Rdbt. G67: Cumb 2E 39
Blackthorn St. G22: Glas 4A 66
BLACKWOOD 4A 36
Blackwood G75: E Kil 6F 157
Blackwood Av. G77: Newt M 6F 137
PA3: Lin 6G 79
Blackwood Rd. G62: Miln 1F 27
G68: Cumb 4H 35
Blackwood Rdbt. G68: Cumb 3A 36
Blackwoods Cres. G69: Mood 5D 54
ML4: Bell 3E 131
Blackwoods Gdns. ML1: Moth 6E 131
Blackwood St. G13: Glas 2E 63
G78: Barr 5D 118
Blackwood Ter. PA5: John 5D 98
Blackwood West Rdbt.
G68: Cumb 4H 35
Bladda La. PA1: Pais 1B 102
Blades Ct. G69: G'csh 3E 71
Bladnoch Dr. G15: Glas 5C 46
Blaeloch Av. G45: Glas 6G 123
Blaeloch Dr. G45: Glas 6F 123
Blaeloch Ter. G45: Glas 6F 123
Blaeshill Rd. G75: E Kil 3A 156
Blairatholl Av. G11: Glas 6G 63
Blair Atholl Cres. G77: Newt M 5H 137
Blair Atholl Dr. ML9: Lark 4E 171
Blair Atholl Gdns. ML3: Ham 5E 145
Blairatholl Gdns. G11: Glas 6G 63
Blair Atholl Ga. G77: Newt M 5H 137
Blair Atholl Gro. ML3: Ham 5E 145
Blair Atholl Wynd ML1: Carf 5B 132
Blairbeth Dr. G44: Glas 6F 107
Blairbeth Golf Course 5C 124
Blairbeth M. G73: Ruth 2C 124
Blairbeth Pl. G73: Ruth 2D **124**
(off Blairbeth Rd.)
Blairbeth Rd. G73: Ruth 2C 124
Blairbeth Ter. G73: Ruth 2E 125
Blairbuie Dr. G20: Glas 2A 64
Blair Ct. G81: Clyd 5D 44
Blair Cres. G69: Bail 2G 111
G15: Glas 6B 46
Blairdenan Av. G69: Mood 4E 55
Blairdenon Dr. G68: Cumb 2E 37
Blair Dr. G66: Milt C 6B 10
Blair Gdns. G64: Torr 4D 30
G77: Newt M 4B 136
Blairgowrie Rd. G52: Glas 1C 104
Blairgrove Ct. ML5: Coat 5A 94
Blairhall Av. G41: Glas 5D 106
BLAIRHILL .4B 94
Blairhill Av. G66: Kirkin 1G 53
Blairhill Pl. ML5: Coat 4A 94
Blairhill St. ML5: Coat 4A 94
Blairholm Dr. ML4: Bell 4D 130
Blair Ho. G67: Cumb 2A 38
BLAIRLINN .1H 57
Blairlinn Ind. Est. G67: Cumb 1H 57
Blairlinn Rd. G67: Cumb 1H 57
Blairlogie St. G33: Glas 2B 90
Blairmore Av. PA1: Pais 6E 83
Blairpark Av. ML5: Coat 3A 94
Blair Path ML1: Moth 4H 147
Blair Rd. ML5: Coat 4A 94
PA1: Pais 6G 83
BLAIRSKAITH 2H 29
Blairston Av. G71: Both 6E 129
Blairston Gdns. G71: Both 6F 129
Blair St. G32: Glas 6H 89
Blairtum Dr. G73: Ruth 2D 124
Blairtummock Pl. G33: Glas 3D 90
Blairtummock Rd. G33: Glas 3C 90
(not continuous)

Blake Rd. G67: Cumb 3A 38
Blane Dr. G62: Miln 2H 27
Blane St. ML5: Coat 3C 94
Blanefield Gdns. G13: Glas 1F 63
Blane St. ML5: Coat 3C 94
Blaneview G33: Step 5D 68
BLANTYRE 2C 144
Blantyre Ct. PA8: Ersk 4E 43
Blantyre Cres. G81: Dun 6A 24
Blantyre Dr. PA7: B'ton 3G 41
Blantyre Farm Rd. G71: Udd 6A 112
G72: Blan 2A 128
BLANTYREFERME 2B 128
Blantyre Ferme Rd. G71: Udd 2A 128
Blantyre Gdns. G68: Cumb 4A 36
Blantyre Ind. Est. G72: Blan 4C 144
Blantyre Mill Rd. G71: Both 5D 128
Blantyre Rd. G71: Both 5E 129
Blantyre Sports Cen. 1C 144
Blantyre St. G3: Glas 2B **4** (2B **86**)
Blantyre Station (Rail) 1C 144
Blaven Ct. G69: Bail 1A 112
Blawarthill St. G14: Glas 4H 61
Bleachfield G62: Miln 2F 27
Bleasdale Ct. G81: Clyd 5D 44
Bleasdale Rd. PA4: Renf 5G 61
Blenheim Av. G33: Step 3D 68
G75: E Kil 4E 157
Blenheim Ct. G33: Step 3D 68
G65: Kils 2H 13
ML8: Carl 4E 175
PA1: Pais 6H 81
BLOCHAIRN INTERCHANGE 3C 88
Blochairn Pl. G21: Glas 2C 88
Blochairn Rd. G21: Glas 2C 88
Bluebell Dr. G77: Newt M 1D 136
Bluebell Gdns. G45: Glas 5C 124
ML1: Moth 5E 131
Bluebell Wlk. G67: Cumb 1A 38
ML1: New S 4A 132
Bluebell Way G66: Len 4H **9**
ML6: Air 1H 95
Bluebell Wynd ML2: Wis 2F 165
Blueberry Pl. G68: Cumb 3C 36
Blueknowes Rd. ML8: Law 6D 166
(not continuous)
Bluevale St. G31: Glas 5C 88
Blyth Pl. G33: Glas 5D 90
Blyth Rd. G33: Glas 5E 91
BLYTHSWOOD 4F 61
Blythswood Av. PA4: Renf 5F 61
Blythswood Ct. G2: Glas 5H **5** (4E **87**)
Blythswood Dr. PA3: Pais 5A 82
Blythswood Ind. Est. PA4: Renf 5D 60
Blythswood Rd. PA4: Renf 5F 61
Blythswood Sq. G2: Glas 4A **6** (3E **87**)
Blythswood St. G2: Glas 6A **6** (4E **87**)
Boardwalk, The G75: E Kil 4A 158
Bobbins Ga. PA1: Pais 2F 101
Boclair Av. G61: Bear 3F 47
Boclair Cres. G61: Bear 3G 47
G64: B'rig 5C 50
Boclair Rd. G61: Bear 3G 47
G62: Miln 3G 47
G64: B'rig 6C 50
Boclair St. G13: Glas 1E 63
Bodden Sq. ML1: N'hse 6E 117
Boden Ind. Est. G40: Glas 1D 108
Boden Quad. ML1: Moth 5D 130
Boden St. G40: Glas 1C 108
Bodmin Gdns. G69: Mood 4D 54
Bogany Ter. G45: Glas 5A 124
Bogbain Rd. G34: Glas 3G 91
Boggknowe G71: Tann 5E 112
Boghall Rd. G71: Udd 3G 111
ML8: Braid, Carl 6F 175
Boghall St. G33: Glas 2B 90
BOGHEAD .3A 52

Boghead Av. G82: Dumb 3H **19**
Boghead Rd. G21: Glas 5C **66**
  G66: Lenz 3A **52**
  G82: Dumb 3G **19**
Bogleshole Rd. G72: Camb 6G **109**
Bogmoor Pl. G51: Glas 2C **84**
Bogmoor Rd. G51: Glas 3B **84**
  (not continuous)
Bog Rd. FK4: Bank 1E **17**
BOGSIDE .3G **167**
Bogside Rd. G33: Mille 3A **68**
  G65: Kils 4H **13**
  ML9: Ashg 5H **171**
Bogside St. G40: Glas 1D **108**
Bogstonhill Rd. PA6: Hous 1B **78**
Bogs Vw. ML4: Bell 4B **130**
Bogton Av. G44: Glas 3D **122**
Bogton Av. La. G44: Glas 3D **122**
Boleyn Rd. G41: Glas 3C **106**
Bolingbroke G74: E Kil 5C **142**
Bolivar Ter. G42: Glas 5G **107**
Bolton Dr. G42: Glas 5F **107**
Bolton Ter. G66: Len 3G **9**
Bon Accord Rd.
  G76: Busby 3D **138**
Bon Accord Sq. G81: Clyd 1D **60**
Bonar Cres. PA11: Bri W 4G **77**
Bonar La. PA11: Bri W 4G **77**
Bonawe St. G20: Glas 5D **64**
Bonds Dr. ML2: Newm 3F **151**
Bo'ness Rd. ML1: Holy 1B **132**
  ML6: Chap 1C **132**
Bonhill Rd. G82: Dumb 3G **19**
Bonhill St. G22: Glas 6F **65**
BONKLE .3G **151**
Bonkle Gdns. ML2: Newm 4F **151**
Bonkle Rd. ML2: Newm 4E **151**
Bonnar St. G40: Glas 2C **108**
Bonnaughton Rd. G61: Bear 1B **46**
Bonnyholm Av. G53: Glas 2A **104**
Bonnyrigg Dr. G43: Glas 2G **121**
Bonnyton Dr. G76: Eag 6B **154**
Bonnyton Golf Course 6G **153**
Bonnyton La. G43: Glas 4F **161**
Bonnyton Moor Rd. G76: Eag 6F **153**
Bontine Av. G82: Dumb 3D **18**
Bonyton Av. G13: Glas 3H **61**
Boon Dr. G15: Glas 5B **46**
Boquhanran Pl. G81: Clyd 4C **44**
  (not continuous)
Boquhanran Rd. G81: Clyd 5B **44**
  (not continuous)
Borden La. G13: Glas 4E **63**
Borden Rd. G13: Glas 4E **63**
Border Way G66: Kirkin 5E **33**
Boreland Dr. G13: Glas 2A **62**
  ML3: Ham 1C **160**
Boreland Pl. G13: Glas 3B **62**
Bore Rd. ML6: Air 2B **96**
Borgie Cres. G72: Camb 2A **126**
Borland Cres. G76: Eag 6C **154**
Borland Dr. ML9: Lark 5D **170**
Borland Rd. G61: Bear 4G **47**
Borron St. G4: Glas 6G **65**
Borrowdale G75: E Kil 6B **156**
Borthwick Dr. G75: E Kil 4H **155**
Borthwick Pl. G69: G'csh 5D **70**
Borthwick St. G33: Glas 2B **90**
Bosco Ter. G5: Glas 2H **107**
Bosfield Cnr. G74: E Kil 6H **141**
Bosfield Pl. G74: E Kil 6H **141**
Bosfield Rd. G74: E Kil 6G **141**
Boswell Ct. G42: Glas 6D **106**
Boswell Dr. G72: Blan 2B **144**
Boswell Pk. G74: E Kil 5C **142**
Boswell Sq. G52: Hill E 4H **83**
Bosworth Rd. G74: E Kil 5B **142**
Botanic Cres. G20: Glas 5B **64**

Botanic Cres. La. G20: Glas 5B **64**
Bothlin Ct. G66: Lenz 1F **53**
Bothlin Dr. G33: Step 3D **68**
Bothlyn Av. G66: Kirkin 6E **33**
Bothlyn Cres. G69: G'csh 2D **70**
Bothlyn Rd. G69: Chry 1B **70**
BOTHWELL 5E **129**
Bothwell Bri. G71: Both 1G **145**
  ML3: Ham 1G **145**
Bothwell Castle 4B **128**
Bothwell Castle Golf Course 4D **128**
Bothwellhaugh Quad. ML4: Bell . . .4B **130**
Bothwellhaugh Rd.
  ML1: Bell, Moth . . . .6B **130** & 6H **129**
  (not continuous)
  ML4: Bell 6B **130**
Bothwellhaugh Roman Bath House
  . . . . .1B **146**
Bothwell Ho. ML3: Ham 4A **146**
Bothwell La. G2: Glas 5A **6** (4E **87**)
  *G12: Glas 1C **86***
  (off Glasgow St.)
Bothwell Pk. Ind. Est. G71: Udd . . .2E **129**
Bothwellpark Pl. ML4: Bell 1H **129**
Bothwellpark Rd.
  G71: Both, View 5F **129**
  (not continuous)
Bothwell Pl. ML5: Coat 4B **94**
  PA2: Pais 5C **100**
Bothwell Rd. G71: Udd 2D **128**
  ML3: Ham 2G **145**
  ML8: Carl 1C **174**
BOTHWELL SERVICE AREA 3F **129**
Bothwell St. G2: Glas 5A **6** (4E **87**)
  G72: Camb 1G **125**
  ML3: Ham 4G **145**
Bothwick Way PA2: Pais 5C **100**
Boulevard, The G5: Glas 2H **107**
Boundary Rd. G73: Ruth 3A **108**
Bourhill Ct. ML2: Wis 1D **164**
Bourne Ct. PA4: Inch 2H **59**
Bourne Cres. PA4: Inch 2H **59**
Bourne St. ML3: Ham 6B **146**
Bourock Sq. G78: Barr 6F **119**
Bourtree Rd. ML3: Ham 6E **167**
Bourtree Rd. ML3: Ham 1C **160**
Bouverie St. G14: Glas 3G **61**
  G73: Ruth 6B **108**
Bowden Dr. G52: Glas 5B **84**
Bowden Gro. ML2: Wis 3B **150**
Bowden Pk. G75: E Kil 3E **157**
Bower St. G12: Glas 6C **64**
BOWERWALLS 3G **119**
Bowerwalls Pl. G78: Barr 3G **119**
Bowes Cres. G69: Bail 1F **111**
Bowfield Av. G52: Glas 5H **83**
Bowfield Cres. G52: Glas 5H **83**
Bowfield Dr. G52: Glas 5H **83**
Bowfield Path G52: Glas 5H **83**
Bowfield Pl. G52: Glas 5H **83**
Bowhill Rd. ML6: Chap 4E **117**
Bowhousebrae Rd. ML6: Gart 1E **117**
Bowhouse Dr. G45: Glas 2C **124**
Bowhouse Gdns. G45: Glas 2C **124**
Bowhouse Gro. G45: Glas 3C **124**
Bowhouse Rd. ML6: Gart 6E **97**
Bowie St. G82: Dumb 4E **19**
BOWLING 5B **22**
Bowling Grn. Gro. G72: Flem 3F **127**
Bowling Grn. La. *G14: Glas 6D 62*
  (off Westland Dr.)
Bowling Grn. Rd. G14: Glas 6D **62**
  G32: Glas 1D **110**
  G44: Glas 2E **123**
  G69: Chry 1B **70**
Bowling Grn. St. ML4: Bell 2D **130**
Bowling Grn. Vw. G72: Flem 3F **127**

Bowling Station (Rail) 5A **22**
Bowling St. ML5: Coat 4B **94**
Bowlplex
  Renfrew 5H **61**
Bowmanflat ML9: Lark 2C **170**
Bowman St. G42: Glas 3E **107**
Bowmont Gdns. G12: Glas 6A **64**
Bowmont Hill G64: B'rig 3C **50**
Bowmont Pl. G72: Camb 2D **126**
  G75: E Kil 4A **156**
Bowmont Ter. G12: Glas 6A **64**
Bowmore Cres. G74: T'hall 6G **139**
Bowmore Gdns. G71: Tann 5C **112**
  G73: Ruth 4G **125**
Bowmore Pl. ML6: Rigg 6B **74**
Bowmore Rd. G52: Glas 6E **85**
Bowyer Vennel ML4: Bell 1B **130**
Boyd Dr. ML1: Moth 2D **146**
Boydstone Pl. G46: T'bnk 2G **121**
Boydstone Rd. G43: Glas, T'bnk . . .1E **121**
  G46: T'bnk 1E **121**
  G53: Glas 1E **121**
Boyd St. G42: Glas 4F **107**
Boylestone Rd. G78: Barr 3C **118**
Boyle St. G81: Clyd 1F **61**
Boyndie St. G34: Glas 3H **91**
Brabloch Cres. PA3: Pais 5B **82**
Brabloch Pk. PA3: Pais 5B **82**
Bracadale Dr. G69: Bail 1B **112**
Bracadale Gdns. G69: Bail 1B **112**
Bracadale Gro. G69: Bail 1A **112**
Bracadale Rd. G69: Bail 1A **112**
Brackenbrae Av. G64: B'rig 5A **50**
Brackenbrae Rd. G64: B'rig 6B **50**
Brackendene PA6: Hous 2D **78**
Brackenhill Dr. ML3: Ham 4F **161**
Brackenhill Rd. ML8: Law 5E **167**
Brackenhirst Gdns. ML6: Glenm . . .3F **73**
Brackenhirst Rd.
  ML6: Glenm, Rigg 3F **73**
Brackenhurst St. G82: Dumb 1H **19**
Bracken Pl. PA11: Bri W 3G **77**
Brackenrig Cres. G76: Water 2C **154**
Brackenrig Rd. G46: T'bnk 5E **121**
Bracken St. G22: Glas 3F **65**
  ML1: New S 4A **132**
Bracken Ter. G71: Both 4E **129**
Bracken Way *ML9: Lark 4F 171*
  (off Morris St.)
Brackla Av. G13: Glas 1G **61**
  G81: Clyd 1G **61**
Braco Av. ML6: Chap 4D **116**
Bradan Av. G13: Glas 2G **61**
  G81: Clyd 2G **61**
Bradda Av. G73: Ruth 3E **125**
Bradfield Av. G12: Glas 4A **64**
Bradley Ct. G33: Step 4F **69**
Bradshaw Cres. ML3: Ham 6C **144**
Brady Cres. G69: Mood 4E **55**
BRAEDALE 3D **146**
Braedale Av. ML1: Moth 3D **146**
  ML6: Air 4B **96**
Braedale Cres. ML2: Newm 4F **151**
Braedale Pl. ML2: Newm 4G **151**
Braeface Rd. G67: Cumb 3G **37**
Braefield Dr. G46: T'bnk 4G **121**
Braefoot Av. G62: Miln 5G **27**
Braefoot Ct. ML8: Law 6D **166**
Braefoot Cres. ML8: Law 1F **173**
  PA2: Pais 6B **102**
BRAEHEAD 6H **139**
Braehead G72: Blan 3B **144**
Braehead Arena 6A **62**
Braehead Av. G62: Miln 4F **27**
  G78: Neil 2D **134**
  G81: Dun 6C **24**
  ML5: Coat 2H **113**
  ML9: Lark 3A **170**

Braehead Cres. G81: Dun 6C **24**
Braehead Curling & Ice Rinks 6A **62**
Braehead Dr. ML4: Bell 3B **130**
Braehead Ind. Est. PA4: Renf 6H **61**
Braehead Loan ML8: Carl 5F **175**
　　　(off Charles Cres.)
Braehead Pl. ML4: Bell 3B **130**
Braehead Quad. G78: Neil 2D **134**
　　ML1: N'hill 3D **132**
Braehead Rd. G67: Cumb 2B **38**
　　G74: T'hall 6G **139**
　　G81: Dun 6C **24**
　　PA2: Pais 6G **101**
Braehead Shop. Cen.
　　G51: Glas 6A **62**
Braehead St. G5: Glas 2H **107**
　　G66: Kirkin 4C **32**
Braemar Av. G81: Clyd 3B **44**
Braemar Ct. G44: Glas 3C **122**
Braemar Cres. G61: Bear 5F **47**
　　ML8: Carl 2E **175**
　　PA2: Pais 4B **102**
Braemar Dr. PA5: Eld 4H **99**
Braemar Rd. G73: Ruth 4G **125**
　　PA4: Inch 2H **59**
Braemar St. G42: Glas 6D **106**
　　ML3: Ham 3F **145**
Braemar Vw. G81: Clyd 2B **44**
Braemore Gdns. G22: Glas 5H **65**
Braemount Av. PA2: Pais 6G **101**
Braes Av. G81: Clyd 6F **45**
Braesburn Ct. G67: Cumb 5F **17**
Braesburn Pl. G67: Cumb 5F **17**
Braesburn Rd. G67: Cumb 5F **17**
Braeside Av. G62: Miln 5G **27**
　　G69: Mood 5D **54**
　　G73: Ruth 6E **109**
Braeside Cres. G69: Barg 6D **92**
　　G78: Barr 6G **119**
Braeside Dr. G78: Barr 6F **119**
　　G82: Dumb 2H **19**
Braeside Gdns. ML3: Ham 3A **162**
Braeside La. ML9: Lark 1D **170**
　　　(off Carrick Pl.)
Braeside Pl. G72: Camb 3B **126**
Braeside Rd. ML1: N'hill 3D **132**
Braeside St. G20: Glas 5D **64**
Braeside Way ML9: Lark 4D **170**
　　　(off Beech Ter.)
Braes o' Yetts G66: Kirkin 5G **33**
Braes Shopping Centre, The
　　G45: Glas 4A **124**
Braeval Way G33: Step 3E **69**
Braeview Av. PA2: Pais 6F **101**
Braeview Dr. PA2: Pais 6F **101**
Braeview Gdns. PA2: Pais 6F **101**
Braeview Pl. G74: E Kil 5B **142**
Braeview Rd. PA2: Pais 6F **101**
Braid Av. ML1: Cle 6E **133**
Braidbar Ct. G46: Giff 4A **122**
Braidbar Farm Rd. G46: Giff 3B **122**
　　　(not continuous)
Braidbar Rd. G46: Giff 4A **122**
Braidcraft Pl. G53: Glas 5C **104**
Braidcraft Rd. G53: Glas 4C **104**
Braidcraft Ter. G53: Glas 4D **104**
BRAIDFAULD 2G **109**
Braidfauld Gdns. G32: Glas 2H **109**
Braidfauld Pl. G32: Glas 3H **109**
Braidfauld St. G32: Glas 3H **109**
Braidfield Gro. G81: Hard 2D **44**
Braidfield Rd. G81: Hard 2D **44**
Braidholm Cres. G46: Giff 4A **122**
Braidholm Rd. G46: Giff 4A **122**
Braidhurst Ind. Est. ML1: Moth 6F **131**
Braidhurst Sports Barn 6F **131**
Braidhurst St. ML1: Moth 1G **147**
Braidley Cres. G75: E Kil 6G **157**

Braidpark Dr. G46: Giff 4B **122**
Braids Circ. PA2: Pais 4A **102**
Braids Ct. PA2: Pais 4H **101**
Braids Dr. G53: Glas 4H **103**
Braids Gait PA2: Pais 4H **101**
Braid Sq. G4: Glas 1A **6** (1E **87**)
Braid St. G4: Glas 1E **87**
Braidwood Pl. PA3: Lin 5F **79**
Braidwood St. ML2: Wis 2A **150**
Braille Cres. PA4: Renf 2H **83**
Bramah Av. G75: E Kil 4H **157**
Bramble Ct. G66: Len 3E **9**
Bramble Gdns. ML6: Air 2A **96**
Brambling Ct. ML2: Wis 2F **165**
Brambling Path ML5: Coat 2G **115**
Brambling Rd. ML5: Air, Coat 2F **115**
Bramley Dr. ML4: Bell 5C **114**
Bramley Pl. G66: Lenz 3E **53**
　　ML6: Air 5E **97**
Brampton G75: E Kil 5B **156**
Branchalfield Dr. ML2: Wis 5C **150**
Branchalmuir Cres.
　　ML2: Newm 3D **150**
Branchal Rd. ML2: Wis 4B **150**
Branchock Av. G72: Camb 3D **126**
Brancumhall Rd. G74: E Kil 6D **142**
Brandon Arc. ML1: Moth 3G **147**
Brandon Ct. ML1: Moth 3G **147**
　　ML3: Ham 5G **145**
Brandon Dr. G61: Bear 6E **27**
Brandon Gdns. G72: Camb 2G **125**
Brandon Ga. ML4: Bell 2E **131**
Brandon Ho. ML3: Ham 4A **146**
Brandon Pde. E. ML1: Moth 2G **147**
Brandon Pde. Sth. ML1: Moth 3G **147**
Brandon Pl. ML4: Bell 4A **130**
Brandon St. G31: Glas 5B **88**
　　ML1: Moth 3H **147**
　　ML3: Ham 6A **146**
Brandon Way ML5: Coat 1H **113**
Brand Pl. G51: Glas 5A **86**
Brand St. G51: Glas 5A **86**
Brankholm Brae ML3: Ham 5B **144**
Brankholm Gdns. ML3: Ham 5C **144**
Brankholm Lea ML3: Ham 5C **144**
Branklyn Cl. G13: Glas 3D **62**
Branklyn Ct. G13: Glas 3D **62**
Branklyn Cres. G13: Glas 3D **62**
Branklyn Gro. G13: Glas 3D **62**
Branklyn Pl. G13: Glas 3D **62**
BRANKUMHALL 6C **142**
Brannock Av. ML1: N'hill 3D **132**
Brannock Pl. ML1: N'hill 3D **132**
Brannock Rd. ML1: N'hill 4D **132**
Branscroft PA10: Kilba 1B **98**
Brassey St. G20: Glas 3C **64**
Breadalbane Cres. ML1: Moth 6F **131**
Breadalbane Gdns. G73: Ruth 3F **125**
Breadalbane St. G3: Glas 4F **5** (3D **86**)
Breadie Dr. G62: Miln 5F **27**
Breamish Pl. G75: E Kil 5B **156**
Bream Pl. PA6: C'lee 3D **78**
Brechin Rd. G64: B'rig 6E **51**
Brechin St. G3: Glas 3E **5** (3C **86**)
Breck Av. PA2: Pais 6B **100**
BREDILAND 4E **101**
Brediland Rd. PA2: Pais 6C **100**
　　PA3: Lin 5G **79**
Bredin Way ML1: Moth 1D **146**
Bredisholm Cres. G71: View 4G **113**
Bredisholm Dr. G69: Bail 1A **112**
Bredisholm Rd. G69: Bail 1A **112**
　　　(not continuous)
　　G69: Barg 1D **112**
　　　(not continuous)
Bredisholm Ter. G69: Bail 1A **112**
Bremners Cotts. G81: Dun 1B **44**

Brendan Way ML1: Moth 1B **164**
Brendon Av. G75: E Kil 1A **168**
Brenfield Av. G44: Glas 3D **122**
Brenfield Dr. G44: Glas 3D **122**
Brenfield Rd. G44: Glas, Neth 3D **122**
Brennan Cres. ML6: Air 5A **96**
Brent Av. G46: T'bnk 2F **121**
Brent Ct. G74: E Kil 6G **141**
Brent Cres. PA6: C'lee 3C **78**
Brent Dr. G46: T'bnk 2F **121**
Brent Gdns. G46: T'bnk 2F **121**
Brent Rd. G46: T'bnk 2F **121**
　　G74: E Kil 6G **141**
Brent Way G46: T'bnk 2F **121**
Brentwood Av. G53: Glas 3A **120**
Brentwood Dr. G53: Glas 3B **120**
Brentwood Sq. G53: Glas 3B **120**
Brereton St. G42: Glas 4G **107**
Bressay G74: E Kil 6G **141**
Bressay Cl. G33: Glas 5E **91**
Bressay Gro. G33: Glas 5E **91**
　　G72: Camb 4G **125**
Bressay Pl. G33: Glas 5E **91**
Bressay Rd. G33: Glas 5E **91**
Bressay Wynd ML2: Newm 3D **150**
　　　(off Tiree Cres.)
Breval Ct. G69: Bail 1A **112**
Breval Cres. G81: Dun, Hard 6C **24**
Brewery St. PA5: John 2F **99**
Brewster Av. PA3: Pais 4C **82**
Briar Bank G66: Milt C 6B **10**
Briarbush Way G72: Blan 1A **144**
Briarcroft Dr. G33: Glas 2F **67**
Briarcroft Pl. G33: Glas 3G **67**
Briarcroft Rd. G33: Glas 3F **67**
Briar Dr. G81: Clyd 3D **44**
Briar Gdns. G43: Glas 2B **122**
Briar Gro. G43: Glas 2B **122**
Briarlea Dr. G46: Giff 3A **122**
Briar Neuk G64: B'rig 1D **66**
Briar Rd. G43: Glas 2B **122**
　　G66: Kirkin 5F **33**
Briar Wlk. G66: Kirkin 5G **33**
Briarwell La. G62: Miln 4H **27**
Briarwell Rd. G62: Miln 4H **27**
Briarwood Ct. G32: Glas 3E **111**
Briarwood Gdns. G32: Glas 3E **111**
Briarwood Rd. ML2: Wis 5E **149**
Brick La. PA3: Pais 6B **82**
Bridge, The 3G **91**
Bridgeburn Dr. G69: Mood 5C **54**
Bridgeford Av. ML4: Bell 6E **115**
Bridgegait G62: Miln 5A **28**
Bridgegate G1: Glas 5G **87**
Bridgegate Path G1: Glas 5H **87**
　　　(off Bridgegate)
Bridge La. PA1: Pais 2F **101**
　　　(off Spoolers Rd.)
BRIDGEND 4C **54**
Bridgend PA7: B'ton 4G **41**
Bridgend Cotts. G66: Kirkin 6G **33**
Bridgend Ct. G68: C'cry 2F **17**
Bridgend Cres. G69: Mood 5C **54**
Bridgend Pl. G69: Mood 5C **54**
Bridgend Rd. PA5: Eld 2A **100**
Bridgend Vw. ML8: Carl 4D **174**
BRIDGE OF WEIR 3F **77**
Bridge of Weir Rd. PA3: Lin 6H **79**
　　PA5: Brkfld, John 4G **77**
　　PA6: Hous 2A **78**
　　PA11: Bri W 4G **77**
Bridge Pl. G62: Miln 4G **27**
Bridge St. G5: Glas 5F **87**
　　G72: Camb 1A **126**
　　G81: Clyd 4A **44**
　　G82: Dumb 4E **19**
　　ML2: Wis 6E **149**
　　ML3: Ham 1G **161**

Bridge St. PA1: Pais 1A **102**
    PA3: Lin 5A **80**
Bridge Street (Park & Ride) 6F **87**
Bridge Street Station (Underground)
    . . . . .6F **87**
BRIDGETON 1B **108**
Bridgeton Bus. Cen. G40: Glas 6B **88**
Bridgeton Cross G40: Glas 6B **88**
Bridgeton Station (Rail) 1B **108**
Bridge Vw. G71: Both 6G **129**
Bridgewater Ind. Pk. PA8: Ersk . . .5G **43**
Bridgewater Pl. PA8: Ersk 5F **43**
Bridgewater Shop. Cen. PA8: Ersk . .5F **43**
Bridgeway Ct. G66: Kirkin 6F **33**
Bridgeway Pl. G66: Kirkin 6F **33**
Bridgeway Rd. G66: Kirkin 6F **33**
Bridgeway Ter. G66: Kirkin 6F **33**
Bridie Ter. G74: E Kil 5C **142**
Brierie Av. PA6: C'lee 2B **78**
Brierie Gdns. PA6: C'lee 3B **78**
Brierie Hill Gro. PA6: C'lee 3B **78**
Brierie Hill Rd. PA6: C'lee 3A **78**
Brierie Hills Ct. PA6: C'lee 3B **78**
Brierie La. PA6: C'lee 3A **78**
Brigbrae Av. ML4: Bell 4E **131**
Briggait, The 5G **87**
Brigham Pl. G23: Glas 1C **64**
Brighton Pl. G51: Glas 5H **85**
Brighton St. G51: Glas 5H **85**
Brightside Av. G71: Udd 2D **128**
Bright St. G21: Glas 2B **88**
Brig o'Lea Ter. G78: Neil 3D **134**
Brigside Gdns. ML3: Ham 1C **162**
Brisbane Ct. G46: Giff 4B **122**
Brisbane Rd. PA7: B'ton 4H **41**
Brisbane St. G42: Glas 6E **107**
    G81: Clyd 3H **43**
Brisbane Ter. G75: E Kil 4E **157**
Britannia Way G81: Clyd 5D **44**
    PA4: Renf 2E **83**
Briton St. G51: Glas 4H **85**
Brittain Way ML1: Holy 6H **115**
Broad Cairn Ct. ML1: Moth 1C **164**
Broadcroft G66: Kirkin 5C **32**
    (not continuous)
Broadcroft Rd. G66: Kirkin 4C **32**
Broadford St. G4: Glas 1G **87**
Broadholm St. G22: Glas 3F **65**
Broadleys Av. G64: B'rig 4B **50**
Broadlie Ct. G78: Neil 2D **134**
Broadlie Dr. G13: Glas 3A **62**
Broadlie Rd. G78: Neil 2C **134**
Broadloan PA4: Renf 1E **83**
Broadmeadow Ind. Est.
    G82: Dumb 3F **19**
Broadmoss Av. G77: Newt M 5A **138**
Broad Sq. G72: Blan 1A **144**
Broad St. G40: Glas 6B **88**
Broadway, The ML2: Wis 5E **149**
Broadwood Bus. Pk. G68: Cumb . . .5B **36**
Broadwood Dr. G44: Glas 1F **123**
Broadwood Rdbt. G68: Cumb 5B **36**
Broadwood Stadium 4B **36**
Brockburn Cres. G53: Glas 5B **104**
Brockburn Pl. G53: Glas 3A **104**
Brockburn Rd. G53: Glas 3A **104**
Brockburn Ter. G53: Glas 5C **104**
Brocklinn Pk. G75: E Kil 4A **156**
Brock Oval G53: Glas 1C **120**
Brock Pl. G53: Glas 6C **104**
Brock Rd. G53: Glas 1B **120**
Brock Ter. G53: Glas 1C **120**
Brockville St. G32: Glas 5H **89**
Brodick Av. ML1: Moth 2D **146**
Brodick Dr. G74: E Kil 6F **141**
Brodick Pl. G77: Newt M 5A **136**
Brodick Sq. G64: B'rig 1E **67**
Brodick St. G21: Glas 2C **88**

Brodie Dr. G69: Bail 5A **92**
Brodie Gdns. G69: Bail 5A **92**
Brodie Gro. G69: Bail 5A **92**
Brodie Pk. Av. PA2: Pais 3A **102**
Brodie Pk. Cres. PA2: Pais 3H **101**
Brodie Pk. Gdns. PA2: Pais 3A **102**
Brodie Pl. G74: E Kil 6F **141**
Brodie Rd. G21: Glas 2F **67**
Brogan Cres. ML1: Moth 2D **146**
Bron Way G67: Cumb 4A **38**
Brookbank Ter. ML8: Carl 4E **175**
BROOKFIELD 6D **78**
Brookfield Av. G33: Glas 2F **67**
Brookfield Cnr. G33: Glas 2F **67**
Brookfield Dr. G33: Glas 2F **67**
Brookfield Gdns. G33: Glas 2F **67**
Brookfield Ga. G33: Glas 2F **67**
Brookfield Pl. G33: Glas 2G **67**
Brookfield Rd. G33: Glas 2F **67**
Brooklands G74: E Kil 2C **156**
Brooklands Av. G71: Udd 6C **112**
Brooklea Dr. G46: Giff 2A **122**
Brooklime Dr. G74: E Kil 5E **141**
Brooklime Gdns. G74: E Kil 5E **141**
Brooklyn Pl. ML2: Over 5H **165**
Brookside St. G40: Glas 6C **88**
Brook St. G40: Glas 6B **88**
    G81: Clyd 3B **44**
BROOM 4G **137**
Broom Av. PA8: Ersk 2F **59**
Broomburn Dr. G77: Newt M 5F **137**
Broom Cliff G77: Newt M 6F **137**
Broom Cres. G75: E Kil 6F **157**
    G78: Barr 2C **118**
Broomcroft Rd. G77: Newt M 3G **137**
Broom Dr. G81: Clyd 3C **44**
    ML9: Lark 6A **164**
Broomdyke Way PA3: Pais 4H **81**
    (off Marchfield Av.)
Broomelton Rd. ML9: Lark 4A **170**
Broomfauld Gdns. G82: Dumb 3G **19**
    (not continuous)
Broomfield PA6: Hous 2D **78**
Broomfield Av. G72: Camb 6F **109**
    G77: Newt M 6F **137**
Broomfield Ct. G21: Glas 6E **67**
    (not continuous)
Broomfield Cres. G21: Glas 6E **67**
Broomfield Dr. G21: Glas 6E **67**
Broomfield Ga. G21: Glas 6E **67**
Broomfield La. G21: Glas 4B **66**
Broomfield Pl. G21: Glas 4B **66**
Broomfield Rd. G21: Glas 4B **66**
    G46: Giff 3G **137**
    ML9: Lark 5D **170**
Broomfield St. ML6: Air 4B **96**
Broomfield Ter. G71: Tann 4D **112**
Broomfield Wlk. G66: Kirkin 5D **32**
Broom Gdns. G66: Lenz 1B **52**
BROOMHILL
    G11 . . . . .6F **63**
    G66 . . . . .3D **32**
Broomhill Av. G11: Glas 1F **85**
    G32: Carm 5B **110**
    G77: Newt M 5F **137**
    ML9: Lark 3C **170**
Broomhill Ct. G66: Kirkin 4D **32**
    (off Eastside)
    ML9: Lark 3C **170**
Broomhill Cres. ML4: Bell 4B **130**
    PA8: Ersk 2F **59**
Broomhill Dr. G11: Glas 6F **63**
    G73: Ruth 2D **124**
    G82: Dumb 2H **19**
Broomhill Farm M. G66: Kirkin 4E **33**
Broomhill Gdns. G11: Glas 6F **63**
    G77: Newt M 5F **137**
Broomhill Ga. ML9: Lark 3C **170**

Broomhill Ind. Est. G66: Kirkin 3E **33**
Broomhill La. G11: Glas 6F **63**
Broomhill Path G11: Glas 1F **85**
    (off Balshagray La.)
Broomhill Pl. G11: Glas 1F **85**
Broomhill Rd. ML9: Lark 3B **170**
Broomhill Ter. G11: Glas 1F **85**
Broomhill Vw. ML9: Lark 3A **170**
BROOMHOUSE 3H **111**
Broomhouse Cres. G71: Udd 3H **111**
Broomieknowe Dr. G73: Ruth 1D **124**
Broomieknowe Gdns. G73: Ruth . . .1C **124**
Broomieknowe Rd. G73: Ruth 1D **124**
Broomielaw G1: Glas 6A **6** (5E **87**)
Broomknoll St. ML6: Air 4A **96**
Broomknowe G68: Cumb 2F **37**
Broomknowes Av. G66: Lenz 3E **53**
Broomknowes Rd. G21: Glas 5C **66**
Broomlands Av. PA8: Ersk 1A **60**
Broomlands Ct. PA1: Pais 1G **101**
Broomlands Cres. PA8: Ersk 1H **59**
Broomlands Gdns. PA8: Ersk 1H **59**
Broomlands La. PA1: Pais 1F **101**
Broomlands Rd. G67: Cumb 5A **38**
Broomlands St. PA1: Pais 1F **101**
Broomlands Way PA8: Ersk 1A **60**
Broomlea Cres. PA4: Inch 2G **59**
Broomlee Rd. G67: Cumb 1H **57**
Broomley Dr. G46: Giff 6A **122**
Broomley La. G46: Giff 6A **122**
Broomloan Ct. G51: Glas 6G **85**
Broomloan Cres. G51: Glas 3H **85**
Broomloan Pl. G51: Glas 5G **85**
Broomloan Rd. G51: Glas 5G **85**
Broompark Av. G72: Blan 3A **144**
Broompark Cir. G31: Glas 4B **88**
Broompark Cres. ML6: Air 1A **96**
Broompark Dr. G31: Glas 4B **88**
    G77: Newt M 4G **137**
    PA4: Inch 2H **59**
Broompark La. G31: Glas 4B **88**
Broompark Rd. G72: Blan 2A **144**
    ML2: Wis 5D **148**
Broompark St. G31: Glas 4B **88**
Broom Path G69: Bail 2F **111**
Broom Pl. G43: Glas 2B **122**
    ML1: N'hill 3C **132**
    ML5: Coat 2B **114**
    PA11: Bri W 4G **77**
Broom Rd. G43: Glas 2B **122**
    G67: Cumb 6D **16**
    G77: Newt M 3G **137**
Broom Rd. E. G77: Newt M 6G **137**
Broomside Cres. ML1: Moth 5G **147**
Broomside St. ML1: Moth 5G **147**
Broomstone Av. G77: Newt M 6F **137**
Broom Ter. PA5: John 4F **99**
Broomton Rd. G21: Glas 2E **67**
Broomvale Dr. G77: Newt M 4F **137**
Broomward Dr. PA5: John 2H **99**
Brora Cres. ML3: Ham 3D **160**
Brora Dr. G46: Giff 5B **122**
    G61: Bear 3H **47**
    PA4: Renf 6G **61**
Brora Gdns. G64: B'rig 6D **50**
Brora Rd. G64: B'rig 6D **50**
Brora St. G33: Glas 2F **89**
Broughton G75: E Kil 1E **169**
Broughton Dr. G23: Glas 1C **64**
Broughton Gdns. G23: Glas 6D **48**
Broughton Pl. ML3: Ham 6E **145**
    ML5: Coat 2D **114**
Broughton Rd. G23: Glas 6C **48**
Brouster Ga. G74: E Kil 2G **157**
Brouster Hill G74: E Kil 2G **157**
Brouster Pl. G74: E Kil 2G **157**
Brown Av. G81: Clyd 1F **61**
    G82: Dumb 1C **20**

Brown Ct. G33: Step 4E **69**
Brownhill Rd. G43: Glas 3H **121**
Brownhill Vw. ML2: Newm 3H **151**
Brownieside Pl. ML6: Plain 6G **75**
Brownieside Rd. ML6: Plain 1H **97**
Brownlee Rd. ML2: Over 1B **172**
  ML8: Carl, Law 1B **172**
Brownlie St. G42: Glas 5F **107**
Brown Pl. G72: Camb 1A **126**
Brown Rd. G67: Cumb 3H **37**
BROWNSBURN 1B **116**
Brownsburn Ind. Est.
  ML6: Air 6B **96**
Brownsburn Rd. ML6: Air 1B **116**
Brownsdale Rd. G73: Ruth 6B **108**
Brownsfield Av. PA4: Inch 5F **59**
Brownsfield Cres. PA4: Inch 4F **59**
Brownsfield Rd. PA4: Inch 4F **59**
Brownshill Av. ML5: Coat 1B **114**
Brownside Av. G72: Camb 2G **125**
  G78: Barr 2C **118**
  PA2: Pais 6G **101**
Brownside Cres. G78: Barr 2C **118**
Brownside Dr. G13: Glas 3H **61**
  G78: Barr 2C **118**
Brownside Gro. G78: Barr 2C **118**
Brownside M. G72: Camb 2G **125**
Brownside Rd. G72: Camb 2F **125**
  G73: Ruth 2F **125**
Brownsland Ct. G69: G'csh 3D **70**
Brown's La. PA1: Pais 1A **102**
Brown St. G2: Glas 6A **6** (4E **87**)
  ML1: Moth 1H **147**
  ML2: Newm 5E **151**
  ML3: Ham 1A **162**
  ML5: Coat 6C **94**
  ML8: Carl 2D **174**
  ML9: Lark 1C **170**
  PA1: Pais 6G **81**
  PA4: Renf 1D **82**
Brown Wlk. ML2: Newm 4F **151**
Bruar Way ML2: Newm 3D **150**
  (off Tiree Cres.)
Bruce Av. G72: Camb 4A **126**
  ML1: Moth 2F **147**
  PA3: Pais 4C **82**
  PA5: John 5E **99**
Bruce Ct. ML6: Air 3E **97**
Brucefield Pl. G34: Glas 3B **92**
BRUCEHILL 3C **18**
Brucehill Rd. G82: Dumb 3C **18**
Bruce Ho. G67: Cumb 2H **37**
Bruce Loan ML2: Over 5A **166**
Bruce Pl. G75: E Kil 4H **157**
Bruce Rd. G41: Glas 1C **106**
  ML1: New S 5B **132**
  PA3: Pais 5C **82**
  PA4: Renf 2C **82**
  PA7: B'ton 3G **41**
Bruce's Loan ML9: Lark 3E **171**
  (off Wallace Dr.)
Bruce St. G81: Clyd 6D **44**
  G82: Dumb 5G **19**
  ML4: Bell 2D **130**
  ML5: Coat 3D **94**
  ML6: Plain 1G **97**
Bruce Ter. G72: Blan 6C **128**
  G75: E Kil 4H **157**
Brunel Way G75: E Kil 3H **157**
Brunstane Rd. G34: Glas 2G **91**
Brunswick Cen. 4D **66**
Brunswick Ho. G81: Clyd 1H **43**
Brunswick La. G1: Glas 6E **7** (4G **87**)
Brunswick St. G1: Glas 6E **7** (4G **87**)
Brunton St. G44: Glas 2D **122**
Brunton Ter. G44: Glas 3E **123**
Bruntsfield Av. G53: Glas 4B **120**
Bruntsfield Gdns. G53: Glas 4B **120**

Bryan St. ML3: Ham 4F **145**
Bryce Gdns. ML9: Lark 1C **170**
Bryce Pl. G75: E Kil 5E **157**
Brydson Pl. PA3: Lin 5H **79**
Bryson Ct. ML3: Ham 4H **161**
Bryson St. G81: Faif 6G **25**
Buccleuch Av. G52: Hill E 3G **83**
  G76: Clar 2B **138**
Buccleuch Ct. G61: Bear 6E **27**
Buccleuch Dr. G61: Bear 6E **27**
Buccleuch La.
  G3: Glas 2A **6** (2E **87**)
Buccleuch St. G3: Glas 2H **5** (2E **87**)
Buchanan Av. PA7: B'ton 3H **41**
Buchanan Bus. Pk. G33: Step 3F **69**
Buchanan Ct. G33: Step 3E **69**
  (not continuous)
Buchanan Cres. G64: B'rig 1H **51**
  ML3: Ham 1F **161**
Buchanan Dr. G61: Bear 3G **47**
  G64: B'rig 1E **67**
  G66: Lenz 4D **52**
  G72: Camb 1G **125**
  G73: Ruth 1D **124**
  G77: Newt M 2E **137**
  ML8: Carl 5G **175**
  ML8: Law 5E **167**
Buchanan Galleries (Shopping Cen.)
  G1: Glas 4D **6** (3G **87**)
Buchanan Ga. G33: Step 3F **69**
Buchanan Gro. G69: Bail 6H **91**
Buchanan Pl. G64: Torr 4D **30**
Buchanan St.
  G1: Glas 6C **6** (3G **87**)
  G62: Miln 3H **27**
  G69: Bail 1H **111**
  G82: Dumb 5G **19**
  ML5: Coat 5A **94**
  ML6: Air 4A **96**
  PA5: John 3E **99**
Buchanan Street Station (Underground)
  . . . . .4D **6** (3G **87**)
Buchanan Way PA5: John 3E **99**
Buchandyke Rd. G74: E Kil 5B **142**
Buchanen Gdns. G32: Glas 3E **111**
Buchan Grn. G74: E Kil 6B **142**
Buchan Ho. G67: Cumb 2H **37**
Buchan Rd. ML1: New S 5B **132**
  (not continuous)
Buchan St. ML2: Wis 3H **149**
  ML3: Ham 3G **161**
Buchan Ter. G72: Camb 4G **125**
BUCHLEY 2G **49**
Buchlyvie Gdns. G64: B'rig 2B **66**
Buchlyvie Path G34: Glas 4H **91**
Buchlyvie Rd. PA1: Pais 6G **83**
Buchlyvie St. G34: Glas 4H **91**
Buckie PA8: Ersk 4E **43**
Buckie Wlk. ML4: Bell 1C **130**
Buckingham Ct. ML3: Ham 5C **144**
Buckingham Dr. G32: Carm 5B **110**
  G73: Ruth 6F **109**
Buckingham St. G12: Glas 6B **64**
Buckingham Ter. G12: Glas 6D **64**
Bucklaw Gdns. G52: Glas 1C **104**
Bucklaw Pl. G52: Glas 1C **104**
Bucklaw Ter. G52: Glas 1C **104**
Buckley St. G22: Glas 3H **65**
Bucksburn Rd. G21: Glas 5E **67**
Buckthorne Pl. G53: Glas 4B **120**
Budhill Av. G32: Glas 6B **90**
Budshaw Av. ML6: Chap 3C **116**
Budshaw Farm Rd. ML6: Chap . . .4G **117**
Bulldale Ct. G14: Glas 4G **61**
Bulldale Pl. G14: Glas 4G **61**
Bulldale Rd. G14: Glas 4G **61**
Bulldale St. G14: Glas 3G **61**
Buller Cl. G72: Blan 5B **128**

Buller Cres. G72: Blan 5A **128**
Bullionslaw Dr. G73: Ruth 1F **125**
Bulloch Av. G46: Giff 5B **122**
Bull Rd. G76: Busby 3D **138**
Bullwood Av. G53: Glas 5H **103**
Bullwood Ct. G53: Glas 5H **103**
Bullwood Dr. G53: Glas 4H **103**
Bullwood Gdns. G53: Glas 4H **103**
Bullwood Pl. G53: Glas 4H **103**
Bunbury Ter. G75: E Kil 3E **157**
Bunessan St. G52: Glas 6F **85**
Bunhouse Rd. G3: Glas 1A **4** (2A **86**)
Bunkle Rd. ML8: Law . . . .
Burbank G62: Miln 3G **27**
  (off Sinclair St.)
Burghead Dr. G51: Glas 3E **85**
Burghead Pl. G51: Glas 3E **85**
Burgher St. G31: Glas 6E **89**
Burgh Hall La. G11: Glas 1H **85**
Burgh Hall St. G11: Glas 1H **85**
Burgh La. G12: Glas 6B **64**
  (off Cresswell St.)
Burleigh Pl. ML5: Coat 2E **115**
Burleigh Rd. G71: Both 4F **129**
Burleigh St. G51: Glas 3G **85**
  ML5: Coat 2D **114**
Burley Pl. G74: E Kil 1B **156**
Burlington Av. G12: Glas 3H **63**
Burmola St. G22: Glas 5F **65**
Burnacre Gdns.
  G71: Udd 6C **112**
Burnawn Gdns. G33: Glas 2F **67**
Burnawn Ga. G33: Glas 2F **67**
Burnawn Gro. G33: Glas 2F **67**
Burnawn Pl. G33: Glas 2F **67**
BURNBANK 4E **145**
Burnbank Braes ML8: Carl 4D **174**
Burnbank Cen. ML3: Ham 4E **145**
Burnbank Dr. G78: Barr 6E **119**
Burnbank Gdns. G20: Glas 1D **86**
  ML3: Ham 4E **145**
  (off Burnbank Cen.)
Burnbank La. G20: Glas 1D **86**
Burnbank M. G66: Lenz 3D **52**
Burnbank Pl. G20: Glas 1E **87**
Burnbank Quad. ML6: Air 3H **95**
Burnbank Rd. ML3: Ham 4E **145**
Burnbank St. ML5: Coat 3D **94**
  ML6: Air 3H **95**
Burnbank Ter. G20: Glas 1D **86**
  G65: Kils 2H **13**
Burnblea Gdns. ML3: Ham 1A **162**
Burnblea St. ML3: Ham 1H **161**
Burnbrae G65: Twe 2D **34**
  G81: Dun 1C **44**
Burnbrae Av. G61: Bear 6G **27**
  G69: Mood 5D **54**
  PA3: Lin 6A **80**
Burnbrae Dr. G73: Ruth 2F **125**
  PA3: Lin 1A **100**
Burnbrae Gdns. G53: Glas 1D **120**
  G81: Dun 1C **44**
Burnbrae Pl. G74: E Kil 1E **157**
Burnbrae Rd. G66: A'loch 5E **53**
  G66: Kirkin 6H **33**
  G69: Chry 5G **53**
  G72: Blan 2A **144**
  PA3: Lin 1H **99**
Burnbrae St. G21: Glas 5C **66**
  G81: Faif 5F **25**
  ML9: Lark 2B **170**
Burncleuch Av. G72: Camb 3A **126**
Burn Cres. ML1: New S 3A **132**
  ML6: Chap 3D **116**
Burncrooks Av. G61: Bear 6C **26**
  G74: E Kil 1E **157**
Burncrooks Ct. G81: Dun 1B **44**
Burndyke Ct. G51: Glas 4H **85**
Burndyke Sq. G51: Glas 4A **86**

Burnet Rose Ct. G74: E Kil 5E **141**
Burnet Rose Gdns.
  G74: E Kil 5E **141**
Burnet Rose Pl. G74: E Kil 5E **141**
Burnett Ct. G69: Chry 1A **70**
Burnett Rd. G33: Glas 4E **91**
Burnfield Av. G46: Giff 3H **121**
Burnfield Cotts. G46: Giff 3H **121**
Burnfield Dr. G43: Glas 3H **121**
Burnfield Gdns. G46: Giff 3A **122**
Burnfield Rd. G43: Glas 2G **121**
  G46: Giff 2G **121**
BURNFOOT 2G **95**
Burnfoot Cres. G73: Ruth 2F **125**
  PA2: Pais 5G **101**
Burnfoot Dr. G52: Glas 6B **84**
Burnfoot Rd. ML6: Air 3G **95**
Burngill Pl. PA11: Bri W 3F **77**
Burngreen G65: Kils 3H **13**
Burngreen Ter. G67: Cumb 6B **16**
Burnhall Pl. ML2: Wis 2B **166**
Burnhall Rd. ML2: Wis 1A **166**
Burnhall St. ML2: Wis 2B **166**
Burnham Rd. G14: Glas 5A **62**
Burnhaven PA8: Ersk 5E **43**
BURNHEAD 2E **171**
Burnhead Rd. G43: Glas 2C **122**
  G68: Cumb 3E **37**
  ML6: Air 1C **96**
  ML9: Lark 2D **170**
Burnhead St. G71: View 5F **113**
Burnhill Quad. G73: Ruth 5B **108**
Burnhill Sports Cen. 5B **108**
Burnhill St. G73: Ruth 5B **108**
Burn Ho. Av. G68: Cumb 3D **36**
Burnhouse Brae G77: Newt M 6G **137**
Burnhouse Cres. ML3: Ham 2F **161**
Burnhouse La. G75: E Kil 3A **168**
Burnhouse Rd. ML3: Ham 2F **161**
Burnhouse St. G20: Glas 3A **64**
         (not continuous)
Burniebrae ML6: Air 3G **95**
Burniebrae Rd. ML6: Chap 2E **117**
Burn La. ML1: New S 3A **132**
Burnlea Cres. PA6: Hous 1A **78**
Burnlip Rd. ML5: Glenb 5C **72**
  ML6: Glenm 5C **72**
Burnmouth Ct. G33: Glas 5F **91**
Burnmouth Pl. G61: Bear 2G **47**
Burnmouth Rd. G33: Glas 5F **91**
Burnock Pl. G75: E Kil 4A **156**
Burnpark Av. G71: Udd 6B **112**
Burn Pl. G72: Camb 6G **109**
Burn Rd. ML8: Carl 2D **174**
Burns Av. PA7: B'ton 4H **41**
Burns Ct. G66: Kirkin 4G **33**
Burn's Cres. ML6: Air 5B **96**
Burns Dr. G66: Kirkin 3G **33**
  PA5: John 5E **99**
Burns Gdns. G72: Blan 6A **128**
Burns Ga. G72: Camb 4A **126**
Burns Gro. G46: T'bnk 5G **121**
Burnshot Wlk. G5: Glas 3A **108**
BURNSIDE 2E **125**
Burnside G61: Bear 6C **26**
Burnside Av. G66: Kirkin 6B **32**
  G78: Barr 3D **118**
  ML4: Bell 3E **131**
  ML6: C'bnk 3B **116**
  PA5: Brkfld 6C **78**
Burnside Ct. G61: Bear 6C **26**
  G73: Ruth 2E **125**
  G81: Clyd 3A **44**
  ML1: Moth 5B **148**
  ML5: Coat *6B **94***
         (off Kirk St.)
Burnside Cres. G72: Blan 3C **144**
  G81: Hard 1D **44**

Burnside Gdns. G76: Clar 2B **138**
  PA10: Kilba 3B **98**
Burnside Ga. G73: Ruth 2E **125**
  ML3: Ham 6H **145**
Burnside Gro. PA5: John 3E **99**
Burnside Ind. Est. G65: Kils 3G **13**
Burnside La. ML3: Ham 1A **162**
Burnside Pl. G82: Dumb 5H **19**
  ML9: Lark 2D **170**
         (not continuous)
  PA3: Pais 4E **81**
Burnside Quad. ML1: Holy 2A **132**
Burnside Rd. G46: Giff 3H **137**
  G73: Ruth 2E **125**
  ML1: N'hill 3C **132**
  ML5: Coat 2E **95**
  PA5: Eld 4A **100**
Burnside Station (Rail) 2E **125**
Burnside St. G82: Dumb 5H **19**
  ML1: Moth 5B **148**
Burnside Ter. *G82: Dumb* *5H **19***
        (off Glasgow Rd.)
  PA10: Kilba 3B **98**
Burnside Twr. *ML1: Moth* *5A **148***
        (off Doon St.)
Burnside Vw. G75: E Kil 1A **168**
  ML5: Coat 6A **94**
Burnside Wlk. *G61: Bear* *6C **26***
        (off Burnside)
  ML5: Coat 6A **94**
Burns La. ML6: Chap 2D **116**
Burns Loan *ML9: Lark* *1D **170***
    (off Duncan Graham St.)
Burns Pk. G74: E Kil 1A **158**
Burns Path ML4: Bell 6D **114**
Burns Rd. G66: Kirkin 4G **33**
  G67: Cumb 3B **38**
  ML6: Chap 1D **116**
Burns St. G4: Glas 1F **87**
  G81: Clyd 3A **44**
  ML3: Ham 1H **161**
Burns Way ML1: N'hill 3C **132**
Burntbroom Dr. G69: Bail 2F **111**
Burntbroom Gdns. G69: Bail 2F **111**
Burntbroom St. G33: Glas 3D **90**
Burn Ter. G72: Camb 6G **109**
Burntshields Rd. PA10: Kilba 2A **98**
Burn Vw. G67: Cumb 2C **38**
Burnwood Dr. ML6: Air 5G **97**
Burra Gdns. G64: B'rig 5F **51**
Burrell Collection Mus. 4H **105**
Burrell Ct. G41: Glas 3A **106**
Burrell's La. G4: Glas 5G **7** (4A **88**)
Burrelton Rd. G43: Glas 1D **122**
Burte Ct. ML4: Bell 6C **114**
Burton La. G42: Glas 4E **107**
  ML8: Carl 3C **174**
BUSBY .3D **138**
Busby Equitation Cen. 5E **139**
Busby Rd. G76: Busby, Clar 2C **138**
  G76: Crmck 3G **139**
  ML4: Bell 4B **130**
Busby Station (Rail) 4E **139**
Bush Cres. ML2: Wis 1A **166**
Bushelhead Rd. ML8: Braid 6C **174**
Bushes Av. PA2: Pais 4H **101**
Busheyhill St. G72: Camb 2A **126**
Bute G74: E Kil 2C **158**
Bute Av. ML1: Moth 2E **147**
  PA4: Renf 2F **83**
Bute Cres. G60: Old K 2G **43**
  G61: Bear 5F **47**
  PA2: Pais 6H **101**
Bute Dr. G60: Old K 2G **43**
  PA5: John 4D **98**
Bute Gdns. G12: Glas 1B **86**
  G44: Neth 3D **122**
  G60: Old K 1G **43**

Bute La. G12: Glas 1B **86**
Bute Pl. G60: Old K 2H **43**
Bute Rd. G66: Kirkin 5H **33**
  G73: Ruth 4F **125**
  PA3: Glas A 2H **81**
Bute St. ML3: Ham 3F **145**
  ML5: Coat 1D **114**
Bute Ter. G71: View 6F **113**
  G73: Ruth 2C **124**
Bute Twr. G72: Camb 4G **125**
Butler Wynd ML4: Bell 2B **130**
Butterbiggins Rd. G42: Glas 2E **107**
Butterburn Pk. ML3: Ham 1H **161**
Buttercup Path ML2: Wis 2F **165**
Butterfield Pl. G41: Glas 2E **107**
Buttermere G75: E Kil 6B **156**
Byars Rd. G66: Kirkin 5B **32**
Byramsmuir Rd. ML1: Holy 5G **115**
Byrebush Rd. G53: Glas 4C **104**
Byres Av. PA3: Pais 5C **82**
Byres Cres. PA3: Pais 5C **82**
Byresknowe La. ML1: Carf 6B **132**
Byres Rd. G11: Glas 1A **86**
  G12: Glas 1A **86**
  ML1: N'hill 3E **133**
  PA5: Eld 3B **100**
Byrestone Av. G77: Newt M 5A **138**
Byron Ct. G71: Both 5F **129**
Byron St. G11: Glas 1E **85**
  G81: Clyd 3C **44**
Byshot Path G22: Glas 5H **65**
Byshot St. G22: Glas 5H **65**

C

Cable Depot Rd. G81: Clyd 5B **44**
CADDER
  G23 . . . . .2D **64**
  G64 . . . . .2D **50**
Cadder Ct. G64: B'rig 2D **50**
  G69: G'csh 4D **70**
Cadder Gro. *G20: Glas* *2C **64***
     (off Lochburn Cres.)
Cadder Pl. G20: Glas 2C **64**
Cadder Rd. G20: Glas 1C **64**
  G23: Glas 1C **64**
  G64: B'rig 2D **50**
Cadder Way G64: B'rig 2D **50**
Cadell Gdns. G74: E Kil 4D **142**
Cadger's Sheuch G65: Kils 3D **14**
Cadoc St. G72: Camb 2B **126**
Cadogan Sq. G2: Glas 6A **6** (4E **87**)
Cadogan St. G2: Glas 5A **6** (4E **87**)
Cadzow Av. G46: Giff 1H **137**
  ML3: Ham 4F **145**
Cadzow Bri. ML3: Ham 5A **146**
Cadzow Cres. ML5: Coat 1A **114**
Cadzow Dr. G72: Camb 2H **125**
  ML4: Bell 3F **131**
Cadzow Grn. G74: E Kil 1F **157**
Cadzow Ho. ML3: Ham 4A **146**
Cadzow Ind. Est. ML3: Ham 3H **161**
Cadzow La. ML3: Ham 5A **146**
         (not continuous)
Cadzow Pk. ML3: Ham 5A **146**
Cadzow St. G2: Glas 6H **5** (4E **87**)
  ML1: Moth 3F **147**
  ML3: Ham 5A **146**
  ML9: Lark 1C **170**
Caerlaverock Pl. G72: Blan 3A **144**
Caird Dr. G11: Glas 1H **85**
Caird Gdns. ML3: Ham 4G **145**
Caird Pk. ML3: Ham 4H **145**
Caird St. ML3: Ham 4G **145**
Caird Ter. *G61: Bear* *6D **26***
     (off Grampian Way)
Cairn Av. PA4: Renf 2G **83**

Cairnban Ct. *ML8: Carl* 2D *174*
(off Kenmore Way)
Cairnban St. G51: Glas 5D 84
Cairnbrook Ind. Est.
G34: Glas 3H 91
Cairnbrook Rd. G34: Glas 3A 92
Cairn Ct. G74: E Kil 5G 141
ML1: Moth 4H 147
Cairncross Ho. G3: Glas 3C 4
Cairndow Av. G44: Glas 3D 122
Cairndow Av. La. G44: Glas 3D 122
Cairndow Ct. G44: Glas 3D 122
Cairndow Pl. ML2: Wis 2H 165
Cairn Dr. PA3: Lin 5H 79
Cairndyke Cres. ML6: Air 5A 96
Cairneymount Rd.
ML8: Carl 3D *174*
Cairney Pl. ML2: Newm 3H 151
Cairngorm Ct. ML3: Ham 4F 161
Cairngorm Cres. G61: Bear 1B 46
G78: Barr 6E 119
ML2: Wis 6F 149
PA2: Pais 4A 102
Cairngorm Gdns. G68: Cumb 4D 36
Cairngorm Pl. G75: E Kil 1B 168
Cairngorm Rd. G43: Glas 2A 122
CAIRNHILL 6H 95
Cairnhill Av. ML6: Air 6A 96
Cairnhill Cir. G52: Glas 2H 103
Cairnhill Ct. *G61: Bear* 4E *47*
(off Canniesburn Dr.)
ML8: Carl 3D *174*
Cairnhill Cres. ML5: Coat 2F 115
Cairnhill Dr. G52: Glas 2H 103
Cairnhill Pl. G52: Glas 2H 103
Cairnhill Rd. G61: Bear 6F 47
ML6: Air 6H 95
Cairnhill Vw. G61: Bear 4E 47
Cairnhope Av. ML6: Air 6H 95
Cairnlea Dr. G51: Glas 5H 85
Cairnlea Gdns. ML4: Bell 4D 130
Cairnlea Rd. G62: Miln 4E 27
Cairnmuir Rd. G73: Ruth 3F 141
G74: Roger 3F 141
G76: Crmck, Roger 4C 140
Cairnoch Hill G68: Cumb 3E 37
Cairn Pl. G74: E Kil 5G 141
Cairnryan G74: E Kil 6F 141
Cairnryan Cres. G72: Blan 6B 144
CAIRNS 3C 126
Cairns Av. G72: Camb 2B 126
Cairns Ct. G72: Camb 2B 126
Cairns Dr. G62: Miln 3G 27
Cairnsmore Dr. G61: Bear 6B 26
Cairnsmore Rd. G15: Glas 5H 45
Cairns Rd. G72: Camb 3B 126
PA7: B'ton 3G 41
Cairns St. ML1: Moth 3G 147
Cairn St. G21: Glas 3B 66
Cairnswell Av. G72: Camb 3C 126
Cairnswell Pl. G72: Camb 3C 126
Cairntoul Ct. G68: Cumb 4D 36
Cairntoul Dr. G14: Glas 3A 62
Cairntoul Pl. G14: Glas 4A 62
Cairn Vw. ML6: Air 5H 95
Cairnview G66: Kirkin 6H 33
Cairnview Rd. G66: Milt C 6B 10
Cairnwell Gdns. ML1: Moth 6C 148
Cairnwood Dr. ML6: Air 6H 95
Caithness Rd. G74: E Kil 6C 142
Caithness St. G20: Glas 5D 64
G72: Blan 3A 144
Calabar Ct. G73: Ruth 5E 125
Cala Sona Ct. ML2: Wis 3E 165
Calcots Path G34: Glas 2A 92
Calcots Pl. G34: Glas 2A 92
Caldarvan St. G22: Glas 6F 65
Caldeen Rd. ML5: Coat 6D 94

Calder Av. G78: Barr 6E 119
ML2: Newm 3E 151
ML5: Coat 1D 114
CALDERBANK 3B 116
Calderbank Rd. ML6: Air, C'bnk . . .1A 116
Calderbank Ter. ML1: Moth 2H 147
Calderbank Vw. G69: Bail 1A 112
Calderbankview Cotts.
ML6: C'bnk 1B 116
CALDERBRAES 5C 112
Calderbraes Av. G71: Tann 4C 112
Calderbraes Golf Course 4B 112
Calder Ct. *ML5: Coat* 1D *114*
(off Calder St.)
Caldercuilt Rd. G20: Glas 1A 64
G23: Glas 1A 64
Calder Dr. G72: Camb 2A 126
ML4: Bell 3E 131
Calder Ga. G64: B'rig 3B 50
Calderglen Av. G72: Blan 3A 128
Calderglen Country Pk. 6E 143
Calderglen Country Pk. Vis. Cen.
. . . . .5D 158
Calder Glen Ct. ML6: Air 6D 96
Calderglen Rd. G74: E Kil 6D 142
Caldergrove ML1: Moth 2G 147
Calderigg Pl. ML6: Air 4E 97
Calderpark G71: Udd 4H 111
Calderpark Av. G71: Udd 3H 111
Calderpark Ct. G71: Udd 3H 111
Calderpark Cres. G71: Udd 3H 111
Calderpark Pl. G71: Udd 3H 111
Calderpark Rd. G71: Udd 4H 111
(Calderpark)
G71: Udd 3H 111
(Calderpark Pl.)
Calderpark Ter. G71: Udd 3H 111
Calder Pl. G69: Bail 1H 111
Calder Rd. G71: View 4H 113
G72: Blan 2H 127
ML4: Bell, Moss 2E 131
PA3: Pais 6E 81
Calderside Gro. G74: E Kil 3H 157
Calderside Rd. G72: Blan 3D 158
Calder St. G42: Glas 3G 107
G72: Blan 1B 144
ML5: Coat 1D 114
ML6: C'bnk 3C 116
Calder Twr. G74: E Kil 4B 158
ML1: Moth 4G 147
Caldervale St. ML6: Gart 1E 117
Calder Vw. ML3: Ham 3F 161
Calderview Av. ML5: Coat 1F 115
CALDERWOOD 6B 142
Calderwood Av. G69: Bail 2G 111
Calderwood Ct. ML2: Wis 1H 165
Calderwood Dr. G69: Bail 2G 111
G72: Blan 3B 144
Calderwood Gdns. G69: Bail 2G 111
G74: E Kil 5E 143
Calderwood Rd. G43: Glas 1B 122
G73: Ruth 6E 109
G74: E Kil 5B 142
Calderwood Sq. *G74: E Kil* 6B *142*
(off Pollock La.)
Caldwell Av. G13: Glas 3A 62
PA3: Lin 6F 79
Caldwell Gro. G73: Ruth 5E 125
ML4: Bell 5C 114
Caldwell Quad. ML1: Moth 4E 147
Caldwell Rd. ML8: Carl 5F 175
Caledonia Av. G5: Glas 2G 107
G73: Ruth 5D 108
Caledonia Ct. PA3: Pais 5H 81
Caledonia Dr. G69: Bail 2H 111
ML1: N'hill 3E 133
Caledonia Gdns. ML8: Carl 2C *174*

Caledonian Av. ML4: Bell 3B 130
Caledonian Ct. G4: Glas 2E 7 (2G 87)
G74: E Kil 3G 157
Caledonian Cres. *G12: Glas* 1C *86*
(off Gt. Western Rd.)
Caledonian Ga. ML5: Coat 3C 94
Caledonian Pk. ML2: Wis 6D 148
Caledonian Rd. ML2: Wis 2G 165
ML9: Lark 2C 170
Caledonia Rd. G5: Glas 1F 107
G69: Bail 2G 111
Caledonia St. G5: Glas 2G 107
(not continuous)
G81: Clyd 4B 44
PA3: Pais 6H 81
Caledonia Ter. G82: Dumb 4C 18
Caledonia Wlk. *ML3: Ham* 2A *162*
(off Chatelherault Cres.)
Caledonia Way G3: Glas A 2H 81
Caledonia Way E. PA3: Glas A 2A 82
Caledonia Way W. PA3: Glas A 2H 81
Caledon La. G12: Glas 1A 86
Caledon St. G12: Glas 1A 86
Caley Brae G71: Udd 1D 128
Calfhill Rd. G53: Glas 2B 104
Calfmuir Rd. G66: Kirkin, Lenz 1G 53
Calgary Pk. G75: E Kil 3F 157
Calgary Pl. G75: E Kil 3F 157
ML6: Air 5G 95
Calgary St. G4: Glas 2E 7 (2G 87)
Calico Way G66: Len 2E 9
Callaghan Cres. G74: T'hall 3H 155
Callaghan Wynd G72: Blan 6H 127
Callander Ct. G68: Cumb 1H 37
Callander Rd. G68: Cumb 1H 37
ML6: Chap 4D 116
Callander St. G20: Glas 6E 65
Callieburn Ct. G64: B'rig 1C 66
Callieburn Rd. G64: B'rig 1C 66
Callon St. ML6: Air 4A 96
Cally Av. G15: Glas 4A 46
Calside PA2: Pais 3H 101
Calside Av. PA2: Pais 2H 101
Calside Ct. PA2: Pais 3A 102
CALTON 6H 7 (5A 88)
Calton Entry *G40: Glas* 5A *88*
(off Stevenson St.)
Calvay Cres. G33: Glas 4D 90
Calvay Pl. G33: Glas 4E 91
Calvay Rd. G33: Glas 4D 90
Cambourne Rd.
G69: Mood 4D 54
Cambridge Av. G81: Clyd 4D 44
Cambridge Rd. PA4: Renf 1E 83
Cambridge St. G2: Glas 3B 6 (3F 87)
G3: Glas 3B 6 (3F 87)
Camburn St. G32: Glas 6H 89
Cambusdoon Rd. G33: Glas 1C 90
Cambuskenneth Gdns. G32: Glas . .6D 90
Cambuskenneth Pl. G33: Glas 1C 90
CAMBUSLANG 1A 126
Cambuslang Ct. G32: Glas 5H 109
Cambuslang Golf Course 6D 110
Cambuslang Ind. Est. G32: Glas . . .5A 110
Cambuslang Ind. Pk. G32: Glas 5A 110
Cambuslang Investment Pk.
G32: Glas 5A 110
Cambuslang Rd. G32: Glas 5H 109
G72: Camb 5G 109
(Dale Av.)
G72: Camb 4D 108
(Farme Cross)
G73: Ruth 4D 108
CAMBUSLANG ROAD INTERCHANGE
. . . . .5F 109
Cambuslang Station (Rail) 1H 125
Cambuslang Way G32: Glas 5H 109
Cambusmore Pl. G33: Glas 1C 90

CAMBUSNETHAN 6B 150
Cambusnethan St. ML2: Wis 5C 150
Cambus Pl. G33: Glas 1C 90
Camden St. G5: Glas 1G 107
Camden Ter. G5: Glas 1G 107
Camellia Dr. ML2: Wis 2E 165
Camelon Cres. G72: Blan 2B 144
Camelon St. G32: Glas 5H 89
Cameron Av. PA7: B'ton 3H 41
Cameron Cotts. G81: Hard 1E 45
    (off Glasgow Rd.)
Cameron Ct. G52: Hill E 4H 83
    G73: Ruth 6C 108
    G81: Clyd 1E 61
Cameron Cres. G76: Crmck 2A 140
    ML3: Ham 6F 145
Cameron Dr. G61: Bear 4G 47
    G71: Tann 5E 113
    G77: Newt M 2E 137
Cameronian Dr. ML8: Carl 4E 175
Cameronian Pl. ML4: Bell 4B 130
Cameronian Way ML9: Lark 4E 171
Cameron Path ML9: Lark 4E 171
    (off Bannockburn Dr.)
Cameron Rd. ML8: Carl 5F 175
Cameron Sq. G81: Hard 1E 45
Cameron St. G52: Hill E 4G 83
    G81: Clyd 1E 61
    ML1: Moth 3F 147
    ML5: Coat 3D 94
Cameron Way G72: Blan 1B 144
Camie Ct. G66: Kirkin 5C 32
CAMLACHIE 6D 88
Camlachie St. G31: Glas 6D 88
    (not continuous)
Campbell Av. G62: Miln 4G 27
    G82: Dumb 1C 20
    PA7: B'ton 3H 41
Campbell Cl. ML3: Ham 5B 146
Campbell Cres. G71: Both 3E 129
    G77: Newt M 3E 137
Campbell Dr. G61: Bear 2D 46
    G78: Barr 5E 119
    G82: Dumb 1C 20
Campbell Ho. G67: Cumb 4G 37
Campbell La. ML3: Ham 6A 146
Campbell Pl. G64: Torr 4D 30
    G75: E Kil 4G 157
Campbell St. G20: Glas 2B 64
    ML2: Wis 6H 149
    ML3: Ham 6A 146
    ML4: Bell 2C 130
    PA4: Renf 5F 61
    PA5: John 3F 99
Campbell Ter. G82: Dumb 1C 20
Camphill PA1: Pais 2H 101
Camphill Av. G41: Glas 5C 106
    G66: Kirkin 5C 32
Camphill Ct. PA2: Pais 2H 101
Camphill Gdns. PA7: B'ton 4A 42
Camphill Ho. G41: Glas 4D 106
Campion Rd. ML1: Moth 1G 147
Camp Rd. G69: Bail 6H 91
    G73: Ruth 3B 108
    ML1: Moth 5G 147
Camps Cres. PA4: Renf 1G 83
Campsie Av. G78: Barr 6E 119
Campsie Ct. G66: Kirkin 1C 52
    ML5: Coat 2E 115
    ML9: Lark 6H 163
Campsie Cres. ML6: Air 3H 95
Campsie Dr. G61: Bear 6D 26
    G62: Miln 3H 27
    PA2: Pais 5H 101
    PA3: Glas A 1A 82
    PA4: Renf 3C 82
Campsie Gdns. G76: Clar 1A 138
Campsie Golf Course 1F 9

Campsie Pl. G69: Chry 1A 70
Campsie Rd. G64: Torr 4E 31
    G66: Kirkin 4B 32
    G66: Len, Milt C 4H 9
    (not continuous)
    G75: E Kil 2A 168
    ML2: Wis 5E 149
Campsie St. G21: Glas 4B 66
Campsie Vw. G33: Step 5D 68
    G66: Kirkin 5A 32
    G67: Cumb 2B 38
    G69: Barg 6D 92
    G69: Chry 1A 70
    G71: Tann 5E 113
    G72: Flem 4E 127
    ML3: Ham 1D 160
Campston Pl. G33: Glas 2B 90
Camp St. ML1: Moth 4G 147
Camstradden Dr. E.
    G61: Bear 3C 46
Camstradden Dr. W.
    G61: Bear 3C 46
Camus Pl. G15: Glas 3H 45
Canal Av. PA5: John 3G 99
Canal Bank G13: Glas 1H 61
    G23: Glas 2E 65
Canal Bank Nth. G23: Glas 2E 65
    (off Canal Bank)
Canal Ct. ML5: Coat 4B 94
Canal Gdns. PA5: Eld 2B 100
Canal La. G66: Kirkin 4D 32
    PA4: Renf 5F 61
Canal Rd. PA5: John 3F 99
Canal St. G4: Glas 1E 7 (2G 87)
    G66: Kirkin 4D 32
    G81: Clyd 1D 60
    PA1: Pais 1H 101
    PA4: Renf 5F 61
    PA5: Eld 2B 100
    PA5: John 2G 99
Canal Ter. PA1: Pais 1A 102
Canberra Av. G81: Clyd 3H 43
Canberra Ct. G46: Giff 4C 122
Canberra Dr. G75: E Kil 3E 157
Candermill & Marlage Rd.
    ML9: Ashg 6H 171
Cander Rigg G64: B'rig 3C 50
Cander St. ML9: Lark 5D 170
Candimilne Ct. ML8: Carl 4F 175
Candleriggs G1: Glas 6F 7 (4H 87)
Candren Rd. PA3: Lin, Pais 6B 80
    PA3: Pais 1E 101
    (not continuous)
Candren Way PA3: Pais 6E 81
Candymill La. ML3: Ham 2G 145
Caneluk Av. ML8: Carl 5F 175
Canmore Pl. G31: Glas 1F 109
Canmore St. G31: Glas 1F 109
Cannerton Cres. G66: Milt C 6B 10
Cannerton Pk. G66: Milt C 6B 10
Cannich Dr. PA2: Pais 4D 102
Cannich Pl. ML2: Newm 3D 150
Canniesburn Ct. G61: Bear 4E 47
    (off Canniesburn Quad.)
Canniesburn Dr. G61: Bear 5E 47
Canniesburn Quad. G61: Bear 5E 47
Canniesburn Rd. G61: Bear 5C 46
Canniesburn Sq. G61: Bear 5F 47
Canniesburn Toll G61: Bear 5F 47
Canniesburn Rd. ML1: Moth 4D 46
Cannock Gro. ML5: Glenb 2B 72
Canonbie Av. G74: E Kil 5H 141
Canonbie La. G74: E Kil 5G 141
Canonbie St. G34: Glas 2B 92
Canon Ct. ML1: Carl 5D 132
Canongate G74: E Kil 5D 142
Canterbury G75: E Kil 5D 156
Cantieslaw Dr. G74: E Kil 6A 142

Canting Way G51: Glas 6A 4 (4A 86)
Canyon Rd. ML2: Wis 1D 164
Caol Ct. G74: T'hall 6G 139
Capel Av. G77: Newt M 3F 137
Capel Gro. G74: E Kil 6B 142
Capelrig Dr. G74: E Kil 1B 158
    G77: Newt M 1E 137
Capelrig Gdns. G77: Newt M 1D 136
Capelrig La. G77: Newt M 3D 136
Capelrig Rd. G77: Newt M 1D 136
Capelrig St. G46: T'bnk 3F 121
Caplaw Pl. ML2: Wis 3F 165
Caplaw Rd. PA2: Pais 6G 101
Caplaw Twr. ML2: Wis 3F 165
Caplethill Rd. G78: Barr 6A 102
    PA2: Pais 6A 102
Caprington Pl. G33: Glas 2A 90
Caprington St. G33: Glas 2A 90
Cara Dr. G51: Glas 3E 85
Cara Rd. ML6: Air 6D 96
Caravelle Way PA4: Renf 2F 83
Carbarns ML2: Wis 2D 164
Carbarns E. ML2: Wis 2D 164
Carbarns Rd. ML2: Wis 3C 164
Carbarns W. ML2: Wis 2D 164
Carberry Rd. G41: Glas 3B 106
Carbeth Rd. G62: Miln 4F 27
Carbeth St. G22: Glas 5F 65
Carbisdale St. G22: Glas 4A 66
Carbost St. G23: Glas 6B 48
Carbrach Loan ML2: Newm 3D 150
    (off Tiree Cres.)
CARBRAIN 4A 38
Carbrain Ind. Est. G67: Cumb 4B 38
    PA1: Pais 1G 101
Cardarrach St. G21: Glas 5C 66
Cardean Rd. ML4: Moss 1G 131
Cardell Av. PA2: Pais 2E 101
Cardell Cres. ML6: Chap 3D 116
Cardell Dr. PA2: Pais 2E 101
Cardell Rd. PA2: Pais 2E 101
CARDONALD 6B 84
Cardonald Dr. G52: Glas 1A 104
Cardonald Gdns. G52: Glas 1B 104
CARDONALD INTERCHANGE 5C 84
Cardonald Pk. G51: Glas 5B 84
Cardonald Pl. Rd. G52: Glas 1B 104
Cardonald Station (Rail) 5D 84
Cardon Sq. PA4: Renf 4G 61
Cardowan Dr. G33: Step 4D 68
    G68: Cumb 4H 35
Cardowan Pk. G71: Tann 4F 113
Cardowan Rd. G32: Glas 5H 89
    G33: Step 3E 69
Cardow Rd. G21: Glas 5E 67
Cardrona St. G33: Glas 6B 68
Cardross Ct. G31: Glas 4B 88
Cardross Pl. G68: Cumb 3D 36
Cardross Rd. G82: Dumb 3A 18
Cardross St. G31: Glas 4B 88
Cardwell St. G41: Glas 1E 107
Cardyke St. G21: Glas 5C 66
Careston Pl. G64: B'rig 6F 51
Carey Gdns. ML1: Cle 6H 133
CARFIN 5B 132
Carfin Ind. Est. ML1: New S 4B 132
Carfin Lourdes Grotto 5C 132
Carfin Pilgrimage Cen. 5D 132
Carfin Rd. ML1: N'hill 5D 132
    ML2: Wis 5C 148
Carfin Station (Rail) 5D 132
Carfin St. G42: Glas 3F 107
    ML1: New S 4A 132
    ML5: Coat 1H 114
Carfrae St. G3: Glas 3A 4 (3A 86)
Cargill Sq. G64: B'rig 1E 67
Carham Cres. G52: Glas 6C 84

Carham Dr. G52: Glas 6C **84**
Caribou Grn. G75: E Kil 3D **156**
Carillon Rd. G51: Glas 6A **86**
Carinthia Sq. G81: Clyd 5D **44**
Carisbrooke Cres. G64: B'rig 3D **50**
Carlaverock Rd. G43: Glas 1B **122**
Carleith Av. G81: Dun 1B **44**
Carleith Quad. G51: Glas 4D **84**
Carleith Ter. G81: Dun 1B **44**
Carleston St. G21: Glas 5B **66**
Carleton Ct. G46: Giff 3A **122**
Carleton Dr. G46: Giff 3A **122**
Carleton Ga. G46: Giff 3A **122**
Carlibar Av. G13: Glas 3H **61**
Carlibar Dr. G78: Barr 4E **119**
Carlibar Gdns. G78: Barr 4E **119**
Carlibar Rd. G78: Barr 4D **118**
Carlile Pl. PA3: Pais 5A **82**
Carlin La. ML8: Carl 4F **175**
Carlin's Pl. G66: Len 3F **9**
Carlisle Ct. ML9: Birk 6D **170**
Carlisle La. ML6: Air 4C **96**
Carlisle Rd. ML1: Cle, N'hse 6G **117**
  ML3: Fern 1D **162**
  ML3: Ham 6B **146**
  ML6: Air, Chap 5C **96**
  ML9: Birk, Lark 5D **170**
  ML9: Lark 5G **163**
Carlisle St. G21: Glas 6H **65**
Carlock Wlk. G32: Glas 5C **90**
Carlouk La. ML8: Carl 4F **175**
Carloway Ct. G33: Glas 3B **90**
Carlowrie Av. G72: Blan 5A **128**
CARLSTON 3G **31**
Carlston Steadings G64: Torr 3G **31**
Carlton Ct. G5: Glas 5F **87**
  ML3: Ham 1A *162*
  (off Woodside Av.)
Carlton Pl. G5: Glas 5F **87**
CARLUKE 3D **174**
Carluke Golf Course 3H **173**
Carluke Leisure Cen. 3E **175**
Carluke Station (Rail) 4B **174**
Carlyle Av. G52: Hill E 3H **83**
Carlyle Dr. G74: E Kil 1A **158**
Carlyle Ter. G73: Ruth 4D **108**
  G74: E Kil 1B **158**
Carmaben Rd. G33: Glas 3D **90**
Carman Vw. G82: Dumb 1G **19**
Carment Dr. G41: Glas 5B **106**
Carmichael Path *ML5: Glenb* *3G 71*
  (off The Oval)
Carmichael Pl. G42: Glas 6D **106**
Carmichael St. G51: Glas 5H **85**
  ML8: Law 6D **166**
Carmichael Way ML8: Law 6D **166**
CARMUNNOCK 2H **139**
Carmunnock By-Pass
  G76: Crmck 6G **123**
Carmunnock La. G44: Glas 2F **123**
Carmunnock Rd. G44: Glas 6F **107**
  (not continuous)
  G45: Glas 6G **123**
  G74: E Kil 1F **157**
  G76: Busby 4E **139**
  G76: Crmck 6G **123**
  (Carmunnock By-Pass)
  G76: Crmck 4C **140**
  (Kittochside Rd.)
CARMYLE 5B **110**
Carmyle Av. G32: Carm, Glas 3B **110**
CARMYLE AVENUE INTERCHANGE
  . . . . .4B **110**
Carmyle Gdns. ML5: Coat 2A **114**
Carmyle Station (Rail) 4B **110**
Carna Dr. G44: Glas 2G **123**
Carnarvon St. G3: Glas . . .1G **5** (2D **86**)
Carnbooth Ct. G45: Glas 5B **124**

CARNBROE 2F **115**
Carnbroe Rd. ML4: Bell 6D **114**
  (not continuous)
  ML5: Bell, Coat 1F **115**
Carneddans Rd. G62: Miln 1C **26**
Carnegie Hill G75: E Kil 3F **157**
Carnegie Pl. G75: E Kil 3F **157**
Carnegie Rd. G52: Hill E 4A **84**
  (not continuous)
Carnoch St. G23: Glas 6B **48**
Carnock Cres. G78: Barr 6D **118**
Carnock Gdns. G62: Miln 3E **27**
Carnock Rd. G53: Glas 5C **104**
Carnoustie Ct. G71: Both 5D **128**
Carnoustie Cres. G64: B'rig 6E **51**
  G75: E Kil 5C **156**
Carnoustie Pl. G5: Glas 6D **86**
  ML4: Bell 6C **114**
Carnoustie St. G5: Glas 6D **86**
Carnoustie Way G68: Cumb 5H **15**
CARNTYNE 4G **89**
Carntyne Gdns. G32: Glas 4G **89**
Carntyne Gro. G32: Glas 4A **90**
Carntynehall Rd. G32: Glas 4H **89**
Carntyne Ind. Est. G32: Glas 5G **89**
Carntyne Path G32: Glas 4F **89**
Carntyne Pl. G32: Glas 4F **89**
Carntyne Rd. G31: Glas 5E **89**
  G32: Glas 5E **89**
Carntyne Station (Rail) 5H **89**
CARNWADRIC 3E **121**
Carnwadric Rd. G46: T'bnk 2E **121**
Carnwath Av. G43: Glas 1D **122**
Carnwath La. ML8: Carl 4F **175**
Carnwath Rd. ML8: Carl 4D **174**
Caroline St. G31: Glas 6G **89**
Carolside Av. G76: Clar 2C **138**
Carolside Dr. G15: Glas 4B **46**
Carolside Gdns. G76: Clar 2C **138**
Carousel Cres. ML2: Wis 6A **150**
Carradale Av. G68: Cumb 5B **36**
Carradale Gdns. G64: B'rig 6E **51**
  ML8: Carl 5E **175**
Carradale Pl. PA3: Lin 5G **79**
Carradale St. ML5: Coat 4B **94**
  (not continuous)
Carranbuie Rd. ML8: Carl 2D **174**
Carrbridge Dr. G20: Glas 3B **64**
Carresbrook Av. G66: Kirkin 1G **53**
CARRIAGEHILL 4A **102**
Carriagehill Av. PA2: Pais 3A **102**
Carriagehill Dr. PA2: Pais 4A **102**
Carrickarden Rd. G61: Bear 4F **47**
Carrick Ct. G66: Kirkin 3G **33**
Carrick Cres. G46: Giff 6A **122**
  ML2: Wis 5G **149**
Carrick Dr. G32: Glas 1E **111**
  G73: Ruth 2C **124**
  ML5: Coat 4H **93**
Carrick Gdns. G72: Blan 3B **144**
  ML3: Ham 1C **160**
  ML4: Bell 5C **114**
  ML8: Carl 5E **175**
Carrick Gro. G32: Glas 1E **111**
Carrick Mans. *G32: Glas* *2E 111*
  (off Carrick Dr.)
Carrick Pl. ML4: Bell 6D **114**
  ML5: Coat 4H **93**
  ML5: Glenb 3A **72**
  ML9: Lark 1D **170**
Carrick Rd. G64: B'rig 6E **51**
  G67: Cumb 1A **38**
  G73: Ruth 2B **124**
  G74: E Kil 6H **141**
  PA7: B'ton 5A **42**
CARRICKSTONE 6G **15**
Carrickstone Rd. G68: Cumb 6G **15**
Carrickstone Rdbt. G68: Cumb . . .6G **15**

Carrickstone Vw. G68: Cumb 6H **15**
Carrick St. G2: Glas 6A **6** (4E **87**)
  ML9: Lark 3E **171**
Carrick Ter. G82: Dumb 3B **18**
Carrickvale Ct. G68: Cumb 6H **15**
Carrick Vw. ML5: Glenb 3A **72**
Carrick Way G71: Both 4E **129**
Carriden Pl. *G33: Glas* *4E 91*
  (off Langbar Cres.)
Carrington St. G4: Glas 1G **5** (1D **86**)
Carroglen Gdns. G32: Glas 6D **90**
Carroglen Gro. G32: Glas 6D **90**
Carroll Cres. ML1: Carf 5C **132**
Carron Ct. G72: Camb 2D **126**
  (Arnhem St.)
  G72: Camb *2E 127*
  (off Wiston St.)
  ML3: Ham 2F **161**
Carron Cres. G22: Glas 4H **65**
  G61: Bear 4C **46**
  G64: B'rig 6D **50**
  G66: Lenz 3E **53**
Carron Dr. PA7: B'ton 5A **42**
Carron Ho. *G67: Cumb* *3H 37*
  (in The Cumbernauld Shop. Cen.)
Carron Pl. G22: Glas 4A **66**
  G75: E Kil 6H **157**
  ML5: Coat 2H **93**
Carron St. G22: Glas 4A **66**
  ML2: Wis 2H **165**
Carron Way *G67: Cumb* *3H 37*
  (off St Mungo's Rd.)
  ML1: N'hill 3C **132**
  PA3: Pais 4C **82**
Carrour Gdns. G64: B'rig 5B **50**
Carr Quad. ML4: Moss 2F **131**
Carruth Rd. PA11: Bri W 3E **77**
Carsaig Dr. G52: Glas 6E **85**
Carsaig Loan ML5: Glenb 3G **71**
Carscallan Rd. ML3: Ham 5H **161**
Carsegreen Av. PA2: Pais 6F **101**
Carsemeadow PA11: Quarr V 1A **76**
Carse Vw. Dr. G61: Bear 1G **47**
Carstairs St. G40: Glas 3B **108**
Carswell Gdns. G41: Glas 3C **106**
Carswell Rd. G77: Newt M 4B **136**
Cartbank Gdns. G44: Glas 3E **123**
Cartbank Gro. G44: Glas 3D **122**
Cartbank Rd. G44: Glas 3D **122**
Cartcraigs Rd. G43: Glas 1H **121**
Cartha Cres. PA2: Pais 2C **102**
Cartha St. G41: Glas 6C **106**
Cartland Av. ML8: Carl 5D **174**
Cart La. PA3: Pais 5A **82**
Cartsbridge Rd. G76: Busby 3C **138**
CARTSIDE 4D **98**
Cartside Av. PA4: Inch 5F **59**
  PA5: John 4D **98**
Cartside Dr. G76: Busby 3E **139**
Cartside Pl. G76: Busby 4D **138**
Cartside Quad. G42: Glas 6E **107**
Cartside Rd. G76: Busby 4D **138**
Cartside St. G42: Glas 6D **106**
Cartside Ter. *PA10: Kilba* *3C 98*
  (off Kilbarchan Rd.)
Cart St. G81: Clyd 1D **60**
Cartvale La. PA3: Pais 5A **82**
Cartvale Rd. G42: Glas 6D **106**
Cartview Ct. G76: Busby 3D **138**
Cart Wlk. PA1: Pais 1B **102**
Cartyne Rd. G32: Glas 4B **90**
Caskie Dr. G72: Blan 6C **128**
Cassels Gro. ML1: Moth 6E **131**
Cassels St. ML1: Moth 1G **147**
  ML8: Carl 4D **174**
Cassidy Dr. PA5: John 2F **99**
Cassiltoun Gdns. G45: Glas 5H **123**
Cassley Av. PA4: Renf 1H **83**

Castburn Rd. G67: Cumb 5F **17**
Castle Av. G71: Both, Udd 3C **128**
  ML1: Holy 1B **132**
  PA5: Eld 4H **99**
Castlebank Ct. G13: Glas 3E **63**
Castlebank Dr. G11: Glas 2G **85**
Castlebank Gdns. G13: Glas 3E **63**
Castlebank Pl. G11: Glas 2F **85**
Castlebank St. G11: Glas 2F **85**
    (not continuous)
Castlebank Vs. G13: Glas 3E **63**
Castlebay Dr. G22: Glas 6G **49**
Castlebay Pl. G22: Glas 1G **65**
Castlebay St. G22: Glas 1G **65**
Castlebrae G82: Dumb 2C **18**
Castlebrae Gdns. G44: Glas 1F **123**
CASTLECARY 3E **17**
Castlecary Rd. G68: C'cry, Cumb . . .5C **16**
Castlecary Way G68: Cumb 4D **16**
Castle Chimmins Av.
  G72: Camb 3D **126**
Castle Chimmins Gdns.
  G72: Camb 4D **126**
Castle Chimmins Rd.
  G72: Camb 4D **126**
Castle Circ. G66: Len 1C **8**
Castle Ct. G66: Kirkin 5D **32**
  G68: C'cry 3F **17**
  G81: Clyd 4A **44**
Castle Cres. PA7: B'ton 5H **41**
Castlecroft Gdns. G71: Udd 2D **128**
Castle Dr. ML1: Holy 1B **132**
Castlefern Cres. G73: Ruth 4C **124**
Castlefern Rd. G73: Ruth 4D **124**
Castlefield Ct. G33: Mille 5B **68**
Castlefield Gdns. G75: E Kil 6D **156**
Castle Gait G53: Glas 5A **104**
  PA1: Pais 2H **101**
Castle Gdns. G69: Mood 5D **54**
  PA2: Pais 2E **101**
Castle Ga. G71: Both 2C **128**
  G77: Newt M 6G **137**
Castleglen Rd. G74: E Kil 5B **140**
Castle Golf Driving Range 5F **99**
Castlegreen Cres. G82: Dumb 5H **19**
Castlegreen Gdns.
  G82: Dumb 5H **19**
Castlegreen La. G82: Dumb 5G **19**
Castlegreen St. G82: Dumb 5G **19**
Castle Gro. G65: Kils 1G **13**
  G81: Clyd 4A **44**
CASTLEHEAD 2H **101**
CASTLEHILL
  G82 .2B **18**
  ML8 . . . . .1C **174**
Castle Hill Cres. ML3: Fern 2E **163**
Castlehill Cres. FK4: Bank 1E **17**
  ML3: Ham 1B **162**
  ML6: Chap 4F **117**
  ML8: Law 1G **173**
  PA4: Renf 5F **61**
Castlehill Dr. G77: Newt M 5F **137**
Castlehill Grn. G74: E Kil 5B **140**
Castlehill Ind. Est. ML8: Carl 1C **174**
Castlehill Quad. G82: Dumb 2C **18**
Castlehill Rd. G61: Bear 1B **46**
  G82: Dumb 2C **18**
  ML2: Over, Wis 2F **165**
  ML8: Carl 1C **174**
Castlehill Vw. G65: Kils 1G **13**
Castleknowe Gdns. ML8: Carl 2C **174**
Castlelaw Gdns. G32: Glas 5B **90**
Castlelaw St. G32: Glas 5B **90**
Castle Mains Rd. G62: Miln 3D **26**
CASTLEMILK 4H **123**
Castlemilk Arc. G45: Glas 4A **124**
Castlemilk Cres. G44: Glas 2A **124**
Castlemilk Dr. G45: Glas 4A **124**

Castlemilk Rd. G44: Glas 1A **124**
    (Croftend Av.)
  G44: Glas 6A **108**
    (Curtis Av.)
Castlemilk Sports Cen. 4A **124**
Castlemilk Swimming Pool 4A **124**
Castlemilk Ter. G45. Glas 5A **124**
Castlemount Av. G77: Newt M 6F **137**
Castle Pl. G71: Udd 1C **128**
  G81: Clyd 4A **44**
    (off Castle St.)
Castle Quad. ML6: Air 4D **96**
Castle Rd. G77: Newt M 5C **136**
  G82: Dumb 5G **19**
  ML6: Air 4D **96**
  PA5: Eld 2A **100**
  PA11: Bri W 2F **77**
Castle Sq. G81: Clyd 4A **44**
Castle St. G4: Glas 2H **7** (3A **88**)
  G11: Glas 1A **4** (2A **86**)
  G69: Bail 2G **111**
  G73: Ruth 5C **108**
  G81: Clyd 4A **44**
  G82: Dumb 4F **19**
  ML3: Ham 5B **146**
  ML6: Chap 3D **116**
  PA1: Pais 1H **101**
Castle Ter. G82: Dumb 4F **19**
  PA11: Bri W 4G **77**
Castleton Av. G64: B'rig 2A **66**
  G77: Newt M 6F **137**
Castleton Ct. G45: Glas 5B **124**
  G77: Newt M 6F **137**
Castleton Cres. G77: Newt M 6F **137**
Castleton Dr. G77: Newt M 6F **137**
Castleton Gro. G77: Newt M 6F **137**
Castle Vw. G72: Blan 5A **128**
  G81: Clyd 4D **44**
  ML2: Newm 3E **151**
Castleview G66: Cam G 1B **8**
  G68: C'cry 3E **17**
  ML9: Lark 5C **170**
Castleview Av. PA2: Pais 6E **101**
Castleview Dr. PA2: Pais 6E **101**
Castleview Pl. PA2: Pais 6E **101**
Castleview Ter. FK4: Hag 1G **17**
Castle Way G67: Cumb 1C **38**
  G69: Barg 6D **92**
Castle Wynd G71: Both 5F **129**
Catacol Gro. G75: E Kil 1C **168**
Cathay St. G22: Glas 1G **65**
Cathburn Rd. ML2: Newm 5F **151**
CATHCART 1E **123**
Cathcart Castle Golf Course 2A **138**
Cathcart Ct. G73: Ruth 5B **108**
Cathcart Cres. PA2: Pais 2C **102**
Cathcart Pl. G73: Ruth 6B **108**
Cathcart Rd. G42: Glas 3F **107**
  G73: Ruth 6A **108**
Cathcart Station (Rail) 1E **123**
Cathedral Sq. G4: Glas 5H **7** (4A **88**)
    (not continuous)
Cathedral St. G1: Glas 4D **6** (3G **87**)
  G4: Glas 4G **7** (3H **87**)
Catherine St. G66: Kirkin 5C **32**
  ML1: Moth 5G **147**
Catherines Wlk. G72: Blan 3B **144**
Catherine Way ML1: New S 4H **131**
CATHKIN 5F **125**
Cathkin Av. G72: Camb 1G **125**
  G73: Ruth 6E **109**
Cathkin Braes Country Pk. 5E **125**
Cathkin Braes Golf Course 6D **124**
Cathkin By-Pass G73: Ruth 4F **125**
Cathkin Ct. G45: Glas 5B **124**
Cathkin Cres. G68: Cumb 6G **15**
Cathkin Dr. G76: Clar 1A **138**
Cathkin Gdns. G71: Tann 4C **112**

Cathkin Ga. G73: Ruth 5F **125**
Cathkin Ho. G73: Ruth 5F **125**
Cathkin Pl. G72: Camb 1G **125**
Cathkin Recreation Cen. 5F **107**
Cathkin Rd. G42: Glas 6D **106**
  G71: Tann 4C **112**
  G73: Ruth 6C **124**
  G76: Crmck 1A **140**
Cathkin St. G32: Carm 5B **110**
Cathkinview Pl. G42: Glas 6F **107**
Cathkinview Rd. G42: Glas 6E **107**
Catrine G74: E Kil 1F **157**
Catrine Av. G81: Clyd 4F **45**
    (off Kirkoswald Dr.)
Catrine Ct. G53: Glas 5A **104**
Catrine Cres. ML1: Moth 6A **148**
Catrine Gdns. G53: Glas 5A **104**
Catrine Pl. G53: Glas 5A **104**
Catrine Rd. G53: Glas 5A **104**
Catrine St. ML9: Lark 3E **171**
Catriona Pl. G82: Dumb 3C **20**
Catriona Way ML1: Holy 2B **132**
Catter Gdns. G62: Miln 2E **27**
Cauldstream Pl. G62: Miln 4E **27**
Caurnie Vw. G66: Kirkin 6A **34**
Causewayside Cres.
  G32: Glas 2A **110**
Causewayside St. G32: Glas 3A **110**
Causeyside St. PA1: Pais 1A **102**
    (Forbes Pl.)
  PA1: Pais 2A **102**
    (Thompson Brae)
Causeystanes Path G72: Blan 2B **144**
    (off Winton Cres.)
Cavendish Ct. G5: Glas 1F **107**
Cavendish Dr. G77: Newt M 3F **137**
Cavendish Pl. G5: Glas 1F **107**
Cavendish St. G5: Glas 1F **107**
Cavin Dr. G45: Glas 3A **124**
Cavin Rd. G45: Glas 3A **124**
Cawder Ct. G68: Cumb 6F **15**
Cawder Golf Course 1A **50**
Cawder Pl. G68: Cumb 6G **15**
Cawder Rd. G68: Cumb 6G **15**
Cawder Vw. G68: Cumb 6G **15**
Cawder Way G68: Cumb 6G **15**
Cawdor Cres. ML6: Chap 2E **117**
  PA7: B'ton 5H **41**
Cawdor Way G74: E Kil 6F **141**
Cayton Gdns. G69: Bail 1F **111**
Cecil St. G12: Glas 6B **64**
  G76: Clar 2C **138**
  ML5: Coat 6C **94**
Cedar Av. G71: View 5F **113**
  G81: Clyd 3H **43**
  PA5: John 5F **99**
Cedar Ct. G20: Glas 1E **87**
  G72: Flem 3E **127**
  G75: E Kil 6E **157**
  PA10: Kilba 2A **98**
Cedar Cres. G78: Barr 6E **119**
  ML3: Ham 2A **162**
Cedar Dr. G66: Lenz 2C **52**
  G71: View 5G **113**
  G75: E Kil 6E **157**
Cedar Gdns. G73: Ruth 3E **125**
  ML1: N'hill 3C **132**
  ML8: Law 5D **166**
Cedar La. ML1: Holy 3B **132**
  ML6: Air 4C **96**
Cedar Pl. G72: Blan 6A **128**
  G75: E Kil 6E **157**
  G78: Barr 6F **119**
Cedar Rd. FK4: Bank 1E **17**
  G64: B'rig 1D **66**
  G66: Milt C 6C **10**
  G67: Cumb 2D **38**
Cedars Gro. G69: Barg 5E **93**

Cedar St. G20: Glas 1E 87
Cedar Wlk. G64: B'rig 1D 66
   ML1: Carf 5D 132
Cedarwood ML2: Wis 2D 164
Cedarwood Av. G77: Newt M 5F 137
Cedric Pl. G13: Glas 2D 62
Cedric Rd. G13: Glas 2D 62
Celtic FC 6E 89
Celtic FC Training Cen. 2B 8
Celtic FC Visitor Cen. 1D 108
Celtic Pk. 6E 89
Celtic St. G20: Glas 2A 64
Cemetery Rd. G52: Glas 1D 104
   G72: Blan 3A 144
Centenary Av. ML6: Air 4F 95
Centenary Ct. G78: Barr 5D 118
          (off Cochrane St.)
   G81: Clyd 6D 44
Centenary Cres. ML4: Bell 1D 130
Centenary Gdns.
   ML3: Ham 1A 162
   ML5: Coat 6B 94
Centenary Quad. ML1: Holy 2A 132
Central Av. G11: Glas 1F 85
   G32: Glas 2D 110
   G71: View 1G 129
   G72: Blan 4C 144
   G72: Camb 1H 125
   G81: Clyd 5C 44
   ML1: Holy 2H 131
Central Cres. ML9: Ashg 5H 171
Central Gro. G32: Glas 1D 110
   G72: Camb 1H 125
Central Path G32: Glas 2E 111
Central Rd. PA1: Pais 6A 82
Central Station (Rail) 6C 6 (4F 87)
   PA1: Pais 6A 82
Central Way G67: Cumb 5G 37
   PA1: Pais 6A 82
Centre, The G78: Barr 5D 118
Centre for Contemporary Arts 3A 6
Centre Pk. Ct. ML5: Coat 5C 94
Centre Roundabout, The
   G74: E Kil 2H 157
Centre St. G5: Glas 6E 87
   ML5: Glenb 3G 71
   ML6: Chap 3D 116
Centre Way G78: Barr 4D 118
Centre West G74: E Kil 2G 157
Centrum Bus. Pk. ML5: Coat 3D 114
Centurion Pl. ML1: Moth 6D 130
Ceres Gdns. G64: B'rig 6F 51
Ceres Pl. ML1: Moth 1F 147
Cessnock Pl. G72: Camb 2D 126
Cessnock Rd. G33: Mille 4B 68
Cessnock Station (Underground) ..5A 86
Cessnock St. G51: Glas 5A 86
Challum Dr. ML1: Moth 6C 148
Chalmers Ct. G40: Glas 5A 88
         (off Chalmers St.)
   G71: Udd 1D 128
Chalmers Cres. G75: E Kil 4H 157
Chalmers Dr. G75: E Kil 4H 157
Chalmers Gate G40: Glas 5A 88
        (off Claythorn St.)
Chalmers Pl. G40: Glas 5A 88
         (off Chalmers St.)
Chalmers St. G40: Glas 5A 88
   G81: Clyd 6D 44
Chamberlain La. G13: Glas 4E 63
Chamberlain Rd. G13: Glas 3E 63
Chancellors Hall G4: Glas 5G 7
Chancellor St. G11: Glas 1H 85
CHANTINGHALL 6F 145
Chantinghall Rd. ML3: Ham 6F 145
Chantinghall Ter. ML3: Ham 6F 145
CHAPEL 1G 167
Chapel Ct. G73: Ruth 5B 108
Chapel Cres. ML3: Ham 5H 161

Chapelcross Av. ML6: Air 2A 96
CHAPELHALL 3E 117
Chapelhall Ind. Est. ML6: Chap ..1D 116
CHAPEL HILL 6D 22
Chapelhill Rd. PA2: Pais 3C 102
Chapelknowe Rd.
   ML1: Carf, Cle 6C 132
Chapel La. ML6: Air 3A 96
Chapel Pl. G78: Neil 2D 134
Chapel Rd. G81: Dun 1C 44
   ML2: Wis 2F 167
   PA6: Hous 1B 78
Chapelside Av. ML6: Air 3A 96
Chapelside Rd. G74: Ners 3A 142
Chapel St. G20: Glas 4C 64
   G66: Len 3F 9
   G73: Ruth 5B 108
   ML1: Cle 6H 133
   ML3: Ham 6A 146
        (off Leechlee Rd.)
   ML6: Air 3A 96
   ML8: Carl 3D 174
Chapel St. Ind. Est. G20: Glas ...3C 64
Chapelton Av. G61: Bear 3F 47
   G82: Dumb 2G 19
Chapelton Gdns. G61: Bear 3F 47
   G82: Dumb 2G 19
Chapelton Rd. G67: Cumb 1E 57
Chapelton St. G22: Glas 3F 65
Chaplet Av. G13: Glas 1C 62
Chapman Av. ML5: Glenb 3G 71
Chapmans Ct. ML2: Wis 5G 149
Chapman St. G42: Glas 3E 107
Chappell St. G78: Barr 4D 118
Charing Cross ML9: Lark 2C 170
CHARING CROSS INTERCHANGE ...2H 5
Charing Cross La. G3: Glas 3G 5
Charing Cross Station (Rail)
                .3H 5 (3E 87)
Charles Av. PA4: Renf 5F 61
Charles Cres. G66: Lenz 4D 52
   ML8: Carl 4F 175
Charleson Row G65: Croy 2B 36
Charles Path ML6: Chap 4D 116
Charles Quad. ML1: Holy 2A 132
Charles St. G21: Glas 1H 7 (2A 88)
   G65: Kils 2H 13
   ML2: Wis 5C 148
CHARLESTON 3A 102
Charleston Ga. PA2: Pais 2A 102
        (off Neilston Rd.)
Charlotte Av. G64: Torr 5D 30
Charlotte Path ML9: Lark 3C 170
Charlotte Pl. PA2: Pais 3A 102
Charlotte St. G1: Glas 5H 87
   G82: Dumb 3D 18
Charn Ter. ML1: Moth 6C 148
Charnwood Av. PA5: John 5D 98
Chartwell Rd. PA7: B'ton 4H 41
Chassels St. ML5: Coat 3C 94
Chateau Gro. ML3: Ham 1C 162
Chatelherault 3D 162
Chatelherault Av. G72: Camb 2C 125
Chatelherault Country Pk. 2C 162
Chatelherault Cres. ML3: Ham ...2A 162
Chatelherault Station (Rail) 2E 163
Chatelherault Vis. Cen. 3D 162
Chatelherault Wlk. ML3: Ham 2A 162
Chatham G75: E Kil 4E 157
Chatton St. G23: Glas 6B 48
Chatton Wlk. ML5: Coat 3F 115
Cheapside St. G3: Glas 6G 5 (4D 86)
   G76: Eag 6C 154
Chelmsford Dr. G12: Glas 4H 63
Cherry Av. G67: Cumb 6E 17
Cherry Bank G66: Lenz 2B 52
Cherrybank Gdns. G77: Newt M ..6B 136
Cherrybank Rd. G43: Glas 1D 122

Cherrybank Wlk. ML6: Air 3F 95
Cherry Cres. G81: Clyd 3C 44
Cherry Gro. G69: Barg 5F 93
Cherryhill Vw. ML9: Lark 2B 170
Cherry La. FK4: Bank 1E 17
Cherry Pl. G64: B'rig 1D 66
   G66: Milt C 1B 32
   G71: View 6H 113
   ML1: Holy 2B 132
   PA5: John 4G 99
Cherryridge Dr. G69: Barg 5E 93
Cherry Tree Ct. G72: Camb 2A 126
Cherrytree Cres. ML9: Lark 6A 164
Cherrytree Dr. G72: Flem 3E 127
Cherrytree Wynd G75: E Kil 5G 157
Cherry Wlk. ML1: Moth 6G 147
Cherrywood Rd. PA5: Eld 3A 100
Chesterfield Av. G12: Glas 4G 63
Chesterfield Gdns. G12: Glas 4G 63
Chesters Cres. ML1: Moth 1E 147
Chesters Pl. G73: Ruth 6B 108
Chesters Rd. G61: Bear 3C 46
Chester St. G32: Glas 6A 90
Chestnut Av. G67: Cumb 6E 17
   PA7: B'ton 2F 41
        (not continuous)
Chestnut Ct. G66: Milt C 6B 10
   G67: Cumb 6E 17
Chestnut Cres. G71: View 6H 113
   G75: E Kil 5E 157
   ML3: Ham 1A 162
Chestnut Dr. G66: Lenz 1B 52
   G81: Clyd 2B 44
Chestnut Gro. G69: G'csh 3G 71
   G72: Blan 1A 144
   ML1: Moth 4F 147
   ML8: Carl 4C 174
   ML9: Lark 6A 164
Chestnut La. G62: Miln 4E 27
Chestnut Pl. G67: Cumb 6E 17
   PA5: John 5G 99
Chestnut St. G22: Glas 4H 65
Chestnut Wlk. G66: Len 4G 9
Chestnut Way G72: Flem 3E 127
Cheviot Av. G78: Barr 5E 119
Cheviot Cl. G13: Glas 3B 62
Cheviot Ct. ML5: Coat 2E 115
   ML6: Air 1B 96
Cheviot Cres. G75: E Kil 1B 168
   ML2: Wis 5F 149
Cheviot Dr. G77: Newt M 6C 136
Cheviot Gdns. G61: Bear 6D 26
Cheviot Rd. G43: Glas 2A 122
   ML3: Ham 1B 162
   ML9: Lark 3E 171
   PA2: Pais 4A 102
Cheviot St. G72: Blan 2A 144
Chirmorie Cres. G53: Glas 4A 104
Chirmorie Pl. G53: Glas 4A 104
Chirnside Ct. G72: Blan 4C 144
Chirnside Pl. G52: Glas 5A 84
Chirnside Rd. G52: Glas 5A 84
Chirnsyde Sports Cen. 2H 65
Chisholm Av. PA7: B'ton 4A 42
Chisholm Dr. G77: Newt M 3E 137
Chisholm Pl. ML1: Moth 1B 164
Chisholm St. G1: Glas 5H 87
   ML5: Coat 3D 94
Chrighton Grn. G71: Tann 5E 113
Chriss Av. ML3: Ham 4H 161
Christchurch Pl. G75: E Kil 4D 156
Christian St. G43: Glas 5A 106
Christie La. PA3: Pais 6A 82
Christie Pl. G72: Camb 2A 126
Christie St. ML4: Bell 2F 131
   PA1: Pais 6B 82
Christopher St. G21: Glas 2C 88
CHRYSTON 1B 70

Chryston Rd. G66: Kirkin 1H **53**
  G69: Chry 6B **54**
Chryston Valley Bus. Cen.
  G69: Chry 1A **70**
Chuckie La. PA5: Brkfld 5C **78**
Church Av. G33: Stcp 3D **68**
  G73: Ruth 2E **125**
  ML2: Newm 5D **150**
Church Ct. G82: Dumb 4F **19**
  ML3: Ham 5A **146**
Church Cres. ML6: Air 2E **97**
Church Dr. G66: Lenz 1C **52**
Church Hill PA1: Pais 6A **82**
Churchill Av. G74: E Kil 2H **157**
  PA5: John 6C **98**
Churchill Cres. G71: Both 4F **129**
Churchill Dr. G11: Glas 5F **63**
  PA7: B'ton 4H **41**
Churchill Pl. PA10: Kilba 2A **98**
Churchill Way G64: B'rig 6C **50**
Church La. G65: Kils 3H **13**
             (not continuous)
  ML2: Newm 5D **150**
  ML5: Coat 4C **94**
  ML8: Carl 4D **174**
Church Manse La.
  PA11: Bri W 3F **77**
Church Pl. G60: Old K 1E **43**
  G73: Ruth 5D **108**
Church Rd. G46: Giff 5A **122**
  G69: Muirh 2A **70**
  G76: Busby 3D **138**
  G78: Barr 4E **119**
  ML2: Newm 2H **151**
  PA11: Bri W 4G **77**
  PA11: Quarr V 1A **76**
Church St. G11: Glas 1A **4** (1A **86**)
  G65: Kils 3H **13**
  G69: Bail 1A **112**
  G71: Udd 2D **128**
  G72: Blan 2C **144**
  G81: Clyd 4D **44**
  G82: Dumb 4F **19**
             (not continuous)
  ML1: N'hill 3F **133**
  ML3: Ham 5A **146**
  ML5: Coat 4C **94**
  ML9: Lark 2C **170**
  PA5: John 2F **99**
  PA10: Kilba 2A **98**
Church Vw. G72: Camb 6A **110**
  ML5: Coat 4C **94**
Church Vw. Ct. G66: Len 2F **9**
Church Vw. Gdns. ML4: Bell 2C **130**
Cineworld Cinema
  Glasgow, Renfrew St 3C **6**
  Glasgow, The Forge Shop. Cen.
  . . . . .6E **89**
Circus Dr. G31: Glas 4B **88**
Circus Pl. G31: Glas 4B **88**
Circus Pl. La. G31: Glas 3B **88**
Citadel Pl. ML1: Moth 1E **147**
Citizen La. G2: Glas 5D **6** (4G **87**)
Citizens' Theatre 6G **87**
Citrus Cres. G71: View 5G **113**
Cityford Cres. G73: Ruth 6B **108**
Cityford Dr. G73: Ruth 1B **124**
City Halls 6F **7** (4H **87**)
City Pk. G31: Glas 3B **88**
Civic Realm 6C **104**
Civic Sq. *ML1: Moth* 4H *147*
             (off Camp St.)
Civic St. G4: Glas 1B **6** (1F **87**)
Civic Way G66: Kirkin 6C **32**
Clachan, The ML2: Wis 6H **149**
Clachan Dr. G51: Glas 3E **85**
Clachan Way ML5: Coat 6A **94**
CLADDENS 3E **53**

Claddens Pl. G22: Glas 3F **65**
  G66: Lenz 3E **53**
Claddens Quad. G22: Glas 3G **65**
Claddens St. G22: Glas 3F **65**
Claddens Wynd G66: Lenz 3E **53**
Cladence Gro. G75: E Kil 6H **157**
Claire St. ML2: Newm 4D **150**
Clairinsh Gdns. PA4: Renf 2E **83**
Clairmont Gdns. G3: Glas . . .2F **5** (2D **86**)
Clair Rd. G64: B'rig 6F **51**
Clamp Rd. ML2: Wis 5C **148**
Clamps Gro. G74: E Kil 3A **158**
Clamps Ter. G74: E Kil 3B **158**
Clamps Wood G74: E Kil 3A **158**
Clanrye Dr. ML5: Coat 1C **114**
Clapperhow Rd. ML1: Carf 6A **132**
Claremont Av. G66: Kirkin 5B **32**
Claremont Dr. G62: Miln 4G **27**
Claremont Gdns. G62: Miln 4G **27**
Claremont Pl. G3: Glas 2F **5** (2D **86**)
Claremont St. G3: Glas 3E **5** (3C **86**)
             (not continuous)
Claremont Ter. G3: Glas . . .2F **5** (2D **86**)
Claremont Ter. La. G3: Glas 2F **5**
Claremount Av. G46: Giff 5A **122**
Claremount Vw. ML5: Coat 2E **115**
Clarence Dr. G11: Glas 6G **63**
  G12: Glas 6G **63**
  PA1: Pais 6C **82**
Clarence Gdns. G11: Glas 6G **63**
Clarence La. G12: Glas 6H **63**
Clarence St. G81: Clyd 4D **44**
  PA1: Pais 6C **82**
Clarendon Pl. G20: Glas 1H **5** (1E **87**)
  G33: Step 4D **68**
Clarendon Rd. ML2: Wis 2E **165**
Clarendon St. G20: Glas 1E **87**
Clare St. G21: Glas 2C **88**
Clarinda Ct. G66: Kirkin 3G **33**
Clarinda Pl. ML1: N'hill 4C **132**
Clarion Cres. G13: Glas 1A **62**
Clarion Rd. G13: Glas 2A **62**
Clarkin Av. G75: E Kil 1A **168**
Clark Pl. G64: Torr 5E **31**
  G77: Newt M 5B **136**
CLARKSTON
  G76 .1C **138**
  ML6 .3D **96**
Clarkston Av. G44: Glas 3D **122**
Clarkston Dr. ML6: Air 4D **96**
Clarkston Rd.
  G44: Neth, Glas 3D **122**
  G76: Clar 1C **138**
Clarkston Station (Rail) 2C **138**
Clark St. G81: Clyd 3B **44**
  ML2: Newm 4D **150**
  ML6: Air 4B **96**
  PA3: Pais 5G **81**
  PA4: Renf 6D **60**
  PA5: John 2F **99**
Clark Way ML4: Bell 6B **114**
Clarkwell Rd. ML3: Ham 1C **160**
Clarkwell Ter. ML3: Ham 6D **144**
Clathic Av. G61: Bear 3G **47**
Claude Av. G72: Camb 3E **127**
Claude St. ML9: Lark 2C **170**
Claud Rd. PA3: Pais 5C **82**
Clavens Rd. G52: Glas 5G **83**
Claverhouse Pl. PA2: Pais 2C **102**
Claverhouse Rd. G52: Hill E 4H **83**
Clavering St. E. PA1: Pais 6G **81**
Clavering St. W. PA1: Pais 6G **81**
Clay Ct. ML1: Moth 5G **147**
Clay Cres. ML4: Bell 6D **114**
Clayhouse Rd. G33: Step 5E **69**
Claymore Dr. PA6: C'lee 3D **78**
Claypotts Pl. G33: Glas 2A **90**
Claypotts Rd. G33: Glas 2A **90**

Clay Rd. ML4: Bell 6D **114**
Clayslaps Rd. G3: Glas 2C **4** (2B **86**)
Clayson Ho. PA8: Ersk 4E **43**
Claythorn Av. G40: Glas 5A **88**
Claythorn Cir. G40: Glas 5A **88**
Claythorn Ct. *G40: Glas* 5A *88*
           (off Claythorn Ter.)
Claythorn Pk. G40: Glas 6A **88**
Claythorn St. G40: Glas 5A **88**
Claythorn Ter. G40: Glas 5A **88**
Clayton Path ML4: Bell 6D **114**
Clayton Ter. G31: Glas 4B **88**
Clearfield Av. ML3: Ham 5F **145**
CLEDDANS 4E **33**
Cleddans Cres. G81: Hard 1E **45**
Cleddans Rd. G66: Kirkin 4E **33**
  G81: Hard 2E **45**
Cleddans Vw. *G81: Clyd* 4E *45*
          (off Kirkoswald Dr.)
  ML6: Glenm 5G **73**
Cleddens Ct. G64: B'rig 6C **50**
  ML6: Air 3F *95*
        (off Monkscourt Av.)
CLEEKHIMIN 6B **132**
Cleeves Quad. G53: Glas 2A **120**
Cleeves Rd. G53: Glas 2A **120**
Cleghorn St. G22: Glas 6F **65**
Cleish Av. G61: Bear 6C **26**
CLELAND 6H **133**
Cleland La. G5: Glas 6G **87**
Cleland Pl. G74: E Kil 1A **158**
Cleland Rd. ML1: Carf 6C **132**
  ML1: Cle 4F **133**
  ML2: Wis 6G **149**
Cleland St. G5: Glas 6G **87**
Clelland Av. G64: B'rig 1C **66**
Clem Attlee Gdns.
  ML9: Lark 3D **170**
Clement Dr. ML6: Air 2D **96**
Clerwood St. G32: Glas 5F **89**
Cleuch Gdns. G76: Clar 1B **138**
Cleughearn Rd. G75: E Kil 4C **168**
Clevans Rd. PA11: Bri W 4D **76**
Cleveden Cres. G12: Glas 4H **63**
Cleveden Cres. La. G12: Glas 4H **63**
Cleveden Dr. G12: Glas 4H **63**
  G73: Ruth 1E **125**
Cleveden Dr. La. G12: Glas 5A **64**
Cleveden Gdns. G12: Glas 4A **64**
Cleveden La. *G12: Glas* 3H *63*
        (off Northampton Dr.)
Cleveden Pl. G12: Glas 3H **63**
Cleveden Rd. G12: Glas 2H **63**
Cleveland La. G3: Glas 3G **5**
Cleveland St. G3: Glas 3G **5** (3D **86**)
Clifford Gdns. G51: Glas 6H **85**
Clifford La. G51: Glas 6A **86**
Clifford Pl. *G51: Glas* 6B *86*
           (off Clifford St.)
Clifford St. G51: Glas 6H **85**
Cliff Rd. G3: Glas 1F **5** (1D **86**)
Cliffvale Rd. G69: Chry 1A **70**
Cliftonhill Stadium 5E **95**
Clifton Pl. G3: Glas 3E **5** (2C **86**)
  ML5: Coat 5B **94**
Clifton Rd. G46: Giff 4H **121**
Clifton St. G3: Glas 2E **5** (2C **86**)
Clifton Ter. G72: Camb 4G **125**
  PA5: John 3G *99*
      (off Auchenlodment Rd.)
CLIFTONVILLE 4E **95**
Cliftonville Ct. *ML5: Coat* 5E *95*
           (off Clifton Pl.)
Climbing Academy, The 6C **86**
CLINCARTHILL 6C **108**
Clincarthill Rd. G73: Ruth 6C **108**
Clincart Rd. G42: Glas 5F **107**
CLIPPENS 5G **79**

Clippens Rd. PA3: Lin 5F **79**
   (not continuous)
  PA6: Hous 3E **79**
Cloan Av. G15: Glas 5B **46**
Cloan Cres. G64: B'rig 3D **50**
Clober Farm La. G62: Miln 2E **27**
Cloberfield G62: Miln 1F **27**
Cloberfield Gdns. G62: Miln 2F **27**
Clober Golf Course 2F **27**
Cloberhill Rd. G13: Glas 6C **46**
Clober Rd. G62: Miln 2F **27**
Clochbar Av. G62: Miln 2F **27**
Clochbar Gdns. G62: Miln 3F **27**
Clochoderick Av. PA10: Kilba 3B **98**
Cloch St. G33: Glas 3A **90**
Clockenhill Pl. ML1: N'hill 3E **133**
Clock Sq. G67: Cumb 4H **37**
   (in The Cumbernauld Shop. Cen.)
Clock Twr. G66: Lenz 1F **53**
Cloister Av. ML6: Air 1C **116**
Closeburn St. G22: Glas 4G **65**
Closfoot Cl. G69: Mood 5E **55**
Cloth St. G78: Barr 5E **119**
Cloudberry Pl. G66: Lenz 1G **53**
Clouden Rd. G67: Cumb 2C **38**
Cloudhowe Ter. G72: Blan 6A **128**
Clouston Ct. G20: Glas 5C **64**
Clouston La. G20: Glas 5C **64**
Clouston St. G20: Glas 5B **64**
Clova Pl. G71: Udd 1D **128**
Clova St. G46: T'bnk 3F **121**
Clove Mill Wynd ML9: Lark 3A **170**
Cloverbank Gdns.
  G21: Glas 2C **88**
Cloverbank St. G21: Glas 2C **88**
Clovergate G64: B'rig 6A **50**
Cloverhill Pl. G69: Chry 1A **70**
Cloverhill Ter. G74: E Kil 2G **157**
Cloverhill Vw. G74: E Kil 2F **157**
Club 300 Bingo 5F **95**
Clunie Pl. ML2: Newm 3D **150**
  ML5: Coat 2D **114**
Clunie Rd. G52: Glas 1E **105**
Cluny Av. G61: Bear 5G **47**
Cluny Dr. G61: Bear 5G **47**
  G77: Newt M 4B **136**
  PA3: Pais 5C **82**
Cluny Gdns. G14: Glas 5E **63**
  G69: Bail 1G **111**
Cluny Vs. G14: Glas 5E **63**
Clutha Pl. G75: E Kil 4C **156**
Clutha St. G51: Glas 5B **86**
Clyde Auditorium (Armadillo)
  . . . . .5C **4** (4B **86**)
Clyde Av. G64: Torr 5D **30**
  G71: Both 6D **128**
  G78: Barr 6F **119**
CLYDEBANK 6D **44**
Clydebank & District Golf Course
  . . . . .1E **45**
Clydebank Bus. Pk. G81: Clyd 5C **44**
Clydebank Crematorium
  G81: Dun 1H **43**
Clydebank Ind. Est. G81: Clyd 5H **43**
Clydebank Municipal Golf Course
  . . . . .3A **44**
Clydebank Station (Rail) 6D **44**
Clydebrae Dr. G71: Both 1F **145**
Clydebrae St. G51: Glas 3H **85**
Clyde Bri. ML3: Ham 4D **146**
Clyde Ct. G81: Clyd 2A **44**
  G82: Dumb 3E **19**
  ML5: Coat 5E **95**
   (off Clifton Pl.)
  ML8: Carl 3C **174**
Clyde Cruising Club Dingy Section
  . . . . .5E **29**
Clyde Dr. ML4: Bell 3E **131**

Clyde FC 4B **36**
Clydeford Dr. G32: Glas 2G **109**
  G71: Udd 6B **112**
Clydeford Rd. G32: Glas 6A **110**
  G72: Camb 6B **110**
Clyde Ga. G81: Clyd 5B **44**
Clyde Gateway, The
  G5: Glas 3H **107**
   (not continuous)
Clydeholm Rd. G14: Glas 1D **84**
Clydeholm Ter. G81: Clyd 2F **61**
Clyde Ho. ML3: Ham 4A **146**
Clydeneuk Dr. G71: Udd 6B **112**
Clyde Pl. G5: Glas 5E **87**
  G67: Cumb 4H **37**
   (off The Cumbernauld Shop. Cen.)
  G72: Camb 3D **126**
  ML1: New S 3A **132**
  PA5: John 5C **98**
Clyde Retail Pk. G81: Clyd 6E **45**
Clyde Rd. PA3: Pais 4D **82**
CLYDESDALE 3G **131**
Clydesdale Av. ML2: Wis 2D **164**
  ML3: Ham 5H **161**
  PA3: Pais 2C **82**
Clydesdale Ct.
  ML1: New S 3H **131**
Clydesdale Pl. ML3: Ham 5H **161**
Clydesdale Rd.
  ML4: Bell, New S 3F **131**
Clydesdale St. ML1: New S 3G **131**
  ML3: Ham 5G **145**
  ML4: Bell 3G **131**
  ML9: Lark 1C **170**
Clyde Shop. Cen. G81: Clyd 5D **44**
Clydeshore Rd. G82: Dumb 5E **19**
Clydeside Expressway
  G3: Glas 5D **4** (3B **86**)
  G11: Glas 1F **85**
  G14: Glas 6D **62**
Clydeside Ind. Est.
  G14: Glas 1D **84**
Clydeside Rd. G73: Ruth 3B **108**
Clydesmill Dr. G32: Glas 6A **110**
Clydesmill Gro. G32: Glas 6A **110**
Clydesmill Pl. G32: Glas 5A **110**
Clydesmill Rd. G32: Glas 5H **109**
Clyde Sq. G67: Cumb 4H **37**
   (in The Cumbernauld Shop. Cen.)
Clyde St. G1: Glas 5F **87**
  G81: Clyd 1E **61**
  ML5: Coat 4E **95**
  ML8: Carl 3B **174**
  PA4: Renf 4F **61**
Clyde Ter. G71: Both 6E **129**
  ML1: Moth 1C **164**
Clyde Twr. G74: E Kil 4B **158**
  ML1: Moth 4G **147**
   (off Freesia Ct.)
Clyde Tunnel G11: Glas 2E **85**
  G51: Glas 2E **85**
Clydevale G71: Both 6F **129**
Clyde Valley Av.
  ML1: Moth 5G **147**
Clyde Vw. ML3: Ham 2F **161**
  ML9: Ashg 5G **171**
  PA2: Pais 3D **102**
Clydeview G71: Both 6G **129**
  G82: Dumb 5E **19**
Clyde Vw. Ct. G60: Bowl 5A **22**
Clydeview La. G11: Glas 1F **85**
Clydeview Shop. Cen.
  G72: Blan 2C **144**
Clydeview Ter. G32: Carm 5C **110**
Clyde Wlk. G67: Cumb 4H **37**
   (in The Cumbernauld Shop. Cen.)
  ML2: Newm 3E **151**

Clyde Walkway G3: Glas 6G **5** (5D **86**)
Clyde Way G67: Cumb 4H **37**
   (in The Cumbernauld Shop. Cen.)
  PA3: Pais 4D **82**
Clydeway Golf Driving Range 6A **112**
Clydeway Ind. Est. G3: Glas 4E **5**
Clyde Workshops G32: Glas 4H **109**
Clynder St. G51: Glas 5H **85**
Clyth Dr. G46: Giff 5B **122**
Coach Cl. G65: Kils 3C **14**
Coach Pl. G65: Kils 4A **14**
Coach Rd. G65: Kils 4B **14**
Coalburn Rd. G71: Both 2F **129**
Coalhall Av. ML1: Carf 6A **132**
Coalhill St. G31: Glas 6D **88**
Coatbank Bus. Cen. ML5: Coat . . .5D **94**
Coatbank St. ML5: Coat 6D **94**
Coatbank Way ML5: Coat 5D **94**
COATBRIDGE 4C **94**
Coatbridge Central Station (Rail)
  . . . . .4B **94**
Coatbridge College Leisure Cen.
  . . . . .4D **94**
Coatbridge Golf Course 2G **93**
Coatbridge Indoor Bowling Club . . .4F **95**
Coatbridge Ind. Est. ML5: Coat . . .2C **94**
Coatbridge Outdoor Sports Complex
  . . . . .6B **94**
Coatbridge Rd. G69: Bail 6B **92**
  G69: Barg 5D **92**
  G69: G'csh 5E **71**
  ML5: Coat 2D **94**
  ML5: Glenb 4B **72**
  ML6: Glenm 2D **94**
Coatbridge Sunnyside Station (Rail)
  . . . . .3C **94**
COATDYKE 5F **95**
Coatdyke Station (Rail) 4F **95**
Coathill St. ML5: Coat 1C **114**
Coats Cres. G69: Bail 6G **91**
Coats Dr. PA2: Pais 2F **101**
COATSHILL 6A **128**
Coatshill Av. G72: Blan 6A **128**
Coats Observatory, The 6H **81**
Coats St. ML5: Coat 5D **94**
Cobbett Rd. ML1: Moth 4D **146**
Cobblerigg Way G71: Udd 2C **128**
Cobbleton Rd. ML1: New S 5H **131**
Cobden Rd. G21: Glas 1B **88**
Cobington Pl. G33: Glas 2B **90**
Cobinshaw St. G32: Glas 5A **90**
Coburg St. G5: Glas 6F **87**
   (Kilbarchan St.)
  G5: Glas 5F **87**
   (Oxford St.)
Cochno Brae G81: Hard 6D **24**
Cochno Gdns. G81: Hard 6D **24**
Cochno Rd. G81: Faif, Hard 4B **24**
Cochno Rd. E. G81: Faif 6G **25**
Cochno St. G81: Clyd 1E **61**
Cochran Av. G78: Neil 2E **135**
COCHRANE CASTLE 5E **99**
Cochrane Castle Golf Course 5E **99**
Cochrane Ct. G62: Miln 5A **28**
Cochranemill Rd. PA5: John 4C **98**
Cochrane Sq. PA3: Lin 5H **79**
Cochrane St. G1: Glas 5E **7** (4G **87**)
  G78: Barr 5D **118**
  ML4: Bell 2B **130**
Cochran St. PA1: Pais 1B **102**
Cockburn Pl. ML5: Coat 1B **114**
Cockels Loan PA4: Renf 2D **82**
Cockenzie St. G32: Glas 6A **90**
Cockerhill Rd. G52: Glas 4D **104**
Cockhill Way ML4: Bell 1H **129**
Cockmuir St. G21: Glas 5C **66**
Coddington Cres. ML1: Holy 6H **115**
Cogan Pl. G78: Barr 5D **118**

Cogan Rd. G43: Glas 1A **122**
Cogan St. G43: Glas 6A **106**
G78: Barr 5D **118**
Colbert St. G40: Glas 1B **108**
Colbreggan Ct. G81: Hard 1E **45**
Colbreggan Gdns. G81: Hard 1E **45**
Colbreggan Pl. G81: Hard 1E **45**
Colchester Dr. G12: Glas 3G **63**
Coldingham Av. G14: Glas 3G **61**
Coldstream Cres. ML2: Wis 4A **150**
Coldstream Dr. G73: Ruth 6F **109**
PA2: Pais 4E **101**
Coldstream Gro. ML6: Chap 5E **117**
Coldstream Pl. G21: Glas 6G **65**
Coldstream Rd. G81: Clyd 6D **44**
Coldstream St. G72: Blan 2B **144**
Colebrooke Pl. G12: Glas 6C **64**
Colebrooke St. G12: Glas 6C **64**
Colebrooke Ter. G12: Glas 6C **64**
Colebrook St. G72: Camb 1A **126**
Coleridge G75: E Kil 4C **156**
Coleridge Av. G71: Both 4F **129**
Colfin St. G34: Glas 2A **92**
Colgrain Av. G20: Glas 3E **65**
Colgrain Ter. G20: Glas 3D **64**
Colgrave Cres. G32: Glas 2H **109**
Colinbar Circ. G78: Barr 6D **118**
Colinslee Av. PA2: Pais 4B **102**
Colinslee Cres. PA2: Pais 4B **102**
Colinslee Dr. PA2: Pais 4B **102**
Colinslie Rd. G53: Glas 5D **104**
Colinton Pl. G32: Glas 4B **90**
Colintraive Av. G33: Glas 6G **67**
Colintraive Cres. G33: Glas 6G **67**
Coll G74: E Kil 3C **158**
Collace Av. PA11: Bri W 4F **77**
Colla Gdns. G64: B'rig 5F **51**
Coll Av. PA4: Renf 2F **83**
Coll Dr. ML5: Coat 1H **113**
College Ga. G61: Bear 1C **46**
College La. G1: Glas 6G **7** (4H **87**)
COLLEGE MILTON 6D **140**
College St. G1: Glas 6F **7** (4H **87**)
G82: Dumb 3F **19**
College Way G75: E Kil 4B **158**
G82: Dumb 4F **19**
College Way Shop. Cen.
G82: Dumb 4E **19**
Collessie Dr. G33: Glas 1C **90**
Collier St. PA5: John 2F **99**
Colliertree Rd. ML6: Air 3D **96**
Colliery Pl. G65: Twe 2C **34**
Collie Wynd G72: Newt 6F **111**
Collina St. G20: Glas 3A **64**
Collins Gallery 5F **7** (4H **87**)
Collins St. G4: Glas 5H **7** (4A **88**)
G81: Faif 1E **45**
Collinton Gdns. G69: Chry 6A **54**
Coll Lea ML3: Ham 2D **160**
Coll Pl. G21: Glas 1D **88**
ML6: Air 6C **96**
Collree Gdns. G34: Glas 4A **92**
Coll St. G21: Glas 1D **88**
ML2: Newm 3D **150**
Collylinn Rd. G61: Bear 3E **47**
Colmonell Av. G13: Glas 2H **61**
Colonsay G74: E Kil 4B **158**
Colonsay Av. PA4: Renf 2E **83**
Colonsay Cres. ML5: Coat 1H **113**
Colonsay Dr. G77: Newt M 4B **136**
Colonsay Rd. G52: Glas 6E **85**
PA2: Pais 6H **101**
Colquhoun Av. G52: Hill E 4A **84**
Colquhoun Ct. G61: Glas 1A **106**
Colquhoun Dr. G61: Bear 2D **46**
Colquhoun Pk. *G52: Hill E* *4B **84***
(off Hepburn Rd.)
Colquhoun Rd. G82: Milt 4E **21**

Colquhoun St. G82: Dumb 3G **19**
Colson Pl. ML4: Bell 4E **131**
COLSTON 2A **66**
Colston Av. G64: B'rig 2B **66**
Colston Dr. G64: B'rig 2B **66**
Colston Gdns. G64: B'rig 2A **66**
MLG: Air 4C **96**
Colston Gro. G64: B'rig 2B **66**
Colston Path G64: B'rig 2A **66**
Colston Pl. G64: B'rig 2A **66**
ML6: Air 4C **96**
Colston Rd. G64: B'rig 2A **66**
ML6: Air 4C **96**
Colston Row ML6: Air 4C **96**
Colston Ter. ML6: Air 4C **96**
Colt Av. ML5: Coat 2A **94**
Coltmuir Cres. G64: B'rig 1A **66**
Coltmuir Dr. G64: B'rig 1A **66**
Coltmuir Gdns. G64: B'rig 1A **66**
Coltmuir St. G22: Glas 3F **65**
COLTNESS 3A **150**
Coltness La. G33: Glas 4C **90**
Coltness Rd. ML2: Wis 3A **150**
Coltness St. G33: Glas 3C **90**
Coltpark Av. G64: B'rig 1A **66**
Coltpark La. G64: B'rig 1B **66**
Colt Pl. ML5: Coat 3C **94**
Coltsfoot Dr. G53: Glas 4B **120**
Coltswood Ct. ML5: Coat 3C **94**
Coltswood Rd. ML5: Coat 2C **94**
Colt Ter. ML5: Coat 3C **94**
Columba G81: Clyd 5F **45**
Columba Cl. G71: View 6G **113**
Columba Cres. ML1: Moth 5F **131**
Columba Ho. G2: Glas 5H **5**
Columba Path G72: Blan 1A **144**
Columba St. G51: Glas 4H **85**
Columbia Pl. G75: E Kil 3D **156**
Columbia Way G75: E Kil 3D **156**
Columbine Way ML8: Carl 5D **174**
Colvend Av. G73: Ruth 4C **124**
Colvend Dr. G73: Ruth 4U **124**
Colvend La. G40: Glas 2B **108**
Colvend St. G40: Glas 2B **108**
Colville Cl. G72: Camb 1D **126**
Colville Dr. G73: Ruth 1F **125**
Colville Pk. ML1: Carf 6C **132**
Colvilles Pk. G75: E Kil 5B **158**
Colvilles Pl. G75: E Kil 5B **158**
Colville Rd. G75: E Kil 6A **158**
Colwood Av. G53: Glas 3A **120**
Colwood Gdns. G53: Glas 4A **120**
Colwood Path G53: Glas 3A **120**
Colwood Pl. G53: Glas 4A **120**
Colwood Sq. G53: Glas 4A **120**
Colwyn Ct. ML6: Air 2A **96**
COLZIUM 2D **14**
Colzium-Margaret Lennox Memorial Estate
. . . . .2B **14**
Colzium Vw. G65: Kils 3A **14**
Colzium Walled Garden 1B **14**
Combe Quad. ML4: Bell 4A **130**
Comedie Rd. G33: Glas 5E **69**
Comely Bank ML3: Ham 6D **144**
Comelybank La. G82: Dumb 3D **18**
Comelybank Rd. G82: Dumb 3D **18**
Comelypark Pl. *G31: Glas* *5C **88***
(off Comelypark St.)
Comelypark St. G31: Glas 5B **88**
Commerce St. G5: Glas 6F **87**
Commercial Ct. G5: Glas 6H **87**
Commercial Rd. G5: Glas 6G **87**
G78: Barr 4E **119**
Common Grn. ML3: Ham 5A **146**
Commonhead Av. ML6: Air 2H **95**
Commonhead La. ML6: Air 2H **95**

Commonhead Rd. G34: Glas 3B **92**
G69: Barg 3B **92**
Commonhead St. ML6: Air 2H **95**
Commonside St. ML6: Air 2H **95**
Commore Av. G78: Barr 6F **119**
Commore Dr. G13: Glas 2A **62**
Commore Pl. G78: Neil 3C **134**
Community Av. ML4: Bell 5C **130**
Community Pl. ML4: Bell 4D **130**
Community Rd. ML4: Bell 4B **130**
Compton Ct. G74: T'hall 3H **155**
Comrie Cres. ML3: Ham 6B **144**
Comrie Rd. G33: Step 4C **68**
Comrie St. G32: Glas 2B **110**
Conan Ct. G72: Camb 2D **126**
Cona St. G46: T'bnk 3E **121**
Condor Glen ML1: Holy 6G **115**
CONDORRAT 6C **36**
CONDORRAT INTERCHANGE 5D **36**
Condorrat Ring Rd. G67: Cumb 5D **36**
Condorrat Rd. G67: Cumb 4D **56**
ML6: Glenm 4D **56**
Coneypark Cres. FK4: Bank 1C **16**
Coneypark Pl. FK4: Bank 1C **16**
Congress Rd. G3: Glas 5C **4** (4B **86**)
Congress Way G3: Glas 6D **4** (4C **86**)
Conifer Pl. G66: Lenz 1B **52**
Conisborough Cl. G34: Glas 2G **91**
Conisborough Path G34: Glas 1F **91**
Conisborough Rd. G34: Glas 2F **91**
Coniston G75: E Kil 6B **156**
Coniston Cres. ML3: Ham 5G **161**
Coniston Dr. ML4: Bell 4D **130**
Conistone Cres. G69: Bail 1F **111**
Conival Wlk. ML1: Moth 6C **148**
Connal St. G40: Glas 2D **108**
Connell Cres. G62: Miln 4A **28**
Connell Gro. ML2: Wis 1E **165**
Connelly Pl. *ML1: Moth* *2F **147***
(off Nth. Orchard St.)
Conniston St. G32: Glas 4G **89**
Connollys Land *G81: Dun* *1C **44***
(off Dumbarton Rd.)
Connor Rd. G78: Barr 4D **118**
Connor St. ML6: Air 2E **97**
Conon Av. G61: Bear 4C **46**
Conservation Pl. ML2: Wis 2H **165**
Consett La. G33: Glas 3C **90**
Consett St. G33: Glas 3C **90**
Constantine Way ML1: Moth 6E **131**
Constarry Rd. G65: Croy 6A **14**
Consul Way ML1: Moth 6E **131**
Contin Pl. G20: Glas 4B **64**
Convair Way PA4: Renf 2F **83**
Conval Way PA3: Pais 3H **81**
Convent Rd. G78: Barr 5F **119**
Conway Ct. G66: Kirkin 5F **33**
Cook St. G5: Glas 6E **87**
Coo La. G76: Eag 6C **154**
Coolgardie Grn. G75: E Kil 4E **157**
Coolgardie Pl. G75: E Kil 4E **157**
Cooperage Ct. G14: Glas 3F **61**
Cooperage Pl. G3: Glas 3A **4** (3A **86**)
Co-operative Ter. PA5: John 2G **99**
Cooper Av. ML8: Carl 2C **174**
Cooper Cres. ML3: Fern 1D **162**
Cooper Gdns. ML3: Fern 1D **162**
Cooper's Well St.
G11: Glas 1A **4** (2A **86**)
Copenhagen Av. G75: E Kil 5G **157**
Copland Pl. G51: Glas 5H **85**
Copland Quad. G51: Glas 5H **85**
Copland Rd. G51: Glas 6H **85**
Coplaw Ct. G42: Glas 2E **107**
Coplaw St. G42: Glas 2E **107**
Copperfield La. G71: Tann 6E **113**
Copperwood Ct. ML3: Ham 4F **145**
Copperwood Cres. ML3: Ham 4F **145**

Copperwood Wynd ML3: Ham 4F 145
Copsewood Cres. ML5: Coat 2D 94
Coralmount Gdns. G66: Kirkin 6E 33
Corbett Ct. G32: Glas 2H 109
Corbett Gate G32: Glas 2A 110
Corbett Pl. G32: Glas 2A 110
Corbett St. G32: Glas 2H 109
Corbett Wynd G32: Glas 2A 110
Corbie Pl. G62: Miln 3D 26
Corbiston Way G67: Cumb 3B 38
Cordiner La. G44: Glas 6F 107
Cordiner St. G44: Glas 6F 107
CORKERHILL 3D 104
Corkerhill Gdns. G52: Glas 1E 105
Corkerhill Pl. G52: Glas 3D 104
Corkerhill Rd. G52: Glas 2D 104
Corkerhill Station (Rail) 3D 104
Corlaich Av. G42: Glas 6A 108
Corlaich Dr. G42: Glas 6A 108
Corless Ct. G71: Udd 1E 129
Cormack Av. G64: Torr 4E 31
Cornaig Rd. G53: Glas 5B 104
Cornalee Gdns. G53: Glas 5A 104
Cornalee Pl. G53: Glas 5A 104
     (not continuous)
Cornalee Rd. G53: Glas 5B 104
Cornelian Ter. ML4: Bell 3C 130
Cornelia St. ML1: Moth 6D 130
Cornfield Ct. G72: Camb 1E 127
Cornfoot Cres. G74: E Kil 1C 158
Cornhill Dr. ML5: Coat 3A 94
Cornhill St. G21: Glas 4C 66
Cornish Ct. ML5: Coat 3B 94
Cornmill Ct. G81: Dun 1C 44
Cornock Cres. G81: Clyd 4D 44
Cornock St. G81: Clyd 4D 44
Cornsilloch Brae ML9: Lark 2H 171
Corn St. G4: Glas 1B 6 (1F 87)
Cornwall Av. G73: Ruth 2F 125
Cornwall Ct. G74: E Kil 2H 157
Cornwall St. G41: Glas 6B 86
  G74: E Kil 2F 157
Cornwall St. Sth. G41: Glas 6B 86
Cornwall Way G74: E Kil 2H 157
Coronation Av. ML9: Lark 5C 170
Coronation Ct. ML1: New S 3H 131
Coronation Cres. ML9: Lark 5C 170
Coronation Pl. G69: G'csh 2C 70
  ML9: Lark 5D 170
Coronation Rd. ML1: New S 3H 131
  ML4: New S 3H 131
Coronation Rd. E. ML1: New S 4H 131
Coronation Rd. Ind. Est.
  ML1: New S *3H 131*
    (off Regency Way)
Coronation St. ML2: Wis 6B 150
Coronation Way G61: Bear 5F 47
Corpach Pl. G34: Glas 2B 92
Corporation Yd. G15: Glas 4H 45
Corra Linn ML3: Ham 6E 145
Corran Av. G77: Newt M 3C 136
Corran St. G33: Glas 3H 89
Correen Gdns. G61: Bear 6B 26
Corrie Brae G65: Kils 2G 13
Corrie Ct. ML3: Ham 1D 160
Corrie Dr. ML1: Moth 2D 146
  PA1: Pais 1G 103
Corrie Gdns. G75: E Kil 1B 168
Corrie Gro. G44: Neth 3D 122
Corrie Pl. G66: Lenz 3E 53
Corrie Rd. G65: Kils 2G 13
Corrie Vw. G68: Cumb 5B 36
Corrie Vw. Cotts. G65: Twe 1C 34
Corrie Way ML9: Lark 3D 170
Corrour Rd. G43: Glas 6B 106
  G77: Newt M 3C 136
Corsebar Av. PA2: Pais 3G 101

Corsebar Cres. PA2: Pais 4G 101
Corsebar Dr. PA2: Pais 3G 101
Corsebar La. PA2: Pais 4F 101
Corsebar Rd. PA2: Pais 4F 101
Corsebar Way PA2: Pais 2G 101
CORSEFORD .5C 98
Corseford Av. PA5: John 5C 98
Corsehill Path G34: Glas 3A 92
Corsehill Pl. G34: Glas 3A 92
Corsehill St. G34: Glas 3A 92
Corselet Rd. G53: Glas 5B 120
  G78: Barr 6A 120
Corse Rd. G52: Glas 5G 83
Corsewall Av. G32: Glas 2E 111
Corsewall St. ML5: Coat 4A 94
Corsford Dr. G53: Glas 1C 120
Corsock Av. ML3: Ham 1C 160
Corsock St. G31: Glas 3D 4 (3C 86)
Corson Ct. ML4: Bell 4C 130
Corston St. G33: Glas 3F 89
Cortachy Pl. G64: B'rig 6F 51
Cortmalaw Av. G33: Glas 2G 67
Cortmalaw Cl. G33: Glas 2G 67
Cortmalaw Cres. G33: Glas 2G 67
Cortmalaw Gdns. G33: Glas 2H 67
Cortmalaw Ga. G33: Glas 2G 67
Cortmalaw Gro. G33: Glas 2G 67
Cortmalaw Loan G33: Glas 2G 67
Cortmalaw Rd. G33: Glas 2G 67
Coruisk Dr. G76: Clar 1B 138
Coruisk Way PA2: Pais 5C 100
Corunna Ct. ML8: Carl 4F 175
Corunna St. G3: Glas 3D 4 (3C 86)
Coshneuk Rd. G33: Mille 4B 68
Cosy Neuk ML9: Lark 4E 171
Cottar St. G20: Glas 2C 64
Cotton Av. PA3: Lin 6H 79
Cottongrass Ct. G66: Lenz 1F 53
Cottonmill Ct. ML6: Air 2A 96
Cotton St. G40: Glas 3C 108
  PA1: Pais 1B 102
Cotton St. Enterprise Pk.
  G40: Glas 3B 108
Cotton Va. ML1: Cle 6E 133
Coulin Gdns. G22: Glas 5H 65
Coulter Av. ML2: Wis 2A 150
  ML5: Coat 3A 94
Countess Ga. G71: Both 4C 128
Countess Way *G69: Barg* *6E 93*
     (off King Pl.)
Counting House, The *PA1: Pais* *2F 101*
     (off Turners Av.)
County Av. G72: Camb 6F 109
County Pl. PA1: Pais 6A 82
County Sq. PA1: Pais 6A 82
Couper St. G4: Glas 2F 7 (2H 87)
Couper St. G4: Glas 2F 7 (2H 87)
Coursington Cres. ML1: Moth 2A 148
Coursington Gdns. ML1: Moth 2H 147
Coursington Pl. ML1: Moth 2H 147
Coursington Rd. ML1: Moth 2H 147
     (not continuous)
Coursington Twr. *ML1: Moth* *2H 147*
     (off Allan St.)
Court Hill G65: Kils 3A 14
Courthill G61: Bear 1D 46
Courthill Av. G44: Glas 2F 123
Courthill Cres. G65: Kils 3A 14
Coustonholm Rd. G43: Glas 6B 106
Couther Quad. ML6: Air 1A 96
Covanburn Av. ML3: Ham 2B 162
Covenant Cres. ML9: Lark 3D 170
Covenanters Ct. G65: Kils 2B 14
Covenanters Way ML2: Over 5A 166
Covenant Pl. ML2: Wis 1C 164
Coventry Dr. G31: Glas 3D 88
Cowal Cres. G66: Kirkin 4H 33
Cowal Dr. PA3: Lin 6G 79

Cowal St. G20: Glas 2A 64
Cowal Vw. G81: Clyd 4D 44
Cowan Cres. G78: Barr 4F 119
Cowan La. *G12: Glas* *1C 86*
    (off Glasgow St.)
Cowan Rd. G68: Cumb 3E 37
Cowan St. G12: Glas 1C 86
Cowan Wilson Av. G72: Blan 1B 144
Cowan Wynd G71: Tann 5E 113
  ML2: Over 5A 166
COWCADDENS 2C 6 (2F 87)
Cowcaddens Rd. G4: Glas . . .2B 6 (2F 87)
Cowcaddens Station (Underground)
        . . . . .2B 6 (2F 87)
Cowden Dr. G64: B'rig 4C 50
Cowdenhill Cir. G13: Glas 1D 62
Cowdenhill Pl. G13: Glas 1D 62
Cowdenhill Rd. G13: Glas 1D 62
Cowden St. G51: Glas 4D 84
Cowdray Cres. PA4: Renf 6F 61
Cowgate G66: Kirkin 4C 32
Cowglen Golf Course 6F 105
Cowglen Rd. G53: Glas 6C 104
Cowie Pl. ML2: Wis 4C 148
COWLAIRS 5A 66
Cowlairs Ind. Est.
  G21: Glas 5H 65
Cowlairs Rd. G21: Glas 5A 66
Coxdale Av. G66: Kirkin 5B 32
Coxhill St. G21: Glas 6H 65
Coxton Pl. G33: Glas 2D 90
Coylton Cres. ML3: Ham 2C 160
Coylton Rd. G43: Glas 2C 122
Crabb Quad. ML1: Moth 6E 131
Cragdale G74: E Kil 6E 141
Craggan Dr. G14: Glas 3H 61
Crags Av. PA2: Pais 4B 102
Crags Cres. PA2: Pais 3B 102
Crags Rd. PA2: Pais 4B 102
Cragwell Pk. G76: Crmck 2A 140
Craigallian Av. G62: Miln 1F 27
  G72: Camb 3D 126
Craiganour La. G43: Glas 1A 122
Craiganour Pl. *G43: Glas* *1A 122*
     (off Hillpark Dr.)
Craigard Pl. G73: Ruth 4F 125
Craigash Quad. G62: Miln 2E 27
Craigash Rd. G62: Miln 3E 27
Craigbank Cres. G76: Eag 5C 154
Craigbank Dr. G53: Glas 1A 120
Craigbank Gro. G76: Eag 5C 154
Craigbank Rd. ML9: Lark 5C 170
Craigbank St. ML9: Lark 4C 170
Craigbanzo St. G81: Faif 5F 25
Craigbarnet Av. G64: Torr 5C 30
Craigbarnet Cres. G33: Mille 5B 68
Craigbarnet Rd. G62: Miln 3D 26
Craigbet Av. PA11: Quarr V 1A 76
Craigbet Cres. PA11: Quarr V 1A 76
Craigbet Pl. PA11: Quarr V 1A 76
Craigbo Av. G23: Glas 6B 48
Craigbo Ct. G23: Glas 1B 64
Craighn Dr. G23: Glas 6B 48
Craigbog Av. PA5: John 4D 98
Craigbo Pl. PA5: John 5F 99
Craigbo Pl. G23: Glas 1B 64
Craigbo Rd. G23: Glas 1B 64
Craigbo St. G23: Glas 6B 48
Craigburn Av. PA6: C'lee 3D 78
Craigburn La. ML9: Ashg 4H 171
Craigburn Cres. PA6: C'lee 4D 78
Craigburn Pl. PA6: C'lee 4D 78
Craigburn St. ML3: Ham 3H 161
Craig Cres. *G66: Kirkin* *6H 33*
     (off Bk. o'Dykes Rd.)
Craigdhu Av. G62: Miln 4F 27
  ML6: Air 4E 97
Craigdhu Farm Cotts. G62: Miln . . .4E 27

Craigdhu Rd. G61: Bear 5D **26**
   G62: Miln 4E **27**
Craigdonald Pl. PA5: John 2F **99**
Craigellan Rd. G43: Glas 1B **122**
Craigelvan Av. G67: Cumb 1B **56**
Craigelvan Ct. G67: Cumb 1B **56**
Craigelvan Dr. G67: Cumb 1B **56**
Craigelvan Gdns. G67: Cumb 1B **56**
Craigelvan Gro. G67: Cumb 1B **56**
Craigelvan Pl. G67: Cumb 1B **56**
Craigelvan Vw. G67: Cumb 1B **56**
Craigenbay Cres. G66: Lenz 2E **53**
Craigenbay Rd. G66: Lenz 3D **52**
Craigenbay St. G21: Glas 5D **66**
Craigencart Ct. G81: Dun 1B **44**
CRAIGEND 6C **68**
Craigend Cir. G13: Glas 3E **63**
Craigend Cl. G13: Glas 2E **63**
Craigend Ct. G13: Glas 3E **63**
Craigend Cres. G62: Miln 3F **27**
Craigend Dr. ML5: Coat 1G **113**
Craigend Dr. W. G62: Miln 3E **27**
Craigend Gdns. G77: Newt M 2D **136**
Craigend Ho. G82: Dumb 3C **18**
CRAIGENDMUIR 5E **69**
Craigendmuir Caravan Site
   G33: Step 5E **69**
Craigendmuir Dr. G33: Glas 1F **89**
Craigendmuir Pl. G33: Glas 1F **89**
Craigendmuir Rd. G33: Step 5E **69**
Craigendmuir St. G33: Glas 1F **89**
Craigendon Oval PA2: Pais 6G **101**
Craigendon Rd. PA2: Pais 6G **101**
Craigend Pl. G13: Glas 3E **63**
Craigend Rd. G67: Cumb 2B **56**
CRAIGENDS 3D **78**
Craigends Av. PA11: Quarr V 1A **76**
Craigends Ct. G65: Kils 3A **14**
Craigends Dr. PA10: Kilba 2A **98**
Craigends Pl. PA11: Quarr V 1A **76**
Craigends Rd. PA6: C'lee, Hous . . .1E **79**
Craigend St. G13: Glas 3E **63**
Craigend Vw. G67: Cumb 2B **56**
Craigenfeoch Av. PA5: John 4D **98**
Craigens Rd. ML6: Air, Chap, Gart . .6F **97**
Craigfaulds Av. PA2: Pais 3F **101**
Craigfell Ct. ML3: Ham 1C **160**
Craigflower Av. G53: Glas 3A **120**
Craigflower Gdns. G53: Glas 3A **120**
Craigflower Rd. G53: Glas 4A **120**
Craig Gdns. G77: Newt M 5C **136**
Craighalbert Rd. G68: Cumb 2E **37**
Craighalbert Rdbt. G68: Cumb 1E **37**
Craighalbert Way G68: Cumb 1E **37**
Craighall Quad. G78: Neil 3D **134**
Craighall Rd. G4: Glas 1C **6** (1F **87**)
Craighaw St. G81: Faif 5F **25**
CRAIGHEAD 2E **145**
Craighead Av. G33: Glas 6F **67**
   G66: Milt C 5C **10**
Craighead Dr. G62: Miln 3D **26**
Craighead Pl. G33: Glas 6F **67**
Craighead Rd. G66: Milt C 5C **10**
   PA7: B'ton 5H **41**
Craighead St. G78: Barr 5D **118**
   ML6: Air 3E **97**
Craighead Way G78: Barr 5D **118**
Craig Hill G75: E Kil 4E **157**
Craighill Dr. G76: Clar 3B **138**
Craighill Gro. G76: Clar 3B **138**
Craighirst Dr. G81: Dun, Hard 6C **24**
Craighirst Rd. G62: Miln 3D **26**
Craighlaw Av. G76: Water 1B **154**
Craighlaw Dr. G76: Water 1B **154**
Craigholme PA6: Hous 1D **78**
Craighouse St. G33: Glas 2A **90**
Craighton Gdns. G66: Len 3H **9**
Craigiebar Dr. PA2: Pais 5G **101**

Craigieburn Gdns. G20: Glas 1H **63**
Craigieburn Rd. G67: Cumb 4H **37**
Craigie Dr. G77: Newt M 6E **137**
Craigiehall Av. PA8: Ersk 2E **59**
Craigiehall Cres. PA8: Ersk 2E **59**
Craigiehall Pl. G51: Glas 5B **86**
Craigiehall St. G51: Glas 5C **86**
Craigiehall Way PA8: Ersk 2E **59**
Craigie La. ML9: Lark 1D **170**
   (off Duncan Graham St.)
Craigielea Ct. PA4: Renf 5E **61**
Craigielea Cres. G62: Miln 3E **27**
Craigielea Dr. PA3: Pais 6G **81**
Craigielea Pk. PA4: Renf 6E **61**
Craigielea Rd. G81: Dun 6A **24**
   PA4: Renf 6E **61**
Craigielea St. G31: Glas 3C **88**
Craigielinn Av. PA2: Pais 6F **101**
Craigie Pk. G66: Lenz 2E **53**
Craigie Pl. ML5: Coat 6A **94**
Craigie St. G42: Glas 3E **107**
Craigievar Av. G33: Glas 1D **90**
Craigievar Ct. G33: Glas 1E **91**
Craigievar Cres. G33: Glas 1E **91**
Craigievar Pl. G77: Newt M 4B **136**
   ML6: Air 5E **97**
Craigievar St. G33: Glas 1E **91**
Craigknowe Rd. G72: Blan 5A **128**
Craiglea Pl. ML6: Air 3C **96**
Craiglea Ter. ML6: Plain 6F **75**
Craiglee G75: E Kil 6G **157**
Craigleith St. G32: Glas 5G **89**
CRAIGLINN 4C **36**
Craiglinn G68: Cumb 3C **36**
Craiglinn Gdns. G45: Glas 5G **123**
Craiglinn Pk. Rd. G68: Cumb 4C **36**
Craiglinn Rdbt. G68: Cumb 4C **36**
Craiglockhart Cres. G33: Glas 1D **90**
Craiglockhart Dr. G33: Glas 1D **90**
Craiglockhart Pl. G33: Glas 1D **90**
Craiglockhart St. G33: Glas 1D **90**
Craigmaddie Gdns. G64: Torr 5C **30**
Craigmaddie Rd.
   G62: Balder, Bard 3D **28**
Craigmaddie Ter. La. G3: Glas 2D **4**
CRAIGMARLOCH 1E **37**
Craigmarloch Av. G64: Torr 5D **30**
Craigmarloch Rdbt. G68: Cumb 2E **37**
Craigmillar Av. G62: Miln 3H **27**
Craigmillar Pl. G69: G'csh 5C **70**
Craigmillar Rd. G42: Glas 6E **107**
Craigmochan Av. ML6: Air 1H **95**
Craigmont Dr. G20: Glas 3C **64**
Craigmont St. G20: Glas 3C **64**
Craigmore Pl. ML5: Coat 2A **114**
Craigmore Rd. G61: Bear 6B **26**
Craigmore St. G31: Glas 5E **89**
Craigmore Wynd ML9: Lark 1D **170**
   (off Duncan Graham St.)
Craigmount Av. PA2: Pais 6G **101**
Craigmount St. G66: Kirkin 6D **32**
Craigmuir Ct. G52: Glas 5H **83**
Craigmuir Cres. G52: Glas 5H **83**
Craigmuir Gdns. G72: Blan 3H **143**
Craigmuir Pl. G52: Glas 5G **83**
Craigmuir Rd. G52: Glas 5G **83**
   G72: Blan 3H **143**
Craigneith Ct. G74: E Kil 5E **143**
Craignethan Dr. G69: G'csh 5E **71**
Craignethan Rd. G46: Giff 2G **137**
   ML8: Carl 2C **174**
CRAIGNEUK . . . .
   ML2 .5C **148**
   ML6 .4D **96**
Craigneuk Av. ML6: Air 5C **96**
Craigneuk Rd. ML1: Carf 6C **132**
Craigneuk St. ML1: Moth 4B **148**
   ML2: Wis 4B **148**

Craignish La. ML6: Air 5G **95**
Craignure Cres. ML6: Air 4E **97**
Craignure Rd. G73: Ruth 4D **124**
Craigpark G31: Glas 4C **88**
Craigpark Dr. G31: Glas 4C **88**
Craigpark St. G81: Faif 6F **25**
Craigpark Ter. G31: Glas 4C **88**
   (off Craigpark)
Craigpark Way G71: Tann 6E **113**
Craig Pl. G77: Newt M 4B **136**
   ML8: Law 6E **167**
Craig Rd. G44: Glas 2E **123**
   G78: Neil 3D **134**
   PA3: Lin 4F **79**
Craigs Av. G81: Faif, Hard 1E **45**
Craigs Bus. Cen. PA3: Pais 5H **81**
Craigsheen Av. G76: Crmck 2H **139**
Craigside Ct. G68: Cumb 6B **36**
Craigside Pl. G68: Cumb 6B **36**
Craigside Rd. G68: Cumb 6B **36**
Craigson Pl. ML6: Air 5F **97**
Craigstone Vw. G65: Kils 3B **14**
Craigston Pl. PA5: John 3F **99**
Craigston Rd. PA5: John 3E **99**
Craig St. G72: Blan 3C **144**
   ML5: Coat 1B **114**
   ML6: Air 4H **95**
CRAIGTON . . . .
   G52 .6D **84**
   G62 .1B **26**
Craigton Av. G62: Miln 3F **27**
   G78: Barr 6G **119**
Craigton Cotts. G62: Miln 1C **26**
Craigton Crematorium
   G52: Glas 6D **84**
Craigton Cres. G77: Newt M 4B **136**
Craigton Dr. G51: Glas 5F **85**
   G77: Newt M 4C **136**
   G78: Barr 6G **119**
Craigton Gdns. G62: Miln 2F **27**
Craigton Ind. Est. G52: Glas 6D **84**
CRAIGTON INTERCHANGE 6B **42**
Craigton Pl. G51: Glas 5E **85**
   G72: Blan 6B **128**
Craigton Rd. G51: Glas 5F **85**
   G62: Miln 2C **26**
   G77: Newt M 6H **135**
Craigton St. G81: Faif 5F **25**
Craigvale Cres. ML6: Air 4E **97**
Craigvicar Gdns. G32: Glas 1D **110**
Craigview Av. PA5: John 5D **98**
Craigview Rd. ML1: Moth 1H **147**
Craigview Ter. PA5: John 4D **98**
Craigwell Av. G73: Ruth 1F **125**
Crail Cl. G72: Blan 6B **144**
Crail Pl. G31: Glas 6F **89**
Crail St. G31: Glas 6F **89**
Craithie Ct. G11: Glas 1G **85**
Crammond Av. ML5: Coat 1G **113**
Cramond Av. PA4: Renf 1G **83**
Cramond Dr. G66: Lenz 1F **53**
Cramond Ter. G32: Glas 6B **90**
Cranberry Rd. G12: Glas 4G **63**
Cranborne Rd. G12: Glas 4G **63**
Cranbrooke Dr. G20: Glas 2B **64**
CRANHILL .3B **90**
Crannog Ct. G82: Milt 4E **21**
Crannog Rd. G82: Milt 4E **21**
Cranston Dr. ML6: Air 2D **96**
CRANSTON HILL 4F **5** (3D **86**)
Cranston St. G3: Glas 5F **5** (4D **86**)
Cranworth La. G12: Glas 6B **64**
   (off Gt. George St.)
Cranworth St. G12: Glas 6B **64**
Crarae Av. G61: Bear 5E **47**
Crarae Pl. G77: Newt M 4A **136**
Crathes Ct. G44: Glas 3C **122**
   ML2: Wis 6H **149**
Crathie Ct. ML8: Carl 2C **174**

Crathie Dr. G11: Glas 1G 85
  ML6: Glenm 5H 73
Crathie Pl. G77: Newt M 5H 137
Crathie Quad. ML2: Wis 4H 149
Crawford Av. G66: Lenz 4D 52
Crawford Ct. G46: Giff 6H 121
Crawford Cres. G71: Udd 6C 112
  G72: Blan 6B 128
Crawford Dr. G15: Glas 6H 45
  G74: E Kil 1B 158
  PA3: Pais 5F 81
CRAWFORDDYKE 4E 175
Crawford Hill G74: E Kil 1B 158
Crawford La. *G11: Glas* *1G 85*
  (off Rosevale St., not continuous)
Crawford Path *G11: Glas* *1G 85*
  (off Crawford St.)
Crawford Rd. G62: Miln 1F 27
  PA6: C'lee 2D 78
Crawford St. G11: Glas 1G 85
  ML1: Moth 3E 147
  ML3: Ham 4E 145
Crawfurd Gdns. G73: Ruth 3E 125
Crawfurd Rd. G73: Ruth 3D 124
Crawriggs Av. G66: Kirkin 1D 52
Craw Rd. PA2: Pais 2G 101
Creamery Rd. ML2: Wis 2B 166
Crebar Dr. G78: Barr 5E 119
Crebar St. G46: T'bnk 3E 121
Credon Dr. ML6: Air 6A 96
Credon Gdns. G73: Ruth 3E 125
Cree Av. G64: B'rig 6F 51
Cree Gdns. G32: Glas 6H 89
Cree Pl. G75: E Kil 2D 156
Creighton Gro. G74: E Kil 2G 157
Creran Ct. ML3: Ham 2E 161
Creran Dr. PA4: Renf 5D 60
Creran Path *ML2: Newm* *3D 150*
  (off Tiree Cres.)
Crescent, The G62: Miln 5G 27
  G76: Busby 4E 139
  G81: Clyd 4A 44
Crescent Ct. *G81: Clyd* *4A 44*
  (off The Crescent)
Crescent Gro. G13: Glas 3B 62
Crescent Rd. G13: Glas 4B 62
  G14: Glas 4B 62
Cressdale Av. G45: Glas 5H 123
Cressdale Ct. G45: Glas 5H 123
Cressdale Dr. G45: Glas 5H 123
Cressland Dr. G45: Glas 6H 123
Cressland Pl. G45: Glas 6H 123
Cresswell Gro. G77: Newt M 6D 136
Cresswell La. *G12: Glas* *6B 64*
  (off Cresswell St.)
Cresswell Pl. G77: Newt M 1E 153
Cresswell St. G12: Glas 6B 64
Cressy St. G51: Glas 3E 85
Crest Av. G13: Glas 1B 62
Crestlea Av. PA2: Pais 5A 102
Creswell Ter. G71: Udd 1C 128
Crichton Cl. G45: Glas 5B 124
Crichton Pl. G21: Glas 5A 66
Crichton St. G21: Glas 5A 66
  ML5: Coat 3C 94
Cricketfield La. PA6: Hous 1B 78
Crieff Av. ML6: Chap 4D 116
Criffell Gdns. G32: Glas 2D 110
Criffell Rd. G32: Glas 1D 110
Criffel Pl. *ML1: N'hill* *4C 132*
  (off Clarinda Pl.)
Crighton Wynd ML4: Bell 2H 129
Crimea St. G2: Glas 6H 5 (4E 87)
Crimond Pl. G65: Kils 2F 13
Crinan Cres. ML5: Coat 2H 93
Crinan Gdns. G64: B'rig 6E 51
Crinan Pl. ML4: Bell 3D 130
  ML5: Coat 2H 93

Crinan Rd. G64: B'rig 6E 51
Crinan St. G31: Glas 3D 88
CRINDLEDYKE 4G 151
Crindledyke Cres.
  ML2: Newm 3F 151
Cripps Av. G81: Clyd 6F 45
Croft ML9: Lark 3B 170
Croftbank Av. G71: Both 6F 129
Croftbank Cres. G71: Both 6F 129
  G71: Udd 1D 128
Croftbank Ga. G71: Both 6F 129
Croftbank St. G21: Glas 5B 66
Croftburn Dr. G44: Glas 3H 123
Croft Cl. G72: Newt 6F 111
Croftcot Av. ML4: Bell 4B 130
Croftcroighan Cl. G33: Glas 1E 91
Croftcroighan Dr. G33: Glas 1E 91
Croftcroighan Gdns. G33: Glas 1E 91
Croftcroighan Pl. G33: Glas 1E 91
Croftcroighan Rd. G33: Glas 2B 90
Croftend Av. G44: Glas 1A 124
Croftend La. G44: Glas 2B 124
CROFTFOOT 2A 124
Croftfoot Cres. G45: Glas 3C 124
Croftfoot Dr. G45: Glas 3B 124
Croftfoot Pl. G69: G'csh 3E 71
Croftfoot Quad. G45: Glas 3A 124
Croftfoot Rd. G44: Glas 3H 123
  G45: Glas 3H 123
Croftfoot Station (Rail) 1A 124
Croftfoot St. G45: Glas 3C 124
Croftfoot Ter. G45: Glas 3B 124
Croft Gdns. G72: Camb 2B 126
Crofthead Cotts. G78: Neil 2C 134
Crofthead Cres. ML4: Bell 4B 130
Crofthead Ind. Est.
  G78: Neil 2C 134
Crofthead La. *G66: Kirkin* *4C 32*
  (off W. High St.)
Crofthead Pl. G77: Newt M 6E 137
  ML4: Bell 4B 130
Crofthead St. G71: Udd 2D 128
Crofthill Av. G71: Udd 1D 128
Crofthill Rd. G44: Glas 1H 123
Crofthouse Dr. G44: Glas 3A 124
Croftmont Av. G44: Glas 3A 124
Croftmoraig Av. G69: Mood 3E 55
Crofton Av. G44: Glas 3H 123
  PA4: Renf 5G 61
Crofton Dr. PA4: Renf 5G 61
Crofton Sq. PA4: Renf 5G 61
Crofton St. PA4: Renf 5G 61
Crofton Way PA4: Renf 5G 61
Crofton Wynd ML6: Air 2D 96
Croftpark *G81: Hard* *6D 24*
  (off Cochno Rd.)
Croftpark Av. G44: Glas 3G 123
Croftpark Cres. G72: Blan 3C 144
Croftpark Rd. G81: Hard 6D 24
Croftpark St. ML4: Bell 1C 130
Croft Pl. ML9: Lark 2B 170
Croft Rd. G64: Balm 5A 30
  G72: Camb 2B 126
  G75: E Kil 4G 157
  ML9: Lark 2B 170
Croftside Av. G44: Glas 3A 124
Croftspar Av. G32: Glas 5C 90
Croftspar Ct. G32: Glas 5D 90
Croftspar Dr. G32: Glas 5C 90
Croftspar Ga. G32: Glas 5D 90
Croftspar Gro. G32: Glas 5C 90
Croftspar Pl. G32: Glas 5C 90
Croft Way PA4: Renf 2F 83
Croftwood G64: B'rig 3C 50
Croftwood Av. G44: Glas 3H 123

Croftwood Rd. ML3: Ham 2H 161
Croft Wynd G71: Udd 1E 129
Crogal Cres. ML6: Chap 3D 116
Cromalt Av. G75: E Kil 1B 168
Cromalt Cres. G61: Bear 5C 26
Cromarty Av. G43: Glas 1D 122
  G64: B'rig 5F 51
Cromarty Cres. G61: Bear 6F 27
Cromarty Gdns. G76: Clar 6E 123
Cromarty Pl. G69: Chry 6B 54
  G74: E Kil 6C 142
Cromarty Rd. ML6: Air 6H 95
Crombie Gdns. G69: Bail 2F 111
Cromdale St. G51: Glas 4E 85
Cromdale Way ML1: New S 5A 132
Cromer Gdns. G20: Glas 4D 64
Cromer Way PA3: Pais 4H 81
Cromlet Dr. ML5: Coat 2D 94
Cromlix Gro. ML6: Plain 6H 75
Crompton Av. G44: Glas 2F 123
Cromptons Gro. PA1: Pais 2F 101
Cromwell La. G20: Glas 1E 87
Cromwell St. G20: Glas 1E 87
Crona Dr. ML3: Ham 5C 144
Cronberry Quad. G52: Glas 2H 103
Cronberry Ter. G52: Glas 2H 103
Cronin Pl. ML4: Bell 6D 114
Cronulla Pl. G65: Kils 3B 14
Crookedshields Rd.
  G72: Camb 2A 142
  G74: Ners 2A 142
CROOKFUR 3C 136
Crookfur Cott. Homes
  G77: Newt M 4D 136
CROOKFUR INTERCHANGE 2B 136
Crookfur Rd. G77: Newt M 3B 136
CROOKSTON 1B 104
Crookston Av. G52: Glas 1A 104
Crookston Castle 3B 104
Crookston Ct. G52: Glas 1A 104
Crookston Dr. G52: Glas 1H 103
  PA1: Pais 1H 103
Crookston Gdns. G52: Glas 1H 103
Crookston Gro. G52: Glas 1A 104
Crookstonhill Path *G52: Glas* *1H 103*
  (off Ralston Path)
Crookston Path *G52: Glas* *1H 103*
  (off Crookston Quad.)
Crookston Pl. G52: Glas 1H 103
Crookston Quad. G52: Glas 1H 103
Crookston Rd. G52: Glas 2H 103
  G53: Glas 6A 104
Crookston Station (Rail) 1H 103
Crookston Ter. G52: Glas 1A 104
Crosbie Dr. PA2: Pais 6C 100
Crosbie La. *G20: Glas* *1A 64*
  (off Crosbie St.)
Crosbie Pl. PA2: Pais 5C 100
Crosbie St. G20: Glas 1A 64
Crosbie Woods PA2: Pais 4F 101
Cross, The PA1: Pais 6A 82
  PA10: Kilba 2A 98
Cross Arthurlie St.
  G78: Barr 5D 118
Crossbank Av. G42: Glas 4A 108
Crossbank Dr. G42: Glas 4H 107
Crossbank Rd. G42: Glas 4H 107
Crossbank Ter. G42: Glas 4H 107
CROSSBASKET 3F 143
Crossbow Gdns. G72: Blan 3G 143
Crossburn Av. G62: Miln 4F 27
Cross Court, The *G64: B'rig* *6B 50*
  (off Kenmure Av.)
Crossdykes G66: Kirkin 6G 33
Crossen La. *ML8: Carl* *4F 175*
  (off Ramage Rd.)
Crossflat Cres. PA1: Pais 6C 82
Crossford Dr. G23: Glas 6C 48

Crossgate G66: Kirkin 4D **32**
Cross Gates ML4: Bell 3C **130**
Crossgates PA7: B'ton 3F **41**
Crossgates Av. ML1: Cle 4H **133**
Crossgates St. ML9: Lark 1B **170**
CROSSHILL
  G42 .4F **107**
  G69 .6B **92**
Crosshill Av. G42: Glas 4F **107**
  G66: Kirkin 1D **52**
Crosshill Dr. G73: Ruth 1D **124**
  ML1: Cle 4H **133**
Crosshill Rd. G64: B'rig, Lenz . . .2E **51**
  G66: A'loch, Lenz 4B **52**
Crosshill Station (Rail) 4F **107**
Crosshill St. G66: Len 2F **9**
  ML1: Moth 3H **147**
  ML5: Coat 1F **113**
  ML6: Air 4H **95**
Crosshouse Rd. G75: E Kil 6B **156**
CROSSLEE 3B **78**
Crosslee Cres. PA6: Hous 2C **78**
Crosslee Gdns. PA6: C'lee 2B **78**
Crosslee Pk. PA6: C'lee 2C **78**
Crosslee Rd. PA11: Bri W 5H **77**
Crosslees Dr. G46: T'bnk 4F **121**
Crosslees Pk. G46: T'bnk 4F **121**
Crosslees Rd. G46: T'bnk 5F **121**
Crosslee St. G52: Glas 6D **84**
CROSSLET 1C **20**
Crosslet Av. G82: Dumb 1C **20**
Crosslet Ct. G82: Dumb 2C **20**
Crosslet Ho. G82: Dumb 2C **20**
Crosslet Pl. G82: Dumb 4H **19**
Crosslet Rd. G82: Dumb 3G **19**
Crossloan Rd. G51: Glas 4F **85**
Crossloan Ter. G51: Glas 4F **85**
CROSSMILL 3F **119**
Crossmill Av. G78: Barr 3F **119**
Crossmill Bus. Pk.
  G78: Barr 3G **119**
Crossmount Ct. ML8: Carl 3C **174**
CROSSMYLOOF 4B **106**
Crossmyloof Gdns. G41: Glas . . .4B **106**
Crossmyloof Station (Rail) 4B **106**
Cross Orchard Way ML4: Bell . . .2C **130**
Crosspoint Dr. G23: Glas 6C **48**
Cross Rd. PA2: Pais 3F **101**
CROSS STOBS 2C **118**
Cross Stone Pl. ML1: Moth 3G **147**
Cross St. G32: Carm 4C **110**
  PA1: Pais 1G **101**
Crosstobs Rd. G53: Glas 4A **104**
Crossvegate Bus. Pk. G62: Miln 4H **27**
  (off Fulton Rd.)
Crossveggate G62: Miln 4H **27**
Crossview Av. G69: Bail 6B **92**
Crossview Pl. G69: Bail 6B **92**
Crossways PA6: Hous 1D **78**
Cross Wynd G74: E Kil 1H **157**
  (off Hunter St.)
Crovie Rd. G53: Glas 6A **104**
Crow Av. ML1: Holy 2B **132**
Crowflats Rd. G71: Udd 1C **128**
Crowfoot Vw. G71: View 4G **113**
Crowhill Cres. ML6: Air 1H **95**
Crowhill Rd. G64: B'rig 2B **66**
Crowhill St. G22: Glas 3G **65**
Crow La. G13: Glas 4F **63**
Crowlin Cres. G33: Glas 3B **90**
Crown Av. G81: Clyd 4C **44**
Crown Cir. G12: Glas 6A **64**
Crown Gdns. G12: Glas 6A **64**
Crownhall Pl. G32: Glas 6C **90**
Crownhall Rd. G32: Glas 6C **90**
Crownhill Ct. ML6: Glenm 6G **73**
Crownpoint Rd. G40: Glas 6B **88**
Crown Rd. Nth. G12: Glas 6H **63**

Crown Rd. Sth. G12: Glas 6H **63**
Crown St. G5: Glas 1G **107**
  (Alexander Cres.)
  G5: Glas 6G **87**
  (Ballater St.)
  G5: Glas 1F **107**
  (Caledonia Rd.)
  G69: Bail 2F **111**
  ML5: Coat 4E **95**
  ML6: C'bnk 2B **116**
Crown Ter. G12: Glas 6H **63**
  G13: Glas 5F **63**
  (not continuous)
  G66: Len 1F **9**
Crowwood Cres. ML6: C'bnk 3B **116**
Crowwood Dr. ML6: Air 4D **96**
Crow Wood Golf Course 1G **69**
Crowwood Rd. ML6: C'bnk 3B **116**
Crow Wood Ter. G69: Chry 2H **69**
CROY 1B **36**
Croy G74: E Kil 6F **141**
Croy (Park & Ride) 2B **36**
Croy Av. G77: Newt M 4G **137**
Croy Bank Ct. G68: Cumb 3B **36**
Croy Pl. G21: Glas 4E **67**
Croy Rd. G21: Glas 4E **67**
  ML5: Coat 1A **114**
Croy Station (Rail) 2B **36**
Cruachan Av. PA2: Pais 5A **102**
  PA4: Renf 2E **83**
Cruachan Dr. G33: Step 3E **69**
  G77: Newt M 6F **137**
  G78: Barr 6E **119**
Cruachan Rd. G61: Bear 6B **26**
  G73: Ruth 4F **125**
Cruachan St. G46: T'bnk 3F **121**
Cruachan Way G78: Barr 6E **119**
Cruden St. G51: Glas 5F **85**
Crum Av. G46: T'bnk 4G **121**
Crusader Av. G13: Glas 6D **46**
Cubie St. G40: Glas 6B **88**
Cubitt Ct. ML4: Bell 1B **130**
Cuckoo Way ML1: Holy 2B **132**
Cuilhill Dr. G69: Barg 5D **92**
Cuilhill Rd. G69: Barg 3D **92**
Cuillin Pl. ML6: Chap 4F **117**
  ML9: Lark 2E **171**
Cuillins, The G69: Mood 3E **55**
  G71: Tann 4C **112**
Cuillins Rd. G73: Ruth 4F **125**
Cuillin Way G78: Barr 5E **119**
Cuilmuir Vw. G65: Croy 6B **14**
Culbin Dr. G13: Glas 1H **61**
Cullen PA8: Ersk 4E **43**
Cullen La. G75: E Kil 4G **157**
Cullen Pl. G71: Tann 5E **113**
Cullen Rd. G75: E Kil 4F **157**
  ML1: Moth 4E **147**
Cullen St. G32: Glas 1A **110**
Cullion Way ML1: N'hill 2G **133**
Cullochrig Rd. ML6: Glenm, Rigg . . .5G **57**
  (not continuous)
Culloch Rd. G61: Bear 5C **26**
Culloden Av. ML4: Bell 3F **131**
Culloden St. G31: Glas 3D **88**
Culrain Gdns. G32: Glas 6A **90**
Culrain St. G32: Glas 6A **90**
Culross Hill G74: E Kil 2F **157**
Culross La. G32: Glas 1C **110**
Culross Pl. G74: E Kil 2F **157**
  ML5: Coat 4B **94**
Culross St. G32: Glas 1C **110**
Culross Way G69: Mood 4E **55**
Culter Fell Path ML1: Cle 5H **133**
Cult Rd. G66: Lenz 3E **53**

Cults St. G51: Glas 5F **85**
Culvain Av. G61: Bear 6B **26**
Culzean ML6: Glenm 4H **73**
Culzean Av. ML5: Coat 6A **94**
Culzean Ct. ML5: Coat 6A **94**
  (off Torriden St.)
Culzean Cres. G69: Bail 1G **111**
  G77: Newt M 4G **137**
Culzean Dr. G32: Glas 1D **110**
  G74: E Kil 6F **141**
  ML1: Carf 4C **132**
Culzean Pl. G74: E Kil 6F **141**
Cumberland Pl. G5: Glas 1G **107**
  ML5: Coat 6G **93**
Cumberland St. G5: Glas 6F **87**
  (not continuous)
CUMBERNAULD 4H **37**
Cumbernauld Mus. 4H **37**
  (in The Cumbernauld Shop. Cen.)
Cumbernauld Rd.
  FK4: Bank, Longc 1F **17**
  G31: Glas 4D **88**
  G33: Chry, Step 2G **69**
  G33: Glas 4D **88**
  G33: Mille, Step 4D **88**
  G67: Mollin 3H **55**
  G69: Chry, Mood, Muirh 2A **70**
CUMBERNAULD ROAD INTERCHANGE
  . . . . .1G **89**
Cumbernauld Shop. Cen., The
  G67: Cumb 3H **37**
Cumbernauld Station (Rail) 5A **38**
Cumbernauld Theatre 1B **38**
CUMBERNAULD VILLAGE 6B **16**
Cumbrae G74: E Kil 2C **158**
Cumbrae Ct. G81: Clyd 5D **44**
Cumbrae Cres. ML5: Coat 6G **95**
Cumbrae Cres. Nth. G82: Dumb . . .2C **18**
Cumbrae Cres. Sth. G82: Dumb . . .2B **18**
Cumbrae Dr. ML1: Moth 1E **147**
Cumbrae Pl. ML5: Coat 1G **115**
Cumbrae Rd. PA2: Pais 6A **102**
  PA4: Renf 2F **83**
Cumbrae St. G33: Glas 3A **90**
Cumlodden Dr. G20: Glas 2A **64**
Cumming Av. ML8: Carl 5G **175**
Cumming Dr. G42: Glas 5F **107**
Cumnock Dr. G78: Barr 6F **119**
  ML3: Ham 2B **160**
  ML6: Air 1A **116**
Cumnock Rd. G33: Glas 3G **67**
Cumroch Rd. G66: Len 2E **9**
Cunard Ct. G81: Clyd 1D **60**
Cunard St. G81: Clyd 1D **60**
Cunningair Dr. ML1: Moth 5G **147**
Cunningham Dr. G46: Giff 4C **122**
  G81: Dun 1B **44**
Cunninghame Rd. G73: Ruth 5E **109**
  G74: E Kil 2G **157**
  PA10: Kilba 2B **98**
Cunningham Gdns. PA6: C'lee 2D **78**
Cunningham Rd. G52: Hill E 3H **83**
Cunningham St. ML1: Moth 3F **147**
Cuparhead Av. ML5: Coat 1H **113**
Curfew Rd. G13: Glas 6D **46**
Curle St. G14: Glas 1D **84**
  (not continuous)
Curlew Ct. G66: Lenz 1F **53**
Curlew Dr. G75: E Kil 6C **156**
Curlew Pl. PA5: John 6C **98**
Curling Cres. G44: Glas 6G **107**
Curlinghaugh Cres. ML2: Wis 6A **150**
Curlingmire G75: E Kil 5G **157**
Curran Av. ML2: Wis 2E **165**
Currie Ct. PA5: John 4E **99**
  (off Tannahill Cres.)
Currie Pl. G20: Glas 3C **64**
Currie St. G20: Glas 3C **64**

Curtis Av. G44: Glas 5G **107**
  G73: Glas 5G **107**
Curzon St. G20: Glas 3C **64**
Custom Ho. Quay Gdns. G1: Glas . . .5F **87**
Cut, The G71: Udd 2D **128**
Cuthbertson St. G42: Glas 2E **107**
Cuthbert St. G71: View 6F **113**
Cuthelton Dr. G31: Glas 1G **109**
Cuthelton St. G31: Glas 1F **109**
Cuthelton Ter. G31: Glas 1F **109**
Cutty Sark Pl. G82: Dumb 3C **20**
Cypress Av. G71: View 5F **113**
  G72: Blan 6A **128**
Cypress Ct. G66: Lenz 1B **52**
  G75: E Kil 6E **157**
  ML3: Ham 1A **162**
Cypress Cres. G75: E Kil 6E **157**
Cypress Gro. G69: Barg 5F **93**
  PA11: Quarr V 1B **76**
Cypress La. ML3: Ham 3E **161**
Cypress Pl. G75: E Kil 6E **157**
Cypress Rd. ML1: N'hill 4C **132**
Cypress St. G22: Glas 4H **65**
Cypress Way G72: Flem 3F **127**
Cyprus Av. PA5: Eld 3H **99**
Cyril Cres. PA1: Pais 1C **102**
Cyril Pl. PA1: Pais 1C **102**
Cyril St. PA1: Pais 1C **102**

D

Daer Av. PA4: Renf 2G **83**
Daer Way ML3: Ham 6E **145**
Daffodil Way ML1: Moth 1G **147**
Dairsie Ct. G44: Glas 3D **122**
Dairsie Gdns. G64: B'rig 1F **67**
Dairsie St. G44: Glas 3D **122**
Daisy Pl. G77: Newt M 2C **136**
Daisy St. G42: Glas 4F **107**
Dakala St. ML2: Wis 1G **165**
Dakota Way PA4: Renf 2F **83**
Dalbeattie Braes ML6: Chap 3E **117**
Dalbeattie Dr. G72: Blan 6B **144**
DALBETH 3G **109**
Dalbeth Pl. G32: Glas 3H **109**
Dalbeth Rd. G32: Glas 3H **109**
Dalby Gro. ML5: Glenb 2B **72**
Dalcharn Path *G34: Glas* *3G **91***
  (off Kildermorie Rd.)
Dalcharn Pl. G34: Glas 3G **91**
Dalcraig Cres. G72: Blan 5A **128**
Dalcross Pass *G11: Glas* *1A **86***
  (off Dalcross St.)
Dalcross St. G11: Glas 1A **86**
Dalcross Way ML6: Plain 6G **75**
Dalcruin Gdns. G69: Mood 3E **55**
Daldowie Av. G32: Glas 2D **110**
Daldowie Complex G71: Udd 5G **111**
Daldowie Crematorium
  G71: Udd 5H **111**
Daldowie Est. G71: Udd 5H **111**
DALDOWIE INTERCHANGE 4H **111**
Daldowie Rd. G71: Udd 3G **111**
Daldowie St. ML5: Coat 2A **114**
  (not continuous)
Dale Av. G72: Camb 5G **109**
  G75: E Kil 4E **157**
Dale La. G75: E Kil 5F **157**
Dale Ct. ML2: Wis 1C **164**
Dale Dr. ML1: New S 3A **132**
Dale Path G40: Glas 1B **108**
Dale St. G40: Glas 1B **108**
  (not continuous)
Daleview Av. G12: Glas 3H **63**
Daleview Dr. G76: Clar 3B **138**
Daleview Gro. G76: Clar 3B **138**
Dale Way G73: Ruth 3D **124**

Dalfoil Ct. PA1: Pais 1H **103**
Dalgarroch Av. G81: Clyd 1G **61**
Dalgleish Av. G81: Dun 1A **44**
Dalgleish Pl. ML2: Newm 6G **151**
Dalhousie Gdns. G64: B'rig 5B **50**
Dalhousie La. G3: Glas 2A **6** (2E **87**)
Dalhousie Rd. PA10: Kilba 3B **98**
Dalhousie St. G3: Glas 3A **6** (3E **87**)
  G4: Glas 2B **6**
  (not continuous)
Dalilea Dr. G34: Glas 2B **92**
Dalilea Gdns. G34: Glas 2B **92**
Dalilea Pl. G34: Glas 2B **92**
Dalintober St. G5: Glas 5E **87**
Dalkeith Av. G41: Glas 1H **105**
Dalkeith Rd. G64: B'rig 3D **50**
Dalmacoulter Ct. ML6: Glenm 5G **73**
Dalmacoulter Rd. ML6: Air 6B **74**
Dalmahoy Cres. PA11: Bri W 5D **76**
Dalmahoy St. G32: Glas 4G **89**
Dalmally St. G20: Glas 6D **64**
DALMARNOCK 2D **108**
Dalmarnock Bri. G40: Glas 3D **108**
Dalmarnock Ct. G40: Glas 2D **108**
Dalmarnock Dr. G40: Glas 1B **108**
Dalmarnock Rd. G40: Glas 1B **108**
  G73: Ruth 3D **108**
Dalmarnock Rd. Trad. Est.
  G73: Ruth 4D **108**
Dalmarnock Station (Rail) 2C **108**
Dalmary Dr. PA1: Pais 5D **82**
Dalmellington Ct. *G74: E Kil* *1F **157***
  (off Dalmellington Dr.)
  ML3: Ham 2B **160**
Dalmellington Dr. G53: Glas 5A **104**
  G74: E Kil 1F **157**
Dalmellington Rd. G53: Glas 4A **104**
Dalmeny Av. G46: Giff 4H **121**
Dalmeny Dr. G78: Barr 5C **118**
Dalmeny Gate G5: Glas 3H **107**
Dalmeny Rd. ML3: Ham 1H **161**
Dalmore Cres. ML1: New S 5A **132**
Dalmore Dr. ML6: Air 5A **96**
DALMUIR 4A **44**
Dalmuir Ct. G81: Clyd 4A **44**
Dalmuir Station (Rail) 4A **44**
Dalnair Pl. G62: Miln 3D **26**
Dalnair St. G3: Glas 2A **4** (2A **86**)
Dalness Pas. *G32: Glas* *1A **110***
  (off Eckford St.)
Dalness St. G32: Glas 2A **110**
Dalnottar Av. G60: Old K 1F **43**
Dalnottar Dr. G60: Old K 2F **43**
Dalnottar Gdns. G60: Old K 2F **43**
Dalnottar Hill Rd. G60: Old K 1F **43**
Dalnottar Ter. G60: Old K 1F **43**
DALREOCH 2C **18**
Dalreoch Av. G69: Bail 6A **92**
Dalreoch Ct. G82: Dumb 3D **18**
Dalreoch Ho. *G82: Dumb* *3D **18***
  (off School La.)
Dalreoch Path *G69: Rail* *6A **02***
Dalreoch Pl. G82: Dumb 3D **18**
Dalreoch Station (Rail) 3E **19**
Dalriada G2: Glas 5H **5**
Dalriada Cres. ML1: Moth 5F **131**
Dalriada Dr. G64: Torr 5E **31**
Dalriada St. G40: Glas 1E **109**
Dalry Gdns. ML3: Ham 1B **160**
Dalrymple Ct. G66: Kirkin 6D **32**
Dalrymple Dr. G74: E Kil 6G **141**
  G77: Newt M 5G **137**
  ML5: Coat 6B **94**
Dalry Pl. ML6: Chap 5E **117**
Dalry Rd. G71: View 6F **113**
Dalry St. G32: Glas 1B **110**
DALSERF 3B **172**

Dalserf Ct. G31: Glas 6D **88**
Dalserf Cres. G46: Giff 6H **121**
Dalserf Gdns. G31: Glas 6D **88**
Dalserf Path *ML9: Lark* *4E **171***
  (off Alba Way)
Dalserf Pl. G31: Glas 6D **88**
Dalserf St. G31: Glas 6D **88**
Dalsetter Av. G15: Glas 5H **45**
Dalsetter Cres. G15: Glas 5A **46**
Dalsetter Dr. G15: Glas 5H **45**
Dalsetter Pl. G15: Glas 5A **46**
DALSHANNON 1B **56**
Dalshannon Pl. G67: Cumb 6D **36**
Dalshannon Rd. G67: Cumb 6D **36**
Dalshannon Vw. G67: Cumb 6C **36**
Dalshannon Way G67: Cumb 6C **36**
Dalsholm Av. G20: Glas 1H **63**
Dalsholm Ind. Est. G20: Glas 2H **63**
Dalsholm Pl. G20: Glas 1A **64**
Dalsholm Rd. G20: Glas 2H **63**
Dalskeith Av. PA3: Pais 6E **81**
Dalskeith Cres. PA3: Pais 6E **81**
Dalskeith Rd. PA3: Pais 1E **101**
Dalswinton Path G34: Glas 3A **92**
Dalswinton St. G34: Glas 3A **92**
DALTON 5F **127**
Dalton Av. G81: Clyd 6G **45**
Dalton Cotts. G72: Flem 5F **127**
Dalton Ct. G31: Glas 6G **89**
Dalton Hill ML3: Ham 1C **160**
Dalton St. G31: Glas 6G **89**
Dalveen Ct. G78: Barr 6E **119**
Dalveen Dr. G71: Tann 5C **112**
Dalveen Quad. ML5: Coat 6F **95**
Dalveen St. G32: Glas 6H **89**
Dalveen Way G73: Ruth 4E **125**
Dalwhinnie Av. G72: Blan 5A **128**
Dalwhinnie Pl. ML6: Air 6B **74**
Daly Gdns. G72: Blan 6C **128**
Dalzell Av. ML1: Moth 5A **148**
Dalzell Country Pk. 6H **147**
Dalzell Dr. ML1: Moth 5A **148**
Dalziel Ct. ML3: Ham 6E **145**
Dalziel Dr. G41: Glas 2A **106**
Dalziel Ga. G72: Camb 1D **126**
Dalziel Gro. G72: Camb 1D **126**
DALZIEL PARK 6F **133**
Dalziel Park Golf Course 1E **149**
Dalziel Path G72: Camb 1D **126**
Dalziel Pl. ML6: Air 5A **96**
Dalziel Quad. G41: Glas 2A **106**
Dalziel Rd. G52: Hill E 3H **83**
Dalziel St. ML1: Moth 2H **147**
  ML3: Ham 4F **145**
Dalziel Twr. ML1: Moth 6B **148**
Dalziel Way G72: Camb 2D **126**
Damshot Cres. G53: Glas 5D **104**
Damshot Rd. G53: Glas 6D **104**
Danby Rd. G69: Bail 1F **111**
Danes Av. G14: Glas 5C **62**
Danes Cres. G14: Glas 4B **62**
Danes Dr. G14: Glas 4B **62**
Danes La. Nth. G14: Glas 5C **62**
Danes La. Sth. G14: Glas 5C **62**
Daniel McLaughlin Pl.
  G66: Kirkin 4E **33**
Dargarvel Av. G41: Glas 1H **105**
Dargarvel Path *G41: Glas* *2G **105***
  (off Dumbreck Pl.)
Dargavel Av. PA7: B'ton 4H **41**
Dargavel Rd. PA7: B'ton 6A **42**
Dargavel Rd. PA8: Ersk 6B **42**
Darkwood Ct. PA3: Pais 5F **81**
Darkwood Cres. PA3: Pais 5F **81**
Darkwood Dr. PA3: Pais 5F **81**
Darleith St. G32: Glas 6H **89**
Darley Pl. ML3: Ham 3F **161**
Darley Rd. G68: Cumb 6G **15**

Darluith Pk. La. PA5: Brkfld 5C **78**
Darluith Rd. PA3: Lin 5E **79**
Darnaway Av. G33: Glas 1D **90**
Darnaway Dr. G33: Glas 1D **90**
Darnaway St. G33: Glas 1D **90**
Darngavel Ct. *ML6: Air* *3F 95*
(off Monkscourt Av.)
Darngavil Rd. ML6: Grng 1E **75**
Darnick St. G21: Glas 6C **66**
Darnley Cres. G64: B'rig 4B **50**
Darnley Gdns. G41: Glas 3C **106**
Darnley Ind. Est. G53: Glas 3B **120**
Darnley Mains Rd.
G53: Glas 4C **120**
Darnley Path G46: T'bnk 2E **121**
Darnley Pl. G41: Glas 3C **106**
Darnley Rd. G41: Glas 3C **106**
G78: Barr 4F **119**
Darnley St. G41: Glas 3D **106**
Darragh Grn. ML2: Newm 3E **151**
Darroch Dr. PA8: Ersk 4D **42**
Darroch Way G67: Cumb 2A **38**
Dartford St. G22: Glas 6F **65**
Darvel Cres. PA1: Pais 1F **103**
Darvel Dr. G77: Newt M 4G **137**
Darvel Gro. G72: Blan 1B **160**
Darwin Av. ML2: Wis 5C **148**
Darwin Pl. G81: Clyd 3H **43**
Darwin Rd. G75: E Kil 3E **157**
Davaar G2: Glas 5A **6**
G74: E Kil 2C **158**
Davaar Dr. ML1: Moth 5E **131**
ML5: Coat 4H **93**
PA2: Pais 6A **102**
Davaar Pl. G77: Newt M 3C **136**
Davaar Rd. PA4: Renf 2F **83**
Davaar St. G40: Glas 1D **108**
Davan Loan *ML2: Newm* *3D 150*
(off Tiree Cres.)
Dava St. G51: Glas 4G **85**
Dave Barrie Av. ML9: Lark 6H **163**
Daventry Dr. G12: Glas 4C **63**
David Ct. G40: Glas 5C **88**
David Donnelly Pl. G66: Kirkin 4C **32**
David Gray Dr. G66: Kirkin 4G **33**
David Livingstone Cen. 5C **128**
David Lloyd Leisure
Glasgow 1F **63**
Paisley 2D **82**
David Pl. G69: Bail 1F **111**
PA3: Pais 4D **82**
Davidson Cres. G65: Twe 2D **34**
Davidson Gdns. G14: Glas 5E **63**
Davidson La. G14: Glas 5E **63**
ML8: Carl *4F 175*
(off Ramage Rd.)
Davidson Pl. G32: Glas 5C **90**
Davidson Quad. G81: Dun 6B **24**
Davidson St. G40: Glas 3C **108**
G81: Clyd 1G **61**
ML5: Coat 1D **114**
ML6: Air 3H **95**
Davidston Pl. G66: Lenz 3F **53**
David St. G40: Glas 6C **88**
ML5: Coat 4E **95**
David Way PA3: Pais 4D **82**
Davieland Rd. G46: Giff 6G **121**
Davie's Acre G74: E Kil 5B **140**
Davies Quad. ML1: Moth 5F **131**
Davie's Sq. G81: Dun 1C **44**
Davington Dr. ML3: Ham 1B **160**
Daviot St. G51: Glas 5D **84**
Davlea G51: Glas 4E **85**
Dawson Av. G75: E Kil 2D **156**
Dawson Pl. G4: Glas 6F **65**
Dawson Rd. G4: Glas 6F **65**
Dawson's Wynd *G65: Kils* *3H 13*
(off Main St.)

Daziel Cres. G72: Camb 1D **126**
Deaconsbank Av. G46: T'bnk 6D **120**
Deaconsbank Cres. G46: T'bnk ...6D **120**
Deaconsbank Gdns. G46: T'bnk ...6E **121**
Deaconsbank Gro. G46: T'bnk ...6D **120**
Deaconsbank Pl. G46: T'bnk 6D **120**
Deaconsbrook La. G46: T'bnk 6D **120**
Deaconsbrook Rd. G46: T'bnk 6D **120**
Deaconsgait Cl. G46: T'bnk 6D **120**
Deaconsgait Way G46: T'bnk 6D **120**
Deaconsgrange Rd. G46: T'bnk ...6D **120**
Deacons Rd. G65: Kils 3A **14**
Deaconsview G46: T'bnk 6D **120**
Dealston Rd. G78: Barr 3D **118**
Deanbank Rd. ML5: Coat 4H **93**
Deanbrae St. G71: Udd 1D **128**
Dean Ct. G81: Clyd 6E **45**
Dean Cres. G69: Chry 6B **54**
ML3: Ham 2G **161**
Deanfield Quad. G52: Glas 5H **83**
DEAN PARK 1G **83**
Dean Pk. Av. G71: Both 5E **129**
Dean Pk. Dr. G72: Camb 3D **126**
Dean Pk. Rd. PA4: Renf 1G **83**
Deans Av. G72: Camb 3D **126**
Deanside Rd. G52: Hill E 3A **84**
Deanside Transit Depot
G52: Hill E 2A **84**
Deanston Av. G78: Barr 6D **118**
Deanston Dr. G41: Glas 5B **106**
Deanstone Pl. ML5: Coat 2F **115**
Deanstone Wlk. ML5: Coat 3F **115**
Deanston Gdns. G78: Barr 6D **118**
Deanston Gro. ML5: Coat 2A **114**
Deanston Pk. G78: Barr 6D **118**
Dean St. G81: Clyd 6E **45**
ML4: Bell 2D **130**
Deanwood Av. G44: Neth 4D **122**
Deanwood Rd. G44: Neth 4D **122**
Dechmont G75: E Kil 6F **157**
Dechmont Av. G72: Camb 4D **126**
ML1: Moth 2E **147**
Dechmont Cotts. G72: Flem 4F **127**
Dechmont Gdns. G71: Tann 4C **112**
G72: Blan 6A **128**
Dechmont Pl. G72: Camb 4D **126**
Dechmont Rd. G71: Tann 4C **112**
Dechmont St. G31: Glas 1E **109**
ML3: Ham 1G **161**
Dechmont Vw. G71: Tann 6E **113**
ML4: Bell 4B **130**
Dee Av. PA2: Pais 3D **100**
PA4: Renf 6G **61**
Dee Cres. PA2: Pais 3D **100**
Deedes St. ML6: Air 5F **95**
Dee Path ML1: Holy 2B **132**
ML9: Lark 5C **170**
Deep Dale G74: E Kil 6E **141**
Deepdene Rd. G61: Bear 4D **46**
G69: Mood 5D **54**
Dee Pl. G75: E Kil 4A **156**
PA5: John 5C **98**
Deerdykes Ct. Nth. G68: Cumb ...1A **56**
Deerdykes Ct. Sth. G68: Cumb ...2A **56**
Deerdykes Pl. G68: Cumb 1A **56**
Deerdykes Rd. G68: Cumb 2H **55**
Deerdykes Roundabt. G68: Cumb ..2G **55**
Deerdykes Vw. G68: Cumb 2H **55**
Deer Pk. Ct. ML3: Ham 4H **161**
Deer Pk. Pl. ML3: Ham 4A **162**
Deeside Dr. ML8: Carl 2E **175**
Deeside Pl. ML5: Coat 1F **115**
Dee St. G33: Glas 2F **89**
ML5: Coat 1H **93**
Dee Ter. ML3: Ham 3F **161**
Delamere Gro. ML5: Glenb 3A **72**

Delaney Wynd ML1: Cle 1H **149**
Delhi Av. G81: Clyd 3G **43**
Dell, The G77: Newt M 4H **137**
ML4: Bell 4F **131**
Dellburn St. ML1: Moth 4H **147**
Dellburn Trad. Est. ML1: Moth ...4A **148**
Delny Pl. G33: Glas 4E **91**
Delvin Rd. G44: Glas 1E **123**
Dempsey Rd. ML4: Bell 4B **130**
Den Bak Av. ML3: Ham 1E **161**
Denbeath Ct. ML3: Fern 2E **163**
Denbeck St. G32: Glas 6H **89**
Denbrae St. G32: Glas 6H **89**
Dene Wlk. G64: B'rig 1E **67**
Denewood Av. PA2: Pais 5H **101**
Denham St. G22: Glas 6F **65**
Denholm Cres. G75: E Kil 3G **157**
Denholm Dr. G46: Giff 6A **122**
ML2: Wis 3A **150**
Denholm Grn. G75: E Kil 3H **157**
Denholm Ter. ML3: Ham 6C **144**
Denmark St. G22: Glas 5G **65**
Denmark St. Ind. Cen. G22: Glas ...4G **65**
Denmilne Gdns. G34: Glas 4A **92**
Denmilne Path G34: Glas 4A **92**
Denmilne Rd. G69: Barg 4B **92**
Denmilne St. G34: Glas 4A **92**
DENNISTOUN 4C **88**
Denny Civic Theatre 4F **19**
Denny Cres. G82: Dumb 5G **19**
Denny Rd. G82: Dumb 5G **19**
Dennystoun Forge G82: Dumb 3E **19**
DENNYSTOWN 3E **19**
Denny Tank (Scottish Maritime Mus.)
.........................4G **19**
Dentdale G74: E Kil 6E **141**
Deramore Av. G46: Giff 2G **137**
Derby St. G3: Glas 3D **4** (3C **86**)
Derby Ter. La. G3: Glas 3C **4**
Derby Wynd ML1: Carf 6B **132**
Dermontside Cl. G53: Glas 4A **104**
Derrywood Rd. G66: Milt C 5C **10**
Derwent Dr. ML5: Coat 1G **93**
Derwent St. G22: Glas 5F **65**
Derwentwater G75: E Kil 5B **156**
Despard Av. G32: Glas 1D **110**
Despard Gdns. G32: Glas 1E **111**
Deveron Av. G46: Giff 5B **122**
Deveron Cres. ML3: Ham 5B **144**
Deveron Rd. G61: Bear 5C **46**
G74: E Kil 2A **158**
ML1: Holy 1B **132**
Deveron St. G33: Glas 2F **89**
ML5: Coat 2G **93**
Deveron Way G67: Cumb 4H **37**
(in The Cumbernauld Shop. Cen.)
PA2: Pais 4D **100**
Devine Ct. ML2: Wis 6H **149**
Devine Gro. ML2: Newm 2E **151**
Devlin Gro. G72: Blan 2C **144**
Devol Cres. G53: Glas 5B **104**
Devondale Av. G72: Blan 6A **128**
Devon Dr. PA7: B'ton 4A **42**
Devon Gdns. G64: B'rig 4B **50**
ML8: Carl 3C **174**
Devonhill Av. ML3: Ham 4H **161**
Devon Pl. G41: Glas 1F **107**
Devonport Pk. G75: E Kil 4C **156**
Devonshire Gdns. G12: Glas 5H **63**
Devonshire Gdns. La.
G12: Glas 5H **63**
Devonshire Ter. G12: Glas 5H **63**
Devonshire Ter. La. G12: Glas ...5H **63**
Devon St. G5: Glas 1F **107**
Devonview Pl. ML6: Air 5H **95**
Devonview St. ML6: Air 4H **95**
Devon Wlk. G68: Cumb 5A **36**
Devon Way ML1: Moth 3D **146**

Dewar Cl. G71: Tann 4E 113
Dewar Dr. G15: Glas 4A 46
Dewar Ga. G15: Glas 4A 46
Dewar Rd. G33: Step 3G 69
Dexter Ct. G75: E Kil 1A 168
Diamond St. ML4: Bell 3C 130
Diana Av. G13: Glas 1B 62
Diana Quad. ML1: Holy 2A 132
Dickens Av. G81: Clyd 3B 44
Dickens Gro. ML1: Carf 5D 132
Dickson Path *ML4: Bell* *5B 130*
(off McLean Dr.)
Dickson Sq. ML1: Cle 6H 133
Dickson St. ML9: Lark 4E 171
Dicks Pk. G75: E Kil 3F 157
Dick St. G20: Glas 6D 64
Differ Av. G65: Twe 3D 34
Dilwara Av. G14: Glas 1E 85
Dimity St. PA5: John 3F 99
DIMSDALE 2A 166
Dimsdale Cres. ML2: Wis 2A 166
Dimsdale Rd. ML2: Wis 2A 166
Dinard Dr. G46: Giff 3A 122
Dinart St. G33: Glas 2F 89
Dinduff St. G34: Glas 2A 92
Dinmont Av. PA2: Pais 4D 100
Dinmont Cres. ML1: Moth 5E 131
Dinmont Pl. *G41: Glas* *4C 106*
(off Dinmont Rd.)
Dinmont Rd. G41: Glas 4B 106
Dinmont Way PA2: Pais 4D 100
Dinnet Way *ML2: Newm* *3D 150*
(off Tiree Cres.)
Dinwiddie St. G21: Glas 1E 89
Dinyra Pl. ML5: Glenb 3G 71
Dipple Pl. G15: Glas 5B 46
Dirleton Dr. G41: Glas 5C 106
PA2: Pais 4E 101
Dirleton Ga. G61: Bear 4D 46
Dirleton Pl. G41: Glas 5C 106
Disraeli Vw. G74: T'hall 3H 155
District Court
Renfrew 6B 82
Divernia Way G78: Barr 6E 119
Dixon Av. G42: Glas 3E 107
G82: Dumb 4E 19
Dixon Dr. G82: Dumb 5D 18
Dixon Pl. G74: E Kil 6D 140
Dixon Rd. G42: Glas 4F 107
Dixons Blazes Ind. Est.
G5: Glas 2G 107
Dixon St. G1: Glas 5F 87
ML3: Ham 6H 145
ML5: Coat 1D 114
PA1: Pais 1B 102
Dobbies Ct. ML8: Law 5E 167
Dobbie's Loan G4: Glas 1C **6** (2F **87**)
(not continuous)
DOBBIE'S LOAN INTERCHANGE
. . . . .1E **7** (2G **87**)
Dobbie's Loan Pl.
G4: Glas 3F **7** (3H **87**)
Dochart Av. PA4: Renf 2G 83
Dochart Dr. ML5: Coat 1C 90
Dochart St. G33: Glas 1G 89
Dock St. G81: Clyd 2F 61
Dodhill Pl. G13: Glas 3B 62
Dodside Gdns. G32: Glas 1C 110
Dodside Pl. G32: Glas 1C 110
Dodside Rd. G77: Newt M 4A 136
Dodside St. G32: Glas 1C 110
Dolan St. G69: Bail 6H 91
Dollan Aqua Cen. 2G 157
Dollar Pk. ML1: Moth 6B 148
Dollar Ter. *G20: Glas* *1A 64*
(off Crosbie St.)
Dolphington Av. G5: Glas 2A 108
Dolphin Rd. G41: Glas 3B 106

Dominica Grn. G75: E Kil 2C 156
Donald Dewar Leisure Cen. 4A 46
Donaldfield Rd. PA11: Bri W 4D 76
Donald Mackinnon Av.
G66: Kirkin 6E 33
Donaldson Av. G65: Kils 4H 13
Donaldson Cres. G66: Kirkin 6C 32
Donaldson Dr. PA4: Renf 6E 61
Donaldson Grn. G71: Tann 5E 113
Donaldson Pl. G66: Kirkin 5D 32
Donaldson Rd. ML9: Lark 4E 171
Donaldson St. G66: Kirkin 6C 32
ML3: Ham 6H 145
Donaldswood Pk. PA2: Pais 5G 101
Donaldswood Rd. PA2: Pais 5G 101
Donald Ter. ML3: Ham 2G 161
Don Av. PA4: Renf 1G 83
Doncaster St. G20: Glas 6E 65
Don Ct. ML3: Ham 3E 161
Don Dr. PA2: Pais 4D 100
Donnelly Way ML2: Wis 5C 148
Donnies Brae G78: Barr 1F 135
Donohoe Ct. G64: B'rig 6C 50
Don Path ML9: Lark 5C 170
Don Pl. PA5: John 5C 98
Don St. G33: Glas 3F 89
Doon Cres. G61: Bear 4D 46
Doonfoot Ct. G74: E Kil 1F 157
Doonfoot Gdns. G74: E Kil 1F 157
Doonfoot Rd. G43: Glas 1B 122
Doon Pl. G66: Kirkin 3F 33
Doonside G67: Cumb 3B 38
Doonside Twr. ML1: Moth 5B 148
Doon St. G81: Clyd 4F 45
ML1: Moth 5A 148
ML9: Lark 3E 171
Doon Way G66: Kirkin 4G 33
Dorain Rd. ML1: N'hill 4D 132
Dora St. G40: Glas 2C 108
Dorchester Av. G12: Glas 3G 63
Dorchester Ct. G12: Glas 3G 63
Dorchester Pl. G12: Glas 3G 63
Dorian Dr. G76: Clar 1H 137
Dorian Wynd ML1: Moth 6C 148
Dorlin Rd. G33: Step 4E 69
Dormanside Ct. G53: Glas 2B 104
Dormanside Ga. G53: Glas 2B 104
Dormanside Gro. G53: Glas 2B 104
Dormanside Pl. G53: Glas 4C 104
Dormanside Rd. G53: Glas 2B 104
Dornal Av. G13: Glas 2G 61
Dornford Av. G32: Glas 3D 110
Dornford Rd. G32: Glas 3D 110
Dornie Ct. G46: T'bnk 4E 121
Dornie Dr. G32: Carm 5B 110
G46: T'bnk 4E 121
Dornie Path *ML2: Newm* *3D 150*
(off Tiree Cres.)
Dornoch Av. G46: Giff 6A 122
Dornoch Ct. ML4: Bell 1C 130
Dornoch Dr. G72: Blan 5R 144
Dornoch Pl. G64: B'rig 5E 51
G69: Chry 5B 54
G74: E Kil 1E 157
Dornoch Rd. G61: Bear 5D 46
ML1: Holy 3B 132
Dornoch St. G40: Glas 6B 88
Dornoch Way G68: Cumb 6A 16
G72: Blan 5B 144
ML6: Air 6H 95
Dorset Sq. G3: Glas 3G 5
Dorset St. G3: Glas 4F 5 (3D 86)
Dosk Av. G13: Glas 1H 61
Dosk Pl. G13: Glas 1H 61
Double Hedges Rd. G78: Neil 3D 134
Dougalston Av. G62: Miln 4H 27

Dougalston Cres. G62: Miln 4H 27
Dougalston Gdns. Nth.
G62: Miln 4H 27
Dougalston Gdns. Sth. G62: Miln . .4H 27
Dougalston Rd. G23: Glas 1C 64
Dougan Dr. ML2: Newm 4F 151
Douglas Av. G32: Carm 4B 110
G46: Giff 6A 122
G66: Lenz 2D 52
G73: Ruth 2E 125
PA5: Eld 3H 99
Douglas Ct. G66: Lenz 2D 52
Douglas Cres. G71: Tann, View 5F 113
ML3: Ham 5H 161
ML6: Air 5A 96
PA8: Ersk 4D 42
Douglasdale G74: E Kil 1F 157
Douglas Dr. G15: Glas 6H 45
G69: Bail 6F 91
G71: Both 6E 129
G72: Camb 2H 125
G75: E Kil 4A 156
G77: Newt M 3E 137
ML4: Bell 3E 131
ML9: Ashg 5B 171
Douglas Gdns. G46: Giff 6A 122
G61: Bear 3F 47
G66: Lenz 2D 52
G71: Udd 2D 128
Douglas Ga. G72: Camb 2H 125
Douglas Ho. G67: Cumb 3H 37
G82: Dumb 1H 19
Douglas La. G2: Glas 4A 6
Douglas Muir Dr. G62: Miln 2C 26
Douglas Muir Gdns. G62: Miln 2C 26
Douglas Muir Pl. G62: Miln 2C 26
Douglas Muir Rd. G62: Miln 3C 26
G81: Faif 6F 25
Douglas Pk. Cres. G61: Bear 1G 47
Douglas Park Golf Course 2G 47
Douglas Pk. La. ML3: Ham 5G 145
Douglas Pl. G61: Bear 2E 47
G66: Lenz 2D 52
ML3: Ham 5H 161
ML5: Coat 5B 94
Douglas Rd. G82: Dumb 4H 19
PA4: Renf 3C 82
Douglas St. G2: Glas 6A **6** (4E **87**)
G62: Miln 4G 27
G71: Tann, View 5F 113
G72: Blan 3A 144
ML1: Moth 2F 147
ML2: Over 4B 166
ML3: Ham 4G 145
ML6: Air 5A 96
ML8: Carl 3C 174
ML9: Lark 1C 170
PA1: Pais 6G 81
Douglaston Golf Course 2B 28
Douglas Twr. ML5: Coat 2B 114
Douglas Vw. ML5: Coat 2B 114
Dougray Pl. G78: Barr 5E 119
Dougrie Cl. G45: Glas 4H 123
Dougrie Dr. G45: Glas 4H 123
Dougrie Dr. La. G45: Glas 4H 123
Dougrie Gdns. G45: Glas 5H 123
Dougrie Pl. G45: Glas 4A 124
Dougrie Rd. G45: Glas 5G 123
Dougrie St. G45: Glas 4A 124
Dougrie Ter. G45: Glas 4A 123
Doune Cres. G64: B'rig 3D 50
G77: Newt M 4F 137
ML6: Chap 4D 116
Doune Gdns. G20: Glas 6C 64
Doune Gdns. La. G20: Glas 6C 64
Doune Pk. Way ML5: Coat 6B 94
Doune Quad. G20: Glas 6C 64
Doune Ter. ML5: Coat 2H 93

Dovecot G43: Glas 5A **106**
Dovecot Dr. ML6: Air 4B **96**
Dovecote Rd. ML1: Holy 5H **115**
Dovecote Vw. G66: Kirkin 6F **33**
DOVECOTHALL 4G **119**
Dovecuthall St. G78: Barr 4F **119**
DOVECOTWOOD 2H **13**
Dovecotwood G65: Kils 2H **13**
Doveholm G82: Dumb 2G **19**
Doveholm Av. G82: Dumb 2H **19**
Dove Pl. G75: E Kil 5B **156**
Dover St. G3: Glas 4E 5 (3C **86**)
  ML5: Coat 1H **93**
Dove St. G53: Glas 2A **120**
Dove Wynd ML4: Bell 6A **114**
Dowanfield Rd. G67: Cumb 4F **37**
DOWANHILL 6A **64**
Dowanhill St. G11: Glas 1A **86**
  G12: Glas 1A **86**
Dowan Rd.
  G62: Balder, Bard, Miln 6C **28**
Dowanside La. G12: Glas 6B **64**
Dowanside Rd. G12: Glas 6A **64**
Downcraig Dr. G45: Glas 5H **123**
Downcraig Gro. G45: Glas 5G **123**
Downcraig Rd. G45: Glas 6G **123**
Downcraig Ter. G45: Glas 5H **123**
Downfield Dr. ML3: Ham 4F **161**
Downfield Gdns. G71: Both 5D **128**
Downfield St. G32: Glas 2G **109**
Downiebrae Rd. G73: Ruth 3D **108**
Downie Cl. G71: Tann 5F **113**
Downie Dr. ML9: Lark 1C **170**
Downie St. ML3: Ham 2H **161**
Downs St. G21: Glas 4B **66**
Dowrie Cres. G53: Glas 4B **104**
Draffen Ct. ML1: Moth 2H **147**
Draffen St. ML1: Moth 2H **147**
Draffen Twr. ML1: Moth 2H **147**
Drakemire Av. G45: Glas 3G **123**
Drakemire Dr. G44: Glas 5F **123**
  G45: Glas 5F **123**
Drake St. G40: Glas 6A **88**
Dreghorn St. G31: Glas 4E **89**
Drimnin Rd. G33: Step 4F **69**
Drive Rd. G51: Glas 3E **85**
Drochil St. G34: Glas 2G **91**
Dromore St. G66: Kirkin 6D **32**
Drove Hill G68: Cumb 2D **36**
Drumaling Ter. G66: Len 3H **9**
Drumbathie Rd. ML6: Air 3B **96**
Drumbathie Ter. ML6: Air 3C **96**
Drumbeg Dr. G53: Glas 1A **120**
Drumbeg Path G72: Blan 6A **144**
Drumbeg Pl. G53: Glas 1A **120**
Drumbeg Ter. G62: Miln 3D **26**
Drumboe Av. G69: G'csh 5D **70**
Drumbottie Rd. G21: Glas 4C **66**
Drumbowie Vw. G68: Cumb 2E **37**
Drumby Cres. G76: Clar 6B **122**
Drumby Dr. G76: Clar 1B **138**
Drumcarn Dr. G62: Miln 4F **27**
Drumcavel Rd. G69: G'csh, Muirh . .2B **70**
DRUMCHAPEL 4G **45**
Drumchapel Gdns. G15: Glas 5A **46**
Drumchapel Pl. G15: Glas 5B **46**
Drumchapel Rd. G15: Glas 5A **46**
Drumchapel Shop. Cen.
  G15: Glas 4H **45**
Drumchapel Sports Cen. 5H **45**
Drumchapel Station (Rail) 6A **46**
Drumchapel Swimming Pool 5H **45**
Drumclair Pl. ML6: Air 4D **96**
Drumclog Av. G62: Miln 1G **27**
Drumclog Gdns. G33: Glas 3H **67**
Drumcross Pl. G53: Glas 4C **104**
Drumcross Rd. G53: Glas 4C **104**
  PA7: B'ton 4B **42**

Drumduff G75: E Kil 6F **157**
Drumfearn Dr. G22: Glas 3F **65**
Drumfearn Pl. G22: Glas 3F **65**
Drumfearn Rd. G22: Glas 3F **65**
DRUMGELLOCH 3D **96**
Drumgelloch Station (Rail) 3E **97**
Drumgelloch St. ML6: Air 2D **96**
DRUMGLASS 2H **35**
Drumglass Steadings
  G65: Croy 2H **35**
Drumglass Vw. G65: Croy 1B **36**
Drumgray La. ML6: Grng 1D **74**
DRUMGREW 4F **35**
Drumgrew Rdbt. G68: Cumb 4F **35**
Drumhead La. G32: Glas 4H **109**
Drumhead Pl. G32: Glas 4H **109**
Drumhead Rd. G32: Glas 4H **109**
Drumhill G66: Kirkin 3H **33**
Drumilaw Cres. G73: Ruth 2C **124**
Drumilaw Rd. G73: Ruth 2C **124**
Drumilaw Way G73: Ruth 2C **124**
Drumlaken Av. G23: Glas 6A **48**
Drumlaken Ct. G23: Glas 6A **48**
Drumlaken Path G23: Glas 6B **48**
  (off Drumlaken St.)
Drumlaken Pl. G23: Glas 6B **48**
  (off Chatton St.)
Drumlaken St. G23: Glas 6A **48**
Drumlanrig Av. G34: Glas 2A **92**
Drumlanrig Cres. G69: G'csh 5C **70**
Drumlin Dr. G62: Miln 5F **27**
Drumloch Gdns. G75: E Kil 6G **157**
Drumlochy Rd. G33: Glas 2A **90**
Drum Mains Pk. G68: Cumb 6G **35**
Drummond Av. G73: Ruth 5B **108**
Drummond Dr. ML2: Wis 1H **165**
  PA1: Pais 1F **103**
Drummond Hill G74: E Kil 6B **142**
Drummond Ho. G67: Cumb 2A **38**
Drummond Pl. G74: E Kil 6B **142**
Drummond Way
  G77: Newt M 4A **136**
Drummore Av. ML5: Coat 2F **115**
Drummore Rd. G15: Glas 2A **46**
Drumnessie Ct. G68: Cumb 5B **36**
Drumnessie Rd. G68: Cumb 5B **36**
Drumnessie Vw. G68: Cumb 5B **36**
Drumore Av. ML6: Chap 4D **116**
Drumover Dr. G31: Glas 1G **109**
DRUMOYNE 5E **85**
Drumoyne Av. G51: Glas 4E **85**
Drumoyne Cir. G51: Glas 5E **85**
Drumoyne Dr. G51: Glas 4E **85**
Drumoyne Pl. G51: Glas 5E **85**
Drumoyne Quad. G51: Glas 5E **85**
Drumoyne Rd. G51: Glas 5E **85**
Drumoyne Sq. G51: Glas 4E **85**
Drumpark St. G46: T'bnk 3F **121**
  ML5: Coat 1F **113**
DRUMPELLIER 4H **93**
Drumpellier Av. G67: Cumb 1E **57**
  G69: Bail 2H **111**
  ML5: Coat 4G **93**
Drumpellier Country Pk. 3F **93**
Drumpellier Country Pk. Vis. Cen.
  . . . . .2E **93**
Drumpellier Ct. G67: Cumb 6E **37**
Drumpellier Cres. ML5: Coat 5H **93**
Drumpellier Gdns. G67: Cumb 6E **37**
Drumpellier Golf Course 5H **93**
Drumpellier Gro. G67: Cumb 6E **37**
Drumpellier Pl. G67: Cumb 6E **37**
  G69: Bail 1H **111**
Drumpellier Rd. G69: Bail 2G **111**
Drumpellier St. G33: Glas 1F **89**
Drumreoch Dr. G42: Glas 5A **108**
Drumreoch Pl. G42: Glas 5A **108**
DRUMRY 4E **45**

Drumry Pl. G15: Glas 5G **45**
Drumry Rd. G81: Clyd 4E **45**
Drumry Rd. E. G15: Glas 5G **45**
Drumry Station (Rail) 5F **45**
Drumsack Av. G69: Chry 1A **70**
DRUMSAGARD VILLAGE 3F **127**
Drumsargard Rd. G73: Ruth 2F **125**
Drums Av. PA3: Pais 5G **81**
Drums Cres. PA3: Pais 6G **81**
Drumshangie Pl. ML6: Air 1A **96**
Drumshangie St. ML6: Air 1A **96**
Drumshaw Dr. G32: Carm 5C **110**
Drums Rd. G53: Glas 2A **104**
Drumtrocher St. G65: Kils 3H **13**
Drumvale Dr. G69: Mood 5C **54**
Drury La. Ct. G74: E Kil 5C **142**
Drury St. G2: Glas 5C 6 (4F **87**)
Dryad St. G46: T'bnk 2E **121**
Dryburgh Av. G73: Ruth 6D **108**
  PA2: Pais 4E **101**
Dryburgh Gdns. G20: Glas 6D **64**
Dryburgh Hill G74: E Kil 2F **157**
Dryburgh La. G74: E Kil 2F **157**
Dryburgh Pl. G66: Kirkin 5F **33**
  ML5: Coat 4B **94**
Dryburgh Rd. G61: Bear 1C **46**
  ML2: Wis 6G **149**
Dryburgh St. ML3: Ham 3F **145**
Dryburgh Wlk. G69: Mood 4E **55**
Dryburgh Way G72: Blan 2B **144**
  (off Winton Cres.)
Dryburn Av. G52: Glas 6A **84**
Dryden St. ML3: Ham 3F **145**
Drygait PA9: How 6A **98**
Drygate G4: Glas 5H 7 (4A **88**)
Drygate St. ML9: Lark 1C **170**
Drygrange Rd. G33: Glas 1C **90**
Drymen Pl. G66: Lenz 4D **52**
Drymen Rd. G61: Bear 1D **46**
Drymen St. G52: Glas 6E **85**
Drymen Wynd G61: Bear 4F **47**
Drynoch Pl. G22: Glas 2F **65**
Drysdale St. G14: Glas 4H **61**
  (not continuous)
Duart Dr. G74: E Kil 6F **141**
  G77: Newt M 4G **137**
  PA5: Eld 4H **99**
Duart St. G20: Glas 1A **64**
Duart Way G69: G'csh 5C **70**
Dubs Rd. G78: Barr 4G **119**
Dubton Path G34: Glas 2H **91**
Dubton St. G34: Glas 2H **91**
Duchall Pl. G14: Glas 5B **62**
Duchess Ct. ML3: Ham 1C **162**
Duchess Pl. G73: Ruth 5E **109**
Duchess Rd. G73: Ruth 4E **109**
Duchess Way G69: Barg 6D **92**
  (off Park Rd.)
Duchray Dr. PA1: Pais 2G **103**
Duchray La. G33: Glas 2F **89**
Duchray St. G33: Glas 2F **89**
Dudley Dr. G12: Glas 6G **63**
  ML5: Coat 1G **93**
Dudley La. G12: Glas 6G **63**
Duffus Pl. G32: Carm 5C **110**
Duffus St. G34: Glas 2G **91**
Duffus Ter. G32: Carm 5C **110**
Duich Gdns. G23: Glas 5C **48**
Duisdale Rd. G32: Carm 5C **110**
Dukes Ct. G72: Camb 6G **109**
  ML9: Lark 1C **170**
Dukes Ga. G71: Both 3C **128**
Dukes Pl. ML3: Ham 5H **161**
Dukes Rd. G69: Barg 6D **92**
  G72: Camb 2E **125**
  G73: Ruth 2E **125**
Duke St. G4: Glas 5G 7 (4A **88**)
  G31: Glas 5D **88**

Duke St. ML1: Moth 1G **147**
ML2: Newm 3D **150**
ML3: Ham 6A **146**
ML9: Lark 1C **170**
PA2: Pais 3A **102**
Duke Street Station (Rail) 4D **88**
Duke Wynd G4: Glas 6H **7** (4A **88**)
DULLATUR 5F **15**
Dullatur Golf Course 6E **15**
Dullatur Rd. G68: Dull 5F **15**
Dullatur Rdbt. G68: Cumb 6H **15**
Dulnain St. G72: Camb 2D **126**
Dulsie Rd. G21: Glas 3E **67**
DUMBARTON 4E **19**
Dumbarton Castle 6G **19**
Dumbarton Central Station (Rail)
. . . . .3F **19**
Dumbarton East Station (Rail) . . .4H **19**
Dumbarton FC 5G **19**
Dumbarton Golf Course 2F **19**
Dumbarton Rd. G11: Glas 1A **4** (1E **85**)
(not continuous)
G14: Glas 3G **61**
G60: Bowl, Old K 5H **21**
G81: Clyd 2F **43**
G81: Dun, Hard 1B **44**
G82: Milt 4E **21**
DUMBRECK 2A **106**
Dumbreck Av. G41: Glas 1G **105**
Dumbreck Ct. G41: Glas 2G **105**
DUMBRECK INTERCHANGE 2G **105**
Dumbreck Path G41: Glas 1G **105**
(off Dumbreck Pl.)
Dumbreck Pl. G41: Glas 2G **105**
G66: Lenz 3E **53**
Dumbreck Rd. G41: Glas 6G **85**
DUMBRECK ROAD INTERCHANGE
. . . . .6H **85**
Dumbreck Sq. G41: Glas 1G **105**
Dumbreck Station (Rail) 1A **106**
Dumbreck Ter. G65: Queen 3D **12**
Dumbreck Rd. G62: Miln 3D **26**
DUMBUCK 4E **21**
Dumbuck Cres. G82: Dumb 3C **20**
Dumbuck Gdns. G82: Dumb 5H **19**
Dumbuck Rd. G82: Dumb 3H **19**
(Dumbuie Av., not continuous)
G82: Dumb 2H **19**
(Stirling Rd.)
Dumbuie Av. G82: Dumb 3H **19**
Dumfries Cres. ML6: Air 6H **95**
Dumgoyne Av. G62: Miln 4F **27**
Dumgoyne Ct. ML6: Air 1B **96**
(off Thrashbush Rd.)
Dumgoyne Dr. G61: Bear 6D **26**
Dumgoyne Gdns. G62: Miln 4F **27**
Dumgoyne Pl. G76: Clar 2A **138**
Dunagoil Gdns. G45: Glas 5A **124**
Dunagoil Pl. G45: Glas 6A **124**
Dunagoil Rd. G45: Glas 5H **123**
Dunagoil St. G45: Glas 5A **124**
Dunalastair Dr. G33: Mille 4B **68**
Dunan Pl. G33: Glas 4E **91**
Dunard Ct. ML8: Carl 2D **174**
(off Kenmore Way)
Dunard Ga. G73: Ruth 6D **108**
Dunard Rd. G73: Ruth 6D **108**
Dunard St. G20: Glas 5D **64**
Dunard Way PA3: Pais 4H **81**
Dunaskin St. G11: Glas 1A **4** (2A **86**)
Dunavon Pl. ML5: Coat 1F **115**
Dunbar Av. G73: Ruth 6E **109**
ML5: Coat 1H **113**
PA5: John 5E **99**
Dunbar Dr. ML1: Moth 5A **148**
Dunbar Hill G74: E Kil 2E **157**
Dunbar La. ML1: New S 5A **132**
Dunbar Pl. G74: E Kil 2E **157**

Dunbar Rd. PA2: Pais 4E **101**
Dunbar St. ML3: Ham 4F **145**
Dunbeath Av. G77: Newt M 4F **137**
Dunbeath Gro. G72: Blan 6A **144**
Dunbeith Pl. G20: Glas 4B **64**
DUNBETH 4D **94**
Dunbeth Av. ML5: Coat 4D **94**
Dunbeth Ct. ML5: Coat 4D **94**
Dunbeth Rd. ML5: Coat 3D **94**
Dunblane Dr. G74: E Kil 6H **141**
Dunblane Pl. G74: E Kil 1H **157**
ML5: Coat 1B **114**
Dunblane St. G4: Glas 2C **6** (2F **87**)
(not continuous)
Dunbrach Rd. G68: Cumb 2D **36**
Dunbritton Rd. G82: Dumb 2C **20**
Duncan Av. G14: Glas 6C **62**
Duncan Ct. ML1: Moth 6F **131**
Duncan Graham St.
ML9: Lark 1D **170**
Duncan La. G14: Glas 6C **62**
(off Gleneagles La. Nth.)
Duncan La. Nth. G14: Glas 5C **62**
(off Norse La. Nth.)
Duncan La. Sth. G14: Glas 5C **62**
(off Earlbank La. Sth.)
Duncan McIntosh Rd. G68: Cumb . . .4B **16**
Dun Cann PA8: Ersk 2G **59**
Duncansby Dr. G72: Blan 6A **144**
Duncansby Rd. G33: Glas 5D **90**
Duncan St. G81: Clyd 4D **44**
Duncarnock Av. G78: Neil 2E **135**
Duncarnock Cres. G78: Neil 2E **135**
Dunchattan Pl. G31: Glas 4B **88**
Dunchattan St. G31: Glas 4B **88**
Dunchurch Rd. PA1: Pais 6F **83**
Dunclutha Dr. G71: Both 6E **129**
Dunclutha St. G40: Glas 3D **108**
Duncolm Pl. G62: Miln 3D **26**
Duncombe Av. G81: Hard 6D **24**
Duncombe St. G20: Glas 2B **64**
Duncombe Vw. G81: Clyd 4E **45**
Duncraig Cres. PA5: John 5D **98**
Duncrub Dr. G64: B'rig 6A **50**
Duncruin St. G20: Glas 2A **64**
Duncruin Ter. G20: Glas 2B **64**
Duncryne Av. G32: Glas 1D **110**
Duncryne Gdns. G32: Glas 1E **111**
Duncryne Pl. G64: B'rig 1A **66**
Dundaff Hill G68: Cumb 3E **37**
Dundas Av. G64: Torr 5D **30**
Dundas Cotts. FK4: Alla 1G **17**
Dundas Ct. G74: E Kil 1G **157**
Dundas Dr. ML6: Air 5G **95**
Dundashill G4: Glas 1C **6** (1F **87**)
Dundas La. G1: Glas 4D **6** (3G **87**)
Dundas Pl. G74: E Kil 1G **157**
Dundas St. G1: Glas 4D **6** (3G **87**)
(not continuous)
Dundasvale Ct. G4: Glas 1C **6** (2F **87**)
Dundee Dr. G52: Glas 1B **104**
Dundee Path G52: Glas 2C **104**
Dundonald Av. PA5: John 4D **98**
Dundonald Cres.
G77: Newt M 5G **137**
ML5: Coat 1B **114**
Dundonald Dr. ML3: Ham 4H **161**
Dundonald Pl. G78: Neil 2D **134**
Dundonald Rd. G12: Glas 6A **64**
PA3: Pais 4C **82**
Dundonald St. G72: Blan 1A **144**
Dundrennan Dr. ML6: Chap 3E **117**
Dundrennan Rd. G42: Glas 6D **106**
DUNDYVAN 6B **94**
Dundyvan Gdns. ML5: Coat 6C **94**
Dundyvan Ga. ML5: Coat 6C **94**
Dundyvan Ind. Est. ML5: Coat 6B **94**
Dundyvan La. ML2: Wis 1G **165**

Dundyvan Rd. ML5: Coat 5B **94**
Dundyvan St. ML2: Wis 1G **165**
Dundyvan Way ML5: Coat 6B **94**
Dunearn Pl. PA2: Pais 2C **102**
Dunearn St. G4: Glas 1D **86**
Duneaton Wynd ML9: Lark 5D **170**
Dunedin Ct. G75: E Kil 3C **156**
Dunedin Dr. G75: E Kil 2C **156**
Dunedin Rd. ML9: Lark 4D **170**
Dunedin Ter. G81: Clyd 1E **61**
Dunellan Av. G69: Mood 5E **55**
Dunellan Ct. G69: Mood 5E **55**
(off Heathfield Av.)
Dunellan Cres. G69: Mood 5E **55**
Dunellan Dr. G81: Hard 6D **24**
Dunellan Gdns. G69: Mood 5E **55**
Dunellan Gro. G69: Mood 5E **55**
(off Heathfield Av.)
Dunellan Pl. G69: Mood 5E **55**
Dunellan Rd. G62: Miln 3C **26**
Dunellan St. G52: Glas 6E **85**
Dunellan Way G69: Mood 5E **55**
Dungavel Gdns. ML3: Ham 3A **162**
Dungavel La. ML8: Carl 4F **175**
(off Kelso Dr.)
Dungeonhill Rd. G34: Glas 3B **92**
Dunglass Av. G14: Glas 5C **62**
G74: E Kil 6H **141**
Dunglass La. G14: Glas 5C **62**
(off Norse La. Nth.)
Dunglass La. Nth. G14: Glas 5C **62**
(off Norse La. Nth.)
Dunglass Pl. G62: Miln 2E **27**
G77: Newt M 4A **136**
Dunglass Rd. PA7: B'ton 5A **42**
Dunglass Sq. G74: E Kil 1H **157**
Dungoil Av. G68: Cumb 2D **36**
Dungoil Rd. G66: Lenz 3E **53**
Dungoyne St. G20: Glas 1A **64**
Dunholme Pk. G81: Clyd 4H **43**
Dunira St. G32: Glas 2H **109**
Duniston Rd. ML6: Air 1H **117**
Dunivaig Rd. G33: Glas 4D **90**
Dunkeld Av. G73: Ruth 6D **108**
Dunkeld Dr. G61: Bear 3H **47**
Dunkeld Gdns. G64: B'rig 5D **50**
Dunkeld La. G69: Mood 5E **55**
Dunkeld Pl. G77: Newt M 5H **137**
ML3: Ham 6C **144**
ML5: Coat 1B **114**
Dunkeld St. G31: Glas 1E **109**
Dunkenny Pl. G15: Glas 3H **45**
Dunkenny Rd. G15: Glas 4G **45**
Dunkenny Sq. G15: Glas 4H **45**
Dunlin G12: Glas 3G **63**
G74: E Kil 5G **141**
Dunlin Ct. ML4: Bell 5A **114**
Dunlin Cres. PA6: C'lee 2C **78**
Dunlin Way ML5: Coat 3G **115**
Dunlop Av. G78: Barr 5F **119**
Dunlop Ct. ML3: Ham 4A **162**
Dunlop Cres. G33: Step 5G **69**
G71: Both 6F **129**
PA4: Renf 5F **61**
(off Fulbar St.)
Dunlop Gro. G33: Step 4G **69**
G71: Tann 1E **113**
Dunlop Pl. G33: Step 4G **69**
G62: Miln 2F **27**
ML9: Ashg 5A **172**
Dunlop St. G33: Step 5G **87**
(Howard St.)
G1: Glas 6D **6** (5G **87**)
(Osborne St.)
G72: Camb 1E **127**
PA3: Lin 5A **80**
PA4: Renf 5F **61**
(off Fulbar St.)

Dunlop Twr. G75: E Kil 3G **157**
    (off Telford Rd.)
Dunmore Dr. G62: Miln 5A **28**
Dunmore St. G81: Clyd 1E **61**
Dunnachie Dr. ML5: Coat 1F **113**
Dunnachie Pl. ML5: Coat 1G **113**
Dunnet Av. ML6: Glenm 4H **73**
Dunnet Ct. G72: Blan 5B **144**
Dunnet Dr. PA6: C'lee 2B **78**
Dunnichen Gdns. G64: B'rig 6F **51**
Dunnikier Wlk. G68: Cumb 4A **36**
Dunning Dr. G68: Cumb 6A **16**
Dunnock Pl. ML5: Coat 2G **115**
Dunnotar Wlk. ML2: Newm 3D **150**
    (off Tiree Cres.)
Dunnottar Ct. G74: E Kil 6E **141**
Dunnottar Cres. G74: E Kil 6E **141**
Dunnottar St. G33: Glas 1B **90**
    G64: B'rig 5F **51**
Dunn Sq. PA1: Pais 1A **102**
Dunn St. G40: Glas 2B **108**
    G81: Clyd 4A **44**
    G81: Dun 1B **44**
    PA1: Pais 6C **82**
Dunnswood Rd. G67: Cumb 5D **16**
Dunollie Pl. G69: G'csh 5C **70**
Dunolly Dr. G77: Newt M 4F **137**
Dunolly St. G21: Glas 2C **88**
Dunottar Av. ML5: Coat 3D **114**
Dunottar Pl. ML5: Coat 2D **114**
Dun Pk. G66: Kirkin 5D **32**
Dunphail Dr. G34: Glas 3B **92**
Dunphail Rd. G34: Glas 3B **92**
Dunragit St. G31: Glas 4E **89**
Dunree Pl. G69: G'csh 5D **70**
DUNROBIN 4E **97**
Dunrobin Av. PA5: Eld 4A **100**
Dunrobin Ct. G74: E Kil 6F **141**
    G81: Clyd 5C **44**
Dunrobin Cres. G74: E Kil 6F **141**
Dunrobin Dr. G/4: E Kil 6F **141**
Dunrobin Gdns. ML6: Air 5E **97**
Dunrobin Pl. ML5: Coat 4B **94**
Dunrobin Rd. ML6: Air 4E **97**
Dunrobin St. G31: Glas 5D **88**
Dunrod Hill G74: E Kil 6H **141**
Dunrod St. G32: Glas 1B **110**
Dunscore Brae ML3: Ham 1C **160**
Duns Cres. ML2: Wis 3A **150**
Dunside Dr. G53: Glas 1A **120**
Dunskaith Pl. G34: Glas 4B **92**
Dunskaith St. G34: Glas 4B **92**
Dunsmore Rd. PA7: B'ton 3G **41**
Dunsmuir St. G51: Glas 4H **85**
Duns Path ML5: Coat 2F **115**
Dunster Gdns. G64: B'rig 3D **50**
Dunswin Av. G81: Clyd 4A **44**
Dunswin Ct. G81: Clyd 4A **44**
Dunsyre Pl. G23: Glas 6C **48**
Dunsyre St. G33: Glas 3G **89**
Duntarvie Av. G34: Glas 3A **92**
Duntarvie Cl. G34: Glas 3A **92**
Duntarvie Cres. G34: Glas 3A **92**
Duntarvie Dr. G34: Glas 3H **91**
Duntarvie Gdns. G34: Glas 3A **92**
Duntarvie Gro. G34: Glas 3A **92**
Duntarvie Pl. G34: Glas 3H **91**
Duntarvie Rd. G34: Glas 3H **91**
Dunterlie Av. G13: Glas 3A **62**
Dunterlie Ct. G78: Barr 4E **119**
DUNTIBLAE 6G **33**
Duntiblae Rd. G66: Kirkin 6G **33**
Duntiglennan Rd. G81: Dun 1C **44**
DUNTOCHER 1C **44**
Duntocher Rd. G61: Bear 6G **25**
    G81: Clyd 4A **44**
    G81: Dun 2C **44**
    G81: Faif 6G **25**

Duntreath Av. G13: Glas 1G **61**
    G15: Glas 1G **61**
Duntreath Dr. G15: Glas 6H **45**
Duntreath Gdns. G15: Glas 5H **45**
Duntreath Gro. G15: Glas 6H **45**
Duntroon Ter. G65: Kils 3H **13**
Duntroon Pl. ML4: Bell 4E **131**
    (off Glencalder Cres.)
Duntroon St. G31: Glas 3D **88**
Dunure Dr. G73: Ruth 2B **124**
    G77: Newt M 4G **137**
    ML3: Ham 1B **160**
Dunure Pl. G77: Newt M 5G **137**
    ML5: Coat 2A **114**
Dunure St. G20: Glas 2B **64**
    ML5: Coat 2A **114**
Dunvegan ML6: Glenm 5G **73**
Dunvegan Av. ML5: Coat 2H **93**
    PA5: Eld 4H **99**
Dunvegan Ct. G13: Glas 3B **62**
Dunvegan Dr. G64: B'rig 3C **50**
    G77: Newt M 4G **137**
Dunvegan Pl. G71: Tann 5B **112**
    G74: E Kil 6F **141**
Dunvegan Quad. PA4: Renf 5D **60**
Dunwan Av. G13: Glas 2H **61**
Dunwan Pl. G13: Glas 2H **61**
Durban Av. G75: E Kil 1B **168**
    G81: Clyd 3G **43**
Durham St. G41: Glas 6B **86**
Durisdeer Dr. ML3: Ham 2C **160**
Durness Av. G61: Bear 2H **47**
Durno Path G33: Glas 4E **91**
Duror St. G32: Glas 6A **90**
Duror St. Caravan Pk.
    G32: Glas 6A **90**
Durris Gdns. G32: Glas 2D **110**
Durrockstock Cres. PA2: Pais 6D **100**
Durrockstock Rd. PA2: Pais 6D **100**
Durrockstock Way
    PA2: Pais 6D **100**
Durror Rd. G73: Ruth 5F **125**
Durward G74: E Kil 5E **143**
Durward Av. G41: Glas 4B **106**
Durward Ct. G41: Glas 4B **106**
    ML1: Moth 5F **131**
Durward Cres. PA2: Pais 4D **100**
Durward Way PA2: Pais 4D **100**
Duthie Pk. Gdns. G13: Glas 3D **62**
Duthie Pk. Pl. G13: Glas 3D **62**
Duthil St. G51: Glas 5D **84**
DW Fitness Club
    Coatbridge 5D **94**
    Glasgow 2E **91**
Dyce Av. ML6: Air 1G **115**
Dyce La. G11: Glas 1G **85**
Dyer's La. G1: Glas 5H **87**
Dyer's Wynd PA1: Pais 6A **82**
Dyfrig St. G72: Blan 1A **144**
DYKEBAR 4D **102**
Dykebar Av. G13: Glas 3B **62**
Dykebar Cres. PA2: Pais 3D **102**
Dykehead Cres. ML6: Air 1H **95**
Dykehead La. G33: Glas 4D **90**
Dykehead Rd. G65: Queen 2C **12**
    G68: Dull 5E **15**
    G69: Barg 6D **92**
    ML6: Air, Rigg 1H **95**
Dykehead Sq. ML3: Ham 6D **144**
Dykehead St. G33: Glas 4D **90**
Dykemuir Pl. G21: Glas 5D **66**
Dykemuir Quad. G21: Glas 5C **66**
Dykemuir St. G21: Glas 5C **66**
Dyke Rd. G13: Glas 2A **62**
    G14: Glas 2A **62**
Dyke St. G69: Bail 6A **92**
    ML5: Coat 1F **113**
Dysart Ct. G68: Cumb 4A **36**

Dysart Dr. G72: Blan 6B **144**
Dysart Way ML6: Air 5G **97**

E

Eagle Crcs. G61: Bear 1B **46**
Eaglerock Pl. G5: Glas 3A **108**
EAGLESHAM 6C **154**
Eaglesham Ct. G51: Glas 5C **86**
    G75: E Kil 2B **156**
Eaglesham Path ML5: Glenb 3G **71**
Eaglesham Pl. G51: Glas 5C **86**
Eaglesham Rd. G75: E Kil 4G **155**
    G76: Clar 6B **138**
    G76: Eag 6D **154**
    G77: Newt M 5D **136**
Eagle St. G4: Glas 1G **87**
Earlbank Av. G14: Glas 5C **62**
Earlbank La. Nth. G14: Glas 5C **62**
    (Vancouver Rd.)
    G14: Glas 5C **62**
    (off Verona Av.)
Earlbank La. Sth. G14: Glas 5C **62**
Earl Haig Rd. G52: Hill E 4H **83**
Earl La. G14: Glas 6C **62**
    (not continuous)
Earl Pl. G14: Glas 5C **62**
    PA11: Bri W 5F **77**
Earlsburn Rd. G66: Lenz 3E **53**
Earlscourt G69: Mood 6D **54**
Earl's Ga. G71: Both 4C **128**
Earlsgate PA6: C'lee 2B **78**
Earls Hill G68: Cumb 3D **36**
Earlspark Av. G43: Glas 6C **106**
Earlston Av. G21: Glas 2B **88**
Earlston Cres. ML5: Coat 2F **115**
Earlston Pl. G21: Glas 2B **88**
Earlston St. ML2: Wis 3A **150**
Earl St. G14: Glas 5A **62**
Earl Vw. ML1: New S 4A **132**
Earlybraes Gdns. G33: Glas 5D **90**
Earn Av. G61: Bear 3H **47**
    ML4: Bell 1A **130**
    PA4: Renf 1G **83**
Earn Cres. ML2: Wis 2H **165**
Earn Gdns. ML9: Lark 5C **170**
Earn La. ML1: Holy 2A **132**
    (off Howden Pl.)
EARNOCK 1C **160**
Earnock Av. ML1: Moth 3E **147**
Earnock Gdns. ML3: Ham 2D **160**
Earnock Rd. ML3: Ham 1B **160**
Earnock St. G33: Glas 5F **67**
    ML3: Ham 5E **145**
Earn Rd. G77: Newt M 2D **136**
Earnside St. G32: Glas 6B **90**
Earn St. G33: Glas 2G **89**
Easdale G74: E Kil 4B **158**
Easdale Dr. G32: Glas 1A **110**
Easdale Path ML5: Coat 1F **115**
    ML5: Glenb 3G **71**
Easdale Pl. G77: Newt M 4B **136**
Easdale Ri. ML3: Ham 6C **144**
Eason Dr. ML8: Carl 3B **174**
E. Academy St. ML2: Wis 1H **165**
East Av. G71: View 1G **129**
    G72: Blan 4B **144**
    ML1: New S 5A **132**
    ML6: Plain 6G **75**
    ML8: Carl 3B **174**
    PA1: Lin 2B **100**
    PA4: Renf 6F **61**
EAST BALGROCHAN 3E **31**
Eastbank Dr. G32: Glas 6C **90**
Eastbank Pl. G32: Glas 6C **90**
Eastbank Ri. G32: Glas 6C **90**
E. Barns St. G81: Clyd 1F **61**

East Bath La. G2: Glas 4D **6** (3G **87**)
E. Buchanan M. *PA1: Pais* *6B 82*
(off E. Buchanan St.)
E. Buchanan St. PA1: Pais 6B **82**
Eastburn Cres. G21: Glas 3D **66**
Eastburn Pl. G21: Glas 3D **66**
Eastburn Rd. G21: Glas 4D **66**
E. Burnside St. G65: Kils 3H **13**
E. Campbell St. G1: Glas 5A **88**
EAST CORNWORTHY 2E 121
Eastcote Av. G14: Glas 5E **63**
EAST CRAIGEND 6C 42
EAST CRINDLEDYKE 3E 151
Eastcroft G73: Ruth 5D **108**
Eastcroft Ter. G21: Glas 5C **66**
East Cross ML2: Wis 6H **149**
E. Dean St. ML4: Bell 2D **130**
East End Av. ML1: Carf 6B **132**
East End Healthy Living Cen. 5B **88**
Easterbrae ML1: Moth 5F **147**
Easter Cadder Cotts.
G66: Kirkin 6H **31**
Eastercraigs G31: Glas 3D **88**
Easter Cres. ML2: Wis 5C **150**
Easter Garngaber Rd. G66: Lenz . .2E **53**
Eastergreens Av. G66: Kirkin 6C **32**
Easterhill Pl. G32: Glas 2H **109**
Easterhill St. G32: Glas 2H **109**
EASTERHOUSE 3G **91**
Easterhouse Pl. G34: Glas 3A **92**
Easterhouse Rd. G34: Glas 3A **92**
G69: Bail 6H **91**
EASTERHOUSE ROAD INTERCHANGE
. . . . .4A **92**
Easterhouse Sports Cen. 2F **91**
Easterhouse Station (Rail) 5A **92**
Easterhouse Swimming Pool, The
. . . .*3G 91*
(within The Bridge)
Easterhouse Township Cen.
G34: Glas 2G **91**
Eastermains G66: Kirkin 3H **33**
Easter M. G71: Udd 2C **128**
Easter Moffat Golf Course 2H **97**
Easter Queenslie Rd. G33: Glas . . .3E **91**
Easter Rd. G76: Busby 3E **139**
Easter Rossland *PA7: B'ton* *4H 41*
(off Kingston Rd.)
Easterton Av. G76: Busby 4E **139**
Easterton Cotts. G64: Torr 3E **31**
Easterwood Cres. G71: View 4H **113**
Easterwood Pl. ML5: Coat 5C **94**
EASTFIELD 6F **109**
Eastfield Av. G72: Camb 1G **125**
Eastfield Cres. G82: Dumb 5H **19**
Eastfield Holdings G67: Cumb 2G **37**
Eastfield Pl. G82: Dumb 5H **19**
Eastfield Rd. G21: Glas 5A **66**
G68: Cumb 3C **36**
ML8: Carl 4E **175**
Eastfield Ter. ML4: Bell 3F **131**
EAST FULTON 5F **79**
East Ga. ML5: Glenb 2H **71**
Eastgate G69: G'ooh 4E **71**
ML2: Wis 6B **150**
E. George St. ML5: Coat 3D **94**
E. Glebe Ter. ML3: Ham 1H **161**
E. Greenlees Av. G72: Camb 4C **126**
E. Greenlees Cres. G72: Camb . . .4B **126**
E. Greenlees Dr. G72: Camb 4C **126**
E. Greenlees Gdns.
G72: Camb 4B **126**
E. Greenlees Gro. G72: Camb . . .4H **125**
E. Greenlees Rd. G72: Camb 4A **126**
E. Hallhill Rd. G69: Bail 5G **91**
Easthall Pl. G33: Glas 4F **91**
E. Hamilton St. ML2: Wis 1H **165**
E. High St. ML6: Air 3A **96**

EAST KILBRIDE 2H 157
East Kilbride Arts Cen. 6H 141
East Kilbride Golf Course 3B 142
East Kilbride Ice Rink 3H 157
East Kilbride Rd. G73: Ruth 2E **125**
G76: Busby 3E **139**
East Kilbride Shop. Cen.
G74: E Kil 2G 157
East Kilbride Sports Cen. 5C 158
East Kilbride Station (Rail) 1G 157
East Kilbride Village Theatre 1H 157
East La. PA1: Pais 1C **102**
Eastlea Pl. ML6: Air 5B **96**
E. Machan St. ML9: Lark 4D **170**
EAST MAINS 1H 157
E. Mains Rd. G74: E Kil 1G 157
E. Milton Gro. G75: E Kil 2D **156**
Eastmuir St. G32: Glas 6B **90**
ML2: Wis 5C **150**
E. Nerston Ct. G74: Ners 3A **142**
E. Nerston Gro. G74: Ners 3A **142**
Easton Pl. ML5: Coat 6D **94**
East Renfrewshire Golf Course . . .3A 152
East Rd. ML1: New S 3A **132**
PA10: Kilba 1A **98**
E. Scott Ter. ML3: Ham 2H **161**
EAST SHAWHEAD 3E 115
Eastside G66: Kirkin 4D **32**
Eastside Ind. Est. *G66: Kirkin* *4D 32*
(off Eastside)
E. Springfield Ter. G64: B'rig 1D **66**
East Station Ind. Est.
ML9: Lark 1D **170**
E. Stewart Gdns. ML5: Coat 4E **95**
E. Stewart Pl. ML5: Coat 4E **95**
E. Stewart St. ML5: Coat 5E **95**
E. Thomson St. G81: Clyd 4D **44**
E. Thornlie St. ML2: Wis 1H **165**
Eastvale Pl. G3: Glas 3A **4** (3A **86**)
E. Wellbrae Cres. ML3: Ham 2F **161**
E. Wellington St. G31: Glas 6F **89**
E. Whitby St. G31: Glas 1E **109**
Eastwood Av. G41: Glas 5B **106**
G46: Giff 4A **122**
Eastwood Cres. G46: T'bnk 3F **121**
Eastwood Dr. ML2: Newm 3E **151**
Eastwood Golf Course 5A 152
Eastwoodmains Rd. G46: Giff 6A **122**
G76: Clar 6A **122**
Eastwood Park 5H 121
Eastwood Park Leisure 5H 121
Eastwood Rd. G69: Mood 5D **54**
Eastwood Swimming Pool & Games Hall
. . . . .2E 137
Eastwood Toll G46: Giff 6H 121
Eastwood Vw. G72: Camb 1E **127**
Eastwood Way *ML9: Lark* *1D 170*
(off Antrim La.)
Easwald Bank PA10: Kilba 3B **98**
Ebroch Dr. G65: Kils 3A **14**
Ebroch Pk. G65: Kils 3A **14**
Eccles St. G22: Glas 4A **66**
Eckford St. G32: Glas 1A **110**
Eck Path *ML1: Holy* *2A 132*
(off Howden Pl.)
Eday St. G22: Glas 3H **65**
Edderton Pl. G34: Glas 4G **91**
Edderton Way G34: Glas 4G **91**
Eddington Dr. G77: Newt M 6C **136**
Eddleston Pl. G72: Camb 2D **126**
EDDLEWOOD 4H 161
Eddlewood Ct. G33: Glas 4G **91**
Eddlewood Path G33: Glas 4F **91**
Eddlewood Pl. G33: Glas 4F **91**
Eddlewood Rd. G33: Glas 4F **91**
Eddlewood Sports Barn 4H 161
Eden Ct. ML6: Glenm 4H **73**
Eden Dr. G75: E Kil 5B **156**

Eden Gdns. G75: E Kil 4B **156**
Eden Gro. G75: E Kil 4B **156**
Edenhall Ct. G77: Newt M 1D **152**
Edenhall Gro. G77: Newt M 1D **152**
Eden La. G33: Glas 2F **89**
Eden Pk. G71: Both 5D **128**
Eden Pl. G72: Camb 2D **126**
PA4: Renf 1G **83**
Edenside G68: Cumb 4B **16**
Eden St. G33: Glas 2F **89**
Edenwood St. G31: Glas 6G **89**
Edgam Dr. G52: Glas 6C **84**
Edgar Circ. PA4: Renf 5G **61**
Edgar Cres. PA4: Renf 5G **61**
Edgar Dr. PA4: Renf 5G **61**
Edgar Pl. PA4: Renf 5G **61**
Edgefauld Av. G21: Glas 6B **66**
Edgefauld Dr. G21: Glas 5B **66**
Edgefauld Pl. G21: Glas 4B **66**
Edgefauld Rd. G21: Glas 5B **66**
Edgehill La. G11: Glas 5F **63**
Edgehill Rd. G11: Glas 5F **63**
G61: Bear 1E **47**
Edgemont Pk. ML3: Ham 3G **161**
Edgemont St. G41: Glas 5C **106**
Edinbeg Av. G42: Glas 5A **108**
Edinbeg Pl. G42: Glas 5A **108**
Edinburgh Rd. G33: Glas 4F **89**
G69: Bail 4C **90**
ML1: N'hse 1C **132**
Edington Gdns. G69: Mood 4D **54**
Edington St. G4: Glas 1B **6** (1F **87**)
Edison St. G52: Hill E 3G **83**
Edmiston Dr. G51: Glas 5F **85**
PA3: Lin 5F **79**
Edmonstone Ct. G81: Clyd 2F **61**
Edmonstone Dr. G65: Kils 4H **13**
Edmonton Ter. G75: E Kil 3E **157**
Edmund Kean G74: E Kil 4C **142**
Edrom Ct. G32: Glas 6H **89**
Edrom Path G32: Glas 6H **89**
Edrom St. G32: Glas 6H **89**
(not continuous)
Edward Av. PA4: Renf 5G **61**
Edward Pl. G33: Step 4D **68**
Edward St. G65: Kils 2H **13**
G69: Barg 6D **92**
G81: Clyd 2F **61**
ML1: Moth 4H **147**
ML3: Ham 1H **161**
Edwin St. G51: Glas 6B **86**
Edzell Ct. G14: Glas 1D **84**
Edzell Dr. G77: Newt M 5E **137**
PA5: Eld 3B **100**
Edzell Gdns. G64: B'rig 1E **67**
ML2: Wis 1G **165**
Edzell Pl. G14: Glas 6D **62**
Edzell St. G14: Glas 1D **84**
ML5: Coat 1H **113**
Egidia Av. G46: Giff 5A **122**
Egilsay Cres. G22: Glas 1G **65**
Egilsay Pl. G22: Glas 1G **65**
Egilsay St. G22: Glas 1G **65**
Egilsay Ter. G22: Glas 1G **65**
Eglinton Ct. G5: Glas 6F **87**
Eglinton Dr. G46: Giff 5A **122**
G76: Eag 6D **154**
Eglinton St. G5: Glas 1E **107**
ML5: Coat 3D **94**
Egmont Pk. G75: E Kil 4C **156**
Eider G12: Glas 2G **63**
Eider Av. G75: E Kil 1A **168**
Eider Gro. G75: E Kil 6C **156**
Eider Pl. G75: E Kil 1A **168**
Eighth St. G71: Tann 4C **112**
Eildon Cres. ML6: Chap 4F **117**
Eildon Dr. G78: Barr 6E **119**
Eildon Rd. G66: Kirkin 5F **33**

Eileen Gdns. G64: B'rig 5D **50**
Eilt Wlk. *ML2: Newm* *3D 150*
          (off Tiree Cres.)
Elcho St. G40: Glas 5B **88**
Elderbank G61: Bear 4E **47**
Elder Cres. G72: Flem 3E **127**
Elder Dr. G72: Flem 3E **127**
Elder Gro. G71: View 5F **113**
Elder Gro. Av. G51: Glas 4D **84**
Elder Gro. Ct. G51: Glas 4D **84**
Elder Gro. Pl. G51: Glas 4D **84**
Elderpark Gdns. G51: Glas 4F **85**
Elderpark Gro. G51: Glas 4F **85**
Elderpark St. G51: Glas 4F **85**
Elderslea Rd. ML8: Carl 5E **175**
ELDERSLIE 2A **100**
Elderslie Ct. G3: Glas 4F **5**
Elderslie Golf Course 2C **100**
Elderslie Leisure Cen. 2B **100**
Elderslie St. G3: Glas 2F **5** (2D **86**)
Elder St. G51: Glas 4F **85**
         (not continuous)
Elders Way ML2: Wis 6B **150**
Elder Way ML1: Carf 5D **132**
Eldin Pl. PA5: Eld 3H **99**
    PA11: Bri W 5G **77**
Eldon Ct. G11: Glas 1H **85**
Eldon Gdns. G64: B'rig 6A **50**
Eldon St. G3: Glas 1C **86**
Elgin Av. G74: E Kil 6H **141**
Elgin Gdns. G76: Clar 1D **138**
Elgin Pl. G65: Kils 2H **13**
    G74: E Kil 6H **141**
    ML5: Coat 2D **114**
    ML6: Air 6G **95**
Elgin Rd. G61: Bear 6F **27**
Elgin Ter. ML3: Ham 5C **144**
Elgin Way ML4: Bell 1C **130**
Elibank St. G33: Glas 2A **90**
Elie Ct. G68: Cumb 6H **15**
Elie Rd. G72: Blan 6B **144**
Elie St. G11: Glas 1A **86**
Eliot Cres. ML3: Ham 2H **161**
Eliot Ter. ML3: Ham 1H **161**
Elipta, The PA1: Pais 2A **102**
Elison Ct. ML1: Moth 5B **148**
Elizabethan Way PA4: Renf 2E **83**
Elizabeth Av. G66: Milt C 5B **10**
Elizabeth Ct. G74: E Kil 1H **157**
Elizabeth Cres. G46: T'bnk 4G **121**
Elizabeth Quad. ML1: Holy 2A **132**
Elizabeth St. G51: Glas 6A **86**
Elizabeth Wynd ML3: Ham 4H **161**
Ella Gdns. ML4: Bell 3E **131**
Ellangowan Ct. G62: Miln 3G **27**
Ellangowan Rd. G41: Glas 5A **106**
    G62: Miln 3G **27**
Ellergreen Rd. G61: Bear 3E **47**
Ellerslie Cres. G14: Glas 3G **61**
Ellerslie Path G14: Glas 3G **61**
Ellerslie Rd. G14: Glas 3G **61**
Ellerslie St. PA5: John 2G **99**
Ellesmere St. G22: Glas 6E **65**
Ellinger Ct. G81: Clyd 3H **43**
Elliot Av. G46: Giff 5A **122**
    PA2: Pais 6C **100**
Elliot Ct. ML1: Moth 6F **131**
Elliot Cres. G74: E Kil 1B **158**
Elliot Dr. G46: Giff 4A **122**
Elliot Ho. G67: Cumb 3D **38**
Elliot St. G3: Glas 6E **5** (4C **86**)
    (not continuous)
Ellisland G66: Kirkin 3H **33**
    G74: E Kil 6D **142**
Ellisland Av. G81: Clyd 4E **45**
Ellisland Cres. G73: Ruth 2B **124**
Ellisland Dr. G66: Kirkin 3G **33**
    G72: Blan 3H **143**

Ellisland Rd. G43: Glas 1B **122**
    G67: Cumb 3B **38**
    G76: Busby 4C **138**
Ellisland Wynd ML1: N'hill 4C **132**
Ellismuir Farm Rd. G69: Bail 1B **112**
Ellismuir Pl. G69: Bail 1A **112**
Ellismuir Rd. G69: Bail 1A **112**
Ellismuir St. ML5: Coat 2H **113**
Ellismuir Way G71: Tann 4E **113**
Ellis St. ML5: Coat 4C **94**
Elliston Av. G53: Glas 2C **120**
Elliston Cres. G53: Glas 2C **120**
Elliston Dr. G53: Glas 2C **120**
Ellis Way ML1: Moth 4H **147**
Ellon Dr. PA3: Lin 6G **79**
Ellon Gro. PA3: Pais 4B **82**
Ellon Way PA3: Pais 4B **82**
Ellrig G75: E Kil 6F **157**
Elm Av. G66: Lenz 1C **52**
    PA4: Renf 5E **61**
Elm Bank G64: B'rig 6D **50**
    G66: Kirkin 4D **32**
Elmbank Av. G71: View 6F **113**
Elmbank Cres. G2: Glas . . .3H **5** (3E **87**)
    ML3: Ham 5E **145**
Elmbank Dr. ML9: Lark 4E **171**
Elmbank Gdns G2: Glas 3H **5**
Elmbank St. G2: Glas 4H **5** (3E **87**)
    ML4: Bell 2C **130**
    ML8: Carl 5E **175**
Elmbank St. La. G2: Glas 4H **5**
Elm Ct. G72: Blan 2C **144**
Elm Cres. G71: View 6H **113**
Elm Dr. G67: Cumb 1F **39**
    G72: Camb 2C **126**
    ML6: Chap 2E **117**
    PA5: John 3G **99**
Elmfoot Gro. G5: Glas 3H **107**
Elm Gdns. G61: Bear 1E **47**
Elmhurst ML1: Moth 5F **147**
Elmira Rd. G69: Muirh 2B **70**
Elm La. East *G14: Glas* *6D 62*
         (off Elm St.)
Elm La. West *G14: Glas* *6D 62*
         (off Lime St.)
Elm Lea PA5: John 3H **99**
Elmore Av. G44: Glas 2F **123**
Elmore La. G44: Glas 2F **123**
Elm Pl. G75: E Kil 5E **157**
Elm Quad. ML6: Air 4D **96**
Elm Rd. G73: Ruth 3D **124**
    G81: Clyd 2C **44**
    G82: Dumb 3F **19**
    ML1: Holy 2B **132**
    ML1: New S 5A **132**
    PA2: Pais 4C **102**
    PA11: Bri W 2G **77**
Elms, The G44: Glas 3E **123**
Elmvale Row G21: Glas 4A **66**
Elmvale St. G21: Glas 4A **66**
Elm Vw. Ct. ML4: Bell 3F **131**
Elm Wlk. G61: Bear 1E **47**
Elm Way G72: Flem 3E **127**
    ML9: Lark 6A **144**
Elmwood ML2: Wis 2E **165**
Elmwood Av. G11: Glas 5F **63**
    G77: Newt M 3F **137**
Elmwood Ct. G71: Both 5E **129**
Elmwood Gdns. G66: Lenz 2A **52**
Elmwood La. G11: Glas 5F **63**

Elphinstone Cres. G75: E Kil 4H **157**
Elphinstone Pl. G51: Glas . . .6A **4** (4A **86**)
Elphinstone Rd. G46: Giff 2G **137**
Elphin St. G23: Glas 6B **48**
Elrig Rd. G44: Glas 2D **122**
Elsinore Path G75: E Kil 6G **157**
Elspeth Gdns. G64: B'rig 5E **51**
Eltham St. G22: Glas 6F **65**
Elvan Ct. ML1: Moth 3F **147**
Elvan Pl. G75: E Kil 4A **156**
Elvan St. G32: Glas 6H **89**
    ML1: Moth 2F **147**
Elvan Twr. ML1: Moth 4G **147**
Embo Dr. G13: Glas 3B **62**
Emerald Ter. ML4: Bell 3C **130**
Emerson Rd. G64: B'rig 6C **50**
Emerson Rd. W. G64: B'rig 6C **50**
Emily Dr. ML1: Moth 5G **147**
Emma Jay Rd. ML4: Bell 2D **130**
Empire Cinema
    Clydebank 6D **44**
Empire Way ML1: Moth 6E **131**
Endfield Av. G12: Glas 3H **63**
Endrick Bank G64: B'rig 3C **50**
Endrick Ct. *ML5: Coat* *5B 94*
         (off Turner St.)
Endrick Dr. G61: Bear 4F **47**
    PA1: Pais 5D **82**
Endrick Gdns. G62: Miln 3E **27**
Endrick Ho. G82: Dumb 1H **19**
Endrick St. G21: Glas 6H **65**
English Row ML6: C'bnk 3C **116**
English St. ML2: Wis 6D **148**
Ennerdale G75: E Kil 5B **156**
Ennisfree Rd. G72: Blan 1B **144**
Ensay St. G22: Glas 2H **65**
Enterkin St. G32: Glas 1H **109**
Enterprise Way ML1: Moth 4B **148**
Eredine Pl. G33: Step 3E **69**
Eriboll Pl. G22: Glas 2F **65**
Eriboll St. G22: Glas 2F **65**
Erihol Wlk. ML1: N'hill 4D **132**
Ericht Rd. G43: Glas 2A **122**
Eriska Av. G14: Glas 4A **62**
Eriskay Av. G77: Newt M 4B **136**
    ML3: Ham 1D **160**
Eriskay Cres. G77: Newt M 4B **136**
Eriskay Dr. G60: Old K 1G **43**
Eriskay Pl. G60: Old K 1G **43**
Ermelo Gdns. G75: E Kil 1B **168**
Erradale Pl. G22: Glas 2E **65**
Erradale St. G22: Glas 2E **65**
Errogie St. G34: Glas 3H **91**
Errol Gdns. G5: Glas 1G **107**
ERSKINE 6F **43**
Erskine Av. G41: Glas 1H **105**
Erskine Bri. G60: Old K 3D **42**
    PA7: B'ton 3D **42**
Erskine Community Sports Cen. . . .5F **43**
Erskine Cres. ML6: Air 6H **95**
Erskinefauld Rd. PA3: Lin 5G **79**
Erskine Ferry Rd.
    G60: Old K 2F **43**
    PA7: B'ton 4G **41**
Erskine Golf Course 2H **41**
Erskine Harbour 3E **43**
Erskine Harbour PA8: Ersk 3E **43**
Erskine Rd. G46: Giff 3H **137**
Erskine Sq. G52: Hill E 4H **83**
Erskine Swimming Pool 5F **43**
Erskine Vw. G60: Old K 1E **43**
    G81: Clyd 4D **44**
Ervie St. G34: Glas 4A **92**
Escart Rd. ML8: Carl 2D **174**
Esdaile Ct. ML1: New S 4A **132**
Esk Av. PA4: Renf 1G **83**
Eskbank St. G32: Glas 5A **90**

Esk Dale G74: E Kil 6E **141**
Eskdale G77: Newt M 4H **137**
Eskdale Dr. G73: Ruth 6F **109**
Eskdale Rd. G61: Bear 5D **46**
Eskdale St. G42: Glas 4F **107**
Esk Dr. PA2: Pais 4C **100**
Esk St. G14: Glas 4H **61**
Esk Way PA2: Pais 4C **100**
Esmond St. G3: Glas 2A **4** (2A **86**)
Espedair St. PA2: Pais 2A **102**
Espieside Cres. ML5: Coat 3H **93**
Essenside Av. G15: Glas 5B **46**
Essex Dr. G14: Glas 5D **62**
Essex La. G14: Glas 5D **62**
(not continuous)
Esslemont Av. G14: Glas 4B **62**
Esslemont La. G14: Glas 4C **62**
Estate Quad. G32: Carm 5C **110**
Estate Rd. G32: Carm 5C **110**
Etive Av. G61: Bear 3H **47**
ML3: Ham 2E **161**
Etive Ct. G67: Cumb 1D **56**
G81: Hard 2E **45**
ML5: Coat 2D **114**
Etive Cres. G64: B'rig 6D **50**
G67: Cumb 1D **56**
ML2: Wis 3H **165**
Etive Dr. G46: Giff 6B **122**
G67: Cumb 1D **56**
ML6: Air 6C **96**
PA7: B'ton 5A **42**
Etive Pl. G67: Cumb 1E **57**
ML9: Lark 6H **163**
Etive St. G32: Glas 6A **90**
ML2: Wis 2H **165**
Etna Ind. Est. ML2: Wis 5C **148**
Etna St. ML2: Wis 5C **148**
Eton La. G12: Glas 1C **86**
Etterick Wynd G72: Blan 2A **144**
(off Cheviot St.)
Ettrick Av. ML4: Bell 6C **114**
PA4: Renf 1H **83**
Ettrick Ct. G72: Camb 2D **126**
ML5: Coat 2E **115**
Ettrick Cres. G73: Ruth 6E **109**
Ettrick Dr. G61: Bear 6C **26**
PA7: B'ton 5A **42**
Ettrick Hill G74: E Kil 6A **142**
Ettrick Oval PA2: Pais 5C **100**
Ettrick Pl. G43: Glas 6B **106**
Ettrick Sq. G67: Cumb 3H **37**
(in The Cumbernauld Shop. Cen.)
Ettrick St. ML2: Wis 4G **149**
Ettrick Ter. PA5: John 5C **98**
Ettrick Wlk. G67: Cumb 3H **37**
(in The Cumbernauld Shop. Cen.)
Ettrick Way G67: Cumb 4H **37**
(in The Cumbernauld Shop. Cen.)
PA4: Renf 1H **83**
Eurocentral ML1: Holy 5H **115**
Eurocentral Ind. Est. ML1: Holy . . .5H **115**
EUROCENTRAL JUNC. 4H **115**
Evan Cres. G46: Giff 5R **122**
Evan Dr. G46: Giff 5B **122**
Evanton Dr. G46: T'bnk 4E **121**
Evanton Pl. G46: T'bnk 4E **121**
Everard Ct. G21: Glas 2A **66**
Everard Dr. G21: Glas 3A **66**
Everard Pl. G21: Glas 2A **66**
Everard Quad. G21: Glas 2A **66**
Everglades, The G69: Chry 1H **69**
Eversley St. G32: Glas 2A **110**
Everton Rd. G53: Glas 3C **104**
Ewart Cres. ML3: Ham 1E **161**
Ewart Dr. ML6: Air 5A **96**
Ewart Gdns. ML3: Ham 1F **161**
Ewart Ter. ML3: Ham 1F **161**
Ewe Av. G72: Newt 6F **111**

Ewing Ct. ML3: Ham 4G **161**
Ewing Pl. G31: Glas 6E **89**
Ewing St. G73: Ruth 6C **108**
PA10: Kilba 2A **98**
Ewing Wlk. G62: Miln 4A **28**
Excelsior Pk. ML2: Wis 1D **164**
Excelsior St. ML2: Wis 1C **164**
Exchange Pl. G1: Glas 5D **6**
ML5: Coat 5C **94**
Exeter Dr. G11: Glas 1G **85**
Exeter La. G11: Glas 1G **85**
(off Exeter St.)
Exeter St. ML5: Coat 6C **94**
Exhibition Centre Station (Rail)
. . . . .4D **4** (3C **86**)
Exhibition Way G3: Glas 5B **4** (4B **86**)
Eynort St. G22: Glas 2E **65**
Eyrepoint Ct. G33: Glas 3A **90**

F

Factory Rd. ML1: Moth 4G **147**
Fagan Ct. G72: Blan 6C **128**
Faichney Flds. G74: E Kil 1H **157**
FAIFLEY 6E **25**
Faifley Rd. G81: Faif, Hard 1D **44**
Fairbairn Cres. G46: T'bnk 5G **121**
Fairbairn Path G40: Glas 1C **108**
(off Fairbairn St.)
Fairbairn St. G40: Glas 1C **108**
Fairburn St. G32: Glas 1H **109**
Fairfax Av. G44: Glas 2G **123**
Fairfield Ct. G76: Busby 4C **138**
Fairfield Dr. G76: Busby 4C **138**
PA4: Renf 2F **83**
Fairfield Gdns. G51: Glas 3F **85**
Fairfield Pl. G51: Glas 3F **85**
G71: Both 5F **129**
G74: E Kil 1D **156**
ML3: Ham 2A **162**
Fairfield St. G51: Glas 3F **85**
Fairford Dr. G67: Cumb 6F **37**
Fairgrove Dr. G75: E Kil 1A **168**
Fairhaven Av. ML6: Air 5E **97**
Fairhaven Rd. G23: Glas 1C **64**
FAIRHILL 3G **161**
Fairhill Av. ML3: Ham 2G **161**
Fairhill Cres. ML3: Ham 2G **161**
Fairhill Pl. ML3: Ham 4F **161**
Fairholm Av. ML3: Fern 2E **163**
Fairholm St. G32: Glas 1H **109**
ML9: Lark 1B **170**
Fairley St. G51: Glas 5H **85**
Fairlie G74: E Kil 6F **141**
Fairlie Pk. Dr. G11: Glas 1G **85**
Fairlie Pk. Dr. G11: Glas 1G **85**
Fair Oaks G76: Crmck 1A **140**
Fairview Ct. G62: Miln 4G **27**
(off Woodburn Way)
Fairway G61: Bear 2B **46**
Fairway Av. PA2: Pais 5H **101**
Fairways ML9: Lark 2F **171**
Fairways, The G71: Both 5E **129**
PA5: John 6D **98**
Fairways Vw. G81: Hard 1F **45**
Fairweather Pl.
G77: Newt M 5C **136**
Fairyknowe Ct. G71: Both 5F **129**
Fairyknowe Gdns. G71: Both 5F **129**
Faith Av. PA11: Quarr V 1A **76**
Falconbridge Rd. G74: E Kil 5C **142**
Falcon Cres. PA3: Pais 5F **81**
Falconer St. ML3: Ham 2G **161**
Falcon Ho. PA3: Pais 4A **82**
Falcon Rd. PA5: John 6D **98**
Falcon Ter. G20: Glas 1A **64**
Falcon Ter. La. G20: Glas 1A **64**
(off Caldercuilt Rd.)

Falfield St. G5: Glas 1E **107**
(off Salkeld St.)
Falkland Av. G77: Newt M 4G **137**
Falkland Cres. G64: B'rig 1F **67**
Falkland Dr. G74: E Kil 2E **157**
Falkland La. G12: Glas 6H **63**
Falkland Pk. G74: E Kil 2F **157**
Falkland Pl. G74: E Kil 2F **157**
ML5: Coat 2D **114**
Falkland St. G12: Glas 6H **63**
Falloch Rd. G42: Glas 6E **107**
G61: Bear 5C **46**
G62: Miln 3D **26**
FALLSIDE .1G **129**
Fallside Av. G71: View 1G **129**
Fallside Rd. G71: Both 5E **129**
Falside Av. PA2: Pais 4A **102**
Falside Rd. G32: Glas 3A **110**
PA2: Pais 4H **101**
Falstaff G74: E Kil 4C **142**
Family History Centre, The 3G **5**
(within The Mitchell)
Faraday Av. ML2: Wis 6A **150**
Faraday Retail Pk. ML5: Coat 5D **94**
Fara St. G23: Glas 1D **64**
Farie St. G73: Ruth 5B **108**
Farm Ct. G71: Both 3F **129**
Farm Cres. ML1: N'hill 3F **133**
Farme Castle Ct. G73: Ruth 4E **109**
Farme Castle Est. G73: Ruth 4E **109**
FARME CROSS 4E **109**
Farme Cross G73: Ruth 4D **108**
Farmeloan Rd. G73: Ruth 5D **108**
Farmgate Sq. ML4: Bell 3B **130**
Farmington Av. G32: Glas 6D **90**
Farmington Gdns. G32: Glas 6D **90**
Farmington Ga. G32: Glas 1D **110**
Farmington Gro. G32: Glas 6D **90**
Farm La. G71: Udd 2E **129**
ML4: Bell 4B **130**
Farm Pk. G66: Lenz 3D **52**
Farm Rd. G41: Glas 6H **85**
G72: Blan 6B **128**
G81: Clyd 4H **43**
G81: Dun, Hard 6C **24**
ML3: Ham 5D **144**
Farm St. ML1: Moth 2F **147**
Farm Ter. ML3: Ham 5D **144**
Farndale G74: E Kil 6E **141**
Farne Dr. G44: Glas 3F **123**
Farnell St. G4: Glas 1F **87**
Farrier Ct. PA5: John 2F **99**
Faskally Av. G64: B'rig 4A **50**
Faskally Wlk. ML2: Newm 3D **150**
Faskin Cres. G53: Glas 6H **103**
Faskine Av. ML6: Air 5H **95**
ML6: C'bnk 3B **116**
Faskine Cres. ML6: Air 5H **95**
Faskin Pl. G53: Glas 6H **103**
Faskin Rd. G53: Glas 6H **103**
Fasque Pl. G15: Glas 3G **45**
Footnet St. G33: Glas 3A **90**
FAULDHEAD 1H **53**
Fauldhouse Way G5: Glas 2H **107**
Faulds G69: Bail 6A **92**
Faulds Gdns. G69: Bail 6A **92**
Fauldshead Rd. PA4: Renf 6E **61**
Faulds La. ML5: Coat 2B **114**
Fauldspark Cres. G69: Bail 5A **92**
Faulds St. ML5: Coat 2B **114**
Fauldswood Cres. PA2: Pais 3F **101**
Fauldswood Dr. PA2: Pais 3F **101**
Faulkner Gro. ML1: Cle 1F **149**
Fearnach Pl. G20: Glas 2H **63**
Fearnmore Rd. G20: Glas 2B **64**
Fells, The G66: Len 3G **9**
Fellsview Av. G66: Kirkin 4F **33**
Felton Pl. G13: Glas 2H **61**

Fendoch St. G32: Glas 1A 110
Fenella St. G32: Glas 6B 90
Fennsbank Av. G73: Ruth 4F 125
Fenwick Dr. G78: Barr 6E 119
 ML3: Ham 4A 162
Fenwick Pl. G46: Giff 6H 121
Fenwick Rd. G46: Giff 6H 121
Ferclay St. G81: Faif 6F 25
Fereneze Av. G76: Clar 1A 138
 G78: Barr 4D 118
 PA4: Renf 3C 82
Fereneze Cres. G13: Glas 3A 62
 ML3: Ham 6D 144
Fereneze Dr. PA2: Pais 5F 101
Fereneze Golf Course 4C 118
Fereneze Gro. G78: Barr 4D 118
Fereneze Rd. G78: Barr, Neil 2A 134
Fergus Av. PA3: Pais 6E 81
Fergus Ct. G20: Glas 5C 64
Fergus Dr. G20: Glas 5C 64
 PA3: Pais 6E 81
Fergus Gdns. ML3: Ham 1B 162
Fergus La. G20: Glas 5D 64
Ferguslea Ter. G64: Torr 3E 31
Fergusle PA1: Pais 1E 101
FERGUSLIE PARK 5E 81
Ferguslie Pk. Av. PA3: Pais 6E 81
Ferguslie Pk. Cres. PA3: Pais 1E 101
Ferguslie Park Sports & Recreation Cen.
 . . . . .5E 81
Ferguslie Wlk. PA1: Pais 1F 101
 (not continuous)
Ferguson Av. G62: Miln 3F 27
 PA4: Renf 6F 61
Ferguson Dr. ML1: Moth 6G 147
Ferguson St. PA4: Renf 5F 61
 PA5: John 2E 99
Ferguson Way ML6: Air 1B 96
Fergusson Pl. G74: E Kil 4D 142
Fergusson Rd. G67: Cumb 3H 37
Fergusson Ter. G66: Milt C 5C 10
Ferguston Rd. G61: Bear 3F 47
Fernan St. G32: Glas 6H 89
Fern Av. G64: B'rig 1D 66
 G66: Lenz 3C 52
 PA8: Ersk 2F 59
Fernbank Av. G72: Camb 3C 126
Fernbank St. G21: Glas 4A 66
 G22: Glas 4A 66
Fernbrae Av. G73: Ruth 4D 124
Fernbrae Way G73: Ruth 4D 124
Fern Cotts. G13: Glas 4F 63
Ferncroft Dr. G44: Glas 2H 123
Ferndale ML9: Lark 4C 170
Ferndale Ct. G23: Glas 1B 64
Ferndale Dr. G23: Glas 1B 64
Ferndale Gdns. G23: Glas 1B 64
Ferndale Pl. G23: Glas 1B 64
Fern Dr. G78: Barr 3D 118
Ferness Oval G21: Glas 2E 67
Ferness Pl. G21: Glas 2E 67
Ferness Rd. G21: Glas 3E 67
Ferness St. G21: Glas 2E 67
Fern Gro. G69: G'csh 3E 71
Ferngrove Av. G12: Glas 3H 63
FERNHILL 4D 124
Fernhill Grange G71: Both 6E 129
Fernhill Rd. G73: Ruth 2C 124
FERNIEGAIR 2D 162
Fernie Gdns. G20: Glas 2C 64
Fernington Pl. ML2: Wis 5H 149
Fern La. G13: Glas 4F 63
 G66: Len 2E 9
Fernlea G61: Bear 4E 47
Fernlea Rd. G66: Kirkin 4E 33
Fernleigh Pl. G69: Mood 5D 54
Fernleigh Rd. G43: Glas 2B 122
Fernside Wlk. ML3: Ham 2A 162

Fernslea Av. G72: Blan 1A 144
Fern St. ML1: Moth 5A 148
Ferryden Ct. G14: Glas 1E 85
Ferryden St. G11: Glas 1E 85
 G14: Glas 1E 85
Ferry Rd. G3: Glas 2A 86
 G71: Both 5E 129
 G71: Udd 1C 128
 PA4: Renf 5F 61
Fersit Ct. *G43: Glas* *1A 122*
 (off Fersit St.)
Fersit St. G43: Glas 1A 122
Festival Bus. Cen. G51: Glas 5A 86
Fetlar Ct. G72: Camb 4H 125
Fetlar Dr. G44: Glas 2G 123
Fetlar Rd. PA11: Bri W 3E 77
Fettercairn Av. G15: Glas 4G 45
Fettercairn Gdns. G64: B'rig 6E 51
Fettercairn Pl. ML6: Air 6B 74
Fettes St. G33: Glas 3H 89
Fiddoch Ct. ML2: Newm 2D 150
Fidra St. G33: Glas 3H 89
Fielden Pl. G40: Glas 6C 88
Fielden St. G40: Glas 6C 88
Field Gro. G76: Busby 4D 138
Fieldhead Dr. G43: Glas 2G 121
Fieldhead Sq. G43: Glas 2G 121
Field Rd. G76: Busby 4D 138
 G81: Faif 5F 25
 ML9: Lark 3D 170
Fields La. PA6: Hous 1B 78
Field St. ML3: Ham 2H 161
Fife Av. G52: Glas 1B 104
 ML6: Air 6A 96
Fife Ct. G71: Both 6E 129
Fife Cres. G71: Both 6E 129
Fife Dr. ML1: Moth 5F 131
Fife Way G64: B'rig 1F 67
Fifth Av. G12: Glas 4F 63
 G33: Mille 4B 68
 MI 6: Air 3C 96
 PA4: Renf 1E 83
Fifth Rd. G72: Blan 4C 144
Fifty Pitches Pl. G51: Glas 4B 84
Fifty Pitches Rd. G51: Glas 4B 84
Fifty Pitches Way G51: Glas 4B 84
Finart Dr. PA2: Pais 4D 102
Finaven Gdns. G61: Bear 5B 26
Finch Dr. G13: Glas 1A 62
Finch Gro. ML5: Coat 2G 115
Finch Pl. PA5: John 6D 98
Finch Way ML4: Bell 5B 114
Findhorn PA8: Ersk 4E 43
Findhorn Av. PA2: Pais 4D 100
 PA4: Renf 6G 61
Findhorn Ct. G75: E Kil 3H 155
Findhorn Pl. G75: E Kil 3H 155
 ML6: Air 2D 96
Findhorn St. G33: Glas 3F 89
Findlay Ct. *ML1: Moth* *1F 147*
 (off Roman Rd.)
Findlay St. G65: Kils 3H 13
 ML1: Moth 4H 147
Findlay Ter. G72: Camb 1D 126
Findochty PA8: Ersk 4E 43
Findochty Pl. G33: Glas 1E 91
Findochty St. G33: Glas 2D 90
Fingal Av. PA4: Renf 4G 61
Fingal La. G20: Glas 2A 64
Fingal Rd. PA4: Renf 4G 61
Fingal St. G20: Glas 2B 64
Fingalton Rd. G77: Newt M 4A 136
Fingask St. G32: Glas 1C 110
Finglas Av. PA2: Pais 4D 102
Finglen Gdns. G62: Miln 3E 27
Finglen Pl. G53: Glas 3B 120
Fingleton Av. G78: Barr 6F 119
Finhaven St. G32: Glas 2G 109

Finlarig St. G34: Glas 4A 92
Finlas Pl. G22: Glas 4H 65
Finlas St. G22: Glas 5H 65
Finlay Dr. G31: Glas 4C 88
 PA3: Lin 6F 79
Finlay Ri. G62: Miln 5H 27
Finlayson Dr. ML6: Air 4E 97
Finlayson Quad. ML6: Air 4E 97
Finlaystone St. ML5: Coat 4A 94
Finnart Sq. G40: Glas 2B 108
Finnart St. G40: Glas 2B 108
FINNIESTON 4E 5 (3C 86)
Finnieston Crane 6D 4 (4B 86)
Finnieston Sq. G3: Glas 4E 5 (3C 86)
Finnieston St. G3: Glas 6E 5 (4C 86)
Finnie Wynd ML1: Moth 5B 148
Finsbay St. G51: Glas 5D 84
Fintaig La. ML2: Wis 6C 150
Fintrie Ter. ML3: Ham 5C 144
Fintry Av. PA2: Pais 5A 102
Fintry Ct. ML5: Coat 2E 115
Fintry Cres. G64: B'rig 6E 51
 G78: Barr 6E 119
Fintry Dr. G44: Glas 6G 107
Fintry Gdns. G61: Bear 5C 26
Fintry Pl. G75: E Kil 1B 168
Fir Bank Av. ML9: Lark 3D 170
Firbank Av. G64: Torr 5D 30
Firbank Quad. ML6: Chap 2E 117
Firbank Ter. G78: Barr 6G 119
Fir Ct. G72: Flem 3E 127
Firdon Cres. G15: Glas 6A 46
Fir Dr. G75: E Kil 6D 156
Firethorn Dr. G67: Cumb 1F 57
Fir Gro. G71: View 5F 113
 ML1: New S 3A 132
FIRHILL .5E 65
Firhill Av. ML6: Air 5H 95
Firhill Complex, The 6E 65
Firhill Ct. G20: Glas 5E 65
Firhill Park 5E 65
Firhill Rd. G20: Glas 5D 64
Firhill St. G20: Glas 5E 65
Firlee G75: E Kil 3B 156
Fir Park 5H 147
Firpark Cl. G31: Glas 3B 88
Firpark Pl. G31: Glas 3B 88
Firpark Rd. G64: B'rig 1D 66
Firpark St. G31: Glas 3B 88
 ML1: Moth 5H 147
Firpark Ter. G31: Glas 4B 88
Fir Pl. G69: Bail 2G 111
 G72: Camb 1C 126
 ML1: Cle 6H 133
 PA5: John 4G 99
Firs, The G44: Glas 2F 123
First Av. G33: Mille 4B 68
 G44: Neth 5D 122
 G61: Bear 4G 47
 G66: A'loch 6D 52
 G71: Tann 5C 112
 G82: Dumb 3C 20
 PA4: Renf 1E 83
First Gdns. G41: Glas 1G 105
First Rd. G72: Blan 4C 144
First St. G71: Tann 5D 112
First Ter. G81: Clyd 4C 44
Firthview Ter. G82: Dumb 4C 18
Firtree Pl. ML2: Newm 3F 151
Firtree Rd. ML2: Newm 3F 151
Fir Vw. ML6: C'bnk 3B 116
Firwood Courts G77: Newt M 5E 137
Firwood Dr. G44: Glas 1G 123
Firwood Rd. G77: Newt M 4E 137
Fischer Gdns. PA1: Pais 1D 100
Fisher Av. G65: Kils 3H 13
 PA1: Pais 1D 100
Fisher Ct. G31: Glas 4B 88

Fisher Cres. G81: Hard 1D 44
Fisher Dr. PA1: Pais 1D 100
Fishers Rd. PA4: Renf 3E 61
Fisher St. ML9: Lark 4D 170
Fisher Way PA1: Pais 1D 100
Fishescoates Av. G73: Ruth 3E 125
Fishescoates Gdns. G73: Ruth 3F 125
Fitness First
    East Kilbride 5G 141
    Glasgow 3F 107
Fitzalan Dr. PA3: Pais 5C 82
Fitzalan Rd. PA4: Renf 2C 82
Fitzroy Gro. G74: T'hall 3H 155
Fitzroy La. G3: Glas 3D 4 (3C 86)
Fitzroy Pl. G3: Glas 3E 5
Flakefield G74: E Kil 1D 156
Flanders St. G81: Hard 6E 25
Flanigan Gro. ML4: Bell 2C 130
Flavell Pl. ML6: Air 5A 96
Flaxfield Gro. ML1: Moth 5F 131
Flaxmill Av. ML2: Wis 5D 148
Flax Rd. G71: Udd 2E 129
Fleet Av. PA4: Renf 2G 83
Fleet St. G32: Glas 1B 110
Fleming Av. G69: Chry 1A 70
    G81: Clyd 1F 61
Fleming Ct. G81: Clyd 5D 44
    ML1: Moth 5A 148
    ML3: Ham 5C 144
    ML8: Carl 4C 174
Fleming Pl. G75: E Kil 3G 157
Fleming Rd. G67: Cumb 3H 37
    ML4: Bell 1D 130
    PA6: Hous 1A 78
    PA7: B'ton 4H 41
Fleming St. G31: Glas 5D 88
    PA3: Pais 4A 82
FLEMINGTON
    G72 . . . . .3E 127
    ML1 . . . . .5B 148
Flemington Ind. Est. G72: Flem . . .3E 127
Flemington Ind. Pk. ML1: Moth . . .4C 148
Flemington Rd. G72: Camb 2E 143
Flemington St. G21: Glas 6A 66
    ML1: Moth 4A 148
Flemington Way G69: Chry 1A 70
Fleming Way ML3: Ham 5B 144
    ML9: Lark 3E 171
    (off Walace Dr.)
Flenders Av. G76: Clar 3A 138
Flenders Rd. G76: Clar 3A 138
Fleurs Av. G41: Glas 2H 105
Fleurs Rd. G41: Glas 1H 105
Flinders Pl. G75: E Kil 3D 156
Flloyd St. ML5: Coat 4B 94
Floorsburn Cres. PA5: John 3E 99
Floors Rd. G76: Water 3H 153
Floors St. PA5: John 3E 99
Floors St. Ind. Est. PA5: John 3F 99
Flora Gdns. G64: B'rig 5E 51
Florence Dr. G46: Giff 5A 122
Florence Gdns. G73: Ruth 3E 125
Florence St. G5: Glas 6G 87
Florida Av. G42: Glas 5F 107
Florida Cres. G42: Glas 5F 107
Florida Dr. G42: Glas 5E 107
Florida Gdns. G69: Bail 6G 91
Florida Sq. G42: Glas 5F 107
Florida St. G42: Glas 5F 107
Florish Rd. PA8: Ersk 1H 59
Flour Mill Wynd G69: Mood 4E 55
Flowerdale Pl. G53: Glas 4B 120
Flowerhill Ind. Est. ML6: Air 3B 96
Flowerhill St. ML6: Air 3B 96
FLUCHTER 3E 29
Fluchter Rd. G62: Balm, Bard 4E 29
    G64: Balm 3F 29
Flures Av. PA8: Ersk 1A 60

Flures Cres. PA8: Ersk 1A 60
Flures Dr. PA8: Ersk 1A 60
Flures Pl. PA8: Ersk 1A 60
Fochabers Dr. G52: Glas 5C 84
Fogo Pl. G20: Glas 3B 64
Foinaven Dr. G46: T'bnk 2F 121
Foinaven Gdns. G46: T'bnk 1F 121
Foinaven Way G46: T'bnk 1G 121
Footfield Rd. ML4: Bell 3B 130
Forbes Dr. G40: Glas 6B 88
    ML1: Moth 5D 130
Forbes Hall G4: Glas 5G 7
Forbes Pl. PA1: Pais 1A 102
Forbes St. G40: Glas 5B 88
Fordneuk St. G40: Glas 6C 88
Fordoun St. G34: Glas 3B 92
Ford Rd. G12: Glas 5B 64
    G77: Newt M 6D 136
Fordyce Ct. G77: Newt M 5D 136
Fordyce St. G11: Glas 1H 85
Forehouse Rd. PA10: Kilba 1A 98
Foremount Ter. La. G12: Glas 6A 64
Fore Row ML3: Ham 5A 146
Forest Av. ML3: Ham 5H 161
Forestburn Ct. *ML6: Air* 4F 95
    (off Monkscourt Av.)
Forest Dr. G71: Both 4E 129
    ML4: Bell 4E 131
Forest Gdns. G66: Lenz 3A 52
Foresthall Cres. G21: Glas 6C 66
Foresthall Dr. G21: Glas 6C 66
Forest Kirk ML8: Carl 5F 175
Forest La. ML3: Ham 5H 161
Forestlea Rd. ML8: Carl 5E 175
Forest Pk. ML2: Wis 4B 150
Forest Pl. G66: Lenz 3A 52
    PA2: Pais 3A 102
Fore St. G14: Glas 6C 62
Forest Rd. G67: Cumb 5D 16
    ML9: Lark 3D 170
Forest Vw. G67: Cumb 2C 38
Forfar Av. G52: Glas 1B 104
Forfar Cres. G64: B'rig 1E 67
Forgan Gdns. G64: B'rig 1F 67
Forge, The G46: Giff 4B 122
Forge Dr. ML5: Coat 4B 94
Forge Pl. G21: Glas 1D 88
Forge Rd. ML6: Air 5F 97
Forge Row ML6: C'bnk 2C 116
Forge Shop. Cen., The G31: Glas . .5E 89
Forge St. G21: Glas 1D 88
FORGEWOOD 6F 131
Forgewood *ML1: Moth* 5F 97
    (off Kylemore Cres.)
Forgewood Path ML6: Air 5F 97
Forgewood Rd. ML1: Moth 5E 131
Forglen St. G34: Glas 2H 91
Formakin Estate Country Pk. 5B 40
Formby Dr. G23: Glas 6B 48
Forres Av. G46: Giff 4A 122
Forres Cres. ML4: Bell 1C 130
Forres Ga. G46: Giff 5B 122
Forres Quad. ML2: Wis 4H 149
Forres St. G23: Glas 6C 48
    G72: Blan 3A 144
Forrestburn Rd. ML5: Coat 5C 94
Forrest Dr. G61: Bear 4B 26
Forrester Ct. G64: B'rig 1B 66
Forrestfield Cres. G77: Newt M . . .4E 137
Forrestfield Gdns. G77: Newt M . . .4D 136
Forrestfield St. G21: Glas 2C 88
Forrest Ga. G71: Tann 4F 113
    ML3: Ham 2F 161
Forrest St. G40: Glas 6C 88
    G72: Blan 2D 144
    ML6: Air 3C 96
    (not continuous)
Forsa Ct. G75: E Kil 1C 168

Forsyth St. ML6: Air 3B 96
Forteviot Av. G69: Bail 6A 92
Forteviot Pl. G69: Bail 6A 92
Forth Av. PA2: Pais 4D 100
Forth Ct. G75: E Kil 4A 156
Forth Cres. G75: E Kil 3A 156
Forth Gro. G75: E Kil 4A 156
Forth Pl. ML9: Lark 5D 170
    PA5: John 5C 98
Forth Rd. G61: Bear 5D 46
    G64: Torr 5C 30
Forth St. G41: Glas 2D 106
    G81: Clyd 1E 61
Forth Ter. ML3: Ham 3F 161
Forth Wlk. *G67: Cumb* 4H 37
    (in The Cumbernauld Shop. Cen.)
Forth Way *G67: Cumb* 4H 37
    (in The Cumbernauld Shop. Cen.)
Forties Ct. G46: T'bnk 2F 121
Forties Cres. G46: T'bnk 2G 121
Forties Gdns. G46: T'bnk 2G 121
Forties Rd. PA6: C'lee 3C 78
Forties Way G46: T'bnk 2G 121
Fortieth Av. G75: E Kil 6H 157
Fortingall Av. G12: Glas 3A 64
Fortingall Pl. G12: Glas 3A 64
Fortingall Rd. G72: Blan 4D 144
Fortrose Ct. G72: Blan 6A 144
Fortrose St. G11: Glas 1H 85
Fort St. ML1: Moth 1D 146
Fort Theatre, The 6A 50
Forum Pl. ML1: Moth 6E 131
Fossil Grove 6D 62
Fossil Gro. G66: Kirkin 4G 33
Fossil House 6D 62
Foswell Dr. G15: Glas 2H 45
Foswell Pl. G15: Glas 2H 45
Fotheringay La. G41: Glas 3B 106
Fotheringay Rd. G41: Glas 3B 106
Foulis La. G13: Glas 3F 63
Foulis St. G13: Glas 3F 63
FOULSYKES 5C 150
Foulsykes Rd. ML2: Wis 5C 150
Foundry La. G78: Barr 5E 119
Foundry Rd. ML1: Cle 5H 133
Foundry St. G21: Glas 5B 66
Fountain Av. PA4: Inch 5F 59
Fountain Bus. Cen., The
    ML5: Coat 5C 94
    (off Whittington St.)
Fountain Ct. *PA3: Pais* 5A 82
    (off Love St.)
Fountain Cres. PA4: Inch 4F 59
Fountain Dr. PA4: Inch 5G 59
Fountainwell Av. G21: Glas 1H 87
Fountainwell Dr. G21: Glas 1H 87
Fountainwell Path G21: Glas 6H 65
Fountainwell Pl. G21: Glas 1H 87
Fountainwell Pl. Path *G21: Glas* . . .1H 87
    (off Fountainwell Pl.)
Fountainwell Rd. G21: Glas 1H 87
Fountainwell Sq. G21: Glas 1A 88
Fountainwell Ter. G21: Glas 1A 88
Fourth Av. G33: Mille 4B 68
    G66: A'loch 6D 52
    G82: Dumb 3C 20
    PA4: Renf 1E 83
Fourth Gdns. G41: Glas 1G 105
Fourth Rd. G72: Blan 4C 144
Fourth St. G71: Tann 4D 112
Fourways Shop. Mall
    ML2: Wis 6A 150
Four Windings PA6: Hous 1B 78
Fowlis Dr. G77: Newt M 3C 136
FOXBAR 4D 100
Foxbar Cres. PA2: Pais 6C 100
Foxbar Dr. G13: Glas 3B 62
    PA2: Pais 6C 100

Foxbar Rd. PA2: Pais 6B **100**
   PA5: Eld 6B **100**
Foxes Gro. G66: Lenz 2E **53**
Foxglove Gdns. G66: Lenz 1F **53**
Foxglove Pl. G53: Glas 4B **120**
Foxglove Rd. G77: Newt M 1D **136**
Fox Gro. ML1: Moth 2D **146**
Foxhills Pl. G23: Glas 6C **48**
Foxknowe Gdns. G81: Faif 6F **25**
FOXLEY 3C **110**
Foxley St. G32: Carm 4C **110**
Fox St. G1: Glas 5F **87**
Foyers Ter. G21: Glas 5C **66**
Foyes Ct. G13: Glas 3B **62**
Foy Gdns. ML4: Bell 5C **114**
Franconia Sq. G81: Clyd 6D **44**
Frankfield Rd. G33: Step 4E **69**
Frankfield St. G33: Glas 1F **89**
Frankfort St. G41: Glas 4C **106**
Franklin Pl. G75: E Kil 2D **156**
Franklin St. G40: Glas 2B **108**
Fraser Av. G73: Ruth 5E **109**
   G77: Newt M 3E **137**
   G82: Dumb 1C **20**
   PA5: John 3G **99**
   PA7: B'ton 3H **41**
Fraser Ct. ML3: Ham 1G **161**
   ML9: Lark 5C **170**
Fraser Cres. ML3: Ham 1F **161**
Fraser Gdns. G66: Kirkin 5B **32**
Fraser River Twr. G75: E Kil 3F **157**
Fraser St. G72: Camb 1G **125**
   ML1: Cle 5H **133**
Frazer St. G40: Glas 6C **88**
Frederick St. ML5: Coat 3A **94**
FREELAND 2F **59**
Freeland Brae G75: E Kil 3H **157**
             (off Telford Rd.)
Freeland Ct. G53: Glas 1C **120**
Freeland Cres. G53: Glas 1B **120**
Freeland Dr. G53: Glas 1B **120**
   PA4: Inch 3G **59**
   PA11: Bri W 2F **77**
Freeland La. G75: E Kil 3H **157**
             (off Telford Rd.)
Freeland Pl. G66: Kirkin 5D **32**
Freeland Rd. PA8: Ersk 2F **59**
Freelands Ct. G60: Old K 2G **43**
Freelands Cres. G60: Old K 2G **43**
Freelands Pl. G60: Old K 3G **43**
Freelands Rd. G60: Old K 2G **43**
Freeneuk La. G72: Camb 1B **126**
Freeneuk Wynd G72: Camb 1B **126**
Freesia Ct. ML1: Moth 4G **147**
French St. G40: Glas 2B **108**
   G81: Clyd 4A **44**
   ML2: Wis 6H **149**
   PA4: Renf 1D **82**
Freuchie St. G34: Glas 4H **91**
Frew St. ML6: Air 3A **96**
Friar Av. G64: B'rig 4D **50**
Friarscourt Av. G13: Glas 6D **46**
Friarscourt La. G13: Glas 1D **62**
          (off Arrowsmith Av.)
Friarscourt Rd. G69: Chry 6H **53**
Friars Cft. G66: Kirkin 5E **33**
Friarshall Ga. PA2: Pais 3H **101**
Friars Pl. G13: Glas 1D **62**
Friars Way ML6: Air 1C **116**
Friarton Rd. G43: Glas 2D **122**
Friendship Way PA4: Renf 2F **83**
Frood St. ML1: Moth 6E **131**
Fruin Av. G77: Newt M 3E **137**
Fruin Courts G77: Newt M 3E **137**
Fruin Dr. ML2: Wis 6C **150**
Fruin Ho. G82: Dumb 1H **19**
Fruin Pl. G22: Glas 5G **65**
Fruin Ri. ML3: Ham 1C **160**

Fruin Rd. G15: Glas 6H **45**
Fruin St. G22: Glas 5G **65**
Fulbar Av. PA4: Renf 5E **61**
Fulbar Ct. PA4: Renf 5F **61**
Fulbar Cres. PA2: Pais 3D **100**
Fulbar Gdns. PA2: Pais 3D **100**
Fulbar La. PA4: Renf 5F **61**
Fulbar Path G51: Glas 4C **84**
Fulbar Rd. G51: Glas 4C **84**
   PA2: Pais 3D **100**
Fulbar St. PA4: Renf 5F **61**
FULLARTON 3A **110**
Fullarton Av. G32: Glas 3A **110**
Fullarton Dr. G32: Glas 4A **110**
Fullarton La. G32: Glas 3A **110**
Fullarton Pl. ML5: Coat 2H **113**
Fullarton Rd. G32: Glas 5H **109**
   G68: Cumb 6G **15**
FULLARTON ROAD INTERCHANGE
. . . . .4A **110**
Fullarton St. ML5: Coat 2A **114**
Fullers Ga. G81: Faif 6E **25**
Fullerton St. PA3: Pais 4H **81**
Fullwood Ind. Est. ML3: Ham 5F **145**
Fulmar Ct. G64: B'rig 1B **66**
Fulmar Pk. G74: E Kil 6F **141**
Fulmar Pl. PA5: John 6C **98**
Fulton Cres. PA10: Kilba 2A **98**
Fulton Dr. PA6: C'lee 3E **79**
Fulton Gdns. PA6: C'lee 3E **79**
Fulton Rd. G62: Miln 4H **27**
Fulton St. G13: Glas 2D **62**
Fulwood Av. G13: Glas 2H **61**
   PA3: Lin 5H **79**
Fulwood Pl. G13: Glas 2H **61**
Furlongs, The ML3: Ham 5H **145**
Furrow Ct. G72: Newt 1F **127**
Furrow Cres. G72: Newt 1F **127**
Fyffe Pl. PA5: John 2G **99**
             (off Russell St.)
Fyneart St. ML2: Wis 5C **150**
Fyne Av. ML4: Bell 6A **114**
Fyneburn Gdns. ML5: Coat 5C **94**
Fyne Ct. ML3: Ham 2E **161**
Fyne Cres. ML9: Lark 6H **163**
Fyne Way ML1: Holy 2A **132**
          (off Howden Pl.)
Fynloch Pl. G81: Dun 6A **24**
Fyvie Av. G43: Glas 2G **121**
Fyvie Cres. ML6: Air 4F **97**

G

Gadie Av. PA4: Renf 1G **83**
Gadie St. G33: Glas 3F **89**
Gadloch Av. G66: A'loch 5D **52**
Gadloch Gdns. G66: Lenz 4D **52**
Gadloch St. G22: Glas 3G **65**
Gadloch Vw. G66: A'loch 5D **52**
Gadsburn Ct. G21: Glas 3E **67**
Gadshill St. G21: Glas 2B **88**
Gailes Pk. G71: Both 5D **128**
Gailes Rd. G68: Cumb 6H **15**
Gain and Shankburn Rd.
   G67: Cumb 6D **56**
Gainburn Ct. G67: Cumb 1B **56**
Gainburn Cres. G67: Cumb 2B **56**
Gainburn Gdns. G67: Cumb 2B **56**
Gainburn Pl. G67: Cumb 1B **56**
Gainburn Vw. G67: Cumb 1C **56**
Gain Rd. G67: Cumb 6B **56**
   ML5: Glenb 6B **56**
Gainside Rd. ML5: Glenb 3G **71**
Gairbraid Av. G20: Glas 3A **64**
Gairbraid Ct. G20: Glas 3A **64**
Gairbraid Pl. G20: Glas 3B **64**
Gairbraid Ter. G69: Barg 6E **93**

Gair Cres. ML2: Wis 2H **165**
   ML8: Carl 2E **175**
Gairloch Gdns. G66: Kirkin 4H **33**
Gair Rd. ML8: Carl 1E **175**
Gala Av. PA4: Renf 1G **83**
Gala Bingo
   Clydebank 5E **45**
   Coatbridge 5C **94**
   Glasgow, Cowglen Rd. 6C **104**
   Glasgow, Craigmont Dr. 3C **64**
   Glasgow, Hawthorn St. 4G **65**
   Motherwell 3H **147**
Gala Cres. ML2: Wis 4G **149**
Galashiels Av. ML6: Chap 4E **117**
Gala St. G33: Glas 1G **89**
Galbraith Cres. ML8: Law 5E **167**
Galbraith Dr. G51: Glas 3D **84**
Galbraith St. G62: Miln 5F **27**
Galdenoch St. G33: Glas 1B **90**
Gallacher Av. PA2: Pais 4E **101**
Gallacher Ct. ML1: Moth 6B **148**
   PA1: Pais 6G **81**
          (off Clavering St. W.)
Gallan Av. G23: Glas 6C **48**
Gallery Gro. ML5: Coat 5C **94**
Gallery of Modern Art 5D **6** (4G **87**)
Galloway Av. ML2: Wis 5A **150**
   ML3: Ham 4G **161**
   PA3: Pais 4H **81**
Galloway Dr. G73: Ruth 4D **124**
Galloway Rd. G74: E Kil 6C **142**
   ML6: Air 6H **95**
Galloway St. G21: Glas 3B **66**
Galloway Ter. PA3: Pais 4H **81**
GALLOWFLAT 6E **109**
Gallowflat St. G73: Ruth 5D **108**
GALLOWGATE 6C **88**
Gallowgate G1: Glas 5H **87**
   G4: Glas 5A **88**
   G31: Glas 6D **88**
   G40: Glas 5A **88**
Gallow Grn. Rd. PA1: Pais 1G **101**
GALLOWHILL 4D **82**
Gallowhill ML9: Lark 3C **170**
Gallowhill Av. G66: Lenz 1C **52**
Gallowhill Ct. PA3: Pais 3C **82**
Gallowhill Gro. G66: Kirkin 6C **32**
Gallowhill Rd. G66: Kirkin, Lenz . . .1C **52**
   G76: Crmck 1H **139**
   PA3: Pais 5B **82**
Galston Av. G77: Newt M 4G **137**
Galston Ct. ML3: Ham 4A **162**
Galston St. G53: Glas 1H **119**
Galt Pl. G75: E Kil 4F **157**
Gamrie Dr. G53: Glas 6A **104**
Gamrie Gdns. G53: Glas 6A **104**
Gamrie Rd. G53: Glas 5A **104**
Gannochy Dr. G64: B'rig 6E **51**
Gantock Cres. G33: Glas 4B **90**
Gardeners La. G69: Bail 1A **112**
GARDENHALL 4A **156**
Gardenhall G75: E Kil 3H **155**
Gardenhall Ct. G75: E Kil 3A **156**
Garden Ho. G66: Milt C 5B **10**
Gardenside ML4: Bell 3C **130**
Gardenside Av. G32: Carm 5B **110**
   G71: Udd 1C **128**
Gardenside Cres. G32: Carm 5B **110**
Gardenside Gro. G32: Carm 5B **110**
Gardenside Pl. G32: Carm 5B **110**
Gardenside Rd. ML3: Ham 1H **161**
Gardenside St. G71: Udd 1C **128**
Garden Sq. Wlk. ML6: Air 3F **95**
Gardner Gro. G71: Tann 5E **113**
Gardner St. G11: Glas 1H **85**
Gardyne St. G34: Glas 2G **91**
Gareloch Av. ML6: Air 1H **95**
   PA2: Pais 3E **101**

Garfield Av. ML4: Bell 2E 131
Garfield Dr. ML4: Bell 3E 131
Garfield Pl. G33: Step 3E 69
Garfield St. G31: Glas 5C 88
Garforth Rd. G69: Bail 1F 111
Garganey Wynd G75: E Kil 6C 156
Gargrave Av. G69: Bail 1F 111
Garion Dr. G13: Glas 4B 62
Garlieston Rd. G33: Glas 5F 91
Garmouth Ct. G51: Glas 3G 85
Garmouth Gdns. G51: Glas 3G 85
Garmouth Pl. G51: Glas 3F 85
Garmouth St. G51: Glas 3F 85
Garnet Ct. G4: Glas 1A 6
GARNETHILL 2A 6 (2E 87)
Garnethill St. G3: Glas 2A 6 (2E 87)
Garnet St. G3: Glas 3H 5 (2E 87)
Garnett Hall G4: Glas 4G 7
Garngaber Av. G66: Lenz 2D 52
Garngaber Ct. G66: Lenz 2E 53
Garngrew Rd. FK4: Hag 1F 17
Garnhall Farm Rd. G68: Cumb 3E 17
Garnie Av. PA8: Ersk 6H 43
Garnie Cres. PA8: Ersk 6H 43
Garnieland Rd. PA8: Ersk 6H 43
Garnie La. PA8: Ersk 1H 59
Garnie Oval PA8: Ersk 6H 43
Garnie Pl. PA8: Ersk 6H 43
GARNKIRK 3G 69
Garnkirk La. G33: Step 4E 69
Garnock Pk. G74: E Kil 2B 158
Garnock St. G21: Glas 2B 88
GARNQUEEN 4H 71
Garnqueen Cres. ML5: Glenb 4G 71
Garrell Av. G65: Kils 2H 13
Garrell Gro. G65: Kils 1H 13
Garrell Pl. G65: Kils 3G 13
Garrell Rd. G65: Kils 4G 13
Garrell Way G65: Kils 3G 13
G67: Cumb 3G 37
Garret Pl. G68: Cumb 6F 15
Garrick Av. G77: Newt M 1D 152
Garrick Ct. G77: Newt M 1D 152
Garrioch Cres. G20: Glas 4B 64
Garrioch Dr. G20: Glas 4B 64
Garrioch Ga. G20: Glas 4B 64
Garriochmill Rd. G12: Glas 6C 64
G20: Glas 5B 64
(not continuous)
Garriochmill Way G20: Glas 6D 64
(off Henderson St.)
Garrioch Quad. G20: Glas 4B 64
Garrioch Rd. G20: Glas 5B 64
Garrion Bus. Pk. ML2: Wis 3H 165
Garrion Pl. ML9: Ashg 4H 171
Garrion St. ML2: Over 5A 166
GARROWHILL 6G 91
Garrowhill Dr. G69: Bail 1F 111
Garrowhill Station (Rail) 6F 91
Garry Av. G61: Bear 5H 47
Garry Dr. PA2: Pais 3E 101
Garry St. G44: Glas 6E 107
Garscadden Rd. G15: Glas 5H 45
Garscadden Rd. Sth. G13: Glas . . .1A 62
G15: Glas 1H 61
(off Gt. Western Rd.)
Garscadden Station (Rail) 3A 62
Garscadden Vw. G81: Clyd 4F 45
Garscube Rd. G4: Glas 1B 6 (2F 87)
G20: Glas 6E 65
Garscube Sports Complex
University of Glasgow, Kelvin Campus
. . . . .6G 47
Garshake Av. G82: Dumb 1C 20
Garshake Rd. G82: Dumb 3H 19
Garshake Ter. G82: Dumb 2H 19
Gartartan Rd. PA1: Pais 6H 83
Gartcarron Hill G68: Cumb 2E 37

Gartcloss Rd. ML5: Coat 1G 93
Gartconnell Dr. G61: Bear 1E 47
Gartconnell Gdns. G61: Bear 1E 47
Gartconnell Rd. G61: Bear 1E 47
Gartconner Av. G66: Kirkin 5H 33
GARTCOSH 4D 70
Gartcosh Rd. G69: Barg 5D 92
G69: Barg, G'csh 1E 93
Gartcosh Station (Rail) 5E 71
Gartcosh Wlk. ML4: Bell 2B 130
Gartcraig Path G33: Glas 2H 89
(off Gartcraig Rd.)
Gartcraig Pl. G33: Glas 2H 89
Gartcraig Rd. G33: Glas 3H 89
Gartferry Av. G69: Mood 5D 54
Gartferry Rd. G68: Mollin 5B 54
G69: Chry, Mood 5B 54
Gartferry St. G21: Glas 5C 66
Gartfield St. ML6: Air 5B 96
Gartgill Rd. ML5: Coat 1A 94
GARTHAMLOCK 1E 91
Garthamlock Recreation Cen. 1D 90
Garth Dr. G81: Clyd 2D 60
Garthland Dr. G31: Glas 4C 88
Garthland La. PA1: Pais 6B 82
Garth St. G1: Glas 6E 7 (4G 87)
GARTLEA 5B 96
Gartlea Av. ML6: Air 4A 96
Gartlea Gdns. ML6: Air 4B 96
Gartleahill ML6: Air 5A 96
Gartlea Rd. ML6: Air 4A 96
Gartliston Rd. ML5: Coat 6B 72
Gartliston Ter. G69: Barg 6E 93
GARTLOCH 6A 70
Gartloch Av. G69: G'csh 6A 70
Gartloch Ct. G69: G'csh 6A 70
Gartloch Rd. G33: G'csh, Glas 2C 90
G33: Glas 1H 89
G34: G'csh, Glas 2C 90
G69: G'csh, Glas 2C 90
Gartloch Village G69: G'csh 6A 70
Gartloch Way G69: G'csh 6A 70
Gartly St. G44: Glas 3D 122
Gartmore Gdns. G71: Tann 5C 112
Gartmore La. G69: Mood 5E 55
Gartmore Rd. ML6: Air 5G 95
PA1: Pais 1D 102
Gartmore Ter. G72: Camb 4G 125
GARTNESS 6E 97
Gartness Dr. ML6: Gart 6E 97
Gartness Rd. ML6: Air 2G 117
Gartocher Dr. G32: Glas 6C 90
Gartocher Rd. G32: Glas 6C 90
Gartocher Ter. G32: Glas 6C 90
Gartons Rd. G21: Glas 4E 67
GARTSHERRIE 2B 94
Gartsherrie Av. ML5: Glenb 4B 72
Gartsherrie Ind. Est.
ML5: Coat 2B 94
Gartsherrie Rd. ML5: Coat 3A 94
Gartshore Cres. G65: Twe 3D 34
Gartshore Est. G66: Kirkin 5C 34
Gartshore Gdns. G68: Cumb 4A 36
Garturk St. G42: Glas 3F 107
ML5: Coat 1D 114
Garvald Ct. G40: Glas 2D 108
Garvald St. G40: Glas 2D 108
Garve Av. G44: Glas 3E 123
Garvel Cres. G33: Glas 5E 91
Garvel Dr. G33: Glas 5E 91
Garvel Pl. G62: Miln 3D 26
Garvel Rd. G33: Glas 5E 91
G62: Miln 3D 26
Garvin Lea ML4: Bell 5C 114
Garvock Dr. G43: Glas 2H 121
Garwhitter Dr. G62: Miln 3H 27
Gary Jacobs Health Club 5C 106

Gascoyne G75: E Kil 4E 157
Gaskin Path G33: Step 4E 69
Gask Pl. G13: Glas 1H 61
Gas St. PA5: John 2G 99
Gasworks Rd. ML8: Carl 2A 174
Gatehouse St. G32: Glas 6B 90
GATESIDE 6B 118
Gateside Av. G65: Kils 3F 13
G72: Camb 2D 126
Gateside Cres. G78: Barr 6C 118
ML6: Air 3A 96
Gateside Gdns. G78: Barr 5B 118
Gateside Pk. G65: Kils 2F 13
Gateside Pl. PA10: Kilba 2A 98
Gateside Rd. G78: Barr 6B 118
ML2: Wis 5E 149
Gateside St. G31: Glas 5D 88
ML1: Moth 1A 162
Gateway, The G74: E Kil 5A 142
Gaughan Quad. ML1: Moth 4F 147
Gauldry Av. G52: Glas 2C 104
Gauze St. PA1: Pais 6A 82
Gavell Rd. G65: Kils, Queen 4D 12
Gavinburn Gdns. G60: Old K 6D 22
Gavinburn Pl. G60: Old K 6E 23
Gavinburn St. G60: Old K 6E 23
Gavin's Mill Rd. G62: Miln 4G 27
Gavins Rd. G81: Hard 2D 44
Gavin St. ML1: Moth 4G 147
Gavinton St. G44: Glas 2D 122
Gayne Dr. ML5: Glenb 3G 71
Gean Ct. G67: Cumb 1F 39
Gear Ter. G40: Glas 3D 108
Geary St. G23: Glas 6B 48
Geddes Hill G74: E Kil 5B 142
Geddes Rd. G21: Glas 2E 67
Geelong Gdns. G66: Len 2F 9
Geils Av. G82: Dumb 2C 20
Geils Quad. G82: Dumb 2C 20
Gelston St. G32: Glas 1B 110
Gemini Gro. ML1: Holy 2B 132
Gemmell Pl. G77: Newt M 5B 136
General Roy Way ML8: Carl 5G 175
Generals Ga. G71: Udd 1C 128
Gentle Row G81: Dun 1B 44
George V Bri. G5: Glas 5F 87
George Av. G81: Clyd 4E 45
George Ct. ML3: Ham 4E 145
PA1: Pais 1H 101
George Cres. G81: Clyd 4E 45
George La. PA1: Pais 1A 102
George Mann Ter. G73: Ruth 3C 124
George Pl. PA1: Pais 1A 102
George Reith Av. G12: Glas 4F 63
Georges Cl. ML3: Ham 4E 145
George Sq. G2: Glas 5D 6 (4G 87)
George Stewart Gdns.
ML3: Ham 4E 145
George St. G1: Glas 5E 7 (4G 87)
G69: Bail 1H 111
G78: Barr 4D 118
ML1: Moth 5G 147
ML1: New S 3B 132
ML3: Ham 4E 145
ML4: Bell 2B 130
ML6: Air 4G 95
ML6: Chap 2D 116
PA1: Pais 1G 101
(Broomlands St.)
PA1: Pais 1H 101
(George Ct.)
PA5: John 2F 99
GEORGETOWN 5B 58
George Vw. ML2: Wis 1F 165
George Way ML9: Lark 1D 170
(off Muirshot Rd.)
Gerard Pl. ML4: Bell 6D 114
GERMISTON 1D 88

Germiston Ct. G75: E Kil 1A **168**
Germiston Cres. G75: E Kil 1A **168**
Gertrude Pl. G78: Barr 5C **118**
Ghillies La. ML1: Moth 6E **131**
Gibbon Cres. G74: E Kil 6C **142**
Gibb St. ML1: Cle 6H **133**
   ML6: Chap 2D **116**
Gibson Av. G82: Dumb 3H **19**
Gibson Cres. PA5: John 3E **99**
Gibson Hgts. G4: Glas 5H **7**
Gibson Quad. ML1: Moth 6E **131**
Gibson Rd. PA4: Renf 3D **82**
Gibson St. G12: Glas 1B **86**
   G40: Glas 5A **88**
   G82: Dumb 3G **19**
GIFFNOCK 4A **122**
Giffnock Heritage Cen. 4A **122**
   (off Station Rd.)
Giffnock Pk. Av. G46: Giff 3A **122**
Giffnock Station (Rail) 4A **122**
Giffnock Tennis Squash & Hockey Club
   . . . . .6A **122**
Gifford Dr. G52: Glas 6A **84**
Gifford Pl. ML5: Coat 2A **114**
Gifford Wynd PA2: Pais 3D **100**
Gigha Gdns. ML8: Carl 5E **175**
Gigha Quad. ML2: Wis 2E **165**
Gilbertfield Path G33: Glas 1B **90**
Gilbertfield Pl. G33: Glas 1B **90**
Gilbertfield Rd.
   G72: Camb, Flem 4C **126**
Gilbertfield St. G33: Glas 1B **90**
Gilbert St. G3: Glas 3A **4** (3A **86**)
Gilchrist Ct. *PA5: John* 4E **99**
   (off Tannahill Cres.)
Gilchrist St. ML5: Coat 3D **94**
Gilchrist Way ML2: Wis 2H **165**
Gilderdale G74: E Kil 1E **157**
Gilfillan Pl. ML2: Over 4A **166**
Gilfillan Way PA2: Pais 5C **100**
Gilhill St. G20: Glas 2B **64**
Gillbank Av. ML8: Carl 3B **174**
Gillbank La. *ML9: Lark* 3E **171**
   (off Shawrigg Rd.)
Gillburn St. ML2: Over 5A **166**
Gillies Cres. G74: E Kil 4D **142**
Gillies La. G69: Bail 1A **112**
Gill Rd. ML2: Over 4A **166**
   (not continuous)
Gilmartin Rd. PA3: Lin 5E **79**
Gilmerton St. G32: Glas 1A **110**
Gilmour Av. G74: T'hall 1F **155**
   G81: Hard 2D **44**
Gilmour Cres. G73: Ruth 5B **108**
   G76: Eag 6C **154**
Gilmour Dr. ML3: Ham 1D **160**
Gilmour Pl. G5: Glas 1G **107**
   ML4: Bell 2A **130**
   ML5: Coat 3B **94**
Gilmour St. G76: Eag 6C **154**
   G81: Clyd 3E **45**
   PA1: Pais 6A **82**
Gilmourton Cres. G77: Newt M 6D **136**
GILSHOCHILL 2B **64**
Gilshochill Station (Rail) 2C **64**
Gimmerscroft Cres. ML6: Air 5F **97**
Girdons Way G71: Udd 1C **128**
Girthon St. G32: Glas 1C **110**
Girvan Cres. ML6: Chap 4D **116**
Girvan St. G33: Glas 2F **89**
Glade, The ML9: Lark 3D **170**
Gladney Av. G13: Glas 1G **61**
Gladsmuir Rd. G52: Glas 5A **84**
GLADSTONE 5H **41**
Gladstone Av. G78: Barr 5D **118**
   PA5: John 6D **98**
Gladstone Ct. ML3: Ham 4E **145**
Gladstone Dr. G74: T'hall 3H **155**

Gladstone St. G4: Glas 1A **6** (1E **87**)
   G81: Clyd 5B **44**
   ML4: Bell 2D **130**
Glaive Rd. G13: Glas 6D **46**
Glamis Av. G77: Newt M 4F **137**
   ML8: Carl 3D **174**
   PA5: Eld 4H **99**
Glamis Ct. ML1: Carf 5C **132**
Glamis Cres. G72: Blan 6B **144**
Glamis Dr. G74: E Kil 6H **141**
Glamis Gait G72: Blan 6C **144**
Glamis Gdns. G64: B'rig 3D **50**
Glamis La. G72: Blan 6B **144**
Glamis Rd. G31: Glas 1F **109**
Glanderston Av. G77: Newt M 3B **136**
   G78: Barr 5G **119**
Glanderston Ct. G13: Glas 1A **62**
Glanderston Dr. G13: Glas 2A **62**
Glanderston Ga. G77: Newt M 3B **136**
Glanderston Rd. G77: Newt M 3H **135**
   G78: Neil, Newt M 3H **135**
GLASGOW 5D **6** (4G **87**)
Glasgow Airlink Ind. Est.
   PA3: Glas A 3A **82**
GLASGOW AIRPORT 2H **81**
GLASGOW AIRPORT INTERCHANGE
   . . . . .3H **81**
Glasgow & Edinburgh Rd.
   ML4: Bell 1D **112**
Glasgow and Edinburgh Rd.
   G69: Bail 6B **92**
   G69: Barg 1D **112**
   ML1: Holy, N'hse 4A **116**
   ML1: N'hse 5E **117**
   (not continuous)
   ML4: Bell 4A **116**
   ML5: Coat 1D **112**
Glasgow Botanic Gdns. 5B **64**
Glasgow Bri. G5: Glas 5F **87**
Glasgow Bri. Cotts. G66: Kirkin . . .6G **31**
Glasgow Caledonian University
   . . . . .2E **7** (2G **87**)
Glasgow City Heliport 4A **4**
Glasgow Climbing Cen. 6H **85**
Glasgow Club Bellahouston 1F **105**
Glasgow Crematorium G23: Glas . .1D **64**
Glasgow Film Theatre 3B **6** (3F **87**)
Glasgow Fish Mkt. G21: Glas 2D **88**
Glasgow Fort Shop. Pk.
   G34: Glas 2E **91**
Glasgow Fruit Mkt. G21: Glas 2C **88**
Glasgow Golf Course 5A **48**
Glasgow Green Football Cen. 1A **108**
Glasgow Green Hockey Cen. 1A **108**
Glasgow Harbour Terraces
   G11: Glas 2G **85**
Glasgow Hawks RUFC 3E **63**
Glasgow Museums Resource Cen.
   . . . . .2H **119**
Glasgow Necropolis 3A **88**
Glasgow Police Mus. 6F **7** (4H **87**)
Glasgow Rd. G53: Glas 3F **119**
   G62: Miln 5G **27**
   G65: Kils 3E **13**
   (not continuous)
   G66: Kirkin 6H **31**
   G67: Cumb 5E **37**
   (Condorrat Ring Rd.)
   G67: Cumb 1B **38**
   (Springfield Rd.)
   G69: Bail 1F **111**
   G69: Barg, Coat 5F **93**
   G71: Tann, Udd 4A **112**
   G72: Blan 6H **127**
   G72: Camb 6G **109**
   (Dukes Ct.)
   G72: Camb 5H **125**
   (Greenlees Rd.)

Glasgow Rd. G73: Ners, Ruth 5H **125**
   G73: Ruth 3B **108**
   G74: Ners 2A **142**
   G76: Eag, Water 6B **138**
   G78: Barr 3F **119**
   G81: Clyd 1D **60**
   G01: Faif, Hard 1D **44**
   G82: Dumb, Milt 3E **19**
   ML2: Wis 6D **148**
   ML3: Ham 4E **145**
   ML5: Barg, Coat 5F **93**
   PA1: Pais 6B **82**
   PA4: Renf 6G **61**
Glasgow Rowing Club 6H **87**
Glasgow Royal Concert Hall
   . . . . .3D **6** (3G **87**)
Glasgow School of Art . . . .2A **6** & 2B **6**
Glasgow Science Cen. 6A **4** (4B **86**)
Glasgow's Grand Ole Opry 5C **86**
Glasgow Ski Cen. 1G **105**
Glasgow Southern Orbital
   G74: T'hall, E Kil 4A **154**
   G76: Eag 4A **154**
   G77: Eag, Newt M 2B **152**
Glasgow St. G12: Glas 6C **64**
Glasgow Tigers Speedway 4H **65**
Glasgow Tower, The 5A **4** (4A **86**)
Glasgow University
   Netherton Rd. 2F **63**
Glassel Rd. G34: Glas 2B **92**
Glasserton Pl. G43: Glas 2D **122**
Glasserton Rd. G43: Glas 2D **122**
Glassford St. G1: Glas . . .6E **7** (4G **87**)
   G62: Miln 3H **27**
   ML1: Moth 5A **148**
Glassford Twr. *ML1: Moth* 5A **148**
   (off Glassford St.)
Glaudhall Av. G69: G'csh 2C **70**
Glazertbank G66: Len 3E **9**
Glazert Mdw. G66: Len 4G **9**
Glazert Pk. Dr. G66: Len 4G **9**
Glazert Pl. G66: Milt C 6B **10**
Glebe, The G71: Both 5F **129**
Glebe Av. G71: Both 5F **129**
   G76: Crmck 2H **139**
   ML5: Coat 1H **113**
Glebe Ct. G4: Glas 3G **7** (3H **87**)
   G60: Old K 1E **43**
Glebe Cres. G74: E Kil 2H **157**
   ML3: Ham 1G **161**
   ML6: Air 3D **96**
Glebe Gdns. PA6: Hous 1B **78**
Glebe Hollow G71: Both 5F **129**
Glebe La. G77: Newt M 5D **136**
Glebe Pk. G82: Dumb 2H **19**
Glebe Pl. G72: Camb 2B **126**
   G73: Ruth 5B **108**
Glebe Rd. G77: Newt M 5D **136**
Glebe St. G4: Glas 2G **7** (2H **87**)
   (Black St.)
   G4: Glas 3H **7** (3A **88**)
   (McAslin St., not continuous)
   G74: E Kil 1H **157**
   ML3: Ham 1G **161**
   ML4: Bell 2B **130**
   PA4: Renf 6F **61**
Glebe Wynd G71: Both 5F **129**
Gleddoch Cl. G52: Glas 5G **83**
Gleddoch Rd. G52: Glas 5G **83**
Gleddoch Ga. G52: Glas 5H **83**
Gleddoch Rd. G52: Glas 5G **83**
Gleddoch Vw. G82: Dumb 5D **18**
Gledstane Rd. PA7: B'ton 5H **41**
Glenacre Cres. G71: Tann 5C **112**
Glenacre Dr. G45: Glas 4H **123**
   ML6: Air 5D **96**
Glenacre Gdns. G45: Glas 3H **123**
Glenacre Gro. G45: Glas 3A **124**

Glenacre Quad. G45: Glas 4H 123
Glenacre Rd. G67: Cumb 5H 37
Glenacre St. G45: Glas 4H 123
Glenacre Ter. G45: Glas 4H 123
Glenafeoch Gdns. ML8: Carl 4E 175
Glenafeoch Rd. ML8: Carl 4D 174
Glen Affric G74: E Kil 2B 158
Glen Affric Av. G53: Glas 3D 120
Glen Affric Way ML6: Chap 4D 116
    (off Glen Avon Dr.)
Glenafton Gro. ML5: Coat 6A 94
Glenafton Vw. ML3: Ham 3F 161
Glen Alby Pl. G53: Glas 3C 120
Glenallan Ter. ML1: Moth 6F 131
Glenallan Way PA2: Pais 6B 100
    (not continuous)
Glen Almond G74: E Kil 1D 158
Glenalmond Rd. G73: Ruth 4F 125
Glenalmond St. G32: Glas 1A 110
Glenalva Ct. G65: Kils 2H 13
Glenapp Av. PA2: Pais 4D 102
Glenapp Pl. G69: Mood 4D 54
Glenapp Rd. PA2: Pais 4D 102
Glenapp St. G41: Glas 2D 106
Glenarklet Cres. PA2: Pais 5C 102
Glenarklet Dr. PA2: Pais 4C 102
Glen Arroch G74: E Kil 2B 158
Glenartney PA6: Hous 1A 78
Glenartney Rd. G69: Chry 6A 54
Glenashdale Way PA2: Pais 4C 102
Glen Av. G32: Glas 5B 90
    G69: Mood 5D 54
    G78: Neil 2E 135
    ML9: Lark 5B 170
Glenavon Ct. ML3: Ham 2F 161
    ML9: Birk 6D 170
Glen Avon Dr. ML6: Chap 4D 116
Glenavon Rd. G20: Glas 2B 64
Glenbank Av. G66: Lenz 3D 52
Glenbank Ct. G46: T'bnk 5F 121
    (off Glenbank Dr.)
Glenbank Dr. G46: T'bnk 5F 121
Glenbank Rd. G66: Lenz 3D 52
Glenbarr St. G21: Glas 2B 88
Glen Bervie G74: E Kil 1B 158
Glenbervie Cres. G68: Cumb 1H 37
Glenbervie Pl. G23: Glas 6B 48
    G77: Newt M 4A 136
GLENBOIG 3A 72
Glenboig Cotts. ML5: Glenb 3H 71
Glenboig Farm Rd. ML5: Glenb 3A 72
Glenboig New Rd. ML5: Glenb 3B 72
Glenboig Rd. G69: G'csh, Glenb . . .1F 71
    ML5: Glenb 3G 71
Glen Brae PA11: Bri W 3E 77
Glenbrittle Dr. PA2: Pais 4C 102
Glenbrittle Way PA2: Pais 4C 102
Glenbuck Av. G33: Glas 3H 67
Glenbuck Dr. G33: Glas 3H 67
GLENBURN 5H 101
Glenburn Av. G69: Bail 6A 92
    G69: Mood 5D 54
    G72: Camb 2F 125
    ML1: N'hill 3C 132
Glenburn Cl. ML3: Grng 1C 74
Glenburn Ct. G66: Kirkin 5D 32
    (off Willowbank Gdns.)
    G74: E Kil 6C 140
Glenburn Cres. G66: Milt C 6C 10
    G71: View 5G 113
    PA2: Pais 5H 101
Glenburn Gdns. G64: B'rig 5B 50
    ML5: Glenb 3G 71
Glenburnie Pl. G34: Glas 4F 91
Glenburn La. G20: Glas 2C 64
Glenburn Rd. G46: Giff 6H 121
    G61: Bear 2D 46
    G74: E Kil 6C 140

Glenburn Rd. ML3: Ham 6F 145
    PA2: Pais 5F 101
Glenburn St. G20: Glas 2C 64
Glenburn Ter. ML1: Carf 6C 132
    ML8: Carl 5C 174
Glenburn Wlk. G69: Bail 6A 92
Glenburn Way G74: E Kil 6B 140
Glenburn Wynd ML9: Lark 1D 170
    (off Muirshot Rd.)
Glencairn Av. ML2: Wis 5D 148
Glencairn Ct. PA3: Pais 3D 82
    (off Montgomery Rd.)
Glencairn Dr. G41: Glas 3B 106
    G69: Mood 5C 54
    G73: Ruth 5B 108
    ML5: Coat 6A 94
Glencairn Gdns. G41: Glas 3C 106
    G72: Camb 2D 126
Glencairn La. G41: Glas 3C 106
Glencairn Path G32: Glas 5C 90
    (off Hallhill Rd.)
Glencairn Rd. G67: Cumb 3C 38
    G82: Dumb 4C 18
    PA3: Pais 4C 82
Glencairn St. G66: Kirkin 6D 32
    ML1: Moth 4G 147
Glencairn Twr. ML1: Moth 4G 147
Glencalder Cres. ML4: Bell 4D 130
Glen Cally G74: E Kil 1B 158
Glencally Av. PA2: Pais 4D 102
Glen Cannich G74: E Kil 2B 158
Glen Carron G74: E Kil 2B 158
Glencart Gro. PA10: Kilba 4C 98
Glencleland Rd. ML2: Wis 5D 148
Glenclora Dr. PA2: Pais 4C 102
Glen Clova G74: E Kil 1B 158
Glen Clova Dr. G68: Cumb 1E 37
Glencloy St. G20: Glas 2A 64
Glen Clunie G74: E Kil 1D 158
Glen Clunie Dr. G53: Glas 3C 120
Glen Clunie Pl. G53: Glas 3C 120
Glencoats Dr. PA3: Pais 6E 81
Glencoe Dr. ML1: Holy 2A 132
Glencoe Pl. G13: Glas 2F 63
    ML3: Ham 3F 161
Glencoe Rd. G73: Ruth 4F 125
    ML8: Carl 5E 175
Glencoe St. G13: Glas 2F 63
Glen Cona Dr. G53: Glas 2C 120
Glenconner Way G66: Kirkin 4G 33
Glencorse Rd. PA2: Pais 3G 101
Glencorse St. G32: Glas 4G 89
Glen Ct. ML1: Moth 5B 148
    ML5: Coat 6H 93
Glencraig St. ML6: Air 4G 95
Glen Creran Cres. G78: Neil 3C 134
Glen Cres. G13: Glas 2G 61
Glencroft Av. G71: Tann 5C 112
Glencroft Rd. G44: Glas 1H 123
Glencryan Rd. G67: Cumb 5A 38
Glendale Av. ML6: Air 5D 96
Glendale Cres. G64: B'rig 1E 67
Glendale Dr. G64: B'rig 1E 67
Glendale Gro. ML5: Coat 2A 114
Glendale Pl. G31: Glas 5D 88
    G64: B'rig 2E 67
Glendale St. G31: Glas 5D 88
Glendaruel Av. G61: Bear 3H 47
Glendaruel Rd. G73: Ruth 5G 125
Glendarvel Gdns. G22: Glas 5H 65
Glendee Gdns. PA4: Renf 1F 83
Glendee Rd. PA4: Renf 1F 83
Glen Dene Way G53: Glas 3C 120
Glendentan Rd. PA11: Bri W 4E 77
Glendermott Ct. ML8: Carl 2D 174
Glen Derry G74: E Kil 6D 142
Glen Dessary G74: E Kil 3B 158
Glendeveron Way ML1: Carf 5A 132

Glen Devon G74: E Kil 2D 158
Glendevon Cotts. G81: Clyd 4B 44
Glendevon Pl. G81: Clyd 4B 44
    ML3: Ham 3F 161
Glendevon Sq. G33: Glas 1B 90
Glen Dewar Pl. G53: Glas 3C 120
Glendinning Pl. G76: Eag 6B 154
Glendinning Rd. G13: Glas 6E 47
Glen Dochart Dr. G68: Cumb 6E 15
Glendoick Pl. G77: Newt M 4A 136
Glen Doll G74: E Kil 1B 158
Glen Doll Rd. G78: Neil 4B 134
Glendorch Av. ML2: Wis 2A 150
Glendore St. G14: Glas 1E 85
Glendoune Rd. G76: Clar 4C 138
Glendower Way PA2: Pais 5C 100
Glen Dr. ML1: Holy 2B 132
Glenduffhill Rd. G69: Bail 6F 91
Glen Dye G74: E Kil 1B 158
Glen Eagles G74: E Kil 2C 158
Gleneagles Av. G68: Cumb 6A 16
Gleneagles Ct. G64: B'rig 4C 50
    (off Hilton Rd.)
Gleneagles Dr. G64: B'rig 4C 50
    G77: Newt M 5H 137
Gleneagles Gdns. G64: B'rig 4B 50
Gleneagles Ga. G77: Newt M 5H 137
Gleneagles La. Nth. G14: Glas 5C 62
Gleneagles La. Sth. G14: Glas 6C 62
Gleneagles Pk. G71: Both 5D 128
Glenelg Cres. G66: Kirkin 4G 33
Glenelg Path ML5: Glenb 3G 71
Glenelg Quad. G34: Glas 2B 92
Glenelm Pl. ML4: Bell 1C 130
Glen Esk G74: E Kil 1C 158
Glen Esk Cres. G53: Glas 3C 120
Glen Esk Dr. G53: Glas 3C 120
Glen Esk Pl. G53: Glas 3C 120
Glen Etive Pl. G73: Ruth 5G 125
Glen Falloch G74: E Kil 2C 158
Glen Falloch Cres. G78: Neil 4D 134
Glen Falloch Way G68: Cumb 6E 15
Glen Farg G74: E Kil 2D 158
Glenfarg Ct. ML3: Ham 3F 161
Glenfarg Cres. G61: Bear 3H 47
Glenfarg Rd. G73: Ruth 3D 124
Glenfarg St. G20: Glas 1E 87
Glenfarm Rd. ML1: N'hill 3E 133
Glen Farrar G74: E Kil 2B 158
Glen Feshie G74: E Kil 3B 158
Glenfield Av. PA2: Pais 6H 101
Glenfield Cres. PA2: Pais 6H 101
Glenfield Gdns. PA2: Pais 6H 101
Glenfield Grange PA2: Pais 1A 118
Glenfield Gro. PA2: Pais 6H 101
Glenfield Rd. G75: E Kil 5A 158
    PA2: Pais 6G 101
Glen Finlet Cres. G78: Neil 4C 134
Glenfinnan Dr. G20: Glas 3B 64
    G61: Bear 4H 47
Glenfinnan Gro. ML4: Bell 3F 131
Glenfinnan Pl. G20: Glas 3B 64
    (off Glenfinnan Rd.)
Glenfinnan Rd. G20: Glas 3B 64
Glenfruin Cres. PA2: Pais 4D 102
Glen Fruin Dr. ML9: Lark 4E 171
Glen Fruin Pl. ML6: Chap 4D 116
    (off Glen Rannoch Dr.)
Glenfruin Rd. G72: Blan 1A 144
Glen Fyne Rd. G68: Cumb 1D 36
Glen Gairn G74: E Kil 1D 158
Glen Gairn Cres. G78: Neil 3C 134
Glen Gdns. PA5: Eld 2A 100
Glen Garrell Pl. G65: Kils 2F 13
Glengarriff Rd. ML4: Bell 5D 114
Glen Garry G74: E Kil 3B 158
Glengarry Dr. G52: Glas 6C 84

Glengavel Cres. G33: Glas 3H **67**
Glengavel Gdns. ML2: Wis 2A **150**
Glen Gavin Way PA2: Pais 4D **102**
Glengonnar St. ML9: Lark 5C **170**
GLENGOWAN 2A **170**
Glengowan Rd. PA11: Bri W 3E **77**
Glengowan Ct. ML9: Lark 2C **170**
Glengoyne Dr. ML1: New S 5A **132**
Glen Gro. G65: Kils 1H **13**
G75: E Kil 4F **157**
Glengyre Pl. G34: Glas 3A **92**
Glengyre St. G34: Glas 2A **92**
Glenhead Cres. G22: Glas 3G **65**
G81: Dun, Hard 6C **24**
Glenhead Dr. ML1: Moth 5F **147**
Glenhead Rd. G66: Lenz 3D **52**
G81: Clyd 2B **44**
Glenhead St. G22: Glas 3G **65**
Glenheath Dr. ML5: Glenb 4G **71**
Glenholme Av. PA2: Pais 4F **101**
Glenhove Rd. G67: Cumb 3A **38**
Gleniffer Av. G13: Glas 3A **62**
Gleniffer Braes Country Pk. 6E **101**
Gleniffer Ct. PA2: Pais 6F **101**
Gleniffer Cres. PA5: Eld 4A **100**
Gleniffer Dr. G78: Barr 2C **118**
Gleniffer Rd. PA2: Pais 6D **100**
PA4: Renf 3D **82**
Gleniffer Vw. G78: Neil 1D **134**
G81: Clyd 4F **45**
Glen Isla G74: E Kil 1C **158**
Glen Isla Av. G78: Neil 4C **134**
Glenisla Av. G69: Mood 3E **55**
Glen Isla Dr. ML8: Carl 6G **175**
Glen Isla Pl. ML8: Carl 6F **175**
Glen Isla Quad. ML1: Cle 1H **149**
Glenisla St. G31: Glas 2F **109**
Glenkirk Dr. G15: Glas 5B **46**
Glen Kyle Dr. G53: Glas 3C **120**
Glen La. PA3: Pais 6A **82**
Glen Lednock Dr. G68: Cumh 1D **36**
Glen Lee G74: E Kil 1C **158**
Glenlee St. ML3: Ham 4D **144**
Glen Lethnot G74: E Kil 1C **158**
Glen Livet Pl. G53: Glas 3C **120**
Glen Livet Rd. G78: Neil 3C **134**
Glen Lochay Gdns. G68: Cumb . . .1D **36**
Glenlora Dr. G53: Glas 6A **104**
Glenlora Ter. G53: Glas 6B **104**
Glen Loy Pl. G53: Glas 3C **120**
Glenluce Dr. G32: Glas 2D **110**
Glenluce Gdns. G69: Mood 4E **55**
Glenluce Ter. G74: E Kil 1E **157**
Glenluggie Rd. G66: Kirkin 6G **33**
Glenlui Av. G73: Ruth 2D **124**
Glen Luss Gdns. G68: Cumb 1D **36**
Glen Luss Pl. G53: Glas 3C **120**
ML5: Coat 6F **95**
Glen Lyon G74: E Kil 2C **158**
Glen Lyon Ct. G68: Cumb 1D **36**
Glenlyon Ct. ML3: Ham 3F **161**
Glenlyon Pl. G73: Ruth 4E **125**
Glen Lyon Rd. G78: Neil 3C **134**
Glen Lyon Wlk. ML1: Moth 6C **148**
Glen Mallie G74: E Kil 2C **158**
Glenmalloch Pl. PA5: Eld 2A **100**
Glenmanor Av. G69: Mood 5C **54**
Glenmanor Rd. G69: Mood 5C **54**
Glenmare Av. G66: Kirkin 6G **33**
Glen Mark G74: E Kil 1C **158**
Glen Mark Rd. G78: Neil 3C **134**
GLENMAVIS 5G **73**
Glenmavis Ct. ML8: Carl 4E **175**
Glenmavis Cres. ML8: Carl 4E **175**
Glenmavis Rd. ML6: Air, Glenm . . .6G **73**
Glenmavis St. G4: Glas 1C **6** (2F **87**)
Glen More G74: E Kil 2A **158**
ML8: Carl 5G **175**

Glenmore Av. G42: Glas 5A **108**
ML4: Bell 4D **130**
Glenmore Pl. G42: Glas 5A **108**
Glen Moriston Rd. ML1: N'hill 4C **132**
Glen Moriston G74: E Kil 2C **158**
Glen Moriston Rd. G53: Glas 4C **120**
G68: Cumb 1D **36**
Glenmoss Av. PA8: Ersk 6D **42**
Glenmuir Av. G53: Glas 2C **120**
Glenmuir Ct. G53: Glas 2D **120**
Glenmuir Cres. G53: Glas 2C **120**
Glenmuir Dr. G53: Glas 2B **120**
Glen Muir Rd. G78: Neil 3C **134**
Glen Nevis G74: E Kil 3B **158**
ML8: Carl 5F **175**
Glen Nevis Pl. G73: Ruth 5E **125**
Glen Noble ML1: Cle 1G **149**
Glen Ochil Rd. ML6: Chap 4D **116**
Glen Ogilvie G74: E Kil 1C **158**
Glen Ogle St. G32: Glas 1D **110**
Glenoran La. ML9: Lark 1D **170**
Glenorchard Rd. G64: Balm 3H **29**
Glen Orchy Ct. G68: Cumb 6D **14**
Glen Orchy Dr. G53: Glas 3C **120**
G68: Cumb 1D **36**
Glen Orchy Gro. G53: Glas 3D **120**
Glen Orchy Pl. G53: Glas 4D **120**
G68: Cumb 1D **36**
ML6: Chap 4D **116**
(off Glen Rannoch Dr.)
Glen Orchy Rd. ML1: Cle 1H **149**
Glen Orchy Way G53: Glas 3C **120**
Glen Orrin Way G78: Neil 3C **134**
Glenpark ML6: Air 5E **97**
Glenpark Av. G46: T'bnk 5F **121**
Glenpark Gdns. G72: Camb 6G **109**
Glenpark Ind. Est. G31: Glas 5D **88**
Glenpark Rd. G31: Glas 5D **88**
Glenpark St. G31: Glas 5D **88**
ML2: Wis 5G **149**
Glenpark Ter. G72: Camb 6G **109**
Glenpath G82: Dumb 2C **20**
Glenpatrick Rd. PA5: Eld 5A **100**
Glen Pl. G76: Clar 2C **138**
Glen Prosen G74: E Kil 1C **158**
Glen Quoich G74: E Kil 6D **142**
Glenraith Path G33: Glas 6B **68**
Glenraith Rd. G33: Glas 6B **68**
Glenraith Sq. G33: Glas 6B **68**
Glenraith Wlk. G33: Glas 6C **68**
Glen Rannoch Dr. ML6: Chap 4D **116**
Glen Roy Dr. G78: Neil 3C **134**
Glen Rosa Gdns. G68: Cumb 1D **36**
Glen Sannox Dr. G68: Cumb 1D **36**
Glen Sannox Gro. G68: Cumb 1E **37**
Glen Sannox Loan G68: Cumb 1D **36**
Glen Sannox Vw. G68: Cumb 1D **36**
Glen Sannox Way G68: Cumb 1E **37**
Glen Sannox Wynd G68: Cumb 1E **37**
Glen Sax Dr. PA4: Renf 2G **83**
Glen Shee G74: E Kil 1C **158**
Glen Shee Av. G78: Neil 3C **134**
Glenshee Ct. G31: Glas 1F **109**
ML8: Carl 5F **175**
Glen Shee Cres. ML6: Chap 4D **116**
Glen Shee Gdns. ML8: Carl 5F **175**

Glenshee Gdns. G31: Glas 1G **109**
Glen Shee La. ML8: Carl 5G **175**
Glenshee St. G31: Glas 1F **109**
Glenshee Ter. ML3: Ham 3F **161**
Glenshiel Av. PA2: Pais 4C **102**
Glenshira Av. PA2: Pais 4C **102**
Glen Shirva Rd. G65: Twe 1C **34**
Glenside Av. G53: Glas 3B **104**
Glenside Cotts. PA11: Bri W 3F **77**
(off Mill of Gryffe Rd.)
Glenside Dr. G73: Ruth 1F **125**
Glenside Rd. G82: Dumb 1H **19**
Glenspean Pl. ML5: Coat 6F **95**
Glenspean St. G43: Glas 1A **122**
Glen St. G72: Camb 3D **126**
G78: Barr 4E **119**
ML1: Moth 6G **131**
ML1: N'hill 3D **132**
PA3: Pais 5H **81**
Glentanar Ct. PA1: Pais 1C **102**
Glentanar Dr. G69: Mood 5E **55**
Glentanar Pl. G22: Glas 2F **65**
Glentanar Rd. G22: Glas 2F **65**
Glen Tanner G74: E Kil 1D **158**
Glen Tarbert Dr. G78: Neil 3C **134**
Glentarbert Rd. G73: Ruth 4F **125**
Glen Tennet G74: E Kil 1C **158**
Glentore Quad. ML6: Air 1A **96**
Glen Twr. ML1: Moth 5B **148**
(off Glen Ct.)
Glentrool Gdns. G22: Glas 5G **65**
G69: Mood 4E **55**
Glen Turret G74: E Kil 1C **158**
Glenturret St. G32: Glas 1A **110**
Glentyan Av. PA10: Kilba 1A **98**
Glentyan Dr. G53: Glas 6A **104**
Glentyan Pl. G53: Glas 6A **104**
Glen Urquhart G74: E Kil 2B **158**
Glen Vw. G67: Cumb 2C **38**
ML3: Ham 5H **161**
Glenview G66: Kirkin 5D **32**
ML6: Air 5D **96**
ML9: Lark 1B **170**
Glenview Av. FK4: Bank 1E **17**
Glenview Ct. ML9: Lark 1B **170**
Glenview Cres. G69: Mood 4D **54**
Glenview Pl. G72: Blan 6B **128**
Glenview St. ML6: Glenm 5G **73**
Glenvilla Circ. PA2: Pais 6H **101**
Glenvilla Cres. PA2: Pais 6H **101**
Glenvilla Pl. PA2: Pais 6H **101**
Glenvilla Wynd PA2: Pais 6H **101**
Glenville Av. G46: Giff 4H **121**
Glenville Ga. G76: Busby 4E **139**
Glenville Ter. G76: Busby 4E **139**
Glenward Av. G66: Len 3G **9**
Glenwell St. ML6: Glenm 6G **73**
Glenwood Av. ML6: Air 1C **116**
Glenwood Bus. Cen. G45: Glas 4A **124**
Glenwood Ct. G66: Lenz 2A **52**
Glenwood Dr. G46: T'bnk 5F **121**
Glenwood Gdns. G66: Lenz 2A **52**
Glenwood Path G45: Glas 4A **124**
Glenwood Pl. G45: Glas 4A **124**
G66: Lenz 2A **52**
Glenwood Rd. G66: Lenz 2A **52**
Glidden Ct. ML2: Over 4A **166**
Globe Ct. G74: E Kil 4D **142**
Glorat Av. G66: Len 3G **9**
Gloucester Av. G73: Ruth 2F **125**
G76: Clar 2B **138**
Glynhill Leisure Club 2D **82**
Goals Soccer Cen.
Glasgow South, Pollokshaws Rd.
. . . . .4D **106**
Glasgow West, Gt. Western Rd.
. . . . .4F **45**
GOCKSTON 3H **81**

Gockston Rd. PA3: Pais 4H 81	Gorstan St. G23: Glas 1B 64	Grampian Cres. G32: Glas 1B 110
Goddard Pl. ML2: Newm 4F 151	Gosford La. G14: Glas 5A 62	ML6: Chap 4F 117
Gogar Pl. G33: Glas 3G 89	Gotter Bank PA11: Quarr V 1A 76	Grampian Dr. G75: E Kil 1B 168
Gogar St. G33: Glas 3G 89	Goudie St. PA3: Pais 4H 81	Grampian Pl. G32: Glas 1B 110
Goil Av. ML4: Bell 1H 129	Gough La. G33: Glas 3F 89	Grampian Rd. ML2: Wis 5F 149
Goil Way ML1: Holy 2A 132	(off Gough St.)	Grampian St. G32: Glas 1B 110
(off Glencoe Dr.)	Gough St. G33: Glas 3F 89	Grampian Way G61: Bear 6B 26
Golberry La. G14: Glas 4B 62	Gourlay G74: E Kil 4D 142	G68: Cumb 3C 36
(off Esslemont Av.)	Gourlay Dr. ML2: Over 5A 166	G78: Barr 6E 119
Goldberry Av. G14: Glas 4B 62	Gourlay St. G21: Glas 6H 65	Granby La. G12: Glas 6B 64
Goldcrest Ct. ML2: Wis 2F 165	(not continuous)	Grand Ole Opry 5C 86
Goldenacre Pl. ML6: Plain 6F 75	Gourock St. G5: Glas 1E 107	Grandtully Dr. G12: Glas 3A 64
Goldenhill Ct. G81: Hard 1D 44	GOVAN 3G 85	Grange Av. G62: Miln 3H 27
Goldenlee Vw. PA6: C'lee 3A 78	Govan Cross Shop. Cen.	ML2: Wis 2E 165
Goldie G71: Udd 3E 129	G51: Glas 3G 85	Grange Ct. ML1: Moth 1B 164
Golf Av. ML4: Bell 4C 130	GOVANHILL 3F 107	Grange Gdns. G71: Both 6F 129
Golf Course Rd. G64: Balm 5A 30	Govanhill St. G42: Glas 3F 107	Grangeneuk Gdns. G68: Cumb 4E 37
PA11: Bri W 3D 76	(not continuous)	Grange Rd. G42: Glas 5E 107
Golf Ct. G44: Neth 5C 122	Govanhill Swimming Pool 3E 107	G61: Bear 2F 47
Golf Dr. G15: Glas 6H 45	Govan Rd.	Grange St. ML1: Moth 5A 148
PA1: Pais 1E 103	G51: Glas . . . . . .5A 4 & 6C 4 (2D 84)	Grange Twr. ML1: Moth 1B 164
Golf Gdns. ML9: Lark 3E 171	Govan Station (Underground) 3G 85	Grannoch Pl. ML5: Coat 3F 115
GOLFHILL 1H 95	Gowanbank Gdns. PA5: John 3E 99	Gran St. G81: Clyd 1G 61
Golfhill Dr. G31: Glas 3C 88	Gowanbrae G66: Lenz 1C 52	Grant Ct. ML3: Ham 5G 161
Golfhill Quad. ML6: Air 1A 96	Gowanlea Av. G15: Glas 6A 46	ML6: Air 3E 97
Golfhill Rd. ML2: Wis 5D 148	Gowanlea Dr. G46: Giff 3B 122	Grant Gro. ML4: Bell 3C 130
Golf Pl. ML4: Bell 4D 130	Gowanlea Ter. G71: View 6F 113	Grantholm Av. ML1: Holy 1B 132
Golf Rd. G73: Ruth 3D 124	Gowanside Pl. ML8: Carl 3B 174	Grantlea Gro. G32: Glas 1D 110
G76: Clar 2B 138	Gower St. G41: Glas 1A 106	Grantlea Ter. G32: Glas 1D 110
PA7: B'ton 2H 41	G51: Glas 1A 106	Grantley Gdns. G41: Glas 5B 106
Golf Vw. G61: Bear 2B 46	Gower Ter. G41: Glas 6A 86	Grantley St. G41: Glas 5B 106
G81: Clyd 3B 44	Gowkhall Av. ML1: N'hill 4F 133	Grantoften Path G75: E Kil 5F 157
Golfview Dr. ML5: Coat 4G 93	GOWKTHRAPPLE 3G 165	Granton Ter. G5: Glas 3A 108
Golfview Pl. ML5: Coat 5G 93	Goyle Av. G15: Glas 4C 46	Grantown Av. ML6: Air 5E 97
Golspie Av. ML6: Air 1G 115	Grace Av. G69: Barg 6D 92	Grantown Gdns. ML6: Glenm 4H 73
Golspie St. G51: Glas 3G 85	Grace St. G3: Glas 5F 5 (4D 86)	Grant Rd. G66: Kirkin 1G 53
Golspie Way G72: Blan 6A 144	Grace Wynd ML3: Ham 6A 146	Grants Av. PA2: Pais 4G 101
Goodview Gdns. ML9: Lark 3E 171	Grado Av. G74: E Kil 6A 140	Grants Cres. PA2: Pais 5H 101
Goosedubbs G1: Glas 5G 87	Graeme Ct. ML1: Moth 5F 131	Grants Pl. PA2: Pais 5H 101
Gooseholm Cres. G82: Dumb 2G 19	Graffham Av. G46: Giff 4B 122	Grant St. G3: Glas 1G 5 (2D 86)
Gooseholm Rd. G82: Dumb 2G 19	Grafton Pl. G1: Glas 3E 7 (3G 87)	Grants Way PA2: Pais 4G 101
Gopher Av. G71: View 5F 113	Graham Av. G72: Camb 2D 126	Granville St. G3: Glas 3G 5 (3D 86)
GORBALS 1G 107	G74: E Kil 1G 157	G81: Clyd 4D 44
Gorbals Cross G5: Glas 6G 87	G81: Clyd 4D 44	Grasmere G75: E Kil 6B 156
ML9: Lark 2C 170	ML3: Ham 3H 161	Grasmere Ct. ML3: Ham 5H 161
Gorbals Leisure Cen. 6G 87	(not continuous)	Grathellen Ct. ML1: Moth 1A 148
Gorbals St. G5: Glas 6F 87	Graham Dr. G62: Miln 3E 27	Gray Dr. G61: Bear 4F 47
Gordon Av. G44: Neth 5C 122	G75: E Kil 6H 157	Grayline Av. G72: Newt 1E 127
G52: Hill E 4G 83	Graham Ho. G67: Cumb 3G 37	Grayshill Rd. G68: Cumb 6H 35
G69: Bail 6F 91	Graham Pl. G65: Kils 1G 13	Gray's Rd. G71: Udd 1F 129
PA7: B'ton 3G 41	ML9: Ashg 4H 171	Grayston Mnr. G69: Chry 6C 54
Gordon Ct. ML6: Air 3E 97	Graham Rd. G82: Dumb 3D 18	Gray St. G3: Glas 2C 4 (2B 86)
Gordon Cres. G77: Newt M 3E 137	Graham Sq. G31: Glas 5B 88	G66: Kirkin 6H 33
Gordon Dr. G44: Neth 5D 122	Grahamsdyke Pl. G66: Kirkin 4E 33	ML1: Cle 6H 133
G74: E Kil 6B 142	Grahamsdyke Rd. G66: Kirkin 4E 33	ML9: Lark 1C 170
Gordon La. G1: Glas 5C 6 (4F 87)	Grahamshill Av. ML6: Air 3D 96	Great Av. ML3: Fern 2C 162
Gordon McMaster Gdns.	Grahamshill St. ML6: Air 3C 96	Great Dovehill G1: Glas 5H 87
PA5: John 2G 99	Graham Sq. G31: Glas 5B 88	Gt. George La. G12: Glas 6B 64
Gordon Pl. ML4: Bell 4B 130	Grahamston Ct. PA2: Pais 5E 103	Gt. George St. G12: Glas 6B 64
Gordon Rd. G44: Neth 5C 122	Grahamston Cres. PA2: Pais 5E 103	Gt. Hamilton St. PA2: Pais 3A 102
ML3: Ham 5D 144	Grahamston Pk. G78: Barr 2D 118	Gt. Kelvin La. G12: Glas 1C 86
Gordon Sq. PA5: John 3F 99	Grahamston Pl. PA2: Pais 5E 103	(off Glasgow St.)
Gordon St. G1: Glas 5C 6 (4F 87)	Grahamston Rd. G78: Barr 2D 118	Gt. Western Retail Pk. G15: Glas . . .5G 45
PA1: Pais 1A 102	PA2: Pais 2D 118	Gt. Western Rd. G4: Glas 3G 63
Gordon Ter. G72: Blan 5A 128	Graham St. G78: Barr 4D 118	G12: Glas 3G 63
ML3: Ham 6D 144	ML1: Holy 2A 132	G13: Glas 1A 62
Gorebridge St. G32: Glas 4G 89	ML2: Wis 1H 165	G15: Glas 1A 62
Goremire Rd. ML8: Carl 6E 175	ML3: Ham 6A 146	G60: Bowl, Old K 5H 21
Gorget Av. G13: Glas 6C 46	ML6: Air 4A 96	G81: Clyd, Dun, Hard 1G 43
Gorget Pl. G13: Glas 6C 46	(not continuous)	Gt. Western Ter. G12: Glas 5A 64
Gorget Quad. G13: Glas 6B 46	PA5: John 3E 99	Gt. Western Ter. La. G12: Glas 5A 64
Gorse Cres. PA11: Bri W 4G 77	Graham Ter. G64: B'rig 2D 66	Grebe Dr. G68: Cumb 5B 36
Gorse Dr. G78: Barr 3D 118	Graham Wynd G75: E Kil 6H 157	Green, The G40: Glas 1A 108
Gorsehall St. ML1: Cle 5H 133	Graignestock Pl. G40: Glas 6A 88	G65: Twe 1D 34
Gorse Pl. G71: View 5F 113	Grainger Rd. G64: B'rig 6F 51	Greenacres ML1: Moth 4E 147
Gorsewood Rd. G53: Glas 6A 104	Grainger Way ML1: Moth 1F 147	Greenacres Ct. G53: Glas 3C 120
Gorstan Path G23: Glas 1B 64	Grammar School Sq. ML3: Ham . .5A 146	Greenacres Dr. G53: Glas 3C 120
Gorstan Pl. G20: Glas 4A 64	Grampian Av. PA2: Pais 5H 101	Greenacres Vw. ML1: Moth 4E 147
	Grampian Ct. G61: Bear 5C 26	

Greenacres Way G53: Glas 3C **120**
Greenan Av. G42: Glas 6A **108**
Greenbank G72: Blan 2A **144**
Greenbank Av. G46: Giff 2G **137**
Greenbank Dr. PA2: Pais 6H **101**
Greenbank House & Garden 3H **137**
Green Bank Rd. G68: Cumb 3E **37**
Greenbank Rd. ML2: Wis 6A **150**
Greenbank St. G73: Ruth 5C **108**
Greenbank Ter. ML8: Carl 3D **174**
Green Cl. G40: Glas 6A **88**
Green Dale ML3: Ham 4B **150**
Greendyke St. G1: Glas 5H **87**
GREENEND 1F **115**
Greenend Av. PA5: John 4D **98**
Greenend Pl. G32: Glas 4C **90**
Greenend Vw. ML4: Bell 3B **130**
Greenfarm Rd. G77: Newt M 4B **136**
   PA3: Lin 5H **79**
GREENFAULDS 6G **37**
Greenfaulds Cres. G67: Cumb 5A **38**
Greenfaulds Rd. G67: Cumb 6G **37**
Greenfaulds Station (Rail) 6H **37**
GREENFIELD 5B **90**
Greenfield Av. G32: Glas 4B **90**
Greenfield Cres. ML2: Wis 5B **150**
Greenfield Dr. ML2: Wis 5B **150**
Greenfield Pl. G32: Glas 5B **90**
Greenfield Quad. ML1: N'hill 3F **133**
Greenfield Rd. G32: Glas 4C **90**
   G76: Clar 3C **138**
   ML3: Ham 4E **145**
   ML8: Carl 2D **174**
Greenfields Rd. G67: Cumb 5A **38**
Greenfield St. G51: Glas 4F **85**
   ML2: Wis 5B **150**
Greenfinch Av. G68: Cumb 5B **36**
GREENFOOT 2C **72**
Greengairs Av. G51: Glas 3D **84**
Greengairs Rd. ML6: Grng 2B **74**
Greenhall Pl. G72: Blan 3A **144**
GREENHEAD 1A **166**
Greenhead Av. G82: Dumb 4H **19**
Greenhead Gdns. G82: Dumb 4H **19**
   (not continuous)
Greenhead Rd. G61: Bear 3F **47**
   G66: Len .3G **9**
   G82: Dumb 4H **19**
   ML2: Wis 1A **166**
   PA4: Inch 2G **59**
Greenhead St. G40: Glas 6A **88**
GREENHILL 2D **94**
Greenhill G64: B'rig 1E **67**
Greenhill Av. G46: Giff 6H **121**
   G69: G'csh 2C **70**
Greenhill Bus. Pk. PA3: Pais 5G **81**
Greenhill Cres. G73: Ruth 5C **108**
Greenhill Cres. PA3: Lin 5G **79**
   PA5: Eld 3B **100**
Greenhill Dr. PA3: Lin 5A **80**
Greenhill Ind. Est. ML5: Coat 2D **94**
Greenhill Rd. G73: Ruth 5C **108**
   PA3: Pais 5G **81**
GREENHILLS 6D **156**
Greenhills Cres. G75: E Kil 6D **156**
Greenhills Rd. G75: E Kil 3A **156**
Greenhills Sports Cen. 5E **157**
Greenhills Sq. G75: E Kil 6D **156**
Greenhill St. G73: Ruth 5C **108**
Greenhills Way G75: E Kil 5F **157**
Greenholm Av. G71: Udd 6C **112**
   G76: Clar 2C **138**
Greenholme Ct. G44: Glas 1F **123**
Greenholme St. G44: Glas 1F **123**
Greenknowe Dr. ML8: Law 5D **166**
Greenknowe Rd. G43: Glas 1H **121**
Greenknowe St. ML2: Over 5H **165**

Greenlaw Av. ML2: Wis 4A **150**
   PA1: Pais 6C **82**
Greenlaw Ct. G14: Glas 3F **61**
   ML2: Wis 1H **165**
Greenlaw Cres. PA1: Pais 5C **82**
Greenlaw Dr. G77: Newt M 4C **136**
   PA1: Pais 6C **82**
Greenlaw Gdns. PA1: Pais 5C **82**
Greenlaw Ho. PA1: Pais 6C **82**
Greenlaw Ind. Est. PA3: Pais 5B **82**
Greenlaw Path ML6: Chap 4E **117**
Greenlaw Pl. G77: Newt M 3B **136**
Greenlaw Rd. G14: Glas 3F **61**
   G77: Newt M 4C **136**
Greenlaw Village
   G77: Newt M 3B **136**
Greenlaw Way G77: Newt M 2B **136**
Greenlea Rd. G69: Chry 1H **69**
Greenlea St. G13: Glas 3E **63**
GREENLEES 4B **126**
Greenlees Gdns. G72: Camb 4H **125**
Greenlees Gro. ML5: Coat 6F **95**
Greenlees Pk. G72: Camb 4A **126**
Greenlees Rd. G72: Camb 5H **125**
Green Loan ML1: New S 4A **132**
Greenloan Av. G51: Glas 3D **84**
Greenloan Vw. ML9: Lark 4D **170**
   (off Fisher St.)
Greenlodge Ter. G40: Glas 1B **108**
Greenmoss Pl. ML4: Bell 2D **130**
Greenmount G22: Glas 2E **65**
Greenoakhill Av. G71: Udd 3H **111**
Greenoakhill Ct. G71: Udd 3H **111**
Greenoakhill Cres. G71: Udd 3G **111**
Greenoakhill Gate G71: Udd 2H **111**
Greenoakhill Pl. G71: Udd 3G **111**
Greenoakhill Rd. G71: Udd 2G **111**
Greenock Av. G44: Glas 2F **123**
Greenock Rd. PA3: Pais 3G **81**
   (not continuous)
   PA4: Inch 3F **59**
   PA7: B'ton 1B **40**
Green Pl. G/1: Buth 5F **129**
   ML6: C'bnk 3B **116**
Greenrig G71: Udd 1D **128**
Greenrigg Rd. G67: Cumb 4A **38**
Greenrig St. G33: Glas 6F **67**
   G71: Udd 1D **128**
Green Rd. G73: Ruth 5C **108**
   PA2: Pais 2D **100**
GREENS, THE 6C **32**
Greens Av. G66: Kirkin 6C **32**
Greens Cres. G66: Kirkin 6C **32**
Greens Health & Fitness
   Giffnock 3C **122**
   Glasgow 6E 5 (4C **86**)
Greenshields Rd. G69: Bail 6H **91**
Greenside G76: Crmck 1A **140**
Greenside Cres. G33: Glas 6G **67**
Greenside Pl. G61: Bear 5C **26**
Greenside Rd. G81: Hard 6D **24**
   ML1: Chap, N'hse 6C **116**
   ML2: Wis 1A **166**
Greenside St. G33: Glas 6G **67**
   ML1: N'hill 3F **133**
   ML5: Coat 2D **94**
Greens Rd. G67: Cumb 1H **57**
Green St. G40: Glas 6A **88**
   G71: Both 5F **129**
   G81: Clyd 4C **44**
Greentree Dr. G69: Bail 2F **111**
Greenview St. G43: Glas 5A **106**
Greenway La. G72: Blan 3H **143**
Greenways Av. PA2: Pais 3E **101**
Greenways Ct. PA2: Pais 3E **101**
Greenwood Av. G69: Mood 5D **54**
   G72: Camb 1E **127**
Greenwood Ct. G76: Clar 2C **138**

Greenwood Cres. ML5: Coat 6E **95**
Greenwood Dr. G61: Bear 3G **47**
   PA5: John 5D **98**
Greenwood Quad. G81: Clyd 6F **45**
Greenwood Rd. G76: Clar 2B **138**
Green Wynd G40: Glas 6A **88**
Greenyards Interchange
   G67: Cumb 4C **38**
Greer Quad. G81: Clyd 3D **44**
Grenada Pl. G75: E Kil 2C **156**
Grenadier Gdns. ML1: Moth 6F **147**
Grenadier Pk. G72: Camb 3A **126**
Grenville Dr. G72: Camb 3H **125**
Gresham Vw. ML1: Moth 1B **164**
Greta Meek La. G66: Milt C 5C **10**
Greyfriars Rd. G71: Udd 5A **112**
Greyfriars St. G32: Glas 4H **89**
Greystone Av. G73: Ruth 1E **125**
Greystone Gdns. G73: Ruth 1E **125**
Greywood St. G13: Glas 2E **63**
Grier Path G31: Glas 6F **89**
Grier Pl. ML9: Lark 3B **170**
Grierson La. G33: Glas 3F **89**
   (off Dee St.)
Grierson St. G33: Glas 3F **89**
Grieve Cft. G71: Both 6D **128**
Grieve Rd. G67: Cumb 2A **38**
Griffen Av. PA1: Pais 6B **80**
Griffin Pl. ML4: Bell 5C **114**
Griffiths Way ML8: Law 1F **173**
Griqua Ter. G71: Both 5F **129**
Grogarry Rd. G15: Glas 3A **46**
Grosvenor Cinema 6B **64**
Grosvenor Cres. G12: Glas 6B **64**
Grosvenor Cres. La.
   G12: Glas 6B **64**
Grosvenor La. G12: Glas 6B **64**
Grosvenor Ter. G12: Glas 6B **64**
Grove, The G46: Giff 1H **137**
   G78: Neil 3C **134**
   PA7: B'ton 4G **41**
   PA10: Kilba 1A **98**
   PA11: Bri W 5G **77**
Groveburn Av. G46: T'bnk 3G **121**
Grove Cres. ML9: Lark 3E **171**
Grove Pk. G66: Lenz 3D **52**
Grovepark Ct. G20: Glas 1E **87**
Grovepark Gdns. G20: Glas 1E **87**
Grovepark Pl. G20: Glas 6E **65**
Grovepark St. G20: Glas 6E **65**
Groves, The G64: B'rig 1E **67**
Grove Way ML4: Bell 2B **130**
Grove Wood G71: View 4H **113**
Grovewood Bus. Cen.
   ML4: Bell 5A **114**
Grove Wynd ML1: New S 4A **132**
Grudie St. G34: Glas 3G **91**
Gryfebank Av. PA6: C'lee 2E **79**
Gryfebank Cl. PA6: C'lee 2E **79**
Gryfebank Cres. PA6: C'lee 2E **79**
Gryfebank Way PA6: C'lee 2E **79**
Gryfewood Cres. PA6: C'lee 2E **79**
Gryfewood Way PA6: C'lee 2E **79**
Gryffe Av. PA4: Renf 4D **60**
   PA11: Bri W 2E **77**
Gryffe Castle PA11: Bri W 2E **77**
Gryffe Cres. PA2: Pais 4D **100**
Gryffe Gro. PA11: Bri W 3F **77**
Gryffe Pl. PA11: Bri W 3F **77**
Gryffe Rd. PA11: Bri W 4F **77**
Gryffe St. G44: Glas 6E **107**
GSO Business Pk. G74: E Kil 6A **140**
Guildford Dr. G33: Glas 2C **90**
Guildford St. G33: Glas 2C **90**
Gullane Ct. ML3: Ham 3F **161**
Gullane Cres. G68: Cumb 5H **15**
Gullane Dr. ML5: Coat 3A **114**
Gullane St. G11: Glas 2H **85**

Gullion Pk. G74: E Kil 5A **142**
Gunn M. ML2: Wis 1F **165**
Gunn Quad. ML4: Bell 4A **130**
Gushet Ho. *ML6: Air* *4G 95*
(off Aitchison St.)
Guthrie Ct. ML1: Moth 3E **147**
Guthrie Dr. G71: Tann 4E **113**
Guthrie Pl. G64: Torr 5E **31**
    G74: E Kil 1H **157**
Guthrie St. G20: Glas 3B **64**
    ML3: Ham 5H **145**
Gyle Pl. ML2: Wis 6C **150**

H

Haberlea Av. G53: Glas 4C **120**
Haberlea Gdns. G53: Glas 5C **120**
Haddington Way ML5: Coat 2A **114**
(not continuous)
Haddow Gro. G71: Tann 5E **113**
Haddow St. ML3: Ham 6A **146**
Hadrian Ter. ML1: Moth 1E **147**
Hagart Rd. PA6: Hous 1B **78**
Hagen Dr. ML1: Cle 6E **133**
Hagg Cres. PA5: John 2E **99**
Hagg Pl. PA5: John 2E **99**
Hagg Rd. PA5: John 3E **99**
HAGGS 1G **17**
Haggs Castle Golf Course 2G **105**
Haggs Ga. G41: Glas 5A **106**
Haggs La. G41: Glas 3A **106**
Haggs Rd. G41: Glas 4A **106**
Haggswood Av. G41: Glas 3A **106**
HAGHILL 4E **89**
Haghill Rd. G31: Glas 5E **89**
Hagmill Cres. ML5: Coat 3E **115**
Hagmill Rd. ML5: Coat 3C **114**
Haig Dr. G69: Bail 1F **111**
Haig St. G21: Glas 5C **66**
Hailes Av. G32: Glas 6D **90**
Haining, The PA4: Renf 1F **83**
Haining Rd. PA4: Renf 6F **61**
HAIRMYRES 3B **156**
Hairmyres Dr. G75: E Kil 3B **156**
Hairmyres Pk. G75: E Kil 3B **156**
Hairmyres Rdbt. G75: E Kil 2B **156**
Hairmyres Station (Rail) 2B **156**
Hairmyres St. G42: Glas 3G **107**
Hairst St. PA4: Renf 5F **61**
Halbeath Av. G15: Glas 4H **45**
Halbert St. G41: Glas 4C **106**
Haldane La. *G14: Glas* *6D 62*
(off Victoria Pk. St.)
Haldane Pl. G75: E Kil 4H **157**
Haldane St. G14: Glas 6D **62**
Haldon Gro. ML5: Glenb 2B **72**
Halfmerk Nth. G74: E Kil 1A **158**
Halfmerk Sth. G74: E Kil 1A **158**
HALFWAY 3D **126**
Halgreen Av. G15: Glas 4G **45**
Haliburton Rd. G34: Glas 3F **91**
Halidon Av. G67: Cumb 6H **37**
Halifax Way *PA4: Renf* *2E 83*
(off Tiree Av.)
Halkirk Ga. G70: Blan 5A **144**
Hallbrae St. G33: Glas 1G **89**
Hallcraig Pl. ML8: Carl 3B **174**
Hallcraig St. ML6: Air 3A **96**
Halley Ct. G13: Glas 2G **61**
Halley Dr. G13: Glas 2G **61**
Halley Pl. G13: Glas 2G **61**
Halley Sq. G13: Glas 2G **61**
Halley St. G13: Glas 2G **61**
Hallforest St. G33: Glas 1B **90**
Hallhill Cres. G33: Glas 5E **91**
Hallhill Rd. G32: Glas 6B **90**
    G33: Glas 5C **90**

Hallhill Rd. G69: Bail 5G **91**
    PA5: John 6C **98**
Halliburton Ter. G34: Glas 4G **91**
Hallidale Cres. PA4: Renf 1H **83**
Hallinan Gdns. ML2: Wis 2F **165**
Hall Pl. G33: Step 4F **69**
HALLSIDE 3F **127**
Hallside Av. G72: Camb 2E **127**
Hallside Blvd. G72: Flem 4F **127**
Hallside Ct. G72: Flem 4E **127**
Hallside Cres. G72: Camb 2E **127**
Hallside Dr. G72: Camb 2E **127**
Hallside Gdns. ML2: Wis 5C **150**
Hallside Pl. G5: Glas 1G **107**
Hallside Rd. G72: Flem 3E **127**
(Newton Sta. Rd.)
    G72: Flem 3F **127**
(Walnut Ga.)
Halls Land Pl. G81: Hard 6D **24**
Hall St. G81: Clyd 6C **44**
    ML1: New S 3A **132**
    ML3: Ham 2H **161**
Hallydown Dr. G13: Glas 4C **62**
Halpin Cl. ML4: Bell 2H **129**
Halton Gdns. G69: Bail 1F **111**
Haltons Park G71: Udd 1E **129**
Hamburg Cotts. ML8: Carl 3A **174**
Hamersley Pl. G75: E Kil 4D **156**
Hamilcomb Rd. ML4: Bell 4C **130**
Hamill Dr. G65: Kils 3B **14**
HAMILTON 6A **146**
Hamilton Academical FC 4G **145**
Hamilton Av. G41: Glas 2H **105**
Hamilton Bus. Pk.
    ML3: Ham 4H **145**
Hamilton Central (Park & Ride) . . .6A **146**
Hamilton Central Station (Rail) 6A **146**
Hamilton Ct. PA2: Pais 3A **102**
Hamilton Cres. G61: Bear 6E **27**
    G72: Camb 3C **126**
    ML5: Coat 6C **94**
    PA4: Renf 4F **61**
    PA7: B'ton 4F **41**
Hamilton Dr. G12: Glas 6C **64**
    G46: Giff 5B **122**
    G71: Both 6F **129**
    G72: Blan 4H **143**
    G72: Camb 2A **126**
    ML1: Moth 5H **147**
    ML6: Air 2B **96**
    PA8: Ersk 4D **42**
HAMILTON FARM 5G **109**
Hamilton Golf Course 3E **163**
HAMILTONHILL 5F **65**
Hamiltonhill Cres. G22: Glas 5F **65**
Hamiltonhill Gdns. G22: Glas 5F **65**
Hamiltonhill Rd. G22: Glas 6F **65**
HAMILTON INTERCHANGE 5C **146**
Hamilton Intl. Technology Pk.
    G72: Blan 4A **144**
(not continuous)
Hamilton Mausoleum 4B **146**
Hamilton Pk. Av. G12: Glas 6C **64**
Hamilton Pk. Nth. ML3: Ham 3H **145**
Hamilton Park Race Course 3G **145**
Hamilton Pk. Sth. ML3: Ham 3H **145**
Hamilton Pl. G75: E Kil 4G **157**
    G78: Neil 2F **135**
    ML1: New S 3B **132**
    ML1: N'hill 3C **132**
    ML3: Ham 5H **161**
Hamilton Retail Pk. ML3: Ham 4G **145**
Hamilton Rd. G32: Glas 2B **110**
    G71: Both 6F **129**
    G71: Udd 3F **111**
    G72: Blan 4F **143**
    G72: Camb, Flem 1A **126**

Hamilton Rd. G73: Ruth 5D **108**
    G74: E Kil 4C **142**
    ML1: Moth 4D **146**
    ML4: Bell 4B **130**
    ML9: Lark 6H **163**
HAMILTON SERVICE AREA 3A **146**
Hamilton St. G42: Glas 4G **107**
    G81: Clyd 2F **61**
    G82: Dumb 3G **19**
    ML8: Carl 4D **174**
    ML9: Lark 1C **170**
    PA3: Pais 6B **82**
Hamilton Ter. G81: Clyd 2F **61**
Hamilton Twr. G71: Both 3B **128**
Hamilton Vw. G71: Tann 6E **113**
Hamilton Water Palace 5H **145**
Hamilton West (Park & Ride) 5G **145**
Hamilton West Station (Rail) 5G **145**
Hamlet G74: E Kil 4C **142**
Hampden Dr. G42: Glas 6F **107**
Hampden La. G42: Glas 5F **107**
Hampden Park 6F **107**
Hampden Ter. G42: Glas 5F **107**
Hampden Way PA4: Renf 2F **83**
Handel Pl. G5: Glas 1G **107**
HANGINGSHAW 5G **107**
Hangingshaw Pl. G42: Glas 5G **107**
Hannay St. *PA1: Pais* *6G 81*
(off Well St.)
Hanover Cl. G42: Glas 5E **107**
Hanover Ct. G1: Glas 4E **7** (3G **87**)
    G11: Glas 1G **85**
    PA1: Pais 6C **82**
    PA5: John 2F **99**
Hanover Gdns. G64: B'rig 6C **50**
    PA1: Pais *1G 101*
(off Wilson St.)
Hanover Pl. G11: Glas 1G **85**
Hanover St. G1: Glas 5D **6** (4G **87**)
Hanson Pk. G31: Glas 3B **88**
Hanson St. G31: Glas 4B **88**
Hapland Av. G53: Glas 3C **104**
Hapland Rd. G53: Glas 3C **104**
Harbour La. PA3: Pais 6A **82**
Harbour Pl. G11: Glas 2G **85**
Harbour Rd. PA3: Pais 4A **82**
Harburn Pl. G23: Glas 6C **48**
Harbury Pl. G14: Glas 3H **61**
Harcourt Dr. G31: Glas 3D **88**
HARDGATE 1D **44**
Hardgate Dr. G51: Glas 3C **84**
Hardgate Gdns. G51: Glas 3C **84**
Hardgate Path G51: Glas 3C **84**
Hardgate Pl. G51: Glas 3C **84**
Hardgate Rd. G51: Glas 3C **84**
Hardie Av. G73: Ruth 5E **109**
Hardie St. G72: Blan 2B **144**
    ML1: Moth 1G **147**
    ML3: Ham 1F **161**
Hardmuir Gdns. G66: Kirkin 4E **33**
Hardmuir Rd. G66: Kirkin 4E **33**
Hardridge Av. G52: Glas 3E **105**
Hardridge Pl. G52: Glas 3E **105**
Hardridge Rd. G52: Glas 3D **104**
Harefield Dr. G14: Glas 4B **62**
Harelaw Av. G44: Glas 3C **122**
    G78: Barr 6F **119**
    G78: Neil 3D **134**
Harelaw Cres. PA2: Pais 6G **101**
HARELEESHILL 3D **170**
Hareleeshill Rd. ML9: Lark 3D **170**
Hareleeshill Sports Barn 4E **171**
HARESTANES 3H **33**
Harestanes Gdns. G66: Kirkin 4G **33**
Harestone Cres. ML2: Wis 6A **150**
Harestone Rd. ML2: Wis 1A **166**
Harhill St. G51: Glas 4F **85**
Harkins Av. G72: Blan 2A **144**

Harkness Av. G66: Milt C 6B **10**
Harland Cotts. G14: Glas 6C **62**
Harland St. G14: Glas 6C **62**
Harlaw Gdns. G64: B'rig 5F **51**
Harlequin Ct. ML3: Ham 4D **160**
Harley St. G51: Glas 5A **86**
Harmetray St. G22: Glas 3H **65**
Harmony Pl. G51: Glas 4G **85**
Harmony Row G51: Glas 4G **85**
(not continuous)
Harmony Sq. G51: Glas 4G **85**
Harmsworth St. G11: Glas 1E **85**
Harper Cres. ML2: Wis 5C **150**
Harport St. G46: T'bnk 2E **121**
Harriet Pl. G43: Glas 1H **121**
Harriet St. G73: Ruth 6C **108**
Harrington Rd. G74: E Kil 2G **157**
Harris Cl. G77: Newt M 3B **136**
Harris Cres. G60: Old K 2F **43**
Harris Dr. G60: Old K 2F **43**
Harris Gdns. G60: Old K 2G **43**
Harrison Dr. G51: Glas 5H **85**
Harris Pl. ML6: Air 6C **96**
Harris Quad. ML2: Wis 4C **150**
Harris Rd. G23: Glas 6C **48**
G60: Old K 2F **43**
Harrow Ct. G15: Glas 4H **45**
Harrow Pl. G15: Glas 4H **45**
Hartfield Ct. G82: Dumb 3G **19**
Hartfield Cres. G78: Neil 2E **135**
Hartfield Gdns. G82: Dumb 3G **19**
Hartfield Ter. PA2: Pais 3B **102**
Hartlaw Cres. G52: Glas 5A **84**
Hartree Av. G13: Glas 1G **61**
Hartstone Pl. G53: Glas 6B **104**
Hartstone Rd. G53: Glas 6B **104**
Hartstone Ter. G53: Glas 6B **104**
Hart St. G31: Glas 6G **89**
G81: Faif 6F **25**
PA3: Lin 6H **79**
Hartwood Gdns. G77: Newt M 1D **152**
Harvest Dr. ML1: Moth 5F **147**
Harvester Av. G72: Newt 6F **111**
Harvey St. G4: Glas 1G **87**
Harvey Way ML4: Bell 6E **115**
Harvie Av. G77: Newt M 4C **136**
Harvie St. G51: Glas 5B **86**
Harwood Gdns. G69: Mood 4E **55**
Harwood St. G32: Glas 4G **89**
Hastie St. G3: Glas 2B **4** (2B **86**)
Hastings G75: E Kil 4D **156**
Hatchard Gdns. PA3: Lin 5H **79**
Hatfield Dr. G12: Glas 4F **63**
Hathaway Dr. G46: Giff 5H **121**
Hathaway La. G20: Glas 4C **64**
Hathaway St. G20: Glas 4C **64**
Hathersage Av. G69: Bail 6H **91**
Hathersage Dr. G69: Bail 6H **91**
Hathersage Gdns.
G69: Bail 6H **91**
Hatton Gdns. G52: Glas 1A **104**
Hatton Hill ML1: Carf 5C **132**
Hatton Path *G52: Glas* *1A **104***
(off Hatton Gdns.)
Hatton Pl. ML1: Carf 5C **132**
HATTONRIGG 1D **133**
Hattonrigg Rd. ML4: Bell 6C **114**
Hatton Ter. ML1: Carf 5C **132**
Haughburn Pl. G53: Glas 6B **104**
Haughburn Rd. G53: Glas 6B **104**
Haughburn Ter. G53: Glas 6C **104**
HAUGHHEAD 1C **8**
Haughhead G66: Cam G 1B **8**
Haughhead Bri. G71: Udd 5A **112**
Haugh Pl. ML3: Ham 2A **162**
Haugh Rd. G3: Glas 3B **4** (3B **86**)
G65: Kils 3G **13**
Haughton Av. G65: Kils 3A **14**

Haughview Rd. ML1: Moth 3D **146**
Haughview Ter. G5: Glas 2H **107**
Havannah St. G4: Glas 6H **7** (4A **88**)
Havelock La. G11: Glas 1A **86**
Havelock Pk. G75: E Kil 2C **156**
Havelock St. G11: Glas 1A **86**
Haven Pk. G75: E Kil 5B **156**
Havoc Rd. G82: Dumb 4B **18**
Hawbank Rd. G74: E Kil 6C **140**
Hawick Av. PA2: Pais 4F **101**
Hawick Cres. ML9: Lark 3C **170**
Hawick Dr. ML5: Coat 2F **115**
Hawick St. G13: Glas 3G **61**
ML2: Wis 4A **150**
Hawkbank Rdbt. G74: E Kil 1D **156**
Hawkbank Rd. G74: E Kil 1D **156**
HAWKHEAD 3E **103**
Hawkhead Av. PA2: Pais 3D **102**
Hawkhead Rd. PA1: Pais 6D **82**
PA2: Pais 6D **82**
Hawkhead Station (Rail) 1D **102**
Hawksland Wlk. ML3: Ham 2A **162**
Hawkwood G75: E Kil 6F **157**
Hawkwood Rd. ML6: Glenm 5H **73**
Hawthorn Av. G61: Bear 6G **27**
G64: B'rig 1D **66**
G66: Lenz 2C **52**
G72: Camb 2F **125**
G82: Dumb 2B **18**
ML2: Newm 3G **151**
PA5: John 4G **99**
PA8: Ersk 1A **60**
Hawthorn Ct. G22: Glas 4G **65**
G76: Busby 3C **138**
Hawthorn Cres. PA8: Ersk 1A **60**
Hawthornden Gdns.
G23: Glas 5C **48**
Hawthorn Dr. FK4: Bank 1E **17**
G78: Barr 6F **119**
ML1: New S 4B **132**
ML2: Wis 1A **166**
ML5: Coat 6F **95**
ML6: Air 4D **96**
Hawthorn Gdns. G72: Flem 3E **127**
G76: Busby 3C **138**
ML4: Bell 3E **131**
ML9: Lark 3E **171**
Hawthorn Gro. ML8: Law 5D **166**
Hawthorn Hill ML3: Ham 2A **162**
Hawthornhill Rd. G82: Dumb 2B **18**
Hawthorn Pl. G64: Torr 4E **31**
Hawthorn Quad. G22: Glas 4G **65**
Hawthorn Rd. G67: Cumb 1F **37**
G76: Busby 3C **138**
PA8: Ersk 1A **60**
Hawthorn St. G22: Glas 4G **65**
G64: Torr 4E **31**
G81: Clyd 3C **44**
Hawthorn Ter. G71: View 6F **113**
G75: E Kil 5D **156**
Hawthorn Wlk. G72: Camb 2F **125**
Hawthorn Way G66: Milt C 6C **10**
G72: Camb 2G **125**
G82: Dumb 3B **18**
PA8: Ersk 1A **60**
Hay Av. PA7: B'ton 4A **42**
Hayburn Ct. *G11: Glas* *1G **85***
(off Hayburn St.)
Hayburn Cres. G11: Glas 6G **63**
Hayburn Ga. G11: Glas 1H **85**
Hayburn La. G11: Glas 6G **63**
G12: Glas 6G **63**
Hayburn Pl. *G11: Glas* *1H **85***
(off Hayburn St.)
Hayburn St. G11: Glas 2H **85**
Hayfield Ct. G5: Glas 1H **107**
Hayfield St. G5: Glas 1H **107**
Hayhill Rd. G74: T'hall 4F **155**
Hayle Gdns. G69: Mood 4D **54**

Haylynn St. G14: Glas 1E **85**
Haymarket St. G32: Glas 4G **89**
Haystack Pl. G66: Lenz 3D **52**
HAYSTON 5A **32**
Hayston Ct. G66: Kirkin 5B **32**
Hayston Cres. G22: Glas 4F **65**
Hayston Golf Course 4A **32**
Hoycton Rd. G66: Kirkin 5A **32**
G68: Cumb 1G **37**
Hayston St. G22: Glas 4F **65**
Hayward Av. ML8: Carl 5G **175**
Hayward Ct. ML8: Carl 5G **175**
Haywood St. G22: Glas 3F **65**
Hazel Av. G44: Glas 3D **122**
G61: Bear 6G **27**
G66: Lenz 1D **52**
G82: Dumb 2B **18**
PA5: John 4G **99**
Hazel Bank G66: Milt C 1B **32**
ML6: Plain *6F **75***
(off Arondale Rd.)
Hazelbank ML1: Holy 2B **132**
Hazelbank Wlk. ML6: Air 3F **95**
Hazeldean Cres. ML2: Wis 4A **150**
Hazel Dene G64: B'rig 6D **50**
Hazeldene La. *ML9: Lark* *4E **171***
(off Dickson St.)
Hazelden Gdns. G44: Glas 3C **122**
Hazelden Pk. G44: Glas 3C **122**
Hazelden Rd. G77: Newt M 4C **152**
Hazelfield Gro. ML6: Chap 4E **117**
Hazel Gdns. ML1: Moth 6G **147**
Hazel Gro. G66: Lenz 1D **52**
ML8: Law 5D **166**
Hazelhead G74: E Kil 1B **158**
Hazellea Dr. G46: Giff 3C **122**
Hazel Pk. ML3: Ham 1A **162**
Hazel Path ML1: Cle 6H **133**
Hazel Rd. FK4: Bank 1E **17**
G67: Cumb 2D **38**
Hazel Ter. G71: View 6F **113**
Hazelton ML1: Moth 4F **147**
Hazel Wood ML2: Wis 4B **150**
Hazelwood Av. G77: Newt M 5E **137**
PA2: Pais 6C **100**
PA11: Bri W 4F **77**
Hazelwood Dr. G72: Blan 1A **144**
Hazelwood Gdns. G73: Ruth 3E **125**
Hazelwood Gro. G69: Barg 5E **93**
Hazelwood La. PA11: Bri W 4F **77**
PA11: Bri W 4F **77**
Hazelwood Rd. G41: Glas 1A **106**
PA11: Bri W 4F **77**
Hazlitt Gdns. G20: Glas 3E **65**
Hazlitt Pl. G20: Glas 3E **65**
Hazlitt St. G20: Glas 3F **65**
Headhouse Ct. G75: E Kil 3F **157**
Headhouse Grn. G75: E Kil 3G **157**
Headline Building, The
G1: Glas 5F **7**
Headsmuir Av. ML8: Carl 3B **174**
Heath Av. G64: B'rig 1D **66**
G66: Lenz 3C **52**
Heathcliffe Av. G72: Blan 6A **128**
Heathcot Av. G15: Glas 5G **45**
Heathcot Pl. G15: Glas 5F **45**
Heather Av. G61: Bear 5D **26**
G78: Barr 2C **118**
G81: Hard 6C **24**
ML1: Holy 2A **132**
Heatherbank Av. G69: G'csh 6A **70**
Heatherbank Dr. G69: G'csh 6A **70**
Heatherbank Gro. G69: G'csh 6A **70**
Heatherbank Wlk. ML6: Air 3F **95**
HEATHERBELL 6A **72**
Heatherbrae G64: B'rig 6A **50**
Heather Dr. G66: Lenz 3A **52**
Heather Gdns. G66: Lenz 3A **52**
G71: View 6G **113**

Heather Gro. *G75: E Kil* 4G **157**
(off The Murray Rd.)
Heather Pl. G66: Lenz 2A **52**
PA5: John 3G **99**
Heather Row ML4: Carl 1C **174**
Heather Vw. G66: Len 2G **9**
Heather Way ML1: New S 3A **132**
Heather Wynd G77: Newt M 2C **136**
Heatheryford Gdns. ML6: Plain 6G **75**
Heathery Knowe G75: E Kil 4G **157**
Heatheryknowe Rd. G69: Barg 4C **92**
(not continuous)
Heathery Lea Av. ML5: Coat 2F **115**
Heathery Rd. ML2: Wis 6F **149**
Heathfield ML2: Wis 4G **165**
Heathfield Av. G69: Mood 5D **54**
Heathfield Dr. G62: Miln 2H **27**
Heathfield St. G33: Glas 3C **90**
Heath Rd. ML9: Lark 2D **170**
Heathside Rd. G46: Giff 4B **122**
Heathwood Dr. G46: T'bnk 4G **121**
Hecla Av. G15: Glas 4H **45**
Hecla Pl. G15: Glas 4H **45**
Hecla Sq. G15: Glas 5H **45**
Hector Rd. G41: Glas 5B **106**
Helena Pl. G76: Clar 1C **138**
Helena Ter. G81: Dun 1C **44**
Helensburgh Dr. G13: Glas 3D **62**
Helenslea G60: Bowl 6C **22**
G72: Camb 3D **126**
Helenslea Pl. ML4: Bell 3B **130**
Helenslee Ct. G82: Dumb 4D **18**
Helenslee Cres. G82: Dumb 4D **18**
Helenslee Pl. G82: Dumb 5D **18**
Helenslee Rd. G82: Dumb 5D **18**
Helen St. G51: Glas 4G **85**
G52: Glas 6F **85**
HELEN STREET INTERCHANGE 6F **85**
Helenvale Ct. G31: Glas 6F **89**
Helenvale St. G31: Glas 1E **109**
Helen Wynd ML9: Lark 3C **170**
Helmsdale Av. G72: Blan 4A **128**
Helmsdale Cl. G72: Blan 5B **144**
Helmsdale Ct. G72: Camb 2D **126**
Helmsdale Dr. PA2: Pais 3D **100**
Hemlock St. G13: Glas 2F **63**
Hemmingen Ct. ML8: Carl 2C **174**
Henderland Dr. G61: Bear 5E **47**
Henderland Rd. G61: Bear 5E **47**
Henderson Av. G72: Camb 1D **126**
Henderson Ct. ML1: Moth 2F **147**
Henderson St. G20: Glas 6D **64**
G81: Clyd 1G **61**
ML5: Coat 5B **94**
ML6: Air 3B **96**
PA1: Pais 6H **81**
Henrietta St. G14: Glas 6C **62**
Henry Bell Grn. *G75: E Kil* 3H **157**
(off Muirhouse La.)
Henry Quad. ML1: N'hill 2G **133**
Henry St. G78: Barr 4D **118**
Henry Wood Hall 3E **5** (3C **86**)
Hepburn Hill ML3: Ham 3F **161**
Hepburn Rd. G52: Hill E 4B **84**
Herald Av. G13: Glas 6D **46**
Herald Gro. ML1: Moth 5F **147**
Herald Way PA4: Renf 2E **83**
Herbertson Gro. G72: Blan 6A **128**
Herbertson St. G5: Glas 6F **87**
G72: Blan 2C **144**
Herbert St. G20: Glas 6D **64**
Herbison Ct. ML9: Lark 1D **170**
Hercules Way PA4: Renf 2F **83**
Heriot Av. PA2: Pais 5C **100**
Heriot Cres. G64: B'rig 4C **50**
Heriot Rd. G66: Lenz 4C **52**
Heriot Way *PA2: Pais* 5D **100**
(off Heriot Av.)

Heritage Ct. G77: Newt M 4E **137**
Heritage Vw. ML5: Coat 3B **94**
Heritage Way ML5: Coat 4B **94**
Herma St. G23: Glas 1C **64**
Hermes Way ML4: Moss 2H **131**
Hermiston Av. G32: Glas 5C **90**
Hermiston Gdns. G69: Chry 6A **54**
Hermiston Pl. G32: Glas 5C **90**
ML1: Holy 2A **132**
(off Windsor Rd.)
Hermiston Rd. G32: Glas 4B **90**
Hermitage Av. G13: Glas 2C **62**
Hermitage Cres. ML5: Coat 2D **114**
Herndon Ct. G77: Newt M 3G **137**
Heron Ct. G81: Hard 2D **44**
Heron Pl. PA5: John 6D **98**
Heron St. G40: Glas 1B **108**
Heron Vw. ML1: Moth 5H **147**
Heron Way PA4: Renf 2E **83**
Herries Rd. G41: Glas 4A **106**
Herriet St. G41: Glas 2D **106**
Herriot St. ML5: Coat 3A **94**
Herschell St. G13: Glas 3F **63**
Hertford Av. G12: Glas 3H **63**
Hewett Cres. PA6: C'lee 2C **78**
Hexham Gdns. G41: Glas 4B **106**
Heys St. G78: Barr 5E **119**
Hickman St. G42: Glas 4F **107**
Hickman Ter. G42: Glas 3G **107**
Hickory Cres. G71: View 4G **113**
Hickory St. G22: Glas 4A **66**
Hidden Gardens, The 2E **107**
HIGH BALMALLOCH 2G **13**
High Avon St. ML9: Lark 1B **170**
High Barholm PA10: Kilba 2A **98**
High Barrwood Rd.
G65: Kils 3A **14**
High Beeches G76: Crmck 1A **140**
HIGH BLANTYRE 3A **144**
High Blantyre Rd. ML3: Ham 4D **144**
Highburgh Dr. G73: Ruth 2D **124**
Highburgh Rd. G12: Glas 6A **64**
HIGH BURNSIDE 3E **125**
High Burnside Av. ML5: Coat 6A **94**
High Calside PA2: Pais 2H **101**
High Cleughearn Rd.
G75: E Kil 6D **168**
High Coats ML5: Coat 4D **94**
High Comn. Rd. G74: E Kil 4B **158**
G75: E Kil 4B **158**
High Court
Glasgow 5G **87**
Highcraig Av. PA5: John 4D **98**
High Craigends G65: Kils 3H **13**
High Craighall Rd. G4: Glas 1F **87**
Highcroft Av. G44: Glas 2H **123**
Highcross Av. ML5: Coat 1H **113**
HIGH CROSSHILL 1E **125**
Higherness Way ML5: Coat 2H **113**
Highfield Av. G66: Kirkin 4E **33**
PA2: Pais 6H **101**
Highfield Ct. G66: Kirkin 4F **33**
Highfield Cres. G66: Kirkin 4F **33**
ML1: Moth 1A **148**
PA2: Pais 6H **101**
Highfield Dr. G12: Glas 3H **63**
G73: Ruth 4E **125**
G76: Clar 2B **138**
Highfield Gro. G66: Kirkin 4E **33**
Highfield Pl. G12: Glas 3H **63**
G74: E Kil 6H **141**
Highfield Rd. G66: Kirkin 4E **33**
ML9: Lark 2D **170**
High Flenders Rd. G76: Clar 3A **138**
HIGH GALLOWHILL 2B **52**
Highgrove Ct. PA4: Renf 6G **61**
Highgrove Rd. PA4: Renf 6G **61**
High Kirk Vw. PA5: John 3F **99**

HIGH KNIGHTSWOOD 1D **62**
Highland Av. G72: Blan 1A **144**
Highland La. G51: Glas 3A **86**
HIGHLAND PARK 1G **13**
Highland Pk. G65: Kils 2G **13**
Highland Pl. G65: Kils 1G **13**
Highland Rd. G62: Miln 3G **27**
High Mains Av. G82: Dumb 2C **20**
High Mair PA4: Renf 1E **83**
High Mdw. ML8: Carl 5G **175**
(not continuous)
High Mill Rd. ML8: Carl 3E **175**
High Parksail PA8: Ersk 1G **59**
High Parks Cres. ML3: Ham 5H **161**
High Patrick St. ML3: Ham 1A **162**
High Pleasance ML9: Lark 2C **170**
High Rd. ML1: Moth 2F **147**
PA2: Pais 2G **101**
High Row Cotts. G64: B'rig 2D **50**
Highstonehall Rd. ML3: Ham 4C **160**
High St. G1: Glas 6F **7** (4H **87**)
G4: Glas 6F **7** (4H **87**)
G66: Kirkin 4C **32**
G73: Ruth 5C **108**
G78: Neil 2D **134**
G82: Dumb 4E **19**
ML1: N'hill 3E **133**
ML6: Air 3H **95**
ML8: Carl 3D **174**
PA1: Pais 1H **101**
(not continuous)
PA4: Renf 5F **61**
PA5: John 2E **99**
High Street Station (Rail) . . .6G **7** (4H **87**)
High Whitehills Rd. G75: E Kil 6F **157**
High Wood Gdns. ML4: Bell 2A **130**
Hilary Dr. G69: Bail 6F **91**
Hilda Cres. G33: Glas 5G **67**
Hillary Av. G73: Ruth 1F **125**
Hill Av. G77: Newt M 5C **136**
Hillbrae St. G51: Glas 5D **84**
Hill Ct. ML2: Wis 6G **149**
Hill Cres. G76: Busby 3C **138**
Hillcrest G69: Chry 1B **70**
G76: Crmck 1H **139**
Hillcrest Av. G32: Carm 5B **110**
G44: Glas 3C **122**
G67: Cumb 5G **37**
G81: Dun 6C **24**
ML2: Wis 6E **149**
ML5: Coat 5E **95**
PA2: Pais 6G **101**
Hillcrest Ct. G67: Cumb 4H **37**
Hillcrest Dr. G77: Newt M 4G **137**
Hillcrest Rd. G32: Carm 4C **110**
G61: Bear 3F **47**
G65: Queen 3C **12**
G71: Tann 6E **113**
Hillcrest St. G62: Miln 3G **27**
Hillcrest Ter. G71: Both 4F **129**
Hillcrest Vw. ML9: Lark 3D **170**
Hillcroft Ter. G64: B'rig 1B **66**
Hillend Cotts. G66: Lenz 1C **52**
Hillend Cres. G76: Clar 3A **138**
G81: Dun 1B **44**
Hillend Rd. G22: Glas 2E **65**
G73: Ruth 2D **124**
G76: Clar 3A **138**
Hillfoot PA6: C'lee 3D **78**
Hillfoot Av. G61: Bear 2F **47**
G73: Ruth 6C **108**
G82: Dumb 1C **20**
ML2: Wis 2B **150**
Hillfoot Ct. G61: Bear 2F **47**
Hillfoot Cres. ML2: Wis 2B **150**
Hillfoot Dr. G61: Bear 2F **47**
ML2: Wis 2B **150**
ML5: Coat 5H **93**

Hillfoot Gdns. G71: Tann 5C **112**
   ML2: Wis 2B **150**
Hillfoot Rd. ML6: Air 5A **96**
Hillfoot Station (Rail) 2G **47**
Hillfoot St. G31: Glas 4C **88**
Hillfoot Ter. ML8: Carl 4E **175**
Hill Gro. G69: Barg 5E **93**
HILLHEAD
   G12 . . . . .6B **64**
   G66 . . . . .4D **32**
Hillhead Av. FK4: Bank 1E **17**
   G69: Mood 5D **54**
   G73: Ruth 3D **124**
   ML1: Carf 5A **132**
   ML8: Carl 3E **175**
Hillhead Cres. ML1: Carf 5A **132**
   ML3: Ham 6C **144**
Hillhead Dr. ML1: Carf 6A **132**
   ML6: Air 5A **96**
Hillhead Pl. G73: Ruth 3D **124**
Hillhead Rd. G21: Glas 2F **67**
   G66: Kirkin 4D **32**
Hillhead Station (Underground) . . .6B **64**
   G62: Miln 3G **27**
Hillhead Ter. ML3: Ham 6C **144**
HILLHOUSE 6D **144**
Hillhouse Bus. Cen. ML3: Ham . . .5E **145**
Hillhouse Cres. ML3: Ham 6D **144**
Hillhouse Ga. ML8: Carl 5G **175**
Hillhouse Pk. Ind. Est.
   ML3: Ham 6D **144**
Hillhouse Rd. G72: Blan 4H **143**
   ML3: Ham 4H **143**
Hillhouse St. G21: Glas 5C **66**
Hillhouse Ter. ML3: Ham 6D **144**
HILLINGTON 6A **84**
Hillington East Station (Rail) 5B **84**
Hillington Gdns. G52: Glas 1C **104**
HILLINGTON INDUSTRIAL ESTATE
   . . . . .3H **83**
Hillington Ind. Est. G52: Hill E 4A **84**
   (Colquhoun Av.)
   G52: Hill E 4A **84**
   (Hillington Rd.)
HILLINGTON INTERCHANGE 2H **83**
Hillington Pk. G52: Hill E 3H **83**
Hillington Pk. Cir. G52: Glas 6C **84**
Hillington Quad. G52: Glas 6A **84**
Hillington Rd. G52: Hill E 6A **84**
   (not continuous)
Hillington Rd. Sth.
   G52: Glas 5A **84**
Hillington Ter. G52: Glas 6A **84**
Hillington West Station (Rail) 4H **83**
Hillkirk Pl. G21: Glas 5B **66**
Hillkirk St. G21: Glas 5B **66**
Hillkirk St. La. *G21: Glas* *5B 66*
   (off Hillkirk St.)
Hillman Cres. PA3: Pais 1C **100**
Hillman Rd. PA3: Pais 1C **100**
Hillneuk Av. G61: Bear 2F **47**
Hillneuk Dr. G61: Bear 2G **47**
Hillpark Av. PA2: Pais 4H **101**
Hillpark Dr. G43: Glas 1A **122**
Hill Pl. ML1: Carf 5C **132**
   ML4: Bell 4B **130**
Hillrigg ML6: Grng 1D **74**
Hillrigg Av. ML6: Air 3C **96**
Hill Rd. G65: Kils 1H **13**
   G67: Cumb 3G **37**
Hillsborough La. G12: Glas 6C **64**
Hillsborough Rd. G69: Bail 6F **91**
HILLSIDE 5B **118**
Hillside G65: Croy 6B **14**
   PA6: C'lee 3E **79**
Hillside Av. G61: Bear 2F **47**
   G76: Clar 2B **138**

Hillside Cotts. ML5: Glenb 3A **72**
Hillside Ct. G46: T'bnk 4F **121**
Hillside Cres. G78: Neil 2D **134**
   ML1: N'hill 3D **132**
   ML3: Ham 1H **161**
   ML5: Coat 1B **114**
Hillside Dr. G61: Bear 2G **47**
   G64: B'rig 5C **50**
   G78: Barr 4C **118**
Hillside Gdns. La. *G11: Glas* *6H 63*
   (off Nth. Gardner St.)
Hillside Gro. G78: Barr 5C **118**
Hillside La. ML3: Ham 1G **161**
Hillside Pk. G81: Hard 1D **44**
Hillside Pl. ML1: N'hill 4D **132**
Hillside Quad. G43: Glas 2H **121**
Hillside Rd. G43: Glas 2H **121**
   G78: Barr 5B **118**
   G78: Neil 2D **134**
   PA2: Pais 3C **102**
Hillside Ter. G60: Old K 2G **43**
   G66: Milt C 6B **10**
   ML3: Ham 1G **161**
Hill St. G3: Glas 2H 5 (2E **87**)
   G82: Dumb 4D **18**
   ML2: Wis 1G **165**
   ML3: Ham 6D **144**
   ML6: Chap 3D **116**
   ML9: Lark 3C **170**
Hillsview G69: Chry 1H **69**
Hillswick Cres. G22: Glas 1F **65**
Hill Ter. ML1: Carf 5C **132**
Hilltop Av. ML4: Bell 6C **114**
Hilltop Rd. G69: Mood 5D **54**
Hill Vw. G75: E Kil 3G **157**
Hillview G82: Milt 4F **21**
Hillview Av. G65: Kils 4H **13**
   G66: Len 3G **9**
Hillview Cotts. G65: Twe 1D **34**
Hillview Ct. G81: Clyd 3B **44**
Hillview Cres. G71: Tann 5C **112**
   ML4: Bell 5C **114**
   ML9: Lark 3D **170**
Hillview Dr. G72: Blan 5A **128**
   G76: Clar 2B **138**
Hillview Gdns. G64: B'rig 1F **67**
   G81: Clyd 4B **44**
Hillview Pl. G76: Clar 2C **138**
   G77: Newt M 5D **136**
Hillview Rd. PA5: Eld 3H **99**
   PA11: Bri W 4G **77**
Hillview St. G32: Glas 6H **89**
Hillview Ter. G60: Old K 1F **43**
Hiltonbank St. ML3: Ham 5F **145**
Hilton Ct. G64: B'rig 4C **50**
   ML3: Ham *1A 162*
   (off Silverhill Av.)
Hilton Gdns. G13: Glas 1F **63**
Hilton Gdns. La. G13: Glas 2F **63**
Hilton Pk. G64: B'rig 3B **50**
Hilton Rd. G62: Miln 3E **27**
   G64: B'rig 4B **50**
Hilton Ter. G13: Glas 2E **63**
   G64: B'rig 3B **50**
   G72: Camb 4G **125**
Hilton Vw. ML4: Bell 5C **114**
Hindsland Rd. ML9: Lark 4D **170**
Hinshaw St. G20: Glas 6E **65**
Hinshelwood Dr. G51: Glas 5G **85**
Hinshelwood Pl. G51: Glas 6H **85**
Hirsel Pl. G71: Both 5F **129**
HMP Barlinnie G33: Glas 2H **89**
HMP Low Moss G64: B'rig 2F **51**
Hobart Cres. G81: Clyd 2H **43**
Hobart Quad. ML2: Wis 6C **150**
Hobart Rd. G75: E Kil 4E **157**
Hobart St. G22: Glas 5F **65**
Hobden St. G21: Glas 6C **66**

Hoddam Av. G45: Glas 4B **124**
Hoddam Ter. G45: Glas 4C **124**
Hoey Dr. ML2: Over 4A **166**
Hogan Ct. G81: Dun 1B **44**
Hogan Way ML1: Cle 6E **133**
Hogarth Av. G32: Glas 4F **89**
Hogarth Cres. G32: Glas 4F **89**
Hogarth Dr. G32: Glas 4F **89**
Hogarth Gdns. G32: Glas 4F **89**
HOGGANFIELD 1B **90**
Hogganfield Ct. G33: Glas 1F **89**
Hogganfield Park Local Nature Reserve
   . . . . .6A **68**
Hogganfield St. G33: Glas 1F **89**
Hogg Av. PA5: John 4E **99**
Hogg Rd. ML6: Chap 1D **116**
Hogg St. ML6: Air 4A **96**
Holeburn La. G43: Glas 1A **122**
Holeburn Rd. G43: Glas 1A **122**
HOLEHILLS 2B **96**
Holehills Dr. ML6: Air 1B **96**
Holehills Pl. ML6: Air 1B **96**
HOLEHOUSE 2C **134**
Holehouse Brae G78: Neil 2C **134**
Holehouse Dr. G13: Glas 3A **62**
Holehouse Rd. G76: Eag 6C **154**
Holehouse Ter. G78: Neil 2C **134**
Hollandbush Av. FK4: Bank 1E **17**
Hollandbush Cres. FK4: Bank 1F **17**
Hollandbush Gro. ML3: Ham 3H **161**
Hollandhurst Rd. ML5: Coat 2B **94**
Holland St. G2: Glas 4H 5 (3E **87**)
Hollinwell Rd. G23: Glas 1B **64**
Hollowfield Cres. G69: G'csh 2D **70**
Hollowglen Rd. G32: Glas 5B **90**
Hollows, The G46: Giff 6H **121**
   (off Ayr Rd.)
Hollows Av. PA2: Pais 6D **100**
Hollows Cres. PA2: Pais 6D **100**
Holly Av. G66: Milt C 6B **10**
Hollybank St. G21: Glas 2C **88**
Hollybrook Pl. G42: Glas 3F **107**
   (off Hollybrook St.)
Hollybrook St. G42: Glas 3F **107**
   (not continuous)
Hollybush Av. PA2: Pais 6F **101**
Hollybush Rd. G52: Glas 6H **83**
Holly Dr. G21: Glas 6C **66**
   G82: Dumb 2B **18**
Holly Gro. FK4: Bank 1F **17**
   ML4: Moss 2H **131**
Hollyhill Gro. G69: Barg 5E **93**
Hollymount G61: Bear 5F **47**
Holly Pl. PA5: John 5G **99**
Holly St. G81: Clyd 3C **44**
   ML6: Air 4C **96**
Hollytree Gdns. G66: Len 3E **9**
Hollywood Bowl
   Glasgow 1F **113**
Holm Av. G71: Udd 6C **112**
   PA2: Pais 3B **102**
Holmbank Av. G41: Glas 6B **106**
Holmbrae Av. G71: Tann 5D **112**
Holmbrae Rd. G71: Tann 6D **112**
Holmbyre Ct. G45: Glas 6F **123**
Holmbyre Rd. G45: Glas 6F **123**
Holmbyre Ter. G45: Glas 5G **123**
Holmes Av. PA4: Renf 2E **83**
Holmes Quad. ML4: Bell 4C **130**
Holmfauldhead Dr. G51: Glas 3E **85**
Holmfauldhead Pl. G51: Glas 3E **85**
Holmfauld Rd. G51: Glas 3E **85**
Holmfield G66: Kirkin 6E **33**
Holm Gdns. ML4: Bell 3E **131**
Holmhead Cres. G44: Glas 1E **123**
Holmhead Pl. G44: Glas 1E **123**
Holmhead Rd. G44: Glas 2E **123**

Holmhill Av. G72: Camb 3A 126
Holmhills Dr. G72: Camb 4H 125
Holmhills Gdns. G72: Camb 3H 125
Holmhills Gro. G72: Camb 3H 125
Holmhills Pl. G72: Camb 3H 125
Holmhills Rd. G72: Camb 3H 125
Holmhills Ter. G72: Camb 3H 125
Holm La. G74: E Kil 2G 157
Holmlea Rd. G42: Glas 6E 107
G44: Glas 6E 107
HOLMPARK 4H 41
Holmpark PA7: B'ton 4H 41
Holm Pl. ML9: Lark 3A 170
PA3: Lin 4H 79
Holms Cres. PA8: Ersk 5D 42
Holms Pl. G69: G'csh 2C 70
Holm St. G2: Glas 6A 6 (4E 87)
ML1: New S 4A 132
ML8: Carl 3C 174
Holmswood Av. G72: Blan 1B 144
Holmwood Av. G71: Udd 6D 112
Holmwood Gdns. G71: Udd 6D 112
Holmwood House 3F 123
Holyknowe Cres. G66: Len 3G 9
Holyknowe Rd. G66: Len 4G 9
Holyrood Cres. G20: Glas 1D 86
Holyrood Quad. G20: Glas 1D 86
(off Napiershall St.)
Holyrood Sports Cen. 4G 107
Holyrood St. ML3: Ham 4E 145
HOLYTOWN 2A 132
Holytown Crematorium
ML1: N'hse 2C 132
Holytown Rd. ML1: Holy 2G 131
ML4: Moss 2G 131
Holytown Station (Rail) 4A 132
Holywell St. G31: Glas 6D 88
Homeblair Ho. G46: Giff 2A 122
Home Farm Ct. ML5: Coat 4H 93
Home Farm Steading PA7: B'ton . .2A 42
Homer Pl. ML4: Moss 2G 131
Homeston Av. G71: Both 4E 129
Honeybank Cres. ML8: Carl 2D 174
Honeybog Rd. G52: Glas 5G 83
Honeysuckle Ct. G67: Cumb 1F 57
Honeywell Av. G33: Step 5G 69
Honeywell Ct. G33: Step 5F 69
Honeywell Cres. ML6: Chap 4E 117
Honeywell Gro. G33: Step 5G 69
Honeywell Pl. G33: Step 5G 69
Hood St. G81: Clyd 5E 45
Hooper Pl. ML4: Bell 1D 130
Hope Av. PA11: Quarr V 1A 76
Hope Cres. ML9: Lark 2D 170
Hopefield Av. G12: Glas 4A 64
Hopefield Gdns. ML2: Wis 4G 165
Hopehill Gdns. G20: Glas 6E 65
Hopehill Rd. G20: Glas 6E 65
(not continuous)
Hopeman PA8: Ersk 4E 43
Hopeman Av. G46: T'bnk 3E 121
Hopeman Dr. G46: T'bnk 3E 121
Hopeman Path G46: T'bnk 2E 121
Hopeman Rd. G46: T'bnk 3E 121
Hopeman St. G46: T'bnk 3E 121
Hopepark Dr. G68: Cumb 3A 36
Hope St. G2: Glas 6B 6 (4F 87)
ML1: Moth 2G 147
ML2: Newm 5E 151
ML3: Ham 6A 146
ML4: Moss 2E 131
ML8: Carl 3E 175
Hopetoun Pl. G23: Glas 6C 48
Hopetoun Ter. G21: Glas 6C 66
Hopkins Brae G66: Kirkin 4D 32
Horatius St. ML1: Moth 6D 130
Hornal Rd. G71: Udd 3D 129

Hornbeam Dr. G81: Clyd 3C 44
Hornbeam Rd. G67: Cumb 6E 17
G71: View 5F 113
Horndean Ct. G64: B'rig 3C 50
Horne St. G22: Glas 4A 66
Hornock Cotts. ML5: Coat 3B 94
Hornock Rd. ML5: Coat 2B 94
Hornshill Dr. ML1: Cle 5H 133
Hornshill Farm Rd. G33: Step 3E 69
HORNSHILL INTERCHANGE 1E 69
Hornshill St. G21: Glas 5C 66
Horsbrugh Av. G65: Kils 2H 13
Horselethill Rd. G12: Glas 5A 64
Horseshoe La. G61: Bear 3F 47
Horseshoe Rd. G61: Bear 2E 47
Horsewood Rd. PA11: Bri W 4E 77
Horslet St. ML5: Coat 1G 113
Horsley Brae ML2: Over 2A 172
Hospital Rd. ML2: Wis 3H 165
(not continuous)
Hospital St. G5: Glas 1F 107
ML5: Coat 1C 114
Hotspur St. G20: Glas 4C 64
Houldsworth Ct. ML2: Wis 1A 166
Houldsworth La. G3: Glas 4E 5
Houldsworth St. G3: Glas . . .4E 5 (3C 86)
House for an Art Lover 1G 105
Househillmuir Cres. G53: Glas . . .1C 120
Househillmuir La. G53: Glas 6C 104
(off Househillmuir Rd.)
Househillmuir Pl. G53: Glas 6C 104
Househillmuir Rd. G53: Glas 2A 120
HOUSEHILLWOOD 6B 104
Househillwood Cres.
G53: Glas 6B 104
Househillwood Rd. G53: Glas 1A 120
Housel Av. G13: Glas 2B 62
HOUSTON 1A 78
Houston Ct. PA4: Renf 5F 61
(off Fulbar St.)
Houstonfield Quad. PA6: Hous . . .1A 78
Houstonfield Rd. PA6: Hous 1A 78
Houston Pl. G5: Glas 5D 86
PA5: Eld 3A 100
Houston Rd. PA3: Lin 6A 58
PA4: Inch 5D 58
PA6: C'lee, Hous . . . .1B 78 & 6A 58
(not continuous)
PA7: B'ton 5C 40
PA11: Bri W 3F 77
Houston Ter. G74: E Kil 1F 157
Houstoun Ct. PA5: John 2F 99
(off William St.)
Houstoun Sq. PA5: John 2F 99
Howard Av. G74: E Kil 4A 142
Howard Ct. G74: E Kil 4A 142
Howard St. G1: Glas 6C 6 (5F 87)
ML9: Lark 4E 171
PA1: Pais 6C 02
Howatshaws Rd. G82: Dumb 1H 19
Howat St. G51: Glas 3G 85
Howden Av. ML1: N'hse 5D 116
Howden Dr. PA3: Lin 6G 79
Howden Pl. ML1: Holy 2A 132
Howe Gdns. G71: Tann 6E 113
Howe Rd. G65: Kils 4H 13
Howes St. ML5: Coat 1D 114
Howford Rd. G52: Glas 1B 104
Howgate Av. G15: Glas 4H 45
Howgate Rd. ML3: Ham 3F 161
Howie Bldgs. G76: Clar 2C 138

Howieshill Av. G72: Camb 2B 126
Howieshill Rd. G72: Camb 3B 126
Howie St. ML9: Lark 4D 170
Howletnest Rd. ML6: Air 5C 96
Howlet Pl. ML3: Ham 2A 162
Howson Lea ML1: Moth 5B 148
Howson Vw. ML1: Moth 2D 146
Howth Dr. G13: Glas 1F 63
Howth Ter. G13: Glas 1F 63
HOWWOOD ROAD 4H 99
Howwood Rd. PA9: How 6B 98
Hoy Gdns. ML1: Carf 6C 132
Hoylake Pk. G71: Both 5D 128
Hoylake Pl. G23: Glas 6C 48
Hozier Cres. G71: Tann 5D 112
Hozier Loan ML9: Lark 1D 170
(off Muirshot Rd.)
Hozier Pl. G71: Both 4F 129
Hozier St. ML5: Coat 6C 94
ML8: Carl 3D 174
Hudson Ter. G75: E Kil 3D 156
Hudson Way G75: E Kil 3E 157
Hughenden Ct. G12: Glas 5H 63
(off Hughenden Rd.)
Hughenden Dr. G12: Glas 5H 63
Hughenden Gdns. G12: Glas 5G 63
Hughenden La. G12: Glas 5H 63
Hughenden Rd. G12: Glas 5H 63
Hughenden Ter. G12: Glas 5H 63
Hugh Fraser Ct. G77: Newt M 4D 136
Hugh Murray Gro. G72: Camb 2C 126
Hugo St. G20: Glas 4D 64
Humbie Ct. G77: Newt M 1E 153
Humbie Ga. G77: Newt M 1E 153
Humbie Gro. G77: Newt M 6E 137
Humbie Lawns G77: Newt M 1E 153
Humbie Rd. G76: Eag, Water 2F 153
G77: Eag, Newt M, Water 1E 153
Hume Dr. G71: Both 4E 129
G71: Udd 6C 112
Hume Pl. G75: E Kil 3F 157
Hume Rd. G67: Cumb 2A 38
Hume St. G81: Clyd 6D 44
Hunston Av. ML3: Ham 5F 145
Hunter Dr. G77: Newt M 5B 136
Hunterfield Dr. G72: Camb 2G 125
HUNTERHILL 3C 102
Hunterhill Av. PA2: Pais 2B 102
Hunterhill Rd. PA2: Pais 2B 102
Hunterian Gallery 1B 86
Hunterian Mus. 1B 86
Hunter Pl. G62: Miln 4E 27
PA10: Kilba 3A 98
Hunter Rd. G62: Miln 3E 27
G73: Ruth 4E 109
ML3: Ham 3F 145
Hunter's Av. G82: Dumb 2D 20
Hunterscraig Dr. G5: Glas 3H 107
Hunters Cres. G74: E Kil 6C 142
Huntersfield Rd. PA5: John 4C 98
Hunters Gro. G74: E Kil 6C 142
Hunters Hill Ct. G21: Glas 3B 66
Huntershill Ho. G64: B'rig 1B 66
Huntershill Rd. G64: B'rig 1B 66
Huntershill Village 1B 66
Huntershill Village Bus. Cen.
G64: B'rig 2B 66
Huntershill Way G64: B'rig 2B 66
Hunters Pl. G74: E Kil 6C 142
Hunter St. G4: Glas 6H 7 (4A 88)
(not continuous)
G74: E Kil 1H 157
ML4: Bell 2C 130
ML6: Air 2H 95
PA1: Pais 6A 82
Hunt Hill G68: Cumb 4G 35
Hunthill La. G72: Blan 3H 143
Hunthill Pl. G76: Busby 4E 139

Hunthill Rd. G72: Blan 2H **143**
Hunt Hill Rdbt. G68: Cumb 4G **35**
Huntingdon Rd. G21: Glas 1A **88**
Huntingdon Sq. G21: Glas 1A **88**
Hunting Lodge Gdns. ML3' Ham . . .1C **162**
Huntingtower Rd. G69: Bail 1F **111**
Huntly Av. G46: Giff 5B **122**
    ML4: Bell 1C **130**
Huntly Ct. G64: B'rig 1C **66**
Huntly Dr. G61: Bear 6E **27**
    G72: Camb 3B **126**
    ML5: Coat 1H **113**
Huntly Gdns. G12: Glas 6B **64**
    G72: Blan 6B **144**
Huntly Ga. G46: Giff 4B **122**
Huntly Path G69: Mood 5E **55**
Huntly Quad. ML2: Wis 4H **149**
Huntly Rd. G12: Glas 6A **64**
    G52: Hill E 3H **83**
Huntly Ter. PA2: Pais 4C **102**
Huntshill St. G21: Glas 3A **66**
Hurlawcrook Dr. G75: E Kil 2G **169**
Hurlawcrook Pl. G75: E Kil 2G **169**
Hurlawcrook Rd. G75: E Kil 5F **169**
HURLET .6H **103**
Hurlet Cotts. G53: Glas 1H **119**
Hurlethill Ct. G53: Glas 6H **103**
Hurlet Rd. G53: Glas 4E **103**
    PA2: Pais 4E **103**
Hurleyburn Gdns. ML8: Carl 3B **174**
Hurlford Av. G13: Glas 2H **61**
Hurly Hawkin G64: B'rig 1F **67**
Hutcheson Rd. G46: T'bnk, Giff . . .5G **121**
Hutchesons' Hall 5E **7**
Hutcheson St. G1: Glas 6E **7** (4G **87**)
HUTCHESONTOWN 1H **107**
Hutchesontown Ct. G5: Glas 1G **107**
Hutchinson Pl. G72: Flem 4E **127**
Hutchison Ct. G46: Giff 6A **122**
Hutchison Dr. G61: Bear 5G **47**
Hutchison Pl. ML5: Coat 5B **94**
Hutchison St. ML2: Over 4B **166**
    ML3: Ham 3H **161**
Hutton G12: Glas 3G **63**
Hutton Av. PA6: C'lee 3C **78**
Hutton Dr. G51: Glas 3E **85**
    G74: E Kil 5H **141**
Huxley Pl. G20: Glas 3D **64**
Hyacinth Way ML8: Carl 5D **174**
Hydepark St. G3: Glas 6F **5** (4D **86**)
Hyndal Av. G53: Glas 4C **104**
HYNDLAND 6H **63**
Hyndland Av. G11: Glas 1H **85**
Hyndland Rd. G12: Glas 6H **63**
Hyndland Station (Rail) 5G **63**
Hyndland St. G11: Glas 1A **86**
    G12: Glas 1A **86**
Hyndlee Dr. G52: Glas 6C **84**
Hyndshaw Rd. ML2: Wis 3G **167**
Hyndshaw Vw. ML8: Law 1G **173**
Hyslop Pl. G81: Clyd 4C **44**
Hyslop St. ML6: Air 3G **95**

I

Iain Dr. G61: Bear 1C **46**
Iain Nicolson Recreation Cen. . . .1B **70**
Iain Rd. G61: Bear 2C **46**
Ian Smith Ct. G81: Clyd 1F **61**
IBROX 6H **85**
Ibrox Community Complex 5H **85**
Ibroxholm Av. G51: Glas 6H **85**
Ibroxholm Oval G51: Glas 5H **85**
Ibroxholm Pl. G51: Glas 6H **85**
Ibrox Ind. Est. G51: Glas 5A **86**
Ibrox Stadium 5G **85**
Ibrox Station (Underground) 5H **85**

Ibrox St. G51: Glas 5A **86**
Ibrox Ter. G51: Glas 5H **85**
Ibrox Ter. La. G51: Glas 5H **85**
Ida Quad. ML4: Bell 2B **130**
Iddesleigh Av. G62: Miln 3G **27**
Ilay Av. G61: Bear 1F **63**
Ilay Ct. G61: Bear 1G **63**
Ilay Rd. G61: Bear 1G **63**
IMAX Cinema
    Glasgow 6B **4** (4B **86**)
Imlach Pl. ML1: Moth 4F **147**
Imperial Dr. ML6: Air 6H **95**
Imperial Pl. G71: Both 5E **129**
Imperial Way G71: Both 5E **129**
Inchbrae Rd. G52: Glas 1C **104**
Inchcolm Gdns. G69: Mood 4E **55**
Inchcolm Pl. G74: E Kil 1E **157**
Inchcruin Pl. G15: Glas 3G **45**
Inchfad Cres. G15: Glas 4G **45**
Inchfad Dr. G15: Glas 4G **45**
Inchfad Gro. G15: Glas 4G **45**
Inchfad Pl. G15: Glas 4G **45**
Inchgarveloan G5: Glas 3A **108**
Inch Garvie G74: E Kil 2D **158**
Inchgower Pl. ML1: New S 5A **132**
Inchgower Rd. G33: Step 3E **69**
Inchholm St. G11: Glas 1E **85**
INCHINNAN 2H **59**
Inchinnan Dr. PA4: Inch 6F **59**
Inchinnan Ind. Est. PA4: Inch 5G **59**
Inchinnan Rd. ML4: Bell 6B **114**
    PA3: Glas A, Pais 4A **82**
    PA4: Renf 5D **60**
Inch Keith G74: E Kil 2D **158**
Inchkeith Pl. G32: Glas 4B **90**
Inchlaggan Pl. G15: Glas 3G **45**
Inchlee St. G14: Glas 1E **85**
Inch Marnock G74: E Kil 3C **158**
Inchmoan Pl. G15: Glas 3G **45**
Inch Murrin G74: E Kil 2D **158**
Inchmurrin Dr. G73: Ruth 5F **125**
Inchmurrin Gdns. G73: Ruth 5F **125**
Inchmurrin Pl. G73: Ruth 5F **125**
Inchneuk Path ML5: Glenb 3H **71**
Inchneuk Rd. ML5: Glenb 3A **72**
Inchnock Av. G69: G'csh 3D **70**
Inchoch Gro. G33: Glas 1E **91**
Inchoch St. G33: Glas 1E **91**
Incholm La. G11: Glas 1E **85**
Inchrory Pl. G15: Glas 3G **45**
Inchwood Ct. G68: Cumb 6B **36**
Inchwood Pl. G68: Cumb 6B **36**
Inchwood Rd. G68: Cumb 6B **36**
Incle St. PA1: Pais 6B **82**
India Dr. PA4: Inch 3G **59**
India St. G2: Glas 3H **5** (3E **87**)
Industry St. G66: Kirkin 6D **32**
    (not continuous)
Ingalls Ct. G75: E Kil 6B **156**
Inga St. G20: Glas 2C **64**
Ingerbreck Av. G73: Ruth 3F **125**
Ingleby Ct. PA11: Bri W 3F **77**
Ingleby Dr. G31: Glas 4D **88**
    (Cumbernauld Rd.)
    G31: Glas 4C **88**
    (Garthland Dr.)
Ingleby Pl. G78: Neil 2E **135**
Inglefield Ct. ML6: Air 4A **96**
Inglefield St. G42: Glas 3F **107**
Ingleneuk Av. G33: Mille 4B **68**
Ingleside G66: Lenz 1C **52**
Inglestone Av. G46: T'bnk 5G **121**
Inglewood Cres. G75: E Kil 3C **156**
    PA2: Pais 3D **100**
Inglis Pl. G75: E Kil 4H **157**
Inglis St. G31: Glas 5C **88**
    ML2: Wis 1D **164**

Ingliston Dr. PA7: B'ton 4F **41**
Ingliston Equestrian Cen. 3D **40**
Ingram St. G1: Glas 5D **6** (4G **87**)
Inishail Rd. G33: Glas 2C **90**
Initiative Rd.
    G66: A'loch, Kirkin, Lenz 6D **32**
Inkerman Rd. G52: Glas 6H **83**
Inkwood Way ML1: Carf 5B **132**
Innellan Gdns. G20: Glas 2H **63**
Innellan Pl. G20: Glas 2H **63**
Inner City Trad. Est.
    G4: Glas 2F **7**
Innerleithen Dr. ML2: Wis 3A **150**
Innermanse Quad. ML1: N'hill 2F **133**
Innerwick Dr. G52: Glas 6B **84**
Innes Ct. G74: E Kil 5G **141**
    ML6: Air 3E **97**
Innspark G65: Kils 2H **13**
International Av. G72: Blan 5B **144**
Inveraray Dr. G64: B'rig 3D **50**
Inveraray Gdns. ML1: Carf 5C **132**
Inverarish PA8: Ersk 2G **59**
Inverary Dr. G69: G'csh 5C **70**
Inveravon Dr. ML1: Moth 4D **146**
Inverbervie PA8: Ersk 5E **43**
Invercanny Dr. G15: Glas 3H **45**
Invercanny Pl. G15: Glas 3A **46**
Invercargill G75: E Kil 4C **156**
Invercloy Ct. G75: E Kil 1B **168**
Inverclyde Gdns. G73: Ruth 4F **125**
Invercree Wlk. ML5: Glenb 3G **71**
    (off Dinyra Pl.)
Inveresk Pl. ML5: Coat 3C **94**
Inveresk Quad. G32: Glas 5A **90**
Inveresk St. G32: Glas 5H **89**
Inverewe Av. G46: T'bnk 5D **120**
Inverewe Dr. G46: T'bnk 5D **120**
Inverewe Gdns. G46: T'bnk 5D **120**
Inverewe Pl. G46: T'bnk 4D **120**
Inverewe Way G77: Newt M 4A **136**
Invergarry Av. G46: T'bnk 6D **120**
Invergarry Ct. G46: T'bnk 5E **121**
Invergarry Dr. G46: T'bnk 5D **120**
Invergarry Gdns. G46: T'bnk 6D **120**
Invergarry Gro. G46: T'bnk 5D **120**
Invergarry Pl. G46: T'bnk 5E **121**
Invergarry Quad. G46: T'bnk 5E **121**
Invergarry Vw. G46: T'bnk 5E **121**
Inverglas Av. PA4: Renf 2H **83**
Invergordon Av. G43: Glas 6D **106**
Invergordon Pl. ML6: Air 5A **96**
Invergyle Dr. G52: Glas 6B **84**
Inverkar Dr. PA2: Pais 3E **101**
Inverlair Av. G43: Glas 1D **122**
Inverleith St. G32: Glas 5F **89**
Inverlochy Cres. G33: Glas 2D **90**
Inverlochy Rd. ML6: Air 5G **95**
Inverness St. G51: Glas 5D **84**
Invernia Sq. G81: Clyd 5D **44**
Inveroran Dr. G61: Bear 3H **47**
Inver Rd. G33: Glas 4E **91**
Invershiel Rd. G23: Glas 6B **48**
Invershin Dr. G20: Glas 4B **64**
Inverurie St. G21: Glas 6H **65**
Invervale Av. ML6: Air 5F **97**
Inzievar Ter. G32: Carm 4B **110**
Iona Av. G74: E Kil 5A **142**
Iona Ct. G51: Glas 4H **85**
Iona Cres. G60: Old K 2G **43**
Iona Dr. PA2: Pais 6H **101**
Iona Gdns. G60: Old K 2G **43**
Iona La. G69: Mood 5E **55**
Iona Path G72: Blan 2A **144**
Iona Pl. G60: Old K 2G **43**
    G72: Camb 4H **125**
    ML5: Coat 2H **93**
Iona Quad. ML2: Wis 4C **150**

Iona Ridge ML3: Ham 2C 160
Iona Rd. G73: Ruth 4G 125
  ML2: Newm 3D 150
  PA4: Renf 2E 83
Iona St. G51: Glas 4H 85
  ML1: Moth 6F 131
Iona Wlk. ML5: Coat 1A 114
Iona Way G33: Step 5E 69
  G66: Kirkin 5G 33
Iris Av. G45: Glas 4C 124
Irongray St. G31: Glas 4E 89
Irvine Ct. G40: Glas 2D 108
  ML2: Wis 2B 166
Irvine Cres. ML5: Coat 4E 95
Irvine Dr. PA3: Lin 4F 79
Irvine Gdns. G66: Milt C 6B 10
Irvine Pl. G65: Kils 2F 13
Irvine St. G40: Glas 2D 108
  ML6: Glenm 5H 73
Irvine Ter. ML3: Ham 3H 161
Irving Av. G81: Hard 1D 44
Irving Ct. G81: Hard 1D 44
Irving Quad. G81: Hard 1D 44
Isabella Gdns. ML3: Fern 2D 162
Iser La. G41: Glas 5C 106
Isla Av. ML2: Newm 3D 150
Island Rd. G67: Cumb 5F 37
Islay ML6: Air 5E 97
Islay Av. G73: Ruth 4G 125
Islay Ct. ML3: Ham 1D 160
Islay Cres. G60: Old K 2G 43
  PA2: Pais 6H 101
Islay Dr. G60: Old K 2G 43
  G77: Newt M 4B 136
Islay Gdns. ML8: Carl 5D 174
  ML9: Lark 2D 170
Islay Quad. ML2: Wis 2E 165
Islay Rd. G66: Kirkin 5G 33
Islay Way ML5: Coat 1H 113
Ivanhoe G74: E Kil 5D 142
Ivanhoe Ct. ML8: Carl 4B 174
Ivanhoe Cres. ML2: Wis 6H 149
Ivanhoe Dr. G66: Kirkin 5E 33
Ivanhoe Pl. ML1: Holy 2B 132
Ivanhoe Rd. G13: Glas 1D 62
  G67: Cumb 5G 37
  PA2: Pais 4D 100
Ivanhoe Way PA2: Pais 5D 100
Ivybank Av. G72: Camb 3C 126
Ivy Gdns. PA1: Pais 2E 101
Ivy Gro. ML5: Coat 5D 94
Ivy Leaf Pl. G66: Len 3E 9
Ivy Pl. G72: Blan 1A 144
  ML1: New S 4A 132
Ivy Rd. G71: View 5G 113
Ivy Ter. ML1: Holy 2A 132
Ivy Way ML6: Chap 2E 117

J

Jackson Ct. ML5: Coat 5D 94
Jackson Dr. G33: Step 4F 69
Jackson Pl. G61: Bear 4F 47
  Ml 8: Carl 2C 174
Jackson St. ML5: Coat 4D 94
Jack's Rd. G71: Udd 2E 129
Jack St. ML1: Moth 5B 148
  ML3: Ham 3H 161
Jackton Bus. Cen.
  G75: E Kil 4G 155
Jackton Rd. G75: E Kil . .5G 155 & 1A 168
Jackton Shooting Cen. 4H 155
Jacobite Pl. ML4: Bell 3F 131
Jacob's Ladder ML2: Over 5B 166
Jacob's Ladder Way ML2: Over . . .4A 166
Jade Ter. ML4: Bell 3C 130
Jagger Gdns. G69: Bail 1F 111

Jamaica Dr. G75: E Kil 2C 156
Jamaica St. G1: Glas 6C 6 (5F 87)
James Blyth Ct. G4: Glas 5G 7
James Boyle Sq. G66: Milt C 5C 10
James Ct. G74: E Kil 2A 156
James Dempsey Ct. ML5: Coat 5B 94
James Dempsey Gdns.
  ML5: Coat 5B 94
James Dunlop Gdns. G64: B'rig . . .2D 66
James Goold Hall G4: Glas 5G 7
James Gray St. G41: Glas 5C 106
James Hamilton Dr. ML4: Bell . . .2D 130
James Hamilton Heritage Pk. 5F 141
James Healy Dr. ML3: Ham 4G 161
James Hemphill Ct. G66: Len 3G 9
James Leeson Ct. G66: Milt C 5C 10
James McKechnie Av.
  PA2: Pais 3E 103
James Morrison St. G1: Glas 5H 87
James Murdie Gdns.
  ML3: Ham 3E 145
James Nisbet St. G21: Glas 2B 88
Jameson Gdns. G71: Udd 1C 128
James St. G40: Glas 1A 108
  ML1: Moth 2F 147
  ML4: Bell 1A 130
  ML8: Carl 4D 174
James Vw. ML1: New S 4H 131
James Watt Av. G75: E Kil 3A 158
James Watt La. G2: Glas 6A 6 (4E 87)
James Watt Pl. G74: E Kil 6D 140
James Watt Rd. G62: Miln 2F 27
James Watt St. G2: Glas 6A 6 (4E 87)
James Young Hall G4: Glas 5H 7
Jamieson Ct. G42: Glas 3F 107
  G81: Hard 6D 24
Jamieson Dr. G74: E Kil 1A 158
Jamieson Path G42: Glas 3F 107
Jamieson St. G42: Glas 3F 107
  (Batson St.)
  G42: Glas 3F 107
  (Cathcart Rd.)
Janebank Av. G72: Camb 3C 126
Jane Ct. ML9: Lark 3C 170
Janefield Av. PA5: John 3E 99
Janefield Pl. G66: Len 2F 9
  G72: Blan 3A 144
Janefield St. G31: Glas 6D 88
  (not continuous)
Jane Pl. G5: Glas 1G 107
Jane Rae Gdns. G81: Clyd 1F 61
Jane's Brae G67: Cumb 5H 37
Jane's Brae Interchange
  G67: Cumb 5H 37
Janesmith St. ML2: Wis 5C 148
Jardine St. G20: Glas 6D 64
Jardine Ter. G69: G'csh 4D 70
Jarvie Av. ML6: Plain 1G 97
Jarvie Cres. G65: Kils 4H 13
Jarvie Way PA2: Pais 5C 100
Jasmine Av. G75: E Kil 1C 168
Jasmine Pl. G67: Cumb 6D 36
Jasmine Way ML8: Carl 5C 174
Java St. ML1: Moth 6E 131
Jean Armour Dr. G81: Clyd 4E 45
Jeanette Av. ML3: Ham 4H 161
Jean Maclean Pl. G64: B'rig 3D 50
Jedburgh Av. G73: Ruth 6D 108
Jedburgh Dr. PA2: Pais 4E 101
Jedburgh Gdns. G20: Glas 6D 64
Jedburgh Pl. G74: E Kil 1H 157
  ML5: Coat 2B 114
Jedburgh St. G72: Blan 2B 144
  ML2: Wis 4A 150
Jedworth Av. G15: Glas 4B 46
Jedworth Ct. G61: Bear 2E 47
  (off Manse Rd.)

Jedworth Pl. G15: Glas 4C 46
Jedworth Rd. G15: Glas 4B 46
Jeffrey Pl. G65: Kils 2G 13
Jellicoe St. G81: Clyd 4A 44
JELLYHILL 3C 50
Jennie Lee Dr. ML2: Over 4H 165
JENNY LIND 5E 121
Jenny Lind Ct. G46: T'bnk 5E 121
Jennys Well Ct. PA2: Pais 3E 103
Jennys Well Rd. PA2: Pais 3D 102
Jervis Ter. G75: E Kil 4D 156
Jerviston Ct. ML1: Carf 6A 132
Jerviston Rd. G33: Glas 1C 90
  ML1: Carf 5A 132
Jerviston St. ML1: Moth 1H 147
  ML1: New S 4A 132
  (not continuous)
Jerviswood ML1: Carf 6A 132
Jessie St. G42: Glas 3H 107
Jessiman Sq. PA4: Renf 2D 82
Jimmy Sneddon Way
  ML1: Moth 5F 131
  (not continuous)
Joanna Ter. G72: Blan 1B 144
Jocelyn Sq. G1: Glas 5G 87
Jock Stein Sports Barn 5C 144
John Bassy Dr. FK4: Bank 1D 16
John Bowman Gdns.
  ML4: Bell 1D 130
John Brannan Way
  ML4: Bell 1H 129
John Brown Pl. G69: Chry 1A 70
John Burnside Dr. G81: Faif 6E 25
John Cumming Stadium, The 3F 175
John Ewing Gdns. ML9: Lark 1C 170
John Hannah Av. PA2: Pais 3E 103
John Hendry Rd. G71: Udd 3E 129
John Jarvie Sq. G65: Kils 2H 13
John Knox La. ML3: Ham 5B 144
John Knox St. G4: Glas 5H 7 (4A 88)
  G81: Clyd 1E 61
John Lang St. PA5: John 2G 99
John McEwan Way G64: Torr 4D 30
John Marshall Dr.
  G64: B'rig 1A 66
John Muir Way ML1: Moth 1F 147
John Murray Ct. ML1: Moth 6G 147
John Neilson Av. PA1: Pais 1E 101
John Pl. ML9: Lark 6D 170
Johnsburn Dr. G53: Glas 1B 120
Johnsburn Rd. G53: Glas 1B 120
Johnshaven PA8: Ersk 5E 43
Johnshaven St. G43: Glas 6A 106
John Smith Ct. ML3: Ham 3H 161
  (off Hollandbush Gro.)
  ML6: Air 3H 95
John Smith Gdns. ML5: Coat 6F 95
John Smith Ga. G78: Barr 3E 119
John Smith Swimming Pool 4H 95
Johnson Dr. G72: Camb 2A 126
Johnston Av. G65: Kils . . . . , 4H 13
  G81: Clyd 1F 61
JOHNSTONE 2F 99
Johnstone Av. G52: Hill E 3B 84
Johnstone By-Pass
  PA3: Lin 3D 98
  PA5: John 3D 98
  PA9: How 6A 98
JOHNSTONE CASTLE 4G 99
Johnstone Castle 4G 99
  (off Tower Pl.)
Johnstone Cres. G71: View 6G 113
Johnstone Dr. G73: Ruth 6C 108
Johnstone La. ML8: Carl 4F 175
  (off Ramage Rd.)
Johnstone Rd. ML3: Ham 1A 162
  PA11: Bri W 4H 77
Johnstone Station (Rail) 3G 99

Johnstone St. ML4: Moss 2E **131**
Johnstone Swimming Pool 2F **99**
Johnstone Ter. G65: Twe 2D **34**
Johnston Rd. G69: G'csh 3E **71**
Johnston St. ML6: Air 3B **96**
   PA1: Pais 1A **102**
John St. G1: Glas 5E **7** (4G **87**)
   G66: Kirkin 4D **32**
   G72: Blan 2C **144**
   G78: Barr 4D **118**
   ML2: Wis 5C **148**
   ML3: Ham 6A **146**
   ML4: Bell 2C **130**
   ML8: Carl 4D **174**
   ML9: Lark 3C **170**
John Wilson Dr. G65: Kils 2F **13**
John Wright Sports Cen. 1A **158**
Jones Wynd ML1: Cle 6E **133**
Jonquil Way ML8: Carl 5D **174**
Jonquin La. ML6: Air 5A **96**
Joppa St. G33: Glas 4G **89**
JORDANHILL 4E **63**
Jordanhill Cres. G13: Glas 4D **62**
Jordanhill Dr. G13: Glas 4C **62**
Jordanhill La. G13: Glas 4E **63**
Jordanhill Station (Rail) 5F **63**
Jordan Pl. ML1: Cle 4H **133**
Jordan St. G14: Glas 1D **84**
Jordanvale Av. G14: Glas 1D **84**
Jowitt Av. G81: Clyd 6F **45**
Jubilee Bank G66: Lenz 4C **52**
Jubilee Ct. G52: Hill E 4H **83**
   ML9: Lark 1C **170**
Jubilee Gdns. G61: Bear 3F **47**
Jubilee Ter. PA5: John 3D **98**
Julian Av. G12: Glas 5A **64**
Julian Ct. *G12: Glas* *5A **64***
   (off Julian Av.)
Julian La. G12: Glas 5A **64**
Junction 29 PA1: Lin 1B **100**
Juniper Av. G75: E Kil 5F **157**
   PA11: Quarr V 2A **76**
Juniper Ct. G66: Lenz 2B **52**
Juniper Dr. G66: Milt C 1B **32**
   ML3: Ham 4D **160**
Juniper Gro. ML3: Ham 1B **162**
Juniper Pl. G32: Glas 1E **111**
   G73: View 5H **113**
   PA5: John 5G **99**
Juniper Rd. G71: View 6H **113**
Juniper Ter. G32: Glas 1E **111**
Juniper Wynd *ML1: Holy* *2B **132***
   (off Dornoch Rd.)
Juno St. ML1: Moth 6F **131**
Jupiter St. ML1: Moth 6F **131**
Jura G74: E Kil 4B **158**
Jura Av. PA4: Renf 2F **83**
Jura Ct. G52: Glas 6E **85**
Jura Dr. G60: Old K 2G **43**
   G66: Kirkin 5G **33**
   G72: Blan 4A **128**
   G77: Newt M 3B **136**
Jura Gdns. G60: Old K 2G **43**
   ML3: Ham 1E **161**
   ML8: Carl 5E **175**
   ML9: Lark 2E **171**
Jura Pl. G60: Old K 2G **43**
Jura Quad. ML2: Wis 2E **165**
Jura Rd. G60: Old K 2G **43**
   PA2: Pais 6H **101**
Jura St. G52: Glas 6F **85**
Jura Ter. G72: Camb 4G **125**
Jura Wynd ML5: Glenb 3G **71**
Justice of the Peace Court
   Coatbridge 5E **95**
   Cumbernauld 4A **38**
   Dumbarton 4F **19**
   Glasgow 5H **87**

Justice of the Peace Court
   Hamilton 5H **145**
   Motherwell 4H **147**

K

Kaim Dr. G53: Glas 1C **120**
Karadale Gdns. ML9: Lark 3C **170**
Karol Path G4: Glas 1E **87**
Katewell Av. G15: Glas 3G **45**
Katewell Pl. G15: Glas 3G **45**
Katherine St. ML6: Air 3E **97**
Katrine Av. G64: B'rig 6D **50**
   ML4: Bell 1H **129**
Katrine Ct. *G20: Glas* *1E **87***
   (off Cedar St.)
Katrine Cres. ML6: Air 2H **95**
Katrine Dr. G77: Newt M 5H **137**
   PA2: Pais 3D **100**
Katrine Pl. G72: Camb 1A **126**
   ML5: Coat 1H **93**
Katrine Way G71: Both 4E **129**
Katrine Wynd *ML1: Holy* *2A **132***
   (off Glencoe Dr.)
Katriona Path *ML9: Lark* *4E **171***
   (off Stuart Dr.)
Kay Gdns. ML1: Moth 3D **146**
Kaystone Rd. G15: Glas 6A **46**
Kay St. G21: Glas 5B **66**
Keal Av. G15: Glas 1A **62**
Keal Cres. G15: Glas 1A **62**
Keal Dr. G15: Glas 1A **62**
Keal Pl. G15: Glas 1A **62**
Keane Path *ML1: Moth* *6B **148***
   (off Shields Dr.)
Kearn Av. G15: Glas 6B **46**
Kearn Gdns. G15: Glas 6A **46**
Kearn Pl. G15: Glas 6B **46**
Keats Pk. G71: Both 4F **129**
Keen Gro. ML1: Moth 6C **148**
Keil Cres. G82: Dumb 4D **18**
Keil Gdns. G82: Dumb 4D **18**
Keir Cres. ML2: Wis 5H **149**
Keir Dr. G64: B'rig 5B **50**
Keir Hardie Av. ML1: Holy 2B **132**
Keir Hardie Ct. G64: B'rig 6C **50**
Keir Hardie Dr. G65: Kils 4H **13**
   ML4: Bell 3B **130**
Keir Hardie Pl. ML4: Bell 3B **130**
Keir Hardie Rd. ML9: Lark 4D **170**
Keir Hardie Sports Cen. 1A **132**
Keir St. G41: Glas 2D **106**
Keir's Wlk. G72: Camb 1A **126**
Keith Av. G46: Giff 4B **122**
Keith Ct. G11: Glas 2A **86**
Keith Quad. ML2: Wis 3H **149**
Keith St. G11: Glas 1A **86**
   ML3: Ham 5B **146**
   ML4: Bell 1C **130**
Kelbourne Cres. ML4: Bell 2B **130**
Kelbourne St. G20: Glas 5C **64**
Kelburne Ct. PA1: Pais 6C **82**
Kelburne Dr. PA1: Pais 6D **82**
Kelburne Gdns. G69: Bail 2G **111**
   PA1: Pais 6C **82**
Kelburne Oval PA1: Pais 6C **82**
Kelburn St. G78: Barr 6C **118**
Kelhead Av. G52: Glas 6H **83**
   (not continuous)
Kelhead Dr. G52: Glas 6H **83**
Kelhead Path G52: Glas 6H **83**
Kelhead Pl. G52: Glas 6H **83**
Kellas St. G51: Glas 4G **85**
Kellie Gro. G74: E Kil 6F **141**
Kells Pl. G15: Glas 3G **45**
Kelly's La. *ML8: Carl* *4F **175***
   (off Kelso Dr.)

Kelso Av. G73: Ruth 6D **108**
   PA2: Pais 4E **101**
   PA11: Bri W 4F **77**
Kelso Cres. ML2: Wis 3H **149**
Kelso Dr. G74: E Kil 6A **142**
   ML8: Carl 4F **175**
Kelso Gdns. G69: Mood 4D **54**
Kelso Pl. G14: Glas 3G **61**
Kelso Quad. ML5: Coat 3B **94**
Kelso St. G13: Glas 2H **61**
   G14: Glas 3G **61**
Kelton St. G32: Glas 1B **110**
KELVIN 6A **158**
Kelvin Av. G52: Hill E 2H **83**
Kelvinbridge (Park & Ride) 1C **86**
Kelvinbridge Rdbt. G64: Torr 5D **30**
Kelvinbridge Station (Rail) 1C **86**
Kelvin Ct. G12: Glas 4G **63**
   G66: Kirkin 4C **32**
   G75: E Kil 4A **158**
Kelvin Cres. G61: Bear 5F **47**
   G75: E Kil 4A **158**
KELVINDALE 4H **63**
Kelvindale G64: Torr 4E **31**
Kelvindale Bldgs. G12: Glas 4A **64**
Kelvindale Ct. G12: Glas 3A **64**
Kelvindale Gdns. G20: Glas 3A **64**
Kelvindale Pl. G20: Glas 3B **64**
Kelvindale Rd. G12: Glas 4H **63**
   G20: Glas 4H **63**
Kelvindale Station (Rail) 2H **63**
Kelvin Dr. G20: Glas 5B **64**
   G64: B'rig 5C **50**
   G66: Kirkin 5A **32**
   G69: Mood 5C **54**
   G75: E Kil 4H **157**
   G78: Barr 6F **119**
   ML6: Air 2B **96**
Kelvin Gdns. G65: Kils 4H **13**
   ML3: Ham 5C **144**
KELVINGROVE 1C **4** (2B **86**)
Kelvingrove Art Gallery & Mus.
   . . . . .1C **4** (2B **86**)
Kelvingrove Lawn Bowls Cen.
   . . . . .2C **4** (2B **86**)
Kelvingrove St. G3: Glas . . .3D **4** (3C **86**)
Kelvin Hall International Sports Arena
   . . . . .1A **4** (2B **86**)
Kelvinhall Station (Underground)
   . . . . .1A **86**
KELVINHAUGH 3B **4** (3B **86**)
Kelvinhaugh Ga. G3: Glas . . .3B **4** (3B **86**)
Kelvinhaugh Pl. G3: Glas . . .3C **4** (3B **86**)
Kelvinhaugh St. G3: Glas . . .3A **4** (3A **86**)
KELVINHEAD 1H **15**
Kelvinhead Rd. G65: Bant 1G **15**
Kelvin Pk. Sth. G75: E Kil 1G **169**
Kelvin Pl. G75: E Kil 4A **158**
Kelvin Rd. G62: Miln 2E **27**
   G67: Cumb 5A **38**
   G71: Tann 6C **112**
   G75: E Kil 4H **157**
   ML4: Bell 6D **114**
Kelvin Rd. Nth. G67: Cumb 5A **38**
KELVINSIDE 4G **63**
Kelvinside Av. G20: Glas 5C **64**
Kelvinside Dr. G20: Glas 5D **64**
Kelvinside Gdns. G20: Glas 5C **64**
Kelvinside Gdns. E. G20: Glas 6D **64**
Kelvinside Gdns. La. G20: Glas . . .5C **64**
Kelvinside Gro. G20: Glas 5C **64**
Kelvinside Ter. Sth. G20: Glas 6C **64**
Kelvinside Ter. W. G20: Glas 6C **64**
Kelvin Sth. Bus. Pk.
   G75: E Kil 1F **169**
Kelvin St. ML5: Coat 6E **95**
Kelvin Ter. G65: Twe 3D **34**
Kelvinvale G66: Kirkin 4D **32**

Kelvin Vw. G64: Torr 5E **31**
   G65: Twe 3D **34**
Kelvinview Av. FK4: Bank 1E **17**
Kelvin Way G3: Glas 2C **4** (2B **86**)
   G12: Glas 2C **4** (2B **86**)
   G65: Kils 2G **13**
   G66: Kirkin 5A **32**
   G71: Both 4E **129**
Kemp Av. PA3: Pais 2C **82**
Kemp Ct. ML3: Ham 6A **146**
Kempsthorn Cres. G53: Glas 4B **104**
Kempsthorn Path G53: Glas 4B **104**
   (off Kempsthorn Rd.)
Kempsthorn Pl. G53: Glas 4B **104**
Kempsthorn Rd. G53: Glas 4A **104**
Kemp St. G21: Glas 5A **66**
   ML3: Ham 6H **145**
Kenbank Cres. PA11: Bri W 3F **77**
Kenbank Rd. PA11: Bri W 3F **77**
Kendal Av. G12: Glas 3G **63**
   G46: Giff 4A **122**
Kendal Dr. G12: Glas 3G **63**
Kendal Rd. G75: E Kil 5B **156**
Kendoon Av. G15: Glas 4G **45**
Kenilburn Av. ML6: Air 1B **96**
Kenilburn Cres. ML6: Air 1B **96**
Kenilworth G74: E Kil 5D **142**
Kenilworth Av. G41: Glas 5B **106**
   ML2: Wis 6H **149**
   PA2: Pais 5D **100**
Kenilworth Ct. G67: Cumb 5G **37**
   ML1: Holy *2B* ***132***
   (off Catriona Way)
   ML8: Carl 4C **174**
Kenilworth Cres. G61: Bear 1C **46**
   ML3: Ham 5D **144**
   ML4: Bell 1C **130**
Kenilworth Dr. ML6: Air 3C **96**
Kenilworth Rd. G66: Kirkin 5E **33**
Kenilworth Way PA2: Pais 4D **100**
Kenley Av. PA4: Renf 5G **61**
Kenley Rd. PA4: Renf 6H **61**
Kenmar Gdns. G71: Tann 5C **112**
Kenmar Rd. ML3: Ham 4F **145**
Kenmar Ter. ML3: Ham 4F **145**
Kenmore Gdns. G61: Bear 2H **47**
Kenmore Rd. G67: Cumb 3B **38**
Kenmore St. G32: Glas 6A **90**
Kenmore Way ML5: Coat 2E **115**
   ML8: Carl 2D **174**
Kenmuiraid Pl. ML4: Bell 4B **130**
Kenmuir Av. G32: Glas 2E **111**
Kenmuirhill Gdns. G32: Glas 3D **110**
Kenmuirhill Ga. G32: Glas 3D **110**
Kenmuirhill Rd. G32: Glas 3D **110**
Kenmuir Rd. G32: Carm, Glas 5C **110**
   (not continuous)
   G71: Udd 4D **110**
Kenmuir St. ML5: Coat 1F **113**
Kenmure Av. G64: B'rig 6A **50**
Kenmure Cres. G64: B'rig 6B **50**
Kenmure Dr. G64: B'rig 6B **50**
Kenmure Gdns. G64: B'rig 6A **50**
Kenmure La. G64: B'rig 6B **50**
Kenmure Rd. G46; Giff 3H **137**
Kenmure St. G41: Glas 2D **106**
Kenmure Way G73: Ruth 4D **124**
Kennedar Dr. G51: Glas 3E **85**
Kennedy Av. G65: Twe 2E **35**
Kennedy Ct. G46: Giff 3A **122**
Kennedy Dr. ML6: Air 4G **95**
Kennedy Gdns. ML2: Over 4H **165**
Kennedy Path G4: Glas 3F **7** (3H **87**)
Kennedy St. G4: Glas 3E **7** (3G **87**)
   ML2: Wis 6A **150**
Kennelburn Rd. ML6: Chap 4D **116**
Kenneth Rd. ML1: Moth 4E **147**
Kennihill ML6: Air 1A **96**

Kennihill Quad. ML6: Air 2A **96**
KENNISHEAD 2E **121**
Kennishead Av. G46: T'bnk 2E **121**
Kennishead Path *G46: T'bnk* *2E* ***121***
   (off Kennisholme Av.)
Kennishead Pl. G46: T'bnk 3E **121**
Kennishead Rd. G43: Glas 2E **121**
   G46: T'bnk 3F **121**
   (Lochiel Rd.)
   G46: T'bnk 3B **120**
   (Millview Pl.)
   G53: Glas 3B **120**
Kennishead Station (Rail) 2E **121**
Kennisholm Av. G46: T'bnk 2E **121**
Kennisholm Path *G46: T'bnk* *1F* ***85***
   (off Kennisholme Av.)
Kennisholm Pl. G46: T'bnk 2E **121**
Kennoway Cres. ML3: Fern 2E **163**
Kennoway Dr. G11: Glas 1F **85**
Kennoway La. *G11: Glas* *1F* ***85***
   (off Auchentorlie St.)
Kennyhill Sq. G31: Glas 3D **88**
   (not continuous)
Kenshaw Av. ML9: Lark 5C **170**
Kenshaw Pl. ML9: Lark 5C **170**
Kensington Ct. *G12: Glas* *5A* ***64***
   (off Kensington Rd.)
Kensington Dr. G46: Giff 6B **122**
Kensington Ga. G12: Glas 5A **64**
Kensington Ga. La. G12: Glas 5A **64**
Kensington Rd. G12: Glas 5A **64**
Kentallen Rd. G33: Glas 5E **91**
Kent Dr. G73: Ruth 2F **125**
Kentigern Ter. G64: B'rig 1D **66**
Kentmere Cl. G75: E Kil 5C **156**
Kentmere Dr. G75: E Kil 5C **156**
Kentmere Pl. G75: E Kil 5C **156**
Kent Pl. G75: E Kil 5B **156**
Kent Rd. G3: Glas 3E **5** (3C **86**)
   ML4: Bell 1H **129**
Kent St. G40: Glas 5A **88**
Keppel Dr. G44: Glas 6A **108**
Keppochhill Dr. G21: Glas 6H **65**
Keppochhill Pl. G21: Glas 1H **87**
Keppochhill Rd. G21: Glas 6G **65**
   G22: Glas 6G **65**
Keppochhill Way G21: Glas 1H **87**
Keppoch St. G21: Glas 6H **65**
Kerfield La. *G15: Glas* *3G* ***45***
   (off Achamore Rd.)
Kerfield Pl. G15: Glas 3G **45**
Kerr Cres. ML3: Ham 2G **161**
Kerr Dr. G40: Glas 6A **88**
   ML1: Moth 3E **147**
Kerrera Pl. G33: Glas 5D **90**
Kerrera Rd. G33: Glas 5D **90**
Kerr Gdns. G71: Tann 5E **113**
Kerr Grieve Ct. ML1: Moth 4G **147**
Ker Rd. G62: Miln 2E **27**
Kerr Pl. G40: Glas 6B **88**
Kerr St. G40: Glas 6B **88**
   G66: Kirkin 5C **32**
   G72: Blan 1C **144**
   G78: Barr 5C **118**
   PA3: Pais 6H **81**
Kerrycroy Av. G42: Glas 6H **107**
Kerrycroy Pl. G42: Glas 5H **107**
Kerrycroy St. G42: Glas 5H **107**
Kerrydale St. G40: Glas 1D **108**
Kerrylamont Av. G42: Glas 6A **108**
Kerry Pl. G15: Glas 4G **45**
Kershaw St. ML2: Over 4A **166**
Kersland Dr. G62: Miln 3H **27**
Kersland La. *G12: Glas* *3H* ***27***
   (off Kersland St.)
   G62: Miln 3H **27**
Kersland St. G12: Glas 6B **64**
Kessington Dr. G61: Bear 3G **47**

Kessington Rd. G61: Bear 4G **47**
Kessington Sq. G61: Bear 4H **47**
Kessock Dr. G22: Glas 6F **65**
Kessock Pl. G22: Glas 6F **65**
Kestrel Ct. G81: Hard 2C **44**
   ML5: Coat 2G **115**
Kestrel Dr. G68: Cumb 5A **36**
   PA5: John 6D **98**
Kestrel Rd. G13: Glas 3C **62**
Kestrel Vw. ML4: Bell 4A **114**
Keswick Dr. ML3: Ham 5G **161**
Keswick Rd. G75: E Kil 5B **156**
Kethers La. ML1: Moth 2E **147**
Kethers St. ML1: Moth 2E **147**
Kew Gdns. G71: Tann 6F **113**
Kew La. G12: Glas 6B **64**
Kew Ter. G12: Glas 6B **64**
Keynes Sq. ML4: Bell 3F **131**
Keystone Av. G62: Miln 5G **27**
Keystone Quad. G62: Miln 5F **27**
Keystone Rd. G62: Miln 5G **27**
Kibble Palace 6B **64**
Kibbleston Rd. PA10: Kilba 2A **98**
Kidston Pl. G5: Glas 1G **107**
Kidston Ter. G5: Glas 1G **107**
Kierhill Rd. G68: Cumb 3E **37**
Kilallan Av. PA11: Bri W 2F **77**
KILBARCHAN 2A **98**
Kilbarchan Rd. PA5: John 4D **98**
   PA10: John, Kilba 3C **98**
   (not continuous)
   PA11: Bri W 4G **77**
Kilbarchan St. G5: Glas 6F **87**
Kilbeg Ter. G46: T'bnk 4D **120**
Kilberry St. G21: Glas 2C **88**
Kilbirnie Pl. G5: Glas 1E **107**
Kilbirnie St. G5: Glas 1E **107**
KILBOWIE 4D **44**
Kilbowie Ct. G81: Clyd 4D **44**
Kilbowie Pl. ML6: Air 5D **96**
Kilbowie Retail Pk. G81: Clyd 5E **45**
Kilbowie Rd. G67: Cumb 4A **38**
   G81: Clyd, Hard 2D **44**
Kilbreck Gdns. G61: Bear 5C **26**
Kilbreck La. ML1: N'hill 3C **132**
Kilbrennan Dr. ML1: Moth 2D **146**
Kilbrennan Rd. PA3: Lin 5H **79**
Kilbride Ter. G5: Glas 2H **107**
Kilbride Vw. G71: Tann 6E **113**
Kilburn Gro. G72: Blan 6B **128**
Kilburn Pl. G13: Glas 3B **62**
Kilchattan Dr. G44: Glas 6G **107**
Kilchoan Rd. G33: Glas 1C **90**
Kilcloy Av. G15: Glas 3A **46**
Kildale Way G73: Ruth 5B **108**
Kildare Pl. ML2: Newm 4E **151**
Kildary Av. G44: Glas 2E **123**
Kildary Rd. G44: Glas 2E **123**
Kildermorie Pl. G34: Glas 3G **91**
Kildermorie Rd. G34: Glas 3F **91**
Kildonan Ct. ML2: Newm 2D **150**
Kildonan Dr. G11: Glas 1G **85**
Kildonan Pl. ML1: Moth 2E **147**
Kildonan St. ML5: Coat 4D **94**
Kildrostan St. G41: Glas 3D **106**
KILDRUM 2B **38**
Kildrummy Dr. G69: G'csh 5D **70**
Kildrummy Pl. G74: E Kil 6F **141**
Kildrum Rd. G67: Cumb 2B **38**
Kildrum Sth. Rdbt.
   G67: Cumb 4B **38**
Kilearn Pl. PA3: Pais 4D **82**
Kilearn Sq. PA3: Pais 4D **82**
Kilearn Way PA3: Pais 4D **82**
   (not continuous)
Kilfinan St. G22: Glas 2F **65**
Kilgarth St. ML5: Coat 1F **113**
Kilgraston Rd. PA11: Bri W 5E **77**

Kilkerran Ct. G77: Newt M 5B **136**
Kilkerran Dr. G33: Glas 3H **67**
Kilkerran Pk. G77: Newt M 5B **136**
Kilkerran Way G77: Newt M 5B **136**
Killearn Cres. ML6: Plain 6G **75**
Killearn Dr. PA1: Pais 1H **103**
Killearn St. G22: Glas 5F **65**
                        (not continuous)
Killermont Av. G61: Bear 5G **47**
Killermont Ct. G61: Bear 4H **47**
Killermont Mdws. G71: Both 4C **128**
Killermont Rd. G61: Bear 4F **47**
Killermont St. G2: Glas 3D **6** (3G **87**)
Killermont Vw. G20: Glas 5G **47**
Killiegrew Rd. G41: Glas 3B **106**
Killin Ct. ML5: Coat 2D **114**
Killin Dr. G32: Glas 6B **90**
   PA3: Lin 6F **79**
Killin St. G32: Glas 2B **110**
Killoch Av. PA3: Pais 6E **81**
Killoch Dr. G13: Glas 2A **62**
   G78: Barr 6F **119**
Killoch La. PA3: Pais 6E **81**
Killoch Rd. PA3: Pais 6E **81**
Killoch Way PA3: Pais 6E **81**
Kilmacolm Rd. PA6: Hous 1B **78**
   PA11: Bri W 1C **76**
Kilmailing Rd. G44: Glas 2F **123**
Kilmair Pl. G20: Glas 4B **64**
Kilmaluag Ter. G46: T'bnk 4D **120**
Kilmannan Gdns. G62: Miln 2D **26**
Kilmany Dr. G32: Glas 6H **89**
Kilmany Gdns. G32: Glas 6H **89**
Kilmardinny Art Cen. 1F **47**
Kilmardinny Av. G61: Bear 2F **47**
Kilmardinny Cres. G61: Bear 1F **47**
Kilmardinny Dr. G61: Bear 1F **47**
Kilmardinny Ga. G61: Bear 2F **47**
Kilmardinny Gro. G61: Bear 1F **47**
Kilmari Gdns. G15: Glas 3G **45**
Kilmarnock Rd. G41: Glas 2B **122**
   G43: Glas 2B **122**
Kilmartin La. ML8: Carl 2D **174**
Kilmartin Pl. G46: T'bnk 3E **121**
   G71: Tann 4E **113**
   ML6: Air 5D **96**
Kilmaurs Dr. G46: Giff 4C **122**
Kilmaurs St. G51: Glas 5F **85**
Kilmeny Cres. ML2: Wis 4A **150**
Kilmichael Av. ML2: Newm 3E **151**
Kilmore Cres. G15: Glas 3G **45**
Kilmore Gro. ML5: Coat 1B **114**
Kilmorie Dr. G73: Ruth 6A **108**
Kilmory Av. G71: Tann 6E **113**
Kilmory Ct. G75: E Kil 1C **168**
Kilmory Dr. G77: Newt M 3E **137**
Kilmory Gdns. ML8: Carl 2D **174**
Kilmory Rd. ML8: Carl 5F **175**
Kilmuir Cres. G46: T'bnk 3D **120**
Kilmuir Dr. G46: T'bnk 4E **121**
Kilmuir Rd. G46: T'bnk 3E **121**
   G71: Tann 4D **112**
Kilmun St. G20: Glas 2A **64**
Kilnburn Rd. ML1: Moth 2E **147**
Kilncadzow Rd. ML8: Carl 4F **175**
Kilncroft La. PA2: Pais 4A **102**
Kilnside La. PA1: Pais 6B **82**
Kilnside Rd. PA1: Pais 6B **82**
Kilnwell Quad. ML1: Moth 2F **147**
Kiloran Gro. G77: Newt M 5A **136**
Kiloran Pl. G77: Newt M 4A **136**
Kiloran St. G46: T'bnk 3F **121**
Kilpatrick Av. PA2: Pais 3F **101**
Kilpatrick Ct. G33: Step 4F **69**
   G60: Old K 1E **43**
Kilpatrick Cres. PA2: Pais 4H **101**
Kilpatrick Dr. G33: Step 4E **69**
   G61: Bear 5C **26**

Kilpatrick Dr. G75: E Kil 2B **168**
   PA4: Renf 3D **82**
   PA8: Ersk 4F **43**
Kilpatrick Gdns. G76: Clar 1H **137**
Kilpatrick Station (Rail) 1F **43**
Kilpatrick Vw. G82: Dumb 3H **19**
Kilpatrick Way G71: Tann 5E **113**
KILSYTH 2H **13**
Kilsyth Gdns. G75: E Kil 2A **168**
Kilsyth Heritage Mus. 3A **14**
Kilsyth Lennox Golf Course 1A **14**
Kilsyth Rd.
   FK4: Bank, Hag, Longc 1B **16**
   G65: Queen 4C **12**
   G66: Kirkin 4D **32**
Kilsyth Swimming Pool 2G **13**
Kiltarie Cres. ML6: Air 4F **97**
Kiltearn Rd. G33: Glas 4F **91**
Kiltongue Cotts. ML6: Air 3F **95**
                     (off Monkscourt Av.)
Kilvaxter Dr. G46: T'bnk 3E **121**
Kilwinning Cres. ML3: Ham 2C **160**
   ML6: Air 2E **97**
Kilwynet Way PA3: Pais 4C **82**
Kimberley Dr. G75: E Kil 3E **157**
Kimberley St. G81: Clyd 2H **43**
   ML2: Wis 5C **148**
Kinalty Rd. G44: Glas 2E **123**
Kinarvie Cres. G53: Glas 6H **103**
Kinarvie Gdns. G53: Glas 6H **103**
Kinarvie Pl. G53: Glas 6H **103**
Kinarvie Rd. G53: Glas 6H **103**
Kinarvie Ter. G53: Glas 6H **103**
Kinbuck Pas. G22: Glas 5G **65**
Kinbuck St. G22: Glas 5G **65**
Kincaid Dr. G66: Len 2E **9**
Kincaid Fld. G66: Milt C 6C **10**
Kincaid Gdns. G72: Camb 1A **126**
Kincaid Way G66: Milt C 6B **10**
Kincardine Dr. G64: B'rig 1D **66**
Kincardine Pl. G64: B'rig 1A **66**
   G74: E Kil 6C **142**
Kincath Av. G73: Ruth 4F **125**
Kinclaven Av. G15: Glas 4A **46**
Kinclaven Gdns. G15: Glas 4B **46**
Kinclaven Pl. G15: Glas 4B **46**
Kincraig St. G51: Glas 5D **84**
Kinellan Rd. G61: Bear 6F **47**
Kinellar Dr. G14: Glas 3A **62**
Kinfauns Dr. G15: Glas 3H **45**
   G77: Newt M 4E **137**
Kingarth St. G42: Glas 3E **107**
   ML3: Ham 3H **161**
King Edward La.
   G13: Glas 4E **63**
King Edward Rd. G13: Glas 4F **63**
Kingfisher Ct. G68: Cumb 5A **36**
Kingfisher Dr. G13: Glas 2H **61**
Kingfisher Gdns. G13: Glas 2A **62**
King George Ct. PA4: Renf 2G **83**
King George Gdns. PA4: Renf 1G **83**
King George Pk. Av. PA4: Renf 2G **83**
King George Pl. PA4: Renf 2G **83**
King George Way PA4: Renf 2G **83**
Kinghorn Dr. G44: Glas 6G **107**
Kinghorn La. G44: Glas 6G **107**
Kinglas Ho. G82: Dumb 1H **19**
Kinglass Rd. G61: Bear 5C **46**
King Pl. G69: Barg 6E **93**
Kingsacre Rd. G44: Glas 6G **107**
   G73: Ruth 6G **107**
Kings Av. G72: Camb 2B **126**
Kingsbarns Dr. G44: Glas 6F **107**
Kingsborough Gdns. G12: Glas 6H **63**
                        (not continuous)
Kingsborough Ga. G12: Glas 6H **63**
Kingsborough La. G12: Glas 6H **63**

Kingsborough La. E. G12: Glas 6H **63**
Kingsbrae Av. G44: Glas 6G **107**
King's Bri. G5: Glas 1H **107**
Kingsbridge Cres. G44: Glas 1H **123**
Kingsbridge Dr. G44: Glas 1H **123**
   G73: Ruth 1H **123**
Kingsbridge Pk. Gdns.
                 G44: Glas 1H **123**
Kingsburgh Dr. PA1: Pais 6D **82**
Kingsburn Dr. G73: Ruth 1C **124**
Kingsburn Gro. G73: Ruth 1B **124**
Kingscliffe Av. G44: Glas 1G **123**
Kings Ct. G1: Glas 5G **87**
                           (off King St.)
Kingscourt Av. G44: Glas 6H **107**
Kings Cres. G72: Camb 2B **126**
   ML8: Carl 3E **175**
   PA5: Eld 2A **100**
Kingsdale Av. G44: Glas 6G **107**
Kings Dr. G40: Glas 1A **108**
   G68: Cumb 5H **15**
   G77: Newt M 6F **137**
   ML1: New S 4H **131**
Kingsdyke Av. G44: Glas 6G **107**
Kingsferry Ct. PA4: Renf 5G **61**
Kingsford Av. G44: Glas 3C **122**
Kingsford Ct. G77: Newt M 3B **136**
King's Gdns. G77: Newt M 6G **137**
Kingsgate Retail Pk. G74: Ners 3A **142**
Kingsheath Av. G73: Ruth 1A **124**
Kingshill Av. G68: Cumb 4A **36**
Kingshill Dr. G44: Glas 1G **123**
Kingshill Vw. ML8: Law 1G **173**
Kingshouse Av. G44: Glas 6G **107**
Kingshurst Av. G44: Glas 6G **107**
Kings Inch Dr. G51: Glas 1A **84**
Kings Inch Pl. PA4: Renf 1H **83**
King's Inch Rd. G51: Renf 4G **61**
   PA4: Renf 4G **61**
King's Inch Way PA4: Renf 5G **61**
Kingsknowe Dr. G73: Ruth 1A **124**
Kingsland Cres. G52: Glas 5B **84**
Kingsland Dr. G52: Glas 5B **84**
Kingsland La. G52: Glas 5C **84**
Kingsland Vw. G75: T'hall 3H **155**
Kingslea Rd. PA6: Hous 1B **78**
Kingsley Av. G42: Glas 4F **107**
Kingsley Ct. G71: Tann 6E **113**
Kingslynn Dr. G44: Glas 1H **123**
Kingslynn La. G44: Glas 1H **123**
Kingsmuir Dr. G68: Cumb 3B **36**
   G73: Ruth 1A **124**
KING'S PARK 1A **124**
King's Pk. G64: Torr 4E **31**
Kings Pk. Av. G44: Glas 1F **123**
   G73: Ruth 1A **124**
King's Park Golf Course 2H **123**
King's Pk. La. G44: Glas 1F **123**
King's Pk. Rd. G44: Glas 6F **107**
King's Park Station (Rail) 1G **123**
King's Pl. G22: Glas 3F **65**
King's Rd. PA5: Eld 3H **99**
King's Theatre
   Glasgow 3H **5**
KINGSTON
   G5 . . . . .6E **87**
   PA7 . . . . .4A **42**
Kingston Av. G71: Tann 5E **113**
   G78: Neil 3D **134**
   ML6: Air 3C **96**
Kingston Bri. G5: Glas 5D **86**
Kingston Bri. Trad. Est.
   G5: Glas 5D **86**
Kingston Flats G65: Kils 2H **13**
Kingston Gro. PA7: B'ton 4H **41**
Kingston Ind. Est. G5: Glas 6D **86**
KINGSTON INTERCHANGE 6E **87**
Kingston Pl. G81: Clyd 3H **43**

Kingston Rd. G65: Kils 2H **13**
G78: Neil 5C **134**
PA7: B'ton 5H **41**
(not continuous)
Kingston St. G5: Glas 5E **87**
King St. G1: Glas 6E 7 (5G **87**)
G65: Kils 3H **13**
G73: Ruth 5C **108**
G81: Clyd 1F **61**
ML2: Newm 4D **150**
ML2: Wis 1H **165**
ML3: Ham 4D **144**
ML5: Coat 5A **94**
ML9: Lark 2C **170**
PA1: Pais 6G **81**
PA3: Pais 6G **81**
King St. La. G65: Kils 3H **13**
G73: Ruth 5C **108**
Kings Vw. G68: Cumb 5H **15**
G73: Ruth 6B **108**
King's Way G82: Dumb 2C **18**
Kingsway G14: Glas 4A **62**
G65: Kils 2H **13**
G66: Kirkin 3H **33**
G74: E Kil 4A **142**
Kingsway Ct. G14: Glas 4A **62**
Kingswood Dr. G44: Glas 1G **123**
Kingswood Rd. PA7: B'ton 3F **41**
Kingussie Dr. G44: Glas 1G **123**
Kiniver Dr. G15: Glas 6A **46**
Kinkell Gdns. G66: Kirkin 4H **33**
Kinloch Av. G72: Camb 3B **126**
PA3: Lin 6G **79**
Kinloch Dr. ML1: Moth 5F **131**
Kinloch Rd. G77: Newt M 3C **136**
PA4: Renf 3D **82**
Kinloch St. G40: Glas 1E **109**
Kinloss Pl. G74: E Kil 1H **157**
Kinmount Av. G44: Glas 6F **107**
Kinmount La. G44: Glas 6G **107**
Kinnaird Av. G77: Newt M 4G **137**
Kinnaird Cres. G61: Bear 3G **47**
Kinnaird Dr. PA3: Lin 5H **79**
Kinnaird Pl. G64: B'rig 2D **66**
Kinnear Rd. G40: Glas 2C **108**
Kinneil Ho. ML3: Ham 4A **146**
Kinneil Pl. ML3: Ham 1D **160**
Kinnell Av. G52: Glas 2C **104**
Kinnell Cres. G52: Glas 2C **104**
Kinnell Path G52: Glas 2C **104**
Kinnell Pl. G52: Glas 2D **104**
Kinnell Sq. G52: Glas 2C **104**
KINNING PARK 6B **86**
Kinning Park Station (Underground)
. . . . .6B **86**
Kinning St. G5: Glas 6E **87**
Kinnoul Gdns. G61: Bear 6D **26**
Kinnoul La. G12: Glas 6A **64**
Kinnoull Pl. G72: Blan 2B **144**
Kinpurnie Rd. PA1: Pais 6F **83**
Kinross Av. G52: Glas 1B **104**
Kinross Pk. G74: E Kil 6D **142**
Kinsail Dr. G52: Glas 5H **83**
Kinstone Av. G14: Glas 4A **62**
Kintail Gdns. G66: Kirkin 4H **33**
Kintessack Pl. G64: B'rig 5F **51**
Kintillo Dr. G13: Glas 3B **62**
Kintore Pk. ML3: Ham 4F **161**
Kintore Rd. G43: Glas 1D **122**
Kintore Twr. G72: Camb 4G **125**
Kintra St. G51: Glas 5H **85**
(not continuous)
Kintyre Av. PA3: Lin 6G **79**
Kintyre Cres. G77: Newt M 3C **136**
ML5: Coat 1A **114**
ML6: Plain 6F **75**
Kintyre Dr. ML5: Coat 1A **114**
Kintyre Gdns. G66: Kirkin 4H **33**

Kintyre Rd. G72: Blan 1A **144**
Kintyre St. G21: Glas 2C **88**
Kintyre Wynd ML8: Carl 2D **174**
Kipland Wlk. ML5: Coat 6F **95**
Kippen Dr. G76: Busby 4E **139**
Kippen St. G22: Glas 3H **65**
ML6: Air 5F **95**
Kipperoch Rd. G82: Dumb 1B **18**
Kippford Pl. ML6: Chap 4F **117**
Kippford St. G32: Glas 1C **110**
Kipps Av. ML6: Air 3G **95**
Kippsbyre Ct. *ML6: Air* 4F **95**
(off Monkscourt Av.)
Kirkaig Av. PA4: Renf 1H **83**
Kirkandrews Pl. ML6: Chap 4F **117**
Kirkburn Av. G72: Camb 3A **126**
Kirkcaldy Rd. G41: Glas 3B **106**
Kirkconnel Av. G13: Glas 3H **61**
G68: Cumb 4A **36**
Kirk Cres. G60: Old K 6E **23**
Kirkconnel Dr. G73: Ruth 2B **124**
Kirkcudbright Pl. G74: E Kil 6D **142**
Kirkdale Dr. G52: Glas 1E **105**
Kirkdene Av. G77: Newt M 4H **137**
Kirkdene Bank G77: Newt M 4H **137**
Kirkdene Cres. G77: Newt M 4H **137**
Kirkdene Gro. G77: Newt M 5H **137**
Kirkdene Pl. G77: Newt M 4H **137**
Kirkfieldbank Way ML3: Ham 6E **145**
Kirkfield Gdns. PA4: Renf 6D **60**
Kirkford Rd. G71: Both 4E **129**
Kirkford Rd. G69: Mood 5C **54**
Kirkgate ML2: Newm 5D **150**
Kirk Glebe G78: Neil 2E **135**
Kirkhall Rd. ML1: N'hill 3D **132**
KIRKHILL
G72 .2B **126**
G77 .5H **137**
Kirkhill Av. G72: Camb 4A **126**
Kirkhill Bowling Club 3H **125**
Kirkhill Cres. G78: Neil 1E **135**
Kirkhill Dr. G20: Glas 4B **64**
Kirkhill Gdns. G72: Camb 4A **126**
Kirkhill Ga. G77: Newt M 5H **137**
Kirkhill Golf Course 5H **125**
Kirkhill Gro. G72: Camb 4A **126**
Kirkhill Pl. G20: Glas 4B **64**
ML2: Wis 1C **164**
Kirkhill Rd. G69: G'csh 4D **70**
G71: Tann 5C **112**
G77: Newt M 4H **137**
ML2: Wis 2B **164**
Kirkhill Station (Rail) 2A **126**
Kirkhill St. ML2: Wis 2D **164**
Kirkhill Ter. G72: Camb 4A **126**
Kirkhope Dr. G15: Glas 6B **46**
Kirkhope Pl. ML8: Carl 4C **174**
Kirkinner Pl. *PA11: Bri W* 3F **77**
(off Main Rd.)
Kirkinner Rd. G32: Glas 2D **110**
KIRKINTILLOCH 4C **32**
Kirkintilloch Golf Course 3B **32**
Kirkintilloch Ind. Est.
G66: Kirkin 3C **32**
Kirkintilloch Leisure Cen. 6D **32**
Kirkintilloch Rd. G64: B'rig 2B **66**
G64: B'rig, Kirkin 1F **51**
G66: Kirkin 1F **51**
(Campsie Rd.)
G66: Kirkin 1F **51**
(Torrance Rd.)
G66: Lenz 2C **52**
Kirkland Gro. PA5: John 2F **99**
KIRKLANDNEUK 5D **60**
Kirklandneuk Cres. PA4: Renf 5C **60**
Kirklandneuk Rd. PA4: Renf 5C **60**
Kirklands PA4: Renf 6D **60**

Kirklands Cres. G65: Kils 4H **13**
G71: Both 4E **129**
Kirklands Dr. G77: Newt M 1D **152**
Kirklands Pl. G77: Newt M 1D **152**
Kirklands Rd. G77: Newt M 1D **152**
Kirkland St. G20: Glas 6D **64**
ML1: Moth 1F **147**
Kirk La. G43: Glas 6A **106**
G61: Bear 2E **47**
ML8: Law 5E **167**
Kirklea Gdns. PA3: Pais 6E **81**
Kirkle Dr. G77: Newt M 4H **137**
Kirklee Cir. G12: Glas 5A **64**
Kirklee Gdns. G12: Glas 4B **64**
Kirklee Gdns. La. G12: Glas 4B **64**
Kirklee Ga. G12: Glas 4B **64**
Kirklee Pl. G12: Glas 5B **64**
Kirklee Quad. G12: Glas 5B **64**
Kirklee Quad. La. G12: Glas 5B **64**
Kirklee Rd. G12: Glas 5A **64**
ML1: New S 6G **131**
ML4: Bell 3F **131**
Kirklee Ter. G12: Glas 5A **64**
Kirklee Ter. La. G12: Glas 5A **64**
Kirklee Ter. Rd. G12: Glas 5A **64**
Kirkliston St. G32: Glas 5H **89**
Kirkmaiden Way G72: Blan 6B **144**
Kirk M. G72: Camb 2A **126**
Kirkmichael Av. G11: Glas 6G **63**
Kirkmichael Gdns. G11: Glas 6G **63**
Kirkmuir Dr. G73: Ruth 4D **124**
Kirkness St. ML6: Air 3A **96**
Kirknethan ML2: Wis 2C **164**
Kirknewton St. G32: Glas 5B **90**
Kirkoswald G74: E Kil 6D **142**
Kirkoswald Dr. G81: Clyd 4E **45**
Kirkoswald Rd. G43: Glas 1B **122**
ML1: N'hill 3E **133**
Kirkpatrick St. G40: Glas 6C **88**
Kirk Pl. G61: Bear 2E **47**
G67: Cumb 6C **36**
G71: Udd 2C **128**
Kirkriggs Av. G73: Ruth 2D **124**
Kirkriggs Gdns. G73: Ruth 2D **124**
Kirkriggs La. *G73: Ruth* 2D **124**
(off Kirkriggs Vw.)
Kirkriggs Vw. G73: Ruth 2D **124**
Kirkriggs Way *G73: Ruth* 2D **124**
(off Kirkriggs Gdns.)
Kirk Rd. G61: Bear 2E **47**
G76: Crmck 2H **139**
ML1: N'hse 6D **116**
ML2: Wis 6H **149**
ML8: Carl 3C **174**
ML9: Dals 3B **172**
PA6: Hous 1B **78**
Kirkshaw Ct. *PA5: John* 2F **99**
(off Walkinshaw St.)
KIRKSHAWS 2A **114**
Kirkshaws Av. ML5: Coat 2A **114**
Kirkshaws Pl. ML5: Coat 2B **114**
Kirkshaws Rd. ML5: Coat 2H **113**
Kirkstall Gdns. G64: B'rig 3D **50**
Kirkstone G77: Newt M 4H **137**
Kirkstone Cl. G75: E Kil 5B **156**
Kirk St. G62: Miln 3E **27**
ML1: Moth 2G **147**
ML5: Coat 5B **94**
(not continuous)
ML8: Carl 3C **174**
Kirkstyle Av. ML8: Carl 4C **174**
Kirkstyle Cotts. ML5: Coat 2H **113**
Kirkstyle Cres. G78: Neil 2D **134**
ML6: Air 1H **95**
Kirkstyle La. G78: Neil 2E **135**
Kirkstyle Pl. ML6: Glenm 5F **73**
Kirksyde Av. G66: Kirkin 6D **32**
KIRKTON 3E **135**

Kirkton G60: Old K 6E **23**
  PA8: Ersk 4E **43**
Kirkton Av. G13: Glas 3A **62**
  G72: Blan 4A **144**
  G78: Barr 5D **118**
  ML8: Carl 3C **174**
Kirkton Ct. G76: Eag 6D **154**
  ML8: Carl 4C **174**
Kirkton Cres. G13: Glas 3A **62**
  G66: Milt C 6C **10**
  ML5: Coat 2F **115**
Kirkton Dr. G76: Eag 6C **154**
Kirktonfield Cres. G78: Neil 2F **135**
Kirktonfield Dr. G78: Neil 2F **135**
Kirktonfield Pl. G78: Neil 2F **135**
Kirktonfield Rd. G78: Neil 2E **135**
Kirkton Ga. G74: E Kil 1G **157**
Kirkton Gro. G82: Dumb 4D **18**
KIRKTONHILL 4D **18**
Kirktonholme Cres. G74: E Kil 1F **157**
Kirktonholme Gdns. G74: E Kil . . .1G **157**
Kirktonholme Rd. G74: E Kil 1D **156**
Kirkton Ho. G72: Blan 3B **144**
Kirkton Moor Rd. G76: Eag 6F **153**
Kirkton Pk. G74: E Kil 1H **157**
Kirkton Pl. G72: Blan 3B **144**
  G74: E Kil 1H **157**
    (not continuous)
  ML5: Coat 1F **115**
Kirkton Rd. G72: Camb 2B **126**
  G78: Neil 3D **134**
  G82: Dumb 4D **18**
Kirktonside G78: Barr 6D **118**
Kirkton St. ML8: Carl 4D **174**
Kirkton Ter. G66: Cam G 1B **8**
Kirkvale Ct. G77: Newt M 4H **137**
  ML2: Wis *6H* **149**
    (off Kirk Rd.)
Kirkvale Cres. G77: Newt M 4H **137**
Kirkvale Dr. G77: Newt M 4H **137**
Kirkview G67: Cumb 1C **56**
Kirkview Ct. G67: Cumb 1C **56**
Kirkview Cres. G77: Newt M 6E **137**
Kirkview Gdns. G71: Tann 5D **112**
Kirkville Pl. G15: Glas 6B **46**
Kirkwall G67: Cumb 6A **16**
Kirkwall Av. G72: Blan 5A **128**
Kirkwell Rd. G44: Glas 2F **123**
KIRKWOOD 1G **113**
Kirkwood Av. G33: Step 4F **69**
  G81: Clyd 6F **45**
Kirkwood Pl. ML5: Coat 1A **114**
Kirkwood Quad. G81: Clyd 6F **45**
Kirkwood Rd. G71: Tann 5D **112**
Kirkwood Sports Barn 1F **113**
Kirkwood Station (Rail) 6H **93**
Kirkwood St. G51: Glas 6A **86**
  G73: Ruth 5C **108**
  ML5: Coat 5A **94**
Kirn St. G20: Glas 1A **64**
Kirriemuir G74: E Kil 4D **142**
Kirriemuir Av. G52: Glas 2C **104**
Kirriemuir Gdns. G64: B'rig 5E **51**
Kirriemuir Pl. G52: Glas 1C **104**
Kirriemuir Rd. G64: B'rig 6E **51**
Kirtle Dr. PA4: Renf 1G **83**
Kirtle Pl. G75: E Kil 4A **156**
Kishorn Pl. G33: Glas 2C **90**
Kitchener St. ML2: Wis 6G **149**
Kittoch Pl. G74: E Kil 1H **157**
KITTOCHSIDE 4C **140**
Kittochside Rd. G76: Crmck 2A **140**
Kittoch St. G74: E Kil 1G **157**
Klondike Ct. ML1: New S 4B **132**
Knapdale St. G22: Glas 2E **65**
Knightsbridge St. G13: Glas 2D **62**
Knightscliffe Av. G13: Glas 1D **62**
Knights Ga. G71: Both 2C **128**

KNIGHTSWOOD 2D **62**
Knightswood Ct. G13: Glas 3D **62**
Knightswood Cross G13: Glas 2D **62**
Knightswood Golf Course 3B **62**
Knightswood Rd. G13: Glas 6C **46**
Knightswood Swimming Pool 3B **62**
Knightswood Ter. G72: Blan 6C **128**
Knivysbridge Pl. ML4: Bell 4D **130**
Knockburnie Rd. G71: Both 3E **129**
Knock Dr. ML6: Air 5G **95**
Knockhall Dr. G44: Glas 6F **107**
Knockhill La. G44: Glas 6F **107**
Knockhill Rd. PA4: Renf 2D **82**
Knockmilly Pl. G69: Mood 4E **55**
Knockside Av. PA2: Pais 6H **101**
Knock Way PA3: Pais 4C **82**
Knollpark Dr. G76: Clar 2B **138**
Knowe Cres. ML1: N'hill 3D **132**
Knowehead Dr. G71: Udd 1C **128**
Knowehead Gdns. G41: Glas 2C **106**
  G71: Udd 1C **128**
Knowehead Rd. ML2: Wis 1A **166**
Knowehead Ter. G41: Glas 2C **106**
Knowenoble St. ML1: Cle 5H **133**
Knowe Rd. G69: Chry 1A **70**
  PA3: Pais 4D **82**
Knowes Av. G77: Newt M 4E **137**
Knowes Rd. G77: Newt M 4F **137**
Knowe St. G62: Miln 3F **27**
Knowes Vw. G81: Hard 6E **25**
Knowetap St. G20: Glas 2C **64**
KNOWETOP 5H **147**
Knowetop Av. ML1: Moth 4H **147**
Knowetop Cres. G82: Dumb 2C **18**
KNOWNOBLE 5H **133**
Knox Av. PA11: Bri W 4E **77**
Knoxland Sq. G82: Dumb 5G **19**
Knoxland St. G82: Dumb 5G **19**
Knox Pl. G77: Newt M 5B **136**
Knox St. ML6: Air 3B **96**
  PA1: Pais 1F **101**
Koko's .4C **94**
Kronborg Way G75: E Kil 6F **157**
Kyleakin Dr. G72: Blan 5H **127**
Kyleakin Rd. G46: T'bnk 4D **120**
Kyleakin Ter. G46: T'bnk 4D **120**
Kyle Ct. G72: Camb 1A **126**
Kyle Dr. G46: Giff 4C **122**
Kyle Gro. ML1: New S 4A **132**
Kylemore Cres. ML1: Moth 5E **131**
KYLEPARK 6B **112**
Kylepark Av. G71: Udd 1B **128**
Kylepark Cres. G71: Udd 6B **112**
Kylepark Dr. G71: Udd 6B **112**
Kyle Pl. ML5: Coat 6B **94**
Kyle Quad. ML1: N'hill 3C **132**
  ML2: Wis 2E **165**
Kylerhea Rd. G46: T'bnk 4D **120**
Kyle Rd. G67: Cumb 2B **38**
Kyle Sq. G73: Ruth 2B **124**
Kyle St. G4: Glas . . . . .2E **7 (2G 87)**
  ML1: Moth 2D **146**
Kyle Ter. G82: Dumb 2B **18**

L

La Belle Allee G3: Glas 2E **5**
La Belle Pl. G3: Glas . . . . . .2E **5 (2G 86)**
Laberge Gdns. ML1: New S 4B **132**
Laburnum Av. G72: Flem 4E **127**
  G75: E Kil 5E **157**
Laburnum Ct. G75: E Kil 5E **157**
Laburnum Cres. ML2: Wis 4H **149**
Laburnum Dr. G66: Milt C 6B **10**
Laburnum Gdns. G66: Lenz 2B **52**
Laburnum Gro. G66: Lenz 2B **52**
  ML5: Coat 6D **94**

Laburnum Lea ML3: Ham 2A **162**
Laburnum Pl. PA5: John 5G **99**
Laburnum Rd. FK4: Bank 1E **17**
  G41: Glas 1A **106**
  G67: Cumb 3D **38**
  G71: View 4G **113**
Lachlan Cres. PA8: Ersk 6C **42**
La Crosse Ter. G12: Glas 6C **64**
Lacy St. PA1: Pais 6C **82**
Ladder Ct. G75: E Kil 1B **168**
Ladeside Cl. G77: Newt M 3C **136**
Ladeside Dr. G65: Kils 2B **14**
  PA5: John 3D **98**
Lade Ter. G52: Glas 1A **104**
Ladhope Pl. G13: Glas 1G **61**
Ladyacres PA4: Inch 3H **59**
Ladyacres Way PA4: Inch 3H **59**
Lady Ann Cres. ML6: Air 5C **96**
Lady Anne St. G14: Glas 4H **61**
Ladybank G68: Cumb 5H **15**
Ladybank Ct. G74: E Kil 1G **157**
Ladybank Dr. G52: Glas 1E **105**
Ladybank Gdns. G74: E Kil 1G **157**
Ladybank Pl. G74: E Kil 1G **157**
Ladyburn St. PA1: Pais 1C **102**
Ladyhill Dr. G69: Bail 1G **111**
Lady in Leisure Health & Fitness Cen.
. . . . .5C **6**
Lady Isle Cres. G71: Udd 1C **128**
Lady Jane Ga. G71: Both 3B **128**
Ladykirk Cres. G52: Glas 5B **84**
  PA2: Pais 2B **102**
Ladykirk Dr. G52: Glas 5B **84**
Ladykirk Way G74: E Kil 5H **141**
Lady La. PA1: Pais 1H **101**
Ladyloan Av. G15: Glas 3G **45**
Ladyloan Ct. G15: Glas 3H **45**
Ladyloan Gdns. G15: Glas 3H **45**
Ladyloan Gro. G15: Glas 3H **45**
Ladyloan Pl. G15: Glas 3G **45**
Lady Mary Wlk. ML3: Ham 2A **162**
Ladymuir Circ. PA8: Ersk 6D **42**
Ladymuir Cres. G53: Glas 3C **104**
Ladysmith Av. PA10: Kilba 3B **98**
Ladysmith Dr. G75: E Kil 1A **168**
Ladysmith St. ML2: Wis 5C **148**
Lady Watson Gdns. ML3: Ham 1E **161**
Ladywell Bus. Cen.
  G4: Glas . . . . .6H **7 (4A 88)**
Ladywell Rd. ML1: Moth 3D **146**
Ladywell St. G4: Glas . . . . .5H **7 (4A 88)**
Lady Wilson St. ML6: Air 5B **96**
Ladywood G62: Miln 3H **27**
LA Fitness
  Glasgow . . . . .6B **6 (4F 87)**
  Milngavie 6G **27**
Lagan Rd. ML8: Carl 4D **174**
Laggan Quad. ML6: Air 2G **95**
Laggan Rd. G43: Glas 2C **122**
  G64: B'rig 6D **50**
  G77: Newt M 2B **136**
  ML6: Air 2H **95**
Laggan Ter. PA4: Renf 5D **60**
Laggan Way ML2: Newm 2D **150**
Lagholm Dr. PA3: Lin 6A **80**
Lagoon Leisure Cen. 1B **102**
Lagos La. G73: Ruth 5E **125**
Laidlaw Av. ML1: New S 4H **131**
Laidlaw Gdns. G71: Tann 4D **112**
Laidlaw St. G5: Glas 6E **87**
    (not continuous)
Laidon Rd. ML6: Air 2H **95**
Laidon Wlk. *ML2: Newm* *3D* **150**
    (off Murdostoun Vw.)
Laighcartside St. PA5: John 2G **99**
Laigh Kirk La. *PA1: Pais* *1A* **102**
    (off Causeyside St.)
Laighlands Rd. G71: Both 5F **129**

Laighmuir St. G71: Udd 2D **128**
LAIGH PARK 5A **82**
Laighpark Av. PA7: B'ton 4H **41**
Laighpark Vw. PA3: Pais 4A **82**
Laigh Rd. G77: Newt M 4H **137**
LAIGHSTONEHALL 1F **161**
Laighstonehall Rd.
  ML3: Ham 1F **161**
Laightoun Ct. G67: Cumb 1C **56**
Laightoun Dr. G67: Cumb 1C **56**
Laightoun Gdns. G67: Cumb 1C **56**
Lainshaw Dr. G45: Glas 5E **123**
Laird Gro. G71: Tann 5E **113**
Laird Pl. G40: Glas 1B **108**
Lairds Ga. G71: Both 2B **128**
Lairds Hill G67: Cumb 3G **37**
Laird's Hill Ct. G65: Kils 3E **13**
Laird's Hill Pl. G65: Kils 3E **13**
Lairdsland Rd. G66: Kirkin 5D **32**
Laird St. ML5: Coat 4D **94**
Lairg Dr. G72: Blan 5A **128**
Lairhills Rd. G75: E Kil 4G **157**
Lamberton Dr. G52: Glas 5B **84**
LAMBHILL 2E **65**
Lambhill Quad. G41: Glas 6C **86**
Lambhill St. G41: Glas 6B **86**
Lambie Cres. G77: Newt M 4C **136**
Lamb St. G22: Glas 3F **65**
  ML3: Ham 6A **146**
Lamerton Rd. G67: Cumb 3C **38**
Lamington Rd. G52: Glas 1B **104**
Lamlash Cres. G33: Glas 3B **90**
Lamlash Pl. G33: Glas 3B **90**
  G75: E Kil 1B **168**
  ML1: Moth 2E **147**
Lamlash Sq. G33: Glas 3C **90**
Lammermoor G74: E Kil 5E **143**
Lammermoor Av. G52: Glas 1C **104**
Lammermoor Cres. G66: Kirkin .. .5F **33**
Lammermoor Dr. G67: Cumb 6G **37**
Lammermoor Gdns.
  G66: Kirkin 5F **33**
Lammermoor Rd. G66: Kirkin 5F **33**
Lammermoor Ter. ML2: Wis 6H **149**
Lammermuir Ct. PA2: Pais 5A **102**
Lammermuir Dr. PA2: Pais 5H **101**
Lammermuir Gdns. G61: Bear 6C **26**
Lammermuir Pl. ML1: Holy 3B **132**
  (off Cherry Pl.)
Lammermuir Way ML6: Chap 4F **117**
Lammermuir Wynd ML9: Lark .. .6H **163**
Lammer Wynd ML9: Lark 4E **171**
  (off Cameronian Way)
Lamont Av. PA7: B'ton 4A **42**
Lamont Rd. G21: Glas 3D **66**
Lanark Av. ML6: Air 1H **115**
Lanark Rd. ML8: Carl 4D **174**
  ML8: Crsfd, Roseb 3A **172**
  ML9: Dals, Lark 4H **163**
Lanark Rd. End ML9: Lark 4G **163**
Lanarkshire Ice Rink 4A **146**
Lanark St. G1: Glas 5H **87**
Lancaster Av. ML6: Chap 4D **116**
Lancaster Cres. G12: Glas 5A **64**
Lancaster Cres. La
  G12: Glas 5A **64**
Lancaster Rd. G64: B'rig 3D **50**
Lancaster Ter. G12: Glas 5A **64**
Lancaster Ter. La. G12: Glas 5A **64**
Lancaster Way PA4: Renf 2E **83**
Lancefield Quay
  G3: Glas 6D **4** (4C **86**)
Lancefield St. G3: Glas .. .6F **5** (4D **86**)
Landemer Ct. G73: Ruth 1C **124**
Landemer Dr. G73: Ruth 1B **124**
Landemer Gait G73: Ruth 1C **124**
Landressy Pl. G40: Glas 1B **108**
Landressy St. G40: Glas 6B **88**

Landsowne Gdns. ML3: Ham 6B **146**
Landsowne Rd. ML9: Lark 3E **171**
Lane, The G68: Dull 5F **15**
Lanfine Rd. PA1: Pais 1D **102**
Langa Gro. G20: Glas 2C **64**
  (off Lochburn Cres.)
Langa St. G20: Glas 2C **64**
Lang Av. PA4: Renf 1E **83**
  PA7: B'ton 4A **42**
Langbank Cres. G33: Glas 6F **87**
Langbar Cres. G33: Glas 4E **91**
Langbar Gdns. G33: Glas 4F **91**
Langbar Path G33: Glas 4D **90**
  (off Langbar Cres.)
Langcraigs G82: Dumb 2G **19**
Langcraigs Ct. PA2: Pais 5G **101**
Langcraigs Dr. PA2: Pais 6G **101**
Langcraigs Ter. PA2: Pais 6G **101**
Langcroft Av. G72: Camb 3C **126**
Langcroft Dr. G72: Camb 3C **126**
Langcroft Pk. G72: Camb 3C **126**
Langcroft Pl. G51: Glas 4C **84**
Langcroft Rd. G51: Glas 4C **84**
Langcroft Ter. G51: Glas 4D **84**
Langdale G74: E Kil 6E **141**
  G77: Newt M 4H **137**
Langdale Av. G33: Glas 6G **67**
Langdale Rd. G69: Mood 5D **54**
Langdales Av. G68: Cumb 3F **37**
Langfaulds Cres. G81: Faif 6E **25**
Langford Dr. G53: Glas 4A **120**
Langford Pl. G53: Glas 4B **120**
Langhaul Av. G53: Glas 4H **103**
Langhaul Ct. G53: Glas 4H **103**
Langhaul Rd. G53: Glas 4H **103**
Langhill Dr. G68: Cumb 2F **37**
Langholm Ct. G75: E Kil 5B **156**
Langholm Ct. G69: Mood 5D **54**
Langholm Cres. ML2: Wis 3H **149**
Langholm Path G72: Blan 2A **144**
Langlands Av. G51: Glas 4D **84**
  G75: E Kil 1F **169**
Langlands Ct. G51: Glas 3F **85**
  G75: E Kil 1F **169**
Langlands Dr. G51: Glas 3C **84**
  G75: E Kil 1F **169**
Langlands Ga. G75: E Kil 2G **169**
Langlands Golf Course 3F **169**
Langlands Pk. G75: E Kil 2G **169**
Langlands Path G51: Glas 4E **85**
  (off Langlands Rd.)
Langlands Pl. G67: Cumb 5H **37**
  G75: E Kil 1F **169**
Langlands Rd. G51: Glas 4D **84**
  G75: E Kil 4C **168**
Langlands-Seafar Interchange
  G67: Cumb 5G **37**
Langlands Sq. G75: E Kil 1F **169**
Langlands Ter. G82: Dumb 1H **19**
Langlea Av. G72: Camb 3F **125**
Langlea Ct. G72: Camb 3G **125**
Langlea Dr. G72: Camb 2G **125**
Langlea Gdns. G72: Camb 2G **125**
Langlea Gro. G72: Camb 3G **125**
Langlea Rd. G72: Camb 3G **125**
Langlea Way G72: Camb 2G **125**
Langlees Av. G77: Newt M 5A **152**
Langley Av. G13: Glas 1B **62**
LANGLOAN 6A **94**
Langloan Cres. ML5: Coat 6A **94**
Langloan Pl. ML5: Coat 5A **94**
Langloan Rd. ML5: Coat 6A **94**
Langlook Cres. G53: Glas 5H **103**
Langlook Pl. G53: Glas 5H **103**
Langlook Rd. G53: Glas 5H **103**

LANGMUIR 4H **33**
Langmuir Av. G66: Kirkin 4E **33**
Langmuirhead Rd. G66: A'loch 1H **67**
Langmuir Rd. G66: Kirkin 4G **33**
  G69: Barg 6E **93**
Langmuir Way G69: Barg 6E **93**
Langness Rd. G33: Glas 3B **90**
Langoreth Av. ML3: Ham 1D **160**
Lang Pl. PA5: John 2F **99**
Langrig Rd. G21: Glas 4C **66**
  G77: Newt M 6C **136**
Langshot St. G51: Glas 6B **86**
LANGSIDE 5D **106**
Langside Av. G41: Glas 4C **106**
  G71: View 1G **129**
Langside Ct. G71: Both 6F **129**
Langside Dr. G43: Glas 3C **122**
  PA10: Kilba 3A **98**
Langside Gdns. G42: Glas 6E **107**
Langside La. G42: Glas 4E **107**
Langside Pk. PA10: Kilba 3A **98**
Langside Pl. G41: Glas 5D **106**
Langside Rd. G42: Glas 5D **106**
  (not continuous)
  G71: Both 6F **129**
Langside Station (Rail) 1C **122**
Langside St. G81: Faif 1G **45**
Langstile Pl. G52: Glas 6H **83**
Langstile Rd. G52: Glas 6H **83**
Lang St. PA1: Pais 1C **102**
Langton Cres. G53: Glas 4C **104**
  G78: Barr 6F **119**
Langton Gdns. G69: Bail 1F **111**
Langton Ga. G77: Newt M 4C **136**
Langton Pl. G77: Newt M 4C **136**
Langton Rd. G53: Glas 4C **104**
Langtree Av. G46: Giff 6G **121**
LANRIGG 6A **54**
Lanrig Pl. G69: Chry 1A **70**
Lanrig Rd. G69: Chry 6A **54**
Lansbury Gdns. PA3: Pais 4H **81**
Lansbury Ter. ML9: Lark 4E **171**
Lansdowne Cres. G20: Glas 1D **86**
Lansdowne Cres. La.
  G20: Glas 1D **86**
  (off Gt. Western Rd.)
Lansdowne Dr. G68: Cumb 6H **15**
Lantana Gro. ML1: Moth 1F **147**
Lanton Dr. G52: Glas 6B **84**
Lanton Path ML6: Chap 4E **117**
Lanton Rd. G43: Glas 2C **122**
Lappin St. G81: Clyd 1F **61**
Lapsley Av. PA2: Pais 4A **102**
Lapwing Av. G66: Lenz 1F **53**
Lapwing Cres. ML1: Moth 5A **148**
  PA4: Renf 4G **61**
Lapwing Dr. PA4: Renf 4G **61**
Lapwing Rd. PA4: Renf 5G **61**
Larbert St. G4: Glas 2C **6** (2F **87**)
Larch Av. G64: B'rig 1D **66**
  G66: Lenz 1C **52**
Larch Cl. G72: Flem 4E **127**
Larch Ct. G67: Cumb 1D **38**
  G72: Blan 1A **144**
  G72: Flem 4F **127**
  G75: E Kil 6D **156**
Larch Cres. G66: Lenz 1C **52**
Larch Dr. FK4: Bank 1E **17**
  G75: E Kil 6D **156**
Larches, The G69: Mood 3E **55**
Larchfield Av. G14: Glas 5B **62**
  G77: Newt M 5E **137**
Larchfield Ct. G77: Newt M 5D **136**
Larchfield Cres. ML2: Wis 3A **150**
Larchfield Dr. G73: Ruth 3D **124**
Larchfield Gdns. ML2: Wis 3B **150**
Larchfield Gro. ML2: Wis 2B **150**

Larchfield Pl. G14: Glas 5B 62
ML2: Wis 3B 150
Larchfield Rd. G61: Bear 6F 47
G69: Mood 5D 54
Larch Gait G72: Flem 4F 127
Larch Gro. G66: Milt C 6B 10
G67: Cumb 1D 38
ML1: Holy 2B 132
ML3: Ham 1A 162
Larchgrove Av. G32: Glas 5C 90
Larchgrove Pl. G32: Glas 4C 90
Larchgrove Rd. G32: Glas 4C 90
Larch Pl. G67: Cumb 1D 38
G71: View 5H 113
G72: Flem 4E 127
G75: E Kil 6D 156
PA5: John 5F 99
Larch Rd. G41: Glas 1H 105
G67: Cumb 1D 38
Larch Sq. G72: Flem 4E 127
Larchwood Ter. G78: Barr 6F 119
Largie Rd. G43: Glas 2D 122
Largo La. G72: Blan 6B 144
Largo Pl. G51: Glas 4E 85
Larkfield Ct. G72: Blan 3A 144
Larkfield Dr. G72: Blan 3B 144
Larkfield Rd. G66: Lenz 1E 53
Larkfield St. G42: Glas 2F 107
LARKHALL 2C 170
Larkhall Golf Course 3F 171
Larkhall Ind. Est. ML9: Lark 5D 170
(Borland Dr.)
ML9: Lark 4D 170
(Pyatshaw Rd.)
LARKHALL INTERCHANGE 5A 164
Larkhall Leisure Cen. 3B 170
Larkhall Station (Rail) 2C 170
Larkin Gdns. PA3: Pais 4H 81
Larkin Way ML4: Bell 6B 114
Larksfield Dr. ML8: Carl 5E 175
Larkspur Dr. G74: E Kil 5E 141
Larkspur Pl. G67: Cumb 1F 57
Larkspur Way ML8: Carl 5D 174
Lark Way ML4: Bell 5B 114
Larocca La. G74: E Kil 1H 157
Lashley Gro. ML2: Over 4A 166
Lasswade St. G14: Glas 3G 61
Latherton Dr. G20: Glas 4B 64
Latimer Gdns. G52: Glas 1A 104
Latimer Path G52: Glas 1A 104
(off Hatton Gdns.)
Latta St. G82: Dumb 3G 19
Lauchlin Pl. G66: Kirkin 6H 33
Lauchope Rd. ML1: N'hse 6D 116
Lauchope St. ML6: Chap 3E 117
Lauder Cres. ML2: Wis 3H 149
Lauderdale Dr. G77: Newt M 6C 136
Lauderdale Gdns. G12: Glas 6H 63
(not continuous)
Lauderdale La. G12: Glas 6H 63
Lauder Dr. G73: Ruth 1F 125
PA3: Lin 6H 79
Lauder Gdns. G72: Blan 5A 128
ML5: Coat 2F 115
Lauder Grn. G74: E Kil 5B 142
Lauder La. ML3: Ham 6C 144
Lauder St. G5: Glas 1E 107
Laughland Dr. ML1: N'hill 4D 132
Laundry La. G33: Step 4C 68
Lauranne Pl. ML4: Bell 2A 130
Laurel Av. G66: Lenz 1D 52
G81: Clyd 3H 43
Laurel Bank ML3: Ham 3G 161
Laurelbank ML5: Coat 3C 94
Laurelbank Rd. G32: Carm 5C 110
G69: Chry 2H 69
Laurel Ct. G72: Flem 3E 127
G75: E Kil 6F 157

Laurel Dr. G75: E Kil 6E 157
ML2: Wis 5D 148
Laurel La. ML9: Lark 3E 171
Laurel Gait G72: Flem 4E 127
Laurel Gdns. G71: Tann 5D 112
ML6: Chap 3E 117
Laurel La. G72: Flem 4E 127
ML9: Lark 4E 171
(off Donaldson Rd.)
Laurel Pk. Cl. G13: Glas 4C 62
Laurel Pk. Gdns. G13: Glas 3C 62
Laurel Park Sports Club 3D 62
Laurel Pl. G11: Glas 1G 85
G75: E Kil 6F 157
Laurels, The G77: Newt M 4D 136
ML1: Carf 5B 132
Laurel Sq. FK4: Bank 1E 17
Laurel St. G11: Glas 1G 85
Laurel Wlk. G73: Ruth 4E 125
Laurel Way G78: Barr 4D 118
PA11: Quarr V 2B 76
Laurel Wynd G72: Flem 4F 127
Laurence Ct. G15: Glas 4G 45
Laurence Dr. G15: Glas 4G 45
G61: Bear 1D 46
Laurence Gdns. G15: Glas 4G 45
Laurenstone Ter. G74: E Kil 6B 142
(off Capelrig Dr.)
Lauren Vw. ML6: Air 4H 95
Lauren Way PA2: Pais 4D 100
Laurie Ct. G71: Tann 6E 113
LAURIESTON 6F 87
Laurieston Cres. ML6: Chap 4D 116
Lauriestone Pl. ML5: Coat 2F 115
Laurieston Rd. G5: Glas 1F 107
Laurieston Way G73: Ruth 3C 124
Lauriston Gro. G77: Newt M 4B 136
Lavelle Dr. ML5: Coat 4E 95
Lavender Ct. G71: View 6G 113
Lavender Dr. G75: E Kil 6F 157
G77: Newt M 2C 136
Laverock Av. ML3: Ham 1C 162
Laverockhall St. G21: Glas 6B 66
Laverock Rd. ML6: Air 6G 74
Laverock Ter. G69: Mood 6D 54
LAW 6D 166
Law Dr. ML1: N'hill 3C 132
Law St. G40: Glas 6D 88
Law Vw. ML2: Over 5A 166
Laxford Av. G44: Glas 3E 123
Laxford Pl. ML5: Coat 6F 95
Laxford Rd. PA8: Ersk 6C 42
Laxford Way ML1: N'hill 3C 132
Laxton Dr. G66: Lenz 3E 53
Layland Rd. ML1: Moth 3E 147
Laymoor Av. PA4: Renf 6H 61
Laymoor Pl. PA4: Renf 6G 61
Laymoor Sq. PA4: Renf 6G 61
Laymoor Wlk. PA4: Renf 6H 61
Lea Av. G78: Neil 2D 134
Leabank Av. PA2: Pais 5A 102
Leadburn Rd. G21: Glas 5E 67
Leadburn St. G32: Glas 4G 89
Leader St. G33: Glas 2F 89
Leaend Rd. ML6: Air 2G 95
Leander Cres. ML4: Moss 2G 131
PA4: Renf 1G 83
Learigg Rd. ML6: Plain 6H 75
Learmont Pl. G62: Miln 3F 27
Leathem Pl. ML2: Wis 2C 164
Leathen Pl. PA8: Ersk 6C 42
Leckethill Av. G68: Cumb 6B 36
Leckethill Ct. G68: Cumb 6B 36
Leckethill Pl. G68: Cumb 6A 36
Leckethill Vw. G68: Cumb 6B 36
Leckie Ct. ML3: Ham 5G 145
Leckie Dr. ML3: Ham 5G 145
Leckie St. G43: Glas 5A 106
Ledaig Pl. G31: Glas 4E 89
Ledaig St. G31: Glas 4E 89
Ledard Rd. G42: Glas 5D 106
Ledcameroch Cres.
G61: Bear 3D 46
Ledcameroch Pk. G61: Bear 3D 46
Ledcameroch Rd. G61: Bear 3D 46
Ledgate G66: Kirkin 4D 32
Ledgowan Pl. G20: Glas 1B 64
Ledi Dr. G61: Bear 6B 26
Ledi Path ML1: N'hill 4C 132
Ledi Rd. G43: Glas 2A 122
Ledmore Dr. G15: Glas 3H 45
Lednock Rd. G33: Step 4C 68
G52: Glas 6A 84
Ledvinka Cres. ML3: Ham 3E 145
Lee Av. G33: Glas 2G 89
Leebank Dr. G44: Neth 6D 122
Leeburn Av. PA6: Hous 2C 78
Leeburn Gdns. PA6: Hous 2C 78
Leechlee Rd. ML3: Ham 6A 146
Lee Cres. G64: B'rig 1C 66
Leefield Dr. G44: Neth 5D 122
Leehill Rd. G21: Glas 2A 66
Leemuir Vw. ML8: Carl 5F 175
Lee Pl. ML4: Bell 3F 131
Lees Burn Ct. G74: E Kil 4A 142
Leesburn Pl. G74: E Kil 5H 141
Lee's Ct. ML5: Coat 6C 94
Leeside Rd. G21: Glas 2A 66
Leesland G71: Tann 5E 113
Leeward Circ. G75: E Kil 2C 156
Leewood Dr. G44: Neth 5E 123
Le Froy Gdns. G75: E Kil 3E 157
Le Froy La. G75: E Kil 3E 157
Lefroy St. ML5: Coat 4A 94
Legbrannock Av. ML1: N'hse 6D 116
Legbrannock Cres. ML1: N'hill 3D 132
Legbrannock Rd.
ML1: N'hill, N'hse 1E 133
Leggate Way ML4: Bell 5C 114
Leggatston Rd. G53: Glas 4C 120
Legion Pl. ML9: Lark 2C 170
Leglen Wood Cres. G21: Glas 3F 67
Leglen Wood Dr. G21: Glas 3F 67
Leglen Wood Gdns. G21: Glas 3F 67

Leglen Wood Pl. G21: Glas 3G **67**
Leglen Wood Rd. G21: Glas 3F **67**
Leicester Av. G12: Glas 4H **63**
Leighton St. G20: Glas 3C **64**
  ML2: Wis 1H **165**
Leishman Pl. ML6: Air 2D **96**
Leisuredrome Bishopbriggs
  Sports Centre, The 3A **50**
Leitchland Rd. PA2: Pais 5B **100**
  PA5: Eld 5B **100**
Leithland Av. G53: Glas 4B **104**
Leithland Rd. G53: Glas 4B **104**
Leith St. G33: Glas 3F **89**
Leman Dr. PA6: C'lee 3D **78**
Leman Gro. PA6: C'lee 3D **78**
Lembert Dr. G76: Clar 1B **138**
Lemondgate Dr. G82: Dumb 1G **19**
Lendale La. G64: B'rig 3C **50**
Lendal Pl. G75: E Kil 5A **156**
Lendel Pl. G51: Glas 5B **86**
Lenihall Dr. G45: Glas 5A **124**
Lenihall Ter. G45: Glas 5A **124**
Lennox Av. G14: Glas 6C **62**
  G62: Miln 4G **27**
  ML5: Coat 4A **94**
  PA7: B'ton 4H **41**
Lennox Ct. G65: Kils 3H **13**
  G66: Kirkin *5E 33*
    (off Newdyke Rd.)
Lennox Cres. G64: B'rig 1B **66**
Lennox Dr. G61: Bear 1F **47**
  G77: Newt M 1E **153**
  G81: Faif 6E **25**
Lennox Gdns. G14: Glas 5D **62**
Lennox Ho. G67: Cumb 3H **37**
Lennox La. East G14: Glas 6D **62**
Lennox La. West *G14: Glas* *6C 62*
  (off Gleneagles La. Nth.)
  G14: Glas *5D 62*
    (off Norse La. Nth.)
Lennoxmill La. G66: Len 3E **9**
Lennox Pl. G66: Len 3F **9**
  G81: Clyd 4A **44**
  ML1: New S 5B **132**
Lennox Rd. G66: Len 2E **9**
  G67: Cumb 3H **37**
  G82: Dumb 4H **19**
  G82: Milt 4E **21**
Lennox Sq. *G66: Len* *3F 9*
  (off Winston Cres.)
Lennox St. G20: Glas 2A **64**
  G82: Dumb 4G **19**
  ML2: Wis 5C **150**
Lennox Ter. PA3: Pais 3C **82**
LENNOXTOWN 3F **9**
Lennox Vw. G81: Clyd 4D **44**
Lentran St. G34: Glas 4A **92**
Leny St. G20: Glas 5D **64**
LENZIE 3C **52**
Lenzie Golf Course 4D **52**
LENZIEMILL 5A **38**
Lenziemill Rd. G67: Cumb 1G **57**
Lenzie Pl. G21: Glas 3B **66**
Lenzie Rd. G33: Step 2D **68**
  G66: Kirkin 6D **32**
Lenzie Station (Rail) 3C **52**
Lenzie St. G21: Glas 4B **66**
Lenzie Ter. G21: Glas 3A **66**
Lenzie Way G21: Glas 3A **66**
Leonard Gro. ML1: Cle 6E **133**
Lesley Quad. ML4: Bell 5B **130**
Leslie Av. G77: Newt M 2E **137**
  PA7: B'ton 4H **41**
Leslie Rd. G41: Glas 3C **106**
Leslie St. G41: Glas 2D **106**
  ML1: Moth 2H **147**
Lesmuir Dr. G14: Glas 4H **61**

Lesmuir Pl. G14: Glas 4H **61**
Letham Ct. G43: Glas 2C **122**
Letham Dr. G43: Glas 2C **122**
  G64: B'rig 1E **67**
Letham Grange G68: Cumb 1H **37**
Lethamhill Cres. G33: Glas 2H **89**
Lethamhill Golf Course 6H **67**
Lethamhill Pl. G33: Glas 2G **89**
Lethamhill Rd. G33: Glas 2G **89**
Letham Oval G64: B'rig 1F **67**
Lethbridge Pl. G75: E Kil 3E **157**
Letherby Dr. G44: Glas 6F **107**
Letheron Dr. ML2: Wis 4H **149**
Lethington Av. G41: Glas 5C **106**
Lethington Pl. G41: Glas 5D **106**
Lethington Rd. G46: Giff 2G **137**
Letterfearn Dr. G23: Glas 6C **48**
Letterickhills Cres. G72: Flem 4E **127**
Lettoch St. G51: Glas 4G **85**
Leven Av. G64: B'rig 6D **50**
Leven Ct. G78: Barr 2D **118**
  G82: Dumb 3E **19**
Leven Dr. G61: Bear 3F **47**
  ML3: Ham 3F **161**
Levenford Ter. G82: Dumb 4E **19**
Levengrove Ct. G82: Dumb 4E **19**
Levengrove Ter. G82: Dumb 4E **19**
Leven Path *ML1: Holy* *2A 132*
  (off Graham St.)
Leven Pl. PA8: Ersk 6C **42**
Leven Quad. ML6: Air 1H **95**
Leven Rd. ML3: Fern 2E **163**
  ML5: Coat 2G **93**
Leven Sq. PA4: Renf 5D **60**
Leven St. G41: Glas 2D **106**
  G82: Dumb 4G **19**
  ML1: Moth 4G **147**
Leven Ter. ML1: Carf 5C **132**
Leven Valley Ent. Cen.
  G82: Dumb 3D **18**
Leven Vw. G81: Clyd 4D **44**
Leven Way *G67: Cumb* *4H 37*
  (in The Cumbernauld Shop. Cen.)
  G75: E Kil 5B **156**
  PA2: Pais 4C **100**
Levern Bri. Ct. G53: Glas 6H **103**
Levern Bri. Gro. G53: Glas 6H **103**
Levern Bri. Pl. G53: Glas 1H **119**
Levern Bri. Rd. G53: Glas 1H **119**
Levern Bri. Way G53: Glas 1H **119**
Levern Cres. G78: Barr 5D **118**
Leverndale Ct. G53: Glas 4H **103**
Leverndale Rd. G53: Glas 4H **103**
Levern Gdns. G78: Barr 4D **118**
Leverngrove Ct. G53: Glas 1H **119**
Levernside Av. G53: Glas 5C **104**
  G78: Barr 5C **118**
Levernside Cres. G53: Glas 4B **104**
Levernside Rd. G53: Glas 4C **104**
Lewis Av. ML2: Wis 4C **150**
  PA4: Renf 2F **83**
Lewis Cres. G60: Old K 2G **43**
  PA10: Kilba 3C **98**
Lewis Dr. G60: Old K 2F **43**
Lewis Gdns. G60: Old K 2G **43**
  G61: Bear 1B **46**
Lewis Gro. G60: Old K 2G **43**
Lewis Pl. G60: Old K 2G **43**
  G77: Newt M 3B **136**
  ML6: Air 5D **96**
Lewiston Dr. *G23: Glas* *6B 48*
  (off Lewiston Rd.)
Lewiston Pl. *G23: Glas* *6B 48*
  (off Lewiston Rd.)
Lewiston Rd. G23: Glas 6B **48**
Lexwell Av. PA5: Eld 2B **100**
Leyden Ct. G20: Glas 4C **64**
Leyden Gdns. G20: Glas 4D **64**

Leyden St. G20: Glas 4C **64**
Leyland Av. ML3: Ham 3E **161**
Leyland Wynd ML3: Ham 4E **161**
Leys, The G64: B'rig 6C **50**
Leys Pk. ML3: Ham 5E **145**
Liath Av. ML1: Moth 6C **148**
Libberton Way ML3: Ham 6E **145**
Liberton St. G33: Glas 3F **89**
Liberty Av. G69: Barg 6E **93**
Liberty Path G72: Blan 2B **144**
Liberty Rd. ML4: Bell 3C **130**
Libo Av. G53: Glas 4D **104**
Libo Pl. PA8: Ersk 5C **42**
Library Gdns. G72: Camb 1H **125**
Library La. G46: T'bnk 4F **121**
Library Rd. ML2: Wis 6H **149**
Lickprivick Rd. G75: E Kil 6D **156**
Liddell Gro. G75: E Kil 4F **157**
Liddell Rd. G67: Cumb 4A **38**
Liddells Ct. G64: B'rig 2C **66**
Liddell St. G32: Carm 4C **110**
Liddell Rd. G67: Cumb 4G **37**
Liddesdale Av. PA2: Pais 6B **100**
Liddesdale Pl. G22: Glas 2A **66**
Liddesdale Rd. G22: Glas 2F **65**
Liddesdale Sq. G22: Glas 2H **65**
Liddesdale Ter. G22: Glas 2A **66**
Liddesdale Pas. G22: Glas 2G **65**
Liddoch Way G73: Ruth 5B **108**
Liff Gdns. G64: B'rig 1F **67**
Liff Pl. G34: Glas 2A **92**
LIGHTBURN
  G32 . . . . .4A **90**
  G72 . . . . .4E **127**
Lightburn Pl. G32: Glas 3B **90**
Lightburn Rd. G31: Glas 5E **89**
  G72: Camb, Flem 3D **126**
Lighthouse, The 6C **6**
Lilac Av. G67: Cumb 6E **17**
  G81: Clyd 2H **43**
Lilac Ct. G67: Cumb 6E **17**
Lilac Cres. G71: View 5F **113**
Lilac Gdns. G64: B'rig 1D **66**
Lilac Gro. ML2: Wis 2F **165**
Lilac Hill G67: Cumb 6F **17**
  ML3: Ham 1B **162**
Lilac Pl. G67: Cumb 6F **17**
  PA5: John 4H **99**
Lilac Way ML1: Holy 2B **132**
Lilac Wynd G72: Flem 3E **127**
Lillie Art Gallery 3H **27**
Lillyburn Pl. G15: Glas 3G **45**
Lilly Pl. G77: Newt M 2C **136**
Lilybank Av. G69: Muirh 2A **70**
  G72: Camb 3B **126**
  ML6: Air 1B **96**
Lilybank Gdns. G12: Glas 1B **86**
Lilybank Gdns. La.
  G12: Glas 1B **86**
Lilybank La. G12: Glas 1B **86**
Lilybank St. ML3: Ham 5G **145**
Lilybank Ter. G12: Glas 1B **86**
Lilybank Ter. La. *G12: Glas* *1B 86*
  (off Gt. George St.)
Lilybank Wynd PA5: John 2F **99**
Lily St. G40: Glas 2D **108**
Limecraigs Av. PA2: Pais 6G **101**
Limecraigs Cres. PA2: Pais 6G **101**
Limecraigs Rd. PA2: Pais 6F **101**
Lime Cres. G67: Cumb 2E **39**
  ML6: Air 4C **96**
Lime Gro. G66: Lenz 2D **52**
  G72: Blan 6A **128**
  ML1: Moth 5G **147**
Lime La. G14: Glas 6D **62**

Lime Loan ML1: Holy 3B **132**
Lime Rd. G82: Dumb 3F **19**
Limes, The G44: Glas 3F **123**
Limeside Av. G73: Ruth 6D **108**
Limeside Gdns. G73: Ruth 6E **109**
Lime St. G14: Glas 6D **62**
Limetree Av. G71: View 5F **113**
Limetree Ct. ML3: Ham 4E **145**
Limetree Cres. G77: Newt M 5D **136**
Limetree Dr. G81: Clyd 3C **44**
Limetree Quad. G71: View 5G **113**
Limetree Wlk. G66: Milt C 1B **32**
Limeview Av. PA2: Pais 6F **101**
Limeview Cres. PA2: Pais 6F **101**
Limeview Rd. PA2: Pais 6F **101**
Limeview Way PA2: Pais 6F **101**
Limewood Pl. G69: Barg 5E **93**
Linacre Dr. G32: Glas 6C **90**
Linacre Gdns. G32: Glas 6D **90**
LINBURN 6D **42**
Linburn Pl. G52: Glas 5A **84**
Linburn Rd. G52: Glas 4G **83**
  PA8: Ersk 6C **42**
Linclive Interchange PA3: Lin . . .6B **80**
Linclive Spur PA3: Lin, Pais 6B **80**
Linclive Ter. PA3: Lin 6B **80**
Lincluden Path G41: Glas 1D **106**
Lincoln Av. G13: Glas 2C **62**
  G71: Tann 4D **112**
Lincoln Ct. ML5: Coat 3C **94**
Lincuan Av. G46: Giff 6A **122**
Lindams G71: Udd 2D **128**
Lindcres Av. G73: Ruth 6D **108**
Linden Av. ML2: Wis 3A **150**
Linden Ct. G81: Hard 1C **44**
  G81: Hard 1C **44**
Linden Lea G66: Milt C 6B **10**
  ML3: Ham 5F **145**
Linden Pl. G13: Glas 2F **63**
Lindens, The G71: Both 5E **129**
Linden St. G13: Glas 2F **63**
Linden Way G13: Glas 2F **63**
Lindores Dr. G74: E Kil 2E **157**
Lindores Pl. G74: E Kil 2E **157**
Lindores St. G42: Glas 5F **107**
Lindrick Dr. G23: Glas 6C **48**
Lindsaybeg Ct. G69: Chry 1A **70**
Lindsaybeg Rd. G66: Lenz 3D **52**
  G69: Chry 3D **52**
  (not continuous)
Lindsay Dr. G12: Glas 3H **63**
Lindsayfield Av. G75: E Kil 1B **168**
Lindsayfield Rd.
  G75: E Kil . . . . . . .6B **156** & 1A **168**
Lindsay Gro. G74: E Kil 1H **157**
Lindsay Pl. G12: Glas 3H **63**
  G66: Lenz 4D **52**
  G74: E Kil 2A **158**
  PA5: John 2G **99**
  (off Thorn Brae)
Lindsay Rd. G74: E Kil 2H **157**
Lindsay Ter. G66: Len 3G **9**
Lindseyhill G72: Blan 1H **143**
Lindum Cres. ML1: Moth 1D **146**
Lindum St. ML1: Moth 1D **146**
Linfern Rd. G12: Glas 6A **64**
Linghope Pl. ML2: Wis 3F **165**
Lingley Av. ML6: Air 6A **96**
Linhope Pl. G75: E Kil 4A **156**
Links, The G68: Cumb 5B **16**
Links Rd. G32: Glas 2D **110**
  G44: Glas 3G **123**
Links Vw. ML9: Lark 3E **171**
Linksview Rd. ML1: Carf 6B **132**
Linkwood Av. G15: Glas 4H **45**
Linkwood Cres. G15: Glas 4A **46**
Linkwood Dr. G15: Glas 4H **45**

Linkwood Gdns. G15: Glas 4B **46**
Linkwood Gro. G15: Glas 4B **46**
Linkwood Pl. G15: Glas 4H **45**
Linkwood Rd. ML6: Air 6B **74**
Linlithgow Gdns. G32: Glas 6D **90**
Linlithgow Pl. G69: G'csh 5C **70**
Linn Crematorium G45: Glas 5E **123**
Linn Cres. PA2: Pais 6G **101**
Linndale Dr. G45: Glas 6G **123**
Linndale Gdns. G45: Glas 6G **123**
Linndale Gro. G45: Glas 6G **123**
Linndale Oval G45: Glas 5G **123**
Linndale Rd. G45: Glas 6G **123**
Linndale Way G45: Glas 5G **123**
Linn Dr. G44: Neth 4D **122**
Linnet Av. PA5: John 6C **98**
Linnet Dr. G66: Lenz 1F **53**
Linnet Pl. G13: Glas 2H **61**
Linnet Rd. ML4: Bell 3D **130**
Linnet Way ML4: Bell 5B **114**
Linn Gdns. G68: Cumb 3B **36**
Linn Ga. G68: Cumb 3C **36**
Linn Glen G66: Len 3H **9**
Linnhead Dr. G53: Glas 1B **120**
Linnhead Pl. G14: Glas 5B **62**
Linnhe Av. G44: Glas 3E **123**
  G64: B'rig 6D **50**
  ML3: Ham 2E **161**
Linnhe Ct. ML9: Lark 6H **163**
Linnhe Cres. ML2: Wis 2H **165**
Linnhe Dr. G78: Barr 2D **118**
Linnhe Pl. G72: Blan 5A **128**
  PA8: Ersk 6C **42**
Linnpark Av. G44: Neth 5D **122**
Linnpark Ct. G44: Neth 5D **122**
Linn Pk. Gdns. PA5: John 3G **99**
Linn Park Golf Course 4F **123**
Linnpark Ind. Est. G45: Glas 4G **123**
Linn Valley Vw. G45: Glas 4H **123**
Linnwell Cres. PA2: Pais 6H **101**
Linnwood Ct. G44: Glas 2E **123**
Linside Av. PA1: Pais 1C **102**
Lint Butts G72: Blan 2A **144**
Lintfield Loan G71: Udd 2E **129**
  (off Flax Rd.)
Linthaugh Rd. G53: Glas 3A **104**
Linthaugh Ter. G53: Glas 4D **104**
LINTHOUSE 3E **85**
Linthouse Bldgs. G51: Glas 3E **85**
Linthouse Rd. G51: Glas 2E **85**
Lintie Rd. ML1: N'hill 3C **132**
Lintlaw G72: Blan 5B **128**
Lintlaw Dr. G52: Glas 5B **84**
Lintmill Ter. G78: Neil 3C **134**
Lint Mill Way G68: Cumb 3C **36**
Linton Pl. ML5: Coat 2A **114**
Linton St. G33: Glas 3G **89**
Lintwhite Ct. PA11: Bri W 4G **77**
  (off Lintwhite Cres.)
Lintwhite Cres. PA11: Bri W 3G **77**
LINVALE 6G **45**
LINWOOD 6A **80**
Linwood Av. G74: E Kil 1B **156**
  G76: Busby 2D **138**
Linwood Ind. Est. PA3: Lin 1H **99**
Linwood Rd. PA1: Pais 6B **80**
  PA3: Lin 6B **80**
Linwood Sports Complex 4H **79**
Linwood Ter. ML3: Ham 5F **145**
Lion Bank G66: Kirkin 4D **32**
Lipton Gdns. G5: Glas 2H **107**
Lismore G74: E Kil 3C **158**
Lismore Av. ML1: Moth 1D **146**
  PA4: Renf 2F **83**
Lismore Dr. ML5: Coat 1H **113**
  PA2: Pais 6H **101**
  PA3: Lin 6F **79**

Lismore Gdns. PA10: Kilba 3C **98**
Lismore Hill ML3: Ham 6B **144**
Lismore Pl. G69: Mood 4E **55**
  G77: Newt M 4B **136**
  ML6: Air 6C **96**
Lismore Rd. G12: Glas 4H **63**
Lister Gdns. G76: Busby 4E **139**
Lister Hgts. G4: Glas 5H **7**
Lister Pl. G52: Hill E 4A **84**
Lister Rd. G52: Hill E 4H **83**
  (not continuous)
Lister St. G4: Glas 2G **7** (2H **87**)
Lister Twr. G75: E Kil 3H **157**
  (off Sinclair Pl.)
Lister Wlk. ML4: Bell 6E **115**
Lister Way G72: Blan 4A **144**
Lithgow Av. G66: Kirkin 6E **33**
Lithgow Cres. PA2: Pais 3C **102**
Lithgow Dr. ML1: Cle 6H **133**
Lithgow Pl. G74: E Kil 1D **156**
Little Corseford PA5: John 6C **98**
  (off Corseford Av.)
Little Dovehill G1: Glas 5H **87**
Lit. Drum Rd. G68: Cumb 5F **35**
LITTLE EARNOCK 2E **161**
Littlehill Golf Course 2C **66**
Littlehill St. G21: Glas 5C **66**
Littleholm Pl. G81: Clyd 3A **44**
Lit. John Gdns. ML2: Newm 5D **150**
Littlemill Av. G68: Cumb 4A **36**
Littlemill Ct. G60: Bowl 5H **21**
Littlemill Cres. G53: Glas 5A **104**
Littlemill Dr. G53: Glas 5A **104**
Littlemill Gdns. G53: Glas 5A **104**
Littlemill La. G60: Bowl 5A **22**
Littlemill Pl. G60: Bowl 5A **22**
Littlemill Way ML1: Carf 6B **132**
Littleston Gdns. PA8: Ersk 6D **42**
Little St. G3: Glas 5F **5** (4D **86**)
Littleton Dr. G23: Glas 6B **48**
Littleton St. G23: Glas 6B **48**
Lively Pl. G72: Blan 2A **144**
  (off Harkins Av.)
Livery Wlk. PA11: Bri W 3F **77**
  (off Main St.)
Livingston Dr. ML6: Plain 1G **97**
Livingstone Av. G52: Hill E 3A **84**
Livingstone Blvd. G72: Blan 4A **144**
Livingstone Cres. G72: Blan 6B **128**
  G75: E Kil 4F **157**
Livingstone Dr. G75: E Kil 3F **157**
Livingstone Gdns. ML9: Lark 2D **170**
Livingstone La. G71: Both 4E **129**
Livingstone Pk. G65: Kils 1F **13**
Livingstone Pl. ML6: Air 4B **96**
Livingstone St. G81: Clyd 6E **45**
  ML3: Ham 5D **144**
Livingstone La. G72: Camb 4A **126**
LivingWell Health Club
  Glasgow 4H **5** (3E **87**)
Lloyd Av. G32: Glas 3A **110**
Lloyd Ct. G73: Ruth 4D **108**
Lloyd Dr. ML1: Carf 6A **132**
Lloyds St. ML5: Coat 6C **94**
Lloyd St. G31: Glas 3C **88**
  G73: Ruth 4D **108**
  ML1: Carf 6A **132**
Loan, The G62: Miln 1C **26**
Loanbank Pl. G51: Glas 4G **85**
Loanbank Quad. G51: Glas 4F **85**
Loancroft Av. G69: Bail 2A **112**
Loancroft Gdns. G71: Udd 2D **128**
Loancroft Ga. G71: Udd 2C **128**
Loancroft Ho. G69: Bail 2H **111**
Loancroft Pl. G69: Bail 2H **111**
Loanend Cotts. G72: Flem 6F **127**
Loanfoot Av. G13: Glas 2A **62**
  G78: Neil 3D **134**

Loanfoot Rd. G72: Blan 4B **144**
LOANHEAD 1E **83**
Loanhead Av. ML1: N'hill 4D **132**
  PA3: Lin 5G **79**
  PA4: Renf 6F **61**
Loanhead Cres. ML1: N'hill 4D **132**
Loanhead La. PA3: Lin 5G **79**
Loanhead Rd. ML1: N'hill 4C **132**
  PA3: Lin 5G **79**
Loanhead St. G32: Glas 4H **89**
  ML5: Coat 2A **114**
Loaning ML9: Lark 3E **171**
  (off Doon St.)
Loaning, The G46: Giff 1G **137**
  G61: Bear 2E **47**
  G66: Kirkin 6C **32**
  ML1: Moth 2E **147**
Loaninghead Dr. G82: Dumb 1H **19**
Loan Lea Cres. ML9: Lark 4D **170**
Lobnitz Av. PA4: Renf 6F **61**
Lochaber Dr. G73: Ruth 3F **125**
Lochaber Path G72: Blan 2B **144**
Lochaber Pl. G74: E Kil 6H **141**
Lochaber Rd. G61: Bear 5G **47**
Lochaber Wlk. G66: Milt C 4C **10**
Loch Achray Gdns. G32: Glas 1C **110**
Loch Achray St. G32: Glas 1C **110**
Lochain Way ML1: Moth 6C **148**
Lochaline Av. PA2: Pais 3E **101**
Lochaline Dr. G44: Glas 3E **123**
Lochalsh Cres. G66: Milt C 5C **10**
Lochalsh Dr. PA2: Pais 3E **101**
Lochalsh Pl. G72: Blan 5H **127**
  ML6: Air 6C **96**
Lochar Cres. G53: Glas 3D **104**
Lochard Dr. PA2: Pais 4E **101**
Lochar Pl. G75: E Kil 4A **156**
Loch Assynt G74: E Kil 3B **158**
Loch Awe G74: E Kil 3A **158**
Loch Awe Pl. ML5: Coat 5B **94**
Lochay St. G32: Glas 1C **110**
Lochbrae Dr. G73: Ruth 3E **125**
Lochbridge Rd. G34: Glas 4G **91**
Lochbroom Ct. G77: Newt M 3F **137**
Lochbroom Dr. G77: Newt M 3F **137**
  PA2: Pais 3E **101**
Loch Brora Cres. ML5: Coat 5A **94**
Lochbuie La. ML6: Glenm 5G **73**
Lochburn Cres. G20: Glas 2C **64**
Lochburn Gdns. G20: Glas 2D **64**
Lochburn Ga. G20: Glas 2C **64**
Lochburn Gro. G20: Glas 2C **64**
  (off Lochburn Cres.)
Lochburn Pas. G20: Glas 2C **64**
Lochburn Rd. G20: Glas 3B **64**
Lochdochart Gdns. G34: Glas 2B **92**
Lochdochart Path G34: Glas 4B **92**
  (off Lentran St.)
Lochdochart Rd. G34: Glas 3A **92**
Lochearn Cres. ML6: Air 1H **95**
  PA2: Pais 3E **101**
Lochearnhead Rd. G33: Step 4B **68**
Lochend Av. G69: G'csh 2C **70**
Lochend Cres. G61: Bear 4D **46**
Lochend Dr. G61: Bear 4D **46**
Lochend Path G34: Glas 2H **91**
Lochend Rd. G34: Glas 2H **91**
  G61: Bear 4E **47**
  G69: G'csh 2D **70**
  (Drumcavel Rd., not continuous)
  G69: G'csh 2H **91**
  (Dubton St.)
Lochend St. ML1: Moth 3H **147**
Locher Av. PA6: C'lee 3E **79**
Locherburn Av. PA6: C'lee 3D **78**
Locherburn Gro. PA6: C'lee 3D **78**
Locherburn Pl. PA6: C'lee 3D **78**
Locher Cres. PA6: C'lee 3E **79**

Locher Gait PA6: C'lee 3E **79**
Locher Gdns. PA6: C'lee 3E **79**
Locher Pl. ML5: Coat 2F **115**
Locher Rd. PA11: Bri W 6H **77**
Locher Wlk. ML5: Coat 2E **115**
Locher Way PA6: C'lee 3E **79**
Lochfauld Rd. G23: Glas 5E **49**
LOCHFIELD 4B **102**
Lochfield Cres. PA2: Pais 4B **102**
Lochfield Dr. PA2: Pais 4C **102**
Lochfield Gdns. G34: Glas 2B **92**
Lochfield Rd. PA2: Pais 4A **102**
Lochgarry Way
  ML5: Coat 1H **113**
Lochgilp St. G20: Glas 2A **64**
Loch Goil G74: E Kil 2A **158**
Lochgoin Av. G15: Glas 3G **45**
Lochgoin Gdns. G15: Glas 3G **45**
Lochgreen Pl. ML3: Ham 3F **161**
  ML5: Coat 1G **93**
Lochgreen St. G33: Glas 6F **67**
Lochhead Av. PA3: Lin 6H **79**
Lochiel Ct. ML6: Air 4F **95**
  (off Monkscourt Av.)
Lochiel Dr. G66: Milt C 5C **10**
Lochiel La. G73: Ruth 3F **125**
Lochiel Rd. G46: T'bnk 3F **121**
Lochinch Pl. G77: Newt M 4A **136**
Lochin St. ML5: Coat 6D **94**
Lochinvar Rd. G67: Cumb 6F **37**
Lochinver Cres. G72: Blan 6A **144**
  PA2: Pais 3E **101**
Lochinver Dr. G44: Glas 3E **123**
Lochinver Gro. G72: Camb 2B **126**
Loch Laidon Ct. G32: Glas 1C **110**
Loch Laidon St. G32: Glas 1D **110**
Loch Laxford G74: E Kil 3B **158**
Loch Lea G66: Kirkin 3F **33**
Lochlea G74: E Kil 5D **142**
Lochlea Av. G81: Clyd 4E **45**
Lochlea Loan ML9: Lark 3E **171**
  (off Catrine St.)
Lochlea Rd. G43: Glas 1B **122**
  G67: Cumb 2B **38**
  G73: Ruth 2B **124**
  (Ailsa Dr.)
  G73: Ruth 2D **125**
  (Langlea Dr.)
  G76: Busby 4C **138**
Lochlea Way ML1: N'hill 3B **133**
Lochleven La. G42: Glas 6E **107**
Lochleven Rd. G42: Glas 6E **107**
LOCHLIBO 6C **118**
Lochlibo Av. G13: Glas 3H **61**
Lochlibo Cres. G78: Barr 6C **118**
Lochlibo Rd. G78: Barr, Neil 3A **134**
Lochlibo Ter. G78: Barr 6C **118**
Loch Long G74: E Kil 3A **158**
Loch Loyal G74: E Kil 3B **158**
Lochmaben Rd. G52: Glas 1H **103**
  G69: G'csh 5D **70**
Lochmaddy Av. G44: Glas 3E **123**
Loch Maree G74: E Kil 3B **158**
Loch Meadie G74: E Kil 3B **158**
Lochnagar Dr. G61: Bear 6B **26**
Lochnagar Rd. ML1: Moth 6C **148**
Lochnagar Way ML9: Lark 4E **171**
  (off Bannockburn Dr.)
Loch Naver G74: E Kil 3B **158**
Lochore Av. PA3: Pais 4B **82**
Loch Pk. ML2: Wis 6A **150**
Loch Pk. Av. ML8: Carl 5C **174**
Lochpark Pl. ML9: Lark 4C **170**
Lochpark Stadium 5D **174**
Loch Pl. PA11: Bri W 3F **77**
Lochranza Ct. ML1: Carf 5B **132**
Lochranza Cres. ML6: Air 5G **95**
Lochranza Dr. G75: E Kil 1B **168**

Lochranza La. G75: E Kil 1C **168**
Loch Rd. G33: Step 4D **68**
  G62: Miln 2H **27**
  G66: Kirkin 6D **32**
  ML6: Chap 3D **116**
  PA11: Bri W 3F **77**
Loch Shin G74: E Kil 3B **158**
Lochside G61: Bear 4F **47**
  G69: G'csh 3D **70**
Lochside Cres. ML6: Air 6A **74**
Lochside St. G41: Glas 4C **106**
Lochsloy Ct. G22: Glas 5H **65**
Loch St. ML6: C'bnk 3B **116**
Loch Striven G74: E Kil 2A **158**
Loch Torridon G74: E Kil 3B **158**
Loch Vw. ML6: C'bnk 3B **116**
Lochview Cres. G33: Glas 6H **67**
Lochview Dr. G33: Glas 6H **67**
Lochview Gdns. G33: Glas 6H **67**
Lochview Ga. G33: Glas 6H **67**
Lochview Pl. G33: Glas 6H **67**
Lochview Quad. ML4: Bell 4B **130**
Lochview Rd. G61: Bear 4E **47**
  ML5: Coat 2G **93**
Lochview Ter. G69: G'csh 4D **70**
Loch Voil St. G32: Glas 1D **110**
LOCHWOOD 1C **92**
Lochwood Loan G69: Mood 4E **55**
Lochwood St. G33: Glas 1G **89**
Lochy Av. PA4: Renf 2H **83**
Lochy Gdns. G64: B'rig 6D **50**
Lochy Pl. PA8: Ersk 6C **42**
Lochy St. ML2: Wis 2G **165**
Locke Gro. ML1: Cle 6F **133**
Lockerbie Av. G43: Glas 1D **122**
Locket Yett Vw. ML4: Bell 2A **130**
Lockhart Av. G72: Camb 1D **126**
Lockhart Ct. G77: Newt M 1D **152**
Lockhart Dr. G72: Camb 1D **126**
  G77: Newt M 1D **152**
Lockhart Pl. ML2: Wis 5C **150**
Lockhart St. G21: Glas 1D **88**
  ML3: Ham 5G **161**
  ML8: Carl 3D **174**
Lockhart Ter. G74: E Kil 1B **158**
Locksley Av. G13: Glas 1C **62**
  G67: Cumb 1G **57**
Locksley Ct. G67: Cumb 1G **57**
Locksley Cres. G67: Cumb 1G **57**
Locksley Pl. G67: Cumb 1G **57**
Locksley Rd. G67: Cumb 1G **57**
  PA2: Pais 4D **100**
Locksley Way PA2: Pais 4D **100**
Locks St. ML5: Coat 5F **95**
Lodge Twr. ML1: Moth 5A **148**
  (off Glassford St.)
Logan Av. G77: Newt M 3C **136**
Logandale Av. ML2: Newm 3D **150**
Logan Dr. G68: Cumb 2F **37**
Logan Gdns. G5: Glas 2H **107**
  ML1: Cle 1H **149**
Loganlea Dr. ML1: Carf 6A **132**
Logans Rd. ML1: Motl 2D **146**
Logan St. G72: Blan 2C **144**
Loganswell Dr. G46: T'bnk 5E **121**
Loganswell Gdns. G46: T'bnk 5E **121**
Loganswell Pl. G46: T'bnk 5E **121**
Loganswell Rd. G46: T'bnk 5E **121**
Logan Twr. G72: Camb 3E **127**
Logie Pk. G74: E Kil 6A **142**
Logie Sq. G74: E Kil 6A **142**
Lomax St. G33: Glas 3F **89**
Lomond G75: E Kil 6G **157**
Lomond Av. PA4: Renf 2D **82**
Lomond Ct. G67: Cumb 6E **37**
  G78: Barr 5E **119**
  G82: Dumb 3E **19**
  ML5: Coat 4F **95**

Lomond Cres. G67: Cumb 6E **37**
  PA2: Pais 5H **101**
  PA11: Bri W 3E **77**
Lomond Dr. G64: B'rig 4B **50**
  G67: Cumb 6D **36**
  G71: Both 4F **129**
  G77: Newt M 2D **136**
  G78: Barr 3D **118**
  G82: Dumb 1H **19**
  ML2: Wis 1G **165**
  ML6: Air 1G **95**
Lomond Gdns. PA5: Eld 3A **100**
Lomond Gro. G67: Cumb 6E **37**
Lomond Pl. G33: Step 5D **68**
  G67: Cumb 6D **36**
  ML5: Coat 2A **94**
  PA8: Ersk 6C **42**
Lomond Rd. G61: Bear 5E **47**
  G66: Lenz 2D **52**
  G71: Tann 4D **112**
  ML5: Coat 1G **93**
Lomondside Av. G76: Clar 1A **138**
Lomond St. G22: Glas 4F **65**
Lomond Vw. G67: Cumb 6E **37**
  G72: Camb 6A **126**
  G81: Clyd 4C **44**
  ML3: Ham 1D **160**
Lomond Wlk. ML1: N'hill 3C **132**
  ML9: Lark *1D 170*
  (off Muirshot Rd.)
Lomond Way *ML1: Holy* *2A 132*
  (off Graham St.)
London Dr. G32: Glas 3E **111**
London La. *G1: Glas* *5H 87*
  (off St Andrew's St.)
London Rd. G1: Glas 5H **87**
  G31: Glas 1D **108**
  G32: Glas 4A **110**
  G40: Glas 5A **88**
London Rd. Trade Pk.
  G32: Glas 4B **110**
London St. ML9: Lark 1C **1/0**
  PA4: Renf 4F **61**
London Way G1: Glas 5H **87**
Lonend PA1: Pais 1B **102**
  PA2: Pais 1B **102**
Longay Pl. G22: Glas 1G **65**
Longay St. G22: Glas 1G **65**
Longbridge Ter. G5: Glas 3H **107**
Long Calderwood Cotts.
  G74: E Kil *5C 142*
  (off Maxwellton Rd.)
Long Crags Vw. G82: Dumb 1H **19**
LONGCROFT 1G **17**
Longcroft Dr. PA4: Renf 5E **61**
Longden St. G81: Clyd 1F **61**
Longford St. G33: Glas 3F **89**
Longlee G69: Bail 1H **111**
Longmeadow PA5: John 4D **98**
Longmorn Pl. ML1: Carf 6B **132**
Long Row G66: Kirkin 6H **33**
  G69: Bail 5A **92**
Longstone Pl. G33: Glas 3B **90**
Longstone Rd. G33: Glas 3B **90**
Longwill Ter. G67: Cumb 1B **38**
Lonmay Dr. G33: Glas 3D **90**
Lonmay Pl. G33: Glas 3D **90**
Lonmay Rd. G33: Glas 3D **90**
Lonsdale Av. G46: Giff 4A **122**
Lonsdale Gait G75: E Kil 6B **156**
Loom Wlk. PA10: Kilba 2A **98**
  (not continuous)
Lora Dr. G52: Glas 1E **105**
Lord Way G69: Barg 6D **92**
Loretto Pl. G33: Glas 3H **89**
Loretto St. G33: Glas 3H **89**
Lorimer Cres. G75: E Kil 4F **157**
Lorn Av. G69: Chry 1B **70**

Lorne Ct. *G20: Glas* *1E 87*
  (off Cedar Ct.)
Lorne Cres. G64: B'rig 5F **51**
Lorne Dr. ML1: Moth 5F **131**
  PA3: Lin 6G **79**
Lorne Pl. ML5: Coat 6F **95**
Lorne Rd. G52: I iill E 3H **83**
Lorne St. G51: Glas 5B **86**
  ML3: Ham 5G **145**
Lorne Ter. G72: Camb 4H **125**
Lorn Pl. G66: Kirkin 4A **34**
Lorraine Gdns. G12: Glas 5A **64**
Lorraine Gardens La. *G12: Glas* . . .*5A 64*
  (off Westbourne Gardens La.)
Lorraine Rd. G12: Glas 5A **64**
Loskin Dr. G22: Glas 2F **65**
Lossie Cres. PA4: Renf 1H **83**
Lossie St. G33: Glas 2F **89**
Lothian Cres. PA2: Pais 4H **101**
Lothian Dr. G76: Clar 1B **138**
Lothian Gdns. G20: Glas 6C **64**
Lothian St. G52: I iill E 3G **83**
Lothian Way G74: E Kil 6C **142**
Louden Hill Dr. G33: Glas 3G **67**
Louden Hill Gdns. G33: Glas 3G **67**
Louden Hill Pl. G33: Glas 3G **67**
Louden Hill Rd. G33: Glas 3G **67**
Louden Hill Way G33: Glas 3G **67**
Louden St. ML6: Air 4A **96**
Loudon G75: E Kil 6G **157**
Loudon Gdns. PA5: John 2G **99**
Loudonhill Av. ML3: Ham 3A **162**
Loudon Rd. G33: Mille 5B **68**
  ML2: Wis 3H **149**
Loudon Ter. *G12: Glas* *6B 64*
  (off Observatory Rd.)
  G61: Bear *6D 26*
  (off Grampian Way)
Louise Gdns. ML1: Holy 2H **131**
Louisville Av. ML2: Wis 4B **150**
LOUNSDALE 3E **101**
Lounsdale Av. PA2: Pais 2F **101**
Lounsdale Cres. PA2: Pais 3E **101**
Lounsdale Dr. PA2: Pais 3F **101**
Lounsdale Gro. PA2: Pais 2F **101**
Lounsdale Ho. PA2: Pais 4D **100**
Lounsdale Pl. G14: Glas 5B **62**
Lounsdale Rd. PA2: Pais 3F **101**
Lounsdale Way PA2: Pais 3F **101**
Lourdes Av. G52: Glas 1D **104**
Lourdes Ct. G52: Glas 1D **104**
Lovat Av. G61: Bear 6E **27**
Lovat Dr. G66: Kirkin 5B **32**
Lovat Path *ML9: Lark* *3E 171*
  (off Shawrigg Rd.)
Lovat Pl. G52: I iill E 4G **83**
  G73: Ruth 3F **125**
Love Av. PA11: Quarr V 1A **76**
Love Dr. ML4: Bell 1D **130**
Love St. PA3: Pais 5A **82**
Low Barholm PA10: Kilba 3B **98**
LOW BLANTYRE 6C **128**
Low Broadlie Rd. G78: Neil 1D **134**
Low Craigends G65: Kils 3A **14**
Low Cres. G81: Clyd 1G **61**
Lwr. Admiralty Rd. G60: Old K 2F **43**
Lwr. Auchingramont Rd.
  ML3: Ham 5A **146**
Lwr. Bourtree Dr. G73: Ruth 3E **125**
Lower Millgate G71: Udd 1D **128**
Lwr. Mill Rd. G76: Busby 3D **138**
Low Flenders Rd. G76: Clar 4B **138**
Lowland Ct. G33: Step 3E **69**
Low Moss Ind. Est. G64: B'rig 3E **51**
Lowndes Ct. *G78: Barr* *5F 119*
  (off Convent Rd.)
Lowndes St. G78: Barr 5E **119**
Low Parksail PA8: Ersk 1G **59**

Low Parks Mus. 5A **146**
Low Patrick St. ML3: Ham 6B **146**
Low Pleasance ML9: Lark 2D **170**
Low Quarry Gdns. ML3: Ham 1H **161**
Low Rd. PA2: Pais 2G **101**
Lowther Av. G61: Bear 6C **26**
Lowther Ter. G12: Glas 5A **64**
LOW WATERS 2A **162**
Low Waters Rd. ML3: Ham 3II **161**
Loyal Av. PA8: Ersk 6D **42**
Loyal Gdns. G61: Bear 6B **26**
Loyal Pl. PA8: Ersk 6D **42**
Loyne Dr. PA4: Renf 1H **83**
Luath St. G51: Glas 3G **85**
Lubas Av. G42: Glas 6H **107**
Lubas Pl. G42: Glas 6H **107**
Lubnaig Dr. PA8: Ersk 6D **42**
Lubnaig Gdns. G61: Bear 6C **26**
Lubnaig Pl. ML6: Air 1G **95**
Lubnaig Rd. G43: Glas 2C **122**
Lubnaig Wlk. ML1: Holy 2A **132**
Luckiesfauld G78: Neil 3D **134**
Luckingsford Av. PA4: Inch 2H **59**
Luckingsford Dr. PA4: Inch 2G **59**
Luckingsford Rd. PA4: Inch 2G **59**
Lucy Brae G71: Tann 5C **112**
Ludovic Sq. PA5: John 2F **99**
Luffness Gdns. G32: Glas 3B **110**
Lugar Dr. G52: Glas 1E **105**
Lugar Pl. G44: Glas 2B **124**
Lugar St. ML5: Coat 3D **94**
Luggiebank Pl. G69: Barg 1E **113**
Luggiebank Rd. G66: Kirkin 5D **32**
  (not continuous)
Luggieburn Wlk. ML5: Coat 6B **94**
Luggie Gro. G66: Kirkin 6G **33**
Luggie Rd. ML8: Carl 3B **174**
Luggie Vw. G67: Cumb 6C **36**
Luing ML6: Air 5E **97**
Luing Rd. G52: Glas 6E **85**
Luma Gdns. G51: Glas 4C **84**
LUMLOCH 1F **67**
Lumloch St. G21: Glas 5C **66**
Lumsden La. G3: Glas 2B **4**
Lumsden St. G3: Glas 3B **4** (3B **86**)
Lunan Dr. G64: B'rig 1E **67**
Lunan Pl. G51: Glas 4E **85**
Lunar Path ML6: Chap 4D **116**
Luncarty Pl. G32: Glas 2A **110**
Luncarty St. G32: Glas 2A **110**
Lunderston Cl. G53: Glas 1B **120**
Lunderston Dr. G53: Glas 6A **104**
Lunderston Gdns. G53: Glas 1B **120**
Lundie Gdns. G64: B'rig 1F **67**
Lundie St. G32: Glas 2G **109**
Luss Brae ML3: Ham 1C **160**
Lusset Glen G60: Old K 1F **43**
Lusset Rd. G60: Old K 1F **43**
Lusset Vw. G81: Clyd 4D **44**
Lusshill Ter. G71: Udd 3H **111**
Luss Rd. G51: Glas 4F **85**
Lybster Cres. G73: Ruth 4F **125**
Lybster Way G72: Blan 6A **144**
Lye Brae G67: Cumb 3B **38**
Lyell Gro. G74: E Kil 6G **141**
Lyell Pl. G74: E Kil 6G **141**
Lyle Cres. PA7: B'ton 3F **41**
Lyle Pl. PA2: Pais 3B **102**
Lyle Rd. ML6: Air 4F **97**
Lyle's Land PA6: Hous 1B **78**
Lylesland Ct. PA2: Pais 3A **102**
Lyle Sq. G62: Miln 3E **27**
  (not continuous)
Lyman Dr. ML2: Wis 2A **150**
Lymburn St. G3: Glas 3C **4** (3B **86**)
Lymekilns Rd. G74: E Kil 1F **157**
Lyndale Pl. G20: Glas 1B **64**
Lyndale Rd. G20: Glas 1B **64**

Lyndhurst Gdns. G20: Glas 6D **64**
Lyndhurst Gdns. La. *G20: Glas* 6D *64*
(off Lothian Gdns.)
Lynebank Gro. G77: Newt M 1D **152**
Lynebank Pl. G77: Newt M 1D **152**
Lyne Cft. G64: B'rig 3C **50**
Lynedoch Cres. G3: Glas 1F **5** (2D **86**)
Lynedoch Cres. La. G3: Glas 1F **5**
Lynedoch Pl. G3: Glas 2G **5**
(Lynedoch St.)
G3: Glas 1F **5** (2D **86**)
(Park Cir. Pl.)
Lynedoch St. G3: Glas 1F **5** (2D **86**)
Lynedoch Ter. G3: Glas 2G **5** (2D **86**)
Lyne St. ML2: Wis 4G **149**
Lynnburn Av. ML4: Bell 1C **130**
Lynn Ct. ML9: Lark 3C **170**
Lynn Dr. G62: Miln 3A **28**
G76: Eag 5C **154**
Lynne Dr. G23: Glas 6C **48**
Lynnhurst G71: Tann 6D **112**
Lynn Wlk. *G71: Udd* 2E *129*
(off Flax Rd.)
Lynton Av. G46: Giff 6G **121**
Lynwood Rd. ML2: Newm 3G **151**
Lyoncross Av. G78: Barr 5F **119**
Lyoncross Cres. G78: Barr 4F **119**
Lyoncross Rd. G53: Glas 2B **104**
Lyon Rd. PA2: Pais 4D **100**
PA3: Lin 1H **99**
PA8: Ersk 6C **42**
Lyons Quad. ML2: Wis 5D **148**
Lysander Way PA4: Renf 2F **83**
Lysa Vale Pl. ML4: Bell 2A **130**
Lytham Dr. G23: Glas 6C **48**
Lytham Mdws. G71: Both 5C **128**
Lyttleton G75: E Kil 5D **156**

M

M8 Food Pk. G21: Glas 1H **87**
Mabel St. ML1: Moth 4G **147**
Macadam Gdns. ML4: Bell 1C **130**
Macadam Pl. G75: E Kil 3G **157**
Macallan M. ML1: Carf 5B **132**
McAllister Av. ML6: Air 3D **96**
McAlpine St. G2: Glas 6H **5** (4E **87**)
ML2: Wis 1H **165**
McArdle Av. ML1: Moth 2D **146**
Macarthur Av. ML6: Glenm 6F **73**
Macarthur Ct. G74: E Kil 6E **141**
Macarthur Cres. G74: E Kil 5E **141**
(not continuous)
Macarthur Dr. G74: E Kil 6E **141**
Macarthur Gdns. G74: E Kil 6E **141**
McArthur Pk. G66: Kirkin 6C **32**
McArthur St. G43: Glas 6A **106**
Macarthur Wynd G72: Camb 2C **126**
McAslin Ct. G4: Glas 3G **7** (3H **87**)
McAslin St. G4: Glas 3H **7** (3A **88**)
Macbeth G74: E Kil 4B **142**
Macbeth Pl. G31: Glas 1F **109**
Macbeth St. G31: Glas 1F **109**
McBride Av G66: Kirkin 6C **32**
McBride Path G33: Step 4E **69**
Maccabe Gdns. G66: Len 4H **9**
McCallum Av. G73: Ruth 6D **108**
McCallum Ct. G74: E Kil 5D **140**
Maccallum Dr. G72: Camb 2C **126**
McCallum Gdns. ML4: Bell 5B **130**
McCallum Gro. G74: E Kil 5D **140**
McCallum Pl. G74: E Kil 5D **140**
McCallum Rd. ML9: Lark 4D **170**
McCallum Way PA7: B'ton 2C **42**
McCardle Way ML1: Newm 3E **151**
McCarrison Rd. ML2: Newm 3E **151**
McCash Pl. G66: Kirkin 6C **32**

McCloy Gdns. G53: Glas 2H **119**
McClue Av. PA4: Renf 6D **60**
McClue Rd. PA4: Renf 5E **61**
McClurg Ct. ML1: Moth 4G **147**
McCormack Gdns.
ML1: N'hill 3E **133**
McCourt Gdns. *ML4: Moss* 2E *131*
(off Unitas Rd.)
McCracken Av. PA4: Renf 1D **82**
McCracken Dr. G71: View 5G **113**
McCreery St. G81: Clyd 1F **61**
Maccrimmon Pk. G74: E Kil 5D **140**
McCrorie Pl. PA10: Kilba 2A **98**
McCulloch Av. G71: View 1G **129**
McCulloch St. G41: Glas 1D **106**
McCulloch Way G33: Step 4E **69**
G78: Neil 2D **134**
McCulloghs Wlk. G66: Len 3F **9**
Macdairmid Dr. ML3: Ham 4F **161**
Macdonald Av. G74: E Kil 5C **140**
McDonald Av. PA5: John 4E **99**
Macdonald Cres. G65: Twe 2D **34**
McDonald Cres. G81: Clyd 1F **61**
Macdonald Gro. ML4: Bell 5B **130**
McDonald Pl. G78: Neil 2E **135**
ML1: Holy 2A **132**
Macdonald St. G73: Ruth 6C **108**
ML1: Moth 4H **147**
Macdougall Dr. G72: Camb 2C **126**
Macdougall St. G43: Glas 6A **106**
Macdougal Quad.
ML4: Bell 5B **130**
Macdowall St. PA3: Pais 5H **81**
PA5: John 2F **99**
Macduff PA8: Ersk 5E **43**
Macduff Pl. G31: Glas 1F **109**
Macedonian Gro. ML1: N'hill 3C **132**
Mace Rd. G13: Glas 6C **46**
McEwan Gdns. G74: E Kil 5C **140**
Macfarlane Cres. G72: Camb 2C **126**
Macfarlane Rd. G61: Bear 4G **47**
McFarlane St. G4: Glas 5A **88**
PA3: Pais 4G **81**
Macfie Pl. G74: E Kil 5D **140**
McGhee St. G81: Clyd 3D **44**
McGoldrick Pl. G33: Step 4F **69**
McGowan Pl. ML3: Ham 4E **145**
McGown St. PA3: Pais 5H **81**
McGregor Av. ML6: Air 3D **96**
PA4: Renf 1D **82**
Macgregor Ct. G72: Camb 2C **126**
McGregor Dr. G82: Dumb 1C **20**
McGregor Path ML5: Glenb 3G **71**
McGregor Rd. G67: Cumb 4G **37**
McGregor St. G51: Glas 5F **85**
G81: Clyd 1F **61**
ML2: Wis 5D **148**
McGrigor Rd. G62: Miln 2F **27**
McGurk Way ML4: Bell 1H **129**
MACHAN .4C **170**
Machan Av. ML9: Lark 2C **170**
Machanhill ML9: Lark 2D **170**
Machanhill Vw. ML9: Lark 3D **170**
Machan Rd. ML9: Lark 3C **170**
Machrie Cres. PA3: Lin 5H **79**
G77: Newt M 3E **137**
Machrie Grn. G75: E Kil 1B **168**
Machrie Rd. G45: Glas 3A **124**
Machrie St. G45: Glas 4A **124**
ML1: Moth 2D **146**
McInnes ML2: Over 4H **165**
McInnes Ct. ML2: Wis 1H **165**
Macinnes Dr. ML1: N'hill 2G **133**
Macinnes M. ML1: N'hill 3E **133**
McInnes Pl. ML2: Over 4H **165**
Macintosh Ct. G72: Camb 4A **126**

McIntosh Ct. G31: Glas 4B **88**
Macintosh Pl. G75: E Kil 4E **157**
McIntosh Quad. ML4: Bell 5B **130**
McIntosh St. G31: Glas 4B **88**
McIntosh Way G67: Cumb 4H **37**
ML1: Moth 4E **147**
McIntyre Pl. PA2: Pais 3A **102**
McIntyre St. G3: Glas 5G **5** (4D **86**)
McIntyre Ter. G72: Camb 1A **126**
McIver Av. PA2: Pais 3E **103**
McIver St. G72: Camb 1D **126**
Macivor Cres. G74: E Kil 5C **140**
McKay Ct. G77: Newt M 5C **136**
McKay Cres. PA5: John 3G **99**
McKay Gro. ML4: Bell 2B **130**
McKay Pl. G74: E Kil 5C **140**
G77: Newt M 5C **136**
McKean St. PA3: Pais 5G **81**
McKechnie St. G51: Glas 3G **85**
Mackeith St. G40: Glas 1B **108**
McKenna Dr. ML6: Air 4G **95**
McKenzie Av. G81: Clyd 3D **44**
Mackenzie Dr. PA10: Kilba 4B **98**
Mackenzie Gdns. G74: E Kil 5C **140**
McKenzie Ga. G72: Camb 1E **127**
McKenzie St. PA3: Pais 6G **81**
Mackenzie Ter. ML4: Bell 6C **114**
McKeown Gdns. ML4: Bell 3F **131**
McKerrell St. PA1: Pais 6C **82**
Mackie's Mill Rd. PA5: Eld 5B **100**
Mackinlay Pl. G77: Newt M 5D **136**
Mackinnon Mills ML5: Coat 2C **114**
Mackintosh House, The (Museum)
. . . . .1B **86**
Mack St. ML6: Air 3A **96**
McLaren Av. G46: Giff 6H **121**
McLaren Cres. G20: Glas 2C **64**
McLaren Dr. ML4: Bell 3F **131**
McLaren Gdns. G20: Glas 2C **64**
McLaren Gro. G74: E Kil 5C **140**
Maclaren Pl. G44: Neth 5D **122**
McLaurin Cres. PA5: John 4D **98**
Maclay Av. PA10: Kilba 3A **98**
McLean Av. PA4: Renf 2E **83**
Maclean Ct. G74: E Kil 5D **140**
McLean Dr. ML4: Bell 5B **130**
Maclean Gro. G74: E Kil 5D **140**
Maclean Pl. G67: Cumb 6C *36*
(off Airdrie Rd.)
PA3: Pais 4H **81**
Maclean Sq. G51: Glas 5B **86**
Maclean St. G51: Glas 5B **86**
G81: Clyd 1G **61**
McLees La. ML1: Moth 2D **146**
Maclehose Rd. G67: Cumb 2C **38**
McLelland Dr. ML6: Plain 1H **97**
Maclellan Rd. G78: Neil 3E **135**
McLellan St. G41: Glas 6B **86**
McLennan St. G42: Glas 5F **107**
Macleod Cres. ML6: Air 3D **96**
Macleod Pl. G74: F Kil 6B **142**
McLeod Rd. G82: Dumb 1C **20**
Macleod St. G4: Glas 5H **7** (4A **88**)
Macleod Way G72: Camb 2C **126**
McMahon Dr. ML2: Newm 3E **151**
McMahon Gro. ML4: Bell 1D **130**
McMaster Sports Cen. 4E **99**
Macmillan Gdns. G71: Tann 5E **113**
McMillan Gdns. ML6: Air 5A **96**
McMillan Rd. ML2: Wis 1D **164**
Macmillan St. ML9: Lark 3B **170**
McMillan Way ML8: Law 6D **166**
McNair St. G32: Glas 6A **90**
McNeil Av. G81: Clyd 6G **45**
McNeil Dr. ML1: Holy 6G **115**
McNeil Gdns. G5: Glas 1H **107**
Macneill Dr. G74: E Kil 5D **140**

Macneill Gdns. G74: E Kil 5C **140**
McNeill St. ML9: Lark 2B **170**
McNeil Pl. ML2: Over 4A **166**
McNeil St. G5: Glas 1H **107**
Macneish Way G74: E Kil 5D **140**
Macnicol Ct. G74: E Kil 5C **140**
Macnicol Pk. G74: E Kil 5C **140**
Macnicol Pl. G74: E Kil 5C **140**
McPhail Av. ML1: N'hill 2F **133**
McPhail St. G40: Glas 1A **108**
McPhater St. G4: Glas 2C **6** (2F **87**)
McPhee Ct. ML3: Ham 6G **145**
McPherson Cres. ML6: Chap 4E **117**
McPherson Dr. G71: Both 4F **129**
Macpherson Pk. G74: E Kil 6E **141**
McPherson St. G1: Glas 6F **7** (5H **87**)
. . . . ML4: Moss 2F **131**
Macphie Rd. G82: Dumb 1C **20**
Macquisten Bri. G41: Glas 6B **106**
Macrae Ct. PA5: John 4E **99**
. . . . (off Tannahill Cres.)
Macrae Gdns. G74: E Kil 6E **141**
Macrimmon Pl. G75: E Kil 3G **157**
Macrius Way ML1: Moth 1F **147**
McShane Ct. ML2: Newm 4F **151**
McShannon Gro. ML4: Bell 4C **130**
McSparran Rd. G65: Croy 1B **36**
Mactaggart Rd. G67: Cumb 5G **37**
Madison Av. G44: Glas 2F **123**
Madison La. G44: Glas 2F **123**
Madison Path G72: Blan 2B **144**
Madras Pl. G40: Glas 2B **108**
. . . . G78: Neil 2E **135**
Madras St. G40: Glas 2B **108**
Mafeking St. G51: Glas 5H **85**
. . . . ML2: Wis 5D **148**
Mafeking Ter. G78: Neil 2C **134**
Magdalen Way PA2: Pais 6B **100**
Magna St. ML1: Moth 1D **146**
Magnolia Dr. G72: Flem 4F **127**
Magnolia Gdns. ML1: N'hill 4C **132**
. . . . ML9: Shaw 4G **171**
Magnolia Pl. G71: View 5G **113**
Magnolia St. ML2: Wis 4H **149**
Magnolia Ter. G72: Flem 4F **127**
Magnus Cres. G44: Glas 3F **123**
Magnus Rd. PA6: C'lee 3C **78**
Mahon Ct. G69: Mood 6D **54**
Maidens G74: E Kil 6F **141**
Maidens Av. G77: Newt M 4G **137**
Maidland Rd. G53: Glas 5C **104**
Mailerbeg Gdns. G69: Mood 4D **54**
Mailie Wlk. ML1: N'hill 4C **132**
Mailing Av. G64: B'rig 5D **50**
Mainhill Av. G69: Bail 6B **92**
Mainhill Dr. G69: Bail 6A **92**
Mainhill Pl. G69: Bail 5B **92**
Mainhill Rd. G69: Barg 6C **92**
Main Rd. G67: Cumb, Mollin 3A **56**
. . . . PA1: Pais 3H **99**
. . . . PA2: Pais 1H **101**
. . . . PA5: Eld 3H **99**
Mains Av. G46: Giff 6H **121**
Mains Castle 4F **141**
Mainscroft PA8: Ersk 6G **43**
Mains Dr. PA8: Ersk 6G **43**
Mains Hill PA8: Ersk 6F **43**
Mainshill Av. PA8: Ersk 6F **43**
Mainshill Gdns. PA8: Ersk 6F **43**
Mains Pl. ML4: Bell 4C **130**
Mains River PA8: Ersk 6G **43**
Mains Rd. G74: E Kil 6H **141**
. . . . G74: E Kil, Ners 3H **141**
Main St. G40: Glas 2B **108**
. . . . G46: T'bnk 4F **121**
. . . . G62: Miln 4G **27**
. . . . (not continuous)

Main St. G64: Torr 5D **30**
. . . . G65: Bant 1G **15**
. . . . G65: Kils 2H **13**
. . . . G65: Twe 1D **34**
. . . . G66: Len 3F **9**
. . . . G67: Cumb 6B **16**
. . . . G69: Bail 1H **111**
. . . . G69: Chry 1A **70**
. . . . G71: Both 5E **129**
. . . . G71: Udd 1D **128**
. . . . G72: Blan 3H **143**
. . . . (not continuous)
. . . . G72: Camb 1A **126**
. . . . G73: Ruth 5C **108**
. . . . G74: E Kil 1H **157**
. . . . G76: Busby 3D **138**
. . . . G78: Barr 5D **118**
. . . . G78: Neil 2D **134**
. . . . ML1: Cle 1H **149**
. . . . ML1: Holy 2A **132**
. . . . ML2: Newm, Wis 5E **151**
. . . . ML2: Over 5A **166**
. . . . ML2: Wis 5F **149**
. . . . ML4: Bell, Moss 2B **130**
. . . . ML5: Coat 4C **94**
. . . . (not continuous)
. . . . ML5: Glenb 3H **71**
. . . . ML6: C'bnk 2C **116**
. . . . ML6: Chap 2E **117**
. . . . ML6: Plain 1G **97**
. . . . PA6: Hous 1A **78**
. . . . PA11: Bri W 3F **77**
Mains Wood PA8: Ersk 6H **43**
Mair St. G51: Glas 5C **86**
Maitland Bank ML9: Lark 2E **171**
Maitland Dr. G64: Torr 4D **30**
Maitland Pl. PA4: Renf 1D **82**
Maitland St. G4: Glas 1C **6** (2F **87**)
. . . . (not continuous)
Malcolm Gdns. G74: E Kil 1E **157**
Malcolm St. ML1: Moth 3E **147**
Mal Fleming's Brae
. . . . G65: Kils 4B **14**
Malin Pl. G33: Glas 3H **89**
Mallaig Path G51: Glas 4D **84**
. . . . (off Langlands Rd.)
Mallaig Pl. G51: Glas 4D **84**
Mallaig Rd. G51: Glas 4D **84**
Mallard Cres. G75: E Kil 6C **156**
Mallard La. G71: Both 4E **129**
Mallard Pl. G75: E Kil 6C **156**
Mallard Rd. G81: Hard 2D **44**
Mallard Ter. G75: E Kil 6C **156**
Mallard Way ML4: Bell 4B **114**
Malleable Gdns. ML1: Moth 5E **131**
Malleny Gro. G77: Newt M 6B **136**
MALLETSHEUGH 6B **136**
MALLETSHEUGH INTERCHANGE
. . . . .3A **152**
Malletsheugh Rd. G77: Newt M . . .6A **136**
. . . . (not continuous)
Malloch Cres. PA5: Eld 3H **99**
Malloch Pl. G74: E Kil 1B **158**
Malloch St. G20: Glas 4C **64**
Mallots Vw. G77: Newt M 5B **136**
Malov Ct. G75: E Kil 6G **157**
Malplaquet Ct. ML8: Carl 4F **175**
Malta Ter. G5: Glas 1F **107**
Maltbarns St. G20: Glas 6E **65**
Malvaig La. G72: Blan 3A **144**
Malvern Ct. G31: Glas 5C **88**
Malvern Way PA3: Pais 3H **81**
Mambeg Dr. G51: Glas 3E **85**
Mamore Pl. G43: Glas 1A **122**
Mamore St. G43: Glas 1A **122**
Manchester Dr. G12: Glas 3G **63**
M & D's Scotland Theme Pk. 6A **130**
Manderston Ct. G77: Newt M 5B **136**

Manderston Mdw. G77: Newt M . . .5B **136**
Mandora Ct. ML8: Carl 4F **175**
Manitoba Cres. G75: E Kil 2D **156**
Mannering G74: E Kil 5D **142**
Mannering Ct. G41: Glas 5A **106**
Mannering Rd. G41: Glas 5A **106**
. . . . PA2: Pais 6C **100**
Mannering Way PA2: Pais 5C **100**
Mannoch Pl. ML5: Coat 2F **115**
Mannofield G61: Bear 3D **46**
Manor Dr. ML5: Coat 4H **93**
. . . . ML6: Air 3G **95**
Manor Ga. G71: Both 6F **129**
. . . . G77: Newt M 6F **137**
Manor Pk. ML3: Ham 1H **161**
Manor Pk. Av. PA2: Pais 4F **101**
Manor Pk. Gro. PA2: Pais 4F **101**
Manor Rd. G14: Glas 5E **63**
. . . . G15: Glas 6H **45**
. . . . G69: G'csh 4D **70**
. . . . PA2: Pais 4D **100**
Manor Vw. ML6: C'bnk 3B **116**
. . . . ML9: Lark 3E **171**
Manor Way G73: Ruth 3E **125**
Manresa Pl. G4: Glas 1F **87**
Manse Av. G61: Bear 2F **47**
. . . . G71: Both 5E **129**
. . . . ML5: Coat 1H **113**
Manse Brae G44: Glas 1F **123**
. . . . G72: Flem 5F **127**
. . . . ML9: Ashg, Dals 6B **172**
Manse Bri. ML8: Carl 4D **174**
Manse Ct. G65: Kils 4H **13**
. . . . G78: Barr 4F **119**
. . . . ML8: Law 1G **173**
Manse Cres. PA6: Hous 1B **78**
Mansefield Av. G72: Camb 3A **126**
Mansefield Cres. G60: Old K 1E **43**
. . . . G76: Clar 3B **138**
Mansefield Rd. G76: Clar 3C **138**
. . . . ML3: Ham 5H **161**
Manse Gdns. G32: Glas 1D **110**
Manse La. G74: E Kil 6H **141**
Mansel St. G21: Glas 4B **66**
Manse M. ML2: Newm 5E **151**
Manse Pl. ML6: Air 4A **96**
. . . . (not continuous)
Manse Rd. G32: Glas 1D **110**
. . . . G60: Bowl 5B **22**
. . . . G61: Bear 2E **47**
. . . . G65: Kils 4H **13**
. . . . G69: Barg 5C **92**
. . . . G76: Crmck 2H **139**
. . . . G78: Neil 2D **134**
. . . . ML1: Moth 1G **163**
. . . . ML2: Newm 5D **150**
Manse Rd. Gdns. G61: Bear 2F **47**
Manse St. ML5: Coat 5B **94**
. . . . PA4: Renf 5F **61**
Manse Vw. G72: Blan 3H **143**
. . . . ML1: N'hill 3F **133**
. . . . ML9: Lark 3D **170**
Manseview Ter. G76: Eag 6C **154**
MANSEWOOD 1H **121**
Mansewood Dr. G82: Dumb 2H **19**
Mansewood Rd. G43: Glas 1H **121**
Mansfield Dr. G71: Udd 1D **128**
Mansfield Rd. G52: Hill E 4H **83**
. . . . ML4: Bell 3B **130**
Mansfield St. G11: Glas 1A **86**
Mansion Ct. G72: Camb 1A **126**
Mansionhouse Av. G32: Carm 5C **110**
Mansionhouse Dr. G32: Glas 5C **90**
Mansionhouse Gdns. G41: Glas . . .6C **106**
Mansionhouse Gro. G32: Glas 2E **111**
Mansionhouse Rd. G32: Glas 1E **111**
. . . . G41: Glas 6C **106**
. . . . PA1: Pais 6C **82**

Mansion St. G22: Glas 4G 65
  G72: Camb 1A 126
Manson Pl. G75: E Kil 6B 158
Manswrae Steading PA11: Bri W . .5G 77
Manus Duddy Ct. G72: Blan 6B 128
Maple Av. G66: Milt C 6B 10
  G77: Newt M 5D 136
  G82: Dumb 2B 18
Maple Bank ML3: Ham 1B 162
Maple Ct. G67: Cumb 6F 17
Maple Cres. G72: Flem 4F 127
Maple Dr. G66: Lenz 2A 52
  G78: Barr 6F 119
  G81: Clyd 2B 44
  ML9: Lark 6A 164
  PA5: John 5F 99
Maple Gro. G69: Barg 5E 93
  G75: E Kil 6D 156
Maple Pl. FK4: Bank 1E 17
  G71: View 5H 113
  G75: E Kil 5D 156
  PA5: John 5G 99
Maple Quad. ML6: Air 5D 96
Maple Rd. G41: Glas 1H 105
  G67: Cumb 6F 17
  ML1: Holy 2B 132
Maple Ter. G75: E Kil 5D 156
Maple Wlk. G66: Milt C 6B 10
Maple Way G72: Blan 2A 144
Maplewood ML2: Wis 2D 164
Mar Av. PA7: B'ton 4H 41
Marchbank Gdns. PA1: Pais 1F 103
Marchburn Dr. PA3: Glas A 3H 81
Marchfield G62: Miln 3A 28
  G64: B'rig 4A 50
Marchfield Av. PA3: Pais 3H 81
Marchfield Dr. PA3: Pais 4A 82
Marchfield Pl. PA3: Pais 4A 82
Marchglen Pl. G51: Glas 4D 84
Marchmont Gdns. G64: B'rig 4B 50
Marchmont Ter. G12: Glas 6A 64
  (off Observatory Rd.)
March St. G41: Glas 3D 106
Mardale G74: E Kil 6E 141
Mar Dr. G61: Bear 6F 27
Maree Dr. G52: Glas 1E 105
  G67: Cumb 6D 36
Maree Gdns. G64: B'rig 6D 50
Maree Rd. PA2: Pais 3E 101
Maree Wlk. ML2: Newm 3D 150
  (off Banavie Rd.)
Maree Way G72: Blan 1B 144
Marfield St. G32: Glas 4G 89
Mar Gdns. G73: Ruth 3F 125
Margaret Av. FK4: Hag 1G 17
Margaret Ct. G66: Len 3F 9
Margaret Dr. ML1: Moth 6B 148
Margaret Gdns. ML3: Ham 3F 145
Margaret Macdonald Ho. G3: Glas . . .2A 6
Margaret Pl. ML4: Bell 2A 130
Margaret Rd. ML3: Ham 3F 145
Margaret's Pl. ML9: Lark 2C 170
Margaret St. ML5: Coat 1C 114
Margaretta Bldgs. G44: Glas 1E 123
Margaretvale Dr ML0: Lark 3C 170
Marguerite Av. G66: Lenz 1C 52
Marguerite Dr. G66: Lenz 1C 52
Marguerite Gdns. G66: Lenz 1C 52
  G71: Both 5F 129
Marguerite Gro. G66: Lenz 1C 52
Marguerite Pl. G66: Milt C 5B 10
Mar Hall Av. PA7: B'ton 2B 42
Mar Hall Dr. PA7: B'ton 2B 42
Mar Hall Golf Course 1C 42
Marian Dr. ML1: Carf 5C 132
Maric La. ML6: Plain 1G 97
Marigold Av. ML1: Moth 1G 147
Marigold Way ML8: Carl 5D 174

Marina Ct. ML4: Bell 4B 130
Marine Cres. G51: Glas 5C 86
Marine Gdns. G51: Glas 5C 86
Mariner Ct. G81: Clyd 5C 44
Marion St. ML4: Moss 2F 131
Mariscat Rd. G41: Glas 3C 106
Maritime Ct. PA4: Inch 5F 59
Marius Cres. ML1: Moth 6E 131
Marjory Dr. PA3: Pais 4C 82
Marjory Rd. PA4: Renf 2C 82
Markdow Av. G53: Glas 4A 104
Market Cl. G65: Kils 3H 13
Market Ct. G65: Kils 3H 13
  (off Market St.)
Markethill Rd. G74: E Kil, Roger . .3F 141
Markethill Rdbt. G74: E Kil 6G 141
Market Pl. G65: Kils 3H 13
  G71: View 6G 113
  ML8: Carl 3D 174
Market Rd. G66: Kirkin 6G 33
  G71: View 6G 113
  ML8: Carl 3D 174
Market Sq. G65: Kils 3H 13
  G71: View 6G 113
  ML6: Air 4A 96
Marlach Pl. G53: Glas 5A 104
Marlborough Av. G11: Glas 6F 63
Marlborough La. Nth.
  G11: Glas 6F 63
Marlborough La. Sth.
  G11: Glas 6F 63
Marlborough Pk. G75: E Kil 4C 156
Marldon La. G11: Glas 6F 63
Marley Way G66: Milt C 5B 10
Marlfield Gdns. ML4: Bell 6C 114
Marlin Cres. G51: Glas 6A 62
Marlin Dr. G51: Glas 6A 62
Marlin Rd. G51: Glas 1A 84
Marlin Way G51: Glas 1A 84
Marlow St. G41: Glas 1C 106
Marlow Ter. G41: Glas 1C 106
Marmion Cres. ML1: Moth 5F 131
Marmion Dr. G66: Kirkin 5F 33
Marmion Pl. G67: Cumb 6G 37
Marmion Rd. G67: Cumb 6G 37
  PA2: Pais 5C 100
Marne St. G31: Glas 4D 88
Marnoch Dr. ML5: Glenb 2H 71
Marnoch Way G69: Mood 5D 54
  (off Arnprior Gdns.)
MARNOCK 3G 71
Marnock Ter. PA2: Pais 2C 102
Marquis Av. ML3: Ham 3E 145
Marquis Ga. G71: Both 2C 128
Marrswood Grn. ML3: Ham 5E 145
Marshall Gro. ML3: Ham 5E 145
Marshall La. ML2: Wis 6G 149
Marshall's La. PA1: Pais 1A 102
Marshall St. ML2: Wis 1F 165
  ML9: Lark 2C 170
Martha Pl. ML9: Lark 3D 170
Martha St. G1: Glas 4E 7 (3G 87)
Martin La. ML3: Ham 6G 145
Martin Cres. G69: Bail 6A 92
Martin Pl. ML1: N'hill 4C 132
Martinside G75: E Kil 6G 157
Martin St. G40: Glas 2B 108
  ML5: Coat 4F 95
Martlet Dr. PA5: John 6C 98
Mart St. G1: Glas 5G 87
  (not continuous)
Martyn St. ML6: Air 4G 95
Martyrs Pl. G64: B'rig 1C 66
Martyrs School 3H 7
Marwick St. G31: Glas 4D 88
Mary Dr. ML4: Bell 4A 130
Mary Fisher Cres. G82: Dumb 3C 20

Mary Glen ML2: Wis 4B 150
MARYHILL 1A 64
Maryhill Leisure Cen. 3B 64
Maryhill Rd. G20: Glas 5F 47
  G61: Bear 5F 47
Maryhill Shop. Cen. G20: Glas 4C 64
Maryhill Station (Rail) 1A 64
Maryknowe Rd. ML1: Carf 5C 132
Maryland Dr. G52: Glas 6E 85
Maryland Gdns. G52: Glas 6E 85
Maryland Rd. G82: Dumb 1H 19
Mary Rae Rd. ML4: Bell 4A 130
Mary Slessor Wynd G73: Ruth . . .5E 125
Mary Sq. G69: Barg 6D 92
Maryston Dr. G33: Glas 1F 89
Maryston Rd. G33: Glas 1F 89
Maryston St. G33: Glas 1F 89
Mary St. ML3: Ham 1G 161
  PA2: Pais 3A 102
  PA5: John 2G 99
Maryville Av. G46: Giff 5A 122
Maryville Gdns. G46: Giff 5A 122
MARYVILLE INTERCHANGE 5A 112
Maryville La. G71: Tann 5B 112
Maryville Vw. G71: Tann 4B 112
Marywell Path G68: Cumb 3B 36
Marywood Sq. G41: Glas 3D 106
Mary Young Pl. G76: Busby 3D 138
Masonfield Av. G68: Cumb 3F 37
Mason La. ML1: Moth 3G 147
  (not continuous)
Mason St. ML1: Moth 3G 147
  ML9: Lark 4E 171
Masterton Pl. G21: Glas 6G 65
Masterton Way G71: Tann 4F 113
Matherton Av. G77: Newt M 4H 137
Mathieson Cres. G33: Step 4F 69
Mathieson Rd. G73: Ruth 4E 109
Mathieson St. PA1: Pais 6D 82
Mathieson Ter. G5: Glas 1H 107
Matilda Rd. G41: Glas 1C 106
Matthew McWhirter Pl.
  ML9: Lark 1D 170
Mauchline G74: E Kil 6D 142
Mauchline Av. G66: Kirkin 3G 33
Mauchline Ct. G66: Kirkin 3G 33
  ML3: Ham 1B 160
Mauchline St. G5: Glas 6E 87
Maukinfauld Ct. G32: Glas 2F 109
Maukinfauld Gdns. G31: Glas 1G 109
Maukinfauld Rd. G32: Glas 2G 109
Mauldslie Dr. ML8: Law 5D 166
Mauldslie Pl. ML9: Ashg 5H 171
Mauldslie Rd. ML8: Carl 2D 172
Mauldslie St. G40: Glas 1D 108
  ML4: Bell 3C 130
  ML5: Coat 6C 94
Maule Dr. G11: Glas 1G 85
Mausoleum Dr. ML3: Ham 4A 146
Mavis Bank G64: B'rig 1B 66
  G72: Blan 2A 144
  (off Moorfield Rd.)
Mavisbank Gdns. G51: Glas 5C 86
  ML4: Bell 1C 130
Mavisbank Rd. ML2: Newm 4G 151
  ML6: Air 3G 95
Mavisbank Ter. PA1: Pais 2B 102
  PA5: John 3F 99
Mavis Valley Rd. G64: B'rig 3A 50
Mavor Av. G74: E Kil 5H 141
Mavor Rdbt. G74: E Kil 6H 141
Maxton Av. G78: Barr 4C 118
Maxton Cres. ML2: Wis 3A 150
Maxton Gro. G78: Barr 5C 118
Maxton Ter. G72: Camb 4H 125
Maxwell Av. G41: Glas 1C 106
  G61: Bear 4E 47
  G69: Bail 1G 111

Maxwell Ct. G41: Glas 1C 106
   ML5: Coat 4D 94
Maxwell Cres. G72: Blan 3B 144
Maxwell Dr. G41: Glas 1A 106
   G69: Bail 6F 91
   G74: E Kil 1H 157
   PA8: Ersk 4D 42
Maxwell Gdns. G41: Glas 1B 106
Maxwell Gro. G41: Glas 1B 106
Maxwell La. G41: Glas 1C 106
Maxwell Oval G41: Glas 1D 106
Maxwell Park Station (Rail) 3B 106
Maxwell Path ML9: Lark 3E 171
   (off Wallace Dr.)
Maxwell Pl. G41: Glas 2E 107
   G65: Kils 2H 13
   G71: Udd 1E 129
   ML5: Coat 6B 94
   PA11: Bri W 3F 77
Maxwell Rd. G41: Glas 1D 106
   PA7: B'ton 4H 41
Maxwell St. G1: Glas 5F 87
   (Fox St.)
   G1: Glas 6D 6 (4G 87)
   (Queen St.)
   G69: Bail 1H 111
   G81: Clyd 3B 44
   PA3: Pais 6A 82
Maxwell Ter. G41: Glas 1C 106
Maxwellton Av. G74: E Kil 1A 158
Maxwellton Ct. PA1: Pais 1G 101
Maxwellton Pl. G74: E Kil 6B 142
Maxwellton Rd. G74: E Kil 6B 142
   PA1: Pais 1F 101
Maxwellton St. PA1: Pais 1G 101
Maxwelton Ga. G74: E Kil 6A 142
Maxwelton Rd. G33: Glas 1F 89
Maybank La. G42: Glas 4E 107
Maybank St. G42: Glas 4E 107
Mayberry Cres. G32: Glas 6D 90
Mayberry Gdns. G32: Glas 6D 90
Mayberry Grange G72: Blan 1B 144
Mayberry Gro. G32: Glas 6D 90
Mayberry Pl. G72: Blan 1B 144
Maybole Cres. G77: Newt M 5G 137
Maybole Dr. ML6: Air 1A 116
Maybole Gdns. ML3: Ham 1B 160
Maybole Gro. G77: Newt M 5G 137
Maybole Pl. ML5: Coat 2F 115
Maybole St. G53: Glas 1H 119
Mayburn Rd. ML5: Coat 5C 94
Mayfield Av. G76: Clar 2C 138
Mayfield Gdns. ML8: Carl 6E 175
Mayfield Pl. ML5: Coat 2C 114
   ML8: Carl 6E 175
Mayfield Rd. ML3: Ham 5D 144
Mayfield St. G20: Glas 4D 64
May Gdns. ML2: Wis 5G 149
   ML3: Ham 4G 145
May Rd. PA2: Pais 6A 102
May St. ML3: Ham 4H 145
May Ter. G42: Glas 5F 107
   G46: Giff 4A 122
May Wynd ML3: Ham 4G 145
Meadow Av. G72: Blan 3B 144
Meadowbank La. G71: Udd 1C 128
Meadowbank Pl. G77: Newt M 4D 136
Meadowbank St. G82: Dumb 3E 19
   (not continuous)
Meadowburn G64: B'rig 3C 50
Meadowburn Av. G66: Lenz 2E 53
   G77: Newt M 4D 136
Meadowburn Rd. ML2: Wis 6A 150
Meadow Centre, The 3F 19
Meadow Cl. G75: E Kil 1A 168
Meadow Ct. G82: Dumb 2F 19
   ML8: Carl 4G 175
   (off High Mdw.)

Meadowfield Pl. ML2: Newm 3G 151
Meadowhead Av. G69: Mood 5D 54
Meadowhead Rd. ML2: Wis 5C 148
   (not continuous)
   ML6: Plain 6F 75
MEADOWHILL 2D 170
Meadowhill G77: Newt M 4D 136
Meadowhill St. ML9: Lark 2D 170
Meadow La. G71: Both 5F 129
   PA4: Renf 4F 61
Meadowpark St. G31: Glas 4D 88
   (not continuous)
Meadow Path ML6: Chap 4D 116
Meadow Rise G77: Newt M 4C 136
Meadow Rd. G11: Glas 1G 85
   G82: Dumb 3G 19
   ML1: Moth 4H 147
Meadows, The PA6: Hous 2D 78
Meadows Av. ML9: Lark 2D 170
   PA8: Ersk 6G 43
Meadows Dr. PA8: Ersk 6G 43
Meadowside ML3: Ham 5H 161
Meadowside Av. PA5: Eld 3B 100
Meadowside Gdns. ML6: Air 4D 96
Meadowside Ind. Est. PA4: Renf . . .3F 61
Meadowside Pl. ML6: Air 4D 96
Meadowside Quay Sq.
   G11: Glas 2G 85
Meadowside Quay Wlk.
   G11: Glas 2G 85
Meadowside Rd. G65: Queen 3C 12
Meadowside St. PA4: Renf 4F 61
Meadow St. ML5: Coat 1D 114
Meadow Vw. G67: Cumb 1C 38
   ML6: Plain 6G 75
Meadow Wlk. ML5: Coat 5D 94
Meadow Way G77: Newt M 4D 136
Meadowwell St. G32: Glas 6B 90
Meadside Av. PA10: Kilba 1A 98
Meadside Rd. PA10: Kilba 1A 98
Mealkirk St. G81: Faif 6E 25
MEARNS 6E 137
MEARNS CASTLE 6G 137
Mearns Castle 6G 137
Mearns Castle Golf Course 6A 138
Mearns Ct. ML3: Ham 4A 162
Mearnscroft Gdns. G77: Newt M . .6F 137
Mearnscroft Rd. G77: Newt M 6F 137
Mearnskirk Rd. G77: Newt M 1D 152
Mearns Rd. G76: Clar 3H 137
   G77: Newt M 5A 152
   ML1: Moth 1E 147
Mearns Way G64: B'rig 5F 51
Mecca Bingo
   Glasgow Quay 5D 86
   (off The Quay)
   Hamilton 4G 145
Medlar Ct. G72: Flem 4F 127
Medlar Rd. G67: Cumb 3D 38
Medrox Gdns. G67: Cumb 2B 56
Medwin Ct. G75: E Kil 4A 156
Medwin Gdns. G75: E Kil 4A 156
Medwin St. G72: Camb 2D 126
Medwyn St. G14: Glas 6D 62
   (not continuous)
Meek Pl. G72: Camb 2B 126
Meetinghouse La. PA1: Pais 6A 82
Megabowl
   Clydebank 6E 45
Megan Ga. G40: Glas 1B 108
Megan St. G40: Glas 1B 108
Meigle Rd. ML6: Air 1H 115
Meikle Av. PA4: Renf 1E 83
Meikle Bin Brae G66: Len 3G 9
Meikle Cres. ML3: Ham 4G 161
   ML6: Grng 1D 74
Meikle Drumgray Rd.
   ML6: Grng 1D 74

MEIKLE EARNOCK 4G 161
Meikle Earnock Rd. ML3: Ham . . .5D 160
Meiklehill Av. G66: Kirkin 4E 33
Meiklehill Rd. G66: Kirkin 4E 33
Meiklem St. ML4: Moss 2E 131
Meiklerig Cres. G53: Glas 3C 104
MEIKLERIGGS 3F 101
Meikleriggs Ct. PA2: Pais 3F 101
Meikleriggs Dr. PA2: Pais 4E 101
Meikle Rd. G53: Glas 5C 104
Meiklewood Rd G51: Glas 5D 84
Melbourne Av. G75: E Kil 4E 157
   G81: Clyd 2H 43
Melbourne Ct. G46: Giff 4B 122
Melbourne Grn. G75: E Kil 3E 157
Melbourne St. G31: Glas 5B 88
Meldon Pl. G51: Glas 4D 84
Meldrum Gdns. G41: Glas 3B 106
Meldrum Mains ML6: Glenm 5G 73
Meldrum St. G81: Clyd 1F 61
Melford Av. G46: Giff 5B 122
   G66: Kirkin 5B 32
Melford Rd. ML4: Bell 1H 129
Melford Way PA3: Pais 3D 82
Melfort Av. G41: Glas 1H 105
   G81: Clyd 4D 44
Melfort Ct. G81: Clyd 5E 45
Melfort Gdns. G81: Clyd 5E 45
   PA10: Kilba 4C 98
Melfort Path ML2: Newm 2D 150
   (off Murdostoun Vw.)
Melfort Quad. ML1: N'hill 4D 132
   (off Glenmore Rd.)
Melfort Rd. ML3: Ham 6C 144
Mellerstain Dr. G14: Glas 3G 61
Mellerstain Gro. G14: Glas 3H 61
Melness Pl. G51: Glas 4D 84
Melrose Av. G69: Barg 6D 92
   G73: Ruth 6D 108
   ML1: Holy 1B 132
   ML6: Chap 3D 116
   PA2: Pais 4E 101
   PA3. Lin 6H 79
Melrose Ct. G73: Ruth 6D 108
Melrose Cres. ML2: Wis 4G 149
Melrose Gdns. G20: Glas 6D 64
   G65: Twe 1C 34
   G71: Tann 4D 112
Melrose Pl. G72: Blan 6A 128
   ML5: Coat 4B 94
   ML9: Lark 4C 170
Melrose Rd. G67: Cumb 6G 37
Melrose St. G4: Glas 1H 5
   ML3: Ham 4F 145
Melrose Ter. G74: E Kil 6H 141
   ML3: Ham 3F 145
Melvaig Pl. G20: Glas 4B 64
Melvick Pl. G51: Glas 4D 84
Melville Ct. G1: Glas 6E 7
Melville Cres. ML1: Moth 3H 147
Melville Dr. ML1: Moth 3G 147
Melville Gdns. G64: B'rig 5C 50
Melville Pk. G74: E Kil 6B 142
Melville Pl. ML8: Carl 3C 174
Melville St. G41: Glas 2D 106
Memel St. G21: Glas 4A 66
Memorial Way ML1: N'hse 1C 132
Memus Av. G52: Glas 1C 104
Mendip La. G75: E Kil 1A 168
Mennock Ct. ML3: Ham 1C 160
Mennock Dr. G64: B'rig 3C 50
Mennock St. ML1: Cle 5H 133
Mennock Rd. G44: Glas 1F 123
Menteith Av. G64: B'rig 6D 50
Menteith Ct. ML1: Moth 3H 147
   (off Melville Cres.)
Menteith Dr. G73: Ruth 5F 125
Menteith Gdns. G61: Bear 5C 26

Menteith Loan ML1: Holy 2A **132**
Menteith Pl. G73: Ruth 5F **125**
Menteith Rd. ML1: Moth 2G **147**
Menzies Dr. G21: Glas 4C **66**
　　G66: Lenz 2E **53**
Menzies Pl. G21: Glas 4C **66**
Menzies Rd. G21: Glas 3D **66**
Merchant La. G1: Glas 5G **87**
Merchants Cl. PA10: Kilba 2A **98**
Merchiston Av. PA3: Lin 6F **79**
Merchiston Dr. PA5: Brkfld 6D **78**
Merchiston St. G32: Glas 4G **89**
Mere Ct. G68: Dull 5F **15**
Merkins Av. G82: Dumb 1H **19**
MERKLAND 4G **33**
Merkland Ct. G11: Glas 1H **85**
　　G66: Kirkin 4F **33**
Merkland Dr. G66: Kirkin 4G **33**
Merkland Pl. G66: Kirkin 4F **33**
Merkland Rd. ML5: Coat 1G **93**
Merkland St. G11: Glas 1H **85**
Merkland Way G75: E Kil 1C **168**
Merksworth Way PA3: Pais 4A **82**
　　　　(off Mosslands Rd.)
Merlewood Av. G71: Both 3F **129**
Merlin Av. ML4: Bell 6C **114**
Merlinford Av. PA4: Renf 6G **61**
Merlinford Cres. PA4: Renf 6G **61**
Merlinford Dr. PA4: Renf 6G **61**
Merlinford Way PA4: Renf 6G **61**
Merlin Way PA3: Pais 4D **82**
Merrick Ct. ML6: Air 1B **96**
Merrick Gdns. G51: Glas 6H **85**
　　G61: Bear 6C **26**
Merrick Path G51: Glas 6H **85**
　　　　(off Ibroxholm Oval)
Merrick Ter. G71: View 6F **113**
Merrick Way G73: Ruth 4D **124**
Merryburn Av. G46: Giff 2B **122**
Merry Ct. G72: Blan 3C **144**
Merrycrest Av. G46: Giff 3A **122**
Merrycroft Av. G46: Giff 3B **122**
Merryflats G65: Twe 1D **34**
Merryland Pl. G51: Glas 4A **86**
Merryland St. G51: Glas 4H **85**
　　　　(not continuous)
MERRYLEE 3B **122**
Merrylee Cres. G46: Giff 2A **122**
Merrylee Pk. Av. G46: Giff 3A **122**
Merrylee Pk. La. G46: Giff 3A **122**
Merrylee Pk. M. G46: Giff 2A **122**
Merrylee Rd. G43: Glas 2B **122**
　　G44: Glas 2B **122**
Merrylees Rd. G72: Blan 2A **144**
Merryston Ct. ML5: Coat 5A **94**
Merrystone St. ML5: Coat 4B **94**
Merry St. ML1: Carf 6B **132**
　　ML1: Moth 2G **147**
　　　　(not continuous)
Merryton Av. G15: Glas 4B **46**
　　G46: Giff 3A **122**
Merryton Gdns. G15: Glas 4B **46**
Merryton Rd. ML1: Moth 1B **164**
　　ML9: Lark 5I **103**
　　　　(not continuous)
Merryton Station (Rail) 6H **163**
Merryton St. ML9: Lark 6H **163**
Merryton Twr. ML1: Moth 1B **164**
Merryvale Av. G46: Giff 2B **122**
Merryvale Pl. G46: Giff 2B **122**
Merton Dr. G52: Glas 6A **84**
Meryon Gdns. G32: Glas 3D **110**
Meryon Rd. G32: Glas 2D **110**
Methil St. G14: Glas 6C **62**
Methil Way G72: Blan 1B **160**
Methlan Pk. G82: Dumb 5E **19**
Methlan Pk. Gdns. G82: Dumb 5D **18**
Methlick Av. ML6: Air 1G **115**

Methuen Rd. PA3: Pais 2B **82**
Methven Av. G61: Bear 2H **47**
Methven Pl. G74: E Kil 1E **157**
Methven Rd. G46: Giff 3G **137**
Methven St. G31: Glas 2F **109**
　　G81: Clyd 3B **44**
Methven Ter. ML5: Coat 2D **94**
Metropole La. G1: Glas 5G **87**
Mews La. PA3: Pais 4B **82**
Mey Ct. G77: Newt M 5A **136**
Mey Pl. G77: Newt M 5A **136**
Michael McParland Dr.
　　G64: Torr 5D **30**
Michael Ter. ML6: Chap 4D **116**
Micklehouse Oval G69: Bail 5H **91**
Micklehouse Pl. G69: Bail 5H **91**
Micklehouse Rd. G69: Bail 5H **91**
Micklehouse Wynd G69: Bail 5H **91**
Midas Pl. ML4: Moss 2G **131**
Mid Barrwood Rd. G65: Kils 4A **14**
Mid Carbarns ML2: Wis 2D **164**
Midcroft G64: B'rig 4A **50**
Midcroft Av. G44: Glas 2H **123**
Middlefield G75: E Kil 6G **157**
Middlehouse Ct. ML8: Carl 3B **174**
Middlemuir Av. G66: Lenz 2D **52**
Middlemuir Rd. G66: Lenz 1D **52**
Middlerigg Rd. G68: Cumb 3F **37**
Middlesex Gdns. G41: Glas 5C **86**
Middlesex St. G41: Glas 6C **86**
Middleton Av. ML9: Lark 5D **170**
Middleton Dr. G62: Miln 3H **27**
Middleton Pl. G68: Cumb 3B **36**
Middleton Rd. PA3: Lin 5A **80**
　　PA3: Pais 4F **81**
Middleton St. G51: Glas 5A **86**
Middleward St. G81: Faif 6F **25**
Midfaulds Av. PA4: Renf 1G **83**
Midhope Dr. G5: Glas 2H **107**
Midland St. G1: Glas 6B **6** (4F **87**)
Midlem Dr. G52: Glas 6C **84**
Midlem Oval G52: Glas 6C **84**
Midlock St. G51: Glas 6A **86**
Midlothian Dr. G41: Glas 4B **106**
Mid Pk. G75: E Kil 3G **157**
Mid Rd. G67: Cumb 1H **57**
　　G76: Eag 6C **154**
Midton Cres. G69: Mood 4E **55**
Midton Rd. PA9: How 6B **98**
Midton St. G21: Glas 6B **66**
Mid Wharf St. G4: Glas 1E **7** (1G **87**)
Migvie Pl. G20: Glas 4B **64**
Milford G75: E Kil 4D **156**
Milford Ct. G33: Glas 3A **90**
Milford St. G33: Glas 3A **90**
Millands Av. G72: Blan 6A **128**
Millarbank St. G21: Glas 5A **66**
Millard Av. ML1: Carf 5B **132**
Millar Gro. ML3: Ham 5E **145**
Millar Pk. ML3: Ham 6F **145**
Millars Pl. G66: Lenz 3D **52**
MILLARSTON 1E **101**
Millarston Av. PA1: Pais 1E **101**
Millarston Dr. PA1: Pais 1E **101**
Millarston Ind. Est. PA1: Pais 2E **101**
Millar St. PA1: Pais 6B **82**
Millar Ter. G73: Ruth 4D **108**
Millbank Av. ML4: Bell 4D **130**
Millbank Ct. ML5: Coat 2B **114**
Millbank Rd. ML2: Wis 1F **165**
Millbeg Cres. G33: Glas 5E **91**
Millbeg Pl. G33: Glas 6E **91**
Mill Brae PA11: Bri W 3F **77**
Millbrae Av. G69: Chry 1B **70**
Millbrae Ct. G42: Glas 6D **106**
　　ML5: Coat 6H **93**
Millbrae Cres. G42: Glas 6C **106**
　　G81: Clyd 2F **61**

Millbrae Gdns. G42: Glas 6D **106**
Millbrae Rd. G42: Glas 6C **106**
Millbrix Av. G14: Glas 4A **62**
Millbrook G74: E Kil 1D **156**
Millburn Av. G73: Ruth 1C **124**
　　G81: Clyd 1G **61**
　　PA4: Renf 6F **61**
Millburn Ct. G75: E Kil 4A **156**
Millburn Cres. G82: Dumb 4H **19**
Millburn Dr. PA4: Renf 6G **61**
Millburn Gdns. G75: E Kil 4A **156**
Millburn Ga. ML9: Ashg 4H **171**
Millburn La. ML9: Lark 3E **171**
Millburn Pl. ML9: Lark 5D **170**
Millburn Rd. G82: Dumb 4H **19**
　　ML9: Ashg, Dals 4H **171**
　　PA4: Renf 6F **61**
Millburn St. G21: Glas 2C **88**
　　G66: Len 3F **9**
　　ML1: Moth 2G **147**
Millburn Way G75: E Kil 4A **156**
　　PA4: Renf 6G **61**
Mill Ct. G73: Ruth 5C **108**
　　ML3: Ham 1G **161**
Mill Cres. G40: Glas 2B **108**
　　G64: Torr 4E **31**
Millcroft Rd. G67: Cumb 4B **38**
　　　　(Greenrigg Rd.)
　　G67: Cumb 3G **57**
　　　　(Spairdrum Rd.)
　　G73: Ruth 3B **108**
Milldam Rd. G81: Faif 6E **25**
Milledge ML8: Carl 3E **175**
Millennium Ct. G34: Glas 3A **92**
Millennium Gdns. G34: Glas 4A **92**
Millennium Gro. G34: Glas 4A **92**
Miller Cl. G64: B'rig 1F **67**
Miller Ct. G82: Dumb 3H **19**
Miller Dr. G64: B'rig 1F **67**
Millerfield Pl. ML3: Ham 6B **146**
Millerfield Rd. G40: Glas 2D **108**
Miller Gdns. G64: B'rig 1F **67**
　　ML3: Ham 6B **146**
Miller La. G81: Clyd 6D **44**
Miller Pl. G64: B'rig 1F **67**
Millerslea G82: Milt 4F **21**
　　　　(off Colquhoun Rd.)
MILLERSNEUK 3E **53**
Millersneuk Av. G66: Lenz 3D **52**
Millersneuk Ct. G66: Lenz 3D **52**
Millersneuk Cres. G33: Mille 4A **68**
Millersneuk Dr. G66: Lenz 3D **52**
Millersneuk Rd. G66: Lenz 3D **52**
Miller's Pl. ML6: Air 4B **96**
MILLERSTON
　　G33 .5A **68**
　　G76 .5C **138**
Millerston St. G31: Glas 5C **88**
Miller St. G1: Glas 6D **6** (4G **87**)
　　G69: Bail 1H **111**
　　G81: Clyd 6C **44**
　　G82: Dumb 3H **19**
　　ML2: Wis 6G **149**
　　ML3: Ham 6B **146**
　　ML5: Coat 6D **94**
　　ML8: Carl 3D **174**
　　ML9: Lark 2C **170**
　　PA5: John 2H **99**
Miller Wlk. G64: B'rig 1F **67**
Millfield Av. ML1: Moth 1H **147**
　　PA8: Ersk 6D **42**
Millfield Cres. PA8: Ersk 6E **43**
Millfield Dr. PA8: Ersk 6E **43**
Millfield Gdns. PA8: Ersk 6E **43**
Millfield Hill PA8: Ersk 6D **42**
Millfield La. PA8: Ersk 6D **42**
Millfield Mdws. PA8: Ersk 6D **42**
Millfield Pl. PA8: Ersk 6D **42**

Millfield Vw. PA8: Ersk 6D 42
Millfield Wlk. PA8: Ersk 1E 59
Millfield Wynd PA8: Ersk 6D 42
Millford Dr. PA3: Lin 6H 79
Millgate G71: Tann 5D 112
Millgate Av. G71: Tann 5D 112
Millgate Ct. G71: Udd 6D 112
Millgate Rd. ML3: Ham 2G 161
Millgate Ter. ML3: Ham 2G 161
Mill Gro. G72: Camb 2D 126
ML3: Ham 1G 161
Millhall Ct. ML6: Plain 6H 75
MILLHEUGH 3A 170
Millheugh ML9: Lark 3A 170
Millheugh Brae ML9: Lark 3A 170
Millheugh Pl. G72: Blan 3A 144
Millheugh Rd. ML3: Ham 6A 170
ML9: Lark 3A 170
Millholm Rd. G44: Glas 3F 123
Millhouse Cres. G20: Glas 2A 64
Millhouse Dr. G20: Glas 2H 63
Millichen Rd. G23: Glas 3B 48
Milliken Dr. PA10: Kilba 3C 98
MILLIKENPARK 4C 98
Milliken Pk. Rd. PA10: Kilba 4C 98
Millikenpark Station (Rail) 5C 98
Milliken Pl. PA10: Kilba 3C 98
(off Easwald Bank)
Milliken Rd. PA10: Kilba 3C 98
Mill Loan ML6: Air 3A 96
Mill of Gryffe La. PA11: Bri W 3F 77
Mill of Gryffe Rd. PA11: Bri W 3F 77
Mill Pk. ML3: Ham 1G 161
Mill Pl. G71: Udd 1D 128
PA3: Lin 5G 79
Millport Av. G44: Glas 6G 107
Mill Rig G75: E Kil 6F 157
Mill Ri. G66: Lenz 3D 52
Mill Rd. G65: Queen 4C 12
G71: Both 6E 129
G72: Camb 3D 126
(Hamilton Rd.)
G72: Camb 1C 126
(Westburn Rd.)
G78: Barr 4D 118
G81: Clyd 2F 61
ML1: Moth 2H 147
ML2: Newm 6G 151
ML3: Ham 1G 161
ML6: Air 2A 96
ML8: Carl 4C 174
Millroad Dr. G40: Glas 5A 88
Millroad Gdns. G40: Glas 5B 88
(off Millroad Dr.)
Millroad St. G40: Glas 5A 88
(not continuous)
Millstream Ct. PA1: Pais 1B 102
Mill St. G40: Glas 2B 108
G73: Ruth 5C 108
(not continuous)
PA1: Pais 1B 102
Mill St. Ind. Est. ML6: Air 3A 96
Mill Vennel PA4: Renf 6F 61
Millview G78: Barr 4F 119
Millview Cres. PA5: John 2F 99
Millview Mdws. G78: Neil 2C 134
Millview Pl. G53: Glas 3B 120
Millview Ter. G78: Neil 2C 134
Mill Wlk. G72: Camb 2D 126
Mill Way G66: Kirkin 6G 33
Millwell Rd. G75: E Kil 5C 168
Millwood St. G41: Glas 5C 106
MILNBANK .3C 88
Milnbank St. G31: Glas 3C 88
Milncroft Pl. G33: Glas 2A 90
Milncroft Rd. G33: Glas 2A 90
Milne Ct. ML2: Wis 5C 150
Milner La. G13: Glas 4E 63

Milner Rd. G13: Glas 4E 63
Milne Way G71: Udd 1E 129
MILNGAVIE .3H 27
Milngavie Golf Course 1F 27
Milngavie Rd. G61: Bear 6G 27
Milngavie Station (Rail) 4H 27
Milnpark Gdns. G41: Glas 6B 86
Milnpark St. G41: Glas 6C 86
MILNWOOD 3F 131
Milnwood Dr. ML1: Moth 5E 131
ML4: Bell 3E 131
Milovaig Av. G23: Glas 6B 48
Milovaig St. G23: Glas 6B 48
Milrig Rd. G73: Ruth 6B 108
Milroy Gdns. ML4: Bell 5C 114
MILTON
G22 . . . . .1H 65
G82 . . . . .4F 21
Milton Av. G72: Camb 2G 125
Milton Brae G82: Milt 1F 21
Milton Ct. G66: Kirkin 5E 33
(off Newdyke Rd.)
G82: Milt 3F 21
ML6: Air 3A 96
Milton Cres. ML8: Carl 4D 174
Milton Douglas Rd.
G81: Dun, Hard 2C 44
Milton Dr. G64: B'rig 2B 66
Milton Gdns. G71: Tann 5C 112
Milton Hill G82: Milt 4F 21
Milton Mains Ct. G81: Clyd 2C 44
Milton Mains Rd. G81: Clyd 2C 44
MILTON OF CAMPSIE 5C 10
Milton Rd. G66: Kirkin 3C 32
G66: Len 4G 9
G74: E Kil 1C 156
ML8: Carl 5H 173
Milton St. G4: Glas 2C 6 (2F 87)
ML1: Moth 2G 147
ML3: Ham 5E 145
ML6: Air 3A 96
ML8: Carl 3C 174
Milton Ter. ML3: Ham 4E 145
Milverton Av. G61: Bear 1C 46
Milverton Rd. G46: Giff 6G 121
Mimosa Rd. PA11: Bri W 3F 77
Mimosas, The PA11: Bri W 3F 77
(off Mimosa Rd.)
Minard Rd. G41: Glas 4C 106
Minard Way G71: Tann 6E 113
Mincher Cres. ML1: Moth 5G 147
Minch Way ML6: Air 6C 96
Minella Gdns. ML4: Bell 5C 114
Miners Way G65: Twe 2D 34
Minerva Ct. G3: Glas 4E 5
Minerva St. G3: Glas 5D 4 (3C 86)
Minerva Way G3: Glas 4C 4 (3B 86)
Mingarry La. G20: Glas 5C 64
Mingarry St. G20: Glas 5C 64
Mingulay Cres. G22: Glas 1H 65
Mingulay Pl. G22: Glas 1A 66
Mingulay St. G22: Glas 1H 65
Minister's Pk. G74: E Kil 5B 140
Minmoir Rd. G53: Glas 6H 103
Minster G69: Barg 6D 92
Minstrel Rd. G13: Glas 6D 46
Mintlaw Way G69: Chry 6A 54
Minto Av. G73: Ruth 3F 125
Minto Cres. G52: Glas 6F 85
Minto Pk. ML2: Wis 3A 150
Minto St. G52: Glas 6F 85
Mireton St. G22: Glas 4F 65
Mirin Dr. PA3: Pais 4A 82
Mirin Wynd PA3: Pais 4H 81
Mirren Ct. PA3: Pais 4B 82
Mirren Dr. G81: Dun 6B 24
Mirrlees Dr. G12: Glas 5A 64
Mirrlees La. G12: Glas 5A 64

Mission Gdns. ML2: Wis 4H 149
Mission Pl. ML1: Moth 1F 147
Mitchell, The 3G 5 (3D 86)
Mitchell Arc. G73: Ruth 5D 108
Mitchell Av. G72: Camb 1E 127
PA4: Renf 1D 82
Mitchell Ct. G74: E Kil 1E 157
Mitchell Dr. G62: Miln 4A 28
G73: Ruth 1D 124
Mitchell Gdns. G66: Kirkin 5F 33
Mitchell Gro. G74: E Kil 1E 157
Mitchell Hill Rd. G45: Glas 5B 124
Mitchell La. G1: Glas 5C 6 (4F 87)
Mitchell Rd. G67: Cumb 3A 38
Mitchell St. G1: Glas 6C 6 (4F 87)
ML5: Coat 1F 113
ML6: Air 3H 95
Mitchison Rd. G67: Cumb 2A 38
Mitre Ct. G11: Glas 5F 63
Mitre Ga. G11: Glas 6F 63
Mitre La. G14: Glas 5E 63
Mitre La. W. G14: Glas 5D 62
Mitre Rd. G11: Glas 5F 63
G14: Glas 5D 62
Moat Av. G13: Glas 2C 62
Mochrum Rd. G43: Glas 1C 122
Moffat Ct. G75: E Kil 4A 156
Moffat Gdns. G75: E Kil 4A 156
Moffathill ML6: Gart 6E 97
MOFFAT MILLS 5F 97
Moffat Pl. G72: Blan 6B 128
G75: E Kil 4A 156
ML5: Coat 1F 115
ML6: Air 3F 97
Moffat Rd. ML6: Air 4F 97
Moffat St. G5: Glas 1H 107
Moffat Vw. ML6: Plain 1G 97
Mogarth Av. PA2: Pais 5D 100
Moidart Av. PA4: Renf 5D 60
Moidart Ct. G78: Barr 3D 118
Moidart Cres. G52: Glas 6F 85
Moidart Gdns. G66: Kirkin 4H 33
G77: Newt M 3E 137
Moidart Pl. G52: Glas 6F 85
Moidart Rd. G52: Glas 6E 85
Moir St. G1: Glas 5H 87
Molendinar Ct. G33: Glas 1F 89
Molendinar St. G1: Glas 5H 87
Molendinar Ter. G78: Neil 3C 134
MOLLINSBURN 3H 55
MOLLINSBURN JUNC. 4G 55
Mollinsburn Rd.
G67: Anna, Cumb 3A 56
ML5: Anna, Glenb 6B 56
ML6: Glenm 3D 72
Mollinsburn St. G21: Glas 6A 66
Mollins Ct. G68: Cumb 2H 55
Mollins Rd. G68: Cumb 1G 55
Monach Rd. G33: Glas 3C 90
Monar Dr. G22: Glas 6F 65
Monar Pl. G22: Glas 6F 65
Monar St. G22: Glas 6F 65
Monart Pl. G20: Glas 5D 64
Monar Way ML2: Newm 3D 150
(off Murdostoun Vw.)
Moncrieff Av. G66: Lenz 2C 52
Moncrieffe Rd. ML6: Chap 1D 116
Moncrieff Gdns. G66: Lenz 2D 52
Moncrieff St. PA3: Pais 6A 82
Moncur St. G40: Glas 5A 88
Moness Dr. G52: Glas 1E 105
Money Gro. ML1: Moth 5B 148
Monieburgh Cres. G65: Kils 2A 14
Monieburgh Rd. G65: Kils 2A 14
Moniefieth Av. G52: Glas 2D 104
Monikie Gdns. G64: B'rig 6F 51
Monkcastle Dr. G72: Camb 1A 126
Monkdyke Ho. PA4: Renf 6F 61

Monkland Av. G66: Kirkin, Lenz 6D **32**
Monklands Ind. Est. ML5: Coat 3B **114**
Monkland St. ML6: Air 4B **96**
Monkland Ter. ML5: Glenb 3H **71**
Monkland Vw. G71: Tann 4E **113**
   ML6: C'bnk 3B **116**
Monkland Vw. Cres. G69: Barg ...1D **112**
Monksbridge Av. G13: Glas 6C **46**
Monkscourt Av. ML6: Air 3G **95**
Monkscroft Av. G11: Glas 1G **85**
Monkscroft Ct. G11: Glas 1G **85**
Monkscroft Gdns. G11: Glas 6G **63**
Monks Rd. ML6: Air 6C **96**
Monkton Brae G69: Chry 6A **54**
Monkton Cres. ML5: Coat 1A **114**
Monkton Dr. G15: Glas 5B **46**
Monkton Gdns. G77: Newt M 5G **137**
Monmouth Av. G12: Glas 3G **63**
Monreith Av. G61: Bear 5D **46**
Monreith Rd. G43: Glas 1B **122**
Monreith Rd. E. G44: Glas 2E **123**
Monroe Dr. G71: Tann 4D **112**
Monroe Pl. G71: Tann 4D **112**
Montague La. G12: Glas 5H **63**
Montague St. G4: Glas 1D **86**
Montalto Av. ML1: Carf 6A **132**
Montclair Pl. PA3: Lin 5H **79**
Montego Grn. G75: E Kil 2C **156**
Monteith Dr. G76: Clar 1D **138**
Monteith Gdns. G76: Clar 1D **138**
Monteith Pl. G40: Glas 6A **88**
   G72: Blan 1C **144**
Monteith Row G40: Glas 5H **87**
Montford Av. G44: Glas 6H **107**
   G73: Ruth 6H **107**
Montfort Ga. G78: Barr 4G **119**
Montfort Pk. G78: Barr 4G **119**
Montgarrie St. G51: Glas 5D **84**
Montgomery Av. ML5: Coat 4B **94**
   PA3: Pais 4D **82**
Montgomery Ct. PA3: Pais 4D **82**
Montgomery Cres. ML2: Wis 2E **165**
Montgomery Dr. G46: Giff 6A **122**
   PA10: Kilba 1A **98**
Montgomery Pl. G74: E Kil 1H **157**
   ML9: Lark 3D **170**
Montgomery Rd. PA3: Pais 3C **82**
Montgomery Sq. G76: Eag 6C **154**
Montgomery St. G40: Glas 1C **108**
   G72: Camb 2D **126**
   G74: E Kil 1H **157**
   G76: Eag 6C **154**
   ML9: Lark 1C **170**
Montgomery Ter. G66: Milt C 6B **10**
Montgomery Wynd *G74: E Kil* *1H 157*
   (off Montgomery St.)
Montraive St. G73: Ruth 4E **109**
Montrave Path G52: Glas 1D **104**
Montrave St. G52: Glas 1D **104**
Montreal Ho. G81: Clyd 1H **43**
Montreal Pk. G75: E Kil 2E **157**
Montrose Av. G32: Carm 4B **110**
   G52: Hill E 3G **83**
Montrose Ct. *ML1: Carf* *5B 132*
   (off Bruce Rd.)
Montrose Cres. ML3: Ham 5H **145**
Montrose Dr. G61: Bear 6E **27**
Montrose Gdns. G62: Miln 2H **27**
   G65: Kils 2G **13**
   G72: Blan 5A **128**
Montrose La. ML3: Ham 5G **145**
Montrose Pl. PA3: Lin 5G **79**
Montrose Rd. PA2: Pais 5D **100**
Montrose St. G1: Glas 5F **7**
   G81: Clyd 5D **44**
   ML1: Moth 6F **131**
Montrose Ter. G64: B'rig 2E **67**
   PA11: Bri W 4F **77**

Montrose Way PA2: Pais 5D **100**
Monument Dr. G33: Glas 4G **67**
Monymusk Gdns. G64: B'rig 5F **51**
Monymusk Pl. G15: Glas 2G **45**
MOODIESBURN 5D **54**
Moodiesburn St. G33: Glas 1F **89**
Moorburn Av. G46: Giff 4H **121**
Moorburn Pl. PA3: Lin 5E **79**
Moorcroft Dr. ML6: Air 4E **97**
Moorcroft Rd. G77: Newt M 6C **136**
Moore Dr. G61: Bear 4F **47**
Moore Gdns. ML3: Ham 4A **162**
Moore St. G40: Glas 5B **88**
   ML1: New S 4A **132**
Moorfield Cres. ML6: Air 4F **97**
Moorfield Rd. G72: Blan 3A **144**
Moorfoot G64: B'rig 5E **51**
Moorfoot Av. G46: T'bnk 4G **121**
   PA2: Pais 4H **101**
Moorfoot Dr. ML2: Wis 6F **149**
Moorfoot Gdns. G75: E Kil 2B **168**
Moorfoot Path PA2: Pais 5H **101**
Moorfoot St. G32: Glas 5G **89**
Moorfoot Way G61: Bear 5C **26**
Moorhill Cres. G77: Newt M 6C **136**
Moorhill Rd. G77: Newt M 5C **136**
Moorhouse Av. G13: Glas 3H **61**
   PA2: Pais 3F **101**
Moorhouse St. G78: Barr 5E **119**
Moorings, The PA2: Pais 2F **101**
Moorland Dr. ML6: Air 4F **97**
Moorlands Wlk. G71: Udd 2E **129**
MOORPARK 1D **82**
Moorpark Av.
   G52: Glas 5H **83**
   G69: Muirh 2A **70**
   ML6: Air 4E **97**
Moorpark Ct. PA4: Renf 1D **82**
Moorpark Dr. G52: Glas 5A **84**
Moorpark Pl. G52: Glas 5H **83**
Moorpark Sq. PA4: Renf 1D **82**
Moor Rd. G62: Miln 3H **27**
Moorside St. ML8: Carl 3E **175**
Morag Av. G72: Blan 6A **128**
Moraine Av. G15: Glas 6A **46**
Moraine Cir. G15: Glas 6A **46**
Moraine Dr. G15: Glas 6A **46**
   G76: Clar 1B **138**
Morar Av. G81: Clyd 3D **44**
Morar Ct. G67: Cumb 5D **36**
   G81: Clyd 3D **44**
   ML3: Ham 2E **161**
   ML9: Lark 6H **163**
Morar Cres. G64: B'rig 5B **50**
   G81: Clyd 3D **44**
   ML5: Coat 2H **93**
   ML6: Air 1G **95**
Morar Dr. G61: Bear 4H **47**
   G67: Cumb 6D **36**
   G73: Ruth 4D **124**
   G81: Clyd 3D **44**
   PA2: Pais 3D **100**
   PA3: Lin 6G **79**
Morar Pl. G74: E Kil 6H **141**
   G77: Newt M 2D **136**
   G81: Clyd 3D **44**
   PA4: Renf 5D **60**
Morar Rd. G52: Glas 6E **85**
   G81: Clyd 3D **44**
Morar St. ML2: Wis 2G **165**
Morar Ter. G71: View 6F **113**
   G73: Ruth 4F **125**
Morar Way ML1: N'hill 4C **132**
Moravia Av. G71: Both 4E **129**
Moray Av. ML6: Air 6A **96**
Moray Ct. G73: Ruth 5C **108**

Moray Dr. G64: Torr 4D **30**
   G76: Clar 2D **138**
Moray Gdns. G68: Cumb 6H **15**
   G71: Tann 5D **112**
   G76: Clar 1D **138**
Moray Ga. G71: Both 3C **128**
Moray Pl. G41: Glas 3C **106**
   G64: B'rig 6E **51**
   G66: Kirkin 4G **33**
   G69: Chry 1B **70**
   G72: Blan 3A **144**
   PA3: Lin 5G **79**
Moray Quad. ML4: Bell 2C **130**
Moray Way ML1: Holy 2A **132**
Mordaunt St. G40: Glas 2C **108**
Moredun Cres. G32: Glas 4C **90**
Moredun Dr. PA2: Pais 4F **101**
Moredun Rd. PA2: Pais 4F **101**
Moredun St. G32: Glas 4C **90**
Morefield Rd. G51: Glas 4D **84**
Morgan M. G42: Glas 2F **107**
Morgan St. ML3: Ham 1H **161**
   ML9: Lark 2B **170**
Morina Gdns. G53: Glas 4C **120**
Morion Rd. G13: Glas 1D **62**
Morison Ho. G67: Cumb 3A **38**
Moriston Ct. ML2: Newm 3D **150**
Morland G74: E Kil 5D **142**
Morley St. G42: Glas 6E **107**
Mor M. ML1: Moth 6C **148**
Morna La. *G14: Glas* *1E 85*
   (off Victoria Pk. Dr. Sth.)
MORNINGSIDE 6G **151**
Morningside Rd. ML2: Newm 5F **151**
Morningside St. G33: Glas 3F **89**
Morrin Path G21: Glas 6A **66**
Morrin St. G21: Glas 5A **66**
Morris Cres. G72: Blan 2B **144**
   ML1: Cle 6E **133**
Morrishall Rd. G74: E Kil 5C **142**
Morrison Dr. G66: Len 4G **9**
Morrison Gdns. G64: Torr 5E **31**
Morrison Pl. *PA11: Bri W* *3F 77*
   (off Main St.)
Morrison Quad. G81: Clyd 6G **45**
Morrisons Ct. G1: Glas 6C **6**
Morrison St. G5: Glas 5E **87**
   G81: Dun 1B **44**
Morris Pl. ML6: Air 6A **88**
Morris St. ML3: Ham 2H **161**
   ML9: Lark 4E **171**
Morriston Cres. PA4: Renf 2H **83**
Morriston Pk. Dr. G72: Camb ...1A **126**
Morriston St. G72: Camb 1A **126**
Morton Av. PA2: Pais 3E **103**
Morton Dr. PA2: Pais 3E **103**
Morton Gdns. G41: Glas 4A **106**
Morton St. ML1: Moth 1G **147**
Morton Ter. *PA11: Bri W* 3E **77**
   (off Horsewood Rd.)
Morven Av. G64: B'rig 6E **51**
   G72: Blan 6A **128**
   PA2: Pais 5H **101**
Morven Ct. G61: Bear 1E **47**
   (not continuous)
Morven Dr. G76: Clar 1B **138**
   ML1: Moth 6C **148**
   PA3: Lin 6G **79**
Morven Gait PA8: Ersk 1A **60**
Morven Gdns. G71: Tann 5D **112**
Morven Ga. ML1: Moth 6C **148**
Morven La. G72: Blan 6A **128**
Morven Rd. G61: Bear 1E **47**
   G72: Camb 4H **125**
Morven St. G52: Glas 6E **85**
   ML5: Coat 3C **94**
Morven Way G66: Kirkin 5H **33**
   G71: Both 4F **129**

Mosesfield St. G21: Glas 4B **66**
Mosgiel G75: E Kil 4D **156**
Mosque Av. G5: Glas 6G **87**
Mossacre Rd. ML2: Wis 5A **150**
Moss Av. PA3: Lin 5H **79**
Mossbank G72: Blan 3B **144**
G75: E Kil 3B **156**
Mossbank Av. G33: Glas 5H **67**
Mossbank Cres. ML1: N'hill 3F **133**
Mossbank Dr. G33: Glas 5H **67**
Mossbank Rd. ML2: Wis 5A **150**
Mossbell Rd. ML4: Bell 1A **130**
Mossblown St. ML9: Lark 2B **170**
Mossburn Rd. ML3: Ham 6B **150**
Mossburn St. ML2: Wis 3B **166**
Mosscastle Rd. G33: Glas 1C **90**
Mossdale G74: E Kil 6E **141**
Mossdale Ct. ML4: Bell 2F **131**
Mossdale Gdns. ML3: Ham 1C **160**
Moss Dr. G78: Barr 2C **118**
PA8: Ersk 2F **59**
Mossedge Ind. Est. PA3: Lin 5A **80**
MOSSEND 2E **131**
Mossend La. G33: Glas 3D **90**
Mossend St. G33: Glas 3D **90**
Mossgiel Av. G73: Ruth 2C **124**
Mossgiel Cres. G76: Busby 4D **138**
Mossgiel Dr. G81: Clyd 4E **45**
Mossgiel Gdns. G66: Kirkin 4F **33**
G71: Tann 5C **112**
Mossgiel La. ML9: Lark 4E **171**
(off Keir Hardie La.)
Mossgiel Pl. G73: Ruth 2C **124**
Mossgiel Rd. G43: Glas 1B **122**
(Doonfoot Rd.)
G43: Glas 6B **122**
(Riverton Ct.)
G67: Cumb 2B **38**
(not continuous)
Mossgiel Ter. G72: Blan 5A **128**
Mossgiel Way ML1: N'hill 3C **132**
Mosshall Gro. ML1: N'hill 3F **133**
Mosshall Rd. ML1: N'hse 6D **116**
Mosshall St. ML1: N'hill 3F **133**
Mosshead Rd. G61: Bear 6F **27**
Moss Hgts. Av. G52: Glas 6D **84**
Mosshill Rd. ML4: Bell 5D **114**
Moss Knowe G67: Cumb 3C **38**
Mossland Dr. ML2: Wis 5A **150**
Mossland Rd. G52: Hill E 3F **83**
PA4: Renf 2H **83**
Mosslands Rd. PA3: Pais 3H **81**
Mosslingal G75: E Kil 6G **157**
Mossmulloch G75: E Kil 6G **157**
MOSSNEUK 4B **156**
Mossneuk Av. G75: E Kil 3A **156**
Mossneuk Cres. ML2: Wis 5B **150**
Mossneuk Dr. G75: E Kil 4B **156**
ML2: Wis 5A **150**
PA2: Pais 5G **101**
Mossneuk Pk. ML2: Wis 5B **150**
Mossneuk Rd. G75: E Kil 3B **156**
Mossneuk St. ML5: Coat 2B **114**
MOSSPARK 2E **105**
Mosspark Av. G52: Glas 2F **105**
G62: Miln 2G **27**
Mosspark Blvd. G52: Glas 1E **105**
Mosspark Dr. G52: Glas 1C **104**
Mosspark La. G52: Glas 2E **105**
Mosspark Oval G52: Glas 2E **105**
Mosspark Rd. G62: Miln 2G **27**
ML5: Coat 3H **93**
Mosspark Sq. G52: Glas 2E **105**
Mosspark Station (Rail) 2C **104**
Moss Path G69: Bail 2F **111**
Moss Rd. G51: Glas 3D **84**
G66: Kirkin 6H **33**
G66: Lenz 1B **52**

Moss Rd. G67: Cumb 6F **17**
G69: Muirh 2A **70**
G75: E Kil 1C **168**
ML2: Wis 6C **150**
ML6: Air 5A **96**
PA3: Lin 5A **80**
PA6: Hous 6A **58**
PA11: Bri W 3G **77**
Moss Side Av. ML6: Air 3G **95**
Moss-Side Av. ML8: Carl 3B **174**
Moss-Side Rd. G41: Glas 4B **106**
Moss St. PA1: Pais 6A **82**
PA1: Pais 6A **82**
Mossvale Cres. G33: Glas 1C **90**
Mossvale La. PA3: Pais 5H **81**
Mossvale Path G33: Glas 6C **68**
Mossvale Rd. G33: Glas 6B **68**
Mossvale Sq. G33: Glas 1B **90**
PA3: Pais 5H **81**
Mossvale St. PA3: Pais 4H **81**
Mossvale Ter. G69: Mood 4E **55**
Mossvale Wlk. G33: Glas 1C **90**
Mossvale Way G33: Glas 1C **90**
Mossview Cres. ML6: Air 5A **96**
Mossview La. G52: Glas 6C **84**
Mossview Quad. G52: Glas 6D **84**
Mossview Rd. G33: Step 4E **69**
Mosswater Wynd G68: Cumb 3B **36**
Mosswell Rd. G62: Miln 2H **27**
Mossywood Ct. G68: Cumb 6B **36**
Mossywood Pl. G68: Cumb 6B **36**
Mossywood Rd. G68: Cumb 6B **36**
Mote Hill ML3: Ham 5A **146**
Mote Hill Ct. ML3: Ham 4A **146**
Mote Hill Gro. ML3: Ham 4A **146**
Motehill Rd. PA3: Pais 5C **82**
MOTHERWELL 2G **147**
Motherwell Bus. Cen.
ML1: Moth 2H **147**
Motherwell Cathedral 2G **147**
Motherwell Concert Hall &
Theatre Complex 4H **147**
Motherwell Heritage Cen. 2F **147**
Motherwell Rd. ML1: Carf 6C **132**
ML1: N'hse 2G **133**
ML3: Ham 5C **146**
ML4: Bell 2C **130**
Motherwell Station (Rail) 2G **147**
Motherwell St. ML6: Air 2C **96**
Moulin Cir. G52: Glas 1A **104**
Moulin Pl. G52: Glas 1A **104**
Moulin Rd. G52: Glas 1A **104**
Moulin Ter. G52: Glas 1A **104**
Mount, The ML1: Moth 3F **147**
Mountainblue St. G31: Glas 6D **88**
MOUNTBLOW 2G **43**
Mountblow Ho. G81: Clyd 2H **43**
Mountblow Rd. G81: Clyd, Dun 1H **43**
Mt. Cameron Dr. G74: E Kil 3C **158**
Mt. Cameron Dr. Nth.
G74: E Kil 3A **158**
Mt. Cameron Dr. Sth.
G74: E Kil 3A **158**
MOUNT ELLEN 2C **70**
Mount Ellen Golf Course 3F **71**
MOUNT FLORIDA 5F **107**
Mount Florida Station (Rail) 5E **107**
Mountgarrie Path G51: Glas 4D **84**
Mountgarrie Rd. G51: Glas 4D **84**
Mt. Harriet Av. G33: Step 3E **69**
Mt. Harriet Dr. G33: Step 3D **68**
Mountherrick G75: E Kil 6G **157**
Mt. Lockhart G71: Udd 3H **111**
Mt. Lockhart Gdns. G71: Udd 3H **111**
Mt. Lockhart Pl. G71: Udd 3H **111**

Mt. Pleasant Cres. G66: Milt C 5B **10**
Mt. Pleasant Dr. G60: Old K 6F **23**
Mt. Pleasant Ho. G60: Old K 1E **43**
Mt. Pleasant Pl. G60: Old K 1F **43**
(off Station Rd.)
Mt. Stewart St. ML8: Carl 3C **174**
Mount St. G20: Glas 6D **64**
Mt. Stuart St. G41: Glas 5C **106**
MOUNT VERNON 3D **110**
Mt. Vernon Av. G32: Glas 3E **111**
ML5: Coat 4A **94**
Mount Vernon Station (Rail) 3F **111**
Mournian Way ML3: Ham 2H **161**
Mousa Pk. G72: Camb 4H **125**
Mowbray G74: E Kil 5C **142**
Mowbray Av. G69: G'csh 4D **70**
Moyne Rd. G53: Glas 3A **104**
Moy Path ML2: Newm 3D **150**
(off Murdostoun Vw.)
Moy St. G11: Glas 1A **86**
(off Church St.)
Muckcroft Rd. G66: Kirkin, Lenz . . .3H **53**
G69: Chry, Lenz, Mood 3H **53**
Mugdock Rd. G62: Miln 3G **27**
Mugdock Rd. Sth. G62: Miln 3G **27**
Muirbank Av. G73: Ruth 6B **108**
Muirbank Gdns. G73: Ruth 6B **108**
Muirbrae Rd. G73: Ruth 3D **124**
Muirbrae Way G73: Ruth 3D **124**
Muirburn Av. G44: Glas 3C **122**
Muir Ct. G44: Neth 5C **122**
(not continuous)
Muircroft Dr. ML1: Cle 5H **133**
Muirdrum Av. G52: Glas 2D **104**
Muirdyke Rd. ML5: Coat 3H **93**
ML5: Glenb 5B **72**
ML6: Glenm 5B **72**
Muirdykes Av. G52: Glas 6A **84**
Muirdykes Rd. G52: Glas 6A **84**
Muiredge Ct. G71: Udd 1D **128**
Muiredge Ter. G69: Bail 1H **111**
MUIREND 3D **122**
Muirend Av. G44: Glas 3D **122**
Muirend Rd. G44: Glas 3C **122**
Muirend Station (Rail) 3D **122**
Muirfield Ct. G44: Glas 3D **122**
Muirfield Cres. G23: Glas 6C **48**
Muirfield Mdws. G71: Both 5C **128**
Muirfield Rd. G68: Cumb 6A **16**
MUIRHEAD
G69, Baillieston 1H **111**
G69, Muirhead 2A **70**
Muirhead-Braehead Interchange
G67: Cumb 3A **38**
Muirhead Cotts. G66: Kirkin 6H **33**
Muirhead Ct. G69: Bail 1A **112**
Muirhead Dr. ML1: N'hill 3F **133**
ML8: Law 5E **167**
PA3: Lin 6G **79**
Muirhead Gdns. G69: Bail 1A **112**
Muirhead Ga. G71: Tann 5F **113**
Muirhead Gro. G69: Bail 1A **112**
Muirhead Rd. G69: Bail 2H **111**
G78: Neil 4A **134**
Muirhead Rdbt. G67: Cumb 2B **38**
Muirhead St. G66: Kirkin 6C **32**
Muirhead Ter. ML1: Moth 5G **147**
Muirhead Way G64: B'rig 6F **51**
Muirhill Av. G44: Glas 3C **122**
Muirhill Ct. ML3: Ham 5A **146**
Muirhill Cres. G13: Glas 2A **62**
MUIRHOUSE 1B **164**
Muirhouse Av. ML1: Moth 6B **148**
ML2: Newm 3F **151**
Muirhouse Dr. ML1: Moth 1C **164**
Muirhouse La. G75: E Kil 3H **157**
Muirhouse Pk. G61: Bear 5D **26**
Muirhouse Rd. ML1: Moth 1B **164**

Muirhouse St. G41: Glas 2E **107**
Muirhouse Twr. ML1: Moth 6B **148**
Muirhouse Works
  G41: Glas 2E **107**
Muirkirk Dr. G13: Glas 2F **63**
  ML3: Ham 1B **160**
Muirlee Rd. ML8: Carl 4F **175**
Muirlees Cres. G62: Miln 3E **27**
Muirmadkin Rd. ML4: Bell 2D **130**
Muirpark Av. PA4: Renf 1E **83**
Muirpark Dr. G64: B'rig 1C **66**
Muirpark St. G11: Glas 1H **85**
Muirpark Ter. G64: B'rig 1B **66**
Muir Rd. G82: Dumb 1H **19**
Muirshiel Av. G53: Glas 1C **120**
Muirshiel Ct. G53: Glas 2C **120**
Muirshiel Cres. G53: Glas 1C **120**
Muirshot Rd. ML9: Lark 1D **170**
Muirside Av. G32: Glas 2E **111**
  G66: Kirkin 5G **33**
Muirside Pl. ML2: Newm 3D **150**
Muirside Rd. G69: Bail 1H **111**
Muirside St. G69: Bail 1H **111**
Muirskeith Cres. G43: Glas 1D **122**
Muirskeith Pl. G43: Glas 1D **122**
Muirskeith Rd. G43: Glas 1D **122**
Muir St. G64: B'rig 6C **50**
  G72: Blan 3B **144**
  ML1: Moth 1F **147**
  ML3: Ham 5H **145**
  ML5: Coat 4A **94**
  ML8: Law 5D **166**
  ML9: Lark 2C **170**
  PA4: Renf 5F **61**
Muirsykehead Rd. ML8: Carl 6C **174**
Muir Ter. PA3: Pais 4C **82**
Muirton Dr. G64: B'rig 4B **50**
Muiryfauld Dr. G31: Glas 1G **109**
Muiryhall St. ML5: Coat 4C **94**
Muiryhall St. E. ML5: Coat 4D **94**
Mulben Cres. G53: Glas 6H **103**
Mulben Pl. G53: Glas 6H **103**
Mulben Ter. G53: Glas 6H **103**
Mulberry Cres. ML6: Chap 2E **117**
  PA4: Renf 4G **61**
Mulberry Dr. G75: E Kil 6E **157**
Mulberry Rd. G43: Glas 2B **122**
  G71: View 4G **113**
  PA4: Renf 4G **61**
Mulberry Sq. PA4: Renf 4G **61**
Mulberry Way G75: E Kil 6E **157**
Mulberry Wynd G72: Flem 4F **127**
Mull G74: E Kil 3C **158**
  ML6: Air 6D **96**
Mullardoch St. G23: Glas 6B **48**
Mull Av. PA2: Pais 6A **102**
  PA4: Renf 2E **83**
Mull Ct. ML3: Ham 2D **160**
Mullen Ct. G33: Step 4F **69**
Mull Quad. ML2: Wis 4C **150**
Mull St. G21: Glas 1D **88**
Mulvey Cres. ML6: Air 4G **95**
Mungo Pk. G75: E Kil 3F **157**
Mungo Pl. G71: Tann 4E **113**
Munlochy Rd. G51: Glas 4D **84**
Munro Ct. G81: Dun 1B **44**
Munro Dr. G66: Milt C 6B **10**
Munro La. G13: Glas 4E **63**
Munro La. E. G13: Glas 4E **63**
Munro Pl. G13: Glas 2E **63**
  G74: E Kil 6B **142**
Munro Rd. G13: Glas 4E **63**
Murano Cres. G20: Glas 5D **64**
Murano Pl. G20: Glas 5D **64**
Murano St. G20: Glas 4D **64**
Murchison G12: Glas 3G **63**
Murchison Dr. G75: E Kil 4D **156**
Murchison Rd. PA6: C'lee 2C **78**

Murdoch Av. G72: Camb 4B **126**
Murdoch Ct. PA5: *John* *4E 99*
  (off Tannahill Cres.)
Murdoch Dr. G62: Miln 5B **28**
Murdoch Pl. ML1: New S 4H **131**
Murdoch Rd. G75: E Kil 3G **157**
Murdoch Sq. ML4: Bell 6E **115**
MURDOSTOUN ESTATE 1H **151**
Murdostoun Gdns. ML2: Wis 4H **149**
Murdostoun Rd. ML2: Newm . . .1G **151**
Murdostoun Vw. ML2: Newm . . .3D **150**
Muriel La. G78: Barr 4E **119**
Muriel St. G78: Barr 4E **119**
MURRAY, THE 4G **157**
Murray Av. G65: Kils 4H **13**
Murray Bus. Area
  PA3: Pais 5H **81**
Murray Ct. ML3: Ham 6E **145**
Murray Cres. G72: Blan 3C **144**
  ML2: Newm 2E **151**
Murrayfield G64: B'rig 4C **50**
Murrayfield Dr. G61: Bear 6E **47**
Murrayfield St. G32: Glas 4G **89**
Murray Gdns. G66: Milt C 5C **10**
Murray Gro. G61: Bear 5B **26**
Murray Hall G4: Glas 4G **7**
Murrayhill G75: E Kil 3F **157**
Murray Path G71: Udd 1C **128**
Murray Pl. G78: Barr 3F **119**
  G82: Dumb 1C **20**
  ML4: Bell 6A **114**
Murray Rd. G71: Both 4E **129**
  ML8: Law 1F **173**
Murray Road, The G75: E Kil 3E **157**
Murray Roundabout, The
  G74: E Kil 3H **157**
Murray Square, The
  G75: E Kil 4G **157**
Murray St. PA3: Pais 5G **81**
  PA4: Renf 6E **61**
Murray Ter. ML1: Moth 2D **146**
Murray Wlk. G72: Blan 3C **144**
Murrin Av. G64: B'rig 6F **51**
Murroch Av. G82: Dumb 1H **19**
Murroes Rd. G51: Glas 4D **84**
Museum Bus. Pk. G53: Glas 2H **119**
Museum of 602
  (City of Glasgow) Squadron . . .4G **83**
Museum of Piping 2C **6**
Musgrove Pl. G75: E Kil 3E **157**
Muslin St. G40: Glas 1B **108**
Muttonhole Rd. ML3: Ham 3H **159**
Mybster Pl. G51: Glas 4D **84**
Myers Ct. ML4: Bell 1H **129**
Myers Cres. G71: Udd 2E **129**
Myreside Cres. G32: Glas 5F **89**
Myreside Dr. G32: Glas 5F **89**
Myreside Gate G32: Glas 5G **89**
Myreside Pl. G32: Glas 5F **89**
Myreside St. G32: Glas 5F **89**
Myreside Way G32: Glas 5F **89**
Myres Rd. G53: Glas 5D **104**
Myrie Gdns. G64: B'rig 5D **50**
Myroch Pl. G34: Glas 2A **92**
Myrtle Av. G66: Lenz 2C **52**
Myrtle Dr. ML1: Holy 2B **132**
  ML2: Wis 5D **148**
Myrtle Hill La. G42: Glas 5G **107**
Myrtle La. ML9: Lark 4D **170**
Myrtle Pk. G42: Glas 4F **107**
Myrtle Pl. G42: Glas 5G **107**
Myrtle Rd. G71: View 5F **113**
  G81: Clyd 3H **43**
Myrtle Sq. G64: B'rig 1C **66**
Myrtle St. G72: Blan 6B **128**
Myrtle Vw. Rd. G42: Glas 5G **107**
Myrtle Wlk. G72: Camb 1H **125**
Myvot Av. G67: Cumb 1D **56**

Myvot Rd. G67: Cumb 3A **56**
  (Mollinsburn Rd.)
  G67: Cumb 1D **56**
  (Myvot Av.)

N

Naburn Ga. G5: Glas 1G **107**
Nagle Gdns. ML1: Cle 1F **149**
Nairn Av. G72: Blan 5A **128**
  ML4: Bell 1C **130**
Nairn Cres. ML6: Air 6A **96**
Nairn Pl. G74: E Kil 6C **142**
  G81: Clyd 4B **44**
  PA5: John 5C **98**
Nairn Quad. ML2: Wis 4H **149**
Nairnside Rd. G21: Glas 2E **67**
Nairn St. G3: Glas 2B **4** (2B **86**)
  G72: Blan 3A **144**
  G81: Clyd 4B **44**
  ML9: Lark 3B **170**
Nairn Way G68: Cumb 6A **16**
Naismith St. G32: Carm 5C **110**
Naismith Wlk. ML4: Bell 6E **115**
Nansen St. G20: Glas 6E **65**
Napier Ct. G60: Old K 2G **43**
  G68: Cumb 3D **16**
Napier Cres. G82: Dumb 4C **18**
Napier Dr. G51: Glas 3H **85**
Napier Gdns. PA3: Lin 5A **80**
Napier Hill G75: E Kil 3G **157**
Napier La. G75: E Kil 3G **157**
Napier Pk. G68: Cumb 4C **16**
Napier Pl. G51: Glas 3H **85**
  G60: Old K 2G **43**
  G68: Cumb 3C **16**
Napier Rd. G51: Glas 3H **85**
  G52: Hill E 2H **83**
  G68: Cumb 4C **16**
Napiershall La. *G20: Glas* *1D 86*
  (off Napiershall St.)
Napiershall Pl. G20: Glas 1D **86**
Napiershall St. G20: Glas 1D **86**
Napier Sq. ML4: Bell 6D **114**
Napier St. G51: Glas 3H **85**
  G81: Clyd 2E **61**
  PA3: Lin 5A **80**
  PA5: John 2E **99**
Napier Ter. G51: Glas 3H **85**
Napier Way G68: Cumb 4C **16**
Naproch Pl. G77: Newt M 4A **138**
Naseby Av. G11: Glas 6F **63**
Naseby La. G11: Glas 6F **63**
Nasmyth Av. G61: Bear 5B **26**
  G75: E Kil 4H **157**
Nasmyth Pl. G52: Hill E 4A **84**
Nasmyth Rd. G52: Hill E 4A **84**
Nasmyth Rd. Nth. G52: Hill E 4A **84**
  (not continuous)
Nasmyth Rd. Sth. G52: Hill E 4A **84**
Nassau Pl. G75: E Kil 2C **156**
National Bank La.
  G1: Glas 5C **6** (4F **87**)
National Indoor Sports Arena 1D **108**
National Museum of Rural Life Scotland
  . . . . .5B **140**
Navar Pl. PA2: Pais 3C **102**
Naver St. G33: Glas 2G **89**
Naylor La. ML6: Air 3B **96**
Naysmyth Bank G75: E Kil 4H **157**
Needle Grn. ML8: Carl 3D **174**
Neidpath G69: Bail 1G **111**
Neidpath Av. ML5: Coat 2D **114**
Neidpath E. G74: E Kil 1F **157**
Neidpath Pl. ML5: Coat 2C **114**
Neidpath Rd. ML8: Carl 2C **174**
Neidpath Rd. E. G46: Giff 3G **137**

Neidpath Rd. W. G46: Giff 2G **137**
Neidpath W. G74: E Kil 1F **157**
Neil Gordon Ga. G72: Blan 1B **144**
Neilsland Dr. ML1: Moth 3D **146**
  ML3: Ham 4G **161**
Neilsland Oval G53: Glas 5D **104**
Neilsland Rd. ML3: Ham 2F **161**
Neilsland Sq. G53: Glas 4D **104**
Neilsland St. ML3: Ham 2G **161**
Neilson Ct. ML3: Ham 1A **162**
Neilson St. ML4: Bell 2C **130**
NEILSTON 2D **134**
Neilston Av. G53: Glas 2C **120**
Neilston Ct. G53: Glas 2C **120**
Neilston Leisure Cen. 2E **135**
Neilston Pl. G65: Kils 2F **13**
Neilston Rd. G78: Barr, Neil 1E **135**
  PA2: Pais 2A **102**
Neilston Station (Rail) 2D **134**
Neilston Wlk. G65: Kils 2H **13**
           (Garrell Av.)
  G65: Kils 2F **13**
           (Gateside Pk.)
  G65: Kils 3E **13**
          (Glasgow Rd.)
  G65: Kils 2G **13**
          (Kelvin Way)
Neil St. PA4: Renf 4F **61**
Neilvaig Dr. G73: Ruth 4D **124**
Neistpoint Dr. G33: Glas 3A **90**
Nelson Av. ML5: Coat 1A **114**
Nelson Cres. ML1: Moth 5B **148**
Nelson Mandela Pl.
  G2: Glas 4D **6** (3G **87**)
Nelson Pl. G69: Bail 1H **111**
Nelson St. G5: Glas 5E **87**
  G69: Bail 1H **111**
Nelson Ter. G74: E Kil 3A **158**
Neptune St. G51: Glas 4H **85**
Neptune Way ML4: Moss 2G **131**
NERSTON 3A **142**
Nerston Rd. G74: Ners, Roger . . .3G **141**
Ness Av. PA5: John 5C **98**
Ness Dr. G72: Blan 6C **128**
  G74: E Kil 2B **158**
Ness Gdns. G64: B'rig 6D **50**
  ML9: Lark 5C **170**
Ness Rd. PA4: Renf 5D **60**
Ness St. G33: Glas 2G **89**
  ML2: Wis 3H **165**
Ness Ter. ML3: Ham 2E **161**
Ness Way ML1: Holy 2A **132**
Nethan Av. ML2: Wis 1C **164**
Nethan Ga. ML3: Ham 6G **145**
Nethan Pl. ML3: Ham 5H **161**
Nethan St. G51: Glas 3G **85**
  ML1: Moth 5E **131**
Nether Auldhouse Rd.
  G43: Glas 6H **105**
Netherbank Rd. ML2: Wis 1D **164**
Netherbog Av. G82: Dumb 3H **19**
Netherbog Rd. G82: Dumb 3H **19**
Netherburn Av. G44: Neth 5D **122**
  PA6: C'lee 3E **79**
Netherburn Gdns. PA6: C'lee 3E **79**
Netherburn Rd. ML9: Ashg 5A **172**
Netherby Dr. G41: Glas 1B **106**
Nethercairn Pl.
  G77: Newt M 4A **138**
Nethercairn Rd. G43: Glas 3A **122**
Nethercliffe Av. G44: Neth 5D **122**
Nethercommon Ind. Est.
  PA3: Pais 3A **82**
         (not continuous)
Nethercraigs Ct. PA2: Pais 6F **101**
Nethercraigs Dr. PA2: Pais 5G **101**
Nethercraigs Rd. PA2: Pais 6F **101**

Nethercroy Rd. G65: Croy 6A **14**
Netherdale G77: Newt M 4H **137**
Netherdale Cres. ML2: Wis 1C **164**
Netherdale Dr. PA1: Pais 1H **103**
Netherdale Rd. ML2: Wis 1E **165**
Nethergreen Cres. PA4: Renf 6D **60**
Nethergreen Rd. PA4: Renf 6D **60**
Nethergreen Wynd PA4: Renf 6D **60**
Netherhall Rd. ML2: Wis 1D **164**
Netherhill Av. G44: Neth 6D **122**
Netherhill Cotts. PA3: Pais 4C **82**
         (off Priory Av.)
Netherhill Cres. PA3: Pais 5C **82**
Netherhill Rd. G69: Mood 6D **54**
  PA3: Pais 5B **82**
Netherhill Way PA3: Pais 4D **82**
Netherhouse Av. G66: Lenz 3E **53**
  ML5: Coat 2B **114**
Netherhouse Pl. G34: Glas 3C **92**
Netherhouse Rd. G34: Glas 4B **92**
  G69: Barg 4B **92**
NETHER KIRKTON 1E **135**
Nether Kirkton Av. G78: Neil 1E **135**
Nether Kirkton Vw. G78: Neil 1E **135**
Nether Kirkton Way G78: Neil 1E **135**
Nether Kirkton Wynd
  G78: Neil 1E **135**
NETHERLEE 5D **122**
Netherlee Ct. G44: Neth 5D **122**
Netherlee Pl. G44: Glas 3E **123**
Netherlee Rd. G44: Glas 2E **123**
Nethermains Rd. G62: Miln 5G **27**
Netherpark Av. G44: Neth 6D **122**
NETHERPLACE 5A **136**
Netherplace Cres. G53: Glas 5B **104**
  G77: Newt M 5C **136**
Netherplace Rd. G53: Glas 5B **104**
  G77: Newt M 5A **136**
       (not continuous)
NETHERTON
  G13 . . . . .1E **63**
  ML2 . . . . .2D **164**
Netherton Av. G13: Glas 2E **63**
Netherton Ct. G45: Glas 5B **124**
  G77: Newt M 3F **137**
Netherton Dr. G78: Barr 5F **119**
Netherton Farm La. G61: Bear 1F **63**
Netherton Gdns. G13: Glas 1F **63**
Netherton Hill G66: Len 3C **8**
Netherton Ind. Est. ML2: Wis 1E **165**
       (not continuous)
Netherton Oval G66: Len 3D **8**
Netherton Rd. G13: Glas 1E **63**
  G75: E Kil 5E **157**
        (Anniversary Av.)
  G75: E Kil 1A **168**
        (Burnside Vw.)
  G77: Newt M 3F **137**
  ML2: Wis 1C **164**
Netherton St. ML2: Wis 1F **165**
Nethervale Av. G44: Neth 6D **122**
Netherview Rd. G44: Neth 6E **123**
Netherway G44: Neth 6D **122**
Netherwood Av. G68: Cumb 5C **36**
Netherwood Ct. G68: Cumb 5C **36**
  ML1: Moth 1B **164**
       (off Shields Dr.)
Netherwood Gro. G68: Cumb 5C **36**
Netherwood Pl. G68: Cumb 5B **36**
Netherwood Rd. G68: Cumb 5B **36**
  ML1: Moth 6B **148**
Netherwood Twr. ML1: Moth 1B **164**
Netherwood Way G68: Cumb 5C **36**
Nethy Way PA4: Renf 2H **83**
Neuk, The ML2: Wis 6E **149**
Neuk Av. G69: Muirh 2A **70**
  PA6: Hous 2C **78**
Neuk Cres. PA6: Hous 1C **78**

Neuk La. G74: E Kil 1H **157**
Neuk Way G32: Carm 5C **110**
  PA6: Hous 2C **78**
Neva Pl. PA11: Bri W 3F **77**
        (off Main St.)
Neville G74: E Kil 5C **142**
Nevis Av. ML3: Ham 1E **161**
Nevis Ct. G78: Barr 6E **119**
  ML1: Moth 5G **147**
  ML5: Coat 2E **115**
Nevis Dr. G64: Torr 4D **30**
  ML1: Moth 6C **148**
Nevison St. ML9: Lark 3D **170**
Nevis Rd. G43: Glas 2H **121**
  G61: Bear 6B **26**
  PA4: Renf 2D **82**
Nevis Way PA3: Glas A 2A **82**
Newabbey Rd. G69: G'csh 5D **70**
Newark Dr. G41: Glas 2B **106**
  ML2: Wis 3A **150**
  PA2: Pais 5G **101**
Newark Pl. ML2: Wis 3B **150**
NEWARTHILL 3E **133**
Newarthill Rd. ML1: Carf 5C **132**
New Ashtree St. ML2: Wis 6E **149**
New Athenaeum Theatre . . .2C **6** (2F **87**)
Newbank Ct. G31: Glas 1G **109**
Newbank Gdns. G31: Glas 1F **109**
Newbank Rd. G31: Glas 1G **109**
Newbarns St. ML8: Carl 2D **174**
Newbattle Av. ML6: C'bnk 3B **116**
Newbattle Ct. G32: Glas 3B **110**
Newbattle Gdns. G32: Glas 3B **110**
Newbattle Pl. G32: Glas 3B **110**
Newbattle Rd. G32: Glas 3A **110**
Newbold Av. G21: Glas 2A **66**
Newbridge G66: Len 1C **8**
NEWBRIDGE END 5D **174**
New Broomfield Stadium 5C **96**
Newburgh PA8: Ersk 4E **43**
Newburgh St. G43: Glas 6B **106**
Newcastleton Dr. G23: Glas 6C **48**
New City Rd. G4: Glas 1A **6** (1E **87**)
       (not continuous)
New Craig Rd. ML1: Moth 6C **132**
Newcraigs Dr. G76: Crmck 2H **139**
Newcroft Dr. G44: Glas 2H **123**
New Cross ML6: Air 4A **96**
       (off Stirling St.)
New Cross Cen. ML3: Ham 6A **146**
New Douglas Pk. 4F **145**
Newdyke Av. G66: Kirkin 5E **33**
Newdyke Rd. G66: Kirkin 5E **33**
New Edinburgh Rd.
  G71: Tann, View 6C **112**
  ML4: Bell 1E **129**
Newfield Cl. G40: Glas 5C **88**
Newfield Cres. ML3: Ham 5F **145**
Newfield La. G71: Both 4F **129**
Newfield Pl. G46: T'bnk 5F **121**
  G73: Ruth 6A **108**
Newfield Sq. G53: Glas 1A **120**
Newford Gro. G76: Busby 4C **138**
Newgrove Gdns. G72: Camb 1A **126**
Newhall St. G40: Glas 2B **108**
Newhaven Rd. G33: Glas 3B **90**
Newhaven St. G32: Glas 4A **90**
Newhills Rd. G33: Glas 4E **91**
NEWHOUSE 6G **117**
Newhouse Dr. G42: Glas 5H **107**
Newhouse Ind. Est. ML1: N'hse . . .6G **117**
       (Greenside Rd.)
  ML1: N'hse 5D **116**
        (York Rd.)
NEWHOUSE INTERCHANGE 5G **117**
Newhousemill Rd. G72: Blan 4E **159**
  G74: E Kil 4C **158**
  ML3: Ham 4E **159**

Newhut Rd. ML1: Moth 6F **131**
New Inchinnan Rd. PA3: Pais 4A **82**
Newington St. G32: Glas 5H **89**
New Kirk Rd. G61: Bear 2E **47**
New Lairdsland Rd. G66: Kirkin . . .4C **32**
Newlandcraigs Av. PA5: Eld 4B **100**
Newlandcraigs Dr. PA5: Eld 3B **100**
NEWLANDS 2C **122**
Newlands Dr. ML3: Ham 3H **161**
Newlandsfield Rd. G43: Glas 6B **106**
Newlands Gdns. PA5: Eld 4A **100**
NEWLANDSMUIR 6B **156**
Newlandsmuir Rd. G75: E Kil . . .5B **156**
Newlands Pl. G74: E Kil 2G **157**
Newlands Rd. G43: Glas 6B **106**
G44: Glas 6B **106**
G71: Tann 6A **156**
G75: E Kil 6A **156**
(Jackton Rd.)
G75: E Kil 4C **156**
(Palmerston)
Newlands Squash & Tennis Club
. . . . .1C **122**
Newlands St. ML5: Coat 1C **114**
Newlands Ter. G66: Milt C 5C **10**
ML8: Carl 3D **174**
Newlands Wynd G75: E Kil 4C **156**
New La. ML6: C'bnk 3B **116**
New Line Pend *G74: E Kil* *1H **157***
(off Main St.)
Newliston Dr. G5: Glas 2H **107**
New Luce Dr. G32: Glas 2D **110**
NEWMAINS
ML2 .5E **151**
PA4 . . . . .2E **83**
Newmains Av. PA4: Inch 4F **59**
Newmains Rd. PA4: Renf 1D **82**
Newmill Rd. G21: Glas 4E **67**
Newmilns Gdns. G72: Blan 1B **160**
Newmilns St. G53: Glas 1H **119**
NEW MONKLAND 5G **73**
Newnham Rd. PA1: Pais 1G **103**
Newpark Cres. G72: Camb 6A **110**
New Park St. ML3: Ham 4G **145**
New Plymouth G75: E Kil 4C **156**
New Rd. G72: Camb 3E **127**
Newrose Av. ML4: Bell 6D **114**
New Rutherglen Rd. G5: Glas 2H **107**
Newshot Ct. *G81: Clyd* *2F **61***
(off Clydeholm Ter.)
Newshot Dr. PA8: Ersk 5F **43**
New Sneddon St. PA3: Pais 5A **82**
(not continuous)
Newstead Gdns. G23: Glas 6C **48**
NEW STEVENSTON 3A **132**
New Stevenston Rd. ML1: Carf . . .5B **132**
(not continuous)
New St. G72: Blan 2A **144**
G81: Dun 1C **44**
PA1: Pais 1A **102**
PA10: Kilba 2A **98**
NEWTON 1G **127**
Newton Av. G72: Camb 1D **126**
G78: Barr 6F **119**
PA3: Pais 4D **82**
PA5: Eld 2C **100**
Newton Brae G72: Newt 1F **127**
Newton Ct. G72: Camb 1D **126**
G77: Newt M 6D **136**
Newton Dr. G71: Tann 6E **113**
ML2: Newm 4E **151**
PA5: Eld 2C **100**
Newton Farm Rd. G72: Newt 6F **111**
(not continuous)
Newtongrange Av. G32: Glas 2B **110**
Newtongrange Gdns. G32: Glas . .3B **110**
Newton Gro. G77: Newt M 6D **136**
Newtonlea Av. G77: Newt M 5E **137**

NEWTON MEARNS 5D **136**
Newton Pl. G3: Glas 2F **5** (2D **86**)
G77: Newt M 6E **137**
Newton Rd. G66: Lenz 3E **53**
PA7: B'ton 4F **41**
Newton Station (Rail) 2E **127**
Newton Sta. Rd.
G72: Flem, Newt 3E **127**
Newton St. G3: Glas 3H **5** (3E **87**)
PA1: Pais 2D **100**
Newton Ter. G3: Glas 3F **5** (3D **86**)
PA1: Pais 2D **100**
Newton Ter. La. G3: Glas 3F **5**
Newton Way PA3: Pais 4D **82**
Newtown St. G65: Kils 3H **13**
Newtyle Dr. G53: Glas 4H **103**
Newtyle Pl. G53: Glas 4H **103**
G64: B'rig 6F **51**
Newtyle Rd. PA1: Pais 1D **102**
New Vw. Cres. ML4: Bell 4C **130**
New Vw. Dr. ML4: Bell 4C **130**
New Vw. Pl. ML4: Bell 4C **130**
New Wynd G1: Glas 6E **7** (5G **87**)
Niamh Ct. PA4: Inch 2G **59**
Nicholas St. G1: Glas 5G **7** (4H **87**)
Nicholson St. G5: Glas 6F **87**
Nicklaus Way ML1: N'hse 6E **117**
Nicolson Ct. G33: Step 4D **68**
Nicol St. ML6: Air 2C **96**
Niddrie Rd. G42: Glas 3D **106**
Niddrie Sq. G42: Glas 3D **106**
Niddry St. PA3: Pais 6B **82**
Nigel Gdns. G41: Glas 4B **106**
Nigel St. ML1: Moth 3F **147**
Nigg Pl. G34: Glas 3G **91**
Nightingale Pl. PA5: John 6D **98**
Nikitas Av. ML9: Birk 6D **170**
Nimmo Dr. G51: Glas 4E **85**
Nimmo Pl. ML2: Wis 6A **150**
ML8: Carl 2C **174**
Ninian Av. PA6: C'lee 3C **78**
Ninian Rd. ML6: Air 6B **96**
Ninian's Ri. G66: Kirkin 6F **33**
Nisbet St. G31: Glas 6E **89**
Nisbet Pl. ML6: Chap 2E **117**
Nisbett St. ML6: Chap 3E **117**
Nissen Pl. G53: Glas 4H **103**
Nith Dr. ML3: Ham 3E **161**
PA4: Renf 1G **83**
Nith La. *ML2: Newm* *3D **150***
(off King St.)
Nith Path ML1: Cle 5H **133**
Nith Pl. PA5: John 5C **98**
Nith Quad. ML1: N'hill 4C **132**
Nithsdale G74: E Kil 6D **142**
Nithsdale Cres. G61: Bear 1C **46**
Nithsdale Dr. G41: Glas 3D **106**
Nithsdale Pl. G41: Glas 2D **106**
Nithsdale Rd. G41: Glas 1H **105**
(Dargarvel Av.)
G41: Glas 3D **106**
(Nithsdale St.)
Nithsdale St. G41: Glas 3D **106**
Nith St. G33: Glas 2F **89**
Nith Way PA4: Renf 1G **83**
NITSHILL 2A **120**
NITSHILL INTERCHANGE 5D **120**
Nitshill Rd. G46: T'bnk 1H **119**
G53: Glas, T'bnk 1H **119**
Nitshill Station (Rail) 2A **120**
Niven St. G20: Glas 3A **64**
Noble Rd. ML4: Bell 2C **130**
Nobles Pl. ML4: Bell 3B **130**
Nobles Vw. ML4: Bell 3B **130**
Noldrum Av. G32: Carm 5C **110**
Noldrum Gdns. G32: Carm 5C **110**
Norbreck Dr. G46: Giff 3A **122**
Norby Rd. G11: Glas 6F **63**

Nordic Cres. G72: Blan 2C **144**
Nordic Gdns. G72: Blan 2C **144**
Nordic Gro. G72: Blan 2C **144**
Noremac Way ML4: Bell 6B **114**
Norfield Dr. G44: Glas 6F **107**
Norfolk Ct. G5: Glas 6F **87**
Norfolk Cres. G64: B'rig 4A **50**
Norfolk St. G5: Glas 6F **87**
Norham St. G41: Glas 4C **106**
Norman MacLeod Cres.
G61: Bear 1E **47**
Norman St. G40: Glas 2B **108**
Norse La. Nth. G14: Glas 5C **62**
Norse La. Sth. G14: Glas 5C **62**
Norse Pl. G14: Glas 5C **62**
Norse Rd. G14: Glas 5C **62**
Northall Quad. ML1: Carf 6A **132**
Northampton Dr. G12: Glas 3H **63**
Northampton La. *G12: Glas* *3H **63***
(off Northampton Dr.)
North and South Rd.
ML1: Cle 1C **150**
North Av. G72: Camb 1H **125**
G81: Clyd 4C **44**
ML8: Carl 3B **174**
North Bank PA6: Hous 1B **78**
Northbank Av. G66: Kirkin 5C **32**
G72: Camb 1D **126**
Nth. Bank Pl. G81: Clyd 1E **61**
Northbank Rd. G66: Kirkin 5C **32**
Nth. Bank St. G81: Clyd 1E **61**
Northbank St. G72: Camb 1D **126**
NORTH BARR 4E **43**
Nth. Barr Av. PA8: Ersk 4E **43**
NORTH BARRWOOD 3A **14**
Nth. Berwick Av. G68: Cumb 6H **15**
Nth. Berwick Cres. G75: E Kil . . .5C **156**
Nth. Berwick Gdns. G68: Cumb . .6H **15**
Nth. Biggar Rd. ML6: Air 3B **96**
Nth. Birbiston Rd. G66: Len 3F **9**
Northbrae Pl. G13: Glas 3B **62**
North Bri. St. ML6: Air 3H **95**
Nth. British Rd. G71: Udd 1D **128**
Northburn Av. ML6: Air 2B **96**
Northburn Pl. ML6: Air 1B **96**
Northburn Rd. ML5: Coat 2E **95**
Northburn St. ML6: Plain 1H **97**
Nth. Bute St. ML5: Coat 1D **114**
Nth. Caldeen Rd. ML5: Coat 6E **95**
Nth. Calder Dr. ML6: Air 5D **96**
Nth. Calder Gro. G71: Udd 3H **111**
Nth. Calder Pl. G71: Udd 3G **111**
Nth. Calder Rd. G71: View 4G **113**
Nth. Campbell Av. G62: Miln 4F **27**
Nth. Canal Bank G4: Glas 1G **87**
Nth. Canal Bank St.
G4: Glas 1D **6** (1G **87**)
Nth. Carbrain Rd. G67: Cumb 5G **37**
NORTH CARDONALD 4B **84**
Nth. Claremont La. G62: Miln 3G **27**
Nth. Claremont St.
G3: Glas 2E **5** (2C **86**)
Nth. Corsehar Rd. PA2: Pais 3G **101**
North Ct. G1: Glas 5D **6** (4G **87**)
North Ct. La. G1: Glas 5D **6** (4G **87**)
Northcroft Rd. G69: Mood 5C **54**
North Cft. St. PA3: Pais 6B **82**
Nth. Dean Pk. Av. G71: Both 4E **129**
Nth. Douglas St. G81: Clyd 1E **61**
North Dr. G1: Glas 6C **6** (4F **87**)
PA3: Lin 5H **79**
Nth. Dryburgh Rd. ML2: Wis 4G **149**
Nth. Dumgoyne Av. G62: Miln . . .2F **27**
Nth. Elgin Pl. G81: Clyd 2E **61**
Nth. Elgin St. G81: Clyd 2E **61**
Nth. Erskine Pk. G61: Bear 2D **46**
NORTHFIELD 2F **13**
Northfield G75: E Kil 4B **156**

Northfield Rd. G65: Kils 2F **13**
Northfield St. ML1: Moth 1G **147**
Northflat Pl. ML8: Carl 5G **175**
Nth. Frederick Path
  G1: Glas 4E **7** (3G **87**)
Nth. Frederick St.
  G1: Glas 5E **7** (4G **87**)
Nth. Gardner St. G11: Glas 1H **85**
Northgate Quad. G21: Glas 2E **67**
Northgate Rd. G21: Glas 2E **67**
Nth. Gower St. G51: Glas 6A **86**
Nth. Grange Rd. G61: Bear 1E **47**
Nth. Hanover St. G1: Glas . . .5E **7** (3G **87**)
Nth. Hillhead Rd. G77: Newt M . . .2A **152**
Northinch Ct. G14: Glas 1D **84**
Northinch St. G14: Glas 1D **84**
Nth. Iverton Pk. Rd. PA5: John . . .2G **99**
NORTH KELVIN 5C **64**
Nth. Kilmeny Cres. ML2: Wis 3A **150**
Northland Av. G14: Glas 4C **62**
Northland Dr. G14: Glas 4C **62**
Northland Gdns. G14: Glas 4C **62**
Northland La. G14: Glas 5C **62**
North La. PA3: Lin 5A **80**
NORTH LODGE 5F **147**
Nth. Lodge Av. ML1: Moth 5G **147**
Nth. Lodge Rd. PA4: Renf 5E **61**
Nth. Moraine La. G15: Glas 5C **46**
NORTH MOTHERWELL 2E **147**
Northmuir Dr. ML2: Wis 5B **150**
Northmuir Rd. G15: Glas 3B **46**
Nth. Orchard St. ML1: Moth 2F **147**
North Pk. Av. G46: T'bnk 3F **121**
  G78: Barr 4D **118**
Northpark St. G20: Glas 5D **64**
North Pk. Vs. G46: T'bnk 4F **121**
Nth. Portland St. G1: Glas . . .5F **7** (4H **87**)
Nth. Porton Rd. PA7: B'ton 3A **42**
North Rd. G68: Cumb 5C **36**
  ML4: Bell 3C **114**
  ML5: Coat 3C **114**
  PA5: John 3E **99**
North Sq. ML5: Coat 3A **94**
North St. G3: Glas 2G **5** (2D **86**)
  ML1: Moth 1H **147**
  ML9: Lark 1C **170**
  PA3: Pais 5A **82**
  PA6: Hous 1A **78**
Northumberland St. G20: Glas 5C **64**
North Vw. G61: Bear 5D **46**
North Vw. PA11: Bri W 5H **77**
Nth. Wallace St. G4: Glas . . .2F **7** (2H **87**)
Northway G72: Blan 6A **128**
Northwood Dr. ML2: Newm 3E **151**
North Woodside Leisure Cen. 1E **87**
Nth. Woodside Rd. G4: Glas 1E **87**
  G20: Glas 6D **64**
           (not continuous)
Norval St. G11: Glas 1G **85**
Norwich Dr. G12: Glas 4H **63**
Norwood Av. G66: Kirkin 5B **32**
Norwood Dr. G46: Giff 6G **121**
Norwood Pk. G61: Bear 4F **47**
Norwood Ter. G71: Tann 6E **113**
Nottingham Av. G12: Glas 3H **63**
Nottingham La. G12: Glas 3H **63**
        (off Northampton Dr.)
Novar Dr. G12: Glas 5G **63**
Novar Gdns. G64: B'rig 5A **50**
Novar St. ML3: Ham 1H **161**
Nova Technology Pk. G33: Glas . . .4G **67**
Nuffield Health Club
  East Kilbride 4A **158**
Nuneaton St. G40: Glas 2C **108**
Nuneaton St. Ind. Est.
  G40: Glas 2C **108**
Nurseries Rd. G69: Bail 5F **91**
Nursery Av. PA7: B'ton 3C **42**

Nursery Ct. ML8: Carl 2C **174**
Nursery Dr. ML9: Ashg 5A **172**
Nursery La. G41: Glas 3D **106**
Nursery Pk. ML8: Carl 3C **174**
Nursery Pl. G72: Blan 3B **144**
Nursery St. G41: Glas 2E **107**
Nutberry Ct. G42: Glas 4F **107**

O

Oak Av. G61: Bear 6F **27**
  G75: E Kil 5D **156**
Oakbank Av. ML2: Wis 2E **165**
Oakbank Dr. G78: Barr 6F **119**
Oakbank Ind. Est. G20: Glas 6F **65**
Oakbank St. ML6: Air 4D **96**
Oakburn Av. G62: Miln 4F **27**
Oakburn Cres. G62: Miln 3F **27**
Oak Cres. G69: Bail 1G **111**
Oakdene Av. G71: Tann 6F **113**
  ML4: Bell 6C **114**
Oakdene Cres. ML1: N'hill 3C **132**
Oak Dr. G66: Lenz 2B **52**
  G72: Camb 3C **126**
Oak Fern Dr. G74: E Kil 5F **141**
Oak Fern Gro. G74: E Kil 5F **141**
Oakfield Av. G12: Glas 1C **86**
Oakfield La. G12: Glas 1C **86**
          (off Gibson St.)
Oakfield Rd. ML1: Moth 3G **147**
Oakfield Twr. ML1: Moth 4G **147**
Oak Gdns. G66: Lenz 1B **52**
Oak Gro. ML6: Chap 2F **116**
Oakhill Av. G69: Bail 2F **111**
Oak Lea ML3: Ham 1B **162**
Oaklea Cres. G72: Blan 1A **144**
Oakley Dr. G44: Neth 4D **122**
Oakley Ter. G31: Glas 4B **88**
Oak Pk. G64: B'rig 6D **50**
  ML1: Moth 5F **147**
Oak Path ML1: Holy 2B **132**
Oak Pl. G71: View 6G **113**
  G75: E Kil 5D **156**
  ML5: Coat 6E **95**
Oakridge Cres. PA3: Pais 6F **81**
Oakridge Rd. G69: Barg 5E **93**
Oak Rd. G67: Cumb 1E **39**
  G81: Clyd 2B **44**
  PA2: Pais 4C **102**
Oaks, The G44: Glas 3F **123**
  PA5: John 3E **99**
Oakshaw Brae PA1: Pais 6H **81**
Oakshawhead PA1: Pais 6H **81**
Oakshaw St. E. PA1: Pais 6H **81**
Oakshaw St. W. PA1: Pais 6H **81**
Oakside Pl. ML3: Ham 4H **161**
Oak St. G2: Glas 5H **5** (4E **87**)
Oaktree Gdns. G45: Glas 3B **124**
  G82: Dumb 3C **20**
Oakwood Av. PA2: Pais 4F **101**
Oakwood Cres. G33: Glas 2B **92**
Oakwood Dr. G34: Glas 2B **92**
  G77: Newt M 5F **137**
  ML5: Coat 6H **93**
Oak Wynd G72: Flem 4F **127**
Oates Gdns. ML1: Moth 5B **148**
Oatfield St. G21: Glas 5D **66**
OATLANDS 2H **107**
Oatlands Gate G5: Glas 2H **107**
Oatlands Sq. G5: Glas 2H **107**
Oban Ct. G20: Glas 5C **64**
Oban Dr. G20: Glas 5C **64**
Oban La. G20: Glas 5C **64**
Oban Pass G20: Glas 5C **64**
Oban Pl. ML6: Air 5D **96**
Oban Way ML1: Carf 5B **132**

Observatory La. G12: Glas 6B **64**
Observatory Rd. G12: Glas 6A **64**
Ocean Fld. G81: Clyd 1B **44**
Ocein Dr. G75: T'hall 3G **155**
Ochel Path ML6: Chap 4F **117**
Ochil Ct. G75: E Kil 1B **168**
Ochil Dr. G78: Barr 6D **118**
  PA2: Pais 5H **101**
Ochill Vw. Home G67: Cumb 2A **38**
          (off Hume Rd.)
Ochil Pl. G32: Glas 1A **110**
Ochil Rd. G61: Bear 6B **26**
  G64: B'rig 6E **51**
  PA4: Renf 2D **82**
Ochil St. G32: Glas 1A **110**
  ML2: Wis 5F **149**
Ochiltree Av. G13: Glas 2F **63**
Ochiltree Cres. ML5: Coat 6A **94**
Ochiltree Dr. ML3: Ham 2C **160**
Ochil Vw. G71: Tann 5E **113**
Odense Ct. G75: E Kil 5G **157**
Odeon Cinema
  East Kilbride 3H **157**
  Glasgow 5D **86**
  Renfrew 5H **61**
O'Donnell Dr. ML3: Fern 1E **163**
O'Donnell Gdns. ML3: Fern 1E **163**
O'Donnell Way ML1: Moth 2B **148**
Ogilvie Athletic Ground 5A **68**
Ogilvie Pl. G31: Glas 1F **109**
Ogilvie St. G31: Glas 1F **109**
Oki Way G68: Cumb 4C **16**
Old Aisle Rd. G66: Kirkin 6F **33**
Old Anniesland 3E **63**
Old Avon Rd. ML3: Ham 1C **162**
OLD BALORNOCK 4D **66**
Old Bars Dr. G69: Mood 4E **55**
Old Biggar Rd. ML6: Rigg 1B **74**
Old Bore Rd. ML6: Air 3E **97**
Old Bothwell Rd. G71: Both 6F **129**
Old Bridgend ML8: Carl 4D **174**
Old Bridge of Weir Rd.
  PA6: Hous 1A **78**
Old Castle Gdns. G44: Glas 1F **123**
Old Castle Rd. G44: Glas 1E **123**
Old Church Gdns. G69: Barg 6E **93**
Old Coach Rd. G74: E Kil 6H **141**
Old Cross ML6: Air 3A **96**
Old Dalmarnock Rd. G40: Glas . . .1B **108**
Old Dalnottar Rd. G60: Old K 2F **43**
Old Dullatur Rd. G68: Dull 5F **15**
Old Dumbarton Rd.
  G3: Glas 1A **4** (2A **86**)
          (not continuous)
Old Duntiblae Rd. G66: Kirkin 6G **33**
Old Edinburgh Rd.
  G71: Tann, View 4B **112**
  ML4: Bell 5E **113**
Old Farm Rd. G61: Bear 1F **63**
  PA2: Pais 4F **103**
Old Ferry Rd. PA8: Ersk 3D **42**
Old Fruitmarket
  Candleriggs 6F **7**
Old Gartloch Rd. G69: G'csh 5D **70**
Old Glasgow Rd. G67: Cumb 1H **37**
  G71: Udd 1C **128**
          (Gardenside St.)
  G71: Udd 6B **112**
          (Kylepark Dr.)
Old Govan Rd. PA4: Renf 6H **61**
Old Greenock Rd. PA4: Inch 6C **42**
          (Linburn Rd.)
  PA4: Inch 2G **59**
     (Newshot Dr., not continuous)
  PA7: B'ton 2A **40**
  PA8: Ersk 6C **42**
  PA14: Lang 2A **40**
OLDHALL .6G **83**

Oldhall Rd. PA1: Pais 6E **83**
Old Howwood Rd. PA9: How 6C **98**
Old Humbie Rd. G77: Newt M 6E **137**
OLD INNS INTERCHANGE 5B **16**
Old Inns Rdbt. G68: Cumb 5B **16**
OLD KILPATRICK 1E **43**
Old Lanark Rd. ML8: Carl 4D **174**
(not continuous)
Old Manse Gdns. ML5: Coat 4C **94**
Old Manse Rd. G32: Glas 1D **110**
ML2: Wis 3E **165**
Old Mill Ct. G81: Dun 2C **44**
Old Mill Ga. G73: Ruth 1C **124**
(off Rodger Pl.)
Old Mill La. G71: Udd 1D **128**
Old Mill Park Ind. Est.
G66: Kirkin 4C **32**
Old Mill Rd. G71: Both 6E **129**
G71: Udd 2D **128**
(Bellshill Rd.)
G71: Udd 1D **128**
(Lower Millgate)
G72: Camb 2D **126**
G74: E Kil 1H **157**
G81: Dun, Hard 1C **44**
PA2: Pais 2F **101**
Old Mill Vw. G65: Croy 1B **36**
OLD MONKLAND 1A **114**
Old Monkland Rd. ML5: Coat 2H **113**
Old Playfield Rd. G76: Crmck 1H **139**
Old Polmadie Rd. G5: Glas 3H **107**
Old Quarry Rd. G68: Cumb 2H **55**
Old Ranfurly Golf Course 4F **77**
Old Rd. PA5: Eld 2H **99**
Old Rutherglen Rd. G5: Glas 6G **87**
Old School, The PA11: Bri W 3F **77**
Old School Ct. ML5: Coat 1C **114**
Old Schoolhouse La.
PA6: Hous 1B **78**
Old School Pl. ML8: Law 1G **173**
Old School Sq. PA10: Kilba 2A **98**
Old Shettleston Rd. G32: Glas 6H **89**
Old Sneddon St. PA3: Pais 6A **82**
Old Stable Row ML5: Coat 4D **94**
Old Station Ct. G71: Both 5E **129**
Old St. G81: Dun 1B **44**
Old Tower Rd. G68: Cumb 3B **36**
Old Union St. ML6: Air 4B **96**
Old Vic Ct. G74: E Kil 5B **142**
Old Wishaw Rd.
ML8: Carl 2C **174**
ML8: Law 6G **167**
Old Wood Rd. G69: Bail 2G **111**
Old Wynd G1: Glas 6E **7** (5G **87**)
Olifard Av. G71: Both 4F **129**
Oliphant Ct. PA2: Pais 5D **100**
Oliphant Cres. G76: Busby 4C **138**
PA2: Pais 5C **100**
Oliphant Oval PA2: Pais 5C **100**
Olive Bank G71: View 4G **113**
Olive Ct. ML1: Holy 2B **132**
(off Elm Rd.)
Olive St. G33: Glas 5F **67**
Ollach PA8: Ersk 2G **59**
Olympia Arc. G74: E Kil 2H **157**
Olympia Ct. G74: E Kil 2H **157**
(off East Kilbride Shop. Cen.)
Olympia Mall G74: E Kil 3H **157**
Olympia St. G40: Glas 6B **88**
Olympia Way G74: E Kil 2H **157**
Omoa Rd. ML1: Cle 6G **133**
O'Neill Av. G64: B'rig 1D **66**
Onslow G75: E Kil 4E **157**
Onslow Dr. G31: Glas 4C **88**
Onslow Rd. G81: Clyd 5E **45**
Onslow Sq. G31: Glas 4C **88**
Ontario Pk. G75: E Kil 2D **156**
Ontario Pl. G75: E Kil 2D **156**

Onyx St. ML4: Bell 3C **130**
Oran Gdns. G20: Glas 4C **64**
Oran Ga. G20: Glas 4C **64**
Oran Pl. G20: Glas 5C **64**
Oran St. G20: Glas 4C **64**
ORBISTON 3B **130**
Orbiston Ct. ML1: Moth 4A **148**
Orbiston Dr. G81: Faif 6F **25**
ML4: Bell 4D **130**
Orbiston Gdns. G32: Glas 6A **90**
Orbiston Pl. G81: Faif 6F **25**
Orbiston Rd. ML4: Bell 5D **130**
(Community Av.)
ML4: Bell 3B **130**
(Strachan St.)
Orbiston Sq. ML4: Bell 4B **130**
Orbiston St. ML1: Moth 3H **147**
Orbital Ct. G74: E Kil 3A **156**
Orcades Dr. G44: Glas 3F **123**
Orchard Av. G71: Both 6F **129**
Orchard Brae G66: Lenz 3E **53**
ML3: Ham 5H **145**
Orchard Ct. G32: Carm 5B **110**
G46: T'bnk 4G **121**
PA4: Renf 5F **61**
(off Orchard St.)
Orchard Dr. G46: Giff 4H **121**
(not continuous)
G72: Blan 1A **144**
G73: Ruth 5B **108**
Orchard Fld. G66: Lenz 3E **53**
Orchard Ga. ML9: Lark 3C **170**
Orchard Grn. G74: E Kil 5B **142**
Orchard Gro. G46: Giff 3H **121**
ML5: Coat 5D **94**
ORCHARD PARK . . . .
G46 . . . . .4H **121**
G66 . . . . .4D **52**
Orchard Pk. G46: Giff 4A **122**
Orchard Pk. Av. G46: T'bnk 3G **121**
Orchard Pl. G66: Kirkin 6G **33**
ML3: Ham 6H **145**
ML4: Bell 4B **130**
Orchard St. G69: Bail 2F **111**
ML1: Moth 2F **147**
ML2: Over 5H **165**
ML3: Ham 6H **145**
ML8: Carl 4D **174**
PA1: Pais 1A **102**
PA4: Renf 5F **61**
Orchardton Rd. G68: Cumb 1G **55**
(Mollins Rd.)
G68: Cumb 2H **55**
(Old Quarry Rd.)
Orchardton Woods Ind. Pk.
G68: Cumb 5G **35**
Orchid Pl. G66: Len 3E **9**
Orchill Dr. ML6: Plain 6G **75**
Orchy Av. G76: Clar 6D **122**
Orchy Ct. G81: Hard 2E **45**
Orchy Cres. G61: Bear 5D **46**
ML6: Air 6C **96**
PA2: Pais 4D **100**
Orchy Dr. G76: Clar 6D **122**
Orchy Gdns. G76: Clar 6D **122**
Orchy St. G44: Glas 1E **123**
Orchy Ter. G74: E Kil 2B **158**
Orefield Pl. G74: E Kil 6G **141**
Oregon Pl. G5: Glas 1G **107**
Oregon St. G5: Glas 1H **107**
Orion Pl. ML4: Moss 2G **131**
Orion Way G72: Camb 1A **126**
ML8: Carl 3B **174**
Orissa Dr. G82: Dumb 5H **19**
Orkney Pl. G51: Glas 4H **85**
Orkney Quad. ML2: Wis 5B **150**
Orkney St. G51: Glas 4H **85**
Orlando G74: E Kil 4C **142**

Orleans Av. G14: Glas 6E **63**
Orleans La. G14: Glas 6E **63**
Orlington Ct. ML5: Coat 3B **94**
Ormiston Av. G14: Glas 5C **62**
Ormiston Dr. ML3: Ham 3G **161**
Ormiston La. G14: Glas 5C **62**
(off Norse La. Sth.)
Ormiston La. Nth. G14: Glas 5C **62**
(off Norse La. Nth.)
Ormonde Av. G44: Neth 4D **122**
Ormonde Ct. G44: Neth 4C **122**
Ormonde Cres. G44: Neth 4D **122**
Ormonde Dr. G44: Neth 4D **122**
Ornsay St. G22: Glas 2H **65**
Oronsay Ct. G60: Old K 1G **43**
Oronsay Cres. G60: Old K 1G **43**
G61: Bear 4H **47**
Oronsay Gdns. G60: Old K 1G **43**
Oronsay Pl. G60: Old K 1G **43**
ML2: Wis 2H **165**
Oronsay Rd. ML6: Air 6D **96**
Oronsay Sq. G60: Old K 1G **43**
Orr Church Sq. PA1: Pais 6H **81**
(off Orr St.)
Orr Sq. PA1: Pais 6A **82**
Orr St. G40: Glas 6B **88**
(not continuous)
PA1: Pais 6A **82**
PA2: Pais 2A **102**
Orr Ter. G78: Neil 3C **134**
Orton Pl. G51: Glas 5G **85**
Osborne Cres. G74: T'hall 6F **139**
Osborne St. G1: Glas 6D **6** (5G **87**)
G81: Clyd 4C **44**
Oskaig PA8: Ersk 2G **59**
Osprey Cres. ML2: Wis 5H **149**
PA3: Pais 3H **81**
Osprey Dr. G71: Tann 6E **113**
Osprey Ho. PA3: Pais 3A **82**
Osprey Rd. PA3: Pais 3H **81**
Osprey Vw. PA3: Pais 3H **81**
Ossian Av. PA1: Pais 6A **82**
Ossian Rd. G43: Glas 1C **122**
Ossian Way G81: Clyd 2D **60**
Oss Quad. ML1: Moth 1C **164**
Oswald St. G1: Glas 6B **6** (5F **87**)
Oswald Wlk. G62: Miln 5A **28**
Otago La. G12: Glas 1C **86**
Otago La. Nth. G12: Glas 1C **86**
(off Glasgow St.)
Otago Pk. G75: E Kil 2C **156**
Otago Pl. G82: Dumb 3C **20**
Otago St. G12: Glas 1C **86**
Othello G74: E Kil 5B **142**
Ottawa Cres. G81: Clyd 3H **43**
Otterburn Dr. G46: Giff 6A **122**
Otterswick Pl. G33: Glas 1C **90**
Oudenarde Ct. ML8: Carl 4F **175**
Oval, The G76: Clar 6D **122**
ML5: Glenb 3G **71**
Oval Path G52: Glas 2E **105**
Overbrae Gdns. G15: Glas 2H **45**
Overbrae Pl. G15: Glas 2H **45**
Overburn Av. G82: Dumb 3F **19**
Overburn Cres. G82: Dumb 2F **19**
Overburn Ter. G82: Dumb 2G **19**
Overcroy Rd. G65: Croy 1B **36**
Overdale Av. G42: Glas 5D **106**
Overdale Gdns. G42: Glas 5D **106**
Overdale Pl. ML2: Over 5A **166**
Overdale St. G42: Glas 5D **106**
Overjohnstone Dr. ML2: Wis 5D **148**
Overlea Av. G73: Ruth 1F **125**
Overlee Rd. G76: Busby 2D **138**
Overnewton Pl. G3: Glas 3C **4** (3B **86**)
Overnewton Sq. G3: Glas 2B **4** (2B **86**)
Overnewton St. G3: Glas 2B **4** (2B **86**)
Overton Cres. PA5: John 2H **99**

Overton Gro. G72: Camb 3E **127**
Overton Rd. G72: Camb, Flem 3D **126**
  PA5: John 3G **99**
Overton St. G72: Camb 3D **126**
Overtoun G82: Dumb 1C **20**
Overtoun Av. G82: Dumb 4H **19**
Overtoun Ct. G81: Clyd 4A **44**
Overtoun Dr. G73: Ruth 6C **108**
  G81: Clyd 3B **44**
Overtoun Rd. G81: Clyd 3B **44**
OVERTOWN 5A **166**
Overtown Av. G53: Glas 1A **120**
Overtown Pl. G31: Glas 6C **88**
Overtown Rd.
  ML2: Newm, Wis 4B **166**
Overtown St. G31: Glas 6C **88**
Overwood Dr. G44: Glas 1G **123**
  G82: Dumb 3H **19**
Overwood Gro. G82: Dumb 3H **19**
Owen Av. G75: E Kil 4E **157**
Owendale Av. ML4: Bell 6D **114**
Owen Pk. G75: E Kil 4F **157**
Owen St. ML1: Moth 1G **147**
O'Wood Av. ML1: Holy 1B **132**
Oxford Dr. PA3: Lin 5H **79**
Oxford La. G5: Glas 6F **87**
  PA4: Renf 6E **61**
Oxford Rd. PA4: Renf 6E **61**
Oxford St. G5: Glas 5F **87**
  G66: Kirkin 5C **32**
  ML5: Coat 5B **94**
OXGANG .6F **33**
Oxgang Pl. G66: Kirkin 6E **33**
Oxhill Pl. G82: Dumb 4D **18**
Oxhill Rd. G82: Dumb 3D **18**
Oxton Dr. G52: Glas 6B **84**

P

PACIFIC QUAY 6C **4** (4B **86**)
Pacific Quay
  G51: Glas . . . . . . .6A **4** & 6B **4** (5A **86**)
Paddock, The G76: Busby 4E **139**
  ML3: Ham 3H **145**
Paddock Ct. ML8: Carl 5F **175**
Paddock Dr. ML8: Carl 5F **175**
Paddock St. ML5: Coat 1F **115**
Paidmyre Cres. G77: Newt M 6D **136**
Paidmyre Gdns. G77: Newt M 6D **136**
Paidmyre Rd. G77: Newt M 6C **136**
PAISLEY 6A **82**
Paisley Abbey 1B **102**
Paisley Arts Cen. 1A **102**
Paisley Canal Station (Rail) 2A **102**
Paisley Centre, The PA1: Pais 1A **102**
Paisley Gilmour Street Station (Rail)
  . . . . .6A **82**
Paisley Leisure Pk. PA1: Pais 6C **80**
Paisley Museum & Art Gallery 6H **81**
Paisley Rd. G5: Glas 5D **86**
  G78: Barr 2D **118**
  PA4: Renf 3C **82**
Paisley Rd. W. G51: Glas 6G **85**
  (not continuous)
  G52: Glas 1A **104**
Paisley St James Station (Rail) . . .5G **81**
Palacecraig St. ML5: Coat 2C **114**
Palace Gdns. Retail Pk.
  ML3: Ham 5B **146**
Palace Grounds Rd. ML3: Ham 5B **146**
Palace of Art 6G **85**
Palacerigg Country Pk. 6E **39**
Palacerigg Country Pk. Vis. Cen.
  . . . . .6F **39**
Palacerigg Family Golf Cen. 6B **38**
Palacerigg Golf Course 6F **39**
Paladin Av. G13: Glas 1B **62**

Palazzo G1: Glas 6E **7** (4G **87**)
Palermo St. G21: Glas 5A **66**
Palladium Pl. G14: Glas 6D **62**
Palmer Av. G13: Glas 6D **46**
Palmerston G75: E Kil 4C **156**
Palmerston Pl. G3: Glas . . .3C **4** (3B **86**)
  PA5: John 5C **98**
Palm Pl. G71: View 4F **113**
Pandora Way G71: Tann 6E **113**
Pankhurst Pl. G74: E Kil 1H **157**
Panmure Cl. G22: Glas 5E **65**
Panmure Path G68: Cumb 3B **36**
Panmure Pl. G22: Glas 4E **65**
Panmure St. G20: Glas 5E **65**
Parcville Way G53: Glas 3H **119**
Parkandarroch Cres. ML8: Carl . . .4E **175**
Park & Ride
  Bellshill 2C **130**
  Bridge Street 6F **87**
  Croy 2B **36**
  Hamilton Central 6A **146**
  Hamilton West 5G **145**
  Kelvinbridge 1C **86**
  Patterton 1D **136**
  Shields Road 6D **86**
  Uddingston 1C **128**
Park Av. G3: Glas 1D **86**
  G62: Miln 4G **27**
  G64: B'rig 4C **50**
  G65: Twe 1D **34**
  G66: Kirkin 5C **32**
  G78: Barr 6D **118**
  G82: Dumb 4H **19**
  ML1: Holy 2A **132**
  ML8: Carl 2D **174**
  PA2: Pais 4G **101**
  PA4: Renf 1G **83**
  PA5: Eld 3A **100**
Park Bank PA8: Ersk 6F **43**
Park Brae PA8: Ersk 1G **59**
Parkbrae Av. G20: Glas 3E **65**
Parkbrae Dr. G20: Glas 3E **65**
Parkbrae Gdns. G20: Glas 3E **65**
Parkbrae Ga. G20: Glas 3E **65**
Parkbrae La. G20: Glas 3E **65**
Parkbrae Pl. G20: Glas 3E **65**
Parkburn Av. G66: Kirkin 1C **52**
Parkburn Ct. ML3: Ham 3D **144**
Parkburn Ind. Est. ML3: Ham 3E **145**
Parkburn Rd. G65: Kils 2H **13**
Park Cir. G3: Glas 1E **5** (2C **86**)
  ML8: Carl 2D **174**
Park Cir. La. G3: Glas 1E **5** (2C **86**)
Park Cir. Pl. G3: Glas 1F **5** (2D **86**)
Park Ct. G46: Giff 4H **121**
  G64: B'rig 4D **50**
  G81: Clyd 3A **44**
Park Cres. G61: Bear 2B **46**
  G64: B'rig 5C **50**
  G64: Torr 4E **31**
  G72: Blan 3A **144**
  G76: Eag 6C **154**
  G82: Dumb 2F **19**
  ML6: Air 3G **95**
  PA4: Inch 2G **59**
Parkdale Gro. G53: Glas 4A **120**
Parkdale Way G53: Glas 4A **120**
Park Dr. G3: Glas 1F **5** (1C **86**)
  G73: Ruth 6C **108**
  G74: T'hall 6G **139**
  ML2: Newm 4E **151**
  ML3: Fern 2E **163**
  ML4: Bell 3C **130**
  PA8: Ersk 1F **59**
Parker Pl. G65: Kils 3H **13**
  ML9: Lark 2D **170**
Parkfield G75: E Kil 6G **157**
Parkfoot St. G65: Kils 2H **13**

Park Gdns. G3: Glas 2E **5** (2C **86**)
  PA10: Kilba 1B **98**
Park Gdns. La. G3: Glas 2E **5**
Park Gate G3: Glas 1E **5** (2C **86**)
  PA8: Ersk 1F **59**
Park Gate Pl. ML4: Bell 2B **130**
Park Glade PA8: Ersk 1F **59**
Park Grn. PA8: Ersk 1F **59**
Park Gro. PA8: Ersk 1G **59**
Parkgrove Av. G46: Giff 3B **122**
Parkgrove Ter. G3: Glas 2D **4** (2C **86**)
Parkgrove Ter. La. G3: Glas 2D **4**
PARKHALL .2B **44**
Parkhall Rd. G81: Clyd 3B **44**
Parkhall St. G74: E Kil 1H **157**
Parkhall Ter. G81: Clyd 2B **44**
PARKHEAD 6F **89**
Parkhead Cross G31: Glas 6F **89**
Parkhead La. ML6: Air 3A **96**
Parkhead St. ML1: Moth 4H **147**
  ML6: Air 3A **96**
Park Hill PA8: Ersk 6F **43**
Parkhill Dr. G73: Ruth 6C **108**
Parkhill Rd. G43: Glas 5B **106**
Parkholm Av. G53: Glas 4H **119**
Parkholm Dr. G53: Glas 3H **119**
Park Holme Ct. ML3: Ham 4H **145**
Parkholm Gdns. G53: Glas 4A **120**
Parkholm La. G5: Glas 5D **86**
Parkholm Quad. G53: Glas 4A **120**
PARKHOUSE 3H **119**
Park Ho. ML3: Ham 4H **145**
Parkhouse Path G53: Glas 3B **120**
Parkhouse Rd. G53: Glas 3H **119**
  G78: Barr 3H **119**
Parkinch PA8: Ersk 1G **59**
Parklands Av. ML1: Holy 4H **115**
Parklands Country Club 4E **137**
Parklands Oval G53: Glas 3H **103**
Parklands Rd. G44: Neth 4D **122**
Parklands Vw. G53: Glas 4H **103**
Parklands Way ML1: Holy 5H **115**
Park La. G40: Glas 6B **88**
  G65: Kils 3H **13**
  G72: Blan 1B **144**
  ML8: Carl 4C **174**
  PA3: Pais 1E **101**
Parklea G64: B'rig 4A **50**
Parklee Dr. G76: Crmck 2A **140**
PARK MAINS 1G **59**
Park Mains Holdings PA8: Ersk 6E **43**
Parkmanor Av. G53: Glas 3H **119**
Parkmanor Grn. G53: Glas 4H **119**
Parkmeadow Av. G53: Glas 4A **120**
Parkmeadow Way G53: Glas 4A **120**
Park Moor PA8: Ersk 1F **59**
PARKNEUK 1G **159**
Parkneuk Rd. G43: Glas 3H **121**
  G72: Blan 1G **159**
Parkneuk St. ML1: Moth 1F **147**
Parknook Way ML9: Lark 2D **170**
  (off Muirshot Rd.)
Park Pl. G74: T'hall 6G **139**
  ML4: Bell 4A **130**
  ML5: Coat 1F **115**
  PA3: Lin 5A **80**
  PA5: John 3F **99**
Park Quad. G3: Glas 1E **5** (2C **86**)
  ML2: Wis 2E **165**
Park Ridge PA8: Ersk 1F **59**
Park Rd. G4: Glas 1C **86**
  G32: Carm 5C **110**
  G46: Giff 5A **122**
  G62: Miln 4G **27**
  G64: B'rig 5C **50**
  G69: Barg 6D **92**
  G69: Chry 1A **70**
  G81: Clyd 4B **44**

Park Rd. ML1: New S 4A **132**
  ML3: Ham 6H **145**
  ML4: Bell 3C **130**
  ML6: C'bnk 3B **116**
  PA2: Pais 5H **101**
  PA4: Inch 2H **59**
  PA5: John 3F **99**
  PA10: Kilba 4C **98**
  PA11: Bri W 2F **77**
Parksail PA8: Ersk 2G **59**
Parksail Dr. PA8: Ersk 1G **59**
Parkside Gdns. G20: Glas 3E **65**
Parkside Pl. G20: Glas 3E **65**
Parkside Rd. ML1: Moth 3D **146**
Park St. G66: Kirkin 6H **33**
  G82: Dumb 4G **19**
  ML1: Cle 4H **133**
  ML1: Moth 2G **147**
  ML1: New S 4A **132**
  ML5: Coat 3D **94**
  ML6: Air 3G **95**
  ML8: Carl 4D **174**
Park St. Sth. G3: Glas 1E **5** (2C **86**)
Parks Vw. ML3: Ham 5H **161**
Park Ter. G3: Glas 1E **5** (2C **86**)
  G46: Giff 5A **122**
  G74: E Kil 2G **157**
Park Ter. East La. G3: Glas . .1E **5** (2D **86**)
Park Ter. La. G3: Glas 1E **5** (2D **86**)
Park Top PA8: Ersk 6G **43**
Parkvale Av. PA8: Ersk 1H **59**
Parkvale Cres. PA8: Ersk 1H **59**
Parkvale Dr. PA8: Ersk 1H **59**
Parkvale Gdns. PA8: Ersk 1H **59**
Parkvale Pl. PA8: Ersk 1H **59**
Parkvale Way PA8: Ersk 1H **59**
Park Vw. ML9: Lark 3D **170**
  PA2: Pais 3H **101**
  PA10: Kilba 1A **98**
Parkview G82: Milt 3F **21**
Parkview Av. G66: Kirkin 6D **32**
Parkview Ct. G66: Kirkin 6D **32**
Parkview Cres. ML2: Newm 5E **151**
Parkview Dr. G33: Step 3E **69**
  ML5: Coat 4A **94**
Parkville Dr. G72: Blan 3C **144**
   (not continuous)
Parkville Rd. ML4: Bell 6E **115**
Park Way G67: Cumb 1B **38**
Parkway G32: Carm 5C **110**
  PA8: Ersk 1F **59**
Parkway Ct. G69: Bail 4H **91**
  ML5: Coat 5A **94**
Parkway Pl. ML5: Coat 6A **94**
Park Winding PA8: Ersk 1G **59**
Park Wood PA8: Ersk 6G **43**
Parkwood Lea ML3: Ham 3E **145**
Parkwood Ter. ML3: Ham 3E **145**
Parnell St. ML6: Air 6H **95**
Parnie St. G1: Glas 5G **87**
Parry Ter. G75: E Kil 2D **156**
Parsonage Row G1: Glas . .6G **7** (4H **87**)
Parsonage Sq. G4: Glas . . .6G **7** (4H **87**)
   (not continuous)
Parson St. G4: Glas 3H **7** (3A **88**)
PARTICK 1H **85**
Partick Bri. St. G11: Glas . . .1A **4** (2A **86**)
PARTICKHILL 1H **85**
Partickhill Av. G11: Glas 6H **63**
Partickhill Ct. G11: Glas 6H **63**
Partickhill Rd. G11: Glas 6H **63**
Partick Station (Rail & Underground)
  . . . . .1H **85**
Partick St. ML5: Coat 6E **95**
Partick Thistle FC 5E **65**
Partridge Pl. G66: Lenz 1F **53**
Patchy Pk. ML9: Lark 5C **170**
Paterson Pl. G61: Bear 5C **26**

Paterson's Laun G64: Balm 6A **30**
Paterson St. G5: Glas 6E **87**
   (not continuous)
  ML1: Moth 2G **147**
Paterson Ter. G75: E Kil 4F **157**
PATHER 2G **165**
Pather St. ML2: Wis 1H **165**
Pathhead Gdns. G33: Glas 3H **67**
Pathhead Rd. G76: Crmck 2H **139**
Patna Ct. ML3: Ham 2C **160**
Patna St. G40: Glas 2D **108**
Paton Ct. ML2: Wis 2D **164**
Paton St. G31: Glas 4D **88**
Patrickbank Cres. PA5: Eld 4A **100**
Patrickbank Gdns. PA5: Eld 4A **100**
Patrickbank Vw. PA5: Eld 4A **100**
Patrickbank Wynd PA5: Eld 4A **100**
Patrick St. PA2: Pais 2B **102**
Patrick Thomas Ct. G1: Glas 6F **7**
Patterson Dr. ML8: Law 5E **167**
PATTERTON 1D **136**
Patterton (Park & Ride) 1D **136**
Patterton Dr. G78: Barr 6F **119**
Patterton Station (Rail) 1D **136**
Pattison St. G81: Clyd 4A **44**
Pavilion Theatre
  Glasgow 3C **6**
Paxton Ct. G74: E Kil 5H **141**
Paxton Cres. G74: E Kil 5H **141**
Payne St. G4: Glas 1D **6** (1G **87**)
Peace Av. PA11: Quarr V 1B **76**
Peach Ct. ML1: Carf 5D **132**
Peacock Av. PA2: Pais 3D **100**
Peacock Ct. ML8: Carl 5F **175**
Peacock Cross ML3: Ham 5G **145**
Peacock Cross Ind. Est.
  ML3: Ham 5G **145**
Peacock Dr. ML3: Ham 5G **145**
  PA2: Pais 3D **100**
Peacock Loan ML8: Carl 2D **174**
   (off Carranbuie Rd.)
Peacock Way ML3: Ham 5G **145**
Pearce La. G51: Glas 3G **85**
Pearce St. G51: Glas 3G **85**
Pear Gro. ML1: Carf 5D **132**
Pearl St. ML4: Bell 4D **130**
Pearson Dr. PA4: Renf 1F **83**
Pearson Pl. PA3: Lin 6H **79**
Peathill Av. G69: Chry 6H **53**
Peathill St. G21: Glas 6G **65**
Peat Pl. G53: Glas 2A **120**
Peat Rd. G53: Glas 2A **120**
  PA11: Bri W 4G **77**
Pedmyre La. G76: Crmck 2G **139**
Peebles Dr. G73: Ruth 6F **109**
Peebles Path ML5: Coat 2F **115**
Peel Av. ML1: Moth 5G **147**
Peel Brae G66: Kirkin 4C **32**
Peel Ct. G72: Camb 1A **126**
Peel Glen Gdns. G15: Glas 2A **46**
Peel Glen Rd. G15: Glas 1A **46**
Peel La. G11: Glas 1H **85**
PEEL PARK 1A **156**
Peel Pk. Ind. Est. G74: E Kil 6A **140**
   (not continuous)
Peel Pk. Pl. G74: E Kil 2B **156**
Peel Pl. G71: Both 4E **129**
  ML5: Coat 6H **93**
Peel Rd. G74: T'hall 1F **155**
Peel St. G11: Glas 1H **85**
Peel Vw. G81: Clyd 4F **45**
Pegasus Av. ML8: Carl 3C **174**
  PA1: Pais 6B **80**
Pegasus Rd. ML4: Moss 2G **131**
Peinchorran PA8: Ersk 2G **59**
Peiter Pl. G72: Blan 2A **144**
   (off Harkins Av.)
Pelham Ct. G74: T'hall 3H **155**

Pembroke G74: E Kil 5D **142**
Pembroke St. G3: Glas 4F **5** (3D **86**)
Pembury Cres. ML3: Ham 4D **160**
Pencaitland Dr. G32: Glas 2A **110**
Pencaitland Gro. G32: Glas 3A **110**
Pencaitland Pl. G23: Glas 6C **48**
Pendale Ri. G45: Glas 4H **123**
Pend Cl. PA5: John 4F **99**
Pendeen Cres. G33: Glas 6E **91**
Pendeen Pl. G33: Glas 5F **91**
Pendeen Rd. G33: Glas 6E **91**
Pendicle Cres. G61: Bear 4D **46**
Pendicle Rd. G61: Bear 4D **46**
Pendle Ct. G69: G'csh 3D **70**
Penfold Cres. G75: E Kil 3F **157**
Penicuik St. G32: Glas 5F **89**
PENILEE 5G **83**
Penilee Rd. G52: Glas, Hill E 3F **83**
  PA1: Pais 6G **83**
Penilee Ter. G52: Glas 4G **83**
Peninver Dr. G51: Glas 3E **85**
Penkill Av. ML6: Air 5H **95**
Penman Av. G73: Ruth 5B **108**
Pennan PA8: Ersk 5E **43**
Pennan Pl. G14: Glas 4A **62**
Penneld Rd. G52: Glas 6H **83**
Penniecroft Av. G82: Dumb 2H **19**
Pennine Gro. ML6: Chap 4F **117**
Pennyroyal Ct. G74: E Kil 5F **141**
Penrioch Dr. G75: E Kil 1C **168**
Penrith Av. G46: Giff 4A **122**
Penrith Dr. G12: Glas 3G **63**
Penrith Pl. G75: E Kil 5B **156**
Penryn Gdns. G32: Glas 2D **110**
Penston Rd. G33: Glas 3D **90**
Pentagon Centre, The
  G3: Glas 6H **5** (4E **87**)
Pentland Av. PA3: Lin 6G **79**
Pentland Ct. G78: Barr 6D **118**
  ML5: Coat 2E **115**
  ML6: Air 1B **96**
Pentland Cres. ML9: Lark 6G **163**
  PA2: Pais 5H **101**
Pentland Dr. G64: B'rig 5F **51**
  G78: Barr 6D **118**
  PA4: Renf 3D **82**
Pentland Gdns. ML9: Lark 6H **163**
Pentland Pl. G61: Bear 6B **26**
Pentland Rd. G43: Glas 2A **122**
  G69: Chry 1B **70**
  G75: E Kil 2A **168**
  ML2: Wis 5E **149**
Pentland Way ML3: Ham 4E **161**
Penzance Way G69: Mood 4C **54**
Peockland Gdns. PA5: John 2G **99**
Peockland Pl. PA5: John 2G **99**
People's Palace (Museum) &
  Winter Gardens 6H **87**
Peploe Dr. G74: E Kil 4D **142**
Perchy Vw. ML2: Wis 2A **166**
Percy Dr. G46: Giff 6A **122**
Percy Rd. PA4: Renf 3C **82**
Percy St. G51: Glas 6B **86**
  ML9: Lark 1C **170**
Perimeter Rd. PA3: Lin 6H **79**
Perran Gdns. G69: Mood 5C **54**
Perray Av. G82: Dumb 2B **18**
Perrays Ct. G82: Dumb 2A **18**
Perrays Cres. G82: Dumb 2A **18**
Perrays Dr. G82: Dumb 3A **18**
Perrays Gro. G82: Dumb 2A **18**
Perrays Way G82: Dumb 2A **18**
Perth Av. ML6: Air 1A **116**
Perth Cres. G81: Clyd 2H **43**
Perth St. G3: Glas 5G **5** (4D **86**)
Peter Coats Bldg. PA2: Pais 2A **102**
Peter D Stirling Rd. G66: Kirkin . . .4D **32**
PETERSBURN 5E **97**

Petersburn Pl. ML6: Air 5D 96
Petersburn Rd. ML6: Air 6C 96
PETERSHILL 6C 66
Petershill Ct. G21: Glas 6D 66
Petershill Dr. G21: Glas 5D 66
Petershill Pl. G21: Glas 5D 66
Petershill Rd. G21: Glas 6B 66
Peterson Dr. G13: Glas 1G 61
Peterson Gdns. G13: Glas 1G 61
Petition Pl. G71: Udd 2E 129
Pettigrew St. G32: Glas 6A 90
Peveril Av. G41: Glas 4B 106
   G73: Ruth 2E 125
Peveril Ct. G73: Ruth 3E 125
Pharonhill St. G31: Glas 6G 89
Philip Ct. ML4: Bell 3C 130
Philip Murray Rd. ML4: Bell 1H 129
PHILIPSHILL 5A 140
Philipshill Ga. G74: E Kil 5A 140
Philipshill Gro. G76: Crmck 5A 140
Philipshill Rd. G76: Crmck 5A 140
Philips Wlk. ML3: Ham 1F 161
Philips Wynd ML3: Ham 6F 145
Phoenix Bus. Pk. PA1: Pais 6C 80
Phoenix Ct. G74: E Kil 4D 142
   (off Redgrave)
Phoenix Cres. ML4: Bell 5A 114
Phoenix Ind. Est. PA3: Pais 3A 82
Phoenix Pl. ML1: New S 4A 132
   PA5: Eld 2B 100
Phoenix Retail Pk. PA1: Pais 1D 100
Phoenix Rd. G4: Glas 1H 5 (1E 87)
   ML4: Moss 2G 131
Phyliss Jane Ct. ML2: Wis 1H 165
Piazza Shop. Cen. PA1: Pais 6A 82
Piccadilly St. G3: Glas 6G 5 (4D 86)
Pickering Works ML2: Wis 2F 165
PICKERSTONHILL 2F 133
Pickerstonhill ML1: N'hill 3E 133
Picketlaw Dr. G76: Crmck 2H 139
Picketlaw Farm Rd. G76: Crmck 2G 139
Piershill St. G32: Glas 4H 89
Pikeman Rd. G13: Glas 3C 62
Pillans Av. ML8: Carl 3B 174
Pillans Ct. ML3: Ham 3E 145
Pilmuir Av. G44: Glas 3D 122
Pilmuir Holdings G77: Newt M 1A 152
Pilmuir Rd. G77: Newt M 2A 152
Pilrig St. G32: Glas 4G 89
Pilton Rd. G15: Glas 3A 46
Pine Av. G72: Flem 4F 127
Pine Cl. G67: Cumb 1E 39
Pine Ct. G67: Cumb 1E 39
   G75: E Kil 6D 156
Pine Cres. G67: Cumb 1E 39
   G75: E Kil 6D 156
   ML3: Ham 4E 161
   PA5: John 4G 99
Pine Gro. G67: Cumb 1E 39
   G69: Barg 5E 93
   G71: View 5F 113
   ML1: Holy 2B 132
   ML6: C'bnk 3B 116
   PA6: C'lee 3C 78
Pinelands G64: B'rig 3C 50
Pine Lawn ML2: Wis 4B 150
Pine M. ML1: Carf 5D 132
Pine Pk. ML3: Ham 2A 162
Pine Pl. G5: Glas 1G 107
   G67: Cumb 1E 39
Pine Quad. ML6: Chap 2E 117
Pine Rd. G67: Cumb 6E 17
   G81: Clyd 3H 43
   G82: Dumb 3F 19
Pines, The G44: Glas 3F 123
Pine St. G66: Len 3G 9
   ML6: Air 4D 96
   PA2: Pais 3C 102

Pineview Ct. G15: Glas 4B 46
Pinewood Av. G66: Lenz 2A 52
Pinewood Ct. G66: Lenz 2A 52
   G82: Dumb 2H 19
Pinewood Pl. G66: Lenz 2A 52
Pinewood Sq. G15: Glas 4B 46
Pinkerton Av. G73: Ruth 5A 108
Pinkerton La. PA4: Renf 2F 83
Pinkston Dr. G21: Glas 1G 7 (1H 87)
Pinkston Rd. G4: Glas 1G 7 (6H 65)
   G21: Glas 6H 65
Pinmore Pl. G53: Glas 2H 119
Pinmore St. G53: Glas 1H 119
Pintail Pk. G75: E Kil 6C 156
Pinwherry Dr. G33: Glas 3H 67
Pinwherry Pl. G71: Both 4E 129
Pioneer Gdns. PA4: Renf 6G 61
Pioneer Gro. PA4: Renf 6G 61
Pioneer Pk. PA4: Renf 6G 61
Pioneer Pl. PA4: Renf 5G 61
Pioneer Way PA4: Renf 6G 61
Piper Av. PA6: C'lee 3C 78
Piper Rd. ML6: Air 3C 96
   PA6: C'lee 3C 78
Pirnie Pl. G65: Kils 3H 13
Pirnmill Av. G75: E Kil 1B 168
   ML1: Moth 2D 146
Pitcairn Cres. G75: E Kil 3B 156
Pitcairn Gro. G75: E Kil 3C 156
Pitcairn Pl. G75: E Kil 3B 156
Pitcairn St. G31: Glas 1G 109
Pitcairn Ter. ML3: Ham 5E 145
Pitcaple Dr. G43: Glas 1H 121
Pitlochry Dr. G52: Glas 1B 104
Pitlochry Pl. G72: Blan 6C 144
Pitmedden Rd. G64: B'rig 5F 51
Pitmilly Rd. G15: Glas 3C 46
Pitreavie Ct. ML3: Ham 3F 161
Pitreavie Pl. G33: Glas 2C 90
Pit Rd. G66: Kirkin 6H 33
   ML4: Bell 1B 130
Pittenweem Path G72: Blan 6B 144
Pitt St. G2: Glas 5A 6 (4E 87)
Place of Paisley, The 1B 102
   (off Cotton St.)
Pladda Rd. PA4: Renf 2F 83
Pladda St. ML1: Moth 2D 146
PLAINS 1G 97
Plaintrees Ct. PA2: Pais 4A 102
Plane Pl. G71: View 4G 113
Planetree Pl. PA5: John 4G 99
Planetree Rd. G81: Clyd 2C 44
Plantain Gro. G66: Lenz 2F 53
PLANTATION 5C 86
Plantation Av. ML1: Holy 1B 132
Plantation Pk. Gdns. G51: Glas 6B 86
   (not continuous)
Plantation Rd. ML1: Carf, Moth 1C 148
PLANTATION ROAD INTERCHANGE
   ....6B 86
Plantation Sq. G51: Glas 5C 86
Plant St. G31: Glas 5E 89
Platthorn Ct. G74: E Kil 2A 158
Platthorn Dr. G74: E Kil 2H 157
Platthorn Rd. G74: E Kil 2H 157
Play Drome, The 6D 44
Playfair St. G40: Glas 2C 108
Playsport Golf Cen. 4H 141
Playsport Golf Course 4H 141
Plaza, The G74: E Kil 2G 157
Pleaknowe Cres. G69: Mood 5C 54
Pleamuir Pl. G68: Cumb 4E 37
Plean St. G14: Glas 4A 62
Pleasance St. G43: Glas 5A 106
Pleasance Way G43: Glas 6B 106
Plenshin Ct. G53: Glas 1C 120
Plotcock Rd. ML3: Ham 6A 170

Plough Ct. G72: Newt 1F 127
Plough Dr. G72: Newt 1F 127
Plover Dr. G75: E Kil 6C 156
Plover Pl. PA5: John 6C 98
Plusgarten Loan ML2: Newm 2D 150
Pochard Way ML4: Bell 5B 114
Poet's Vw. G66: Kirkin 6F 33
Poindfauld Ter. G82: Dumb 3G 19
Pointhouse Pl. G3: Glas 2H 85
Pointhouse Rd. G3: Glas ...3A 4 (2A 86)
Polbae Cres. G76: Eag 6B 154
Polden Av. G75: E Kil 2A 168
Polden Ct. G75: E Kil 2A 168
Pollock Av. G76: Eag 6C 154
   ML3: Ham 6D 144
Pollock Castle Est. G77: Newt M ...3A 136
Pollock Rd. G61: Bear 4G 47
   G77: Newt M 5C 136
Pollock St. ML1: Moth 2G 147
   ML4: Bell 2E 131
POLLOK 6C 104
Pollok Av. G43: Glas 5H 105
Pollok Country Pk. 4G 105
Pollok Dr. G64: B'rig 5A 50
Pollok Golf Course 6G 105
Pollok House 5F 105
Pollok La. G74: E Kil 6B 142
Pollok Leisure Pool 6C 104
Pollok Pl. G74: E Kil 6B 142
POLLOKSHAWS 6A 106
Pollokshaws East Station (Rail)
   ....6B 106
Pollokshaws Rd. G41: Glas 5A 106
   (not continuous)
   G43: Glas 6H 105
Pollokshaws West Station (Rail)
   ....6H 105
POLLOKSHIELDS 2C 106
Pollokshields East Station (Rail)
   ....2E 107
Pollokshields Sq. G41: Glas 3C 106
Pollokshields West Station (Rail)
   ....3D 106
POLMADIE 4G 107
Polmadie Ind. Est. G5: Glas 3A 108
Polmadie Rd. G5: Glas 3H 107
   G42: Glas 4G 107
Polmadie St. G42: Glas 4G 107
Polnoon Av. G13: Glas 3A 62
Polnoon Dr. G76: Eag 6C 154
Polnoon M. G76: Eag 6C 154
Polnoon St. G76: Eag 6B 154
Polquhap Ct. G53: Glas 5A 104
Polquhap Gdns. G53: Glas 5A 104
Polquhap Pl. G53: Glas 5A 104
Polquhap Rd. G53: Glas 5A 104
Polson Dr. PA5: John 3E 99
Polsons Cres. PA2: Pais 3H 101
Polwarth La. G12: Glas 6H 63
Polwarth St. G12: Glas 6H 63
Pomona Pl. ML3: Ham 1D 160
Poplar Av. G11: Glas 5F 63
   G77: Newt M 6D 136
   PA5: John 4G 99
   PA7: B'ton 5H 41
Poplar Cres. PA7: B'ton 5H 41
Poplar Dr. G66: Lenz 2A 52
   G66: Milt C 6C 10
   G81: Clyd 2B 44
Poplar Gdns. G75: E Kil 6E 157
Poplar Pl. G71: View 5H 113
   G72: Blan 6A 128
   ML1: Holy 3B 132
Poplar Rd. G82: Dumb 3F 19
Poplars, The G61: Bear 5D 26
Poplar St. ML6: Air 4D 96
Poplar Way G72: Flem 4F 127
   ML1: Carf 5D 132

Poplin St. G40: Glas 2B **108**
Porchester St. G33: Glas 1D **90**
Portal Rd. G13: Glas 1C **62**
Portcullis Est. G66: Milt C 1H **33**
PORT DUNDAS 1G **87**
Port Dundas Ind. Est. G4: Glas 1G **87**
Port Dundas Pl. G2: Glas 3D **6** (3G **87**)
Port Dundas Rd. G4: Glas . . .1C **6** (2F **87**)
PORT EGLINTON 1E **107**
PORTERFIELD 1D **82**
Porterfield Rd. PA4: Renf 6D **60**
Porters La. ML6: Chap 3D **116**
Porter St. G51: Glas 6A **86**
Porters Well G71: Udd 2C **128**
Portessie PA8: Ersk 5E **43**
Portia Pl. ML1: Moth 2G **147**
Portland Pk. ML3: Ham 1A **162**
Portland Pl. ML3: Ham 1A **162**
Portland Rd. G68: Cumb 6H **15**
    PA2: Pais 2D **102**
Portland Sq. ML3: Ham 1A **162**
Portland St. ML5: Coat 3D **94**
Portland Wynd ML9: Lark 1D **170**
    (off Muirshot Rd.)
Portlethen PA8: Ersk 5E **43**
Portman St. G41: Glas 6C **86**
Portmarnock Dr. G23: Glas 1C **64**
Porton Pl. PA7: B'ton 4G **41**
Portpatrick Rd. G60: Old K 6D **22**
Portreath Rd. G69: Mood 4D **54**
Portree Av. ML5: Coat 1A **114**
Portree Pl. G15: Glas 3G **45**
Portsoy PA8: Ersk 5E **43**
Portsoy Av. G13: Glas 1H **61**
Portsoy Pl. G13: Glas 1G **61**
Port St. G3: Glas 5F **5** (4D **86**)
Portugal St. G5: Glas 6F **87**
Portwell ML3: Ham 5A **146**
Possil Loch (Nature Reserve) 1E **65**
POSSIL PARK 4G **65**
Possil Park Millennium Cen. 5F **65**
Possilpark & Parkhouse Station (Rail)
    . . . . .3F **65**
Possil Pk. Trad. Cen.
    G22: Glas 4G **65**
Possil Rd. G4: Glas 1F **87**
Postgate ML3: Ham 5A **146**
Potassels Rd. G69: Muirh 2A **70**
Potrail Pl. ML3: Ham 6E **145**
Potter Cl. G32: Glas 2G **109**
Potter Gro. G32: Glas 2G **109**
POTTERHILL 4H **101**
Potterhill Av. PA2: Pais 5A **102**
Potterhill Rd. G53: Glas 3A **104**
Potter Path G32: Glas 2G **109**
Potter Pl. G32: Glas 2G **109**
Potter St. G32: Glas 2G **109**
Potts Way ML1: Moth 6E **131**
Powbrone G75: E Kil 6G **157**
POWBURN 5C **112**
Powburn Cres. G71: Udd 6B **112**
Powerdrome Bowl 5E **95**
Powerleague
    Glasgow 2H **7** (3A **88**)
    Hamilton 3G **145**
    Paisley 2C **102**
Powfoot St. G31: Glas 6F **89**
Powforth Cl. ML9: Lark 2A **170**
Powrie St. G33: Glas 6C **68**
Prentice La. G71: Tann 5E **113**
Prentice Rd. ML1: Moth 4D **146**
Prestonfield G62: Miln 4E **27**
Preston Pl. G42: Glas 3F **107**
Preston St. G42: Glas 3F **107**
Prestwick Ct. G68: Cumb 1H **37**
Prestwick Pl. G77: Newt M 5G **137**
Prestwick St. G53: Glas 1A **120**
Pretoria Ct. G75: E Kil 1B **168**

Priestfield Ind. Est. G72: Blan 4B **144**
Priestfield St. G72: Blan 3A **144**
PRIESTHILL 1A **120**
Priesthill Av. G53: Glas 1C **120**
Priesthill Cres. G53: Glas 1C **120**
Priesthill & Darnley Station (Rail)
    . . . . .2C **120**
Priesthill Gdns. G53: Glas 1C **120**
Priesthill Rd. G53: Glas 1B **120**
Priestknowe Rdbt. G74: E Kil 2H **157**
Priestley Way G72: Camb 5G **109**
Prieston Rd. PA11: Bri W 4E **77**
Primrose Av. G72: Newt M 2C **136**
    ML4: Bell 6C **114**
    ML9: Lark 5C **170**
Primrose Ct. G14: Glas 6D **62**
Primrose Cres. ML1: Moth 4G **147**
Primrose Pl. G67: Cumb 6D **36**
    G71: View 5G **113**
Primrose St. G14: Glas 6C **62**
Primrose Way G66: Len 4G **9**
    ML8: Carl 5C **174**
Prince Albert Rd. G12: Glas 6H **63**
Prince Edward St. G42: Glas 3E **107**
Prince of Wales Gdns. G20: Glas . .1A **64**
Prince Pl. ML2: Newm 3E **151**
Prince's Gdns. G12: Glas 6H **63**
Prince's Gdns. La. G12: Glas 6H **63**
Princes Ga. G71: Both 3C **128**
    G73: Ruth 5C **108**
    ML3: Ham 5B **146**
Princes Mall G74: E Kil 2H **157**
Prince's Pl. G12: Glas 6A **64**
Princess Anne Quad. ML1: Holy . .2H **131**
    (off Woodhall Av.)
Princess Cres. PA1: Pais 6D **82**
Princess Dr. G69: Barg 6D **92**
Princess Pk. PA7: Newt M 3C **42**
Princess Sq. G74: E Kil 2G **157**
    G78: Barr 4F **119**
Princes Sq. Shopping Cen.
    G1: Glas 6D **6**
Princess Rd. ML1: New S 3H **131**
Princess Sq. ML2: Newm 4D **150**
Princes St. G73: Ruth 5C **108**
    ML1: Moth 1G **147**
Prince's Ter. G12: Glas 6A **64**
Prince's Ter. La. G12: Glas 6A **64**
Printers Land G76: Busby 3E **139**
Printers Lea G66: Len 3E **9**
Priorscroft Bowling Club 1B **102**
    (off Cochran St.)
Priorwood Ct. G13: Glas 3D **62**
Priorwood Gdns. G13: Glas 3D **62**
Priorwood Ga. G77: Newt M 5A **136**
Priorwood Pl. G13: Glas 3D **62**
Priorwood Rd. G77: Newt M 5A **136**
Priorwood Way G77: Newt M 5A **136**
Priory Av. PA3: Pais 4C **82**
Priory Dr. G71: Udd 6B **112**
Priory Ga. ML2: Over 4H **165**
Priory Pl. G13: Glas 2D **62**
    G68: Cumb 4A **36**
Priory Rd. G13: Glas 2D **62**
Priory St. G72: Blan 1B **144**
Priory Ter. ML2: Wis 1C **164**
Pro Bowl 4D **32**
Procession Rd. PA2: Pais 1A **118**
Professors' Sq. G12: Glas 1B **86**
Pro Lane Bowl 5A **158**
Pro Life Fitness Cen. 5A **82**
Prosen St. G32: Glas 2G **109**
Prospect Av. G71: Udd 1C **128**
    G72: Camb 1H **125**
Prospect Ct. G72: Blan 4B **144**
Prospect Dr. ML9: Ashg 5H **171**
Prospecthill Cir. G42: Glas 4H **107**
Prospecthill Cres. G42: Glas 5A **108**

Prospect Hill Dr. G42: Glas 5G **107**
Prospecthill Gro. G42: Glas 5E **107**
Prospecthill Pl. G42: Glas 5A **108**
Prospecthill Rd. G42: Glas 5E **107**
Prospecthill Sq. G42: Glas 4H **107**
Prospecthill Way G42: Glas 5E **107**
    (off Prospecthill Gro.)
Prospect Rd. G43: Glas 5B **106**
    G68: Dull 5E **15**
Provandhall Cres. G69: Bail 2H **111**
Provand's Lordship 4H **7**
Provan Hall 2F **91**
PROVAN INTERCHANGE 2E **89**
PROVANMILL 6F **67**
Provanmill Pl. G33: Glas 6F **67**
    (off Provanmill Rd.)
Provanmill Rd. G33: Glas 6F **67**
Provan Rd. G33: Glas 2E **89**
Provan Wlk. G34: Glas 2E **91**
Provost Cl. PA5: John 2F **99**
Provost Driver Ct. PA4: Renf 1F **83**
Provost Ga. ML9: Lark 2C **170**
Provost Way G5: Glas 2A **108**
Pular Av. ML2: Wis 5B **148**
Purdie G74: E Kil 4D **142**
Purdie St. ML3: Ham 4E **145**
Purdon St. G11: Glas 1H **85**
Pyatshaw Rd. ML9: Lark 4D **170**

Q

QE3 G51: Glas 6D **4** (5C **86**)
Quadrant, The G76: Clar 1C **138**
Quadrant Rd. G43: Glas 1C **122**
Quadrant Shop. Cen., The
    ML5: Coat 4C **94**
Quantock Dr. G75: E Kil 1A **168**
QUARRELTON 3E **99**
Quarrelton Gro. PA5: John 4F **99**
Quarrelton Rd. PA5: John 3E **99**
QUARRIER'S VILLAGE 1A **76**
Quarry Av. G72: Camb 4D **126**
Quarrybank PA10: Kilba 3C **98**
Quarrybrae Av. G76: Clar 2B **138**
Quarrybrae Gdns. G71: View 1G **129**
Quarrybrae St. G31: Glas 6F **89**
Quarry Dr. G66: Kirkin 5F **33**
Quarry Knowe G82: Dumb 2D **18**
Quarryknowe G73: Ruth 6B **108**
Quarryknowe Pl. ML4: Bell 4B **130**
Quarryknowe St. G31: Glas 6G **89**
    G81: Faif 6F **25**
Quarry La. G66: Len 2F **9**
    G76: Eag 6B **154**
    G82: Dumb 4E **19**
    PA5: John 2F **99**
Quarry Pk. G75: E Kil 3G **157**
Quarry Pl. G72: Camb 1G **125**
    G82: Dumb 2D **18**
    ML3: Ham 6A **146**
Quarry Rd. G75: E Kil 6F **157**
    G78: Barr 3D **118**
    ML6: Air 2H **95**
    ML8: Carl, Law 3F **173**
    ML9: Lark 3C **170**
    PA2: Pais 4B **102**
Quarryside St. ML6: Glenm 5G **73**
Quarry St. ML1: New S 3A **132**
    ML2: Wis 6G **149**
    ML3: Ham 6A **146**
    ML5: Coat 5F **95**
    ML9: Lark 2D **170**
    PA5: John 2F **99**
Quarrywood Av. G21: Glas 5E **67**
Quarrywood Rd. G21: Glas 5E **67**
Quay, The G5: Glas 5D **86**

Quay Pend G82: Dumb 4E **19**
Quay Rd. G73: Ruth 5C **108**
Quay Rd. Nth. G73: Ruth 4C **108**
Quay St. G82: Dumb 4F **19**
Quebec Dr. G75: E Kil 3E **157**
Quebec Grn. G75: E Kil 2E **157**
Quebec Ho. G81: Clyd 1H **43**
Quebec Wynd G32: Carm 5C **110**
Queen Elizabeth Av. G52: Hill E . . .4G **83**
Queen Elizabeth Ct. G81: Clyd 4C **44**
  ML1: Moth 2F **147**
Queen Elizabeth Gdns. G5: Glas . .1G **107**
  G81: Clyd 4C **44**
Queen Margaret Ct. *G20: Glas* *5C 64*
  (off Fergus Dr.)
Queen Margaret Dr. G12: Glas 6B **64**
  G20: Glas 6B **64**
Queen Margaret Rd. G20: Glas 5C **64**
Queen Mary Av. G42: Glas 4E **107**
  G81: Clyd 5F **45**
Queen Mary Gdns. G81: Clyd 4C **44**
Queen Mary St. G40: Glas 1C **108**
Queen's Av. G72: Camb 1B **126**
Queensbank Av. G69: G'csh 2C **70**
Queensberry Av. G52: Hill E 4H **83**
  G61: Bear 6E **27**
  G76: Clar 2C **138**
Queensborough Gdns. G12: Glas . .5G **63**
Queen's Bldgs. *G66: Lenz* *3C 52*
  (off Kirkintilloch Rd.)
Queensby Av. G69: Bail 6H **91**
Queensby Dr. G69: Bail 5H **91**
Queensby Pl. G69: Bail 5A **92**
Queensby Rd. G69: Bail 5H **91**
Queen's Ct. G62: Miln 5G **27**
Queens Cres. G4: Glas 1G **5** (1D **86**)
  G69: Barg 6D **92**
  ML1: New S 4H **131**
  ML4: Bell 3B **130**
  ML6: Chap 2D **116**
  MI 8: Carl 3E **175**
Queensdale Av. ML9: Lark 5D **170**
Queensdale Rd. ML9: Lark 5D **170**
Queens Dr. G42: Glas 3D **106**
  G68: Cumb 5H **15**
  ML3: Ham 5H **161**
  PA7: B'ton 4H **41**
Queen's Dr. La. G42: Glas 4E **107**
Queensferry St. G5: Glas 3A **108**
Queen's Gdns. G12: Glas 6A **64**
Queen's Ga. G76: Clar 1C **138**
Queen's Ga. La. G12: Glas 6A **64**
Queens Gro. G66: Lenz 3C **52**
Queenside Cres. PA8: Ersk 6D **42**
Queensland Ct. G52: Glas 5C **84**
Queensland Dr. G52: Glas 5C **84**
Queensland Gdns. G52: Glas 5C **84**
Queensland La. E. G52: Glas 5C **84**
Queensland La. W. G52: Glas 5C **84**
Queenslie Ind. Est. G33: Glas 3D **90**
Queenslie St. G33: Glas 1F **89**
Queen's Pk. Av. G42: Glas 4F **107**
Queen's Park FC 6F **107**
Queen's Park Station (Rail) 3E **107**
Queens Pk. St. G42: Glas 5E **107**
Queens Pl. G12: Glas 6A **64**
Queen Sq. G41: Glas 3D **106**
QUEENS QUAY 1D **60**
Queen's Rd. PA5: Eld 3A **100**
Queen's St. ML1: Cle 5H **133**
Queen St. G1: Glas 6D **6** (4G **87**)
  G66: Kirkin 5C **32**
  G73: Ruth 5C **108**
  ML1: Moth 2G **147**
  ML2: Newm 3D **150**
  ML3: Ham 4E **145**
  PA1: Pais 1G **101**
  PA4: Renf 6F **61**

Queen Street Station (Rail)
  . . . . .4D **6** (3G **87**)
Queens Way G64: Torr 5D **30**
Queensway G74: E Kil 6B **140**
Queen Victoria Ct. G14: Glas 5C **62**
Queen Victoria Dr. G13: Glas 5C **62**
  C14: Glas 5C **62**
Queen Victoria Ga. G13: Glas 4C **62**
Queen Victoria St. ML6: Air 4H **95**
QUEENZIEBURN 3D **12**
Queenzieburn Ind. Est.
  G65: Queen 4E **13**
Quendale Dr. G32: Glas 2H **109**
Quentin St. G41: Glas 4C **106**
Quinton Gdns. G69: Bail 6G **91**

R

Raasay Cres. ML6: Air 5E **97**
Raasay Dr. PA2: Pais 6H **101**
Raasay Gdns. G77: Newt M 4B **136**
Raasay Pl. G22: Glas 1G **65**
Raasay St. G22: Glas 1G **65**
Racecourse Vw. ML3: Ham 4A **146**
RADNOR PARK 3C **44**
Radnor St. G3: Glas 2C **4** (2B **86**)
  G81: Clyd 4C **44**
    (not continuous)
Raeberry St. G20: Glas 6D **64**
Raebog Cres. ML6: Air 1H **95**
Raebog Rd. ML6: Glenm 5G **73**
Raeburn Av. G74: E Kil 5B **142**
  PA1: Pais 1B **102**
Raeburn Cres. ML3: Ham 6C **144**
Raeburn Pl. G74: E Kil 5B **142**
Raeburn Wlk. ML4: Bell 6D **114**
Raeside Av. G77: Newt M 6D **136**
Raes Rd. ML8: Carl 5H **173**
Raewood Dr. G53: Glas 5H **103**
Raewood Gdns. G53: Glas 5H **103**
Raewood Pl. G53: Glas 5H **103**
Raewell Cres. ML4: Bell 4B **130**
Rafford St. G51: Glas 4G **85**
Raglan St. G4: Glas 1E **87**
Railway Ct. G66: Len 3F **9**
Railway Rd. ML6: Air 4F **95**
Raith Av. G45: Glas 3H **123**
Raithburn Av. G45: Glas 3G **123**
Raithburn Rd. G45: Glas 4G **123**
Raith Dr. G68: Cumb 4H **35**
  ML4: Bell 3D **130**
RAITH INTERCHANGE 5G **129**
RALSTON 1F **103**
Ralston Av. G52: Glas 1H **103**
  PA1: Pais 1H **103**
Ralston Ct. G52: Glas 1H **103**
Ralston Dr. G52: Glas 1H **103**
Ralston Golf Course 1F **103**
Ralston Path G52: Glas 1H **103**
Ralston Pl. G52: Glas 1H **103**
Ralston Rd. G61: Bear 2E **47**
  G78: Barr 5E **119**
Ralston St. ML6: Air 4G **95**
  PA1: Pais 1C **102**
Ramillies Ct. G81: Clyd 5E **45**
  ML8: Carl 4E **175**
Rampart Av. G13: Glas 1A **62**
Ramsay Av. PA5: John 4E **99**
Ramsay Ct. G77: Newt M 6E **137**
Ramsay Cres. PA10: Kilba 3B **98**
Ramsay Hill G74: E Kil 6A **142**
Ramsay Ind. Est. G66: Kirkin 4B **32**
Ramsay Pl. ML5: Coat 6G **93**
  PA5: John 4E **99**
Ramsay St. G81: Clyd 4B **44**

Ramsey Wynd ML4: Bell 6D **114**
Ram St. G32: Glas 6H **89**
Ranald Gdns. G73: Ruth 4F **125**
Randolph Av. G76: Clar 6E **123**
Randolph Dr. G76: Clar 6D **122**
Randolph Gdns. G76: Clar 6D **122**
Randolph Ga. G11: Glas 5F **63**
Randolph La G11: Glas 6F **63**
Randolph Rd. G11: Glas 5F **63**
RANFURLY 5G **77**
Ranfurly Castle Golf Course 4E **77**
Ranfurly Ct. PA11: Bri W 4F **77**
Ranfurly Dr. G68: Cumb 1G **37**
Ranfurly Pl. PA11: Bri W 4F **77**
Ranfurly Rd. G52: Glas 6H **83**
  PA11: Bri W 5F **77**
Range Pl. ML3: Ham 2A **162**
Rangerhouse Rd. G75: E Kil 6H **157**
Range Rd. ML1: Moth 5B **148**
Range Rd. Ind. Est. ML1: Moth . . .5B **148**
Rangers FC 5H **85**
Rangers FC Training Centre &
  Youth Academy 5A **28**
Range St. ML1: Moth 5B **148**
Rankin Ct. G69: Muirh 1B **70**
Rankin Dr. G77: Newt M 3C **136**
Rankine Av. G75: E Kil 4A **158**
Rankine La. PA5: John 2F **99**
Rankine Pl. G75: E Kil 4A **158**
  PA5: John 2F **99**
Rankine St. PA5: John 2F **99**
Rankin Gait Cen. *ML8: Carl* *3D 174*
  (off High St.)
Rankin Rd. ML2: Wis 5C **150**
Rankin St. ML8: Carl 3D **174**
Rankin Way G78: Barr 4G **119**
Rannoch Av. G64: B'rig 6D **50**
  G77: Newt M 2D **136**
  ML3: Ham 2E **161**
  ML5: Coat 2H **93**
Rannoch Ct. G67: Cumb 1D **56**
  G72: Blan 4D **144**
Rannoch Dr. G61: Bear 2H **47**
  G66: Kirkin 4H **33**
  G67: Cumb 1D **56**
  ML2: Wis 2H **165**
  PA4: Renf 5E **61**
Rannoch Gdns. G64: B'rig 6E **51**
Rannoch Grn. G74: E Kil 6H **141**
Rannoch La. G69: Mood 5E **55**
Rannoch Pl. PA2: Pais 2C **102**
Rannoch Rd. G71: Tann 4C **112**
  ML6: Air 2H **95**
  PA5: John 4E **99**
Rannoch St. G44: Glas 1E **123**
Rannoch Ter. ML9: Lark 4E **171**
Rannoch Way G71: Both 4E **129**
Rannoch Wynd G73: Ruth 5F **125**
RAPLOCH 2B **170**
Raploch Av. G14: Glas 5B **62**
Raploch La. G14: Glas 5B **62**
Raploch Rd. ML9: Lark 2B **170**
Raploch St. ML9: Lark 2B **170**
RASHIEBURN 5E **43**
Rashieburn PA8: Ersk 5E **43**
Rashieglen PA8: Ersk 5E **43**
Rashiehill PA8: Ersk 5E **43**
Rashielee Av. PA8: Ersk 5F **43**
Rashielee Dr. PA8: Ersk 5F **43**
Rashielee Rd. PA8: Ersk 5E **43**
Rashiewood PA8: Ersk 5F **43**
Rathlin St. G51: Glas 3G **85**
Rathlin Ter. G82: Dumb 2C **18**
Ratho Dr. G21: Glas 5A **66**
  G68: Cumb 6F **15**
Ratho Pk. ML3: Ham 4F **161**
Rattray PA8: Ersk 4E **43**
Rattray St. G32: Glas 2G **109**

Ravel Row. G31: Glas 6F **89**
Ravelston Rd. G61: Bear 5E **47**
    (not continuous)
Ravelston St. G32: Glas 5F **89**
Ravel Wynd G71: Tann 5F **113**
Ravenscliffe Dr. G46: Giff 4H **121**
Ravens Ct. G64: B'rig 1B **66**
Ravenscourt G74: T'hall 1G **155**
RAVENSCRAIG 2B **148**
Ravenscraig Av. PA2: Pais 4G **101**
Ravenscraig Ct. ML4: Bell 2D **130**
Ravenscraig Dr. G53: Glas 1B **120**
Ravenscraig Regional Sports Facility
    . . . . .2C **148**
Ravenscraig Ter. G53: Glas 2C **120**
Ravenshall ML1: Cle 1H **149**
Ravenshall Rd. G41: Glas 5A **106**
Ravenshill Dr. ML1: Cle 6H **133**
Ravenstone Dr. G46: Giff 2A **122**
Ravenswood Av. PA2: Pais 6C **100**
Ravenswood Dr. G41: Glas 4B **106**
Ravenswood Rd. G69: Bail 6A **92**
Raven Wynd ML2: Wis 5H **149**
Rawcliffe Gdns. G41: Glas 6C **106**
RAWYARDS 2C **96**
Rawyards Av. ML6: Air 1B **96**
Rawyards Ho. ML6: Air 2C **96**
Raymond Pl. G75: E Kil 2E **157**
Rayne Pl. G15: Glas 3B **46**
Ream Av. ML6: Air 5F **97**
Reay Av. G74: E Kil 1D **156**
Reay Gdns. G74: E Kil 1D **156**
Redan St. G40: Glas 6B **88**
Redbrae Pl. G66: Kirkin 4E **33**
Redbrae Rd. G66: Kirkin 4D **32**
Red Bri. Ct. ML5: Coat 3C **94**
Redburn Av. G46: Giff 1H **137**
Redburn Ct. G67: Cumb 5F **17**
Redburn Pl. G67: Cumb 6F **17**
Redburn Rd. G67: Cumb 5F **17**
Redcastle Sq. G33: Glas 2E **91**
Redcliffe Dr. G75: E Kil 3D **156**
Red Deer Rd. G72: Newt 6F **111**
    G75: E Kil 3E **157**
Red Deer Wlk. G72: Newt 6F **111**
Rederech Cres. ML3: Ham 1D **160**
Redford St. G33: Glas 3F **89**
Redgate Pl. G14: Glas 5B **62**
Redgrave G74: E Kil 4C **142**
Redhill Rd. G68: Cumb 2F **37**
Redhills Vw. G66: Len 4G **9**
Redholme ML9: Lark 4D **170**
    (off Fisher St.)
Redhouse La. ML8: Carl 2D **174**
Redhurst Cres. PA2: Pais 6G **101**
Redhurst La. PA2: Pais 6G **101**
Redhurst Way PA2: Pais 6G **101**
Redlands La. G12: Glas 5A **64**
Redlands Rd. G12: Glas 5A **64**
Redlands Ter. G12: Glas 5A **64**
Redlands Ter. La. G12: Glas 5A **64**
Redlawood Pl. G72: Newt 1G **127**
Redlawood Rd. G72: Newt 1G **127**
Redmoss Rd. G66: Milt C 6B **10**
    G81: Dun 1B **44**
Redmoss St. G22: Glas 4F **65**
Rednock St. G22: Glas 5G **65**
Redpath Dr. G52: Glas 5B **84**
    G72: Camb 1D **126**
Red Rd. G21: Glas 5D **66**
Red Rd. Ct. G21: Glas 6D **66**
Red Road Recreation Cen. 6E **67**
Redshank Av. PA4: Renf 5G **61**
Redshank Rd. G66: Lenz 1F **53**
Redshank Way PA4: Renf 4G **61**
Redwing Cres. ML5: Coat 3G **115**
Redwing Gdns. ML2: Wis 2G **165**
Redwood Av. G74: E Kil 2A **156**

Redwood Cl. ML3: Ham 4D **160**
Redwood Ct. G74: E Kil 2A **156**
Redwood Cres. G71: View 5G **113**
    G72: Flem 3F **127**
    G74: E Kil 6A **140**
    ML3: Ham 4D **160**
    PA7: B'ton 4A **42**
Redwood Dr. G21: Glas 6C **66**
    G74: T'hall 3A **156**
Redwood Gro. ML5: Coat 5D **94**
Redwood La. ML3: Ham 4E **161**
Redwood Pl. G66: Lenz 2B **52**
    G71: View 5G **113**
    G74: E Kil 1A **156**
Redwood Rd. G67: Cumb 3D **38**
    ML1: Holy 2C **132**
Redwood Way G72: Flem 4F **127**
Reelick Av. G13: Glas 1G **61**
Reelick Quad. G13: Glas 1G **61**
Reema Rd. ML4: Bell, Moss 1D **130**
Reen Pl. G71: Both 3F **129**
Regency Ct. ML3: Ham 1C **162**
Regency Way ML1: New S 3H **131**
Regent Centre, The G66: Kirkin . . .5C **32**
Regent Dr. G73: Ruth 5C **108**
Regent Moray St. G3: Glas . . .2B **4** (2B **86**)
Regent Pk. Sq. G41: Glas 3D **106**
Regent Pl. G81: Clyd 3A **44**
Regents Ga. G71: Both 3B **128**
Regent Sq. G66: Lenz 3C **52**
Regent St. G66: Kirkin 5C **32**
    G81: Clyd 3A **44**
    PA1: Pais 6D **82**
Regent Way ML3: Ham 6A **146**
Register Av. ML4: Bell 4C **130**
Register Rd. G65: Kils 3A **14**
Regwood St. G41: Glas 5B **106**
Reid Av. G61: Bear 1G **47**
    PA3: Lin .6H **79**
Reid Ct. G73: Ruth 5D **108**
Reid Gro. ML1: Moth 5B **148**
Reidhouse St. G21: Glas 5B **66**
Reid Pl. G40: Glas 1B **108**
Reid St. G40: Glas 2B **108**
    G73: Ruth 5D **108**
    ML3: Ham 4D **144**
    ML5: Coat 3C **94**
    ML6: Air 2B **96**
Reidvale St. G31: Glas 5B **88**
    (not continuous)
Reilly Rd. PA6: Hous 6B **40**
Reith Dr. G75: E Kil 4F **157**
Remus Pl. ML4: Moss 2G **131**
Renfield La. G2: Glas 5C **6** (4F **87**)
Renfield St. G2: Glas 5C **6** (4F **87**)
    PA4: Renf 5F **61**
RENFREW 5F **61**
Renfrew Community Mus. 5F **61**
Renfrew Ct. G2: Glas 3D **6** (3G **87**)
Renfrew Cross 5F **61**
Renfrew Golf Course 4D **60**
Renfrew La. G2: Glas 3C **6** (3F **87**)
Renfrew Leisure Cen. 1D **82**
Renfrew Pl. ML5: Coat 1G **113**
Renfrew Rd. G51: Glas 3B **84**
    G51: Glas, Renf 1A **84**
    PA3: Pais 5B **82**
Renfrew St. G2: Glas 3B **6** (2E **87**)
    G3: Glas 2H **5** (2E **87**)
    ML5: Coat 1G **113**
Rennie Pl. G74: E Kil 6C **140**
Rennie Rd. G65: Kils 2F **13**
Renshaw Dr. G52: Glas 5B **84**
Renshaw Pl. ML1: Holy 5H **115**
Renshaw Rd. PA5: Eld 4A **100**
    PA7: B'ton 4H **41**
Renton Rd. G82: Dumb 1D **18**
Renton St. G4: Glas 1D **6** (2G **87**)

Resipol Rd. G33: Step 4E **69**
Reston Dr. G52: Glas 5B **84**
Reuther Av. G73: Ruth 6D **108**
Revoch Dr. G13: Glas 2A **62**
Reynolds Av. G75: E Kil 4A **158**
Reynolds Dr. G33: Step 4F **69**
Reynolds Path ML2: Wis 2B **166**
Rhannan Rd. G44: Glas 2E **123**
Rhannan Ter. G44: Glas 2E **123**
Rhindhouse Pl. G69: Bail 6B **92**
Rhindhouse Rd. G69: Bail 6B **92**
Rhindmuir Av. G69: Bail 6A **92**
Rhindmuir Ct. G69: Bail 5A **92**
Rhindmuir Cres. G69: Bail 5B **92**
Rhindmuir Dr. G69: Bail 5A **92**
Rhindmuir Gdns. G69: Bail 5A **92**
Rhindmuir Ga. G69: Bail 5B **92**
Rhindmuir Gro. G69: Bail 5B **92**
Rhindmuir Path G69: Bail 5B **92**
Rhindmuir Pl. G69: Bail 5A **92**
Rhindmuir Rd. G69: Bail 5A **92**
Rhindmuir Vw. G69: Bail 5B **92**
Rhindmuir Wynd G69: Bail 5B **92**
Rhinds St. ML5: Coat 1F **113**
Rhinsdale Cres. G69: Bail 6A **92**
Rhumhor Gdns. PA10: Kilba 3C **98**
Rhu Quadrant ML2: Over 3A **166**
Rhymer St. G21: Glas 2A **88**
Rhymie Rd. G32: Glas 2D **110**
Rhynie Dr. G51: Glas 6H **85**
Riach Gdns. ML1: Moth 6E **131**
Ribblesdale G74: E Kil 6E **141**
Riccarton G75: E Kil 4D **156**
Riccarton Path ML3: Fern 2D **162**
Riccarton St. ML4: Bell 3G **107**
Riccartsbar Av. PA2: Pais 2G **101**
Rice Way ML1: Moth 5B **148**
Richmond Av. G76: Clar 2C **138**
Richmond Ct. G73: Ruth 5E **109**
Richmond Dr. G64: B'rig 3D **50**
    G72: Camb 2G **125**
    G73: Ruth 6E **109**
    PA3: Lin .4G **79**
Richmond Gdns. G69: Chry 1H **69**
Richmond Gro. G73: Ruth 6E **109**
Richmond Pk. Gdns. G5: Glas 2A **108**
Richmond Pk. Ter. G5: Glas 2H **107**
Richmond Pl. G73: Ruth 5E **109**
Richmond Rd. G73: Ruth 6F **109**
Richmond St. G1: Glas 5F **7** (4H **87**)
    G81: Clyd 6E **45**
Riddell St. G81: Clyd 4D **44**
    ML5: Coat 4E **95**
Riddon Av. G13: Glas 1G **61**
    G81: Clyd 1G **61**
Riddon Pl. G13: Glas 1G **61**
RIDDRIE 2F **89**
Riddrie Cres. G33: Glas 3G **89**
Riddrie Knowes G33: Glas 3G **89**
RIDDRIE KNOWES 3G **89**
Riddrievale Ct. G33: Glas 2G **89**
Riddrievale St. G33: Glas 2G **89**
Rigby Av. G32: Glas 5G **89**
Rigby Cres. G32: Glas 5G **89**
Rigby Dr. G32: Glas 5G **89**
Rigby Gdns. G32: Glas 5G **89**
Rigby St. G32: Glas 4F **89**
RIGGEND 1B **74**
Rigghead Av. G67: Cumb 6B **16**
Rigg Pl. G33: Glas 4E **91**
Riggside Rd. G33: Glas 1C **90**
Righead Ga. G74: E Kil 2G **157**
    (in East Kilbride Shop. Cen.)
Righead Ind. Est. ML4: Bell 6A **114**
Righead Rdbt. G74: E Kil 2F **157**
Riglands Ga. PA4: Renf 5E **61**
Riglands Way PA4: Renf 6E **61**

Riglaw Pl. G13: Glas 2A **62**
Rigmuir Rd. G51: Glas 4C **84**
Rimsdale St. G40: Glas 6C **88**
Ringford St. G21: Glas 6B **66**
Ringsdale Av. ML9: Lark 5C **170**
Ringsdale Ct. ML9: Lark 5C **170**
Ripon Dr. G12: Glas 3C **63**
Risk St. G81: Clyd 3B **44**
  G82: Dumb 4E **19**
Ristol Rd. G13: Glas 4B **62**
Ritchie Cres. PA5: Eld 2A **100**
Ritchie Pk. PA5: John 2H **99**
Ritchie Pl. G77: Newt M 5C **136**
Ritchie St. G5: Glas 1E **107**
  ML2: Wis 6D **148**
Ritz Pl. G5: Glas 2H **107**
Riverbank Dr. ML4: Bell 4E **131**
Riverbank St. G43: Glas 6A **106**
River Cart Wlk. PA1: Pais 1A **102**
River Ct. G76: Busby 3D **138**
Riverdale Gdns. ML3: Ham 2A **162**
River Dr. PA4: Inch 4H **59**
Riverford Rd. G43: Glas 6A **106**
  G73: Ruth 4E **109**
River Rd. G32: Carm 6B **110**
Riversdale La. G14: Glas 4A **62**
Riverside G62: Miln 3G **27**
  PA6: Hous 2D **78**
Riverside Ct. G44: Neth 4D **122**
  G76: Water 2C **154**
Riverside Gdns. G76: Busby 4D **138**
  ML9: Lark 5C **170**
Riverside La. G82: Dumb 4E **19**
Riverside Mus.
  Museum of Transport & Travel
  . . . . .2H **85**
Riverside Pk. G44: Neth 5E **123**
Riverside Pl. G72: Camb 1E **127**
Riverside Rd. G43: Glas 6C **106**
  G76: Water 3C **154**
  ML9: Lark 5C **170**
Riverside Ter. G76: Busby 4D **138**
Riverside Wlk. ML1: Moth 1H **147**
Riverton Ct. G43: Glas 6B **106**
Riverton Dr. G75: E Kil 3D **156**
Riverview Dr. G5: Glas 5E **87**
Riverview Gdns. G5: Glas 5E **87**
Riverview Pl. G5: Glas 5E **87**
RNIB Springfield Cen. G64: B'rig . . .6D **50**
Roaden Av. PA2: Pais 6D **100**
Roaden Rd. PA2: Pais 6D **100**
Roadside G67: Cumb 6A **16**
Roadside Pl. ML6: Grng 1D **74**
Robberhall Rd. ML1: Moth 3B **148**
Robb Ter. G66: Kirkin 1G **53**
Robert Burns Av. G81: Clyd 4E **45**
  ML1: N'hill 3E **133**
Robert Burns Dr. G61: Bear 1F **47**
Robert Burns Quad. ML4: Bell . . .2B **130**
Robert Dr. G51: Glas 4G **85**
Robert Gilson Gdns. ML5: Coat . . .6D **94**
Roberton St. ML6: Chap 2E **117**
Robert Smillie Cres. ML9: Lark . . .4C **170**
Robertson Av. G41: Glas 3A **106**
  PA4: Renf 6D **60**
Robertson Cl. PA4: Renf 6E **61**
Robertson Cres. G78: Neil 2D **134**
Robertson Dr. G74: E Kil 1B **158**
  ML4: Bell 3C **130**
  PA4: Renf 6D **60**
Robertson La. G2: Glas 6B **6** (4F **87**)
Robertsons Gait PA2: Pais 2A **102**
Robertson Sports Cen. 6B **102**
Robertson St. G2: Glas 6B **6** (5F **87**)
  G78: Barr 5D **118**
  ML3: Ham 4D **144**
  ML6: Air 4G **95**
Robertson Ter. G69: Bail 6A **92**

Roberts Quad. ML4: Bell 4D **130**
Roberts St. G81: Clyd 4A **44**
  ML2: Wis 6G **149**
Robert St. G51: Glas 4G **85**
Robert Templeton Dr.
  G72: Camb 2B **126**
Robert Wilson Ga. ML9: Lark 5C **170**
Robert Wynd ML2: Newm 3E **151**
Robin Pl. ML2: Wis 6H **149**
Robinson La. G74: T'hall 2H **155**
Robin Way G32: Carm 5C **110**
  G68: Cumb 5B **36**
ROBROYSTON 3G **67**
Robroyston Av. G33: Glas 6G **67**
ROBROYSTON INTERCHANGE 4H **67**
Robroyston Oval G33: Glas 4G **67**
Robroyston Rd. G33: Glas 2G **67**
  G64: B'rig 6H **51**
  G66: A'loch 6H **51**
Robroyston Way G33: Glas 4G **67**
Robshill Ct. G77: Newt M 5D **136**
Roblees Cres. G46: Giff 4G **121**
Robslee Dr. G46: Giff 4H **121**
Robslee Rd. G46: Giff, T'bnk 5G **121**
Robson Gro. G42: Glas 2F **107**
Rocep Bus. Pk. PA4: Renf 1H **83**
Rocep Dr. PA4: Renf 1H **83**
Rocep Way PA4: Renf 1H **83**
Rochdale Pl. G66: Kirkin 5C **32**
Rochsoles Cres. ML6: Air 1A **96**
Rochsoles Dr. ML6: Air 1H **95**
Rochsolloch Farm Cotts. ML6: Air . .4G **95**
Rochsolloch Rd. ML6: Air 5F **95**
Rockall Dr. G44: Glas 3F **123**
Rockbank Cres. ML5: Glenb 3A **72**
Rockbank Pl. G40: Glas 6C **88**
  G81: Hard 1E **45**
Rockbank St. G40: Glas 6C **88**
Rockburn Cres. ML4: Bell 6C **114**
Rockburn Dr. G76: Clar 1A **138**
Rockcliffe Path ML6: Chap 4E **117**
Rockcliffe St. G40: Glas 2B **108**
Rock Dr. PA10: Kilba 3B **98**
Rockfield Pl. G21: Glas 4E **67**
Rockfield Rd. G21: Glas 4E **67**
Rockhampton Av. G75: E Kil 4D **156**
Rockmount Av. G46: T'bnk 3G **121**
  G78: Barr 6F **119**
Rockshill Pl. ML6: C'bnk 3B **116**
Rock St. G4: Glas 6F **65**
Rockwell Av. PA2: Pais 5G **101**
Roddans La. G76: Eag 6D **154**
Roddinghead Rd. G46: Giff 3G **137**
Rodger Av. G77: Newt M 4C **136**
Rodger Dr. G73: Ruth 1C **124**
Rodger Pl. G73: Ruth 1C **124**
Rodger Way ML1: Cle 4H **133**
Rodil Av. G44: Glas 3G **123**
Rodney St. G4: Glas 1F **87**
Roebank Dr. G78: Barr 6E **119**
Roebank St. G31: Glas 3D **88**
  (not continuous)
Roe Ct. G72: Newt 1F **127**
Roe Dr. G72: Newt 1F **127**
Roffey Pk. Rd. PA1: Pais 6F **83**
Rogart St. G40: Glas 6B **88**
  (not continuous)
Rogerfield Rd. G69: Barg 4A **92**
ROGERTON 3F **141**
Rokeby La. G12: Glas 6C **64**
  (off Southpark Av.)
Roland Cres. G77: Newt M 6F **137**
Roman Av. G15: Glas 6A **46**
  G61: Bear 2F **47**
Roman Bath House
  Glasgow 2F **47**
Roman Ct. G61: Bear 2F **47**
  G81: Hard 1C **44**

Roman Cres. G60: Old K 6D **22**
Roman Dr. G61: Bear 2F **47**
  ML4: Bell 3D **130**
Roman Gdns. G61: Bear 2F **47**
Roman Hill Rd. G81: Hard 6D **24**
Roman Pl. ML4: Bell 4A **130**
Roman Rd. G61: Bear 2E **47**
  G66: Kirkin 5B **32**
  G81: Hard 1C **44**
  ML1: Moth 1F **147**
  (not continuous)
Roman Way G71: View 1G **129**
Romney Av. G44: Glas 2G **123**
Romulus Ct. ML1: Moth 6E **131**
Ronaldsay Dr. G64: B'rig 5F **51**
Ronaldsay Pass G22: Glas 2H **65**
Ronaldsay Pl. G67: Cumb 5F **37**
Ronaldsay St. G22: Glas 2G **65**
Ronald St. ML5: Coat 3C **94**
Rona St. G21: Glas 1D **88**
Rona Ter. G72: Camb 4H **125**
Ronay St. G22: Glas 2H **65**
  ML2: Wis 4C **150**
Rooksdell Av. PA2: Pais 4G **101**
Ropework La. G1: Ashg 5G **87**
Rorison Pl. ML9: Ashg 4H **171**
Rosa Burn Av. G75: E Kil 1B **168**
Rosaburn Cres. G75: E Kil 6D **156**
ROSEBANK
  G66 . . . . .5G **33**
  ML8 . . . . .5C **172**
Rosebank Av. G66: Kirkin 4E **33**
  G72: Blan 6C **128**
Rosebank Dr. G71: View 6G **113**
  G72: Camb 3C **126**
Rosebank Gdns. G71: Udd 3H **111**
  PA5: John 3F **99**
Rosebank La. G71: Both 4F **129**
Rosebank Pl. G68: Dull 5E **15**
  G71: Udd 3H **111**
  ML3: Ham 6E **145**
Rosebank Rd. ML2: Over 5A **166**
  ML4: Bell 5D **114**
Rosebank St. ML6: Air 3E **97**
Rosebank Ter. G69: Barg 1D **112**
Rosebank Twr. G72: Camb 1A **126**
  (off Allison Dr.)
Roseberry La. ML6: Chap 2E **117**
Roseberry Pl. G81: Clyd 6D **44**
  ML3: Ham 5E **145**
Roseberry Rd. ML6: Chap 1D **116**
Rosebery Ter. G5: Glas 3H **107**
Roseburn Ct. G67: Cumb 6F **17**
Roseburn Pl. ML5: Coat 6C **94**
Rose Cres. G77: Newt M 2D **136**
  ML3: Ham 5D **144**
Rose Dale G64: B'rig 1D **66**
Rosedale G74: E Kil 6E **141**
Rosedale Av. PA2: Pais 6B **100**
Rosedale Dr. G69: Bail 1G **111**
Rosedale Gdns. G20: Glas 1A **64**
Rosedene Ter. ML4: Bell 1C **130**
Rosefield Gdns. G71: Udd 6C **112**
Rose Gdns. ML5: Coat 2B **114**
Rosegreen Cres. ML4: Bell 5C **114**
ROSEHALL 2D **114**
Rosehall Av. ML5: Coat 1D **114**
Rosehall Ind. Est. ML5: Coat 2C **114**
Rosehall Rd. ML4: Bell 1B **130**
Rosehall Ter. ML2: Wis 2E **165**
Rosehill Cres. G53: Glas 1A **120**
Rosehill Dr. G53: Glas 1A **120**
  G67: Cumb 1C **56**
Rosehill Pl. G67: Cumb 1C **56**
Rosehill Rd. G64: Torr 5D **30**
Rose Knowe Rd. G42: Glas 5H **107**
Roselea Dr. G62: Miln 2H **27**
Roselea Gdns. G13: Glas 2F **63**

Roselea Pl. G72: Blan 6A **128**
Roselea Rd. G71: Tann 5C **112**
Roselea St. ML9: Lark 1D **170**
Rosemary Cres. G74: E Kil 5F **141**
Rosemary Pl. G74: E Kil 5F **141**
Rosemount G68: Cumb 6H **15**
Rosemount Av. G77: Newt M . . .1D **152**
Rose Mt. Ct. ML6: Air 3C **96**
Rosemount Ct. G77: Newt M . . .2D **152**
    ML8: Carl 3E **175**
Rosemount Gdns. ML6: Air 4A **96**
Rosemount La. ML9: Lark 4E **171**
    (off Dickson St.)
    PA11: Bri W 5D **76**
Rosemount Mdws. G71: Both 5D **128**
Rosemount St. G21: Glas 2B **88**
Rosendale Way G72: Blan 2C **144**
Roseneath Ga. G74: E Kil 1E **157**
Roseness Pl. G33: Glas 3A **90**
Rosepark Av. G71: View 1G **129**
Rosepark Cotts. ML5: Coat 2B **114**
Rose St. G3: Glas 3B **6** (3F **87**)
    G66: Kirkin 5D **32**
    G67: Cumb 6D **36**
    ML1: Moth 4A **148**
Rosevale Cres. ML3: Ham 1F **161**
    ML4: Bell 3E **131**
Rosevale Rd. G61: Bear 3E **47**
Rosevale St. G11: Glas 1G **85**
Rosewood ML2: Wis 2E **165**
Rosewood Av. ML4: Bell 6D **114**
    PA2: Pais 4F **101**
Rosewood Path ML4: Bell 2A **130**
Rosewood Pl. G69: Barg 5E **93**
Rosewood St. G13: Glas 2E **63**
Roslea Dr. G31: Glas 4C **88**
Roslin Pl. ML6: Chap 3E **117**
Roslin Twr. G72: Camb 4G **125**
Roslyn Dr. G69: Barg 6D **92**
Rosneath St. G51: Glas 3G **85**
Ross Av. G66: Kirkin 5F **33**
    PA4: Renf 2C **82**
Ross Cott. Dr. ML3: Fern 1D **162**
Ross Cres. ML1: Moth 4E **147**
Ross Dr. G71: View 4G **113**
    ML1: Moth 4E **147**
    ML6: Air 1G **115**
Rossendale Ct. G43: Glas 5A **106**
Rossendale Rd. G41: Glas 5A **106**
    G43: Glas 5A **106**
Ross Gdns. ML1: Moth 4E **147**
ROSSHALL 2A **104**
Rosshall Av. PA1: Pais 1E **103**
Rosshall Pl. PA4: Renf 6F **61**
Rosshill Av. G52: Glas 6H **83**
Rosshill Rd. G52: Glas 6H **83**
Rossie Cres. G64: B'rig 1E **67**
Rossie Gro. G77: Newt M 4B **136**
ROSSLAND 5A **42**
Rossland Cres. PA7: B'ton 4G **41**
Rossland Gdns. PA7: B'ton 4G **41**
Rossland Pl. PA7: B'ton 5H **41**
Rossland Vw. PA7: B'ton 4G **41**
Rosslea Dr. G46: Giff 5A **122**
Rosslyn Av. G73: Ruth 6D **108**
    G74: E Kil 6H **141**
Rosslyn Ct. ML3: Ham 5E **145**
Rosslyn Rd. G61: Bear 1B **46**
    ML9: Ashg 5H **171**
Rosslyn Ter. G12: Glas 5A **64**
Ross Pl. G73: Ruth 3F **125**
    G74: E Kil 6C **142**
Ross St. G40: Glas 5H **87**
    ML5: Coat 4C **94**
    PA1: Pais 2C **102**
Ross Ter. ML3: Fern 2E **163**
Rostan Rd. G43: Glas 2A **122**
Rosyth Rd. G43: Glas 3A **108**

Rotherwick Dr. PA1: Pais 1G **103**
Rotherwood Av. G13: Glas 6C **46**
    PA2: Pais 5D **100**
Rotherwood La. G13: Glas 5C **46**
Rotherwood Pl. G13: Glas 1D **62**
Rotherwood Way PA2: Pais 5D **100**
Rothesay Cres. ML5: Coat 1D **114**
Rothesay Pl. ML5: Coat 1D **114**
Rothesay St. G74: E Kil 2F **157**
Rothes Dr. G23: Glas 6A **48**
Rothes Pl. G23: Glas 6A **48**
Rottenrow G1: Glas 4F **3** (3H **87**)
    G4: Glas 5H **7** (4A **88**)
Rottenrow East G4: Glas . .5G **7** (4H **87**)
Roughcraig St. ML6: Air 1A **96**
Roughrigg Rd. ML6: Air 5G **97**
Roukenburn St. G46: T'bnk 3E **121**
Rouken Glen Pk. 6F **121**
Rouken Glen Rd. G46: Giff, T'bnk . . .5F **121**
Roundel, The ML2: Wis 6A **150**
Roundhill Dr. PA5: Eld 2C **100**
Roundknowe Rd. G71: Udd 4A **112**
Round Riding Rd. G82: Dumb 3G **19**
Rowallan Gdns. G11: Glas 6G **63**
Rowallan La. G11: Glas 6F **63**
    G76: Clar 2C **138**
Rowallan Rd. G46: T'bnk 5F **121**
Rowallan Ter. G33: Mille 5B **68**
Rowallen La. E. G11: Glas 6G **63**
Rowan Av. G66: Milt C 6B **10**
    G74: E Kil 5E **141**
    PA4: Renf 5E **61**
Rowanbank Pl. ML6: Air 3E **95**
Rowanberry Ct. G66: Len 1C **8**
Rowan Bus. Pk. G51: Glas 5F **85**
Rowan Ct. G72: Flem 3F **127**
    ML2: Wis 1D **164**
    PA2: Pais 3A **102**
Rowan Cres. G66: Lenz 2C **52**
    ML6: Chap 2E **117**
Rowandale Av. G69: Bail 1G **111**
Rowand Av. G46: Giff 4A **122**
Rowanden Av. ML4: Bell 1C **130**
Rowan Dr. FK4: Bank 1E **17**
    G61: Bear 6F **27**
    G81: Clyd 3B **44**
    G82: Dumb 3A **18**
Rowan Gdns. G41: Glas 1H **105**
    ML9: Lark 3D **170**
Rowan La. ML1: New S 4A **132**
Rowanlea ML6: Plain 6F **75**
    (off Craiglea Ter.)
    PA5: John 3E **99**
Rowanlea Av. PA2: Pais 6B **100**
Rowanlea Dr. G46: Giff 3B **122**
Rowanpark Dr. G78: Barr 2C **118**
Rowan Pl. G72: Blan 1B **144**
    ML5: Coat 1A **114**
Rowan Ri. ML3: Ham 1A **162**
Rowan Rd. G41: Glas 1H **105**
    G67: Cumb 2D **38**
    PA3: Lin 4F **79**
Rowans, The G64: B'rig 5B **50**
Rowans Gdns. G71: Both 3F **129**
Rowans Ga. PA2: Pais 3B **102**
Rowan St. ML2: Wis 4H **149**
    PA2: Pais 3A **102**
Rowantree Av. G71: View 6G **113**
    G73: Ruth 2D **124**
Rowantree Gdns. G73: Ruth 2D **124**
Rowantree Pl. G66: Len 4G **9**
    ML9: Lark 3F **171**
    PA5: John 4F **99**
    (off Rowantree Rd.)
Rowantree Rd. PA5: John 4F **99**
Rowantree Ter. G66: Len 4G **9**
    ML1: Holy 2B **132**

Rowanwood Cres. ML5: Coat 6H **93**
Rowan Wynd PA2: Pais 3A **102**
Rowan Av. G51: Glas 2B **84**
Rowchester St. G40: Glas 6C **88**
Rowena Av. G13: Glas 6D **46**
Roxburgh Ct. ML1: New S 5B **132**
Roxburgh Dr. G61: Bear 6E **27**
    ML5: Coat 1F **115**
Roxburgh La. G12: Glas 6B **64**
Roxburgh Pk. G74: E Kil 2H **157**
Roxburgh Pl. G72: Blan 2B **144**
    (off Winton Cres.)
Roxburgh Rd. PA2: Pais 6B **100**
Roxburgh St. G12: Glas 6B **64**
Royal Bank Pl. G1: Glas 5D **6**
Royal Conservatoire of Scotland
    . . . . .3B **6** (3F **87**)
Royal Cres. G3: Glas 3D **4** (3C **86**)
Royal Dr. ML3: Ham 1C **162**
Royal Exchange Ct. G1: Glas 5D **6**
Royal Exchange Sq.
    G1: Glas 5D **6** (4G **87**)
Royal Gdns. G71: Both 5B **128**
Royal Highland Fusiliers Mus.
    . . . . .2H **5** (2E **87**)
Royal Inch Cres. PA4: Renf 4F **61**
Royal Ter. G3: Glas 2D **4** (2C **86**)
    ML2: Wis 2A **150**
Royal Ter. La. G3: Glas 2D **4** (2C **86**)
Royellen Av. ML3: Ham 1D **160**
ROYSTON 2B **88**
Roystonhill G21: Glas 2B **88**
Roystonhill Pl. G21: Glas 2B **88**
Royston Rd. G21: Glas 2H **7** (2A **88**)
    G33: Glas 6G **67**
Royston Sq. G21: Glas 2A **88**
Roy St. G21: Glas 6H **65**
Rozelle Av. G15: Glas 4B **46**
    G77: Newt M 5B **136**
Rozelle Dr. G77: Newt M 5B **136**
Rozelle Pl. G77: Newt M 5B **136**
Rubislaw Dr. G61: Bear 4E **47**
Ruby St. G40: Glas 1C **108**
Ruby Ter. ML4: Bell 3C **130**
RUCHAZIE 2B **90**
Ruchazie Pl. G33: Glas 3H **89**
Ruchazie Rd. G32: Glas 5H **89**
    G33: Glas 3H **89**
RUCHILL 4D **64**
Ruchill Golf Course 3D **64**
Ruchill Pl. G20: Glas 4D **64**
Ruchill Sports Cen. 3D **64**
Ruchill St. G20: Glas 4C **64**
Ruel St. G44: Glas 6E **107**
Rufflees Av. G78: Barr 3F **119**
Rugby Av. G13: Glas 1B **62**
Rullion Pl. G33: Glas 3H **89**
Rumford St. G40: Glas 2B **108**
Runciman Pl. G74: E Kil 5B **142**
Rundell Dr. G66: Milt C 6C **10**
Rupert St. G4: Glas 1D **86**
Rushyhill St. G21: Glas 5C **66**
Ruskin La. G12: Glas 6C **64**
Ruskin Pl. G12: Glas 6C **64**
    G65: Kils 3H **13**
Ruskin Sq. G64: B'rig 6C **50**
Ruskin Ter. G12: Glas 6C **64**
    G73: Ruth 4D **108**
Russell Colt St.
    ML5: Coat 3C **94**
Russell Dr. G61: Bear 1E **47**
Russell Gdns. G71: Tann 5E **113**
    G77: Newt M 5C **136**
Russell La. ML2: Wis 6G **149**
Russell Pl. G75: E Kil 4E **157**
    G76: Busby 4E **139**
    PA3: Lin 5F **79**
Russell Rd. G81: Dun 6A **24**

Russell St. ML2: Wis 1G **165**
   ML3: Ham 4D **144**
   ML4: Moss 2F **131**
   ML6: Chap 3E **117**
   PA3: Pais 4H **81**
   PA5: John 2G **99**
Rutherford Av. G61: Bear 5B **26**
   G66: Kirkin 1H **53**
Rutherford Ct. G81: Clyd 5C **44**
Rutherford Dr. G66: Lenz 2E **53**
Rutherford Grange
   G66: Lenz 1C **52**
Rutherford La. G75: E Kil 3H **157**
Rutherford Rd. G66: Lenz 2E **53**
Rutherford Sq. G75: E Kil 3G **157**
RUTHERGLEN 5C **108**
Rutherglen Bri. G5: Glas 2B **108**
Rutherglen Ind. Est. G73: Ruth 4B **108**
   (not continuous)
Rutherglen Mus. 5D **108**
Rutherglen Rd. G73: Ruth 2A **108**
Rutherglen Station (Rail) 5D **108**
Rutherglen Swimming Pool 6C **108**
Ruthven Av. G46: Giff 6B **122**
Ruthven La. G12: Glas 6A **64**
   ML5: Glenb 3G **71**
Ruthven Pl. G64: B'rig 1E **67**
Ruthven St. G12: Glas 6B **64**
Rutland Ct. *G51: Glas* *5C 86*
   (off Govan Rd.)
Rutland Cres. G51: Glas 5C **86**
Rutland Pl. G51: Glas 5C **86**
Ryan Rd. G64: B'rig 6D **50**
Ryan Way G73: Ruth 4E **125**
Ryat Dr. G77: Newt M 3C **136**
Ryat Grn. G77: Newt M 3C **136**
   (not continuous)
Ryat Linn PA8: Ersk 6D **42**
Rydal Gro. G75: E Kil 5B **156**
Rydal Pl. G75: E Kil 5B **156**
Ryden Mains Rd. ML6: Glenm 5F **73**
Ryde Rd. ML2: Wis 6A **150**
Ryebank Rd. G21: Glas 4E **67**
Rye Cres. G21: Glas 4D **66**
Ryecroft Dr. G69: Bail 6H **91**
Ryedale Pl. G15: Glas 3A **46**
Rye Dr. G21: Glas 4E **67**
Ryefield Av. ML5: Coat 4H **93**
   PA5: John 4D **98**
Ryefield Pl. PA5: John 4D **98**
Ryefield Rd. G21: Glas 4D **66**
Ryehill Pl. G21: Glas 4E **67**
Ryehill Rd. G21: Glas 4E **67**
Ryemount Rd. G21: Glas 4E **67**
Rye Rd. G21: Glas 4D **66**
Ryeside Rd. G21: Glas 4D **66**
Rye Way PA2: Pais 4C **100**
Ryewraes Rd. PA3: Lin 6H **79**
Rylands Dr. G32: Glas 1D **110**
Rylands Gdns. G32: Glas 1E **111**
Rylees Cres. G52: Glas 5G **83**
Rylees Pl. G52: Glas 5G **83**
Rylees Rd. G52: Glas 5G **83**
Rysland Av. G77: Newt M 4E **137**
Rysland Cres. G77: Newt M 4E **137**
Ryvra Rd. G13: Glas 3D **62**

S

Sachelcourt Av. PA7: B'ton 5H **41**
Sackville Av. G13: Glas 4F **63**
Sackville La. G13: Glas 4F **63**
Saddell Rd. G15: Glas 3B **46**
Sadlers Wells Ct. G74: E Kil 5B **142**
Saffron Cres. ML2: Wis 2D **164**
Saffronhall Cres. ML3: Ham 5H **145**
Saffronhall Gdns. ML3: Ham 5H **145**

Saffronhall La. ML3: Ham 5H **145**
St Abb's Dr. PA2: Pais 4E **101**
St Abbs Way ML6: Chap 5E **117**
St Aidan's Path ML2: Wis 3A **150**
St Andrews Av. G64: B'rig 5A **50**
   G71: Both 6E **129**
   PA3: Glas A 2G **81**
St Andrew's Brae G82: Dumb 1H **19**
St Andrew's Cl. G41: Glas 1D **106**
St Andrews Ct. G75: E Kil 5E **157**
   ML1: Holy 1A **132**
   ML4: Bell *2D 130*
   (off Main St.)
   ML8: Carl 3C **174**
St Andrew's Cres. G41: Glas 1C **106**
   G82: Dumb 2H **19**
   PA3: Glas A 2G **81**
St Andrews Dr. G41: Glas 3A **106**
   G61: Bear 6D **26**
   G68: Cumb 5B **16**
   ML3: Ham 5B **144**
   ML5: Coat 5A **94**
   ML8: Law 5E **167**
   PA3: Glas A 3H **81**
   PA11: Bri W 4E **77**
St Andrew's Dr. W. PA3: Glas A . . .2G **81**
St Andrew's Gdns. ML6: Air 3B **96**
St Andrew's Ga. ML4: Bell 2B **130**
St Andrew's La. *G1: Glas* *5H 87*
   (off Gallowgate)
St Andrews Oval PA3: Glas A 3G **81**
St Andrew's Parkway PA3: Glas A . .3G **81**
St Andrew's Path *ML9: Lark* *4E 171*
   (off Blair Atholl Dr.)
St Andrews Pl. G65: Kils 2G **13**
St Andrew's RC Cathedral 5G **87**
St Andrew's Rd. G41: Glas 1D **106**
   PA4: Renf 6E **61**
St Andrews Sq. G1: Glas 5H **87**
St Andrews St. G1: Glas 5H **87**
   ML1: Holy 2A **132**
St Andrew's Way ML2: Wis 3A **150**
St Anne's Av. PA8: Ersk 1H **59**
St Anne's Ct. ML3: Ham 3H **161**
St Anne's Wynd PA8: Ersk 1H **59**
St Ann's Dr. G46: Giff 5A **122**
St Barchan's Rd. PA10: Kilba 3B **98**
St Blanes Dr. G73: Ruth 1A **124**
St Boswell's Cres. PA2: Pais 4E **101**
St Boswells Dr. ML5: Coat 1F **115**
St Bride's Av. G71: View 6G **113**
St Bride's Rd. G43: Glas 6B **106**
St Brides Way G71: Both 3E **129**
St Bryde La. G74: E Kil 1H **157**
St Bryde St. G74: E Kil 1H **157**
St Catherine's Rd. G46: Giff 5A **122**
St Clair Av. G46: Giff 4A **122**
St Clair St. G20: Glas 1D **86**
St Columba Dr. G66: Kirkin 6E **33**
St Cuthbert Way ML3: Ham 4D **144**
St Cyrus Gdns. G64: B'rig 6E **51**
St Cyrus Rd. G64: B'rig 6E **51**
St Davids Dr. ML6: Air 1C **116**
St David's Pl. ML9: Lark 2C **170**
St Denis Way ML5: Coat 3B **94**
St Edmunds Gro. G62: Miln 2G **27**
St Edmunds La. G62: Miln 2G **27**
St Enoch Av. G71: View 5G **113**
St Enoch Pl. G1: Glas 6C **6** (4F **87**)
St Enoch Shop. Cen.
   G1: Glas 6C **6** (5G **87**)
St Enoch Sq. G1: Glas 6C **6**
St Enoch Station (Underground)
   . . . . .6C **6** (5F **87**)
St Fillans Dr. PA6: Hous 1A **78**
St Fillans Rd. G33: Step 4C **68**
St Flanan Rd. G66: Kirkin 4B **34**

St Francis Rigg G5: Glas 1H **107**
ST GEORGE'S CROSS INTERCHANGE
   . . . . .1H **5** (2E **87**)
St Georges Cross Station (Underground)
   . . . . .1H **5** (1E **87**)
St George's Pl. G20: Glas 1H **5**
St George's Rd. G3: Glas 2G **5** (2D **86**)
   G4: Glas 1H **5** (1E **87**)
St George's Ter. *PA11: Bri W* *3E 77*
   (off Horsewood Rd.)
St Germains G61: Bear 3E **47**
St Giles Pk. ML3: Ham 1F **161**
St Giles Way ML3: Ham 1F **161**
St Helena Cres. G81: Hard 1E **45**
St Helens Gdns. G41: Glas 5D **106**
St Ives Rd. G69: Mood 4D **54**
St James Av. G74: E Kil 2A **156**
   PA3: Pais 4F **81**
St James Bus. Cen. PA1: Lin 1C **100**
St James Ct. ML5: Coat 1A **114**
ST JAMES EAST INTERCHANGE . . .3G **81**
St James Retail Cen. G74: E Kil . . .2A **156**
St James Rd. G4: Glas 3F **7** (3H **87**)
St James' St. PA3: Pais 6A **82**
St James Way ML5: Coat 2A **114**
ST JAMES WEST INTERCHANGE . . .3F **81**
St John's Blvd. G71: Udd 1E **129**
St John's Ct. G41: Glas 1C **106**
St John's Quad. G41: Glas 1C **106**
St John's Rd. G41: Glas 2C **106**
St John St. ML5: Coat 4C **94**
St Johns Way G65: Twe 2D **34**
St Joseph's Ct. G21: Glas 2B **88**
St Joseph's Pl. G21: Glas 2B **88**
St Joseph's Vw. G21: Glas 2B **88**
St Kenneth Dr. G51: Glas 3D **84**
St Kilda Dr. G14: Glas 5E **63**
St Kilda Way ML2: Wis 4C **150**
St Lawrence Pk. G75: E Kil 2E **157**
ST LEONARDS 2C **158**
St Leonard's Dr. G46: Giff 4A **122**
St Leonards Rd. G74: E Kil 1B **158**
St Leonards Sq. G74: E Kil 2C **158**
St Leonards Wlk. ML5: Coat 2E **115**
St Lukes Av. ML8: Carl 5C **174**
St Lukes Bus. Cen. *G5: Glas* *6G 87*
   (off St Lukes Pl.)
St Lukes Pl. G5: Glas 6G **87**
St Lukes Ter. G5: Glas 6G **87**
St Machan's Way G66: Len 2F **9**
St Machars Rd. PA11: Bri W 4G **77**
St Margarets Av. G65: Bant 1G **15**
   PA3: Pais 4B **82**
St Margarets Ct. *ML4: Bell* *2D 130*
   (off Dean St.)
   PA3: Pais 4B **82**
St Margarets Dr. ML2: Wis 2E **165**
St Margaret's Pl. *G1: Glas* *5G 87*
   (off Jocelyn Sq.)
St Mark Gdns. G32: Glas 6H **89**
St Mark's Ct. ML2: Wis 3A **150**
St Mark St. G32: Glas 6G **89**
   (not continuous)
St Marnock St. G40: Glas 6C **88**
St Martins Ga. ML5: Coat 1C **114**
St Mary's Cathedral 1D **86**
St Mary's Ct. G2: Glas 5C **6**
   ML2: Wis 1H **165**
St Mary's Cres. G78: Barr 5E **119**
St Mary's Gdns. G78: Barr 5E **119**
St Mary's La. G2: Glas 5C **6**
St Mary's Rd. G64: B'rig 5A **50**
   ML4: Bell 2A **130**
St Mary's Way G82: Dumb 4F **19**
St Maurice's Rdbt. G68: Cumb 4C **36**
St Michael Rd. ML2: Wis 2C **164**
St Michaels Ct. G31: Glas 6E **89**
St Michaels La. G31: Glas 6E **89**

St Michael's Way G82: Dumb 3D **18**
St Mirin's RC Cathedral 6B **82**
St Mirren FC 5G **81**
St Mirren Pk. 5G **81**
St Mirren's Rd. G65: Kils 3A **14**
St Mirren St. PA1: Pais 1A **102**
St Monance St. G21: Glas 4B **66**
St Monicas Way ML5: Coat 1H **113**
St Mungo Av. G4: Glas 3E **7** (3G **87**)
St Mungo Ct. PA11: Bri W 3G **77**
St Mungo Museum of Religious Life & Art
. . . . .4H **7** (3A **88**)
St Mungo Pl. G4: Glas 3G **7** (3H **87**)
ML3: Ham 5B **144**
St Mungo's Cathedral 4H **7** (3A **88**)
St Mungo's Cres. ML1: Carf 5B **132**
St Mungo's Rd. G67: Cumb 4G **37**
St Mungo St. G64: B'rig 1B **66**
St Mungo's Wlk. G67: Cumb 3H **37**
St Ninian's Cres. PA2: Pais 3B **102**
St Ninians Gro. ML2: Wis 3B **150**
St Ninian's Pl. ML3: Ham 6D **144**
St Ninian's Rd. ML3: Ham 6D **144**
PA2: Pais 3B **102**
St Ninian Ter. G5: Glas 6G **87**
St Oswald's Glebe G44: Glas 1A **124**
St Peters Cl. PA2: Pais 6G **101**
St Peters La. G2: Glas 5A **6** (4E **87**)
St Peter's Path G4: Glas 1E **87**
. . . .(off Unity Pl.)
St Peter's St. G4: Glas 1A **6** (1E **87**)
St Roberts Gdns. G53: Glas 2C **120**
St Rollox Brae G21: Glas 1A **88**
St Rollox Business & Retail Pk.
G21: Glas 1B **88**
St Ronans Dr. G41: Glas 4B **106**
G73: Ruth 1E **125**
ML3: Ham 3G **161**
St Stephen's Av. G73: Ruth 4F **125**
St Stephen's Ct. G81: Clyd 4B **44**
St Stephen's Cres. G73: Ruth 4G **125**
St Valentine Ter. G5: Glas 1H **107**
St Vigean's Av. G77: Newt M 6B **136**
. . . .(not continuous)
St Vigeans Pl. G77: Newt M 6C **136**
St Vincent Cres. G3: Glas 3C **4** (3B **86**)
St Vincent Cres. La.
G3: Glas 3C **4** (3B **86**)
St Vincent La. G2: Glas 4A **6** (3E **87**)
St Vincent Pl. G1: Glas 5D **6** (4G **87**)
G75: E Kil 3C **156**
ML1: Moth 2G **147**
St Vincent St. G1: Glas 4F **87**
G2: Glas 4F **5** (3E **87**)
G3: Glas 4F **5** (3D **86**)
St Vincent Ter. G3: Glas 4F **5** (3D **86**)
St Winifred's Way ML2: Wis 5G **149**
Salamanca St. G31: Glas 6F **89**
. . . .(not continuous)
Salasaig Ct. G33: Glas 4A **90**
Salen St. G52: Glas 6F **85**
Salford Pl. G66: Kirkin 4C **32**
. . . .(off New Lairdsland Rd.)
Saline St. ML6: Air 5F **95**
Salisbury G74: E Kil 5D **142**
Salisbury Cres. ML1: Moth 1D **146**
Salisbury Pl. G81: Clyd 2H **43**
Salisbury St. G5: Glas 1F **107**
Salkeld St. G5: Glas 1E **107**
Salmona St. G22: Glas 5F **65**
Saltaire Av. G71: Udd 2E **129**
Salterland Rd. G53: Glas 2G **119**
G78: Barr 2G **119**
Saltire Cres. ML9: Lark 3E **171**
Saltmarket G1: Glas 5G **87**
Saltmarket Pl. G1: Glas 5G **87**
Saltmarsh Dr. G66: Lenz 1F **53**
Saltoun La. G12: Glas 6B **64**

Saltoun St. G12: Glas 6B **64**
Salvia St. G72: Camb 1H **125**
Samson Cres. ML8: Carl 5G **175**
Samuel Evans Av. PA2: Pais . . .3E **103**
Sandaig Rd. G33: Glas 6E **91**
Sandale Path G72: Blan 3A **144**
Sandalwood ML2: Wis 2D **164**
Sandalwood Av. G74: E Kil 5F **141**
ML1: Carf 4C **132**
Sandalwood Ct. G74: E Kil 5F **141**
Sanda St. G20: Glas 5C **64**
Sanda Way PA2: Pais 6H **101**
Sandbank Av. G20: Glas 2B **64**
Sandbank Cres. G20: Glas 3B **64**
Sandbank Dr. G20: Glas 2B **64**
Sandbank St. G20: Glas 1B **64**
Sandbank Ter. G20: Glas 2B **64**
Sandend PA8: Ersk 4E **43**
Sandend Rd. G53: Glas 6A **104**
Sanderling Parkway
PA3: Pais 3G **81**
Sanderling Pl. G75: E Kil 6C **156**
PA5: John 6D **98**
Sanderling Rd. PA3: Glas A 3H **81**
Sanderson Av. G71: View 1H **129**
Sandfield Av. G62: Miln 2G **27**
Sandfield St. G20: Glas 4C **64**
Sandford Gdns. G69: Bail 6H **91**
Sandgate Av. G32: Glas 2D **110**
Sandhaven Pl. G53: Glas 6A **104**
Sandhaven Rd. G53: Glas 6A **104**
Sandhead Cres. ML6: Chap 4E **117**
Sandhead Ter. G72: Blan 1B **160**
Sandholes Rd. PA5: Brkfld 6C **78**
PA6: C'lee 6C **78**
Sandholes St. PA1: Pais 1G **101**
Sandholm Pl. G14: Glas 4H **61**
Sandholm Ter. G14: Glas 4H **61**
Sandiefield Rd. G5: Glas 1G **107**
Sandielands Av. PA8: Ersk 2H **59**
Sandilands Cres. ML1: Moth 4D **146**
Sandilands St. G32: Glas 6B **90**
Sandmartin Gro. G66: Lenz 1F **53**
Sandmill St. G21: Glas 2C **88**
Sandpiper Cres. ML5: Coat 2F **115**
Sandpiper Dr. G75: E Kil 6C **156**
Sandpiper Pl. G75: E Kil 6C **156**
Sandpiper Way ML4: Bell 5A **114**
Sandra Rd. G64: B'rig 5E **51**
Sandringham Av. G77: Newt M . . .3G **137**
Sandringham Ct. G77: Newt M . . .4G **137**
Sandringham Dr. PA5: Eld 4H **99**
Sandringham La. G12: Glas 6B **64**
. . . .(off Kersland St.)
Sandwood G52: Glas 6A **84**
Sandwood Cres. G52: Glas 6A **84**
Sandwood Path G52: Glas 6A **84**
Sandwood Rd. G52: Glas 1A **104**
Sandyfaulds St. G5: Glas 1H **107**
Sandyford Av. ML1: N'hse 5D **116**
Sandyford Pl. G3: Glas 3E **5** (3C **86**)
ML1: N'hse 6D **116**
Sandyford Pl. La. G3: Glas . . .3E **5** (3C **86**)
Sandyford Rd. ML1: N'hse 6D **116**
PA3: Pais 3C **82**
Sandyford St. G3: Glas 3A **4** (3A **86**)
SANDYHILLS 1D **110**
Sandyhills Cres. G32: Glas 2B **110**
Sandyhills Dr. G32: Glas 2B **110**
Sandyhills Golf Course 2C **110**
Sandyhills Gro. G32: Glas 3B **110**
Sandyhills Pl. G32: Glas 2B **110**
Sandyhills Rd. G32: Glas 2B **110**
Sandyknowes Rd. G67: Cumb 5H **37**
Sandy La. G11: Glas 1G **85**
Sandy Rd. G11: Glas 1G **85**
ML8: Carl 3D **174**
PA4: Renf 2E **83**

Sannox Dr. ML1: Moth 2D **146**
Sannox Gdns. G31: Glas 3D **88**
Sannox Pl. G75: E Kil 1B **168**
Sanquhar Dr. G53: Glas 5A **104**
Sanquhar Gdns. G53: Glas 5A **104**
G72: Blan 5H **127**
Sanquhar Pl. G53: Glas 5A **104**
Sanquhar Rd. G53: Glas 5A **104**
Sanson La. ML8: Carl 5G **175**
Sapphire Rd. ML4: Bell 4C **130**
Saracen Head La. G1: Glas 5A **88**
Saracen Park 4H **65**
Saracen St. G22: Glas 6G **65**
Saramago St. G66: Kirkin 6D **32**
Sarazen Ct. ML1: Cle 1E **149**
Sardinia La. G12: Glas 6B **64**
Saskatoon Pl. G75: E Kil 2D **156**
Saturn Av. PA1: Pais 1C **100**
Saucel Cres. PA1: Pais 1A **102**
Saucelhill Ter. PA2: Pais 2A **102**
Saucel Pl. PA1: Pais 1A **102**
Saucel St. PA1: Pais 1A **102**
Sauchenhall Path G69: Mood 4E **55**
Sauchiehall Cen. G2: Glas 3B **6**
Saracen St. G22: Glas 3H **5** (3E **87**)
Sauchiehall La. G2: Glas 3H **5** (3E **87**)
. . . .(not continuous)
Sauchiehall St. G2: Glas . . .2C **4** (3E **87**)
G3: Glas 2C **4** (2B **86**)
Sauchiesmoor Rd. ML8: Carl 5E **175**
Saughs Av. G33: Glas 3H **67**
Saughs Dr. G33: Glas 3H **67**
Saughs Ga. G33: Glas 3H **67**
Saughs Pl. G33: Glas 3H **67**
Saughs Rd. G33: Glas, Mille 3H **67**
. . . .(not continuous)
Saughton St. G32: Glas 4G **89**
Saunders Ct. G78: Barr 4B **118**
Savoy Cen. G2: Glas 3B **6** (3F **87**)
Savoy St. G40: Glas 1B **108**
Sawmillfield St. G4: Glas 1F **87**
Sawmill Rd. G11: Glas 1F **85**
Saxon Rd. G13: Glas 2D **62**
Scadlock Rd. PA3: Pais 6F **81**
Scalloway La. G72: Camb 4H **125**
Scalloway Rd. G69: G'csh 5C **70**
G72: Camb 4G **125**
Scalpay G74: E Kil 2C **158**
Scalpay Pass G22: Glas 2H **65**
Scalpay Pl. G22: Glas 2H **65**
Scalpay St. G22: Glas 2G **65**
Scapa St. G23: Glas 1C **64**
Scapa Way G33: Step 3E **69**
Scapesland Ter. G82: Dumb 3G **19**
Scaraway Dr. G22: Glas 1H **65**
Scaraway Pl. G22: Glas 1H **65**
Scaraway St. G22: Glas 1G **65**
Scaraway Ter. G22: Glas 1H **65**
Scarba Dr. G43: Glas 2H **121**
Scarba Quad. ML2: Wis 2E **165**
Scarffe Av. PA3: Lin 6F **79**
Scarhill Av. ML6: Air 6H **95**
Scarhill La. ML6: Air 6A **96**
Scarhill St. ML1: Cle 5H **133**
ML5: Coat 2B **114**
Scarrel Dr. G45: Glas 3C **124**
Scarrel Gdns. G45: Glas 3C **124**
Scarrel Rd. G45: Glas 3C **124**
Scarrel Ter. G45: Glas 3C **124**
Scavaig Cres. G15: Glas 3G **45**
Schaw Ct. G61: Bear 1E **47**
Schaw Dr. G61: Bear 1E **47**
G81: Faif 6G **25**
Schaw Rd. PA3: Pais 5C **82**
Scholar's Ga. G75: E Kil 5F **157**
Scholars Wynd ML3: Ham 1E **161**
School Av. G72: Camb 2B **126**
School Ho. PA11: Quarr V 1A **76**
Schoolhouse La. G72: Blan 3A **144**

School La. G66: Len 3F **9**
  G66: Milt C 5C **10**
  G71: Both 6F **129**
  G72: Flem 3E **127**
  G82: Dumb 3D **18**
  Ml 8: Carl 4C **174**
School Quad. ML6: Air 1H **95**
School Rd. G33: Step 3E **69**
  G64: Torr 4E **31**
  G77: Newt M 5D **136**
  ML2: Newm 5E **151**
                (Main St.)
  ML2: Newm 6F **151**
          (Morningside Rd.)
  PA1: Pais 6G **83**
School St. ML3: Ham 2H **161**
  ML5: Coat 1C **114**
  ML6: Chap 3D **116**
School Vw. ML1: Moth 4G **147**
School Wynd PA1: Pais 6A **82**
  PA11: Quarr V 1A **76**
Scioncroft Av. G73: Ruth 6E **109**
Scone Pl. G74: E Kil 6F **141**
  G77: Newt M 5H **137**
Scone St. G21: Glas 6G **65**
Scone Wlk. G69: Bail 2G **111**
Sconser PA8: Ersk 2G **59**
Sconser St. G23: Glas 6C **48**
Scorton Gdns. G69: Bail 1F **111**
Scotia Cres. ML9: Lark 4C **170**
Scotia Gdns. ML3: Ham 4G **161**
Scotia St. ML1: Moth 2E **147**
Scotkart Indoor Kart Racing
  Cambuslang 1C **126**
  Clydebank 1E **61**
Scotland St. G5: Glas 6D **86**
Scotland Street School Mus. 6D **86**
Scotland St. W. G41: Glas 6B **86**
Scotsblair Av. G66: Kirkin 1C **52**
Scotsburn Pl. G21: Glas 5E **67**
Scotsburn Rd. G21: Glas 5E **67**
SCOTSTOUN 5B **62**
Scotstoun Athletic Track 5C **62**
SCOTSTOUNHILL 3B **62**
Scotstounhill Station (Rail) 4B **62**
Scotstoun Leisure Cen. 5D **62**
Scotstoun St. G14: Glas 6C **62**
Scotstoun Way ML5: Coat 6E **95**
Scott Av. G60: Bowl 5B **22**
  G66: Milt C 5C **10**
  PA5: John 5E **99**
Scott Cres. G67: Cumb 6F **37**
Scott Dr. G61: Bear 1C **46**
  G67: Cumb 6F **37**
  ML8: Law 5E **167**
Scott Gro. ML3: Ham 1H **161**
Scott Hill G74: E Kil 6A **142**
Scott Ho. G67: Cumb 2A **38**
Scottish Enterprise Technology Pk.
  G75: E Kil 4A **158**
Scottish Exhibition & Conference Cen.
  . . . . .5C **4** (3B **86**)
Scottish Hyrdo Arena 5D **4** (4C **86**)
Scottish Mask & Puppet Theatre . . .4A **64**
Scottish National Football Mus.
  . . . . .6F **107**
Scott Pl. ML4: Bell 6D **114**
  PA5: John 5E **99**
Scott Rd. G52: Hill E 3H **83**
Scott's Pl. ML6: Air 3B **96**
Scott's Rd. PA2: Pais 2D **102**
Scott St. G3: Glas 3A **6** (3E **87**)
  G4: Glas 1A **6** (2E **87**)
  G69: Bail 1H **111**
  G81: Clyd 3A **44**
  ML1: Moth 2G **147**
  ML3: Ham 2H **161**
  ML9: Lark 3D **170**

Scoular Ha Pl. ML8: Carl 3B **174**
SEAFAR 3G **37**
Seafar Rd. G67: Cumb 5G **37**
Seafar Rdbt. G67: Cumb 5G **37**
Seafield Av. G61: Bear 6F **27**
Seafield Cres. G68: Cumb 4A **36**
Seafield Dr. G73: Ruth 4F **125**
Seaforth Cres. G/8: Barr 2D **118**
Seaforth La. G69: Mood 5E **55**
Seaforth Pl. ML4: Bell 4B **130**
Seaforth Rd. G52: Hill E 4A **84**
  G81: Clyd 6D **44**
Seaforth Rd. Nth. G52: Hill E 4A **84**
Seaforth Rd. Sth. G52: Hill E 4A **84**
Seagrove St. G32: Glas 5F **89**
Seamill Gdns. G74: E Kil 1F **157**
Seamill Path G53: Glas 2H **119**
Seamill St. G53: Glas 2H **119**
Seamill Way ML5: Coat 6B **94**
Seamore St. G20: Glas 1D **86**
Seath Av. ML6: Air 4G **95**
Seath Rd. G73: Ruth 4C **108**
Seath St. G42: Glas 3G **107**
Seaton Ter. ML3: Ham 5E **145**
Seaward La. G41: Glas 5C **86**
Seaward Pl. G41: Glas 6D **86**
Seaward St. G41: Glas 6C **86**
          (not continuous)
SEAWARD STREET INTERCHANGE
  . . . . .6C **86**
Second Av. G33: Mille 4B **68**
  G44: Glas 1F **123**
  G61: Bear 4G **47**
  G66: A'loch 6C **52**
  G71: Tann 4C **112**
  G81: Clyd 4B **44**
  G82: Dumb 3C **20**
  PA4: Renf 2E **83**
Second Av. La. G44: Glas 6F **107**
Second Gdns. G41: Glas 1G **105**
Second Rd. G72: Blan 4C **144**
Second St. G71: Tann 5D **112**
SEEDHILL 1C **102**
Seedhill PA1: Pais 1B **102**
Seedhill Rd. PA1: Pais 1B **102**
Seggielea La. G13: Glas 3D **62**
Seggielea Rd. G13: Glas 3D **62**
Seil Dr. G44: Glas 3F **123**
Selborne Pl. G13: Glas 4E **63**
Selborne Pl. La. G13: Glas 4E **63**
Selborne Rd. G13: Glas 4E **63**
Selby Gdns. G32: Glas 6D **90**
Selby Pl. ML5: Coat 1H **93**
Selby St. ML5: Coat 1H **93**
Selkirk Av. G52: Glas 1C **104**
  PA2: Pais 4E **101**
Selkirk Dr. G73: Ruth 6E **109**
Selkirk Pl. G74: E Kil 6D **142**
  ML3: Ham 1A **162**
Selkirk St. G72: Blan 2B **144**
  ML2: Wis 4A **150**
  ML3: Ham 1A **162**
Selkirk Way ML4: Bell 6D **114**
  ML5: Coat 2G **115**
Sella Rd. G64: B'rig 5F **51**
Selvieland Rd. G52: Glas 6H **83**
Semphill Gdns. G74: E Kil 1B **158**
Sempie St. ML3: Ham 5D **144**
Sempill Av. PA8: Ersk 5D **42**
Semple Av. PA7: B'ton 4H **41**
Semple Pl. PA3: Lin 4H **79**
Senate Pl. ML1: Moth 6E **131**
Senga Cres. ML4: Bell 6C **114**
Seres Ct. G76: Clar 1B **138**
Seres Dr. G76: Clar 1B **138**
Seres Rd. G76: Clar 1B **138**
Sergeantlaw Rd. PA2: Pais 6E **101**
Service St. G66: Len 2E **9**

Seton Ter. G31: Glas 4B **88**
Settle Gdns. G69: Bail 1F **111**
Seven Sisters G66: Lenz 2E **53**
Seventh Av. G71: Tann 5D **112**
Seventh Rd. G72: Blan 4C **144**
Severn Rd. G75: E Kil 4B **156**
Seymour Grn. G75: E Kil 3D **156**
Seyton Av. G46: Giff 6A **122**
Seyton Ct. G46: Giff 6A **122**
Seyton La. G74: E Kil 6G **141**
Shaftesbury Ct. G74: E Kil 4C **142**
Shaftesbury St. G3: Glas 4G **5** (3D **86**)
          (not continuous)
  G81: Clyd 5B **44**
Shafton Pl. G13: Glas 1E **63**
Shafton Rd. G13: Glas 1E **63**
Shaftsbury Cres. ML1: N'hill 4D **132**
Shakespeare Av. G81: Clyd 3B **44**
Shakespeare St. G20: Glas 4C **64**
Shamrock St. G4: Glas 1A **6** (2E **87**)
  G66: Kirkin 5D **32**
Shand La. ML8: Carl 2D **174**
Shandon Cres. ML4: Bell 6C **114**
Shandon Ter. ML3: Ham 6D **144**
Shand Pl. ML8: Carl 2D **174**
Shand St. ML2: Wis 6H **149**
Shandwick Sq. G34: Glas 3G **91**
Shandwick St. G34: Glas 3G **91**
Shankley Dr. ML2: Newm 6G **151**
Shanks Av. G78: Barr 5E **119**
Shanks Bus. Pk. G78: Barr 3E **119**
Shanks Cres. PA5: John 3E **99**
Shanks St. G20: Glas 4C **64**
  ML6: Air 2A **96**
Shanks Way G78: Barr 2E **119**
Shannon St. G20: Glas 4D **64**
Shapinsay St. G22: Glas 1H **65**
Sharp Av. ML5: Coat 1G **113**
Sharp St. ML1: Moth 2D **146**
Shaw Av. PA7: B'ton 4A **42**
Shawbridge Arc. G43: Glas 5A **106**
Shawbridge Ind. Est. G43: Glas . . .6H **105**
Shawbridge St. G43: Glas 6H **105**
Shawburn Cres. ML3: Ham 5F **145**
Shawburn St. ML3: Ham 5F **145**
Shaw Ct. G77: Newt M 5F **137**
  PA8: Ersk 4D **42**
Shaw Cres. ML2: Wis 2D **164**
SHAWFIELD 3B **108**
Shawfield Cres. ML8: Law 6D **166**
Shawfield Dr. G5: Glas 3A **108**
Shawfield Ind. Est. G73: Ruth 3B **108**
Shawfield Rd. G73: Ruth 3B **108**
Shawfield Stadium 3A **108**
Shawgill Ct. ML8: Law 1F **173**
SHAWHEAD 2B **114**
Shawhead Av. ML5: Coat 1D **114**
Shawhead Cotts. ML5: Coat 3D **114**
Shawhead Ind. Est. ML5: Coat 2E **115**
Shawhill Cres. G77: Newt M 6E **137**
Shawhill Rd. G41: Glas 5B **106**
  G43: Glas 5B **106**
Shawholm Cres. G43: Glas 6H **105**
          (not continuous)
SHAWLANDS 5B **106**
Shawlands Arc. G41: Glas 5B **106**
Shawlands Cres. ML9: Lark 6F **171**
Shawlands Station (Rail) 5B **106**
Shawmoss Rd. G41: Glas 4A **106**
Shawpark Ct. G20: Glas 3C **64**
Shawpark St. G20: Glas 3C **64**
Shaw Pl. PA3: Lin 6H **79**
Shawrigg Rd. ML9: Lark 3E **171**
Shaw Rd. G62: Miln 5G **27**
  G77: Newt M 5E **137**
SHAWSBURN 3G **171**
Shawsgate ML9: Shaw 4G **171**
Shaws Rd. ML9: Birk, Lark 6D **170**

Shaw St. G51: Glas 3G **85**
ML9: Lark 5D **170**
Shawwood Cres. G77: Newt M . . .6E **137**
Shearer Av. ML3: Fern 1E **163**
Shearer Dr. ML3: Ham 4G **161**
Shearers La. PA4: Renf 6F **61**
Shearer St. G5: Glas 5E **87**
(off Springfield Quay)
Sheddens Pl. G32: Glas 6G **89**
Sheepburn Rd. G71: Udd 6C **112**
Sheila St. G33: Glas 5G **67**
Sheiling Hill ML3: Ham 5A **146**
Sheldrake Pl. PA5: John 6D **98**
Shelley Ct. G12: Glas 4G **63**
Shelley Dr. G71: Both 4F **129**
G81: Clyd 3C **44**
Shelley Rd. G12: Glas 4F **63**
Shells Rd. G66: Kirkin 4E **33**
Shepford Pl. ML5: Coat 4H **93**
Shepherds Way G72: Newt 1F **127**
Sherbrooke Av. G41: Glas 2A **106**
Sherbrooke Dr. G41: Glas 1A **106**
Sherbrooke Gdns. G41: Glas 2A **106**
Sherbrooke Pl. G75: E Kil 2E **157**
Sherburn Gdns. G69: Bail 2F **111**
Sherdale Av. ML6: Chap 3D **116**
Sheriff Court
Dumbarton 4F **19**
Glasgow 5G **87**
Hamilton 5H **145**
Paisley 6A **82**
Sheriff Pk. Av. G73: Ruth 6C **108**
Sherry Av. ML1: Holy 2H **131**
Sherry Dr. ML3: Ham 2E **161**
Sherry Hgts. G72: Camb 1A **126**
Sherwood Av. G71: Udd 2E **129**
PA1: Pais 5C **82**
Sherwood Dr. G46: T'bnk 4G **121**
Sherwood Pl. G15: Glas 4B **46**
Sherwood Rd. ML5: Glenb 3B **72**
Shetland Dr. G44: Glas 3F **123**
SHETTLESTON 6B **90**
Shettleston Rd. G31: Glas 5E **89**
G32: Glas 5E **89**
Shettleston Station (Rail) 6B **90**
Shiel Av. G74: E Kil 6H **141**
Shielbridge Gdns. G23: Glas 6C **48**
Shiel Ct. G78: Barr 2D **118**
Shieldaig Dr. G73: Ruth 3D **124**
Shieldaig Rd. G22: Glas 1F **65**
Shieldburn Rd. G51: Glas 4C **84**
SHIELDHALL 3C **84**
Shieldhall Gdns. G51: Glas 4C **84**
Shieldhall Rd. G51: Glas 3B **84**
Shieldhill G75: E Kil 4H **157**
Shieldhill Ct. ML8: Carl 4D **174**
Shieldhill Rd. ML8: Carl 5C **174**
SHIELDMUIR 5D **148**
Shieldmuir Station (Rail) 5C **148**
Shieldmuir St. ML2: Wis 5C **148**
Shiel Dr. ML9: Lark 6H **163**
Shields Ct. ML1: Moth 6B **148**
Shields Dr. ML1: Moth 6B **148**
Shields Rd. G41: Glas 6D **86**
G75: E Kil 3A **168**
ML1: Moth 5A **148**
Shields Road (Park & Ride) 6D **86**
Shields Road Station (Underground)
. . . . .6D **86**
Shields Twr. ML1: Moth 6B **148**
Shiel Pl. G74: E Kil 6H **141**
ML5: Coat 6F **95**
Shiel Rd. G64: B'rig 6D **50**
Shiel Ter. ML2: Newm 3D **150**
Shilford Av. G13: Glas 2A **62**
Shillay St. G22: Glas 1A **66**
Shillingworth Pl. PA11: Bri W 5F **77**
Shilton Dr. G53: Glas 2C **120**

Shilton La. PA7: B'ton 3C **42**
Shinwell Av. G81: Clyd 6F **45**
Shipbank La. G1: Glas 5G **87**
(off Clyde St.)
Shira Ter. G74: E Kil 2B **158**
Shirley Quad. ML1: Moth 6F **147**
SHIRREL 6C **114**
Shirrel Av. ML4: Bell 6C **114**
Shirrel Rd. ML1: Holy 3A **132**
Shirva Lea G65: Twe 1D **34**
Shiskine Dr. G20: Glas 2A **64**
Shiskine Pl. G20: Glas 1A **64**
Shiskine St. G20: Glas 1A **64**
Sholto Cres. ML4: Bell 6H **113**
Shore St. G40: Glas 3B **108**
Shortridge St. G20: Glas 4C **64**
SHORTROODS 4A **82**
Shortroods Rd. PA3: Pais 4H **81**
Shotts St. G33: Glas 3D **90**
Showcase Cinema
Glasgow 1F **113**
Paisley 6C **80**
Shuna Cres. G20: Glas 4C **64**
Shuna Gdns. G20: Glas 4C **64**
Shuna Pl. G20: Glas 4C **64**
G77: Newt M 3B **136**
Shuna St. G20: Glas 3C **64**
Shuttle St. G1: Glas 6F **7** (4H **87**)
G65: Kils 3H **13**
PA1: Pais 1A **102**
PA10: Kilba 1A **98**
Sidland Rd. G21: Glas 4E **67**
Sidlaw Av. G78: Barr 6E **119**
ML3: Ham 1D **160**
Sidlaw Ct. ML5: Coat 2A **114**
Sidlaw Dr. ML2: Wis 6F **149**
Sidlaw Rd. G61: Bear 1B **46**
Sidlaw Way ML6: Chap 4F **117**
ML9: Lark 6H **163**
Sielga Pl. G34: Glas 3G **91**
Siemens Pl. G21: Glas 1D **88**
Siemens St. G21: Glas 1D **88**
Sievewright St. G73: Ruth 4E **109**
SIGHTHILL 1A **88**
Sighthill Loan ML9: Lark 1D **170**
(off Muirshot Rd.)
SIKESIDE 6F **95**
Sikeside Pl. ML5: Coat 6F **95**
Sikeside St. ML5: Coat 6F **95**
Silkin Av. G81: Clyd 6F **45**
Silk St. PA1: Pais 6B **82**
Silvan Pl. G76: Busby 4E **139**
SILVERBANK 1G **125**
Silverbanks Ct. G72: Camb 6G **109**
Silverbanks Gait G72: Camb 1G **125**
Silverbanks Rd. G72: Camb 1G **125**
Silver Birch Dr. G51: Glas 4D **84**
Silver Birch Gdns. G51: Glas 4D **84**
Silverburn Cen. G53: Glas 6C **104**
Silverburn Cres. ML1: N'hill 4D **132**
Silverburn St. G33: Glas 3G **89**
Silverdale G74: E Kil 6E **141**
Silverdale St. G31: Glas 1E **109**
Silverdale Ter. ML6: Plain 6F **75**
Silvertir Ct. G5: Glas 1H **107**
Silvertir St. G5: Glas 2H **107**
Silver Glade G52: Glas 1B **104**
Silvergrove St. G40: Glas 1A **108**
SILVERTON 3G **19**
Silverton Av. G82: Dumb 4H **19**
SILVERTONHILL 1B **162**
Silvertonhill Av. ML3: Ham 3A **162**
Silvertonhill La. G82: Dumb 4H **19**
Silvertonhill Pl. ML3: Ham 4H **161**
SILVERWELLS 6E **129**
Silverwells G71: Both 6F **129**
Silverwells Ct. G71: Both 6E **129**

Silverwells Cres. G71: Both 6E **129**
Silverwells Dr. G71: Both 6E **129**
Silverwood Ct. G71: Both 6F **129**
Simons Cres. PA4: Renf 4F **61**
Simpson Ct. G71: Udd 1D **128**
G81: Clyd 5C **44**
Simpson Dr. G75: E Kil 4F **157**
Simpson Gdns. G78: Barr 5D **118**
Simpson Hgts. G4: Glas 6H **7**
Simpson Pl. G75: E Kil 4F **157**
Simpson St. G20: Glas 6D **64**
Simpson Way ML4: Bell 6E **115**
Simshill Rd. G44: Glas 4F **123**
Sinclair Av. G61: Bear 1E **47**
Sinclair Dr. G42: Glas 6D **106**
ML5: Coat 4H **93**
Sinclair Gdns. G64: B'rig 1D **66**
Sinclair Gro. ML4: Bell 5B **130**
Sinclair Pk. G75: E Kil 3H **157**
Sinclair Pl. G75: E Kil 3H **157**
Sinclair St. G62: Miln 3G **27**
G81: Clyd 1F **61**
Singer Rd. G75: E Kil 5H **157**
G81: Clyd 4B **44**
Singer Station (Rail) 5D **44**
Singer St. G81: Clyd 4D **44**
Sir Chris Hoy Velodrome 1D **108**
Sir Matt Busby Sports Complex . . .2B **130**
Sir Michael Pl. PA1: Pais 1H **101**
Sir Thomas Lipton Way
G72: Camb 1H **125**
Sir Walter Scott's Statue 5D **6**
Siskin Way G68: Cumb 5A **36**
ML5: Coat 2F **115**
Sixth Av. PA4: Renf 2E **83**
Sixth St. G71: Tann 4C **112**
Skaethorn Rd. G20: Glas 2H **63**
Skara Wlk. ML2: Newm 2D **150**
(off Murdostoun Vw.)
Skaterigg Dr. G13: Glas 4F **63**
Skaterigg Gdns. G13: Glas 4F **63**
Skaterigg La. G13: Glas 4E **63**
Skelbo Path G34: Glas 2B **92**
Skelbo Pl. G34: Glas 2B **92**
Skellyton Cres.
ML9: Lark 3D **170**
Skene Rd. G51: Glas 6H **85**
Skerne Gro. G75: E Kil 5B **156**
Skerray Quad. G22: Glas 1G **65**
Skerray St. G22: Glas 1G **65**
Skerryvore Pl. G33: Glas 3B **90**
Skerryvore Rd. G33: Glas 3B **90**
Skibo La. G46: T'bnk 4E **121**
Skibo Pl. G69: G'csh 5C **70**
Skimmers Hill G66: Milt C 1B **32**
Skipness Av. ML8: Carl 5E **175**
Skipness Dr. G51: Glas 4D **84**
Skirsa Ct. G23: Glas 1E **65**
Skirsa Pl. G23: Glas 2D **64**
Skirsa Sq. G23: Glas 2E **65**
Skirsa St. G23: Glas 1D **64**
Skirving St. G41: Glas 5C **106**
Skovlunde Way G75: E Kil 5G **157**
Skye G74: E Kil 2C **158**
Skye Av. PA4: Renf 2E **83**
Skye Ct. G67: Cumb 5F **37**
Skye Cres. G60: Old K 2G **43**
PA2: Pais 6H **101**
Skye Dr. G60: Old K 2G **43**
G67: Cumb 5F **37**
Skye Gdns. G61: Bear 1B **46**
Skye Pl. G67: Cumb 5F **37**
ML6: Air 5D **96**
Skye Quad. ML2: Wis 5C **150**
Skye Rd. G67: Cumb 5F **37**
G73: Ruth 4F **125**
Skye Wynd ML3: Ham 2D **160**
Skylands Gro. ML3: Ham 3E **161**

Skylands Pl. ML3: Ham 4E **161**
Skylands Ri. ML3: Ham 3E **161**
Slakiewood Av. G69: G'csh 2C **70**
Slatefield G66: Len 3F **9**
Slatefield Ct. *G31: Glas* *5C 88*
                    (off Slatefield St.)
Slatefield St. G31: Glas 5C **88**
Sleaford Av. ML1: Moth 5F **147**
Slenavon Av. G73: Ruth 4F **125**
Slessor Dr. G75: E Kil 4G **157**
Slioch Sq. ML1: N'hill 3C **132**
Sloy St. G22: Glas 5H **65**
    ML2: Wis 2G **165**
Small Cres. G72: Blan 2B **144**
Sma'Shot Cottages 1A **102**
Smeaton Av. G64: Torr 5D **30**
Smeaton Dr. G64: B'rig 3C **50**
Smeaton Gro. G20: Glas 3D **64**
Smeaton St. G20: Glas 3D **64**
Smith Av. ML2: Wis 4G **165**
Smith Cl. G64: B'rig 1F **67**
Smith Cres. G81: Hard 2D **44**
Smith Gdns. G64: B'rig 1F **67**
Smith Gro. G64: B'rig 1F **67**
Smithhills St. PA1: Pais 6A **82**
Smith Quad. ML5: Coat 4E **95**
Smith's La. PA3: Pais 5A **82**
SMITHSTONE 3B **36**
Smithstone Cres. G65: Croy 6A **14**
Smithstone Rd. G68: Cumb 3B **36**
Smith St. G14: Glas 1E **85**
             (not continuous)
Smith Ter. G73: Ruth 4D **108**
Smithview ML2: Over 4H **165**
Smith Way G64: B'rig 1F **67**
Smithycroft ML3: Ham 1C **162**
Smithycroft Rd. G33: Glas 3F **89**
Smithyends G67: Cumb 6B **16**
Smollett Rd. G82: Dumb 4H **19**
Snaefell Av. G73: Ruth 3E **125**
Snaefell Cres. G73: Ruth 3E **125**
Snead Vw. ML1: Cle 6F **133**
Sneddon Av. ML2: Wis 2A **166**
Sneddon St. ML3: Ham 3D **144**
Sneddon Ter. ML3: Ham 3D **144**
Snowdon Pl. G5: Glas 1H **107**
Snowdon St. G5: Glas 1H **107**
Snuff Mill Rd. G44: Glas 2E **123**
Society St. G31: Glas 6D **88**
Solar Ct. ML9: Lark 5D **170**
Sollas Pl. G13: Glas 1G **61**
Solsgirth Gdns. G66: Kirkin 4H **33**
Solway Ct. ML3: Ham 3F **161**
Solway Pl. G69: Chry 6B **54**
Solway Rd. G64: B'rig 5F **51**
Solway St. G40: Glas 3B **108**
Somerford Rd. G61: Bear 6F **47**
Somerled Av. PA3: Pais 2B **82**
Somerset Av. ML3: Ham 5F **145**
Somerset Pl. G3: Glas 2F **5** (2D **86**)
Somerset Pl. M. G3: Glas 2F **5**
Somervell St. G72: Camb 1H **125**
Somerville Dr. G42: Glas 5F **107**
    G75: E Kil 4G **157**
Somerville La. G75: E Kil 4H **157**
Somerville Ter. G75: E Kil 4G **157**
Sommerville Pl. ML2: Wis 1A **166**
Sorby St. G31: Glas 6F **89**
Sorley St. G11: Glas 1F **85**
Sorn St. G40: Glas 2D **108**
Souterhouse Path ML5: Coat 6B **94**
Souterhouse Rd. ML5: Coat 6B **94**
Southampton Dr. G12: Glas 3H **63**
Southampton La. *G12: Glas* *3H 63*
          (off Southampton Dr.)
Sth. Annandale St. G42: Glas 3F **107**
South Av. G72: Blan 4B **144**
    G81: Clyd 5C **44**

South Av. ML8: Carl 4C **174**
    PA2: Pais 5B **102**
    PA4: Renf 6F **61**
Southbank Bus. Pk. G66: Kirkin . . .6C **32**
Southbank Dr. G66: Kirkin 5C **32**
Southbank Rd. G66: Kirkin 6B **32**
Sth. Bank St. G81: Clyd 2E **61**
Southbank St. G31: Glas 6F **89**
SOUTHBAR .1E **59**
Southbar Av. G13: Glas 2A **62**
Southbar Rd. PA4: Inch 3E **59**
Sth. Barrwood Rd. G65: Kils 4A **14**
Sth. Biggar Rd. ML6: Air 4B **96**
South Brae G66: Len 5E **9**
Southbrae Av. PA11: Bri W 4D **76**
Southbrae Dr. G13: Glas 4C **62**
Southbrae Gdns. G13: Glas 4D **62**
Southbrae La. G13: Glas 4E **63**
South Bri. St. ML6: Air 3A **96**
Southburn Rd. ML6: Air 4F **95**
Sth. Caldeen Rd. ML5: Coat 6D **94**
South Calder ML1: Moth 1H **147**
Sth. Calder Way ML2: Newm 3F **151**
Sth. Campbell St. PA2: Pais 2A **102**
Sth. Carbrain Rd. G67: Cumb 5H **37**
SOUTH CARDONALD 1C **104**
Sth. Cathkin Cotts. G73: Ruth 1E **141**
Sth. Chester St. G32: Glas 6A **90**
Sth. Circular Rd. ML5: Coat 4C **94**
Sth. Claremont La. G62: Miln 4G **27**
Sth. Commonhead Av. ML6: Air . . .2H **95**
Southcroft Rd. G73: Ruth 4A **108**
Southcroft St. G51: Glas 4H **85**
Sth. Crosshill Rd. G64: B'rig 6C **50**
Sth. Dean Pk. Av. G71: Both 5E **129**
Southdeen Av. G15: Glas 4A **46**
Southdeen Gro. G15: Glas 4B **46**
Southdeen Rd. G15: Glas 4A **46**
Sth. Douglas St. G81: Clyd 1E **61**
South Dr. PA3: Lin 5H **79**
Sth. Dumbreck Rd. G65: Kils 3F **13**
Sth. Elgin Pl. G81: Clyd 2F **61**
Sth. Elgin St. G81: Clyd 2E **61**
Southend Pl. ML4: Bell 3B **130**
Southend Rd. G81: Hard 2D **44**
Southern Av. G73: Ruth 2D **124**
Southerness Dr. G68: Cumb 6A **16**
Sth. Erskine Pk. G61: Bear 2D **46**
Southesk Av. G64: B'rig 4B **50**
Southesk Gdns. G64: B'rig 4B **50**
Sth. Exchange Ct. G1: Glas 6D **6**
Southfield Av. PA2: Pais 5A **102**
Southfield Cres. G53: Glas 5C **104**
    ML5: Coat 6E **95**
Southfield Ho. G77: Newt M 2E **153**
Southfield Rd. G68: Cumb 4E **37**
Sth. Frederick St. G1: Glas . . .5E **7** (4G **87**)
Southgate G62: Miln 4G **27**
    G74: E Kil *2G 157*
     (in East Kilbride Shop. Cen.)
Sth. Glassford St. G62: Miln 4H **27**
Sth. Hallhill Rd. G32: Glas 6B **90**
Southhill Av. G73: Ruth 1E **125**
Southinch Av. G14: Glas 3G **61**
Sth. Lanarkshire Crematorium
    G72: Blan 5H **143**
South Lanarkshire Lifestyles Leisure Cen.
    Eastfield 6G **109**
Southlea Av. G46: T'bnk 4G **121**
Sth. Line Vw. ML2: Wis 1E **165**
South Loan G69: Chry 1B **70**
Southloch Gdns. G21: Glas 6B **66**
Southloch St. G21: Glas 6B **66**
Sth. Mains Rd. G62: Miln 4F **27**
Sth. Medrox St. ML5: Glenb 2G **71**
Sth. Moraine La. G15: Glas 5C **46**
South Mound PA6: Hous 1A **78**

Sth. Muirhead Ct. G67: Cumb 3A **38**
Sth. Muirhead Rd. G67: Cumb 3A **38**
Southmuir Pl. G20: Glas 4B **64**
Sth. Nimmo St. ML6: Air 4B **96**
SOUTH NITSHILL 3A **120**
South Pk. Av. G78: Barr 4D **118**
Southpark Av. G12: Glas 1B **86**
Sth. Pk. Dr. PA2: Pais 3A **102**
South Pk. Gro. ML3: Ham 6H **145**
South Pk. La. G12: Glas 1C **86**
Sth. Pk. Rd. ML3: Ham 1H **161**
Southpark Ter. G12: Glas 1C **86**
South Pl. ML4: Bell 3B **130**
Sth. Portland St. G5: Glas 6F **87**
            (not continuous)
South Rd. G76: Busby 4E **139**
Sth. Robertson Pl. ML6: Air 4G **95**
Sth. Scott St. G69: Bail 1H **111**
Southside Cres. G5: Glas 1G **107**
Sth. Speirs Wharf G4: Glas . . .1C **6** (1F **87**)
South St. G11: Glas 5A **62**
    G14: Glas 5A **62**
    PA4: Inch 5F **59**
    PA6: Hous 1A **78**
South Vw. G72: Blan 6A **128**
    G81: Clyd 4B **44**
    ML4: Bell 3A **130**
Southview Av. G76: Busby 4D **138**
Southview Ct. G64: B'rig 2B **66**
Southview Cres. PA11: Bri W 2F **77**
Southview Dr. G61: Bear 2C **46**
Southview Gro. G61: Bear 2C **46**
Southview Pl. G69: G'csh 3C **70**
Southview Ter. G64: B'rig 2B **66**
Sth. William St. PA5: John 3F **99**
Southwold Rd. PA1: Pais 6G **83**
Sth. Wood Ct. G77: Newt M 1D **152**
Southwood Dr. G44: Glas 2G **123**
Sth. Wood Pl. G77: Newt M 1D **152**
Sth. Woodside Rd. G4: Glas 1C **86**
    G20: Glas 6D **64**
Soutra Pl. G33: Glas 3B **90**
Spairdrum Rd. G67: Cumb 3H **57**
Spalehall Dr. ML1: N'hill 4F **133**
SPATESTON 6D **98**
Spateston Rd. PA5: John 6C **98**
Spean Av. G74: E Kil 2B **158**
Spean St. G44: Glas 6E **107**
Spectrum Ho. G81: Clyd 5D **44**
Speirsfield Ct. PA2: Pais 2H **101**
Speirsfield Gdns. PA2: Pais 2A **102**
Speirs Gait ML8: Law 6E **167**
Speirshall Cl. G14: Glas 4H **61**
Speirshall Ter. G14: Glas 3G **61**
Speirs Rd. G61: Bear 4G **47**
    PA5: John 2H **99**
    PA6: Hous 1B **78**
Speirs Wharf G4: Glas 1C **6** (1F **87**)
Spencer Cl. PA2: Pais 5C **100**
Spencer Dr. PA2: Pais 5B **100**
Spencerfield Gdns. ML3: Ham 6B **146**
Spencer Pl. PA2: Pais 5C **100**
Spencer St. G13: Glas 2F **63**
    G81: Clyd 4C **44**
Spencer Vennel PA2: Pais 5C **100**
Spence St. G20: Glas 1A **64**
Spey Av. PA2: Pais 5C **100**
Speyburn Pl. G33: Step 3E **69**
    ML6: Air 6A **74**
Spey Ct. ML2: Newm 3D **150**
    ML6: Air 6C **96**
Spey Dr. ML5: Coat 1A **114**
    PA4: Renf 1G **83**
Spey Gdns. ML3: Ham 3F **161**
Spey Gro. G75: E Kil 4A **156**
Spey Pl. PA5: John 5C **98**
Spey Rd. G61: Bear 5C **46**

Spey St. G33: Glas 3H **89**
Spey Ter. G75: E Kil 4B **156**
Spey Wlk. G67: Cumb 4H **37**
    (in The Cumbernauld Shop. Cen.)
ML1: Holy 1C **132**
Spey Wynd ML9: Lark 5C **170**
Spiderbridge Ct. G66: Lenz 2E **53**
Spiersbridge Av. G46: T'bnk 5E **121**
    (Spiersbridge Bus. Pk.)
G46: T'bnk 4F **121**
    (Spiersbridge Ter.)
Spiersbridge Bus. Pk.
G46: T'bnk 4E **121**
    (Spiersbridge Ter.)
G46: T'bnk 4F **121**
    (Spiersbridge Way)
Spiersbridge La. G46: T'bnk 4E **121**
Spiersbridge Rd. G46: T'bnk 5F **121**
Spiersbridge Ter. G46: T'bnk 4E **121**
Spiersbridge Way G46: T'bnk 4F **121**
Spiers Gro. G46: T'bnk 4F **121**
Spiers Pl. PA3: Lin 4A **80**
Spiers Rd. G61: Bear 4H **47**
Spindlehowe Rd. G71: Tann 1E **129**
G71: Udd 2D **128**
Spinners Ct. G81: Hard 6D **24**
Spinners Gdns. PA2: Pais 2F **101**
Spinners La. G81: Hard 6D **24**
SPITTAL 2B **124**
Spittal Rd. G73: Ruth 3B **124**
Spittal Ter. G72: Flem 5H **127**
Spoolers Rd. PA1: Pais 2F **101**
Sportsfield Rd. ML3: Ham 1E **161**
Spoutmouth G1: Glas 5H **87**
Springbank Ct. G31: Glas 1E **109**
Springbank Cres. G31: Glas 1E **109**
ML1: Carf 5A **132**
ML3: Ham 4E **161**
Springbank Gdns. G31: Glas 2E **109**
Springbank Pk. G74: E Kil 1D **156**
Springbank Rd. PA3: Pais 4H **81**
Springbank St. G20: Glas 5D **64**
Springbank Ter. ML6: Plain 6F **75**
PA3: Pais 4H **81**
Springbank Vw. ML6: Plain 6F **75**
SPRINGBOIG 5C **90**
Springboig Av. G32: Glas 5C **90**
Springboig Gdns. G32: Glas 5C **90**
Springboig Rd. G32: Glas 4C **90**
SPRINGBURN 5B **66**
Springburn Leisure Cen. 5B **66**
Springburn Pl. G74: E Kil 6C **140**
Springburn Rd. G21: Glas 1H **7** (2A **88**)
G64: B'rig 4A **66**
Springburn Shop. Cen. G21: Glas . .5B **66**
Springburn Station (Rail) 5B **66**
Springburn Way G21: Glas 5A **66**
    (not continuous)
Springcroft Av. G69: Bail 5H **91**
Springcroft Cres. G69: Bail 5H **91**
Springcroft Dr. G69: Bail 5G **91**
Springcroft Gdns. G69: Bail 5A **92**
Springcroft Gro. G69: Bail 5H **91**
Springcroft Rd. G69: Bail 5H **91**
Springcroft Wynd G69: Bail 5H **91**
Springfield Av. G64: B'rig 1C **66**
G71: Udd 2D **128**
PA1: Pais 1D **102**
Springfield Ct. G1: Glas 6D **6** (4G **87**)
G64: B'rig 6D **50**
Springfield Cres. G64: B'rig 1C **66**
G71: Udd 2D **128**
G72: Blan 2A **144**
ML8: Carl 5D **174**
Springfield Dr. G78: Barr 6G **119**
Springfield Gdns. G31: Glas 1E **109**
Springfield Gro. G78: Barr 6F **119**
Springfield Pk. PA5: John 3G **99**

Springfield Pk. Rd. G73: Ruth 1E **125**
Springfield Quay G5: Glas 5D **86**
Springfield Rd. G31: Glas 1E **109**
G40: Glas 2C **108**
G64: B'rig 6C **50**
G67: Cumb 1A **38**
G78: Neil, Barr . . . . . .2F **135** & 6F **119**
ML6: Air 3E **97**
Springfield Sq. G64: B'rig 1C **66**
Springfield Woods PA5: John 3G **99**
SPRINGHALL .3F **125**
Springhall Ct. G73: Ruth 4F **125**
    (off Cruachan Rd.)
SPRINGHILL 1H **135**
Springhill Av. ML5: Coat 1G **113**
ML6: Air 3B **96**
Springhill Dr. Nth. G69: Bail 4G **91**
Springhill Dr. Sth. G69: Bail 5G **91**
Springhill Farm Cl. G69: Bail 5G **91**
Springhill Farm Gro. G69: Bail 5G **91**
Springhill Farm Pl. G69: Bail 5G **91**
Springhill Farm Rd. G69: Bail 5G **91**
Springhill Farm Way G69: Bail 5G **91**
Springhill Gdns. G41: Glas 4C **106**
Springhill Parkway G69: Bail 5G **91**
Springhill Pl. ML5: Coat 1G **113**
Springhill Rd. G69: Bail 6F **91**
G76: Busby 2D **138**
G78: Barr 5D **118**
G78: Barr, Neil 4G **135**
Springholm Dr. ML6: Air 1H **95**
Springkell Av. G41: Glas 2H **105**
Springkell Dr. G41: Glas 3H **105**
Springkell Gdns. G41: Glas 3A **106**
Springkell Ga. G41: Glas 3B **106**
Springside Gdns. G15: Glas 3A **46**
Springside Pl. G15: Glas 3A **46**
Springvale Dr. PA2: Pais 3D **100**
Springvale Ter. G21: Glas 5A **66**
SPRINGWELL .4D **126**
Springwell Cres. G72: Blan 2D **144**
SPRINGWELLS 3D **144**
Springwells Av. ML6: Air 3C **96**
Springwells Cres. ML6: Air 3C **96**
Spring Wynd G5: Glas 1G **107**
Spruce Av. G72: Blan 1A **144**
ML3: Ham 1A **162**
Spruce Ct. ML3: Ham 2A **162**
Spruce Dr. G66: Lenz 2A **52**
G72: Flem 3F **127**
Spruce Gro. G75: E Kil 6E **157**
Spruce Rd. G67: Cumb 1D **38**
G71: View 4G **113**
Spruce St. G22: Glas 4H **65**
Spruce Way G72: Flem 3F **127**
ML1: Holy 3B **132**
Spynie Pl. G64: B'rig 5F **51**
Spynie Way ML2: Newm 3D **150**
    (off Iona Rd.)
Squire St. G14: Glas 1D **84**
Sraehouse Wynd ML8: Carl 4F **175**
Stable Gro. PA1: Pais 2F **101**
Stable Pl. G62: Miln 2F **27**
Stable Rd. G62: Miln 2F **27**
Staffa G74: E Kil 3C **158**
Staffa Av. PA4: Renf 2E **83**
Staffa Dr. G66: Kirkin 5H **33**
ML6: Air 4F **97**
PA2: Pais 6A **102**
Staffa Rd. G72: Camb 4H **125**
Staffa St. G31: Glas 3D **88**
Staffin Dr. G23: Glas 6B **48**
Staffin Path G23: Glas 6C **48**
    (off Invershiel Rd.)
Staffin St. G23: Glas 6C **48**
Stafford St. G4: Glas 2F **7** (2G **87**)
ML4: Bell 3B **130**

Stag Ct. G71: View 1G **129**
Stag St. G51: Glas 4H **85**
Staig Wynd ML1: Moth 5A **148**
Staineybraes Pl. ML6: Air 1H **95**
Stalker St. ML2: Wis 5C **148**
Stamford Ga. G31: Glas 6D **88**
Stamford Pl. G31: Glas 6D **88**
Stamford Rd. G31: Glas 6D **88**
Stamford St. G31: Glas 6D **88**
G40: Glas 6D **88**
STAMPERLAND 6D **122**
Stamperland Av. G76: Clar 2D **138**
Stamperland Cres. G76: Clar 1C **138**
Stamperland Dr. G76: Clar 2D **138**
Stamperland Gdns. G76: Clar 6D **122**
Stamperland Hill G76: Clar 1C **138**
Stanalane St. G46: T'bnk 3F **121**
Standburn Rd. G21: Glas 2F **67**
Standford Hall G72: Camb 1A **126**
    (off Main St.)
Staneacre Pk. ML3: Ham 6B **146**
Stanecraigs Pl. ML2: Newm 3D **150**
Stanefield Dr. ML1: N'hill 3E **133**
STANELY 4F **101**
Stanely Av. PA2: Pais 5F **101**
Stanely Cres. PA2: Pais 5F **101**
Stanely Dr. PA2: Pais 4G **101**
Stanely Grange PA2: Pais 6F **101**
Stanely Rd. PA2: Pais 4G **101**
Stanford St. G81: Clyd 6E **45**
Stanhope Dr. G73: Ruth 2F **125**
Stanhope Pl. ML2: Wis 4G **165**
Stanistone Rd. ML8: Carl 3E **175**
Stanley Blvd. G72: Blan 5B **144**
Stanley Dr. G64: B'rig 5D **50**
ML4: Bell 1C **130**
PA5: Brkfld 6C **78**
Stanley La. PA5: Brkfld 6C **78**
Stanley Pk. ML6: Air 3B **96**
Stanley Pl. G72: Blan 6B **128**
Stanley Rd. PA2: Pais 3H **101**
Stanley St. G41: Glas 6C **86**
ML3: Ham 5D **144**
Stanley St. La. G41: Glas 6C **86**
Stanmore Rd. G42: Glas 5F **107**
Stanrigg St. ML6: Plain 1G **97**
Stark Av. G81: Dun 1A **44**
Starling Way ML4: Bell 5A **114**
Startpoint St. G33: Glas 3H **89**
Station Brae G78: Neil 1C **134**
Station Bldgs. G67: Cumb 5A **38**
Station Ct. G66: Len 3F **9**
ML4: Bell 2B **130**
Station Cres. PA4: Renf 5G **61**
Station Ga. G72: Blan 1C **144**
Station Pk. G69: Bail 1A **112**
Station Pl. ML8: Law 5E **167**
Station Rd. G20: Glas 1A **64**
G33: Mille 4A **68**
G33: Step 4D **68**
G46: Giff 4A **122**
G60: Old K 1F **43**
G61: Bear 3C **46**
G62: Bard 6E **29**
G62: Miln 3G **27**
    (not continuous)
G65: Kils 2H **13**
G66: Len 3F **9**
G66: Lenz 3C **52**
G68: C'cry 2F **17**
G69: Bail 1A **112**
G69: Muirh 2A **70**
G71: Both 5E **129**
G71: Udd 1C **128**
G72: Blan 1C **144**
G76: Busby 4E **139**

Station Rd. G78: Neil 2D **134**
   G82: Dumb 3E **19**
   ML1: Cle 6H **133**
   ML1: New S 4B **132**
   ML2: Wis 1G **165**
   ML6: Air 3E **97**
   ML6: Plain 1H **97**
   ML8: Carl 5B **174**
   ML8: Law 6D **166**
   ML9: Lark 1D **170**
   PA1: Pais 2E **101**
   PA4: Renf 5F **61**
   PA7: B'ton 5H **41**
   PA10: Kilba 3A **98**
   PA11: Bri W 4G **77**
Station Row ML8: Law 5E **167**
Station Way G71: Udd 1D **128**
Station Wynd PA10: Kilba 3B **98**
Staybrae Dr. G53: Glas 4H **103**
Staybrae Gro. G53: Glas 4H **103**
Steading, The ML2: Wis 4H **149**
Steel Pl. ML2: Wis 1F **165**
Steel St. G1: Glas 5H **87**
   ML2: Wis 1H **165**
Steeple Sq. PA10: Kilba 2A **98**
Steeple St. PA10: Kilba 2A **98**
Stein Pl. ML2: Newm 6G **151**
Stemac La. ML6: Plain 1G **97**
Stenhouse Av. G69: Muirh 2A **70**
Stenton Cres. ML2: Wis 2D **164**
Stenton Pl. ML2: Wis 2D **164**
Stenton St. G32: Glas 4G **89**
Stenzel Pl. G33: Step 4F **69**
Stepends Rd. ML6: Air 5H **97**
Stepford Path G33: Glas 4G **91**
Stepford Pl. G33: Glas 4F **91**
Stepford Rd. G33: Glas 4F **91**
Stepford Sports Pk. 5G **91**
Stephen Cres. G69: Bail 6F **91**
Stephenson Pl. G72: Blan 4H **143**
   G75: E Kil 3F **157**
Stephenson Sq. G75: E Kil 3F **157**
Stephenson St. G52: Hill E 3G **83**
Stephenson Ter. G75: E Kil 3F **157**
STEPPS .4C **68**
Steppshill Ter. G33: Step 4C **68**
Stepps Rd. G33: Glas 2C **90**
   G66: A'loch 5E **53**
STEPPS ROAD INTERCHANGE 2C **90**
Stepps Station (Rail) 4E **69**
Stevens La. ML1: New S 4A **132**
Stevenson Pl. ML4: Bell 6D **114**
Stevenson St. G40: Glas 5A **88**
   (not continuous)
   G81: Clyd 3B **44**
   ML8: Carl 3C **174**
   PA2: Pais 2A **102**
Stevenston Ct. ML1: New S 3A **132**
Stevenston St. ML1: Holy, New S . . .3A **132**
Stewart Av. G72: Blan 2A **144**
   G77: Newt M 3E **137**
   ML3: Ham 3D **160**
   PA4: Renf 2D **82**
Stewart Ct. G73: Ruth 6E **109**
   G78: Barr 3E **119**
   ML5: Coat *5E 95*
   (off Clifton Pl.)
Stewart Cres. G78: Barr 3F **119**
   ML2: Newm 3E **151**
Stewart Dr. G69: Barg 5F **93**
   G76: Clar 1B **138**
   G81: Hard 1D **44**
STEWARTFIELD 5E **141**
Stewartfield Cres. G74: E Kil 5E **141**
Stewartfield Dr. G74: E Kil 5F **141**
Stewartfield Gdns. G74: E Kil 5E **141**
Stewartfield Gro. G74: E Kil 5D **140**
Stewartfield Rd. G74: E Kil 6E **141**

Stewartfield Way G74: E Kil 6B **140**
Stewartgill Pl. ML9: Ashg 4H **171**
Stewarton Dr. G72: Camb 2G **125**
Stewarton Ho. *ML2: Wis* *1H 165*
   (off Stewarton St.)
Stewarton Rd. G46: T'bnk 6D **120**
   G77: Newt M 4A **136**
Stewarton St. ML2: Wis 1H **165**
Stewarton Ter. ML2: Wis 1H **165**
Stewart Pl. G78: Barr 3F **119**
   ML8: Carl 3D **174**
Stewart Quad. ML1: Holy 1B **132**
Stewart Rd. PA2: Pais 5B **102**
Stewarts La. ML2: Wis 6A **150**
Stewart St. G4: Glas 1C **6** (2F **87**)
   G62: Miln 4G **27**
   G78: Barr 3F **119**
   G81: Clyd 4A **44**
   ML3: Ham 4E **145**
   (not continuous)
   ML4: Moss 2E **131**
   ML5: Coat 3C **94**
   ML8: Carl 2C **174**
Stewartville St. G11: Glas 1H **85**
Stirling Av. G61: Bear 5E **47**
Stirling Dr. G61: Bear 1D **46**
   G64: B'rig 4A **50**
   G73: Ruth 2D **124**
   G74: E Kil 6A **142**
   ML3: Ham 5C **144**
   PA3: Lin 6F **79**
   PA5: John 3D **98**
Stirlingfauld Pl. G5: Glas 6F **87**
Stirling Gdns. G64: B'rig 4A **50**
Stirling Ga. PA3: Lin 5G **79**
Stirling Ho. G81: Clyd 5D **44**
Stirling Pl. G66: Len 3G **9**
Stirling Rd. G4: Glas 4G **7** (3H **87**)
   G65: Kils 2A **14**
   G82: Dumb, Milt 1G **19**
   ML6: Air, Cumb, Rigg 2B **74**
   ML6: Chap 1D **116**
   ML8: Carl 1C **174**
Stirling Rd. Ind. Est. ML6: Air 1B **96**
Stirling St. G67: Cumb 1B **38**
   ML1: Moth 5B **148**
   ML5: Coat 1H **113**
   ML6: Air 4H **95**
Stirling Way G69: Bail 1G **111**
   PA4: Renf 2F **83**
Stirrat Cres. PA3: Pais 5G **81**
Stirrat St. G20: Glas 3A **64**
   PA3: Pais 4F **81**
Stobcross Bus. Pk. G3: Glas 4D **4**
Stobcross Rd. G3: Glas 4A **4** (3A **86**)
   (not continuous)
Stobcross St. G3: Glas 5F **5** (4C **86**)
   ML5: Coat 5C **94**
Stobcross Wynd G3: Glas . . .5B **4** (4B **86**)
Stobhill Cotts. G21: Glas 2C **66**
Stobhill Rd. G21: Glas 2B **66**
Stobo G74: E Kil 5C **142**
Stobo Ct. G74: E Kil 5C **142**
Stobo St. ML2: Wis 4A **150**
Stobs Dr. G78: Barr 2D **118**
Stobs Pl. G34: Glas 2A **92**
Stock Av. PA2: Pais 2A **102**
Stock Exchange 5D **6**
Stockholm Cres. PA2: Pais 2A **102**
Stockiemuir Av. G61: Bear 6D **26**
Stockiemuir Ct. G61: Bear 6E **27**
Stockiemuir Rd. G61: Bear 1D **46**
   G62: Miln 3C **26**
Stocks Rd. ML1: Cle 1D **150**
Stockwell Pl. G1: Glas 5G **87**
Stockwell St. G1: Glas 6E **7** (5G **87**)
Stoddard Sq. PA5: Eld 2B **100**

Stonebank Gro. G45: Glas 4H **123**
Stonebyres Ct. ML3: Ham 6E **145**
Stonecraig Rd. ML2: Wis 1H **165**
Stonedyke Cres. ML8: Carl 2E **175**
Stonedyke Gro. G15: Glas 5B **46**
Stonedyke Rd. ML8: Carl 2E **175**
STONEFIELD 1B **144**
Stonefield Av. G12: Glas 3A **64**
   PA2: Pais 4B **102**
Stonefield Cres. G72: Blan 3A **144**
   G76: Clar 1A **138**
   PA2: Pais 4B **102**
Stonefield Dr. PA2: Pais 4B **102**
Stonefield Gdns. ML8: Carl 2D **174**
   PA2: Pais 4B **102**
Stonefield Grn. PA2: Pais 4A **102**
Stonefield Gro. PA2: Pais 4A **102**
Stonefield Pk. PA2: Pais 5A **102**
Stonefield Pk. Gdns. G72: Blan . . .1C **144**
Stonefield Pl. G72: Blan 3H **143**
Stonefield Rd. G72: Blan 2A **144**
Stonefield St. ML6: Air 2A **96**
Stonehall Av. ML3: Ham 1F **161**
Stonehaven Cres. ML6: Air 6G **95**
Stonelaw Community Sports Cen.
   . . . . .1E **125**
Stonelaw Ct. G73: Ruth 6D **108**
Stonelaw Dr. G73: Ruth 6D **108**
Stonelaw Rd. G73: Ruth 5D **108**
Stonelaw Towers G73: Ruth 1E **125**
Stoneside Dr. G43: Glas 1G **121**
Stoneside Sq. G43: Glas 1G **121**
Stoney Brae PA2: Pais 5A **102**
   (not continuous)
Stoneyetts Rd. G69: Mood 4D **54**
Stoneyflatt Av. G82: Dumb 2H **19**
Stoneyflatt Ct. G82: Dumb 2H **19**
Stoneyflatt Gdns. G82: Dumb 2H **19**
Stoneyflatt Rd. G82: Dumb 2H **19**
Stoneymeadow Rd. G72: Blan 5B **142**
   G74: E Kil 5B **142**
Stony Brae PA1: Pais 6A **82**
   PA3: Pais 6A **82**
Stonyhurst St. G22: Glas 5F **65**
   (not continuous)
Stonylee Rd. G67: Cumb 4A **38**
Storie St. PA1: Pais 1A **102**
   (not continuous)
Stormyland Way G78: Barr 5E **119**
Stornoway Cres. ML2: Wis 4C **150**
Stornoway St. G22: Glas 1G **65**
Stow Brae PA1: Pais 1A **102**
Stow St. PA1: Pais 1A **102**
Strachan Pl. G72: Blan 6B **144**
Strachan St. ML4: Bell 3C **130**
Strachur Cres. G22: Glas 2E **65**
Strachur Gdns. G22: Glas 2E **65**
Strachur Gro. G22: Glas 2E **65**
Strachur Pl. G22: Glas 2E **65**
Strachur St. G22: Glas 2E **65**
Strain Cres. ML6: Air 5B **96**
Straiton Dr. ML3: Ham 1B **160**
Straiton Pl. G72: Blan 1B **144**
Straiton St. G32: Glas 4G **89**
Stranka Av. PA2: Pais 2G **101**
Stranraer Dr. G15: Glas 5C **46**
Stratford G74: E Kil 4D **142**
Stratford St. G20: Glas 4B **64**
Strathallan Av. G75: E Kil 2B **156**
Strathallan Cres. ML6: Air 6A **74**
Strathallan Gdns. *G66: Kirkin* *5D 32*
   (off Willowbank Gdns.)
Strathallan Ga. G75: E Kil 2B **156**
Strathallan Wynd G75: E Kil 2B **156**
Strathallan Pl. *G73: Ruth* *4F 125*
   (off Ranald Gdns.)
Strathaven Rd. G75: E Kil 3A **158**
   ML3: Ham 6G **161**

Strathavon Cres. ML6: Air 1A 96
Strathbeg Ct. ML6: Air 4H 95
Strathblane Ct. G13: Glas 1E 63
Strathblane Cres. ML6: Air 6A 74
Strathblane Dr. G75: E Kil 3A 156
Strathblane Gdns. G13: Glas 1E 63
Strathblane Rd. G62: Miln 3H 27
   G66: Cam G 1A 8
Strathbran St. G31: Glas 1F 109
STRATHBUNGO 3D 106
Strathcairn Cres. ML6: Air 6A 74
Strath Carron ML8: Law 5E 167
Strathcarron Cres. PA2: Pais 5D 102
Strathcarron Dr. PA2: Pais 4D 102
Strathcarron Grn. PA2: Pais 4D 102
Strathcarron Pl. G20: Glas 3B 64
   PA2: Pais 5D 102
Strathcarron Rd. PA2: Pais 5D 102
Strathcarron Way PA2: Pais 4D 102
Strathcarron Wynd PA2: Pais 4D 102
Strathclyde Bus. Cen. G72: Flem . . .4E 127
   (off Strathclyde Gdns.)
   ML1: New S 3H 131
Strathclyde Bus. Pk. ML4: Bell 5A 114
Strathclyde Country Pk. 6A 130
Strathclyde Country Pk. Vis. Cen.
   . . . . .6H 129
Strathclyde Dr. G73: Ruth 6C 108
Strathclyde Gdns. G72: Flem 4E 127
Strathclyde Homes Stadium 5G 19
Strathclyde Loch Water Sports Cen.
   . . . . .3C 146
Strathclyde Park Golf Course 4A 146
Strathclyde Path G71: Udd 1C 128
Strathclyde Rd. G82: Dumb 2G 19
   ML1: Moth 3D 146
Strathclyde St. G40: Glas 3C 108
Strathclyde Vw. G71: Both 6F 129
Strathclyde Way ML4: Bell 6E 115
Strathcona Dr. G13: Glas 2F 63
Strathcona Gdns. G13: Glas 2G 63
Strathcona La. G75: E Kil 4G 157
Strathcona Pl. G73: Ruth 3F 125
   G75: E Kil 4G 157
Strathcona St. G13: Glas 3F 63
Strathconon Gdns. G75: E Kil 2A 156
   (off Strathnairn Dr.)
Strath Dearn ML8: Law 6E 167
Strathdearn Gro. G75: E Kil 3A 156
Strathdee Av. G81: Hard 2D 44
Strathdee Rd. G44: Neth 5C 122
Strathdon Av. G44: Neth 5C 122
   PA2: Pais 3G 101
Strathdon Dr. G44: Neth 5D 122
Strathdon Pl. G75: E Kil 3A 156
   (off Strathnairn Dr.)
Strathearn Dr. ML6: Plain 6F 75
Strathearn Gro. G66: Kirkin 4H 33
Strathearn Rd. G76: Clar 3C 138
Strath Elgin ML8: Law 6D 166
Strathendrick Dr. G44: Glas 3C 122
Strathfillan Rd. G74: E Kil 1F 157
Strathgoil Cres. ML6: Air 6A 74
Strathgryffe Cres. PA11: Bri W 2E 77
Strath Halladale ML8: Law 6E 167
Strathhalladale Ct. G75: E Kil 3A 156
   (off Strathmore Gro.)
Strathisla Way ML1: Carf 5B 132
Strathkelvin Av. G64: B'rig 2B 66
Strathkelvin La. G75: E Kil 3A 156
Strathkelvin Pl. G66: Kirkin 6C 32
Strathkelvin Retail Pk. G64: B'rig . .2E 51
Strathlachlan Av. ML8: Carl 4E 175
Strathleven Pl. G82: Dumb 4F 19
Strathmiglo Ct. G75: E Kil 3A 156
   (off Strathspey Av.)
Strathmore Av. G72: Blan 6A 128
   PA1: Pais 1F 103

Strathmore Cres. ML6: Air 1A 96
Strathmore Gdns. G73: Ruth 3F 125
Strathmore Gro. G75: E Kil 3A 156
Strathmore Ho. G74: E Kil 2G 157
   (off Cornwall St.)
Strathmore Pl. ML5: Coat 6F 95
Strathmore Rd. G22: Glas 2F 65
   ML3: Ham 6A 146
Strathmore Wlk. ML5: Coat 6F 95
Strathmungo Cres. ML6: Air 1H 95
Strath Nairn ML8: Law 6E 167
Strathnairn Av. G75: E Kil 3A 156
Strathnairn Ct. G75: E Kil 3A 156
Strathnairn Dr. G75: E Kil 3A 156
Strathnairn Way G75: E Kil 3A 156
Strath Naver ML8: Law 6E 167
Strathnaver Cres. ML6: Air 6A 74
Strathnaver Gdns. G75: E Kil 3A 156
Strathord Pl. G69: Mood 3E 55
Strathord St. G32: Glas 2A 110
Strath Peffer ML8: Law 6D 166
Strathpeffer Cres. ML6: Air 1A 96
Strathpeffer Dr. G75: E Kil 3A 156
   (off Strathnairn Dr.)
Strathrannoch Way G75: E Kil 3A 156
Strathspey Av. G75: E Kil 3A 156
Strathspey Cres. ML6: Air 6A 74
Strathtay Av. G44: Neth 5C 122
   G75: E Kil 3A 156
Strathtummel Cres. ML6: Air 6A 74
Strathview Gro. G44: Neth 5C 122
Strathview Pk. G44: Neth 5C 122
Strathview Rd. ML4: Bell 4A 130
Strathvithie Gro. G75: E Kil 3A 156
Strathwhillan Ct. G75: E Kil 3B 156
Strathwhillan Dr. G75: E Kil 3B 156
Strathy Pl. G20: Glas 3B 64
Strathyre Ct. G75: E Kil 3A 156
Strathyre Gdns. G61: Bear 2H 47
   G69: Mood 4E 55
   G75: E Kil 3A 156
   ML6: Glenm 4H 73
Strathyre Rd. G72: Blan 3D 144
Strathyre St. G41: Glas 5C 106
Stratton Dr. G46: Giff 5H 121
Strauss Av. G81: Clyd 6G 45
Stravaig Path PA2: Pais 6E 101
Stravaig Wlk. PA2: Pais 6E 101
Stravanan Av. G45: Glas 5H 123
Stravanan Ct. G45: Glas 5A 124
Stravanan Gdns. G45: Glas 5H 123
Stravanan Pl. G45: Glas 5H 123
Stravanan Rd. G45: Glas 5H 123
Stravanan St. G45: Glas 5H 123
Stravanan Ter. G45: Glas 5H 123
Stravenhouse Rd. ML8: Law 1E 173
Strawberry Fld. Rd. PA6: C'lee 2B 78
Strawhill Ct. G76: Busby 2D 138
Strawhill Rd. G76: Clar 2C 138
Streamfield Gdns. G33: Glas 2G 67
Streamfield Ga. G33: Glas 2F 67
Streamfield Lea G33: Glas 1G 67
Streamfield Pl. G33: Glas 2G 67
Strenabey Av. G73: Ruth 3F 125
Striven Ct. ML5: Coat 2D 114
Striven Cres. ML2: Wis 2G 165
Striven Gdns. G20: Glas 6D 64
Striven Ter. ML3: Ham 2E 161
Stroma St. G21: Glas 1D 88
Stromness St. G5: Glas 1E 107
Strone Gdns. G65: Kils 3F 13
Stronend St. G22: Glas 4F 65
Strone Path ML5: Glenb 3G 71
Strone Pl. ML6: Air 6C 96
   (off Minch Way)
Strone Rd. G33: Glas 4B 90
Stronsay Pl. G64: B'rig 5F 51
Stronsay St. G21: Glas 1D 88

Stronvar Dr. G14: Glas 5B 62
Stronvar La. G14: Glas 5B 62
Stroud Rd. G75: E Kil 6E 157
Strowan Cres. G32: Glas 1B 110
Strowan's Rd. G82: Dumb 2C 20
Strowan St. G32: Glas 1B 110
Strowan's Well Rd. G82: Dumb 2C 20
Struan Av. G46: Giff 4A 122
Struan Gdns. G44: Glas 2E 123
Struan Rd. G44: Glas 2E 123
Struie St. G34: Glas 3G 91
Struma Dr. G76: Clar 1A 138
Struther & Swinhill Rd.
   ML9: Lark 6E 171
STRUTHERHILL 5D 170
Strutherhill ML9: Lark 4D 170
Strutherhill Ind. Est. ML9: Lark . . .5E 171
Struthers Cres. G74: E Kil 5B 142
Struther St. ML9: Lark 5D 170
Stuart Av. G60: Old K 2F 43
   G73: Ruth 2D 124
Stuart Dr. G64: B'rig 1A 66
   ML9: Lark 4E 171
Stuart Ho. G67: Cumb 2B 38
Stuarton Pk. G74: E Kil 1G 157
Stuart Quad. ML2: Wis 2E 165
Stuart Rd. G76: Crmck 1H 139
   G82: Dumb 1C 20
   PA7: B'ton 3H 41
Stuart St. G60: Old K 2F 43
   G74: E Kil 1H 157
Stuartville ML5: Coat 4D 94
STV Studios 6D 4 (4B 86)
Succoth St. G13: Glas 2F 63
Sudbury Cres. G75: E Kil 2D 156
Suffolk St. G40: Glas 5H 87
Sugworth Av. G69: Bail 6H 91
Suisnish PA8: Ersk 2G 59
Sumburgh St. G33: Glas 4H 89
Summerfield Cotts. G14: Glas 1E 85
Summerfield Rd. G67: Cumb 1C 56
Summerfield St. G40: Glas 2D 108
Summerhill and Garngibbock Rd.
   G67: Cumb 5E 57
Summerhill Av. ML9: Lark 3C 170
Summerhill Dr. G15: Glas 3B 46
Summerhill Gdns. G15: Glas 3B 46
Summerhill Pl. G15: Glas 3B 46
Summerhill Rd. G15: Glas 3A 46
   G76: Busby 2D 138
Summerhill Way ML4: Bell 3B 130
Summerlea Rd. G46: T'bnk 3F 121
SUMMERLEE 3B 94
Summerlee Cotts. ML5: Coat 4B 94
Summerlee Museum of
   Scottish Industrial Life 3B 94
Summerlee Raceway Larkhall . . .5A 164
Summerlee Rd. ML2: Wis 5C 148
   ML9: Lark 6H 163
Summerlee St. G33: Glas 3C 90
   ML5: Coat 4B 94
SUMMERSTON 6B 48
Summerston Station (Rail) 1B 64
Summer St. G40: Glas 6B 88
Summertown Path G51: Glas 4H 85
Summertown Rd. G51: Glas 4H 85
Sunart Av. PA4: Renf 5D 60
Sunart Ct. ML3: Ham 2E 161
Sunart Gdns. G64: B'rig 6E 51
Sunart Rd. G52: Glas 6E 85
   G64: B'rig 6E 51
Sunart St. ML2: Wis 2G 165
Sunbury Av. G76: Clar 2A 138
Sundale Av. G76: Clar 3B 138
Sunderland Av. G82: Dumb 3C 18
Sundrum Ct. ML6: Air 5H 95
Sunflower Gdns. ML1: Moth 1F 147
Sunlight Cotts. G12: Glas 1B 4 (1B 86)

Sunningdale Av. G77: Newt M 4F 137
Sunningdale Dr. PA11: Bri W 5E 77
Sunningdale Rd. G23: Glas 1B 64
Sunningdale Wynd G71: Both 4C 128
Sunnybank Dr. G76: Clar 3B 138
Sunnybank Gro. G76: Clar 3B 138
Sunnybank St. G40: Glas 2D 108
Sunnyhill G65: Twe 2D 34
Sunnylaw Dr. PA2: Pais 3F 101
Sunnylaw Pl. G22: Glas 4F 65
Sunnylaw St. G22: Glas 5F 65
SUNNYSIDE 3C 94
Sunnyside Av. G71: Udd 2D 128
        ML1: Holy 2B 132
Sunnyside Cres. ML1: Holy 2A 132
Sunnyside Dr. G15: Glas 6A 46
        G69: Barg 6D 92
        G76: Clar 1B 138
Sunnyside Ga. ML1: Holy 2A 132
Sunnyside Oval PA2: Pais 4A 102
Sunnyside Pl. G15: Glas 6A 46
        ML1: Holy 2A 132
Sunnyside Rd. ML1: Cle 1H 149
        ML5: Coat 4C 94
        ML9: Lark 3A 170
        PA2: Pais 4H 101
Sunnyside St. ML9: Lark 1B 170
Sunnyside Ter. ML1: Holy 2A 132
Suntroly Gro. G75: T'hall 3G 155
Suntroly La. G75: T'hall 3G 155
Surrey La. G5: Glas 1F 107
Surrey St. G5: Glas 1F 107
Sussex St. G41: Glas 6C 86
Sutcliffe Ct. G13: Glas 2E 63
Sutcliffe Rd. G13: Glas 2E 63
Sutherland Av. G41: Glas 2H 105
        G61: Bear 6E 27
Sutherland Ct. G41: Glas 1C 106
Sutherland Cres. ML3: Ham 5E 145
Sutherland Dr. G46: Giff 6B 122
        G82: Dumb 2C 20
        ML6: Air 6G 95
Sutherland La. G12: Glas 1B 86
Sutherland Pl. ML4: Bell 5B 130
Sutherland Rd. G81: Clyd 5D 44
Sutherland St. G72: Blan 4A 144
        PA1: Pais 6H 81
Sutherland Way G74: E Kil 6C 142
Sutherness Dr. G33: Glas 4A 90
Swaledale G74: E Kil 6E 141
Swallow Dr. PA5: John 6C 98
Swallow Gdns. G13: Glas 2H 61
Swallow Rd. G81: Faif 6F 25
                (not continuous)
        ML2: Wis 5H 149
Swan Pl. PA5: John 6C 98
Swanston St. G40: Glas 3C 108
Swan St. G4: Glas 1E 7 (2G 87)
        G81: Clyd 4B 44
Swan Way ML8: Law 1F 173
Sween Av. G44: Glas 3E 123
Sween Dr. ML3: Ham 2E 161
Sween Path ML4: Bell 4E 131
                (off Millbank Av.)
Sweethill Ter. ML5: Coat 2F 115
Sweethill Wlk. ML4: Bell 6E 115
Sweethope Gdns.
        G71: Both 5F 129
Sweethope Pl. G71: Both 4E 129
Swift Bank ML3: Ham 2C 160
Swift Cl. ML2: Wis 6H 149
Swift Cres. G13: Glas 1H 61
Swift Pl. G75: E Kil 5A 156
        PA5: John 6D 98
Swinburne Av. G72: Blan 2H 143
Swindon St. G81: Clyd 4A 44
SWINHILL 6E 171

Swinhill Rd. ML9: Birk, Lark 6E 171
Swinstie Rd. ML1: Cle 1A 150
SWINTON 5G 91
Swinton Av. G69: Bail 6A 92
Swinton Cres. G69: Bail 6A 92
        ML5: Coat 1F 113
Swinton Dr. G52: Glas 6B 84
Swinton Gdns. G69: Bail 6B 92
Swinton Path G69: Bail 6B 92
Swinton Pl. G52: Glas 6B 84
        ML5: Coat 1F 113
                (off Swinton Cres.)
Swinton Rd. G69: Bail 6A 92
Swinton Vw. G69: Bail 6B 92
Swisscot Av. ML3: Ham 3F 161
Swisscot Wlk. ML3: Ham 3F 161
Switchback Rd. G61: Bear 5F 47
Swordale Path G34: Glas 3G 91
                (off Kildermorie Rd.)
Swordale Pl. G34: Glas 3G 91
Sword St. G31: Glas 5B 88
                (not continuous)
        ML6: Air 4H 95
Sycamore Av. G66: Lenz 2D 52
        G71: View 6G 113
        PA5: John 4G 99
Sycamore Ct. G75: E Kil 5F 157
Sycamore Cres. G75: E Kil 5E 157
        ML6: Air 5D 96
Sycamore Dr. G81: Clyd 3C 44
        ML3: Ham 1B 162
        ML6: Air 5D 96
Sycamore Gro. G72: Blan 1A 144
Sycamore Pl. G75: E Kil 5F 157
        ML1: N'hill 4C 132
Sycamore Way G66: Milt C 6C 10
        G72: Flem 3F 127
        G76: Crmck 2H 139
Sydenham Ct. G12: Glas 5H 63
                (off Kingsborough Gdns.)
Sydenham La. G12: Glas 6A 64
Sydenham Rd. G12: Glas 6A 64
Sydes Brae G72: Blan 5H 143
Sydney Dr. G75: E Kil 4E 157
Sydney Pl. G75: E Kil 3E 157
Sydney St. G31: Glas 5A 88
                (not continuous)
        G81: Clyd 3H 43
Sykehead Av. ML4: Bell 2D 130
Sykeside Rd. ML6: Air 1G 115
Sykes Ter. G78: Neil 2F 135
Sylvania Way G81: Clyd 5D 44
Sylvania Way Sth. G81: Clyd 6D 44
Symington Dr. G81: Clyd 5C 44
Symington Sq. G75: E Kil 3H 157
Syriam Gdns. G21: Glas 4B 66
Syriam Pl. G21: Glas 5B 66
Syriam St. G21: Glas 4B 66

T

Tabard Pl. G13: Glas 1C 62
Tabard Rd. G13: Glas 1C 62
Tabernacle La. G72: Camb 2A 126
Tabernacle St. G72: Camb 2A 126
Taggart Rd. G65: Croy 3B 14
Taig Gdns. G66: Kirkin 6H 33
Taig Rd. G66: Kirkin 6H 33
Tain Ter. G72: Blan 6A 144
Tait Av. G78: Barr 3F 119
Tait Circ. PA2: Pais 3E 103
Tak-Ma-Doon Rd. G65: Kils 2A 14
Talbot G74: E Kil 5C 142
Talbot Ct. G13: Glas 4B 62
Talbot Cres. ML5: Coat 1A 114
Talbot Dr. G13: Glas 4B 62
Talbot Pl. G13: Glas 4B 62

Talbot Ter. G13: Glas 4B 62
        G71: Tann 5C 112
Talisker Cres. ML6: Air 6B 74
Talisman G81: Clyd 6F 45
Talisman Av. G82: Dumb 3C 18
Talisman Cres. ML1: Moth 5F 131
Talisman Rd. G13: Glas 3C 62
        PA2: Pais 6C 100
Tallant Rd. G15: Glas 4B 46
Tallant Ter. G15: Glas 4C 46
Talla Rd. G52: Glas 5A 84
Tall Ship at Riverside, The 3H 85
Tamarack Cres. G71: View 4G 113
Tamar Dr. G75: E Kil 5B 156
Tambowie G62: Miln 1B 26
Tambowie Av. G62: Miln 3F 27
Tambowie Cres. G62: Miln 3F 27
Tambowie St. G13: Glas 1E 63
Tamshill St. G20: Glas 3D 64
Tanar Av. PA4: Renf 2G 83
Tanar Way PA4: Renf 1G 83
TANDLEHILL 3C 98
Tandlehill Rd. PA10: Kilba 4A 98
Tanera Av. G44: Glas 2G 123
Tanfield Pl. G32: Glas 4C 90
Tanfield St. G32: Glas 4C 90
Tankerland Rd. G44: Glas 1E 123
Tannadice Av. G52: Glas 2C 104
Tannadice Path G52: Glas 1C 104
                (off Tannadice Av.)
Tanna Dr. G52: Glas 2F 105
Tannahill Cen. PA3: Pais 5E 81
Tannahill Cres. PA5: John 4E 99
                (not continuous)
Tannahill Dr. G74: E Kil 6C 142
Tannahill Rd. G43: Glas 1D 122
        PA3: Pais 5F 81
Tannahill's Cottage 1G 101
Tannahill Ter. PA3: Pais 5F 81
Tannoch Dr. G62: Miln 2G 27
        G67: Cumb 6H 37
Tannoch Pl. G67: Cumb 6H 37
TANNOCHSIDE 4F 113
Tannochside Dr. G71: Tann 4E 113
Tannochside Pk. G71: Tann 4F 113
Tannock St. G22: Glas 5F 65
Tantallon Ct. ML8: Carl 2C 174
Tantallon Dr. ML5: Coat 2G 93
        PA2: Pais 4E 101
Tantallon Pk. G74: E Kil 1F 157
Tantallon Rd. G41: Glas 5C 106
        G69: Bail 2G 111
        G71: Both 4F 129
Tanzieknowe Av. G72: Camb 4B 126
Tanzieknowe Dr. G72: Camb 4B 126
Tanzieknowe Pl. G72: Camb 4A 126
Tanzieknowe Rd. G72: Camb 4A 126
Taransay St. G51: Glas 3G 85
        ML2: Wis 2G 165
Tarbert Av. G72: Blan 5A 128
Tarbert Ct. ML3: Ham 2E 161
Tarbert Pl. ML8: Carl 4E 175
Tarbert Way ML5: Coat 1A 114
Tarbolton G74: E Kil 6D 142
Tarbolton Cres. ML6: Chap 4D 116
Tarbolton Dr. G81: Clyd 4E 45
Tarbolton Path ML9: Lark 2B 170
Tarbolton Rd. G43: Glas 1B 122
        G67: Cumb 3B 38
Tarbolton Sq. G81: Clyd 4E 45
Tarbrax Way ML3: Ham 6E 145
Tarff Av. G76: Eag 6C 154
Tarfside Av. G52: Glas 1C 104
Tarfside Gdns. G52: Glas 1D 104
Tarfside Oval G52: Glas 1D 104
Target Rd. ML6: Air 5B 96
Tarland St. G51: Glas 5F 85
Tarn Gro. G33: Glas 1G 67

Tarquin Pl. ML1: Moth 1E **147**
Tarras Dr. PA4: Renf 2G **83**
Tarras Pl. G72: Camb 2D **126**
Tasman Dr. G75: E Kil 4D **156**
Tasmania Quad. ML2: Wis 6C **150**
Tassie Pl. G74: E Kil 1A **158**
Tassie St. G41: Glas 5B **106**
Tattershall Rd. G33: Glas 1C **90**
Tavistock Dr. G43: Glas 2B **122**
Tay Av. PA4: Renf 6G **61**
Tay Ct. G75: E Kil 4A **156**
Taycourt G69: Mood 5D **54**
          (off Heathfield Av.)
Tay Cres. G33: Glas 2G **89**
          G64: B'rig 6D **50**
Tay Gdns. ML3: Ham 3F **161**
Tay Gro. G75: E Kil 4A **156**
Tayinloan Dr. ML8: Carl 5F **175**
Tay La. ML2: Newm 4E **151**
Tay Loan ML1: Holy 2A **132**
          (off Windsor Rd.)
Taylor Av. ML1: Carf 5D **132**
          PA10: Kilba 2A **98**
Taylor Bowls Vis. Cen. 1D **108**
Taylor Pl. G4: Glas 3G **7** (3H **87**)
Taylor St. G4: Glas 4G **7** (3H **87**)
          G81: Clyd 1E **61**
Taymouth St. G32: Glas 2B **110**
Taynish Dr. G44: Glas 3F **123**
Tay Pl. G75: E Kil 4A **156**
          G82: Dumb 1H **19**
          ML9: Lark 5C **170**
          PA5: John 5C **98**
Tay Rd. G61: Bear 5D **46**
          G64: B'rig 6D **50**
Tayside ML6: Air 2H **95**
Tay St. ML5: Coat 2G **93**
Tay Ter. G75: E Kil 3A **156**
Tay Wlk. G67: Cumb 4H **37**
          (in The Cumbernauld Shop. Cen.)
Teak Pl. G71: View 4H **113**
Teal Ct. ML4: Bell 5A **114**
Teal Cres. G75: E Kil 6B **156**
Teal Dr. G13: Glas 2A **62**
Tealing Av. G52: Glas 1C **104**
Tealing Cres. G52: Glas 1C **104**
Teasel Av. G53: Glas 4B **120**
Teawell Rd. G77: Newt M 4D **136**
Technology Av. G72: Blan 5A **144**
Teesdale G74: E Kil 6E **141**
Teign Gro. G75: E Kil 5B **156**
Teith Av. PA4: Renf 1H **83**
Teith Dr. G61: Bear 4D **46**
Teith Pl. G72: Camb 2D **126**
Teith St. G33: Glas 2G **89**
Telephone La. G12: Glas 1A **86**
          (off Highburgh Rd.)
Telford Av. ML9: Lark 5E **171**
Telford Ct. G81: Clyd 5C **44**
Telford Pl. G67: Cumb 5A **38**
Telford Rd. G67: Cumb 5A **38**
          G75: E Kil 3F **157**
Telford St. ML4: Bell 1C **130**
Telford Ter. G75: E Kil 3H **157**
          (off Telford Rd.)
Teme Pl. G75: E Kil 4B **156**
Templar Av. G13: Glas 6D **46**
TEMPLE 2F **63**
Temple Cotts. G67: Cumb 6D **36**
          (off Dalshannon Rd.)
Temple Ct. ML8: Law 5E **167**
Temple Gdns. G13: Glas 2F **63**
Templeland Rd. G53: Glas 3C **104**
Temple Locks Ct. G13: Glas 2G **63**
Temple Locks Pl. G13: Glas 2F **63**
Temple Rd. G13: Glas 2G **63**
Templeton Bus. Cen. G40: Glas . . .6A **88**
Templeton Ct. G40: Glas 6A **88**

Templeton St. G40: Glas 6A **88**
Tenement House 2H **5** (2E **87**)
Tennant Av. G74: E Kil 1C **156**
Tennant Complex, The
          G74: E Kil 1C **156**
Tennant St. PA4: Renf 5F **61**
Tennant Wynd ML4: Bell 5C **114**
Tennant St. ML5: Coat 6D **94**
Tennyson Dr. G31: Glas 1G **109**
Tennyson Gdns. G72: Blan 2A **144**
Tenters Way PA2: Pais 2F **101**
Tern Pl. PA5: John 6D **98**
Tern Way ML5: Coat 2G **115**
Terregles Av. G41: Glas 3H **105**
Terregles Cres. G41: Glas 3A **106**
Terregles Dr. G41: Glas 3A **106**
Teviot Av. G64: B'rig 4C **50**
          PA2: Pais 5C **100**
Teviot Cres. G61: Bear 5D **46**
Teviotdale G74: E Kil 1F **157**
          (off Cadzow Grn.)
          G77: Newt M 4H **137**
Teviot Dr. PA7: B'ton 5A **42**
Teviot Pl. G72: Camb 2E **127**
Teviot Sq. G67: Cumb 3H **37**
          (in The Cumbernauld Shop. Cen.)
Teviot St. G3: Glas 3A **4** (3A **86**)
          ML5: Coat 1H **93**
Teviot Ter. PA5: John 5C **98**
Teviot Wlk. G67: Cumb 3H **37**
          (in The Cumbernauld Shop. Cen.)
Teviot Way G72: Blan 2A **144**
Tewkesbury Rd. G74: E Kil 4D **142**
Thane Rd. G13: Glas 3C **62**
Thanes Ga. G71: Both 2C **128**
Thankerton Av. ML1: Holy 1H **131**
Thankerton Rd. ML9: Lark 4D **170**
Tharsis St. G21: Glas 2B **88**
The . . . .
          Names prefixed with 'The'
          for example 'The Acres' are
          indexed under the main name
          such as 'Acres, The'
Theatre Royal
          Glasgow 3C **6** (3F **87**)
Thetford Gro. ML5: Glenb 3B **72**
Third Av. G33: Mille 4B **68**
          G44: Glas 6F **107**
          G66: A'loch 5D **52**
          G82: Dumb 3C **20**
          PA4: Renf 1E **83**
Third Av. La. G44: Glas 6F **107**
Third Gdns. G41: Glas 1G **105**
Third Part Cres. G13: Glas 2G **61**
Third Rd. G72: Blan 4C **144**
Third St. G71: Tann 5D **112**
Thirlmere G75: E Kil 6B **156**
Thistle Av. G77: Newt M 2C **136**
Thistle Bank G66: Lenz 3D **52**
Thistlebank PA11: Bri W 2E **77**
Thistlebank Gdns. ML5: Coat 2A **114**
Thistle Cres. ML9: Lark 3D **170**
Thistledown Gro. ML5: Coat 5E **95**
Thistle Gdns. ML1: Holy 2A **132**
Thistleneuk G60: Old K 6E **23**
Thistle Pl. G74: E Kil 6G **141**
Thistle Quad. ML6: Air 2B **96**
Thistle Rd. ML1: New S 3A **132**
Thistle St. G5: Glas 6G **87**
          G66: Kirkin 5D **32**
          ML1: Cle 6H **133**
          ML6: Air 3B **96**
          PA2: Pais 3G **101**
Thistle Ter. G5: Glas 1G **107**
Thomas Campbell Ct. G4: Glas 5G **7**
Thomas Muir Av. G64: B'rig 1C **66**
Thomas Muir Mus. 6C **50**
Thomas St. PA1: Pais 1F **101**

Thompson Brae PA1: Pais 2A **102**
Thompson Pl. G81: Hard 1E **45**
Thomson Av. G66: Kirkin 5E **33**
          ML2: Wis 2D **164**
          PA5: John 2E **99**
Thomson Dr. G61: Bear 1F **47**
          ML1: Moth 4F **147**
          ML4: Bell 2H **129**
          ML6: Air 5H **95**
Thomson Gro. G72: Camb 6A **110**
Thomson St. G31: Glas 5C **88**
          ML8: Carl 3D **174**
          PA4: Renf 1E **83**
          PA5: John 3E **99**
Thorn Av. G72: Blan 6B **144**
          G74: T'hall 6G **139**
Thornbank St. G3: Glas 3A **4** (3A **86**)
Thorn Brae PA5: John 2G **99**
Thornbridge Av. G12: Glas 4A **64**
          G69: Bail 6H **91**
Thornbridge Gdns. G69: Bail 6G **91**
Thornbridge Rd. G69: Bail 6G **91**
Thorncliffe Gdns. G41: Glas 3C **106**
Thorn Ct. PA5: John 3H **99**
          (off Thornhill)
Thorncroft Dr. G44: Glas 3H **123**
Thorndale Gdns. FK4: Alla 1H **17**
Thorndean Av. ML4: Bell 3D **130**
Thorndean Cres. ML4: Bell 3D **130**
Thorndene PA5: Eld 2H **99**
Thorndene Av. ML1: Carf 5C **132**
Thornden La. G14: Glas 5A **62**
Thorn Dr. G61: Bear 1D **46**
          G73: Ruth 3E **125**
Thorndyke G74: E Kil 4C **142**
Thorn Hgts. G61: Bear 3C **46**
Thornhill PA5: John 3H **99**
Thornhill Av. G72: Blan 1B **144**
          PA5: Eld 3H **99**
Thornhill Dr. PA5: Eld 3H **99**
Thornhill Gdns. G77: Newt M 1D **152**
          PA5: John 2G **99**
Thornhill La. G71: Both 4F **129**
Thornhill Path G31: Glas 6F **89**
Thornhill Rd. ML3: Ham 5C **144**
Thornhill Way ML5: Coat 2F **115**
Thorniecroft Dr. G67: Cumb 1E **57**
Thorniecroft Pl. G67: Cumb 1E **57**
Thornielee G74: E Kil 1B **158**
Thorniewood Gdns. G71: Tann 6E **113**
Thorniewood Rd. G71: Tann 5D **112**
Thornkip Pl. ML5: Coat 6F **95**
Thornlea Dr. G46: Giff 3B **122**
Thornlea Gdns. ML6: Air 2A **96**
Thornlea St. ML8: Carl 5E **175**
Thornley Av. G13: Glas 3B **62**
THORNLIEBANK 4F **121**
Thornliebank Ind. Est.
          G46: T'bnk 4E **121**
Thornliebank Rd. G43: Glas 1H **121**
          G46: T'bnk 3G **121**
Thornliebank Station (Rail) 3G **121**
Thornlie Gill ML2: Wis 1H **165**
THORNLY PARK 5B **102**
Thornly Pk. Av. PA2: Pais 5B **102**
Thornly Pk. Dr. PA2: Pais 5B **102**
Thornly Pk. Gdns. PA2: Pais 4B **102**
Thornly Pk. Rd. PA2: Pais 4A **102**
Thorn Rd. G61: Bear 2C **46**
          ML4: Bell 2D **130**
Thornside Rd. PA5: John 2G **99**
THORNTONHALL 6G **139**
Thorntonhall Station (Rail) 6F **139**
Thornton La. G20: Glas 2C **64**
Thornton Pl. ML3: Ham 5H **161**
Thornton Rd. G74: E Kil, T'hall 3H **155**
Thornton St. G20: Glas 2B **64**
          ML5: Coat 1H **93**

Thorntree Av. ML3: Ham 4D **144**
Thorntree Dr. ML5: Coat 6A **94**
Thorntree Way G71: Both 4F **129**
Thornwood Av. G11: Glas 1G **85**
  G66: Lenz 2A **52**
Thornwood Cres. G11: Glas 6F **63**
Thornwood Dr. G11: Glas 1F **85**
                  (not continuous)
  PA2: Pais 3F **101**
  PA11: Bri W 4D **76**
Thornwood Gdns. G11: Glas 1F **85**
Thornwood Pl. G11: Glas 6F **63**
                  (not continuous)
Thornwood Quad. G11: Glas 6F **63**
Thornwood Rd. G11: Glas 1F **85**
Thornwood Ter. G11: Glas 1F **85**
Thornyburn Dr. G69: Bail 1B **112**
Thornyburn Pl. G69: Bail 1A **112**
Thorny Pk. Ct. PA2: Pais 5A **102**
Thorp Ct. PA5: John 3H **99**
THRASHBUSH 1A **96**
Thrashbush Av. ML2: Wis 5B **150**
Thrashbush Cres. ML2: Wis 5B **150**
Thrashbush La. ML6: Air 1B **96**
Thrashbush Quad. ML6: Air 1A **96**
Thrashbush Rd. ML2: Wis 6B **150**
  ML6: Air 1A **96**
Thread Mill Mus.
  Paisley 1C **102**
Thread St. PA1: Pais 2B **102**
Threave Ct. ML8: Carl 2C **174**
Threave Pl. G69: G'csh 5C **70**
  G77: Newt M 4B **136**
Three Queens Sq. G81: Clyd 6D **44**
Three Rivers Wlk. G75: E Kil 3D **156**
Threestonehill Av. G32: Glas 5B **90**
Threshold G74: E Kil 1A **158**
Threshold Pk. G74: E Kil 1A **158**
Thriplee Rd. PA11: Bri W 3E **77**
Thrums G74: E Kil 4D **142**
Thrums Av. G64: B'rig 6E **51**
Thrums Gdns. G64: B'rig 6E **51**
Thrushcraig Cres. PA2: Pais 3B **102**
Thrush Pl. PA5: John 6D **98**
Thurso St. G11: Glas 1A 4 (2A **86**)
Thurston Rd. G52: Glas 6A **84**
Thyme Sq. ML1: Moth 1G **147**
Tianavaig PA8: Ersk 2G **59**
Tibbermore Rd. G11: Glas 6G **63**
Tiber Av. ML1: Moth 6E **131**
Tighnasheen Way G72: Blan 1B **144**
Tillanburn Rd. ML1: N'hill 4F **133**
Tillet Oval PA3: Pais 4H **81**
Tillie St. G20: Glas 6D **64**
Till St. ML2: Wis 3H **149**
Tillycairn Av. G33: Glas 1D **90**
Tillycairn Dr. G33: Glas 1D **90**
Tillycairn Pl. G33: Glas 1E **91**
Tillycairn Rd. G33: Glas 1D **90**
Tillycairn St. G33: Glas 1E **91**
Tilt Rd. ML2: Newm 3D **150**
Tilt St. G33: Glas 1G **89**
Time Capsule 5B **94**
Timmons Gro. ML4: Moss 2F **131**
Timmons Ter. ML6: Chap 4D **116**
Tinker's La. ML1: Moth 3E **147**
Tintagel Gdns. G69: Mood 4D **54**
TINTOCK 3A **34**
Tintock Dr. G66: Kirkin 4F **33**
Tintock Pl. G68: Dull 5F **15**
Tintock Rd. G66: Kirkin 3H **33**
Tinto Cl. ML5: Coat 2E **115**
Tinto Cres. ML2: Wis 1A **166**
Tinto Dr. G68: Cumb 3F **37**
  G78: Barr 6D **118**
Tinto Gro. G69: Barg 5F **93**
Tinto Rd. G43: Glas 2A **122**
  G61: Bear 1B **46**

Tinto Rd. G64: B'rig 6F **51**
  ML6: Air 5B **96**
Tinto Sq. PA4: Renf 2D **82**
Tinto St. ML2: Wis 1A **166**
Tinto Vw. ML3: Ham 3A **162**
Tinto Vw. Rd. ML9: Shaw 6F **171**
Tinto Way G75: F Kil 6D **156**
  ML1: Cle 5H **133**
Tinwald Path G52: Glas 6A **84**
Tiree G74: E Kil 4C **158**
Tiree Av. PA2: Pais 6H **101**
  PA4: Renf 3E **83**
Tiree Ct. G67: Cumb 5F **37**
Tiree Cres. ML2: Newm 2D **150**
Tiree Dr. G67: Cumb 5F **37**
Tiree Gdns. G60: Old K 1G **43**
  G61: Bear 1B **46**
  ML6: Glenm 4H **73**
Tiree Grange ML3: Ham 2D **160**
Tiree Pl. G60: Old K 1G **43**
  G77: Newt M 4B **136**
  ML5: Coat 1H **113**
Tiree Rd. G67: Cumb 5F **37**
Tiree St. G21: Glas 1E **89**
Tiree Way G72: Camb 4H **125**
Tirry Av. PA4: Renf 1H **83**
Tirry Way PA4: Renf 1H **83**
Titan Crane 1C **60**
Titwood Rd. G41: Glas 3A **106**
              (not continuous)
  G77: Newt M 2D **152**
Tiverton Av. G32: Glas 2D **110**
Tivoli Ct. G75: E Kil 5G **157**
Tobago Pl. G40: Glas 6B **88**
  G75: E Kil 2C **156**
Tobago St. G40: Glas 6A **88**
Tobermory Gdns. ML6: Air 6A **74**
Tobermory Rd. G73: Ruth 4F **125**
Todburn Dr. PA2: Pais 6B **102**
Todd Pl. G31: Glas 4E **89**
Todd St. G31: Glas 4E **89**
Todhills *G75: E Kil* 3H **157**
            (off Todhills Sth.)
Todhills Nth. G75: E Kil 3H **157**
Todhills Sth. G75: E Kil 3H **157**
Todholm Cres. PA2: Pais 3D **102**
Todholm Rd. PA2: Pais 3D **102**
Todholm Ter. PA2: Pais 3D **102**
Tofthill Av. G64: B'rig 5B **50**
Tofthill Gdns. G64: B'rig 5B **50**
Tolbooth Steeple 6F **7**
Toll, The G76: Clar 1C **138**
Tollbrae Av. ML6: Air 4B **96**
TOLLCROSS 2A **110**
Tollcross International Swimming Cen.
                  . . . . .1H **109**
Tollcross Pk. Gdns. *G32: Glas* 2G **109**
           (off Tollcross Rd.)
Tollcross Pk. Gro. G32: Glas 2H **109**
Tollcross Pk. Leisure Cen. 2H **109**
Tollcross Pk. Vw. G32: Glas 2G **109**
Tollcross Rd. G31: Glas 6F **89**
  G32: Glas 6F **89**
Toll Gdns. ML1: Moth 6C **148**
Tollhouse Gdns. ML4: Bell 4E **131**
Toll La. G51: Glas 5C **86**
Tollpark Cres. ML2: Newm 4E **151**
Tollpark Pl. G68: Cumb 3E **17**
Tollpark Rd. G68: Cumb 3D **16**
Toll St. ML1: Moth 4H **147**
Toll Wynd ML3: Ham 4G **161**
Tolmount Cres. ML1: Moth 6D **148**
Tolsta St. G23: Glas 6C **48**
Tomtain Brae G68: Cumb 6B **36**
Tomtain Ct. G68: Cumb 6B **36**
Toner Gdns. ML2: Over 4H **165**
Tontine La. G1: Glas 6F **7** (5H **87**)
Tontine Pl. G73: Ruth 3G **125**

Topaz Ter. ML4: Bell 4C **130**
Toppersfield PA10: Kilba 3C **98**
Torbeg Gdns. G75: E Kil 1B **168**
Torbreck St. G52: Glas 6F **85**
Torbrex Rd. G67: Cumb 4A **38**
Torburn Av. G46: Giff 3H **121**
TORBUSH 5F **151**
Tordene Path G68: Cumb 2F **37**
Torgyle St. G23: Glas 6B **48**
Tormeadow Rd. G77: Newt M 4D **136**
Tormore Ct. G33: Step 3E **69**
Tormore St. G51: Glas 5D **84**
Tormusk Dr. G45: Glas 3C **124**
Tormusk Gdns. G45: Glas 3C **124**
Tormusk Gro. G45: Glas 3C **124**
Tormusk Pl. G45: Glas 4C **124**
Tormusk Rd. G45: Glas 3B **124**
Torness St. G11: Glas 1A 4 (1B **86**)
Torogay Pl. G22: Glas 1A **66**
Torogay St. G22: Glas 2G **65**
Torogay Ter. G22: Glas 1G **65**
Toronto Wlk. G32: Carm 5C **110**
Torphin Cres. G32: Glas 5A **90**
Torphin Wlk. G32: Glas 5B **90**
TORRANCE 5D **30**
Torrance Av. G75: E Kil 6B **158**
  ML6: Air 4D **96**
Torrance Ct. G75: E Kil 1H **169**
Torrance Gait G75: E Kil 1H **169**
Torrance House Golf Course 5C **158**
Torrance La. G75: E Kil 1H **169**
Torrance Rd. G64: B'rig, Torr 5D **30**
  G74: E Kil 1G **157**
Torrance Rdbt. G75: E Kil 6B **158**
Torrance Wynd G75: E Kil 1H **169**
Torran Dr. PA8: Ersk 2A **60**
Torran Rd. G33: Glas 4F **91**
Torranyard Ter. ML3: Ham 2C **160**
Torr Av. PA11: Quarr V 1A **76**
Torr Gdns. G22: Glas 5H **65**
Torriden Ct. *ML5: Coat* 6A **94**
            (off Torriden St.)
Torriden Pl. ML5: Coat 6A **94**
Torriden St. ML5: Coat 6A **94**
Torridon Av. G41: Glas 2G **105**
  ML1: N'hill 4D **132**
Torridon Ct. *G20: Glas* 1E **87**
             (off Cedar St.)
Torridon Dr. PA4: Renf 1G **83**
Torridon Gdns. G61: Bear 6D **26**
  G77: Newt M 5H **137**
Torridon Path *G41: Glas* 2G **105**
          (off Dumbreck Pl.)
Torrington Av. G46: Giff 1G **137**
Torrington Cres. G32: Glas 2D **110**
Torrin Rd. G23: Glas 6B **48**
Torrisdale Pl. ML5: Coat 4A **94**
Torrisdale St. G42: Glas 3D **106**
  ML5: Coat 4A **94**
Torr La. PA11: Quarr V 1A **76**
Torr Pl. G22: Glas 5H **65**
Torr Rd. G64: B'rig 6F **51**
  PA11: Bri W 2C **76**
Torr St. G22: Glas 5H **65**
Torryburn Rd. G21: Glas 5E **67**
Torwood Brae ML3: Ham 1D **160**
Torwood La. G69: Mood 5E **55**
TORYGLEN 5A **108**
Toryglen Regional Football Cen.
                  . . . . .5G **107**
Toryglen Rd. G73: Ruth 5B **108**
Toryglen St. G5: Glas 3A **108**
Tourist Info. Cen.
  Dumbarton (Milton) 4F **21**
  Glasgow 5D **6** (4G **87**)
  Glasgow Airport 2H **81**
  Hamilton Service Area 3A **146**
  Paisley 1C **102**

Tourmaline Ter. ML4: Bell 4D 130
Tournai Path G72: Blan 2B 144
Toward Ct. G72: Blan 6C 128
Toward Rd. G33: Glas 4C 90
Toward Way PA2: Pais 6H 101
Tower, The 4B 124
Tower Av. G78: Barr 3F 119
Towerhill Rd. G13: Glas 6C 46
Tower Pl. G20: Glas 3B 64
　　G62: Miln 3H 27
　　PA5: John 4G 99
Tower Rais G78: Barr 4G 119
Tower Rd. G62: Balder 2D 28
　　G64: Balm, Torr 2G 29
　　G67: Cumb 1H 57
　　PA5: John 4F 99
Towerside Cres. G53: Glas 3A 104
Towerside Rd. G53: Glas 3A 104
Towers Pl. ML6: Air 4F 97
Towers Rd. ML6: Air 3E 97
Tower St. G41: Glas 6C 86
Tower Ter. PA1: Pais 1H 101
Tower Vw. G53: Glas 3H 103
Towie Pl. G71: Udd 1D 128
Town Cen. G67: Cumb 4H 37
TOWNEND 2F 19
Townend Rd. G82: Dumb 3F 19
TOWNHEAD
　　G1 . . . . .6E 7 (4G 87)
　　G66 . . . . .5C 32
　　ML5 . . . . .2H 93
Townhead G66: Kirkin 5D 32
Townhead Av. ML1: Holy 5G 115
Townhead Dr. ML1: N'hill 4F 133
TOWNHEAD INTERCHANGE 3H 7
Townhead Pl. G71: Tann 5E 113
Townhead Rd. G77: Newt M 5C 136
　　ML5: Coat 1E 93
Townhead St. G65: Kils 3H 13
　　ML3: Ham 8B 146
　　(not continuous)
Townhead Ter. PA1: Pais 1H 101
Townhill Rd. ML3: Ham 6B 144
Townhill Ter. ML3: Ham 6C 144
Townmill Rd. G31: Glas 3B 88
Townsend St. G4: Glas 1D 6 (1G 87)
Trades Hall 6E 7
TRADESTON 6E 87
Tradeston Ind. Est. G5: Glas 1D 106
Tradeston St. G5: Glas 6E 87
Trafalgar Ct. G68: Dull 5F 15
Trafalgar St. G40: Glas 2B 108
　　G81: Clyd 4B 44
Trainard Av. G32: Glas 1H 109
Tramway 2E 107
Tranent Pl. G33: Glas 3G 89
　　ML1: Cle 5H 133
Traquair Av. ML2: Wis 4A 150
　　PA2: Pais 5C 100
Traquair Dr. G52: Glas 1B 104
Traquair Gdns. G77: Newt M 6A 136
Traquair Wynd G72: Blan 2A 144
　　(off Winton Cres.)
Treeburn Av. G46: Giff 4H 121
Treemain Rd. G46: Giff 1G 137
Trees Pk. Av. G78: Barr 3D 118
Trees Pk. Gdns. G78: Barr 3D 118
Trefoil Av. G41: Glas 5B 106
Trefoil Pl. PA6: Hous 1B 78
Trent Pl. G75: E Kil 5A 156
Trent St. ML5: Coat 1H 93
Trequair Ct. G20: Glas 6D 64
　　(off Wilton St.)
Tresta Rd. G23: Glas 1C 64
Triangle, The G64: B'rig 6C 50
Triangle Shop. Cen., The
　　G64: B'rig 6C 50
Tribboch St. ML9: Lark 2B 170

Trident Ho. PA3: Pais 3C 82
　　(off Renfrew Rd.)
Trident Way PA4: Renf 2E 83
Trinidad Grn. G75: E Kil 2C 156
Trinidad Way G75: E Kil 2C 156
Trinity Av. G52: Glas 1C 104
Trinity Dr. G71: Udd 2D 128
　　G72: Camb 4C 126
Trinity Way ML9: Lark 4E 171
Trinley Rd. G13: Glas 6D 46
Triton Pl. ML4: Moss 2H 131
Trondra Path G34: Glas 3F 91
Trondra Pl. G34: Glas 4F 91
Trongate G1: Glas 6E 7 (5G 87)
Trongate 103 . . . . .5G 87
　　(off King St.)
Tron Theatre 6F 7 (5H 87)
Troon Av. G75: E Kil 5C 156
Troon Ct. G75: E Kil 5D 156
Troon Dr. PA11: Bri W 4E 77
Troon Gdns. G68: Cumb 5H 15
Troon Pl. G77: Newt M 5G 137
Troon St. G40: Glas 2D 108
Trossachs Av. ML1: Holy 2A 132
Trossachs Ct. G20: Glas 6E 65
Trossachs Rd. G73: Ruth 5F 125
　　(not continuous)
Trossachs St. G20: Glas 6E 65
Troubridge Av. PA10: Kilba 4B 98
Troubridge Cres. PA10: Kilba 3B 98
Trovaig PA8: Ersk 2G 59
Trows Rd. ML2: Over 5H 165
Truce Rd. G13: Glas 1B 62
Truro Av. G69: Mood 4D 54
Tryst Rd. G67: Cumb 4H 37
Tryst Sports Cen. 3A 38
Tryst Wlk. G67: Cumb 4H 37
Tudor La. Sth. G14: Glas 6E 63
Tudor Rd. G14: Glas 6E 63
Tudor St. G69: Bail 2F 111
Tulip Dr. G77: Newt M 2C 136
Tulley Wynd ML1: Moth 5F 131
Tulliallan Pl. G74: E Kil 3A 158
Tullis Ct. G40: Glas 1A 108
Tullis Gdns. G40: Glas 1B 108
Tullis St. G40: Glas 1A 108
Tulloch-Ard Pl. G73: Ruth 4F 125
Tulloch Gdns. ML1: Moth 5B 148
Tulloch St. G44: Glas 1E 123
Tullymet Rd. ML3: Ham 3H 161
Tummel Dr. ML6: Air 1H 95
Tummel Grn. G74: E Kil 6G 141
Tummell Way PA2: Pais 4D 100
Tummel St. G33: Glas 1G 89
Tummel Way G67: Cumb 3H 37
　　(in The Cumbernauld Shop. Cen.)
Tunnel St. G3: Glas 6D 4 (4C 86)
Tuphall Rd. ML3: Ham 1H 161
Tureen St. G40: Glas 5A 88
　　(off Millroad Dr.)
Turnberry Av. G11: Glas 6H 63
Turnberry Cres. ML5: Coat 1A 114
　　ML6: Chap 4E 117
Turnberry Dr. G73: Ruth 2B 124
　　G77: Newt M 5G 137
　　ML3: Ham 1B 160
　　PA11: Bri W 5E 77
Turnberry Gdns. G68: Cumb 6H 15
Turnberry Pl. G73: Ruth 2B 124
　　G75: E Kil 5D 156
　　G82: Dumb 3C 18
Turnberry Rd. G11: Glas 6G 63
Turnberry Wynd G71: Both 4C 128
Turnbull St. G1: Glas 5H 87
Turner Rd. G21: Glas 1B 88
　　PA3: Pais 3B 82
Turners Av. PA1: Pais 2F 101
Turner St. ML5: Coat 5B 94

Turnhill Av. PA8: Ersk 2F 59
Turnhill Cres. PA8: Ersk 2F 59
Turnhill Dr. PA8: Ersk 1F 59
Turnhill Gdns. PA8: Ersk 2F 59
Turnlaw G75: E Kil 6F 157
Turnlaw Farm G72: Camb 6A 126
Turnlaw Rd. G72: Camb 6A 126
Turnlaw St. G5: Glas 1H 107
Turnyland Mdws. PA8: Ersk 2F 59
Turnyland Way PA8: Ersk 2F 59
Turquoise Ter. ML4: Bell 4D 130
Turret Cres. G13: Glas 1C 62
Turret Rd. G13: Glas 6C 46
Turriff St. G5: Glas 1F 107
TWECHAR 2D 34
Twechar Enterprise Pk. G65: Twe . . .1D 34
Twechar Recreation Cen. 2D 34
Tweed Av. PA2: Pais 3D 100
Tweed Ct. ML6: Air 6C 96
Tweed Cres. G33: Glas 2F 89
　　ML2: Wis 4A 150
　　PA4: Renf 6G 61
Tweed Dr. G61: Bear 4D 46
Tweed La. ML1: Holy 2B 132
Tweedmuir Pl. ML5: Coat 2F 115
Tweed Pl. PA5: John 5C 98
Tweedsmuir G64: B'rig 5E 51
Tweedsmuir Cres. G61: Bear 6E 27
Tweedsmuir Pk. ML3: Ham 3G 161
Tweedsmuir Rd. G52: Glas 1B 104
Tweed St. G75: E Kil 4B 156
　　ML5: Coat 2D 114
　　ML9: Lark 4C 170
Tweedvale Av. G14: Glas 3G 61
Tweedvale Pl. G14: Glas 3G 61
Tweed Wlk. G67: Cumb 4H 37
　　(in The Cumbernauld Shop. Cen.)
Twinlaw St. G34: Glas 2B 92
Tylney Rd. PA1: Pais 6F 83
Tyndrum Rd. G61: Bear 2F 47
Tyndrum St. G4: Glas 1D 6 (2G 87)
Tynecastle Cres. G32: Glas 4B 90
Tynecastle Path G32: Glas 4B 90
Tynecastle Pl. G32: Glas 4B 90
Tynecastle St. G32: Glas 4B 90
Tyne Pl. G75: E Kil 5A 156
　　ML5: Coat 2A 114
Tynron Ct. ML3: Ham 2C 160
Tynwald Av. G73: Ruth 3F 125

U

UDDINGSTON 2D 128
Uddingston (Park & Ride) 1C 128
Uddingston Rd. G71: Both 4D 128
Uddingston Station (Rail) 1C 128
UDSTON 5D 144
Udston Rd. ML3: Ham 5C 144
Udston Ter. ML3: Ham 4D 144
Uig Pl. G33: Glas 6E 91
Uist Cres. G33: Step 5E 69
Uist Dr. G66: Kirkin 5G 33
Uist Pl. ML6: Air 5D 96
Uist St. G51: Glas 4F 85
Uist Way ML2: Wis 4C 150
Ullswater G75: E Kil 6B 156
Ulundi Rd. PA5: John 3D 98
Ulva St. G52: Glas 6F 85
Ulverston Ter. ML3: Ham 5H 161
Umachan PA8: Ersk 2G 59
Underwood Ct. PA3: Pais 6H 81
Underwood Dr. ML2: Newm 2E 151
Underwood La. PA1: Pais 6H 81
Underwood Rd. G73: Ruth 1E 125
　　PA3: Pais 6G 81
Underwood St. G41: Glas 5C 106
Union Ct. PA2: Pais 3A 102

Union Pl. G1: Glas 5C **6** (4F **87**)
Union St. G1: Glas 5C **6** (4F **87**)
  G66: Kirkin 5C **32**
  ML1: New S 3A **132**
  ML3: Ham 5G **145**
  ML8: Carl 4D **174**
  ML9: Lark 2C **170**
  PA2: Pais 3A **102**
Unitas Cres. ML8: Carl 4C **174**
Unitas Rd. ML4: Moss 2E **131**
Unity Pl. G4: Glas 1E **87**
University Av. G12: Glas 1B **86**
University Gdns. G12: Glas 1B **86**
University of Glasgow
  Kelvin Campus 6G **47**
  St Andrew's Building 1C **86**
  University Veterinary Hospital
  ....1G **63**
University of Glasgow
  Veterinary Medicine 6F **47**
  Wolfson Building 1B 4 (1B **86**)
University of Glasgow Vis. Cen. ..1B **86**
University of Strathclyde
  John Anderson Campus
  ....5F 7 (4H **87**)
  Jordanhill Campus 4D **62**
University of the West of Scotland
  Hamilton Campus 4H **145**
  Paisley Campus 1H **101**
University Pl. G12: Glas 1A **86**
  (not continuous)
Unsted Pl. PA1: Pais 1C **102**
Unst La. G72: Camb 5G **125**
Unthank Rd. ML4: Moss 2E **131**
Uphall Pl. G33: Glas 4G **89**
Upland La. *G14: Glas* *5C 62*
  (off Danes La. Nth.)
Upland Rd. G14: Glas 5C **62**
UP La. G65: Kils 3H **13**
Up. Bourtree Ct. G73: Ruth 3E **125**
Up. Bourtree Dr. G73: Ruth 3D **124**
Up. Glenburn Rd. G61: Bear 2C **46**
Up. Mill St. ML6: Air 3A **96**
UP Rd. G65: Kils 3H **13**
Urquhart Cres. PA4: Renf 1E **83**
Urquhart Dr. G74: E Kil 6A **142**
Urquhart Pl. G69: G'csh 5C **70**
Urrdale Rd. G41: Glas 6H **85**
Usmore Pl. G33: Glas 6E **91**

V

Vaila La. G72: Camb 4H **125**
Vaila Pl. G23: Glas 2E **65**
Vaila St. G23: Glas 1D **64**
Valence Twr. G71: Both 3B **128**
Valerio Ct. G72: Blan 1B **144**
Valetta Pl. G81: Clyd 4H **43**
Valeview Ter. G42: Glas 5E **107**
  G82: Dumb 1G **19**
Vale Wlk. G64: B'rig 1E **67**
Vallantine Cres. G71: Tann 5E **113**
Vallay St. G22: Glas 1H **65**
Valleybank G65: Bant 1F **15**
Valley Ct. ML3: Ham 1G **161**
Valleyfield G66: Milt C 5A **10**
  G75: E Kil 2F **157**
Valleyfield Av. ML3: Fern 2E **163**
Valleyfield Dr. G68: Cumb 4A **36**
Valleyfield St. G21: Glas 6A **66**
Valley Vw. ML1: Moth 6B **148**
Vancouver Ct. G75: E Kil 2D **156**
Vancouver Dr. G75: E Kil 2D **156**
Vancouver La. *G14: Glas* *5D 62*
  (off Norse La. Nth.)
  G14: Glas *5C 62*
  (off Norse La. Sth.)

Vancouver Pl. G81: Clyd 4H **43**
Vancouver Rd. G14: Glas 5C **62**
Vanguard St. G81: Clyd 5E **45**
Vanguard Way PA4: Renf 2E **83**
Vardar Av. G76: Clar 1A **138**
Vardon Lea ML1: Cle 6E **133**
Varna La. G14: Glas 6E **63**
Varna Rd. G14: Glas 5E **63**
Varnsdorf Way ML6: Air 5D **96**
Vasart Pl. G20: Glas 5D **64**
Veir Ter. G82: Dumb 4E **19**
Veitches Ct. G81: Dun 1C **44**
Veitch Pl. G66: Len 3F **9**
Vennacher Rd. PA4: Renf 5C **60**
Vennard Gdns. G41: Glas 3C **106**
Vermont Av. G73: Ruth 6C **108**
Vermont St. G41: Glas 6B **86**
Vernon Bank G74: E Kil 6G **141**
Vernon Dr. PA3: Lin 5G **79**
Verona Av. G14: Glas 5C **62**
Verona Gdns. G14: Glas 5C **62**
Verona La. G14: Glas 5C **62**
Vesalius St. G32: Glas 6A **90**
Vesuvius Dr. ML1: Moth 5B **148**
Veteran's Cotts. PA7: B'ton 2D **42**
Viaduct Rd. G76: Busby 2D **138**
Vicarfield Pl. G51: Glas 4H **85**
Vicarfield St. G51: Glas 4H **85**
VICARLAND 2A **126**
Vicarland Pl. G72: Camb 3A **126**
Vicarland Rd. G72: Camb 2A **126**
Vicars Wlk. G72: Camb 2B **126**
Vickers St. ML1: Moth 1D **146**
Victoria Av. G78: Barr 3D **118**
  ML8: Carl 4C **174**
Victoria Bri. G5: Glas 5G **87**
Victoria Cir. G12: Glas 6A **64**
Victoria Ct. G77: Newt M 1D **152**
  ML9: Lark 1C **170**
Victoria Cres. G65: Kils 3F **13**
  G76: Busby 2D **138**
  G78: Barr 3D **118**
  ML2: Wis 5D **148**
  ML6: Air 5G **95**
Victoria Cres. La. G12: Glas 6A **64**
Victoria Cres. Pl. G12: Glas 6A **64**
Victoria Cres. Rd. G12: Glas 6A **64**
Victoria Cross G42: Glas 3E **107**
Victoria Dr. G78: Barr 3D **118**
Victoria Dr. E. PA4: Renf 1E **83**
Victoria Dr. W. PA4: Renf 6D **60**
Victoria Gdns. G78: Barr 3D **118**
  ML6: Air 4H **95**
  PA2: Pais 3G **101**
Victoria Glade G68: Dull 5F **15**
Victoria Gro. G78: Barr 3D **118**
Victoria La. G77: Newt M 1D **152**
Victoria Pk. G65: Kils 3F **13**
Victoria Pk. Cnr. G14: Glas 6D **62**
Victoria Pk. Dr. Nth. G14: Glas ..5D **62**
Victoria Pk. Dr. Sth. G14: Glas ..6D **62**
  (not continuous)
Victoria Pk. Gdns. Nth. G11: Glas ..6F **63**
Victoria Pk. Gdns. Sth. G11: Glas ..6F **63**
Victoria Pk. La. Nth. G14: Glas ..6D **62**
Victoria Pk. La. Sth. G14: Glas ..6D **62**
Victoria Pk. St. G14: Glas 6D **62**
Victoria Pl. G62: Miln 4H **27**
  G65: Kils 3G **13**
  G73: Ruth *5C 108*
  (off King St.)
  G78: Barr 3E **119**
  G81: Hard 1D **44**
  ML4: Bell 3B **130**
  ML6: Air 5G **95**
Victoria Quad. ML1: Holy 2H **131**
Victoria Rd. G33: Step 4C **68**
  G42: Glas 4E **107**
  G66: Lenz 3C **52**

Victoria Rd. G68: Dull 5F **15**
  G73: Ruth 1D **124**
  G78: Barr 3D **118**
  PA2: Pais 3G **101**
  PA5: Brkfld 6D **78**
Victoria Sq. G77: Newt M 1D **152**
Victoria St. G66: Kirkin 5C **32**
  G72: Blan 3B **144**
  G73: Ruth 5C **108**
  G82: Dumb 5G **19**
  ML2: Newm 5E **151**
  ML3: Ham 3F **145**
  ML9: Lark 2C **170**
Victoria Ter. G68: Dull 5F **15**
Victor St. ML6: Plain 1G **97**
Victory Baths 5F **61**
Victory Dr. PA10: Kilba 1A **98**
VICTORY GARDENS 1E **83**
Victory Way G69: Bail 1H **111**
Viewbank G46: T'bnk 4G **121**
Viewbank Av. ML6: C'bnk 3B **116**
Viewbank St. ML5: Glenb 4B **72**
VIEWFIELD 4B **130**
Viewfield G69: Mood 3C **54**
  ML6: Air 4G **95**
Viewfield Av. G64: B'rig 1A **66**
  G66: Lenz 2C **52**
  G66: Milt C 6B **10**
  G69: Bail 6F **91**
  G72: Blan 6C **128**
Viewfield Dr. G64: B'rig 1A **66**
  G69: Bail 6F **91**
Viewfield La. G12: Glas 1C **86**
Viewfield Rd. FK4: Bank 1D **16**
  G64: B'rig 1A **66**
  ML4: Bell 4B **130**
  ML5: Coat 1F **113**
Viewglen Ct. G45: Glas 6H **123**
Viewmount Dr. G20: Glas 2B **64**
Viewmount Vs. G20: Glas 2B **64**
VIEWPARK 6G **113**
Viewpark G62: Miln 4H **27**
Viewpark Av. G31: Glas 3D **88**
Viewpark Ct. G73: Ruth 1E **125**
Viewpark Dr. G73: Ruth 1D **124**
Viewpark Gdns. 1F **129**
Viewpark Gdns. PA4: Renf 1D **82**
Viewpark Rd. ML1: Moth 3E **147**
Viewpark Rd. ML1: Moth 3E **147**
Viewpark Shop. Cen.
  G71: View 1H **129**
Viewpoint Ga. G21: Glas 3B **66**
Viewpoint Pl. G21: Glas 3B **66**
Viewpoint Rd. G21: Glas 3B **66**
Vigilant Ho. PA3: Pais 4A **82**
Viking Cres. PA6: C'lee 3D **78**
Viking Rd. ML6: Air 6B **96**
Viking Ter. G75: E Kil 5G **157**
Viking Way G46: T'bnk 2F **121**
  PA4: Renf 2E **83**
Villafield Av. G64: B'rig 4C **50**
Villafield Dr. G64: B'rig 4C **50**
Villafield Loan G64: B'rig 4C **50**
Village Gdns. G72: Blan 6C **128**
Village Grn. G66: Len 2C **8**
Village Rd. G72: Flem 2E **127**
Vincent Ct. *ML4: Bell* *3C 130*
  (off Gardenside)
Vine St. G11: Glas 1H **85**
Vinicombe La. *G12: Glas* *6B 64*
  (off Vinicombe St.)
Vinicombe St. G12: Glas 6B **64**
Vintner St. G4: Glas 1G **87**
Viola Pl. G64: Torr 5E **31**
Violet Gdns. ML8: Carl 5C **174**
Violet Pl. G77: Newt M 2D **136**
  ML1: Holy 1B **132**
Violet St. PA1: Pais 1C **102**

Virgin Active
Glasgow 4D 4 (3C 86)
Hamilton 4B 146
Milngavie 2B 28
Virginia Ct. G1: Glas 6D 6 (4G 87)
Virginia Gdns. G62: Miln 5A 28
Virginia Gro. ML3: Ham 3D 160
Virginia Pl. G1: Glas 6E 7 (4G 87)
Virginia St. G1: Glas 6E 7 (4G 87)
Virtue Well Vw.
 ML6: Glenm 6G 73
Viscount Av. PA4: Renf 2E 83
Viscount Ga. G71: Both 2C 128
Vivian Av. G62: Miln 4F 27
Voil Dr. G44: Glas 3E 123
Vorlich Ct. G78: Barr 6E 119
Vorlich Gdns. G61: Bear 6C 26
Vorlich Wynd ML1: N'hill 3C 132
Vryburg Cl. G75: E Kil 1A 168
Vryburg Cres. G75: E Kil 1A 168
Vue Cinema
 Hamilton 5B 146
Vulcan St. G21: Glas 5A 66
 (not continuous)
 ML1: Moth 1G 147

W

Waddell Av. ML6: Glenm 5F 73
Waddell Ct. G5: Glas 6H 87
Waddell St. G5: Glas 1H 107
 ML6: Air 2A 96
Waid Av. G77: Newt M 3C 136
Wakefield Av. G75: E Kil 6B 156
Waldemar Rd. G13: Glas 2C 62
Waldo St. G13: Glas 2F 63
Walkerburn Dr. ML2: Wis 3A 150
Walkerburn Rd. G52: Glas 1B 104
Walker Ct. G11: Glas 2H 85
Walker Dr. PA5: Eld 3H 99
Walker Path G71: Tann 5E 113
Walkers Ct. ML2: Newm 5E 151
Walker St. G11: Glas 2H 85
 PA1: Pais 1H 101
Walkinshaw Rd. PA4: Inch 6F 59
Walkinshaw St. G40: Glas 1C 108
 PA5: John 2F 99
Wallace Av. PA5: Eld 2A 100
 PA7: B'ton 4H 41
Wallace Dr. G64: B'rig 1F 67
 ML9: Lark 3E 171
Wallace Gdns. G64: Torr 4D 30
Wallace Ga. G64: B'rig 1F 67
Wallace Ho. G67: Cumb 3G 37
Wallace Pl. G64: B'rig 1F 67
 G72: Blan 6C 128
 ML3: Ham 1C 162
Wallace Rd. ML1: New S 5B 132
 PA4: Renf 2C 82
Wallace St. G5: Glas 5E 87
 G73: Ruth 6C 108
 G81: Clyd 1D 60
 G82: Dumb 5G 19
 ML1: Moth 2F 147
 ML5: Coat 6C 94
 ML6: Plain 1G 97
 PA3: Pais 5A 82
Wallacewell Cres. G21: Glas 4D 66
Wallacewell Pl. G21: Glas 4D 66
Wallacewell Quad. G21: Glas . . .3E 67
Wallacewell Rd. G21: Glas 4C 66
Wallace Wynd G72: Camb 4A 126
 ML8: Law 5E 167
Wallbrae Rd. G67: Cumb 5A 38
Wallneuk PA3: Pais 6B 82
Wallneuk Rd. PA3: Pais 6B 82
Walls St. G1: Glas 6F 7 (4H 87)

Walmer Cres. G51: Glas 5A 86
Walnut Cl. G75: E Kil 5E 157
Walnut Ct. G66: Milt C 6B 10
Walnut Cres. G22: Glas 4H 65
 PA5: John 4H 99
Walnut Dr. G66: Lenz 1B 52
Walnut Ga. G72: Flem 3F 127
Walnut Gro. G75: E Kil 5E 157
Walnut La. G75: E Kil 5E 157
Walnut Pl. G22: Glas 4G 65
 G71: View 4G 113
Walnut Rd. G22: Glas 4G 65
Walpole Pl. PA5: John 6D 98
Walter St. G31: Glas 4D 88
 ML2: Wis 6B 150
Walton Av. G77: Newt M 3C 136
Walton Ct. G46: Giff 5A 122
Walton St. G41: Glas 5C 106
 G78: Barr 4E 119
Wamba Av. G13: Glas 1E 63
Wamba Pl. G13: Glas 1E 63
Wamphray Pl. G75: E Kil 4H 155
Wandilla Av. G81: Clyd 5F 45
Wanlock St. G51: Glas 3G 85
Wardend Rd. G64: Torr 4D 30
Warden Rd. G13: Glas 2D 62
Wardhill Rd. G21: Glas 4D 66
Wardhouse Rd. PA2: Pais 6G 101
Wardie Path G33: Glas 4F 91
Wardie Pl. G33: Glas 4F 91
Wardie Rd. G33: Glas 4F 91
 G34: Glas 4F 91
Wardlaw Av. G73: Ruth 6D 108
Wardlaw Cres. G75: E Kil 4H 157
Wardlaw Dr. G73: Ruth 5D 108
Wardlaw Rd. G61: Bear 6F 47
WARDPARK 4C 16
Wardpark Ct. G67: Cumb 5D 16
Wardpark East Ind. Est.
 G68: Cumb 3E 17
Wardpark Nth. Ind. Est.
 G68: Cumb 4C 16
Wardpark Pl. G67: Cumb 5D 16
Wardpark Rd. G67: Cumb 5C 16
Wardpark Rdbt. G68: Cumb 4C 16
Wardpark Sth. Ind. Est.
 G67: Cumb 5C 16
Wardrop Pl. G74: E Kil 6H 141
Wardrop St. G51: Glas 3G 85
 PA1: Pais 1A 102
Wards Cres. ML5: Coat 6A 94
Ware Rd. G34: Glas 4F 91
Warilda Av. G81: Clyd 5E 45
Warlock Dr. PA11: Bri W 2F 77
Warlock Rd. PA11: Bri W 2F 77
Warnock Cres. ML4: Bell 3D 130
Warnock Rd. G77: Newt M 3C 136
Warnock St. G31: Glas 4H 7 (3A 88)
Warren Rd. ML3: Ham 3H 161
Warren St. G42: Glas 4F 107
Warren Wlk. G66: Len 4G 9
Warrington Ct. G33: Glas 3H 89
Warriston Cres. G33: Glas 3F 89
Warriston Pl. G32: Glas 4B 90
Warriston St. G33: Glas 3F 89
Warriston Way G73: Ruth 3F 125
 (off Cruachan Rd.)
Warroch St. G3: Glas 6G 5 (4D 86)
Warwick G74: E Kil 5C 142
Warwick Gro. ML3: Ham 4C 144
Warwick Vs. G81: Clyd 2G 61
 (off Mill Rd.)
Washington Rd. G66: Kirkin 5B 32
 PA3: Pais 3B 82
Washington St. G3: Glas 6H 5 (4E 87)
Watchmeal Cres. G81: Faif 6E 25
Waterbank Rd. G76: Crmck 3H 139
WATERFOOT 1B 154

Waterfoot Av. G53: Glas 5C 104
Waterfoot Bank G76: Water 1B 154
Waterfoot Rd. G74: T'hall 6C 138
 G76: Water 6F 137
 G77: Newt M 6F 137
Waterfoot Row G74: T'hall 6B 138
 G76: Water 6B 138
Waterfoot Ter. G53: Glas 5C 104
 (off Waterfoot Av.)
Waterford Ct. G46: Giff 5H 121
 (off Waterford Rd.)
Waterford Rd. G46: Giff 4H 121
Waterhaughs Gdns. G33: Glas . . .2F 67
Waterhaughs Gro. G33: Glas 2F 67
Waterhaughs Pl. G33: Glas 2F 67
Waterlands Gdns. ML8: Carl 2E 175
Waterlands Pl. ML8: Law 1G 173
Waterlands Rd. ML8: Law 5F 167
WATERLOO 3C 166
Waterloo Cl. G66: Kirkin 4D 32
Waterloo Gdns. G66: Kirkin 4D 32
Waterloo La. G2: Glas 5B 6 (4F 87)
Waterloo St. G2: Glas 5A 6 (4E 87)
 G66: Kirkin 4D 32
Watermill Av. G66: Lenz 3D 52
Waterpark Bus. Pk. G51: Glas . . .5A 86
Water Rd. G78: Barr 4E 119
Water Row G51: Glas 3G 85
Watersaugh Dr. ML1: Cle 5H 133
WATERSIDE
 G53 . . . . .2G 119
 G66 . . . . .6H 33
Waterside Av. G77: Newt M 5C 136
Waterside Cotts. G66: Kirkin 6H 33
Waterside Ct. G76: Crmck 2H 139
Waterside Dr. G77: Newt M 5C 136
Waterside Gdns. G72: Flem 4E 127
 G76: Crmck 2H 139
 ML3: Ham 2A 162
Waterside La. PA10: Kilba 3C 98
Waterside Pl. G5: Glas 1H 107
Waterside Rd. G66: Kirkin 5D 32
 (not continuous)
 G76: Crmck 4H 139
Waterside St. G5: Glas 1H 107
Waterside Ter. PA10: Kilba 3C 98
 (off Waterside Way)
Waterside Way ML5: Coat 2G 93
 PA10: Kilba 3C 98
Watling Pl. G75: E Kil 2C 156
Watling St. G71: Tann 4C 112
 ML1: Moth 6D 130
Watson Av. G73: Ruth 6B 108
 PA3: Lin 5H 79
Watson Cres. G65: Kils 3A 14
Watson Pl. G72: Blan 2H 143
Watson St. G1: Glas 6G 7 (5H 87)
 G71: Udd 2D 128
 G72: Blan 2H 143
 ML1: Moth 4G 147
 ML9: Lark 2B 170
Watsonville Pk. ML1: Moth 3G 147
Watt Av. G33: Step 4F 69
Watt Cres. ML4: Bell 6D 114
Watt La. PA11: Bri W 4G 77
Wattlow Av. G73: Ruth 1B 124
Watt Pl. G62: Miln 2F 27
 G72: Blan 5A 144
Watt Rd. G52: Hill E 4H 83
 PA11: Bri W 4F 77
WATTSTON 1D 74
Watt St. G5: Glas 5D 86
 ML6: Air 2C 96
Waukglen Av. G53: Glas 5B 120
Waukglen Cres. G53: Glas 4C 120
Waukglen Dr. G53: Glas 4B 120
Waukglen Gdns. G53: Glas 5B 120
Waukglen Path G53: Glas 4B 120

Waukglen Pl. G53: Glas 4B 120
Waukglen Rd. G53: Glas 4B 120
Waulking Mill Rd. G81: Faif, Hard . . .6E 25
Waulkmill Av. G78: Barr 3F 119
Waulkmill La. G81: Dun 1D 44
Waulkmill St. G46: T'bnk 3E 121
Waulkmill Way G78: Barr 3F 119
Waverley G74: E Kil 5D 142
G81: Clyd 5E 45
Waverley Ct. G71: Both 5E 129
Waverley Cres. G66: Kirkin 5E 33
G67: Cumb 6F 37
ML3: Ham 5D 144
Waverley Dr. G73: Ruth 6E 109
ML2: Wis 5H 149
ML6: Air 2B 96
Waverley Gdns. G41: Glas 4C 106
PA5: Eld 3B 100
WAVERLEY PARK 4B 106
Waverley Pk. G66: Kirkin 5D 32
Waverley Rd. PA2: Pais 6D 100
Waverley St. G41: Glas 4C 106
ML3: Ham 5D 144
ML5: Coat 2D 94
ML9: Lark 5C 170
Waverley Ter. G72: Blan 4A 144
G82: Dumb 3B 18
Waverley Way PA2: Pais 6D 100
Weardale La. G33: Glas 3C 90
Weardale St. G33: Glas 3C 90
Weaver Av. G77: Newt M 2C 136
Weaver Cres. ML6: Air 6A 96
Weaver La. PA10: Kilba 1A 98
Weaver Pl. G75: E Kil 4A 156
Weavers Av. PA2: Pais 2F 101
Weaver's Cottage 2A 98
Weaver's Cottage Museum, The . . .3A 96
Weavers Ct. G74: E Kil 1H 157
(off Parkhall St.)
PA1: Pais 1D 102
PA10: Kilba 2A 98
Weaver's Ga. PA1: Pais 2E 101
Weavers Rd. PA2: Pais 2F 101
Weaver St. G4: Glas 5G 7 (4H 87)
Weaver Ter. PA2: Pais 2C 102
Webster Groves ML2: Wis 4B 150
Webster St. G40: Glas 2C 108
G81: Clyd 1G 61
Wedderlea Dr. G52: Glas 6A 84
Wedsley Ct. G41: Glas 1C 106
Weensmoor Rd. G53: Glas 3H 119
Weeple Dr. PA3: Lin 5G 79
Weighhouse Cl. PA1: Pais 1A 102
Weigh Ho. PA1: Pais 1A 102
Weir Av. G78: Barr 5E 119
Weir Pl. ML8: Law 1F 173
Weir's La. ML8: Carl 3D 174
Weir St. ML5: Coat 4C 94
PA3: Pais 6B 82
Weirwood Av. G69: Bail 1F 111
Weirwood Gdns. G69: Bail 6F 91
Welbeck Rd. G53: Glas 2B 120
Weldon Pl. G65: Croy 2B 36
Welfare Av. G72: Camb 3D 126
Welland Pl. G75: E Kil 4A 156
Wellbank Pl. G71: Udd 2D 128
Wellbeck Ho. G74: E Kil 1H 157
(off Glebe St.)
Wellbrae Hill ML9: Lark 3C 170
Wellbrae Rd. ML3: Ham 2F 161
Wellbrae Ter. G69: Mood 5D 54
Wellcroft Pl. G5: Glas 1F 107
(not continuous)
Wellcroft Rd. ML3: Ham 6C 144
Wellcroft Ter. ML3: Ham 6C 144
Wellesley Cres.
G68: Cumb 4A 36
G75: E Kil 4B 156

Wellesley Dr. G68: Cumb 4H 35
G75: E Kil 3B 156
Wellesley Pl. G68: Cumb 4H 35
Wellfield Av. G46: Giff 4H 121
Wellfield Ct. G46: Giff 4H 121
Wellfield St. G21: Glas 5B 66
Wellgate Ct. ML9: Lark 1C 170
Wellgate St. ML9: Lark 1C 170
Well Grn. G43: Glas 5A 106
Well Grn. Ct. G43: Glas 5A 106
(off Well Grn.)
Wellhall Ct. ML3: Ham 5F 145
Wellhall Rd. ML3: Ham 1D 160
Wellhouse Cres. G33: Glas 4E 91
Wellhouse Gdns. G33: Glas 4F 91
Wellhouse Gro. G33: Glas 4F 91
Wellhouse Path G34: Glas 4F 91
Wellhouse Rd. G33: Glas 3F 91
Wellington G75: E Kil 4D 156
Wellington La. G2: Glas 5A 6 (4E 87)
(not continuous)
Wellington Path G69: Bail 1H 111
Wellington Pl. G81: Clyd 4H 43
ML2: Wis 2B 166
ML5: Coat 6G 93
Wellington Rd. G64: B'rig 3D 50
Wellington St. G2: Glas 6B 6 (4F 87)
ML2: Wis 4C 148
ML6: Air 2A 96
PA3: Pais 5H 81
Wellington Way PA4: Renf 2E 83
Wellknowe Av. G74: T'hall 6G 139
Wellknowe Pl. G74: T'hall 6F 139
Wellknowe Rd. G74: T'hall 6G 139
Well La. G66: Len 3F 9
Wellmeadow Cl. G77: Newt M . . .4D 136
Wellmeadow Grn.
G77: Newt M 3D 136
Wellmeadow Rd. G43: Glas 1H 121
Wellmeadows Ct. ML3: Ham 1E 161
Wellmeadows La. ML3: Ham 1E 161
Wellmeadow St. PA1: Pais 1H 101
Wellmeadow Way G77: Newt M . . .4D 136
Wellpark La. G78: Neil 3D 134
Wellpark Rd. FK4: Bank 1D 16
ML1: Moth 3E 147
Wellpark St. G31: Glas 4A 88
Wellpark Ter. G78: Neil 3D 134
Well Rd. PA10: Kilba 2A 98
Wellshot Cotts. G65: Kils 4H 13
Wellshot Dr. G72: Camb 2H 125
Wellshot Rd. G32: Glas 2H 109
Wellside Av. ML6: Air 2A 96
Wellside Dr. G72: Camb 3C 126
Wellside La. ML6: Air 2B 96
Wellside Quad. ML6: Air 1A 96
Wellsquarry Rd. G76: Crmck 5E 141
Wells St. G81: Clyd 4B 44
Well St. PA1: Pais 6G 81
PA3: Pais 6G 81
Wellview Dr. ML1: Moth 3F 147
Wellwynd ML6: Air 3H 95
Wellwynd Gdns. ML6: Air 3H 95
Welsh Dr. G72: Blan 3B 144
ML3: Ham 4G 161
Welsh Row ML6: C'bnk 2C 116
Wemyss Av. G77: Newt M 2C 136
Wemyss Dr. G68: Cumb 4A 36
Wemyss Gdns. G69: Bail 2G 111
Wendur Way PA3: Pais 3A 82
Wenlock Rd. PA2: Pais 3B 102
Wensleydale G74: E Kil 6E 141
Wentworth Dr. G23: Glas 6C 48
Wentworth Gdns. G74: T'hall 2H 155
Wesley St. ML6: Air 4H 95
Westacres Rd. G77: Newt M 5A 136
WEST ARTHURLIE 6C 118

West Av. G33: Step 4D 68
G71: View 1F 129
G72: Blan 4C 144
ML6: Plain 6G 75
ML8: Carl 4B 174
PA1: Lin 1B 100
PA4: Renf 6F 61
WEST BALGROCHAN 3D 30
W. Balgrochan Rd. G64: Torr 4D 30
Westbank Ct. G12: Glas 1C 86
(off Westbank Quad.)
Westbank La. G12: Glas 1C 86
(off Gibson St.)
Westbank Quad. G12: Glas 1C 86
Westbourne Cres. G61: Bear 2C 46
Westbourne Dr. G61: Bear 2C 46
Westbourne Gardens La.
G12: Glas 5A 64
Westbourne Gardens Nth.
G12: Glas 5A 64
Westbourne Gardens Sth.
G12: Glas 5A 64
Westbourne Gardens W.
G12: Glas 5H 63
Westbourne Rd. G12: Glas 5H 63
Westbourne Ter. La. Nth.
G12: Glas 5H 63
Westbourne Ter. La. Sth.
G12: Glas 5H 63
West Brae PA1: Pais 1H 101
Westbrae Dr. G14: Glas 5E 63
Westbrae Rd. G77: Newt M 3F 137
West Bridgend G82: Dumb 3E 19
W. Buchanan Pl. PA1: Pais 1H 101
WESTBURN 1D 126
Westburn Av. G72: Camb 1D 126
PA3: Pais 6E 81
Westburn Cres. G73: Ruth 6B 108
G81: Hard 6D 24
Westburn Dr. G72: Camb 6B 110
Westburn Farm Rd. G72: Camb . . .1B 126
Westburn Rd. G72: Camb, Newt . . .2B 126
(not continuous)
W. Burnside St. G65: Kils 3H 13
W. Campbell St. G2: Glas 6A 6 (4E 87)
PA1: Pais 1F 101
W. Canal St. ML5: Coat 5B 94
Westcastle Ct. G45: Glas 4H 123
Westcastle Cres. G45: Glas 4H 123
Westcastle Gdns. G45: Glas 4H 123
Westcastle Gro. G45: Glas 4H 123
W. Chapelton Av. G61: Bear 3F 47
W. Chapelton Cres. G61: Bear 3F 47
W. Chapelton Dr. G61: Bear 3F 47
W. Chapelton La. G61: Bear 3F 47
Westcliff G82: Dumb 3B 18
W. Clyde St. ML9: Lark 3D 170
Westclyffe St. G41: Glas 4C 106
W. Coats Rd. G72: Camb 3H 125
West Ct. G81: Clyd 3A 44
WEST CRAIGEND 6E 43
WEST CRINDLEDYKE 3D 150
West Cross ML2: Wis 6G 149
Westdale Dr. G69: Mood 4E 55
West Dr. ML6: Air 5E 97
WEST DRUMOYNE 4D 84
West End G61: Bear 5G 47
Westend Ct. ML8: Law 1F 173
West End Dr. ML4: Bell 3A 130
West End Pk. St. G3: Glas . . .1F 5 (1D 86)
West End Pl. ML4: Bell 3B 130
WESTER AUCHINLOCH 6D 52
Westerburn St. G32: Glas 5H 89
Wester Carriagehill PA2: Pais 3H 101
Wester Cleddens Rd. G64: B'rig 5C 50
Wester Cochno Holdings
G81: Hard 5C 24
Wester Comn. Dr. G22: Glas 5E 65

Wester Comn. Rd. G22: Glas 5E **65**
Westercraigs G31: Glas 4B **88**
Westercraigs Ct. G31: Glas 4B **88**
Westerdale G74: E Kil 6E **141**
Westerfield Rd. G76: Crmck 5H **139**
Westergate Shop. Cen.
    G2: Glas 6B **6** (4F **87**)
Westergill Av. ML6: Air 5E **97**
Westergreens Av. G66: Kirkin 1B **52**
Westerhill Rd. G64: B'rig 3D **50**
WESTER HOLYTOWN 2G **131**
Westerhouse Ct. ML8: Carl 3B **174**
Westerhouse Path *G34: Glas* *3G 91*
    (off Arnisdale Rd.)
Westerhouse Rd. G34: Glas 3F **91**
WESTERHOUSE ROAD INTERCHANGE
    . . . . .3F **91**
Westerkirk Dr. G23: Glas 6C **48**
Westerlands G12: Glas 3G **63**
Westerlands Dr. G77: Newt M 5B **136**
Westerlands Gdns.
    G77: Newt M 5B **136**
Westerlands Gro. G77: Newt M . . .5B **136**
Westerlands Pl. G77: Newt M 4B **136**
Westermains Av. G66: Kirkin 6B **32**
Wester Mavisbank Av. ML6: Air . . .3G **95**
Wester Moffat Av. ML6: Air 3E **97**
Wester Moffat Cres. ML6: Air 4E **97**
Wester Myvot Rd. G67: Cumb 3C **56**
Western Av. G73: Ruth 5B **108**
Western Baths Club 6B **64**
Westernbirt Rd. ML5: Glenb 3B **72**
Western Isles Rd. G60: Old K 1G **43**
Western Rd. G72: Camb 3G **125**
Westerpark Av. G72: Blan 6A **144**
Wester Rd. G32: Glas 1D **110**
Westerton G66: Len 3H **9**
Westerton Av. G61: Bear 1F **63**
    G76: Busby 4E **139**
    ML9: Lark 4C **170**
Westerton Ct. G76: Busby 4E **139**
Westerton Farm La. G61: Bear 4D **46**
Westerton La. G76: Busby 4E **139**
Westerton Rd. G68: Dull 5F **15**
Westerton Station (Rail) 6E **47**
WESTERWOOD 6A **16**
Westerwood Hotel Golf Course 5B **16**
W. Fairholm St. ML9: Lark 6H **163**
Westfarm Av. G72: Camb 1D **126**
Westfarm Ct. G72: Camb 6D **110**
Westfarm Cres. G72: Camb 6D **110**
Westfarm Dr. G72: Camb 6D **110**
Westfarm Gait G72: Camb 1D **126**
Westfarm Gro. G72: Camb 6D **110**
Westfarm La. G72: Camb 6D **110**
Westfarm Wynd G72: Camb 1D **126**
WEST FERRY INTERCHANGE 1A **40**
WESTFIELD
    G65 . . . . .2F **13**
    G68 . . . . .6B **36**
Westfield G82: Dumb 3C **18**
Westfield Av. G73: Ruth 6B **108**
Westfield Cres. G61: Bear 5E **47**
Westfield Dr. G52: Glas 6A **84**
    G61: Bear 5E **47**
    G68: Cumb 5B **36**
Westfield Ind. Area G68: Cumb . . .1H **55**
Westfield Ind. Est. G68: Cumb 2A **56**
Westfield Pl. G68: Cumb 1H **55**
Westfield Rd. G46: T'bnk 5G **121**
    G65: Kils 2F **13**
    G68: Cumb 1H **55**
    ML1: N'hse 6C **116**
Westfields G64: B'rig 4A **50**
W. Fulton Cotts. PA6: C'lee 4E **79**
Westgarth Pl. G74: E Kil 6C **140**
West Gate ML2: Wis 6B **150**
Westgate Way ML4: Bell 3B **130**

W. George La. G2: Glas 4H **5** (3E **87**)
W. George St. G2: Glas 4H **5** (3E **87**)
    (not continuous)
    ML5: Coat 3C **94**
West Glebe G76: Eag 6D **154**
W. Glebe Ter. ML3: Ham 1G **161**
W. Glen Rd. PA14: Hous, Lang 6A **40**
W. Graham St. G4: Glas 1A **6** (2E **87**)
W. Greenhill Pl. G3: Glas . . .4D **4** (3C **86**)
W. Hamilton St. ML1: Moth 3G **147**
W. High St. G66: Kirkin 4C **32**
Westhorn Dr. G32: Glas 4A **110**
Westhouse Av. G73: Ruth 6A **108**
Westhouse Gdns. G73: Ruth 6A **108**
W. Kirk St. ML6: Air 4H **95**
Westknowe Gdns. G73: Ruth 2D **124**
Westland Dr. G14: Glas 6D **62**
Westland Dr. La. *G14: Glas* *6D 62*
    (off Westland Dr.)
Westlands Gdns. PA2: Pais 3H **101**
West La. PA1: Pais 1F **101**
Westlea Pl. ML6: Air 5B **96**
W. Lodge Rd. PA4: Renf 5D **60**
WEST MAINS 1D **156**
W. Mains Rd. G74: E Kil 1D **156**
W. March Rd. PA3: Pais 4F **81**
WEST MARYSTON 4B **92**
Westminster Ter. G3: Glas . . .3D **4** (3C **86**)
Westmoreland St. G42: Glas 3E **107**
Westmuir Pl. G73: Ruth 5B **108**
Westmuir St. G31: Glas 6F **89**
W. Nile St. G1: Glas 5C **6** (4F **87**)
    G2: Glas 5C **6** (4F **87**)
West of Scotland Indoor Bowling Club
    . . . . .3A **108**
West of Scotland Snowsports Cen.
    . . . . .6D **26**
Westpark Dr. PA3: Pais 6F **81**
West Pl. ML2: Newm 4E **151**
Westport G75: E Kil 2C **156**
WEST PORTON 3H **41**
W. Porton Pl. PA7: B'ton 3F **41**
Westport St. G65: Kils 3H **13**
W. Prince's St. G4: Glas 1G **5** (1C **86**)
    (not continuous)
Westray Av. G77: Newt M 2C **136**
Westray Cir. G22: Glas 3G **65**
Westray Ct. G67: Cumb 5G **37**
Westray Pl. G22: Glas 2H **65**
    G64: B'rig 5F **51**
Westray Rd. G67: Cumb 5G **37**
Westray Sq. G22: Glas 2G **65**
Westray St. G22: Glas 2G **65**
Westray Wynd ML2: Newm 3D **150**
W. Regent La. G2: Glas 4B **6** (3F **87**)
W. Regent St. G2: Glas 3A **6** (3E **87**)
    (not continuous)
West Rd. G64: Torr 4D **30**
    PA10: Kilba 1A **98**
W. Scott Ter. ML3: Ham 2H **161**
Westside Gdns. G11: Glas 1H **85**
W. Stewart St. ML3: Ham 5G **145**
West St. G5: Glas 1E **107**
    G81: Clyd 1G **61**
    PA1: Pais 1G **101**
    (not continuous)
WEST STREET INTERCHANGE 5D **86**
West Street Station (Underground)
    . . . . .6E **87**
W. Thomson St. G81: Clyd 4C **44**
W. Thornlie St. ML2: Wis 1G **165**
Westway Retail Pk. G68: Cumb . . .4D **16**
Westways Bus. Pk. PA4: Renf 1C **82**
W. Wellbrae Cres. ML3: Ham 2F **161**
W. Wellhall Wynd ML3: Ham 6E **145**
W. Whitby St. G31: Glas 1E **109**
WESTWOOD 3D **156**
Westwood Av. G46: Giff 4H **121**

Westwood Cres. ML3: Ham 1F **161**
Westwood Gdns. PA3: Pais 6F **81**
Westwood Hill G75: E Kil 3D **156**
Westwood Quad. G81: Clyd 6F **45**
Westwood Rd. G43: Glas 1H **121**
    G75: E Kil 2D **156**
    ML2: Newm 2D **150**
Westwood Sq. G75: E Kil 3D **156**
Weymouth Dr. G12: Glas 3G **63**
Weymouth La. *G12: Glas* *4H 63*
    (off Weymouth Dr.)
Whamflet Av. G69: Bail 4A **92**
Whamond Twr. ML1: Moth 4G **147**
Wheatear Gro. ML5: Coat 2G **115**
Wheatear Path ML5: Coat 2G **115**
Wheatfield Rd. G61: Bear 4D **46**
Wheatholm Cres. ML6: Air 2B **96**
Wheatholm St. ML6: Air 2B **96**
Wheatland Av. G72: Blan 1A **144**
Wheatlandhead Ct. G72: Blan 1A **144**
WHEATLANDS 1A **144**
Wheatlands Dr. PA10: Kilba 1A **98**
Wheatlands Farm Rd.
    PA10: Kilba 1A **98**
Wheatley Ct. G32: Glas 6A **90**
Wheatley Cres. G65: Kils 4H **13**
Wheatley Dr. G32: Glas 6A **90**
Wheatley Gdns. G32: Glas 6B **90**
Wheatley Loan G64: B'rig 1E **67**
Wheatley Pl. G32: Glas 6A **90**
Wheatsheaf Dr. G72: Newt 1F **127**
Wheatsheaf Wynd G72: Newt 1F **127**
WHIFFLET .6D **94**
Whifflet Ct. *ML5: Coat* *6D 94*
    (off William St.)
Whifflet Station (Rail) 6D **94**
Whifflet St. ML5: Coat 2C **114**
Whimbrel Way PA4: Renf 4G **61**
Whimbrel Wynd PA4: Renf 4G **61**
Whin Av. G78: Barr 3D **118**
Whinfell Dr. G75: E Kil 5C **156**
Whinfell Gdns. G75: E Kil 5C **156**
Whinfield Av. G72: Camb 6G **109**
WHINHALL 3G **95**
Whinhall Av. ML6: Air 2G **95**
Whinhall Rd. ML6: Air 2G **95**
Whin Hill G74: E Kil 5B **142**
Whinhill Gdns. G53: Glas 2A **104**
Whinhill Pl. G53: Glas 2A **104**
Whinhill Rd. G53: Glas 2A **104**
    PA2: Pais 3D **102**
WHINKNOWE 5A **172**
Whinknowe ML9: Ashg 5H **171**
Whin Loan G65: Queen 2A **12**
Whinney Gro. ML2: Wis 5C **150**
Whinnie Knowe ML9: Lark 4B **170**
Whinny Burn Ct. ML1: Moth 6B **148**
Whinpark Av. ML4: Bell 4B **130**
Whin Pl. G74: E Kil 4B **142**
Whins Rd. G41: Glas 4A **106**
Whin St. G81: Clyd 3C **44**
Whirlie Ct. PA6: C'lee 2C **78**
Whirlie Dr. PA6: C'lee 3B **78**
Whirlie Rd. PA6: C'lee 3B **78**
    (not continuous)
Whirlies Roundabout, The
    G74: E Kil 5A **142**
Whirlie Way PA6: C'lee 3C **78**
Whirlow Gdns. G69: Bail 6G **91**
Whirlow Rd. G69: Bail 6G **91**
Whistleberry Cres. ML3: Ham 2F **145**
Whistleberry Dr. ML3: Ham 2E **145**
Whistleberry Ind. Pk.
    ML3: Ham 2E **145**
Whistleberry La. ML3: Ham 3F **145**
Whistleberry Pk. ML3: Ham 2E **145**
Whistleberry Retail Pk.
    G72: Blan 2D **144**

Whistleberry Rd. G72: Blan 2D 144
  ML3: Ham 2D 144
Whistleberry Wynd ML3: Ham . . .2E 145
Whistlefield Ct. G61: Bear 4E 47
Whitacres Path G53: Glas 3A 120
Whitacres Rd. G53: Glas 3H 119
Whitburn St. G32: Glas 4H 89
Whiteacres Pl. G53: Glas 3A 120
Whiteadder Pl. G75: E Kil 4H 155
White Av. G82: Dumb 4H 19
White Cart Ct. G43: Glas 6B 106
White Cart Rd. PA3: Glas A 2A 82
White Cart Twr. G74: E Kil 4B 158
White Cart Workshops
  PA1: Pais 1B 102
    (off Seedhill Rd.)
WHITECRAIGS 2G 137
Whitecraigs Ct. G46: Giff 1G 137
Whitecraigs Golf Course 2G 137
Whitecraigs Station (Rail) 1G 137
WHITECROOK 6E 45
Whitecrook St. G81: Clyd 1D 60
Whitefield G66: Len 2E 9
Whitefield Av. G72: Camb 3A 126
Whitefield Rd. G51: Glas 6A 86
Whitefield Ter. G66: Len 2E 9
  G72: Camb 2B 126
Whiteford Av. G82: Dumb 1H 19
Whiteford Ct. ML3: Ham 5G 161
Whiteford Cres. G82: Dumb 2H 19
Whiteford Gdns. G82: Dumb 2H 19
Whiteford La. ML6: Air 5A 96
Whiteford Pl. G82: Dumb 2H 19
Whiteford Rd. G33: Step 4F 69
  PA2: Pais 3C 102
Whitehall St. G3: Glas 6G 5 (4D 86)
WHITEHAUGH 6C 82
Whitehaugh Av. PA1: Pais 6D 82
Whitehaugh Dr. PA1: Pais 6D 82
Whitehaugh Pl. G53: Glas 3B 120
Whitehaugh Rd. G53: Glas 3A 120
WHITEHILL 3F 145
Whitehill Av. G33: Step 3D 68
  G66: Kirkin 4F 33
  G68: Cumb 3F 37
  ML6: Air 2A 96
Whitehill Ct. G31: Glas 4C 88
  G66: Kirkin 4F 33
Whitehill Cres. G66: Kirkin 4F 33
  G81: Faif 6G 25
  ML8: Carl 2D 174
Whitehill Farm Rd. G33: Step 4D 68
Whitehill Gdns. G31: Glas 4C 88
Whitehill Gro. G77: Newt M 1F 153
Whitehill La. G61: Bear 3D 46
Whitehill Pl. G31: Glas 4C 88
Whitehill Pool 4C 88
Whitehill Rd. G61: Bear 2D 46
  ML3: Ham 4F 145
WHITEHILLS 5G 157
Whitehills PA8: Ersk 5E 43
Whitehills Dr. G75: E Kil 4G 157
Whitehills Pl. G75: E Kil 4G 157
Whitehills Ter. G75: E Kil 5G 157
Whitehill St. G31: Glas 4C 88
    (not continuous)
Whitehill St. La. G31: Glas 4C 88
Whitehill Ter. G69: G'csh 5D 70
Whitehorse Wlk. G75: E Kil 3D 156
Whitehurst G61: Bear 1C 46
Whitehurst Pk. G61: Bear 1C 46
WHITEINCH 6C 62
Whiteinch Bus. Pk. G14: Glas 1D 84
Whiteinch Homes G14: Glas 6D 62
    (off Westland Dr.)
Whitekirk Pl. G15: Glas 5A 46
Whitelaw Av. ML5: Glenb 4B 72

Whitelawburn G72: Camb 3G 125
Whitelaw Cres. ML4: Bell 3F 131
Whitelaw Gdns. G64: B'rig 4C 50
Whitelaw St. G20: Glas 2A 64
Whitelee G75: E Kil 6F 157
Whitelee Cres. G77: Newt M 3B 136
Whitelee Ga. G77: Newt M 3B 136
Whitelees Rd. G67: Cumb 5E 17
Whitelees Rdbt. G67: Cumb 6F 17
Whitemoss Av. G44: Glas 3D 122
Whitemoss Gro. G74: E Kil 2H 157
Whitemoss Rd. G74: E Kil 2H 157
Whitemoss Rdbt. G74: E Kil 2A 158
Whitepond Av. ML4: Bell 4B 130
Whiterigg St. ML6: Air 3F 95
    (off Monkscourt Av.)
Whitesbridge Av. PA3: Pais 1D 100
Whitesbridge Cl. PA3: Pais 1D 100
Whiteshaw Av. ML8: Carl 3B 174
Whiteshaw Dr. ML8: Carl 3B 174
Whiteshaw Rd. ML8: Law 2H 173
Whitestone Av. G68: Cumb 3D 36
White St. G11: Glas 1H 85
  G81: Clyd 2F 61
WHITESTRIPE 3F 151
Whitevale St. G31: Glas 5C 88
    (not continuous)
Whithope Rd. G53: Glas 3H 119
Whithope Ter. G53: Glas 3H 119
Whithorn Cres. G69: Mood 4D 54
WHITLAWBURN 4H 125
Whitlawburn Av. G72: Camb 3G 125
Whitlawburn Rd. G72: Camb 3G 125
Whitlawburn Shop. Cen.
  G72: Camb 4G 125
    (off Western Rd.)
Whitlawburn Ter. G72: Camb 3G 125
Whitriggs Rd. G53: Glas 2H 119
Whitslade Pl. G34: Glas 2F 91
Whitslade St. G34: Glas 2G 91
Whitsun Dale G74: E Kil 6E 141
WHITTAGREEN 4D 132
Whittagreen Av. ML1: N'hill 4D 132
Whittagreen Ct. ML1: N'hill 4D 132
Whittagreen Cres. ML1: N'hill 4D 132
Whittingehame Ct. G12: Glas 4G 63
Whittingehame Dr. G12: Glas 4F 63
  G13: Glas 4F 63
Whittingehame Gdns. G12: Glas . . .4G 63
Whittingehame Pk. G12: Glas 4F 63
Whittinghame La. G13: Glas 4F 63
Whittington Pl. G69: G'csh 3E 71
Whittington St. ML5: Coat 5C 94
Whittlemuir Av. G44: Glas 3D 122
Whitton Dr. G46: Giff 3B 122
Whitton St. G20: Glas 1A 64
Whitworth Dr. G20: Glas 3E 65
  G81: Clyd 5C 44
Whitworth Gdns. G20: Glas 3E 65
Whitworth Ga. G20: Glas 3E 65
Whyte Av. G72: Camb 1G 125
Whyte Cnr. G82: Milt 4F 21
Wick Av. ML6: Air 1G 115
Wickets, The PA1: Pais 2C 102
Wickham Av. G77: Newt M 3D 136
Wigton Av. G77: Newt M 2C 136
Wigtoun Pl. G67: Cumb 1B 38
Wilderness Brae G67: Cumb 1B 38
WILDMANBRIDGE 4F 167
Wildman Rd. ML8: Law 5F 167
Wilfred Av. G13: Glas 2D 62
Willes Cres. ML9: Lark 3D 170
Wilkie Loan ML4: Bell 1D 130
Wilkie Rd. G71: Udd 2E 129
William Dr. ML3: Ham 4H 161

William Mann Dr. G77: Newt M 5B 136
WILLIAMSBURGH 1C 102
Williamsburgh Ct. PA1: Pais 1C 102
    (off Clarence Dr.)
Williamsburgh Ter. PA1: Pais 6C 82
Williamson Av. G82: Dumb 3G 19
Williamson Pl. PA5: John 3H 99
Williamson St. G31: Glas 1E 109
  G81: Clyd 3D 44
William Spiers Pl. ML9: Lark 4D 170
William St. G3: Glas 4G 5 (3D 86)
  G65: Kils 3H 13
  G81: Dun, Hard 1C 44
  ML3: Ham 4F 145
  ML5: Coat 1D 114
  PA1: Pais 1G 101
  PA5: John 2F 99
William Ure Pl. G64: B'rig 2D 50
William Wilson Ct. G65: Kils 2H 13
WILLIAMWOOD 1B 138
Williamwood Dr. G44: Neth 5C 122
Williamwood Golf Course 6D 122
Williamwood Pk. G44: Neth 5D 122
Williamwood Pk. W. G44: Neth 5D 122
Williamwood Station (Rail) 6B 122
Willock Pl. G20: Glas 2C 64
Willoughby Dr. G13: Glas 3F 63
Willoughby La. G13: Glas 3F 63
Willow Av. G64: B'rig 1C 66
  G66: Lenz 2C 52
  ML1: New S 5A 132
  PA5: Eld 3A 100
Willowbank ML9: Lark 6A 164
Willowbank Cres.
  G3: Glas 1F 5 (1D 86)
Willowbank Gdns.
  G66: Kirkin 5D 32
Willowbank St. G3: Glas 1F 5 (1D 86)
Willow Ct. G75: E Kil 5D 156
  G81: Clyd 3B 44
Willow Cres. ML5: Coat 1C 114
Willowdale Cres. G69: Bail 1G 111
Willowdale Gdns. G69: Bail 1G 111
Willow Dr. FK4: Bank 1E 17
  G66: Milt C 6C 10
  G72: Blan 1A 144
  ML6: Air 4C 96
  PA5: John 4F 99
Willowford Rd. G53: Glas 3H 119
Willow Gro. ML1: Holy 2B 132
Willow La. G32: Glas 3B 110
Willowpark Ct. ML6: Air 3H 95
Willow Pl. G71: View 5H 113
  PA5: John 3G 99
Willows, The G76: Crmck 1H 139
Willow St. G13: Glas 2F 63
Willow Tea Rooms 3B 6
Willow Way ML3: Ham 2A 162
Willox Pk. G82: Dumb 2G 19
Willwood Rd. ML2: Wis 2A 150
Wilmot Rd. G13: Glas 3D 62
Wilsgait St. ML1: Cle 5H 133
Wilson Av. PA3: Lin 5G 79
Wilson Ct. ML4: Bell 2B 130
Wilson Pl. G74: E Kil 5A 142
  G77: Newt M 5C 136
Wilson St. G1: Glas 6E 7 (4G 87)
  ML1: Moth 2H 147
  ML3: Ham 4E 145
  ML5: Coat 4E 95
  ML6: Air 2H 95
  ML9: Lark 4D 170
  PA1: Pais 1G 101
  PA4: Renf 5F 61
Wiltonburn Rd. G53: Glas 3A 120
Wilton Ct. G20: Glas 5C 64
    (off Kelvinside Gdns. La.)
Wilton Cres. La. G20: Glas 6D 64

Wilton Dr. G20: Glas 6D **64**
Wilton Rd. ML8: Carl 5E **175**
Wilton St. G20: Glas 5C **64**
 ML5: Coat 1H **93**
Wilverton Rd. G13: Glas 1E **63**
Winburne Cres. ML3: Ham 5F **145**
Winchester Dr. G12: Glas 3H **63**
Windermere G75: E Kil 6B **156**
Windermere Gdns.
 ML3: Ham 5G **161**
Windermere St. ML4: Bell 3B **130**
Windhill Cres. G43: Glas 2H **121**
Windhill Pk. G76: Water 1C **154**
Windhill Pl. G43: Glas 2A **122**
Windhill Rd. G43: Glas 2H **121**
Windlaw Ct. G45: Glas 5H **123**
Windlaw Gdns. G44: Neth 3D **122**
Windlaw Pk. Gdns. G44: Neth 3D **122**
Windlaw Rd. G76: Crmck 6H **123**
Windmill Ct. ML1: Moth 4H **147**
 ML3: Ham 5H **145**
Windmillcroft Quay G5: Glas 5E **87**
Windmill Gdns. ML8: Carl 3D **174**
Windmillhill St. ML1: Moth 3H **147**
Windmill Rd. ML3: Ham 5H **145**
Windrow Ter. ML2: Wis 2A **150**
Windsor Av. G77: Newt M 4F **137**
Windsor Ct. ML8: Carl 3D **174**
Windsor Cres. G81: Clyd 4C **44**
 PA1: Pais 5C **82**
 PA5: Eld 4H **99**
Windsor Cres. La. G81: Clyd 4C **44**
Windsor Dr. ML6: Glenm 5H **73**
Windsor Gdns. ML3: Ham 4E **145**
Windsor Path G69: Barg 5D **92**
 (off Park Rd.)
 ML9: Lark 3E **171**
 (off Carrick Rd.)
Windsor Pl. PA11: Bri W 3F **77**
 (off Main Rd.)
Windsor Quad. ML8: Carl 3D **174**
Windsor Rd. ML1: Holy 2A **132**
 PA4: Renf 1E **83**
Windsor St. G20: Glas 1E **87**
 G32: Glas 5C **90**
 ML5: Coat 2A **114**
Windsor Ter. G20: Glas 1E **87**
Windsor Wlk. G71: View 6F **113**
Windward Rd. G75: E Kil 2C **156**
Windyedge Cres. G13: Glas 4C **62**
Windyedge Pl. G13: Glas 4C **62**
Windyedge Rd. ML1: Cle 4H **133**
Windyhill Golf Course 5A **26**
Windyridge ML3: Ham 2A **162**
Windyridge Pl. G72: Blan 2A **144**
Windy Yetts G65: Twe 2D **34**
Wingate Cres. G74: E Kil 5C **142**
Wingate Dr. G74: E Kil 5C **142**
Wingate Pk. G74: E Kil 5C **142**
Wingate St. ML2: Wis 5D **148**
Wingfield Gdns. G71: Both 6F **129**
Winifred St. G33: Glas 5F **67**
Winning Ct. G72: Blan 6C **128**
Winning Quad. ML2: Wis 6D **148**
Winning Row G31: Glas 6F **89**
Winnipeg Dr. G75: E Kil 3D **156**
Winston Cres. G66: Len 3F **9**
Wintergreen Ct. G74: E Kil 5F **141**
Wintergreen Dr. G74: E Kil 5F **141**
Winton Av. G46: Giff 5A **122**
Winton Cres. G72: Blan 2A **144**
Winton Dr. G12: Glas 4A **64**
Winton Gdns. G71: Tann 6D **112**
Winton La. G12: Glas 4A **64**
Winton Pk. G75: E Kil 2C **156**
Wirran Pl. G13: Glas 1G **61**
Wisham Golf Course 5G **149**
Wishart La. ML8: Law 6E **167**
Wishart St. G31: Glas 5H **7** (4A **88**)
WISHAW 6G **149**
Wishaw High Rd. ML1: Cle 1H **149**

WISHAWHILL 5F **149**
Wishawhill St. ML2: Wis 6F **149**
Wishaw Low Rd. ML1: Cle 3G **149**
Wishaw Rd. ML2: Newm, Wis 2B **166**
Wishaw Sports Cen. 1F **165**
Wishaw Station (Rail) 1G **165**
Wisner Ct. G46: T'bnk 3F **121**
Wisteria La. ML8: Carl 5D **174**
Wiston St. G72: Camb 2E **127**
Witchwood Cl. ML5: Coat 1H **93**
Witchwood Gro. G77: Newt M 1C **136**
Witcutt Way ML2: Wis 2E **165**
Woddrop St. G40: Glas 3D **108**
Wolcott Dr. G72: Blan 1B **144**
Wolfe Av. G77: Newt M 2C **136**
Wolfson Hall G20: Glas 6H **47**
Wolseley Dr. G5: Glas 2H **107**
Wolseley St. G5: Glas 2H **107**
Women's Library 5G **87**
 (off Parnie St.)
Wood Aven Dr. G74: E Kil 5F **141**
Woodbank Cres. G76: Clar 3C **138**
 PA5: John 3F **99**
Woodburn Av. G72: Blan 1C **144**
 G76: Clar 3C **138**
 ML6: Air 5H **95**
Woodburn Ct. G73: Ruth 1D **124**
Woodburn Gro. ML3: Ham 6H **145**
Woodburn Pk. ML3: Ham 6A **146**
Woodburn Pl. PA6: C'lee 4E **79**
Woodburn Rd. G43: Glas 2B **122**
 ML1: N'hse 6D **116**
Woodburn St. ML1: Moth 1G **147**
Woodburn Ter. ML9: Lark 3E **171**
Woodburn Way G62: Miln 4G **27**
Wood Cres. ML1: Moth 6G **131**
 ML6: Camb 3E **37**
Woodcroft Av. G11: Glas 6F **63**
Woodcroft Dr. G66: Lenz 1E **53**
Wooddale ML1: Moth 5F **147**
Woodend G72: Blan 3B **144**
Woodend Ct. G32: Glas 3E **111**
Woodend Dr. G13: Glas 4E **63**
 ML6: Air 2C **96**
 PA1: Pais 1F **103**
Woodend Gdns. G32: Glas 3D **110**
Woodend La. G13: Glas 4E **63**
 ML9: Lark 4E **171**
 (off Keir Hardie Rd.)
Woodend Pl. PA5: Eld 3H **99**
Woodend Rd. G32: Glas 3D **110**
 G73: Ruth 3C **124**
 ML8: Carl 3E **175**
Woodfarm Rd. G46: T'bnk 5G **121**
Woodfield G71: View 1G **129**
Woodfield Av. G64: B'rig 6D **50**
Woodfoot Cres. G53: Glas 3A **120**
Woodfoot Path G53: Glas 3B **120**
Woodfoot Quad. G53: Glas 3A **120**
Woodfoot Rd. ML3: Ham 1E **161**
Woodford Pl. PA3: Lin 5G **79**
Woodford St. G41: Glas 6C **106**
Woodgreen Av. G44: Glas 1F **123**
Woodgreen Ct. ML2: Wis 3G **165**
Woodhall ML1: Holy 5A **116**
Woodhall Av. ML1: Holy 2H **131**
 ML3: Ham 5F **145**
 ML5: Coat 2A **114**
 ML6: C'bnk 3B **116**
Woodhall Cott. Rd. ML6: C'bnk 4C **116**
Woodhall Est. ML6: C'bnk 4B **116**
Woodhall Mill Rd.
 ML6: C'bnk, Chap 4B **116**
 ML6: C'bnk, ML5: Coat 2B **114**
Woodhall Rd. ML2: Newm, Wis 5D **150**
 ML6: C'bnk 3B **116**
Woodhall St. G40: Glas 3D **108**
 ML6: Chap 4D **116**
Woodhead Av. G66: Kirkin 6D **32**
 G68: Cumb 6B **36**
 G71: Both 6F **129**

Woodhead Ct. G68: Cumb 6B **36**
Woodhead Cres. G71: Tann 6D **112**
 ML3: Ham 3E **161**
 ML6: Glenm 6G **73**
Woodhead Gdns. G71: Both 1F **145**
Woodhead Grn. ML3: Ham 3F **161**
Woodhead Gro. G68: Cumb 6B **36**
Woodhead Ind. Est. G69: Chry 3H **69**
Woodhead La. ML3: Ham 3F **161**
Woodhead Path G53: Glas 2A **120**
Woodhead Pl. G68: Cumb 6B **36**
Woodhead Rd. G53: Glas 2H **119**
 G68: Cumb 6B **36**
 G69: Chry 3H **69**
Woodhead Ter. G69: Chry 2H **69**
Woodhead Vw. G68: Cumb 6B **36**
Woodhill Rd. G21: Glas 3D **66**
 G64: B'rig 6E **51**
Woodholm Av. G44: Glas 1G **123**
Woodhouse Ct. G76: Busby 4E **139**
Woodhouse St. G13: Glas 2E **63**
Woodilee Cotts. G66: Lenz 1E **53**
Woodilee Ind. Est. G66: Lenz 1E **53**
Woodilee Rd. G66: Kirkin, Lenz 6E **33**
 G66: Lenz 2E **53**
 ML1: N'hill 3E **133**
Woodland Av. G66: Kirkin 5B **32**
 ML6: Air 1C **116**
 PA2: Pais 5A **102**
Woodland Cres. G72: Camb 3B **126**
 G76: Eag 6B **154**
Woodland Gdns. G76: Crmck 2H **139**
 ML3: Ham 1B **162**
Woodlands, The ML4: Bell 4F **131**
Woodlands Av. G69: G'csh 2C **70**
 G71: Both 4E **129**
 ML8: Law 5D **166**
Woodlands Ct. G46: T'bnk 5F **121**
 G60: Old K 2F **43**
Woodlands Cres. G46: T'bnk 4F **121**
 G71: Both 4E **129**
 PA5: John 4D **98**
Woodlands Dr. G4: Glas 1D **86**
 ML1: Holy 2H **131**
 ML5: Coat 4H **93**
Woodlands Gdns. G71: Both 3E **129**
Woodlands Ga. G3: Glas 1F **5** (2D **86**)
 G46: T'bnk 4F **121**
Woodlands Gro. G62: Miln 2G **27**
Woodlands Millennium Pk. 1G **5**
 (off Arlington St.)
Woodlands Pk. G46: T'bnk 5F **121**
Woodlands Pl. ML5: Coat 4H **93**
Woodlands Rd. G3: Glas 1F **5** (1D **86**)
 G46: T'bnk 5F **121**
 ML1: Moth 6H **147**
 ML1: N'hse 6D **116**
Woodlands St. G62: Miln 3G **27**
 ML1: Moth 5H **147**
Woodlands Ter. G3: Glas 1E **5** (2C **86**)
 G71: Both 4E **129**
Woodland Ter. ML9: Lark 4E **171**
Woodland Way G67: Cumb 2B **30**
Wood La. G04: B'rig 1E **67**
Woodlea Av. ML6: Air 1C **116**
Woodlea Dr. G46: Giff 3B **122**
 ML3: Ham 3H **161**
Woodlea Pl. ML6: Air 2C **96**
Woodlinn Av. G44: Glas 2F **123**
 (not continuous)
Woodmill Dr. G64: Torr 4E **31**
Woodmill Gdns. G67: Cumb 1B **56**
Woodneuk Av. G69: G'csh 4E **71**
Woodneuk La. G69: G'csh 4D **70**
Woodneuk Rd. G53: Glas 3B **120**
 G69: G'csh 4D **70**
Woodneuk St. ML6: Chap 4D **116**
Woodneuk Ter. G69: G'csh 4D **70**
Wood Quad. G81: Clyd 1G **61**
Woodrow ML1: Holy 5B **116**

Woodrow Av. ML1: Carf 5B **132**
Woodrow Cir. G41: Glas 1B **106**
Woodrow Pl. G41: Glas 1A **106**
Woodrow Rd. G41: Glas 1B **106**
WOODSIDE 1E **87**
Woodside ML1: Holy 5G **115**
   PA6: Hous 2D **78**
Woodside Av. G46: T'bnk 4G **121**
   G65: Kils 3B **14**
   G66: Lenz 1D **52**
   G73: Ruth 6E **109**
   ML3: Ham 1A **162**
   PA11: Bri W 2F **77**
Woodside Ct. ML3: Ham 1A **162**
   ML5: Coat *6H* **93**
      (off Woodside St.)
Woodside Crematorium PA1: Pais . . .6F **81**
Woodside Cres. G3: Glas 2G **5** (2D **86**)
   G78: Barr 5F **119**
   ML2: Newm 3F **151**
   PA1: Pais 1G **101**
Woodside Dr. G76: Water 1B **154**
   ML6: C'bnk 3A **116**
Woodside Gdns. G76: Clar 2B **138**
   G76: Crmck 2H **139**
   ML5: Coat 1H **113**
Woodside Gro. G73: Ruth 6E **109**
Woodside La. PA5: Brkfld 5D **78**
Woodside Pl. G3: Glas 2F **5** (2D **86**)
   G71: View 5G **113**
Woodside Pl. La. G3: Glas . . .2F **5** (2D **86**)
Woodside Rd. G76: Crmck 2H **139**
   PA5: Brkfld 5C **78**
Woodside St. ML1: Moth 5B **148**
   ML1: New S 4A **132**
   ML5: Coat 2H **113**
      (not continuous)
   ML6: Chap 3D **116**
Woodside Ter. G3: Glas 2F **5** (2D **86**)
Woodside Ter. La. G3: Glas 2F **5**
Woodside Twr. ML1: Moth 5B **148**
Woodside Wlk. ML3: Ham 6A **146**
Woodstock Av. G41: Glas 4B **106**
   G66: Kirkin 5F **33**
   PA2: Pais 5C **100**
Woodstock Dr. ML2: Wis 5A **150**
Woodstock Way PA2: Pais 5C **100**
Wood St. G31: Glas 3D **88**
   ML1: Moth 1H **147**
   ML5: Coat 4A **94**
   ML6: Air 2B **96**
   PA2: Pais 2D **102**
Woodvale Av. G46: Giff 1H **137**
   G61: Bear 5H **47**
   ML6: Air 1D **116**
Woodvale Dr. PA3: Pais 6E **81**
Wood Vw. ML1: Holy 2B **132**
Woodview G71: View 5H **113**
Woodview Dr. ML4: Bell 6E **115**
   ML6: Air 6A **96**
Woodview La. ML6: Air 6A **96**
Woodview Rd. ML9: Lark 5C **170**
Woodview Ter. ML3: Ham 5F **145**
Woodville Ct. G51: Glas 3A **86**
Woodville Pk. G51: Glas 5H **85**

Woodville Pk. Ind. Est. *G51: Glas . . .5H **85***
      (off Woodville Pk.)
Woodville St. G51: Glas 5H **85**
Woodyard Rd. G82: Dumb 4E **19**
Woodyett Pk. G76: Busby 4D **138**
Woodyett Rd. G76: Busby 4D **138**
Wordsworth Way G71: Both 4F **129**
World of Golf
   Clydebank 4F **45**
Worrall Gdns. ML3: Fern 1D **162**
Worsley Cres. G77: Newt M 3C **136**
Wraes Av. G78: Barr 3F **119**
Wraes Vw. G78: Barr 6B **118**
Wraisland Cres. PA7: B'ton 3F **41**
Wrangholm Cres.
   ML1: New S 4B **132**
Wrangholm Dr. ML1: New S 4A **132**
Wren Ct. ML4: Bell 5A **114**
Wren Pl. ML2: Wis 6H **149**
   PA5: John 6D **98**
Wright Av. G78: Barr 5C **118**
Wrightlands Cres. PA8: Ersk 1A **60**
Wright St. PA4: Renf 1B **82**
Wright Way ML1: New S 4A **132**
Wye Cres. ML5: Coat 2H **93**
Wykeham Pl. G13: Glas 3C **62**
Wykeham Rd. G13: Glas 3C **62**
Wyler Twr. ML3: Ham 6A **146**
Wylie G74: E Kil 4D **142**
Wylie Av. G77: Newt M 2D **136**
Wylie St. ML3: Ham 1H **161**
Wynd, The G67: Cumb 6B **16**
Wyndford Dr. G20: Glas 4B **64**
Wyndford Pl. G20: Glas 4B **64**
Wyndford Recreation Cen. 4B **64**
Wyndford Rd. FK4: Bank 1D **16**
   G20: Glas 4A **64**
   G68: Cumb 3D **16**
Wyndford Ter. G71: View 6F **113**
Wyndham Ct. *G12: Glas* *5B* **64**
      (off Wyndham St.)
Wyndham St. G12: Glas 5B **64**
Wyneford Rd. FK4: Bank 1D **16**
Wynyard Grn. G75: E Kil 3D **156**
Wyper Pl. G31: Glas 5C **88**
Wyvil Av. G13: Glas 6E **47**
Wyvis Av. G13: Glas 1H **61**
   G61: Bear 6C **26**
Wyvis Ct. G77: Newt M 1D **152**
Wyvis Pl. G13: Glas 1H **61**
   G77: Newt M 1C **152**
Wyvis Quad. G13: Glas 1H **61**
Wyvis Way ML1: Moth 6D **148**

X

Xscape
   Renfrew 5H **61**

Y

Yair Dr. G52: Glas 5A **84**
Yarrow Ct. G72: Camb 2D **126**

Yarrow Cres. ML2: Wis 5H **149**
   PA7: B'ton 5A **42**
Yarrow Gdns. G20: Glas 6D **64**
Yarrow Gdns. La. *G20: Glas* *6D* **64**
      (off Yarrow Gdns.)
Yarrow Pk. G74: E Kil 2A **158**
Yarrow Rd. G64: B'rig 3C **50**
Yarrow Way G72: Blan 1B **144**
Yate Gro. G31: Glas 6D **88**
Yate Rd. G31: Glas 6D **88**
Yate St. G31: Glas 6D **88**
Yementry Ct. G72: Camb 4H **125**
Yetholm Gdns. G74: E Kil 5H **141**
Yetholm St. G14: Glas 3G **61**
Yetholm Ter. ML3: Ham 6C **144**
YETT 4C **132**
Yett Rd. ML1: N'hill 4D **132**
Yetts Cres. G66: Kirkin 5F **33**
Yetts Hole Rd. ML6: Glenm 6D **56**
Yew Dr. G21: Glas 6C **66**
Yew Pl. PA5: John 4F **99**
Yews Cres. ML3: Ham 4F **145**
YIELDSHIELDS 3H **175**
Yieldshields Rd.
   ML8: Carl 4H **175**
Yoker Burn Pl. G13: Glas 2G **61**
Yokerburn Ter. G81: Clyd 2F **61**
Yoker Ferry Rd. G14: Glas 3G **61**
Yoker Mill Gdns. G13: Glas 2G **61**
Yoker Mill Rd. G13: Glas 2G **61**
Yoker Sports Cen. 3H **61**
Yoker Station (Rail) 2F **61**
York Dr. G73: Ruth 2F **125**
YORKER .3G **61**
Yorkhill Pde. G3: Glas 2A **4** (2A **86**)
Yorkhill St. G3: Glas 3B **4** (3B **86**)
York Pl. *ML4: Bell* *2C* **130**
      (off Neilson St.)
York Rd. ML1: N'hse 5D **116**
   ML6: Chap 5D **116**
York St. G2: Glas 6A **6** (4E **87**)
   G81: Clyd 5F **45**
   ML2: Wis 1H **165**
York Way PA4: Renf 2E **83**
Younger Quad. G64: B'rig 6C **50**
Young Pl. G71: Tann 5E **113**
   G75: E Kil 6A **158**
   ML2: Newm 4F **151**
Young St. G81: Clyd 3D **44**
   ML2: Wis 6H **149**
Young Ter. G21: Glas 5C **66**
Young Wynd ML4: Bell 5C **114**
Yukon Ter. G75: E Kil 3D **156**
Yvetot Ct. ML8: Carl 2C **174**

Z

Zambesi Dr. G72: Blan 6A **128**
Zena Cres. G33: Glas 5E **67**
Zena Pl. G33: Glas 5F **67**
Zena St. G33: Glas 5E **67**
Zetland Rd. G52: Hill E 3H **83**
Zoology Mus.
   Glasgow 1B **86**

HOSPITALS, HOSPICES and selected HEALTHCARE FACILITIES covered by this atlas.

N.B. Where it is not possible to name these facilities on the map, the reference given is for the road in which they are situated.

ACCORD HOSPICE 3E **103**
7 Morton Avenue
PAISLEY
PA2 7BW
Tel: 0141 581 2000

AIRBLES ROAD CENTRE 4H **147**
49 Airbles Road
MOTHERWELL
ML1 2TP
Tel: 01698 269336

BEATSON WEST OF SCOTLAND CANCER CENTRE 5G **63**
1053 Great Western Road
GLASGOW
G12 0YN
Tel: 0141 301 7000

BLAWARTHILL HOSPITAL 3A **62**
129 Holehouse Drive
GLASGOW
G13 3TG
Tel: 0141 211 9000

COATHILL HOSPITAL 2C **114**
Hospital Street
COATBRIDGE
ML5 4DN
Tel: 01236 707 710

DALZIEL CENTRE 4F **147**
Airbles Road
MOTHERWELL
ML1 3BW
Tel: 01698 245076

DRUMCHAPEL HOSPITAL 5B **46**
129 Drumchapel Road
GLASGOW
G15 6PX
Tel: 0141 211 6000

DUMBARTON JOINT HOSPITAL 3C **18**
Cardross Road
DUMBARTON
G82 5JA
Tel: 01389 812070

DYKEBAR HOSPITAL 6D **102**
Grahamston Road
PAISLEY
PA2 7DE
Tel: 0141 8845122

GARTNAVEL GENERAL HOSPITAL 5G **63**
1053 Great Western Road
GLASGOW
G12 0YN
Tel: 0141 211 3000

GARTNAVEL ROYAL HOSPITAL 5G **63**
1055 Great Western Road
GLASGOW
G12 0XH
Tel: 0141 211 3600

GLASGOW DENTAL HOSPITAL 3A **6** (3E **87**)
378 Sauchiehall Street
GLASGOW
G2 3JZ
Tel: 0141 211 9600

GLASGOW HOMOEOPATHIC HOSPITAL 5G **63**
1053 Great Western Road
GLASGOW
G12 0NR
Tel: 0141 211 1600

GLASGOW NUFFIELD HEALTH HOSPITAL 4H **63**
25 Beaconsfield Road
GLASGOW
G12 0PJ
Tel: 0141 334 9441

GLASGOW ROYAL INFIRMARY 4H **7** (3A **88**)
84 Castle Street
GLASGOW
G4 0SF
Tel: 0141 211 4000

GOLDEN JUBILEE NATIONAL HOSPITAL 5A **44**
Beardmore Street
CLYDEBANK
G81 4HX
Tel: 0141 9515000

HAIRMYRES HOSPITAL 2B **156**
Eaglesham Road
East Kilbride
GLASGOW
G75 8RG
Tel: 01355 585000

JOHNSTONE HOSPITAL 6F **79**
Bridge of Weir Road
JOHNSTONE
PA5 8YX
Tel: 01505 331471

KILSYTH VICTORIA COTTAGE HOSPITAL 3F **13**
19 Glasgow Road
Kilsyth
GLASGOW
G65 9AG
Tel: 01236 822172

KIRKLANDS HOSPITAL 3F **129**
Fallside Road
Bothwell
GLASGOW
G71 8BB
Tel: 01236 7487 48

LEVERNDALE HOSPITAL 3H **103**
510 Crookston Road
GLASGOW
G53 7TU
Tel: 0141 211 6400

LIGHTBURN HOSPITAL 4B **90**
966 Carntyne Road
GLASGOW
G32 6ND
Tel: 0141 211 1500

MANSIONHOUSE UNIT 5D **106**
100 Mansionhouse Road
GLASGOW
G41 3DX
Tel: 0141 201 6161

MARIE CURIE HOSPICE, GLASGOW 2B **66**
1 Belmont Road
GLASGOW
G21 3AY
Tel: 0141 531 1300

MONKLANDS DISTRICT GENERAL HOSPITAL 4F **95**
Monkscourt Avenue
AIRDRIE
ML6 0JS
Tel: 01236 748748

NEW VICTORIA HOSPITAL 5E **107**
Grange Road
GLASGOW
G42 9LF

PARKHEAD HOSPITAL 6F **89**
81 Salamanca Street
GLASGOW
G31 5ES
Tel: 0141 211 8300

PRINCE & PRINCESS OF WALES HOSPICE 5F **87**
71 Carlton Place
GLASGOW
G5 9TD
Tel: 0141 429 5599

PRINCESS ROYAL MATERNITY HOSPITAL 3A **88**
16 Alexandra Parade
GLASGOW
G31 2ER
Tel: 0141 211 5400

PRIORY HOSPITAL, GLASGOW 6C **106**
38-40 Mansionhouse Road
GLASGOW
G41 3DW
Tel: 0141 636 6116

ROADMEETINGS HOSPITAL 5G **175**
Goremire Road
CARLUKE
ML8 4PS
Tel: 01555 773622

ROSS HALL BMI HOSPITAL 2A **104**
221 Crookston Road
GLASGOW
G52 3NQ
Tel: 0141 810 3151

ROYAL ALEXANDRA HOSPITAL 3H **101**
Corsebar Road
PAISLEY
PA2 9PN
Tel: 0141 887 9111

ROYAL HOSPITAL FOR SICK CHILDREN 2A **4** (2A **86**)
Dalnair Street
Yorkhill
GLASGOW
G3 8SJ
Tel: 0141 201 0000

ST ANDREW'S HOSPICE 3A **96**
Henderson Street
AIRDRIE
ML6 6DJ
Tel: 01236 766951

ST MARGARET OF SCOTLAND HOSPICE 2F **61**
East Barns Street
CLYDEBANK
G81 1EG
Tel: 0141 9521141

ST VINCENT'S HOSPICE 6B **98**
Midton Road
Howwood
JOHNSTONE
PA9 1AF
Tel: 01505 705635

SHETTLESTON DAY HOSPITAL 1H **109**
152 Wellshot Road
GLASGOW
G32 7AX
Tel: 0141 303 8800

SOUTHERN GENERAL HOSPITAL 3D **84**
1345 Govan Road
GLASGOW
G51 4TF
Tel: 0141 201 1100

STOBHILL GENERAL HOSPITAL 3C **66**
133 Balornock Road
GLASGOW
G21 3UW
Tel: 0141 201 3000

Hospitals, Hospices and selected Healthcare Facilities

UDSTON HOSPITAL 5D **144**
    Farm Road
    HAMILTON
    ML3 9LA
    Tel: 01698 723200

VICTORIA INFIRMARY 5E **107**
    Langside Road
    GLASGOW
    G42 9TY
    Tel: 0141 201 6000

WESTER MOFFAT HOSPITAL .3F **97**
    Towers Road
    AIRDRIE
    ML6 8LW
    Tel: 01236 763377

WESTERN INFIRMARY .1A **4** (1A **86**)
    Dumbarton Road
    GLASGOW
    G11 6NT
    Tel: 0141 211 2000

WISHAW GENERAL HOSPITAL 6E **149**
    50 Netherton Street
    WISHAW
    ML2 0DP
    Tel: 01698 361100

MIX
Paper from
responsible sources
FSC® C006021

The representation on the maps of a road, track or footpath is no evidence of the existence of a right of way.

The Grid on this map is the National Grid taken from Ordnance Survey® mapping with the permission of the Controller of Her Majesty's Stationery Office.

Copyright of Geographers' A-Z Map Company Ltd.

No reproduction by any method whatsoever of any part of this publication is permitted without the prior consent of the copyright owners.

SAFETY CAMERA INFORMATION

PocketGPSWorld.com's CamerAlert is a self-contained speed and red light camera warning system for SatNavs and Android or Apple iOS smartphones/tablets. Visit www.cameralert.co.uk to download.

Safety camera locations are publicised by the Safer Roads Partnership which operates them in order to encourage drivers to comply with speed limits at these sites. It is the driver's absolute responsibility to be aware of and to adhere to speed limits at all times.

By showing this safety camera information it is the intention of Geographers' A-Z Map Company Ltd., to encourage safe driving and greater awareness of speed limits and vehicle speed. Data accurate at time of printing.

Safety camera information supplied by www.PocketGPSWorld.com
Speed Camera Location Database Copyright 2012 © PocketGPSWorld.com

Printed and bound in the United Kingdom by Polestar Wheatons Ltd., Exeter.

Direct
Customer Service
If you experience difficulty obtaining
any of our 300 titles, please contact
us direct for help and advice.

www./az.co.uk

Tel: 01732 783422   Fax: 01732 780677